규기의 소에 의해 대역한

설무구칭경·유마경

한산 김윤수

1951년 경남 하동에서 태어나
부산에서 초·중·고등학교를 졸업하고
1975년 서울대학교 법과대학을 졸업하였다.
1976년 사법시험(제18회)에 합격하여
1981년부터 10년간 판사로,
1990년부터 10여 년간 변호사로,
2001년부터 10년간 다시 판사로 일하다가
2011년 퇴직하였다.
2003년에 《육조단경 읽기》(2008년 개정판)
2005년에 《반야심경·금강경》(2009년 개정판)
2006년에 《주석 성유식론》
2007년에 《불교는 무엇을 말하는가》(2014년 개정판)
2008년에 《여래장 경전모음》
2008년에 《설무구칭경·유마경》
2009년에 《묘법연화경》
2011년에 《대방광불화엄경》(전7권)
2012년에 《대승입능가경》
2012년에 《해밀심경》
2013년에 한문대역 《잡아함경》(전5권)
2013년에 《인류의 스승 붓다께서는 이렇게 말씀하셨다》를 냈다.

설무구칭경·유마경

옮긴이 | 김윤수
1판 1쇄 펴낸 날 | 2008년 5월 15일
1판 2쇄 펴낸 날 | 2017년 10월 25일
펴낸이 | 노혜영
펴낸곳 | 한산암
등록 | 2006. 07. 28 제319-2006-31호
주소 | 경기도 양평군 양동면 황거길324번길 27
전화 | 0505-2288-555
이메일 | yuskim51@naver.com

ⓒ김윤수, 2008
ISBN 978-89-958484-4-9 93220

이 책은 저작권법에 의해 보호를 받는 저작물이므로
무단 전재와 무단 복제를 금합니다.

값 30,000원
총판 | 운주사 (전화 02-3672-7181~4)

규기의 소에 의해 대역한

설무구칭경·유마경

김윤수 역주

한산암

글머리에

흔히 '유마경'이라는 이름으로 널리 불리어 온 이 경전은 대승불교 초기에 편집된 경전으로서, 불교의 교·리·행·과 전 부문에 대하여 대승의 시각을 선명히 표현하고 있는 대승불교의 선언문과도 같은 성격을 갖는 귀중한 경전이다. 이러한 글의 성격에다 표현의 유려함까지 더해져 있어서, 이 경전은 일찍이 대승불교권 불자들의 사랑을 받아온 것은 말할 것도 없고, 불자 아닌 사람으로부터도 널리 읽혀져 온 특이한 경전이다. 그런 까닭에 아마 우리나라에서도 불자라면 이 경전을 한두 번 읽어보지 않은 사람이 없을 것이다.

그렇지만 이 경전은 그 내용까지 알기 쉽고 읽기 쉬운 것은 아니다. 특히 독자들에게 주로 읽혀지고 있는 구마라집Kumārajīva 역의 《유마힐소설경》은 불교의 근본 이치를 어느 정도 이해하고 있는 사람이 한참을 곱씹어도 소화시키기 어려운 부분이 적지 않다. 이번 번역작업을 하면서 다시 한번 느낀 것이지만, 그것은 구마라집의 번역방식과도 무관하지 않다고 생각된다. 이 글을 읽으면 독자 여러분께서도 이 점에 대해 느끼시는 바가 있으리라고 믿는다.

역자 역시 과거 구마라집 역본을 보면서 소화하기 어려운 대목을 접할 때마다, 다음에 다시 읽을 때에는 원전의 표현을 직접 옮기는 번역방식을 견지하는 것으로 평가되고 있는 현장玄奘 역본과 대조해 보아야겠다는 생각을 하고 있었다.

그러던 중 지난 번《성유식론》을 공부하면서, 그 논서에 대해 경전적 근거에 의거하여 객관적이고 명료하면서도 소상한 주석을 하고 있는 『성유식론술기』라는 글에 매료된 바 있었는데, 그 필자로서 현장의 문인이었던 자은규기慈恩窺基 스님(632~682)께서 이 경전의 현장 역본인《설무구칭경》에 대해서도『설무구칭경소』(전6권)라는 이름으로 소상한 주석을 남긴 것을 알고, 한시 바삐 이 생각을 실천에 옮기고 싶었다.

그래서 시급했던 일 몇 가지를 마무리하고 나서 바로 이 작업에 착수하였는데, 역시 스님의 소는 역자의 기대를 저버리지 않았다. 독자 여러분께서도 이 글을 보시면 역자의 이 표현이 무엇을 뜻하는 것인지 이해하고, 또 공감하시리라고 생각한다. 스님의 소는《설무구칭경》에 대하여 훌륭한 주석인 것은 물론, 이에 의거해서 보는《설무구칭경》이 구마라집 역본의《유마힐소설경》에 대해 그 어느 주석보다도 훌륭한 주석이 되는 것이다. 구마라집 역본에 가려《설무구칭경》과 이에 대한 소가 오랫동안 묻혀 있었던 것은 큰 아쉬움이었다.

이번에 위의 두 가지 번역본을 대조해 번역하는 작업을 마치면서 다음과 같은 느낌을 가졌다.

첫째 경전을 편집하신 분은 간략한 글 속에 풍부한 뜻을 담으면서도, 읽는 사람이 잘못 이해할 것을 염려하여 경전 자체에서 이미 소상한 설명을 하고 있다는 점이다. 이는 물론 범어 원전에서 직접 옮긴 것으로 간주

되고 있는 티베트어 역본보다 현장의 번역이 더 자세하다는 사실과, 현장의 번역이 원전의 표현을 가감 없이 충실하게 반영한 것이라는 기존의 평가를 기초로 해서 추정한 것인데, 일본 대정大正대학 연구팀에 의해 1999년 티베트의 포탈라potala 궁에서 발견되었다는 이 경전 범어 사본의 연구 결과가 나오면 이 점의 진위가 가려질 것으로 기대한다.

둘째 원전의 의미를 손상하지 않는 한도 내에서 축약하고 싶은 생각이 들 수 있고 또 그렇게 할 수 있을 것으로 보이는 번잡한 대목에 대해서도, 현장은 축약의 유혹을 뿌리치고 고지식하리만치 원전의 표현을 충실하게 옮긴다는 것이다.

셋째 구마라집은 오히려 그러한 한도마저 초월하여 원전을 스스로 소화해서 간결하게 옮기되(한역문으로 비교하면 현장 역의 3분의 2 분량에 불과하다), 필요하다고 생각되면 원전의 표현에 구애받지 않고 독자적인 표현도 동원한다는 것이다. 그러므로 구마라집의 번역을 볼 때 원전과의 대조 없이 그 표현에 천착하게 되면, 원전의 의미와 다른 해석을 할 위험도 있을 수 있다는 것이다.

그렇지만 이 경전이 많은 사람으로부터 사랑받을 수 있었던 것은, 그처럼 간결하고 유려하게 옮길 수 있었던 그의 안목 때문이 아니었던가 생각된다. 그렇기 때문에 만약 이 두 번역본 중 하나를 선택해야 한다고 한다면, 난해함과 오해의 위험에도 불구하고 구마라집 역을 선택할 가능성도 적지 않을 것이다.

요컨대 그 어느 하나를 버릴 수 없었다. 그래서 이 역주서의 편집은 다음과 같은 방식으로 하였다.

먼저 《설무구칭경》의 한역문을 본문의 오른쪽에 두고, 그 왼쪽에 한글 번역문을 싣되, 한글 번역문은 소의 내용에 의거하여 과목을 나누어서 뒤에 싣는《유마힐소설경》과의 대조의 편의를 기하고, 본문에 대한 소의 설명은 각주에 수록하였다.

《유마힐소설경》도 《설무구칭경》과 같은 편제를 취하되, 그 한글 번역문은 《설무구칭경》과 같은 과목으로 나누어서 대조해 보기 쉽도록 하고, 소의 내용 중《유마힐소설경》에 대한 설명은 양 경전의 각주에 모두 수록함을 원칙으로 하였으나, 편의를 따라 어느 한쪽에만 수록한 경우도 있다.

다만 《유마힐소설경》의 표현 중《설무구칭경》의 본문과 소만으로 이해하기 어려운 부분은,《유마힐소설경》에 대한 고인의 주석들 중에서 적절한 것을 찾아 같은 경전의 각주에서 소개하였다. 찾는 방식은 구마라집과 그의 문인 승조僧肇 등의 주석을 수록하고 있는 승조의『주유마힐경』을 먼저 살피고, 적절한 것이 없을 경우에만 다른 주석을 찾아 보았는데, 참고한 다른 주석은 일러두기에 표시하여 두었다.

이 역서를 내면서 가장 아쉬운 점 한 가지를 밝히지 않을 수 없다. 앞서 밝힌 것처럼 이 경전의 범어 사본이 1999년 티베트에서 발견되었고, 이를 로마자하여 표기한 자료가 최근 『범·장·한 대조 유마경』이라는 이름으로 발간된 자료에 포함되어 있으나, 아직 그 번역이 나오지 않아, 범어나 티베트어를 해득할 능력이 없는 역자로서는 범어본과 티베트어본을 거의 참조하지 못하였다는 점이다. 이 경전에 대해서는 앞으로도 이루어져야 할 작업이 많다는 뜻인데, 향후의 성과를 기대하며, 이 자료가 그 작업에 조그만 밑거름이 되기를 바란다.

마지막으로 이 역서를 내면서 처음 역자를 불문으로 인도해 주시고 계속 지도하며 도와주신 분들에 대한 감사의 예를 표시하고 싶다. 가벼이 존함이 오르내리는 것을 승낙하지 않으실 분들이시라 그간 표현을 삼가왔으나, 이제 승낙이 없으시다는 이유로 더 이상 미루어서는 안되겠다는 생각을 하게 되었다. 널리 이해하여 주시기 바랄 뿐이다.

먼저 오랫동안 법관으로 계시다가 퇴직하신 안석태, 유근완, 김진영 세 분의 변호사님께 감사드린다. 안 변호사님께서는 역자를 처음 불문으로 인도하고 계속 감싸 주셨으며, 유 변호사님은 표현 하나하나까지 논평해 주시면서 지도를 아끼지 않으셨고, 김 변호사님은 역자의 학창 시절부터 불문에 들도록 깨우치고 인도하여 주셨다.

다음 귀한 자료에 접할 수 있도록 지속적으로 도와 주신 동국대학교 도서관의 신해철 과장님과 동국역경원의 김선화 과장님에 대해서도 이 기회를 빌어 감사드린다.

그리고 이번 번역 작업에서는 동아대학교 김성언 교수께서 한역문의 이해에 큰 도움을 주셨고, 한국빠알리성전협회의 전재성 박사께서 범어 원문의 이해에 큰 도움을 주셨다. 깊이 감사드리고 앞으로도 계속 도와주실 것을 부탁드린다. 또 그 간 도맡아 교정을 보아 준 신동엽 거사에게도 다시 한번 감사를 드린다.

책의 편집과 출판은 마고북스를 운영하는 처제 노미영이 아니었더라면 생각할 수도 없었고 또 가능하지도 않았을 것이다. 그간의 노고를 모두 모아 감사의 뜻을 전한다. 아울러 신은경 씨를 비롯한 마고북스의 직원들에게도 다시 한번 감사의 뜻을 밝힌다.

마지막으로 역자를 부추겨 이 길로 끌어들인 구광 거사를 비롯하여, 그간 역자의 공부를 격려해 주시고 영감을 주시며 조언해 주신 분들은 이루 헤아릴 수가 없다. 그 모든 분들께 깊이 감사드린다.

이 졸작이 부디 후학들의 공부에 조금이라도 보탬이 되고, 조그마한 디딤돌이 되기 바라는 마음 간절하다.

2008년 봄 한산암에서
한산 김윤수

차 례

	설무구칭경		유마힐소설경		
제1권	제1 서품	33	제1 불국품	501	상권
	제2 현부사의방편선교품	75	제2 방편품	524	
제2권	제3 성문품	91	제3 제자품	532	
	제4 보살품	151	제4 보살품	564	
제3권	제5 문질품	195	제5 문수사리문질품	589	중권
	제6 부사의품	242	제6 부사의품	610	
제4권	제7 관유정품	271	제7 관중생품	624	
	제8 보리분품	307	제8 불도품	644	
	제9 불이법문품	339	제9 입불이법문품	661	
제5권	제10 향대불품	365	제10 향적불품	676	하권
	제11 보살행품	396	제11 보살행품	692	
제6권	제12 관여래품	435	제12 견아촉불품	709	
	제13 법공양품	462	제13 법공양품	722	
	제14 촉루품	486	제14 촉루품	733	

세부 목차

* 세부 목차에 표기한 제목은 《설무구칭경》의 그것이다. 《유마힐소설경》의 제목에는 《설무구칭경》과 다소 다른 것도 있지만, 따로 표시하지 않았다.
* '/'의 앞은 《설무구칭경》의 쪽수이고, 그 뒤는 《유마힐소설경》의 쪽수이다. 《유마힐소설경》의 쪽수 표시가 없는 것은 해당 항목이 없는 것을 나타낸다.
* 【 】 안에 표기된 것은, 그 항목에서 자세히 다루어지고 있는 주제이다.

제1 서품/불국품

1. 서의 원만 … 34/501
2. 대중의 원만 … 35/501
   2.1 대중을 열거함 … 35/502
      2.1.1 성인 보살 … 35/502
      2.1.2 범부 … 44/506
   2.2 위의를 분별함 … 45/507
3. 원인의 원만 … 45/507
   3.1 수행을 밝히다 … 45/507
      3.1.1 몸의 수행을 닦다 … 45/507
      3.1.2 말의 수행을 닦다 … 48/508
   3.2 청익함을 밝히다 … 55/513
      3.2.1 청익하고 칭찬하며 대답하다 … 55/513
      3.2.2 여래께서 자세히 설하시다 … 56/514
         (1) 앞의 물음에 답하시다 … 57/514
            (가) 국토의 모습을 답하시다 … 57/514
            (나) 장엄하는 원인을 답하시다 … 60/515   【정토】
         (2) 마음 장엄할 것을 권하시다 … 67/519
   3.3 의심을 결단하다 … 68/519

3.3.1 사리자에게 의심이 일어나다 … 68/519
　3.3.2 성인께서 비유로 위로하시다 … 68/519
　　(1) 붓다께서 비유하시다 … 68/519
　　(2) 범왕이 비유하다 … 69/520
　3.3.3 붓다께서 정토를 나투시다 … 71/521
　3.3.4 사리자의 의심이 제거되다 … 71/521
4. 이익의 원만 … 73/522

　　　　제2　현부사의방편선교품/방편품

1. 선교한 방편을 가지신 분 … 76/524
2. 진실한 공덕 … 76/524
3. 방편의 자취 … 78/525
　3.1 과거의 방편 … 78/525
　　3.1.1 유로써 무를 거둔 방편 … 79/525
　　3.1.2 동류로서 시류를 이익한 방편 … 80/526
　　3.1.3 존자 되어 아래를 가르친 방편 … 82/527
　3.2 지금의 방편 … 83/528
　　3.2.1 싫어해 떠날 것을 가르치다 … 84/528
　　3.2.2 기쁘게 구할 것을 권하다 … 88/530
　　3.2.3 이익을 밝히다 … 90/531

　　　　제3　성문품/제자품

1. 교묘한 방편을 마음으로 생각하다 … 91/532
2. 대성께서 자비로 문병가라 하시다 … 91/532
　2.1 사리자 … 92/532
　　2.1.1 총체적으로 도가 궁함을 말하다 … 92/533
　　2.1.2 이치 궁함을 따로 나타내다 … 92/533　　　【좌선】
　　2.1.3 맺어 답하다 … 96/534

2.2 대목련 ··· 96/534
　2.2.1 총체적으로 도가 궁함을 말하다 ··· 97/534
　2.2.2 이치 궁함을 따로 나타내다 ··· 97/534
　　⑴ 무구칭이 비판하다 ··· 97/535
　　⑵ 대목련이 따지다 ··· 98
　　⑶ 무구칭이 하나하나 말하다 ··· 98/535
　　　㈎ 두 가지 무아의 도리 ··· 98/535　　　　　　【무아】
　　　　㈀ 무아를 밝히다 ··· 98/535
　　　　　(a) 중생무아 ··· 98/535
　　　　　(b) 법무아 ··· 99/535
　　　　㈁ 무아를 맺다 ··· 101/537
　　　㈏ 설법의 도리 ··· 101/537　　　　　　　　【설법】
　　⑷ 이익됨을 말하다 ··· 103/538
　2.2.3 맺어 답하다 ··· 103/538
2.3 대가섭 ··· 103/538
　2.3.1 총체적으로 도가 궁함을 말하다 ··· 103/538
　2.3.2 이치 궁함을 따로 나타내다 ··· 104/538
　　⑴ 일의 잘못을 말하다 ··· 104/539
　　⑵ 바른 이치를 펴다 ··· 104/539
　　　㈎ 걸식하는 자 ··· 104/539　　　　　　　　【걸식】
　　　㈏ 보시하는 자 ··· 107/540
　　⑶ 맺고 권하다 ··· 107/540
　2.3.3 맺어 답하다 ··· 108/540
2.4 대선현 ··· 108/541
　2.4.1 총체적으로 도가 궁함을 말하다 ··· 109/541
　2.4.2 이치 궁함을 따로 나타내다 ··· 109/541
　　⑴ 평등의 이치를 펴다 ··· 110/542　　　　　　【평등】
　　⑵ 스스로 미혹함을 드러내다 ··· 115/544
　　⑶ 무구칭이 가르치다 ··· 116/545
　　⑷ 이익을 성취하다 ··· 117/545

         2.4.3 맺어 답하다 ··· 117/545
      2.5 만자자 ··· 118/545
         2.5.1 총체적으로 도가 궁함을 말하다 ··· 118/546
         2.5.2 이치 궁함을 따로 나타내다 ··· 118/546
            ⑴ 그 부당함을 책망하다 ··· 119/546
               ㈎ 지금을 알지 못함을 책망하다 ··· 119/546
               ㈏ 과거를 알지 못함을 책망하다 ··· 120/547
            ⑵ 더욱 나아가게 하다 ··· 121/547
         2.5.3 맺어 답하다 ··· 122/548
      2.6 가다연나 ··· 122/548
         2.6.1 총체적으로 도가 궁함을 말하다 ··· 123/548
         2.6.2 이치 궁함을 따로 나타내다 ··· 123/549
            ⑴ 그릇됨을 총체적으로 말하다 ··· 124/549
            ⑵ 그릇됨을 개별적으로 말하다 ··· 124/549   【실상법】
            ⑶ 이익을 밝히다 ··· 126/550
         2.6.3 맺어 답하다 ··· 126/550
      2.7 대무멸 ··· 126/550
         2.7.1 총체적으로 도가 궁함을 말하다 ··· 127/550
         2.7.2 이치 궁함을 따로 나타내다 ··· 127/550
            ⑴ 자기의 일을 말하다 ··· 127/550
            ⑵ 남의 일을 나타내다 ··· 128/551
         2.7.3 맺어 답하다 ··· 130/552
      2.8 우파리 ··· 130/552
         2.8.1 총체적으로 도가 궁함을 말하다 ··· 130/552
         2.8.2 이치 궁함을 따로 나타내다 ··· 130/553
            ⑴ 자기의 일을 나타내다 ··· 131/553
            ⑵ 남의 일을 나타내다 ··· 132/553
               ㈎ 바른 이치를 펴다 ··· 132/553
                  ㈀ 총체적으로 그르다고 하다 ··· 132/553
                  ㈁ 바른 것을 나타내다 ··· 132/553

(a) 진실한 이치를 밝히다 … 133/554　　　　　　　　　　【죄】
　　　　㈀ 바른 이치를 말하다 … 133/554
　　　　㈁ 물어서 이해하게 하다 … 135/554
　　　　㈂ 염정의 모습을 밝히다 … 135/554
　　　(b) 세속의 현상을 밝히다 … 136/555
　　　㈂ 바른 것을 맺다 … 137/555
　　㈏ 찬양함을 나타내다 … 137/555
　　㈐ 자기의 알림을 밝히다 … 137/555
　　㈑ 죄가 사라졌음을 밝히다 … 138/556
　　㈒ 서원 일으킴을 말하다 … 138/556
　2.8.3 맺어 답하다 … 138/556
2.9 라호라 … 138/556
　2.9.1 총체적으로 도가 궁함을 말하다 … 139/556
　2.9.2 이치 궁함을 따로 나타내다 … 139/557
　　⑴ 자기의 일을 나타내다 … 139/557
　　⑵ 남의 말을 나타내다 … 140/557
　　　㈎ 이치를 말해 힐난하다 … 140/557
　　　　㈀ 총체적으로 그르다고 하다 … 140/557
　　　　㈁ 개별적으로 힐난하다 … 140/557
　　　　　(a) 유위 유상의 출가 … 140/558
　　　　　(b) 무위 무상의 출가 … 141/558
　　　　　(c) 대승 출가의 공덕과 이익 … 141/558　　　　　【출가】
　　　　㈂ 바르게 맺다 … 142/559
　　㈏ 출가를 권하다 … 142/559
　　㈐ 동자들이 청문하다 … 143/559
　　㈑ 가르쳐 보이다 … 143/559
　　㈒ 동자들이 이익을 얻다 … 144/559
　2.9.3 맺어 답하다 … 144/560
2.10 아난다 … 144/560
　2.10.1 총체적으로 도가 궁함을 말하다 … 144/560

2.10.2 이치 궁함을 따로 나타내다 ··· 145/560
      ⑴ 자기의 일을 나타내다 ··· 145/560
      ⑵ 남의 말을 나타내다 ··· 145/561
        ㈎ 그가 묻다 ··· 145/561
        ㈏ 대답하다 ··· 145/561
        ㈐ 이치로 힐난하다 ··· 146/561
          ㈀ 병환 있다고 함을 책망하다 ··· 146/561
            (a) 총체적으로 책망하다 ··· 146/561
            (b) 개별적으로 책망하다 ··· 146/561   【여래의 몸】
          ㈁ 병환 없음을 나타내다 ··· 147/562
        ㈑ 부끄러워하다 ··· 148/563
        ㈒ 허공에서 알리다 ··· 148/563
    2.10.3 맺어 답하다 ··· 149/563

                    제4 보살품

1. 자씨보살 ··· 151/564
  1.1 총체적으로 도가 궁함을 말하다 ··· 151/564
  1.2 이치 궁함을 따로 나타내다 ··· 151/564
    1.2.1 자기의 일을 나타내다 ··· 152/564
    1.2.2 남의 말을 나타내다 ··· 152/564
      ⑴ 경전의 글을 인용하다 ··· 153/565
      ⑵ 이치를 펴서 힐난하다 ··· 153/565   【수기】
        ㈎ 유위 무위의 다름에 의해 힐난하다 ··· 153/565
          ㈀ 유위를 힐난하다 ··· 153/565
          ㈁ 무위를 힐난하다 ··· 154/565
        ㈏ 유위 무위의 같음에 의해 힐난하다 ··· 154/566
        ㈐ 보리 열반의 이치에 의해 힐난하다 ··· 155/566
      ⑶ 진실을 나타낼 것을 권하다 ··· 157/567
        ㈎ 간략히 권하다 ··· 157/567

(나) 자세히 권하다 … 157/567
　　　(ㄱ) 자세히 권하다 … 157/567
　　　(ㄴ) 자세히 나타내다 … 158/567　　　　　　　【보리】
　　　　(a) 표방하다 … 158/567
　　　　(b) 풀이하다 … 158/568
　　　　(c) 맺다 … 163
　1.3 맺어 답하다 … 163/570
2. 광엄동자 … 163/570
　2.1 총체적으로 도가 궁함을 말하다 … 164/570
　2.2 이치 궁함을 따로 나타내다 … 164/571
　　2.2.1 만나서 문답하다 … 164/571
　　2.2.2 무구칭이 말하다 … 165/571
　　　(1) 보리의 체를 나타내다 … 165/571　　　　【묘보리/도량】
　　　(2) 모두가 보리임을 맺어 이루다 … 170/574
　　2.2.3 맺어 이익을 이루다 … 171/574
　2.3 맺어 답하다 … 171/574
3. 지세보살 … 171/574
　3.1 총체적으로 도가 궁함을 말하다 … 172/575
　3.2 이치 궁함을 따로 나타내다 … 172/575
　　3.2.1 자기의 일을 나타내다 … 172/575
　　3.2.2 남의 말을 나타내다 … 174/576
　　　(1) 마의 모습을 드러내다 … 174/576
　　　(2) 바로 마를 항복시키다 … 174/576
　　　　(가) 바로 마를 항복시키다 … 174/577
　　　　(나) 천녀들에게 말하다 … 175/577
　　　　　(ㄱ) 간략히 말하다 … 175/577
　　　　　(ㄴ) 자세히 말하다 … 176/578
　　　　　　(a) 법락을 총체적으로 보이다 … 176/578
　　　　　　(b) 천녀가 법을 묻다 … 176/578
　　　　　　(c) 자세히 답하다 … 177/578　　　　【법락】

            ㈐ 맺어 말하다 … 180
            ㈑ 천궁으로 돌아가려 하다 … 180/579
        3.3 맺어 답하다 … 183/581
    4. 소달다 … 184/582
        4.1 총체적으로 도가 궁함을 말하다 … 184/582
        4.2 이치 궁함을 따로 나타내다 … 184/582
            4.2.1 자기의 일을 나타내다 … 184/582
            4.2.2 남의 말을 나타내다 … 185/583
                ⑴ 법 보시 닦을 것을 권하다 … 185/583
                ⑵ 법 보시의 행상을 나타내다 … 185/583   【법보시의 제사】
                ⑶ 이백의 범지가 큰 마음을 일으키다 … 191/586
                ⑷ 소달다가 환희하며 영락을 보시하다 … 191/586
        4.3 맺어 답하다 … 194/588
    5. 다른 보살들도 물러나다 … 194/588

                    제5 문질품/문수사리문질품

1. 붓다께서 길상에게 명하시다 … 195/589
2. 길상이 명을 받들다 … 195/589
3. 천·인들이 따라가다 … 198/590
4. 가서 상대해서 나타내다 … 199/591
    4.1 손님을 기다리다 … 199/591
    4.2 묘길상이 문병하다 … 200/591
        4.2.1 법도를 보이다 … 201/591
        4.2.2 담론의 내용을 밝히다 … 202/592
            ⑴ 문병하고 병의 원인을 묻다 … 203/592
                ㈎ 묘길상이 묻다 … 203/592
                ㈏ 무구칭이 대답하다 … 204/593
            ⑵ 방이 비고 시자 없는 것을 묻다 … 205/594
                ㈎ 방이 빈 것을 답하다 … 206/594

19

(내) 시자 없는 것을 답하다 … 209/595
　(3) 병의 모습을 묻다 … 209/595
　(4) 위로하여 깨우치는 것을 묻다 … 211/596
　(5) 병자가 마음 조복하는 법을 묻다 … 213/497　　【마음의 조복】
　　(개) 범부의 마음 조복하는 법 … 214/597
　　　(ㄱ) 바로 조복하는 것을 밝히다 … 214/597
　　　　(a) 자신의 병을 깨뜨리다 … 214/597
　　　　　㈀ 아집을 깨뜨리다 … 214/598
　　　　　㈁ 법집을 깨뜨리다 … 216/598
　　　　　　① 간략함 … 217/599
　　　　　　② 자세함 … 217/599
　　　　　　　㉮ 유병을 파하다 … 217/599
　　　　　　　㉯ 공병을 파하다 … 218/599
　　　　(b) 남의 병을 깨뜨리다 … 220/600
　　　(ㄴ) 맺어 이루다 … 222/601
　　(내) 이승의 마음 조복하는 법 … 223/602
　　　(ㄱ) 대비로써 자·타의 병을 관찰하다 … 223/602
　　　(ㄴ) 이유를 해석하다 … 224/602
　　　(ㄷ) 계박 떠남을 맺어 이루다 … 224/602
　　　　(a) 계박 떠남을 맺어 이루다 … 224/602
　　　　(b) 가르침을 인용하여 증명해 이루다 … 225/602
　　　　(c) 속박과 해탈을 자세히 밝히다 … 226/603
　　(대) 두 가지 마음 조복하는 법 … 230/605
　　　(ㄱ) 총체적으로 표방하다 … 230/605
　　　(ㄴ) 간략히 해석하다 … 230/605
　　　(ㄷ) 자세히 말하다 … 231/606　　　　　　　【보살의 행할 것】
5. 대중이 이익을 얻다 … 240/609

제6 부사의품

1. 사리자가 생각하다 ··· 242/610
2. 무구칭이 나무라다 ··· 242/610
　2.1 사리자에게 묻다 ··· 242/610
　2.2 사리자가 대답하다 ··· 243/610
　2.3 무구칭이 자세히 말하다 ··· 243/610　　　　　【법을 구함】
　　⑴ 법 구하는 것을 총체적으로 밝히다 ··· 243/611
　　⑵ 법 구하는 것을 개별적으로 밝히다 ··· 243/611
　　⑶ 법 구하는 것을 맺어 이루다 ··· 248/613
　2.4 대중이 이익을 얻다 ··· 248/613
3. 불가사의함을 나타내다 ··· 248/613
　3.1 불가사의한 일을 나타내다 ··· 249/614
　　⑴ 자리가 있는 곳을 묻다 ··· 249/614
　　⑵ 길상이 처소를 보이다 ··· 249/614
　　⑶ 자리를 시설하다 ··· 250/614
　　⑷ 사리자가 찬양하다 ··· 253/616
　3.2 불가사의한 일을 말하다 ··· 254/616
　　3.2.1 불가사의함을 말하다 ··· 254/616　　　　【불가사의 해탈】
　　　⑴ 총체적으로 표방하다 ··· 254/616
　　　⑵ 자세히 말하다 ··· 255/617
　　　⑶ 맺어 이루다 ··· 264/620
　　3.2.2 가섭이 찬탄하고 한탄하다 ··· 265/620
　　3.2.3 해탈을 거듭 이루다 ··· 267/622
　　　⑴ 마왕의 일을 밝히다 ··· 267/622
　　　⑵ 크게 구걸하는 자의 일을 밝히다 ··· 267/622
4. 대중이 이익을 얻다 ··· 270

　　　　　　제7 관유정품/관중생품

1. 길상이 문답하여 보살행을 밝히다 ··· 271/624
　1.1 교화 대상을 관찰하다 ··· 271/624

1.2 이익하는 행을 밝히다 ··· 275/625
　　1.2.1 이타행을 밝히다 ··· 275/625
　　　⑴ 큰 자애 ··· 275/625　　　　　　　　　　　　　【큰 자애】
　　　⑵ 큰 연민 ··· 280/628
　　　⑶ 큰 기뻐함 ··· 281/629
　　　⑷ 큰 평온 ··· 281/629
　　1.2.2 자리행을 밝히다 ··· 281/629
2. 천녀가 성문의 집착을 깨트리다 ··· 285/631
　2.1 천녀가 꽃을 뿌리다 ··· 285/631
　2.2 사리자와 문답하다 ··· 288/633
　　2.2.1 얼마나 오래 머물렀는가 ··· 289/633
　　2.2.2 어떤 승으로 향해 나아가는가 ··· 291/635
　　2.2.3 여자의 몸을 바꾸지 않는가 ··· 298/638
　　　⑴ 천녀에게 몸을 바꾸게 하다 ··· 298/638
　　　⑵ 사리자를 바꾸다 ··· 299/639
　　　⑶ 본래의 모습으로 회복시키다 ··· 301/640
　　2.2.4 다음 생은 어느 곳인가 ··· 302/640
　　2.2.5 언제 과보를 얻을 것인가 ··· 303/641
　2.3 무구칭이 찬탄하다 ··· 305/642

　　　　　　　제8　보리분품/불도품

1. 보리의 원인을 간략히 밝히다 ··· 307/644
　1.1 문답하고 따지다 ··· 308/644
　1.2 풀이하다 ··· 309/644　　　　　　　　　　　　　【보리분[非趣行]】
2. 여래의 종성을 밝히다 ··· 315/647　　　　　　　　　【여래의 종성】
　2.1 문답하고 따지다 ··· 316/647
　2.2 풀이하다 ··· 319/648
　　2.2.1 자세히 풀이하다 ··· 319/648
　　2.2.2 찬탄하다 ··· 322/649

3. 보리의 업을 자세히 밝히다 ··· 324/650

  3.1 보현이 묻다 ··· 324/650

  3.2 무구칭이 답하다 ··· 325/651

제9 불이법문품/입불이법문품

1. 불이법문을 말하다 ··· 340/661

  1.1 여러 보살들이 말하다 ··· 340/661

    1.1.1 법자재보살 ··· 341/661

    1.1.2 승밀보살 ··· 341/662

    1.1.3 무순보살 ··· 342/662

    1.1.4 승봉보살 ··· 343/662

    1.1.5 묘성보살 ··· 343/663

    1.1.6 묘안보살 ··· 344/663

    1.1.7 묘비보살 ··· 344/663

    1.1.8 육양보살 ··· 345/664

    1.1.9 사자보살 ··· 346/664

    1.1.10 사자혜보살 ··· 346/664

    1.1.11 정승해보살 ··· 347/665

    1.1.12 나라연보살 ··· 347/665

    1.1.13 조순혜보살 ··· 348/666

    1.1.14 현견보살 ··· 348/666

    1.1.15 보밀보살 ··· 350/667

    1.1.16 뇌천보살 ··· 350/667

    1.1.17 희견보살 ··· 351/667

    1.1.18 광당보살 ··· 352/668

    1.1.19 묘혜보살 ··· 352/668

    1.1.20 무진혜보살 ··· 353/669

    1.1.21 심심각보살 ··· 354/669

    1.1.22 적정근보살 ··· 355/670

1.1.23 무애안보살 ··· 355/670
　　1.1.24 선조순보살 ··· 356/671
　　1.1.25 복전보살 ··· 357/671
　　1.1.26 화엄보살 ··· 358/672
　　1.1.27 승장보살 ··· 359/672
　　1.1.28 월상보살 ··· 359/672
　　1.1.29 보인수보살 ··· 360/673
　　1.1.30 주계왕보살 ··· 361/673
　　1.1.31 제실보살 ··· 361/674
　1.2 묘길상이 말하다 ··· 362/674
2. 불이법문에 들어감을 밝히다 ··· 363/675
3. 이익을 밝히다 ··· 364/675

제10 향대불품/향적불품

1. 사리자가 먹을 것을 생각하다 ··· 365/676
2. 무구칭이 나무라다 ··· 366/676
3. 가서 구하게 하다 ··· 366/677
　3.1 음식 있는 곳을 보이다 ··· 367/677
　3.2 누구를 택하여 가게 할 것인가 ··· 368/678
　3.3 변화해서 말을 전하게 하다 ··· 369/678
　3.4 위신을 받들어 가서 청하다 ··· 371/679
4. 먹을 것을 얻어 돌아오다 ··· 372/680
　4.1 저 곳에서 있었던 일 ··· 372/680
　4.2 음식을 얻어 돌아오다 ··· 375/681
　4.3 대중들이 듣고 모이다 ··· 378/683
　4.4 권하여 먹게 하다 ··· 379/684
　4.5 저 붓다에 대해 묻다 ··· 382/685
　4.6 이 곳의 법을 묻다 ··· 383/686
　　4.6.1 교화의 방법을 문답하다 ··· 383/686

4.6.2 찬탄하고 성취하다 ··· 388/688
4.6.3 정토의 원인과 업을 문답하다 ··· 392/690 　　【정토를 얻는 업】
5. 대중이 이익을 얻다 ··· 395/691

제11 보살행품

1. 암라원에 이를 조짐을 나타내다 ··· 396/692
2. 붓다께 이르다 ··· 397/692
　2.1 오려고 함을 밝히다 ··· 397/692
　2.2 도착해서 예배하다 ··· 398/693
　2.3 세존께서 가리키며 물으시다 ··· 399/694
　2.4 향기를 맡고서 묻다 ··· 400/694
　　2.4.1 아난이 놀라서 묻다 ··· 400/694
　　2.4.2 사리자가 곁에서 소통하다 ··· 401/694
　　2.4.3 언제까지 머물지를 묻다 ··· 402/695
　　2.4.4 붓다의 일을 찬탄하여 말하다 ··· 405/696
　　　(1) 아난이 찬탄하다 ··· 405/696
　　　(2) 붓다께서 불사를 말씀하시다 ··· 405/697
　　　　(가) 불사 말한 것을 인정하시다 ··· 405/697
　　　　(나) 그 나머지를 예로 말씀하시다 ··· 406/697 　　【붓다의 일[佛事]】
　　　　(다) 불신의 같고 다름 ··· 412/699
3. 귀환하기 위해 청하다 ··· 417/701
　3.1 찬탄하고 뉘우치며 법을 청하다 ··· 417/701
　3.2 붓다께서 자세히 말씀하시다 ··· 418/702 　　【다함 있음과 다함 없음】
　　3.2.1 총체적으로 말씀하시다 ··· 418/702
　　3.2.2 개별적으로 말씀하시다 ··· 419/702
　　　(1) 두 가지의 뜻을 해석하시다 ··· 419/702
　　　(2) 두 가지를 자세히 말씀하시다 ··· 420/702
　　　　(가) 유위 다하지 않음을 개별적으로 밝히다 ··· 420/702
　　　　(나) 무위에 머물지 않음을 개별적으로 밝히다 ··· 426/705

⑷ 두 가지를 상대시켜 쌍으로 분별하다 … 430/706
  ⑶ 두 가지를 맺어 이루시다 … 433/707
 3.3 환희 공양 찬탄하고 돌아가다 … 433/707

제12 관여래품/견아촉불품

1. 법신여래와 자수용신을 보다 … 435/709
  1.1 총체적으로 표방하다 … 436/709
  1.2 개별적으로 해석하다 … 437/709
    1.2.1 법신 보는 것을 밝히다 … 437/709   【법신】
    1.2.2 자수용신 보는 것을 밝히다 … 443/712   【자수용신】
  1.3 바르게 맺다 … 445/713
2. 타수용신과 화신불을 보다 … 445/713
  2.1 사리자가 물음을 일으키다 … 445
  2.2 여래께서 자세히 답하시다 … 446/714
    2.2.1 미루어 답하게 해 이치를 나타내시다 … 446/714
    2.2.2 스스로 답하여 일을 밝히시다 … 449/715
  2.3 묘희를 보고 기뻐하다 … 450/716
  2.4 사리자가 찬양하다 … 457/720
    2.4.1 붓다께서 물으시다 … 458/720
    2.4.2 답하고 찬양하다 … 458/720

제13 법공양품

1. 천제가 찬양하다 … 462/722
2. 세존께서 인가하고 해석하시다 … 465/723
  2.1 앞의 말을 인가하시다 … 465/723
  2.2 경전의 뛰어난 이익을 해석하시다 … 465/724
3. 닦기를 권하시다 … 469/725
  3.1 과거의 일을 말씀하시다 … 469/725

⑴ 붓다께서 계셔 공양하다 … 470/725
⑵ 아들에게 배우도록 권하다 … 471/726
⑶ 월개가 이익을 생각하다 … 472/727
⑷ 약왕께서 가르쳐 보이시다 … 474/727
　㈎ 가르침에 의해 밝히시다 … 474/727
　㈏ 행에 의해 밝히시다 … 478/729
⑸ 월개가 전하여 유통하다 … 480/730
3.2 예로써 지금에 대하다 … 483/732
3.3 닦기를 권하시다 … 484/732

【법공양】

　　　　제14 촉루품

1. 부촉하기를 되풀이하시다 … 486/733
　1.1 보살에게 부촉하시다 … 486/733
　　1.1.1 미륵에게 부촉하시다 … 486/733
　　　⑴ 여래께서 부촉하시다 … 486/733
　　　　㈎ 법을 부촉하시다 … 486/733
　　　　㈏ 덕의 상실을 말씀하시다 …488/734
　　　⑵ 미륵이 찬탄하고 받다 … 493/736
　　　⑶ 세존께서 칭찬하시다 … 494/737
　　1.1.2 보살들이 유지하기를 청하다 … 494/737
　　1.1.3 천왕이 지키겠다고 하다 … 495/737
　1.2 성문에게 부촉하시다 … 496/738
2. 이름을 물어 법을 지니다 … 497/738
3. 이익을 얻고 유통하다 … 497/739

찾아보기 … 740

일러두기

1. 이 책에 번역된 ≪설무구칭경≫과 ≪유마힐소설경≫의 원문은 대정신수대장경 제14책에 수록된 것이고, 각주에서 소개한 『설무구칭경소』는 같은 대장경 제38책에 수록된 것이다.

    다만 오·탈의 의심이 있어 다른 판본을 참고하여 고쳐 읽은 부분은, 해당 한역문에 [ ]와 <>를 써서 표시하였다. 예컨대 [A]<B>로 표시된 것은 A를 B의 오자인 것으로 보았다는 것이고, [AB]<B>로 표시된 것은 A가 잘못 삽입된 것으로 보았다는 것이며, [A]<AB>표시된 것은 A 다음에 B가 빠진 것으로 보았다는 것이다.

2. 책의 편제 방식에 대해서는 머리말에서 대략을 밝혔지만, 아래의 내용을 추가해서 밝혀 둔다.

    (1) 본문의 한글 번역문 중 대응되는 한역문이 없는 제목과 부호 등은, 모두 소의 내용에 의거하여 역자가 삽입한 것이다.

    (2) 각주의 내용 중 '=' 표시와 '#' 표시가 있는 부분은 역자의 메모로서, 소의 내용이 아니다.

    (3) ≪유마힐소설경≫의 각주 중 '집 공은' 또는 '구역에서는'이라고 시작되는 부분 등은 소의 내용이지만(그래서 소의 내용은 앞 뒤에 「 」를 넣어 구별하였음), 나머지는 역자가 이해의 편의를 위해 덧붙인 것이다.

3. 머리말에서 언급했듯이, ≪유마힐소설경≫에 고유한 표현에 대해서는 먼저 승조의 『주유마힐경』(전10권)에서 구마라집과 승조 등의 주석을 먼저 찾아 보고, 적절한 설명이 없는 부분은 아래와 같은 고인의 주석을 찾아 참고하였다.

- 『유마의기義記』(수隨, 혜원慧遠),
- 『유마경약소略疏』(수, 지의智顗),
- 『유마경의소義疏』(수, 길장吉藏),
- 『유마경무아소無我疏』(명명, 전등傳燈)

4. 1999년 티베트의 포탈라 궁에서 발견된 범어 사본(이하 '포탈라본'이라고 표기함)의 내용으로서 각주 중에서 간혹 언급한 것은, 2004년 일본 대정大正대학 종합불교연구소에서 로마나이즈하여 발간한 자료를, 전재성 박사의 도움과 사전에 의존하여 이해한 것인데, 역자가 잘못 이해한 부분이 있을 수 있음을 감안하여 보기 바란다.

5. 이 경전에 대해서는 에띠엔 라모뜨Étienne Lamotte가 티베트어역본과 한역본을 대조하여 불어로 번역한 자료가 있고, 다시 이것을 사라 보인Sara Boin이 영역한 자료(1976년 런던의 빠알리텍스트 소사이어티 출판)가 있어, 이를 티베트어역본의 내용이나 표현의 이해에 참고하였다. 각주에서 이 자료를 가리킬 때에는 '영역본'이라고 표시하였다.

6. 각주에서 필자가 보충하여 소개하는 니까야의 경우, 쿳다까를 제외한 4부 니까야의 한글 번역이 최근 완성되었으므로, 한글 번역본의 권수와 수록면수를 표시하였다. 상윳따(7권본)와 맛지마(전5권)는 전재성 박사의 번역본이고, 디가(3권본)와 앙굿따라(6권본)는 대림 스님의 번역본이다. 니까야의 표기에서 사용한 약어는 다음과 같다.

- SN : 상윳따 니까야
- MN : 맛지마 니까야
- DN : 디가 니까야
- AN : 앙굿따라 니까야

설무구칭경
說無垢稱經

대당 삼장법사 현장 봉 조역
大唐 三藏法師 玄奘 奉 詔譯

설무구칭경1　　　　　　　　　說無垢稱經
　　　제1권　　　　　　　　　　　　卷第一

　　　　제1 서품2　　　　　　　　　序品 第一

....

1 범본에 의하면 첫머리에 제목으로 아비마라지리저阿費摩羅枳里底라고 하고 있다. '아阿'라는 것은 무無이고, '마라摩羅'는 구垢라고 한다. 지금 '비費'자가 더해 있기 때문에 '칭稱'이라고 한 것이니, 곧 '무구칭'이라고 한다. '지리저枳里底'란 설說하는 것이니, 범어의 음은 많이 뒤바뀐다. 지금은 무구칭 쪽을 말한다는 것이다(=최근 발견된 포탈라본 말미의 제목을 포함하여 현재까지 알려져 있는 범본의 경전제목은 'Vimalakīrti-nirdeśa'로서, 여기에서 'Vi'는 무, 'mala'는 구, 'kīrti'는 칭, 'nirdeśa'는 설의 뜻으로 이해하는 것과 차이가 있음). 곧 이 경전 중에서 무구칭은 설해진 대상[所說]이다. 순전히 당 나라 말로는 바로 '설무구칭경'이라고 한다. 만약 붓다를 대면한 앞에서 붓다의 인가를 받는다면 나아가 천마나 외도까지도 역시 경전을 말할 수 있지만, 비록 그들이 말했다고 해도 붓다께서 설하신 경전[佛說經]이라고 이름해야 하는 것이니, 다른 사람들은 '경전[經]'을 말할 수 없기 때문이다. 《유가론》에서도 말하기를, 12부경 중 제자들은 오직 논의論議경만을 말할 수 있고, 나머지 11부는 모두 설한 것으로 인정되지 않으므로, 고쳐 바꾸어서[改換] 붓다께서 설하시는 것으로 삼는다고 한다.
　　집什 공公(=구마라집)은 '유마힐소설경'이라고 하고, 이어 '일명 불가사의 해탈'이라고 이름하였는데, 한역에 의하지 않고 그 범어의 음(='유마힐')을 둔 것은, 뜻으로 유마힐도 역시 설할 수 있다고 인정하는 것이다. '일명 불가사의해탈'이라고 한 것은 범본에 의하면 제목이 권말(=촉루품의 끝부분)에 있으니, 권말에서 붓다께서 이 경전을 이름하여 "무구칭의 사의할 수 없는 자재한 신통변화의 해탈을 말한 법문"이라고 말씀하셨다. 만약 오직 사람만을 말한다면 다만 '아비마라지리저'라고 하고, 만약 오직 법만을 말한다면 각주로는 또한 '불가사의해탈'이라고 이름한다고 말할 수 있다. 구 경전에서는 붓다께서 두 가지 이름을 말씀하셔서 마침내 역경하는 사람이 별도로 연 것처럼 하고 있지만, 범본이 이와 같은 것은 아니다.
2 집 공은 '불국품'이라고 말한다. 경전은 유마힐의 일을 바로 말하는 것이니, 그

1. 서序의 원만

이와 같이 나는 들었다.   如是我聞.
한 때 박가범薄伽梵3께서는 광엄성廣嚴城의   一時 薄伽梵 住廣嚴
암라위림菴羅衛林4에서 큰 비구 대중 팔천 분   菴羅衛林 與大苾芻

   일을 밝히고자 한다면 먼저 유서由序를 말해야 할 것인데, 어째서 '서품'이라고 이름하지 않고 '불국'이라고 이름하는가?(=그러나 포탈라본은 '불국토를 엄정嚴淨하는 인연의 품[Buddhakṣetrapariśuddhinidāna-parivartaḥ]'이라고 표현하여 품명에 '불국'이라는 뜻이 들어 있음) 만약 보성寶性이 붓다께 묻고, 붓다께서 불토를 엄정함을 말하므로 불국이라고 이름해서 바로 불국의 뜻을 따로 밝히고자 한 것이라면, 이것이 정명의 유서由序를 서술하여 말하는 것이 아니라는 것인가? 어째서 처음에 서품이 없는가?
   고래로부터 이 경전의 14개품을 과목하는 것은 갖가지로 같지 않았다. 지금은 셋으로 과목하니, 처음의 1품은 경전이 일어난 인연을 말하는 부분[說經緣起分], 다음의 11품은 근본 가르침을 바로 말하는 부분[正陳本宗分], 뒤의 2품은 찬탄하고 주어 유통케 하는 부분[讚授流通分]이다.
   연기분 중에 네 가지 원만이 있다. 첫째 서序의 원만이니, 1.의 '이와 같이'부터 '암라위림에서'까지이고, 둘째 대중[衆]의 원만이니, 1.의 '큰 비구 대중'부터 2.의 끝까지이며, 셋째 3.은 원인[因]의 원만이고, 넷째 4.는 이익利益의 원만이다. 비록 이 하나의 품이 모두 '서'에 해당하지만, 그 처음은 공통된 부분으로 모든 경전이 공유하는 것으로서, 서의 뜻이 뛰어나므로 홀로 '서'라는 이름을 얻는다. '중'이란 무리의 대중[徒衆]이니, 성덕聖德의 권속으로 보좌하는 무리이다. '원인'이란 연유이니, 보성이 일산을 바치면서 붓다께 보살이 불국토를 청정케 함에 대해 묻자, 붓다께서 두 가지 이익을 설해서 엄정嚴淨하는 원인으로 삼고 정종正宗으로서, 보살이 신·토身土 등을 닦아 다스리는 등의 행을 일으키시므로 '원인'이라고 이름한다. 천신과 사람이 법을 듣고 과를 얻는 것이 같지 않으므로 이것의 차별을 밝히는 것을 '이익'의 원만이라고 이름한다.

3 교주敎主를 말하는 것이다. 붓다께는 열 가지 칭호가 있는데, 이것은 곧 열 번째 이름(=범어 bhagavat의 음역어로, 지극히 존귀한 분이라는 뜻)이다.
4 교화하신 처소[化處]이다. 이는 중인도에 나라 이름을 폐사리吠舍離Vaiśālī([P]

과 함께 머무셨다.5 　　　　　　　　衆 八千人俱.

2. 대중[衆]의 원만

2.1 대중을 열거함6
2.1.1 성인 보살
(1) 보살마하살은 삼만이천 분이 계셨는데, 　菩薩摩訶薩 三萬二
① 모두가 모든 신망받는 이들[衆望]이 알아　千, 皆爲一切衆望
보는 분들로서,7 ② 큰 신통의 업을 닦아 성　所識, 大神通業 修

....

Vesālī)라고 하는 곳으로, 여기 말로는 광엄이라고 한다. 예전에 비야리毘耶離, 비사리毘舍離, 유야리維耶離라고 한 것은 모두 잘못된 것이다. 이 나라의 둘레는 5천 여 리로, 나라가 큰 도성인데, 지금은 비록 퇴락했지만 옛 터는 남아 있다. 왕궁의 서북쪽에 가람이 하나 있고, 가람의 정북쪽 12리가 암라여원菴羅女園으로 붓다께 기증한 것이다. 그 큰 도성은 다시 다른 이름이 없고 나라 이름으로 이름을 삼았다. 그래서 나라의 이름도 광엄, 도성의 이름도 역시 광엄이다. '암라'란 천축에 암몰라菴沒羅āmra라고 부르는 과일이 있는데, 지금 '몰'자가 생략된 것이다. 그 성에 여인이 있어 그 과일로 이름을 삼아 암몰라녀라고 하였다. 뛰어난 동산[勝園]이 있어 그 여인이 늘 나무를 닦고 거듭해서 수호하였으므로 '위衛'라고 이름하였는데, 여인이 이를 붓다께 기증하여 붓다께서 항상 머무셨으므로 이를 이름으로 삼은 것이다.

5 이로부터는 제2 대중의 원만이다. 중衆성취 중의 글에 다시 둘이 있다. 처음 2.1까지는 대중을 열거하는 것이고, 뒤의 2.2 이하는 위의威儀를 분별하는 것이다.
6 대중을 열거하는 것에 둘이 있다. 처음 2.1.1까지는 성인(=성인 중 성문은 앞의 1.에서 열거하였음)이고, 둘째 2.1.2는 범부이니, 보살과 성문은 성인이고, 8부와 4부대중은 범부이다. 보살 대중을 밝히는 중에 넷이 있다. (1)은 첫째 종류를 표방하고 수를 드는 것과 둘째 공덕을 찬탄하여 나타내는 것, (2)는 셋째 칭호를 열거하는 것과 넷째 총결하는 것이다.
7 공덕을 나타내어 찬탄하는 중에 41구가 있다. 처음의 40구는 공덕을 개별적으

취하였다.8 ③ 모든 붓다의 위덕威德으로 항상 가지加持되어서, ④ 법의 성[法城]을 잘 수호하고 정법正法을 능히 섭수하였다.9

⑤ 그들이 큰 사자후師子吼의 음성으로 말하면 아름다운 소리가 멀리 퍼져 시방에 두루하였고, ⑥ 모든 중생들에게 청하지 않은 선우[不請善友]가 되었으며, ⑦ 삼보의 종자를 이어서 능히 끊어지지 않게 하였고,10 ⑧ 마군의 원수[魔怨]를 항복시키고 모든 외도들을 눌렀으며, ⑨ 일체의 장애[障] 및 덮개[蓋]와 얽음[纏]을 영원히 여의었다.11

已成辦. 諸佛威德 常所加持, 善護法城 能攝正法.

[爲]<以>大師子吼聲敷演 美音遐振周遍十方, 爲諸衆生 不請善友, 紹三寶種 能使不絶,

降伏魔怨 制諸外道, 永離一切 障及蓋纏.

....

로 찬탄하는 것이고, ㊶의 1구는 덕이 깊고 넓어 다 말하기 어려움을 총결하는 것이다. 구경舊經(=구마라집 역을 가리키는 취지임. '구경'이라고 하면 '究竟'이라는 말과 혼동할 우려가 있어, 이하에서는 '구역舊譯'이라고 약칭하고, 이에 상대해 현장 역본을 가리킬 경우 '신역'이라고 약칭함)에는 38구만 있었으니, 여기에서의 ⑩과 ⑪을 합하여 구역의 ⑩의 하나로 하였고, 여기에서의 ㉛을 구역은 빠트렸으며, 여기에서의 ㉞와 ㉟를 구역은 합쳐서 ㉜의 하나로 하였기 때문에 38구만 있는 것이다.

8 개별적으로 찬탄하는 중에 21가지의 수승한 공덕이 있는데, 이 처음의 2구는 남이 고개 숙이고 밖을 교화하는 덕[他委外化德]이다. 구역에서는 '큰 지혜의 근본행을 모두 다 성취하였다'라고 하였는데, 말은 총체적이지만 근본행은 역시 신통으로 남을 이롭게 하는 것이다.

9 이 2구는 남이 보호해주고 스스로 수호하는 덕[他護自護德]이다.

10 이 3구는 남을 이롭게 함과 남을 계승함의 덕[利他繼他德]이다. 전자 중에 둘이 있으니, 설법과 선우는 둘이 되기 때문이다.

11 이 2구는 악한 사람과 법을 항복시키는 덕[降惡人法德]이다. '장애'에는 두 가지가 있으니, 첫째는 번뇌장이고, 둘째는 소지장이다. '덮개'는 수행자의 마음을 덮어 가려서 청정치 못하게 하는 것을 말하는 것으로, 이것에는 다섯 가지가 있

⑩ 그들은 새김[念]·선정[定]·총지總持에 원만하지 않은 것이 없어 ⑪ 장애 없는 해탈의 지혜문을 건립하였고, ⑫ 일체 끊임 없고 수승하며 새김, 지혜, 삼매[等持], 다라니의 변재[辯]를 얻었으며,12 ⑬ 모두가 제일가는 보시, 조복하여 적정한 지계, 편안한 인욕[安忍], 바른 정진, 선정, 반야, 방편의 선교善巧, 오묘한 서원[妙願], 힘[力], 지혜[智]의 바라밀다를 얻었고, ⑭ 무소득無所得의 불기법인 不起法忍을 이루었다.13

念定總持 無不圓滿, 建立 無障解脫智門, 逮得一切無斷 殊勝念慧 等持 陀羅尼辯, 皆獲第一布施 調伏寂靜尸羅 安忍 正勤 靜慮 般若 方便善巧 妙願力智 波羅蜜多, 成無所得 不起法忍.

....

으니, 탐욕개·진에개·혼침수면개·도거악작개·의개이다. '얽음[纏]'은 얽어매는 것이니, 자주 현행해서 수행자의 마음을 얽어매는 것이다. 이것에 여덟 가지가 있으니, 무참·무괴, 혼침·수면, 도거·악작, 질투·인색이다. 처음의 둘은 계율을 장애하고, 다음의 둘은 선정을 장애하며, 그 다음의 둘은 지혜를 장애하고, 뒤의 둘은 자타의 이익을 장애한다. 두 가지 '장애'는 일체의 잡염을 모두 다 포함하는데, 그 중에서 뛰어난 것을 들어 치우쳐 '덮개'와 '얽음'으로 든 것이다. 구역에서는 '모든 것이 청정해졌다'고 말해서 글의 뜻을 알기 어려웠다.

12 이 3구는 내적 공덕과 외적 변재의 덕[內德外辯德]이다. 내덕에 둘이 있다. 일으키는 수단과 대상이 2구가 되기 때문이니, 새김·선정·총지는 일으키는 원인이고, 해탈의 지혜문은 일으킨 대상이다. 외적 변재는 여섯 가지 변재의 공덕을 성숙하였음을 말하는 것이니, 첫째 끊임 없는 변재는 연속하여 이어져 그치지 않기 때문이고, 둘째 수승한 변재는 굴복시킬 수 없기 때문이며, 셋째 새김의 변재는 법의 일[法事]을 기억하여 말하기 때문이고, 넷째 지혜의 변재는 모든 법을 분석하기 때문이며, 다섯째 삼매의 변재는 모든 선정을 교묘하게 말하기 때문이고, 여섯째 총지의 변재는 한 글자 중에서 모든 뜻 등을 말하기 때문이다. 아래의 '변재'라는 한 글자가 위와 아래를 관통하는 것이다.

13 이 2구는 수행이 성취되고 지혜가 만족한 덕[行成智滿德]이니, 바라밀행이 성취되고, 무생인의 지혜가 만족한 것이다. 전자는 능히 피안으로 건너는 공덕을

⑮ 그들은 이미 불퇴의 법륜을 능히 따라 굴렸고, ⑯ 모두 무상無相의 묘인妙印이 찍힌 것[所印]을 얻었으며,14 ⑰ 유정의 모든 근기의 뛰어나고 열등함을 잘 알아, ⑱ 일체 대중들이 조복할 수 없던 것을 능히 길들여서 무소외를 얻었다.15 ⑲ 다함 없는 복덕과 지혜의 자량을 이미 쌓아, ⑳ 상호相好로 장엄한 신체의 색상이 제일이었으므로, ㉑ 세간에 있는 모든 장식[飾好]들을 버렸고,16 ㉒ 명성이 높고 멀리 미침은 제석帝釋을 넘어섰으며, ㉓ 의요意樂가 견고함은 마치 금강과도 같아 모든 불법佛法에 대해 무너지지 않는 믿음을 얻었으며,17 ㉔ 법보法寶의 빛을 흘리고 감로甘露의 비를 내리니, ㉕ 온갖 말 소리 가운데

已能隨轉 不退法輪 咸得 無相妙印所印, 善知 有情諸根 勝劣, 一切大衆 所不能伏 而能調御 得無所畏. 已積無盡 福智資糧, 相好 嚴身 色像第一, 捨諸世間 所有飾好, 名稱高遠 踰於帝釋, 意樂堅固 猶若金剛 於諸佛法 得不壞信, 流法寶光 澍甘露雨, 於衆言

나타낸 것이니, 곧 열 가지 바라밀다이다. 후자는 무생법인을 상속시키는 공덕이니, '기起'는 생生이고, '인忍'은 지혜이다. 세 가지 성품(=변계소집성·의타기성·원성실성) 위에서 소집所執은 없다는 것을 관찰하는 것을 '무소득'이라고 이름한다. 체가 이미 없는데 어떻게 생生 등이 있겠는가? 이 불생의 법을 관찰해서 인가하는 지혜를 일으키는 것이 곧 무생인이다.

14 이 2구는 법을 말하고 이치를 통달한 덕[說法達理德]이다. 무상의 묘인은 무상의 교教이고, 교의 소인所印은 무상의 이치를 말하는 것이다.
15 이 2구는 근기를 알고 능히 조복하는 덕[知根能伏德]이다.
16 이 3구는 인이 장엄하고 과가 성취된 덕[因嚴果遂德]이다. 과의 성취에 둘이 있으니, 묘한 체를 얻음과 악한 장식을 여읨이 2구가 되기 때문이다.
17 이 2구는 명칭이 높고 믿음이 무거운 덕[名高信重德]이다. 의요(=범어 āśaya의 역어로, 마음이 좋아하는 것이라는 의미)란 믿음[信]과 승해勝解를 체로 한다.

미묘하기 제일이었다.18

㉖ 심오한 법의 뜻이 광대한 연기緣起에서 두 가지 변견의 습기가 상속하는 것을 이미 끊었고,19 ㉗ 법을 연설함에 두려움 없음[無畏]은 마치 사자후와 같으며, ㉘ 그 강설하는 바는 천둥과도 같았으니,20 ㉙ 말하고 생각할 수 없어 말과 생각의 경계를 넘어섰다.21

㉚ 법보의 지혜를 모아 큰 인도자[大導師]가 되었고, ㉛ 정직하고 세심[審諦]하며 온화[柔和]하고 미밀微密하였으며,22 ㉜ 모든 법

音 微妙第一.

於深法義 廣大緣起 已斷 二邊見習相續, 演法無畏 猶師子吼, 其所講說 乃如雷震, 不可稱量 過稱量境.

集法寶慧 爲大導師, 正直審諦 柔和微密, 妙達 諸法難

---

18 이 2구는 법이 뛰어나고 음이 오묘한 덕[法勝音妙德]이다.
19 이 1구는 극단을 떠나 중도로 모으는 덕[離邊會中德]이다. 연기에는 세 가지가 있다. 첫째는 애비애도愛非愛道연기(=사랑할 만한 세계[愛道]와 사랑할 만하지 못한 세계[非愛道]에의 연기라는 뜻)이니, 곧 십이연생과 오온이 성품이 되어 선악취 중에 능히 현현顯現하기 때문이다. 둘째는 수용受用연기이니, 곧 6식신이 성품이 되어 능히 경계를 수용하기 때문이다. 셋째는 자성自性연기이니, 곧 근본식을 성품으로 하는 생사연기의 자성이기 때문이다. 이 세 가지 연기의 오묘한 이치는 알기 어려움을 '심오한 법의 뜻'이라고 하였고, 법의 뜻이 넓음을 '광대하다'고 하였다.
20 이 2구는 결정되고 깊고 큰 덕[決定深大德]이다. ㉗은 대중에 처하여 법을 설함에 두려움이 없는 공덕을 나타내고, ㉘은 법을 연설하는 음성이 깊고 큰 공덕을 나타낸다.
21 이 1구는 생각으로 헤아림을 뛰어넘는 덕[超出情計德]이다. '칭稱'은 언어로 말하는 것[言說]이고, '량量'은 생각으로 헤아리는 것[心度]이다.
22 이 2구는 선을 쌓고 악을 떠난 덕[積善離惡德]이다. 아첨하지 않고 교만하지 않은 것을 '정직'이라고 하고, 거칠지 않은 것을 '세심[審諦]'하다고 하며, 속이지 않고 사납지 않은 것을 '온화[柔和]'하다고 하고, 미세함을 꿰뚫고 깊음을 아는 것을 '미밀微密'이라고 이름한다.

의 보기 어렵고 알기 어려운 매우 심오한 진실한 뜻을 오묘하게 통달하였고, ㉝ 일체 있고 없음의 뜻[有趣無趣]의 의요意樂가 돌아가는 곳[所歸]으로 따라 들어가,23 ㉞ 같을 것 없는[無等等] 불지佛智의 관정灌頂을 얻어, ㉟ 힘·무외·불공불법에 다가갔다.24

㊱ 모든 두려운 악취를 이미 없애고 또한 일체 험하고 더러운 깊은 구덩이를 건넜으며, ㊲ 연기緣起의 금강 같은 도장刀仗을 영

見難知 甚深實義, 隨入一切 有趣無趣 意樂所歸, 獲無等等 佛智灌頂, 近力無畏 不共佛法. 已除 所有怖畏惡趣 復超 一切險穢深坑, 永棄 緣起金剛

....
23 이 2구는 이치를 통달하고 진실을 깨달은 덕[達理證眞德]이다. ㉜는 진실한 이치를 능히 요달한 공덕을 찬탄하는 것이고, ㉝은 공과 유가 돌아가는 궁극의 근본을 요달한 공덕을 찬탄하는 것이다. 호법종(=유식)에 의하면, '입入'은 깨달아 아는 것[證解]이고, '유'는 유위와 무위이고, '무'는 나와 내 것이다. '취趣'는 뜻의 형편[意況]이니, '유취와 무취의 의요'는 곧 유무를 반연하는 마음이다. '소귀所歸'란 중도의 도리를 말하는 것이니, 모든 붓다께서 말씀하신 바 유무로 향한 의요가 구경에 돌아가는 곳은 진여의 경계이다. 청변(=중관)에 의하면, 세속제가 '유'이고, 승의제는 '무'이니, '무'란 공이다. 이 두 가지 뜻[趣]의 의요가 구경에 돌아가는 곳은 곧 진공의 이치[眞空理]이다. 구역에서는 "중생이 왕래하면서 향하는 세계[趣]와 마음의 움직임[心所行]을 잘 알았다"라고 하였는데, 이 이치가 아니었다.
24 이 2구는 지위를 잇고 도를 계승한 덕[紹位繼道德]이다. ㉞는 장차 붓다의 지위를 이을 공덕을 찬탄하는 것이고, ㉟는 이미 붓다의 지위에 인접한 공덕을 나타내는 것이다. 대각 세존을 '무등등'이라고 이름한다. 제10지 보살은 왕자가 직위[職]를 받는 법대로, 시방의 모든 붓다께서 불지의 관정수로 심정心頂을 관정하여 붓다의 지위를 받게 하는데, 지금 이 지위를 얻어 세존을 이을 것을 나타낸다. '힘'은 십력, '무외'는 사무소외, '불공불법'은 십팔불공불법을 말하는데, 여기에서 말한 힘 등은 오직 붓다께서만 홀로 성취하시고, 지금은 부분적으로 얻어 지위를 이음에 이르렀기 때문에 '다가갔다'고 이름하였다.

원히 버렸으면서도, 항상 모든 유·취·생有趣生을 나타내 보임을 생각하고,25 ㊳ 큰 의왕醫王이 되어 처방을 잘 알고 병에 맞게 약을 주어 질병을 치유해서 안락을 주었다.26

㊴ 한량없는 공덕을 모두 성취하였고 한량없는 불국토를 모두 엄정嚴淨하였으므로,27 ㊵ 그들을 보고 듣는 자로서 이익을 받지 않는 자가 없고, 짓는 모든 일 또한 허비되는 것이 없었으니,28 ㊶ 설령 한량없는 백천 구지 나유타 겁을 지나도록 그 공덕을 찬탄한다 하여도 또한 다할 수가 없었다.

刀仗, 常思 示現諸有趣生, 爲大醫王 善知方術 應病與藥 愈疾施安.

無量功德 皆成就 無量佛土 皆嚴淨, 其見聞者 無不蒙益, 諸有所作 亦不唐捐, 設經無量 百千俱胝 那庾多劫 讚其功德 亦不能盡.

....

25 이 2구는 2변에 머물지 않는 덕[不住二邊德]이다. ㊱은 모든 악한 과보를 떠난 공덕을 찬탄하는 것이다. '두려운 악취'란 삼악취를 말하는 것이니, 삼악취의 과보는 두려워할 만한 것이기 때문이다. 인·천 중에도 험악하고 깊은 구덩이가 있으니, 무형無形(=남·여근이 없는 것)·이형二形(=남·여 2근이 함께 있는 것)·황문黃門(=남근의 기능이 온전치 못한 것) 등의 부류 및 여인 등은 모두 사람 중의 악취라고 이름한다. 이들은 구제해 건네기 어려우므로 '깊은 구덩이'라고 하였다. ㊲은 열반에 머물지 않는 공덕 얻은 것을 찬탄하는 것이다. 생사의 연기를 파괴하기 어려움은 금강과 같고, 이것이 중생을 해치는 것은 칼과 같고 몽둥이와 같다. 이 연기법은 모두 생사를 말하는 것인데, 모두 이미 영원히 떠나서 열반을 이미 증득하였지만, 그 중에 머물지 않고 삼유三有 등과 오취五趣와 사생四生을 항상 생각하고, 부류를 따라 가르치고 인도함을 나타내 보인다. 큰 지혜가 앞장서므로[爲先] 생사에 머물지 않고, 대비가 앞장서므로 열반에 머물지 않는다.
26 이 1구는 병에 맞게 약을 말해주는 덕[應病說藥德]이다.
27 이 1구는 안팎의 두 가지로 장엄한 덕[內外二嚴德]이다.
28 이 1구는 자타가 헛되지 않은 덕[自他不虛德]이다. '당唐'은 헛된 것[虛]이고, '연捐'은 버리는 것[棄]이다. 이상 40구로 공덕을 개별적으로 찬탄해 마쳤다.

(2) 그들의 이름은29 평등지로 보는 등관보살, 차별지로 보는 부등관보살, 때로 달리 보는 등부등관보살, 선정으로 신변神變 일으키는 정신변왕보살, 설법에 걸림 없는 법자재왕보살, 법에 자재한 법당보살, 방광放光에 자재한 광당보살, 광명으로 장엄한 광엄보살, 갖가지로 내면[內身] 장엄한 대엄보살, 법보 고준高峻한 보봉보살, 언사 고준한 변봉보살, 손으로 보배 수여하는 보수보살, 손에 중생에게 찍어주는 인장 가진 보인수보살, 중생 불러 수선修善 권하는 상거수보살, 선법을 주는 상하수보살, 건져주려 목을 빼고 있는 상연경보살, 중생 보면 근문根門마다 기쁨 일어나는 상희근보살, 중생 보면 왕처럼 큰 기쁨 일으키는 상희왕보살, 언사가 항복시키기 어려운 무굴변보살, 허공을 곳간 삼아 베푸는 허공장보살, 지혜의 보배 횃불 지닌 집보거보살, 법보로 길상한 일 짓는 보길상보살, 보배를 베푸는 보시보살, 제망帝網처럼 중생 위하는 제망보살, 그물처럼 대광명 비추는 광망보살, 입정에 자재한 무장정려보살, 지혜 고준한 혜봉보살, 천왕처럼 법에 자재한 천왕보살, 능히 4마 파괴하는 괴마보살, 법보의 광명 흘림이 번개처럼 자재한 뇌

其名曰　等觀菩薩, 不等觀菩薩, 等不等觀菩薩, 定神變王菩薩, 法自在菩薩, 法幢菩薩, 光幢菩薩, 光嚴菩薩, 大嚴菩薩, 寶峰菩薩, 辯峰菩薩, 寶手菩薩, 寶印手菩薩, 常擧手菩薩, 常下手菩薩, 常延頸菩薩, 常喜根菩薩, 常喜王菩薩, 無屈辯菩薩, 虛空藏菩薩, 執寶炬菩薩, 寶吉祥菩薩, 寶施菩薩, 帝網菩薩, 光網菩薩, 無障靜慮菩薩, 慧峰菩薩, 天王菩薩, 壞魔菩薩, 電天菩

....
29 개별적으로 이름을 열거하는 것이다. 그 중에 모두 56보살이 있는데, 구역에는 52분만 있었다. 여기에서 5보살(=묘혜·연화승장·삼마지왕·승마·주보개)이 더 있고, 구역에 있던 보승보살이 빠져 있다. # 이하 보살의 이름 앞에 작은 글자로 된 설명은 소에서 설명한 이름의 의미를 요약한 것이다.

천보살, 신변 나툼이 자재한 현신변왕보살, 공덕의 평등 장엄이 고준한 봉상등엄보살, 설법음이 사자후 같은 사자후보살, 설법음이 천둥 같은 운뢰음보살, 설법음이 산이 서로 부딪침 같이 두렵고 자재한 산상격왕보살, 위세가 뛰어난 코끼리 같은 향상보살, 더욱 뛰어나고 큰 대향상보살, 수행에 게으름 없는 상정진보살, 항상 선법에 머무는 불사선액보살, 지혜가 수승한 묘혜보살, 여래가에 태어난 묘생보살, 뛰어난 법보가 아직 피어나지 않은 연화승장보살, 수승한 선정이 자재한 삼마지왕보살, 연화 같은 일승의 공덕으로 장엄한 연화엄보살, 기도에 필히 응해 구원해주는 관자재보살, 중생 이익함에 큰 위세 있는 득대세보살, 범왕의 그물처럼 이익 주는 범망보살, 보장寶杖처럼 보리심 일으키는 보장보살, 덕 더 높은 이 없는 무승보살, 항상 마 누르는 승마보살, 항상 불국토 장엄하는 엄토보살, 마음의 머리에서 무위 떠나지 않는 금계보살, 지혜로 장엄함이 구슬 같은 주계보살, 자애를 성씨로 하는 자씨보살, 항상 길상한 일 권하는 묘길상보살, 사무량으로 중생 덮어주는 주보개보살로서, 이러한 등의 우두머리 보살마하살들이 삼만이천 분이셨다.30

薩, 現神變王菩薩, 峰相等嚴菩薩, 師子吼菩薩, 雲雷音菩薩, 山相擊王菩薩, 香象菩薩, 大香象菩薩, 常精進菩薩, 不捨善軛菩薩, 妙慧菩薩, 妙生菩薩, 蓮花勝藏菩薩, 三摩地王菩薩, 蓮花嚴菩薩, 觀自在菩薩, 得大勢菩薩, 梵網菩薩, 寶杖菩薩, 無勝菩薩, 勝魔菩薩, 嚴土菩薩, 金髻菩薩, 珠髻菩薩, 慈氏菩薩, 妙吉祥菩薩, 珠寶蓋菩薩, 如是等上首菩薩摩訶薩 三萬二千.

....

30 우선 덕이 높은 분들만을 들었기 때문에 '우두머리'라고 말하였다. 나머지 낮은 분들은 생략하고 다 말할 수 없었기 때문에, '불이품'의 31인은 지금 열거되지 않았다.

2.1.2 범부31

(1) 또 일만의 범천[梵]들이 있었으니, 지계持髻 범왕이 우두머리가 되어 본래 근심 없는 4대주 세계[無憂四大洲界]로부터 세존께 우러러 예배 공양하고 그리고 법을 듣고자 법회에 와 앉아 있었다.32

또 일만이천의 천제天帝들도 있었으니, 각각 다른 방향의 4대주 세계로부터 세존께 예배 공양하고 그리고 법을 듣고자 법회에 와 앉아 있었다.33

(2) 아울러 다른 큰 위력 있는 여러 천신·용·야차[藥叉]·건달바[健達縛]·아수라[阿素洛]·가루라[揭路茶]·긴나라[緊捺洛]·마후라가[莫呼洛伽]와 제석[釋], 범천[梵], 사천왕[護世] 등도 모두 다 법회에 와 앉았다.34

復有 萬梵, 持髻梵王 而爲上首 從本無憂四大洲界 爲欲瞻禮供養世尊 及聽法故 來在會坐.

復有 萬二千天帝, 各從餘方 四大洲界 亦爲瞻禮 供養世尊 及聽法故 來在會坐.

幷餘大威力 諸天龍 藥叉 健達縛 阿素洛 揭路茶 緊捺洛 莫呼洛伽, 釋梵 護世等 悉來會坐.

....
31 이하는 범부인 중생을 밝힌다. 범부 중생에 셋이 있다. 첫째 (1)은 타방의 모든 천중이고, 둘째 (2)는 위력 있는 신령[威靈] 8부로서, 이 세계의 모든 천신은 8부에 들어가며, 셋째 (3)은 수행자 4부 대중이다.
32 지계 범왕(=나계螺髻 범왕)이 우두머리가 된 것은 초선천의 범왕이기 때문이다. 구역에서는 시기尸棄Sikhin범왕 등이라고 말하였다. '근심 없다'고 한 것은 색계이니, 욕계에는 근심과 괴로움이 있기 때문이다.
33 이는 곧 타방의 제석이다. 뛰어난 천제석을 들어 나머지 타방 육욕천중을 거두는 것이다.
34 이는 위력 있는 신령 8부이다. 그 중에 둘이 있으니, 처음은 8부신중(=마후라가까지)이고, 다음은 차방의 제석·범왕·호세 4천왕 등이다. '등'이라고 한 것은 나머지 공중의 거소, 욕계 4천, 색계천 등을 등취等取(=같이 취한다는 뜻)하

(3) 그리고 모든 사부대중인 비구[苾芻]와 비구니[苾芻尼], 우바새[鄔波索迦]와 우바이[鄔波斯迦]들도 모두 법회에 와 앉았다.

及諸四衆 苾芻苾芻尼 鄔波索迦 鄔波斯迦 俱來會坐.

2.2 위의를 분별함35

그 때 세존께서는 운집한 한량없는 백천의 모든 대중들이 공경하면서 둘러싼 가운데 법을 말씀하시니, 비유하면 큰 보배의 묘고산왕妙高山王이 대해에 높고도 멀리 솟아 있는 것과 같이, 뛰어나게 갈무리된 큰 사자좌에 앉으셔서, 빛나는 위력의 광명을 나타내어 모든 대중들을 뒤덮었다.

爾時世尊 無量百千 諸來大衆 恭敬圍繞 而爲說法, 譬如 大寶妙高山王 處于大海 巍然迴出, 踞大師子勝藏之座, 顯耀威光 蔽諸大衆.

3. 원인[因]의 원만36

3.1 수행을 밝히다37
3.1.1 몸의 수행을 닦다38

....
는 것이다.
35 이는 중衆원만 중의 제2로서, 위의를 분별하는 것이다.
36 이하 제3 원인의 원만을 말하는 것에 셋이 있다. 처음 3.1은 수행을 밝히는 것으로, 일산을 바치고 찬양하는 것이고, 다음 3.2는 청익請益함을 밝히는 것으로, 물음을 일으키고 붓다께서 답하시는 것이며, 뒤의 3.3은 의심을 결단함을 나타내는 것으로, 사리자에게 의심이 생겨 성인께서 자세히 풀어주시는 것이다.
37 수행을 밝히는 것 중에 다시 둘이 있다. 처음 3.1.1.은 신행을 닦는 것[修身行]을 밝히는 것이고, 뒤의 3.1.2.는 어행을 닦는 것[修語行]을 밝히는 것이다.

(1) 그 때 광엄성에 리첩비離呫毘족의 한 보살이 있었으니, 이름을 보성寶性이라고 하였는데,39 각각 칠보七寶로써 장엄한 일산[蓋] 하나씩을 지닌 리첩비족의 5백 동자童子들과 함께 암라림으로 가서, 여래 계신 곳[如來所]을 찾아뵙고 그 일산들을 각각 세존께 봉헌하였다.

봉헌하고 나서는 세존의 두 발에 머리 엎드려 예배하고, 오른쪽으로 일곱 바퀴를 돈 뒤 한쪽에 물러나서 머물렀다.

(2) 이에 붓다의 위신력으로 모든 보배 일산을 합쳐서 하나의 일산으로 만들어 삼천대천세계를 두루 덮으니,40 이 세계의 넓고 긴 모

時廣嚴城 有一菩薩 離呫毘種, 名曰寶性, 與離呫毘 五百童子 各持一蓋 七寶莊嚴 往菴羅林, 詣如來所 各以其蓋 奉上世尊.

奉已 頂禮世尊雙足, 右繞七匝 却住一面.

佛之威神 令諸寶蓋 合成一蓋 遍覆三千大千世界, 而此世界

....
38 신행을 닦는 것을 밝히는 중에도 셋이 있다. (1)은 보성이 일산 바치는 것을 밝히는 것, (2)는 붓다께서 신통력 나타내시는 것을 밝히는 것, (3)은 대중들이 보고 기뻐 찬탄하는 것이다.
39 리첩비Licchavi족은 바라문으로 16성姓 중의 하나이다. 이름을 보성이라고 하므로, 구역(=보적寶積)과는 같지 않다. # 보성의 범어이름 'Ratnākara'는 보배를 뜻하는 ratna와 藏·積·生·性 등으로 한역될 수 있는 ākara의 합성어이므로, 보적이나 보성 어느 쪽으로도 번역될 수 있는 것이다.
40 이하는 제2 붓다께서 신통력을 나타내심이다. 그 중에 셋이 있으니, 첫째는 많은 것을 변화시켜 적게 만드는 것[變多爲少], 둘째는 작은 것을 변화시켜 크게 만드는 것[變小爲大], 셋째는 그 가운데 밝게 나타내는 것[彰現其中]이다. 여기까지는 둘이 있다. 첫째 많은 것을 변화시켜 적게 만드는 것이니, 합쳐서 하나의 일산으로 만든 것이다. 이것은 사무량심 등 갖가지 묘한 인행을 닦아 같이 하나의 진실한 법계[一眞法界]를 증득함을 나타내는 것이다. 둘째 작은 것을 변화시켜 크게 만드는 것이니, 삼천세계를 덮기 때문이다. 이것은 진여의 이치가 법

습이 모두 다 그 가운데 나타났다.41

또 이 삼천대천세계에 있는 큰 보배의 묘고 산왕妙高山王과 일체 설산雪山, 목진린타산目眞鄰陀山, 마하목진린타산摩訶目眞鄰陀山, 향산香山, 보산寶山, 금산金山, 흑산黑山, 윤위산輪圍山, 대윤위산大輪圍山과 큰 바다[大海], 강과 내[江河], 못과 샘[陂泉], 연못과 늪[池沼] 및 일백 구지拘胝에 이르는 사대주의 강[四大洲渚], 태양과 달과 별들[日月星辰], 천궁天宮과 용궁龍宮, 모든 존귀한 신들의 궁전[諸尊神宮], 그리고 모든 나라의 고을[國邑], 왕도王都, 취락聚落, 이와 같은 모두가 이 보배 일산 가운데 나타났다.

또 시방세계의 모든 붓다 여래께서 설하시는 정법正法이 모두 메아리처럼 이 일산 안에서 응하였으니, 보고 듣지 못하는 것이 없었다.

(3) 그 때 모든 대중들은 붓다의 신통력을 보고 뛰어오를듯이 기뻐하면서 일찍이 없던 일이라고 찬탄하고, 합장하여 붓다께 예배한 다음 존안尊顔을 우러러보면서 눈을 잠시도 떼지 못한

廣長之相 悉於中現.

又此 三千大千世界 所有 大寶妙高山王 一切雪山 目眞鄰陀山 摩訶目眞鄰陀山 香山 寶山 金山 黑山 輪圍山 大輪圍山, 大海江河 陂泉池沼 及 百拘胝 四大洲渚, 日月星辰 天宮龍宮 諸尊神宮 幷諸國邑王都聚落, 如是皆現 此寶蓋中.

又十方界 諸佛如來 所說正法 皆如響應 於此蓋內, 無不見聞. 時諸大衆 睹佛神力 歡喜踊躍 歎未曾有, 合掌禮佛 瞻仰尊顔 目不暫捨 黙

....
계에 두루 충만하여 없는 곳이 없음을 나타내기 때문이다.
41 셋째 영상이 일산 중에 나타나는 것에 둘이 있다. 처음은 차방이고, 뒤(='또 시방세계의 모든' 이하)는 타방세계이다. 처음에 둘이 있으니, 여기까지는 분량을 나타내고, 그 아래는 온갖 영상을 나타낸다.

채 고요히 머물고 있었다. 然而住.

3.1.2 말의 수행을 닦다[42]

그 때 보성이 곧 붓다 앞으로 나아가 오른쪽 무릎을 땅에 대고 합장하여 공경하면서, 오묘한 게송[妙伽他]으로써 붓다를 찬탄하여 노래하였다.[43]

爾時 寶性 卽於佛
前 右膝著地 合掌
恭敬, 以妙伽他 而
讚佛曰.

① 청정한 눈 길고 넓어 묘단엄妙端嚴하며
　밝기는 푸른 감색 연꽃잎 같고
　제일가는 맑은 의요意樂 뛰어난 선정
　피안으로 건너가심 증득하셨고

目淨脩廣妙端嚴
皎如靑紺蓮花葉
已證第一淨意樂
勝奢摩陀到彼岸

② 끝이 없는 청정한 업 오래 쌓으셔
　광대하고 뛰어난 명성 얻으셨으니[44]

久積無邊淸淨業
獲得廣大勝名聞

....
42 이하는 어행을 닦는 것이다. 재물(=일산) 공양으로 부족하여 신체로 예배하고, 신체 공양으로 부족하여 게송으로 찬탄하는 것이다.
43 여기에 19게송 반이 있는데(=6행으로 되어 있는 ④의 게송은 포탈라본과 티베트어역본에는 1게송으로 되어 있으므로, 여기에서도 6행을 1게송으로 묶은 관계로 19게송으로 되어 있음에 유의를 요함. 구역도 ③의 4행과 ④의 2행이 신역의 ④에 해당하는 것으로 마찬가지이지만, 4행씩 18게송으로 되어 있으므로 분리된 대로 두었음), 구역에서는 18게송이 있었다. 그 중에 셋이 있다. 처음 ⑪까지의 11게송 반(구역은 10게송 반)은 앞의 일을 따와 찬양하는 것이고, 다음 ⑮까지의 4게송(구역과 비슷함)은 여러 이익을 열거하여 찬탄하는 것이며, 뒤의 ⑲까지의 4게송(구역은 3게송 반)은 개별적인 덕을 서술하고 하나하나 귀경하는 것이다.

이에 저는 매우 깊은[希夷] 적멸의 길로	故我稽首大沙門
이끄시는 대사문께 계수稽首합니다45	開導希夷寂路者

③ 대성大聖께서 신변神變으로 널리 나투신	既見大聖以神變
시방세계 무량 국토 이미 보았고	普現十方無量土
그 중에서 모든 붓다 법 설하시니	其中諸佛演說法
이 모든 것 빠짐 없이 보고 들었네	於是一切悉見聞

④ 법왕님의 법의 힘은 군생群生을 넘고	法王法力超群生
쉬지 않고 모두에게 법재法財 주시며	常以法財施一切
가지가지 법의 모습 분별 잘 하되	能善分別諸法相

....

44 처음 11게송반에 둘이 있다. 처음 10게송 반(구역은 9게송 반)은 앞의 일을 따와 찬양하는 것, 뒤의 ⑪의 1게송은 영상을 나타내는 뜻을 밝히는 것이다. 처음 중에 다시 둘이 있다. 처음의 3게송(구역은 2게송)은 타방을 나타냄을 따온 것, 뒤의 ④ 이하의 7게송 반은 차방을 나타냄을 따온 것이다. 처음 중에 다시 둘이 있으니, 처음 2게송은 붓다의 여섯 가지 청정을 찬탄하는 것이고, 뒤 ③의 1게송은 시방을 나타낸 것을 따온 것이다. 이 처음에도 다시 둘이 있으니, 처음 1게송 반은 6덕을 찬탄하는 것이고, 뒤 ②의 후반 게송은 맺고 예경하는 것이다. 여섯 가지 청정이라 함은 눈의 청정, 의요의 청정, 선정의 청정, 도피안의 청정, 업의 청정, 명성의 청정이다. 붓다의 의요는 청정하고, 잡된 의요 없이 순수히 중생을 이롭게 하는 것이어서 무엇보다 뛰어나기 때문에 '제일'이라고 이름하였으며, 이것은 증득된 보리의 품류이기 때문에 '증득[證]'이라는 이름을 붙였다. 이 '증제일정證第一淨'이라는 말은 뒤의 '선정' 등에까지 통하는 것이다. '도피안'이란 보리와 열반이다.

45 '희이希夷'란 열반궁이다. 들으려고 해도 들을 수 없는 것을 '희'라고 하고, 쥘려고 해도 쥘 수가 없는 것을 '이'라고 한다. 희이의 체는 '고요함[寂]'이니, 생사를 고요하게 했기 때문이고, 성품이 본래 고요하기 때문이다. '계'는 닿는 것[至]이고, '수'는 머리이니, 머리를 땅에 대기 때문에 계수라고 한다.

제일의를 관찰하여 원적怨敵 꺾으서　　　　觀第一義摧怨敵
　　모든 법에 자재 이미 얻으셨으니　　　　　已於諸法得自在
　　그러므로 이 법왕께 계수합니다46　　　　是故稽首此法王

　　5 설하는 법 있지 않고 없지도 않아　　　　說法不有亦不無
　　　일체 모두 인연으로 설 수 있는 것　　　　一切皆得因緣立
　　　나[我]도 없고 작자[造] 수자受者 모두 없지만　無我無造無受者
　　　선한 업도 악한 업도 없지 않다네47　　　善惡之業亦不亡

....

46 이하의 7게송 반은 차방을 나타낸 것을 따와서 찬양하는 것이다. 그 중에 둘이 있으니, 처음의 6게송 반은 붓다의 세 가지 덕을 찬탄하는 것이고, 뒤 10의 1게송은 차방을 나타낸 것을 따온 것이다. 처음 중에 다시 셋이 있다. 처음 4의 1게송 반은 진실을 응시하면서 교화를 일으키는[凝眞起化] 붓다의 덕을 찬탄하는 것이고, 다음 5 내지 8의 4게송은 과를 얻고 중생을 이롭게 하는[得果利生] 붓다의 덕을 찬탄하는 것이며, 뒤 9의 1게송은 위순에 움직이지 않는[違順不動] 붓다의 덕을 찬탄하는 것이다.
　　붓다께서 후득지로 법의 자상과 공상을 능히 잘 분별하신다. 법을 베풀어주실 때 밖으로 이 작용을 일으키면서도, 무분별지로 항상 제일의를 관찰하신다. 제일의란 승의이니, 승의의 체는 곧 진여이다. '원적을 꺾는다'고 한 것은 안으로 진실한 뜻을 관찰하여 3마(=번뇌마·음마·사마)를 파괴하고, 밖으로 교화하는 작용을 일으켜 능히 천마를 파괴하므로, 원적을 꺾는다고 하였다. 구역에서는 이 뜻 없이 '움직임 없다[而不動]'라고 하였는데, 마의 원수에 의해 움직여 어지럽혀지지 않기 때문이다.
47 이하 4게송의, 과를 얻고 중생을 이롭게 하시는 덕 중에 둘이 있다. 처음 2게송은 과를 얻는 것이고, 뒤의 2게송은 중생을 이롭게 하는 것이다. 처음 중에 둘이 있으니, 처음 5는 설하시는 것이 이치를 다한 과[所說窮理果]이고, 뒤의 6은 증득하신 것이 진실을 다한 과[所證窮眞果]이다.
　　청변은 해석해 말한다. 붓다께서 설하시는 모든 법은 있지 않으니, 공하기 때문이고, 또한 없지 않으니, 있기 때문이다. 세속제에 의하면 법의 모습[法相]이 없지 않고, 승의제에 의하면 법의 모습은 있지 않다고 하는 것이다.

6 처음에는 보리수 밑 마 항복 받고 　　　　始在佛樹降魔力
　감로의 멸滅 수승 보리 얻으셨으니 　　　　得甘露滅勝菩提
　심의心意로써 받고 행함 있을 수 없어 　　　此中非心意受行
　외도 같은 사도들[群邪]은 생각도 못해48 　　外道群邪所不測

7 대천세계 법바퀴를 세 번 굴리셔 　　　　三轉法輪於大千
　고요하게 하셨지만 본성도 고요 　　　　　其輪能寂本性寂
　있기 힘든 법의 지혜 천天·인人 깨닫고 　　希有法智天人證
　이에 삼보 이 세상에 나타나셔서49 　　　　三寶於是現世間

8 이와 같은 묘법으로 군생群生 건지니 　　　以斯妙法濟群生
　생각[思] 없고 공포[怖] 없이 편안 고요해 　無思無怖常安寂
　생노사를 건네주신 대의왕大醫王님의 　　度生老死大醫王
　끝 없는 공덕 바다에 계수합니다 　　　　　稽首無邊功德海

9 세간 팔법 부동不動함은 산왕山王과 같고 　八法不動如山王
　선과 불선 가림 없이 자비하시며 　　　　　於善不善俱慈愍

....
48 여기에서 말한 열반과 보리는 일체의 분별하는 마음[分別之心]으로 감수하거나 행하는 것[所受所行]이 아니고, 또한 일체 사량하는 의식[思量之意]으로 감수하거나 행하는 것이 아니며, 무분별지의 소연이다. '수'란 받아들이는 것[領納]이고, '행'이란 반연하여 사려[緣慮]하는 것이다.
49 이하 2게송에서 중생을 이롭게 함을 밝히는 것에 둘이 있다. 처음 7의 1게송은 법륜을 굴려 삼보가 출세하였음을 밝힌 것이고, 뒤 8의 1게송은 군생에게 이를 주어 능히 생사를 건너게 하는 것이다. '법의 지혜[法智]'라고 말한 것은 삼승이 얻은 무루의 정지正智이다. 이 때 천·인들도 바야흐로 증득할 수 있었다.

마음 행함 허공 같이 평등하시니　　　　　心行如空平等住
　　이 능인能仁을 누구라서 공경 않으리50　　孰不承敬此能仁

10 　작은 일산 세존에게 봉헌했더니　　　　　以斯微蓋奉世尊
　　그 가운데 삼천세계 모든 천신과　　　　　於中普現三千界
　　용신들의 궁전까지 두루 나툴새　　　　　諸天龍神宮殿等
　　지견智見 공덕 갖춘 분께 예배합니다51　　故禮智見功德身

11 　열 가지 힘 신변으로 세간 보임은　　　　十力神變示世間
　　일체 모두 빛 그림자[光影]와도 같지만　　一切皆如光影等
　　본 대중들 미증유라 경탄들 하니　　　　　衆睹驚歎未曾有
　　십력 갖춘 대지견大智見께 예배합니다52　故禮十力大智見

12 　대중들은 대모니大牟尼를 우러러 보고　　衆會瞻仰大牟尼
　　마음 속에 맑은 믿음 모두 다 내어　　　　靡不心生淸淨信
　　각자 앞에 세존 계심 보게 되는 것　　　　各見世尊在其前

....
50 이는 제3 위순違順에 움직이지 않는 붓다의 덕이다. '팔법'이란 이·쇠·훼毁·예譽·칭稱·기譏·고·락이다. 등 뒤[背面]에서 나쁘게 말하는 것이 훼, 좋게 말하는 것이 예이고, 면전[對面]에서 좋게 말하는 것이 칭, 나쁘게 말하는 것이 기이다. '선'이라고 한 것은 좋은 중생, '불선'이라고 한 것은 나쁜 중생을 말한다. '능인'이라고 한 것은 석가이다. 능하고 어진 것은 붓다의 본래 성품이다.
51 이 1게송은 일산이 영상을 나타낸 것을 따온 것이다.
52 이는 앞의 일을 따와 찬양하는 것 중의 제2 일산 안에 영상을 나타낸 연유를 밝히는 것이니, 세간은 모두 성품이 실제가 아님을 현시하는 것이다. 모두 빛의 그림자처럼 있는 듯 어리석은 범부를 속이지만 있는 것이 아니니, 허위임을 알게 해서 집착을 내지 않게 하는 것이다. 구역에는 이 뜻이 없었다.

이런 일은 여래만의 불공상不共相이네53	斯則如來不共相
⑬ 붓다께선 한 음[一音]으로 법 설하시나	佛以一音演說法
중생들은 종류 따라 제각각 알고	衆生隨類各得解
세존 말씀 자기 말과 같다고 하니	皆謂世尊同其語
이런 일은 여래만의 불공상이네54	斯則如來不共相
⑭ 붓다께서 한 음으로 법 설하시나	佛以一音演說法
중생들은 근기 따라 알아 듣고서	衆生各各隨所解
받고 행함 널리 얻어 이익 얻으니	普得受行獲其利
이런 일은 여래만의 불공상이네	斯則如來不共相
⑮ 붓다께선 한 음으로 법 설하시나	佛以一音演說法
공포하는 이 있지만 환희도 하고	或有恐畏或歡喜
염리厭離하는 이 있지만 의심도 끊는	或生厭離或斷疑
이런 일은 여래만의 불공상이네	斯則如來不共相

....

53 두 번째 큰 단락 여러 이익을 열거하여 찬탄함에 둘이 있다. 처음 ⑫는 몸으로 이익함[身益]이고, 뒤의 3게송은 말로 이익함[語益]이다.
54 말로 이익함을 밝히는 것에 셋이 있다. 붓다에게는 4무애해가 있는데, 변辯무애를 찬탄하지 않은 것은, 세 가지(=아래의 사詞·법法·의義)에 막힘 없이[無滯] 말하는 것이 곧 변재[辯]이기 때문이다. ⑬은 사詞무애해를 찬탄하는 것이니, 모든 지방의 말을 따라 음에 막힘이 없는 지혜이고, ⑭는 법法무애해를 찬탄하는 것이니, 말하는 법에 막힘이 없는 지혜이며, ⑮는 의義무애해를 찬탄하는 것이니, 말하는 이치에 막힘이 없는 지혜이다.

16 진실[諦]에 용맹한 십력께 계수합니다 稽首十力諦勇猛
 무소외를 얻은 분께 계수합니다 稽首已得無怖畏
 불공 선정 이른 분께 계수합니다 稽首至定不共法
 다 이끄는 대도사大導師께 계수합니다 稽首一切大導師

17 온갖 결박 끊은 분께 계수합니다 稽首能斷衆結縛
 저 언덕에 머무는 분께 계수합니다55 稽首已住於彼岸
 고된 중생 건지는 분께 계수합니다 稽首普濟苦群生
 생사 의지 않는 분께 계수합니다 稽首不依生死趣

18 유정 같이 향하는 곳[趣] 이미 도달해 已到有情平等趣
 모든 세계[趣] 마음 해탈 잘 하셨으니56 善於諸趣心解脫
 모니께선 이와 같이 공空을 잘 닦아 牟尼如是善修空
 연꽃들이 물에 젖지 않음과 같이 猶如蓮花不著水

19 일체 표상[相] 모두 버려 버릴 것 없되 一切相遣無所遣

....
55 세 번째 큰 단락, 개별적으로 덕을 서술하여 하나하나 귀경함에 아홉의 계수稽首함이 있다. 첫째 16의 제1행은 정진을 찬탄하는 것, 둘째 제2행은 두려움 여의었음을 찬탄하는 것, 셋째 제3행은 선정 얻었음을 찬탄하는 것, 넷째 제4행은 인도하시는 우두머리[導首]를 찬탄하는 것, 다섯째 17의 제1행은 번뇌 여의었음을 찬탄하는 것, 여섯째 제2행은 과보 얻었음을 찬탄하는 것이다. 처음에 '제諦'라고 한 것은 진실[實]이다.
56 일곱째 17의 제3행은 자비를 찬탄하는 것, 여덟째 제4행부터 18의 제2행까지는 과보 얻었음을 찬탄하는 것이다. 생사에 의지하지 않는 것은 세간을 벗어났기 때문이다. 유정이 평등하게 향하는 것을 얻었다는 것은 열반을 증득하셨기 때문이니, 열반은 유정들이 평등하게 향하는 곳[所趣]이기 때문이다.

일체 서원 만족하여 소원도 없어 　　　　一切願滿無所願
큰 위신을 갖춘 힘은 부사의하며 　　　　大威神力不思議
허공처럼 머묾 없는 분께 계수합니다57 　稽首如空無所住

3.2 청익請益함을 밝히다58

3.2.1 청익하고 칭찬하며 대답하다

(1) 그 때 보성은 이 게송을 노래하여 세존을 찬탄하고 나서 다시 붓다께 말씀드렸다.

"이와 같이 오백 동자의 보살은 모두 이미 아뇩다라삼먁삼보리로 향해 나아가고 있습니다. 그들은 모두 저에게 불국토[佛土]를 엄정嚴淨하는 것을 묻습니다.59 오직 여래께서 가엾게

爾時 寶性 說此伽他
讚世尊已 復白佛言.
"如是 五百童子菩
薩 皆已發趣 阿耨
多羅三藐三菩提.
彼咸問我 　嚴淨佛

----

57 아홉째 ⑱의 제3행 이하는 진공을 증득하였음을 찬탄하는 것이다. 호법護法은 해석하여 말한다. '공을 잘 닦았다'고 함에서 공에는 두 가지가 있다. 하나는 순야舜若śūnya라고 하니, 이것은 단지 공이라고만 한다. 공이라는 것은 없다는 것이니, 곧 변계소집遍計所執이다. 다른 하나는 순야다舜若多śūnyatā라고 하니, 여기에서는 공성空性이라고 한다. 공의 성품이기 때문이다. 체는 곧 진여로서, 성품이 있는 것이다. 소집의 공을 잘 닦았기 때문에 일체의 상을 버리고, 원성실의 공성을 잘 닦았기 때문에 일체의 서원을 만족한다. 이에 의해 허공과 같이 머묾 없는 붓다께 귀의하는 것이다. 구역은 비슷하지만, 글이 모자란다.
58 이하는 원인의 원만을 말하는 것 중의 제2 자세히 가르쳐 주셔서 이익되게 해주시기를 청함請益을 밝히는 것이다. 그 중에 넷이 있다. 처음 3.2.1의 (1)은 보성이 청익함을 밝히는 것, 둘째 (2)는 붓다께서 칭찬하고 듣도록 타이름을 밝히는 것, 셋째 (3)은 보성이 공경히 대답하는 것, 넷째 3.2.2는 여래께서 자세히 설하심을 밝히는 것이다.
59 여기에 두 가지 뜻이 있다. 장엄 청정케 할 국토, 곧 국토의 모습[土相狀]과, 불국토를 장엄 청정하게 닦는 것, 곧 국토의 원인[土之因]이다. 그래서 물음에 둘이

여기서서 청정한 불국토의 모습[淨佛土相]과 보살은 어떻게 불국토를 청정케 함을 닦는지[修淨佛土] 말씀하여 주시기만을 바랄 뿐입니다."

(2) 이 말을 마치자 붓다께서 말씀하셨다.

"보성이여, 훌륭하고 훌륭하구나. 그대는 지금 마침내 모든 보살들을 위해 여래에게 청정한 불국토의 모습을 청하여 묻고, 그리고 보살이 불국토를 청정케 함을 닦는 것에 대해 물을 수 있었구나. 그대는 이제 자세히 듣고 이것을 잘 사유해 새기라. 그대들을 위해 분별하여 해설해 주리라."

(3) 이에 보성과 모든 보살들은 모두 이렇게 말하였다.

"감사합니다, 세존이시여. 부디 말씀해 주시기 바랍니다. 저희들은 이제 모두 듣고 받기를 바랍니다."

土. 唯願 如來哀愍 爲說 淨佛土相, 云何 菩薩 修淨佛土."

作是語已, 佛言.

"寶性, 善哉善哉. 汝今乃能 爲諸菩薩 請問如來 淨佛土相, 及問 菩薩修淨佛土. 汝今諦聽 善思念之. 當爲汝等 分別解說."

於是寶性 及諸菩薩 咸作是言.

"善哉, 世尊. 唯願 爲說. 我等今者 皆希聽受."

3.2.2 여래께서 자세히 설하시다60

....

있으니, 첫째 청정한 불국토의 모습을 묻는 것과, 둘째 그것을 닦는 원인을 묻는 것이다. 구역에서는 "국토를 청정케 하는 행을 듣기 원합니다."라고 하여, 오직 원인만을 묻고 국토의 모습은 묻지 않았다.

60 넷째 여래께서 자세히 설하심을 밝히는 것에 큰 글 둘이 있다. 처음 (1)은 앞의 물음에 답하는 것이고, 뒤의 (2)는 마음을 장엄할 것을 권하는 것이다.

그 때 세존께서는 모든 보살들에게 말씀하셨다.

爾時 世尊 告衆菩薩.

(1) 앞의 물음에 답하시다61

  (가) 국토의 모습을 답하시다62

    (ㄱ) "모든 유정들의 국토[諸有情土]가 보살의 엄정한 불국토[嚴淨佛土]이다.63

    (ㄴ) 까닭이 무엇인가?64

"諸有情土 是爲菩薩 嚴淨佛土. 所以者何?

....

61 물음에 답하는 것에도 둘이 있다. 먼저 (가)는 국토의 모습을 답하는 것이고, 뒤의 (나)는 장엄하는 원인을 답하는 것이다.
62 국토의 모습을 답하는 것 중에 셋이 있다. 처음 (ㄱ)은 총체적으로 표방하는 것, 다음 (ㄴ)은 개별적으로 나타내는 것, 뒤의 (ㄷ)은 연유를 해석하는 것이다.
63 범부의 국토[凡土]에 둘이 있으니, 첫째는 유정세간이고, 둘째는 기세간이다. 성인의 국토[聖土]에도 둘이 있으니, 첫째는 보살이고, 둘째는 보토[寶土]이다. 이 두 가지를 합쳐서 가명으로 국토[土]라고 한다. 유정 등을 떠나서는 따로 국토가 없기 때문이다. 유정이 있음으로 말미암아 비로소 기세계가 있고, 유정이 보살이 될 때 기세계도 보토로 변한다. 보살이 본래 모든 유정을 교화하여 세간을 벗어나게 하고자 해서 방편으로 예토를 변화시켜 보토로 만들지만, 근본적으로 기세계를 변화시켜 정토를 만들지는 않는다. 그래서 지금 모든 유정의 국토가 보살이 수행하여 장엄 청정해야 할 불국토임을 표방한 것이다. 구역에서는 "중생의 무리가 보살의 불국토[衆生之類是菩薩佛土]"라고 하여, 글의 뜻이 같지 않다.
64 아래에 다섯 겹이 있다. 구역에는 네 겹만 있고, 여기에서의 제2의 것이 빠져 있는데, 처음의 둘을 합치면 구역의 하나가 될 수도 있다. 다섯을 나누면 둘이 된다. 처음의 둘은 중생이 발심 수행함을 따라 곧 그 국토를 거둠으로써 불국토를 장엄하는 것을 밝히는 것이고, 뒤의 셋은 중생이 응당 이만큼의 엄정한 불국토로써 성숙될 것[得成熟]이라고 함을 따라 곧 그만큼의 불국토를 섭수한다는 것을 밝히는 것이다. 혹은 처음은 중생을 거두는 것이고, 뒤는 수행을 거두는 것이다. 두 가지가 뜻은 비록 다르지만, 단지 중생의 국토를 장엄하는 것으로써 불국토를 장엄하는 것으로 삼는다.

선남자들이여, 일체 보살들은 ① 모든 유정들이 증장增長하고 요익饒益함을 따라 곧 엄정한 불국토[嚴淨佛土]를 섭수攝受65하고, ② 모든 유정들이 갖가지 청정한 공덕을 일으킴을 따라 곧 엄정한 불국토를 섭수하며,66 ③ 모든 유정들은 응당 이만큼의 엄정한 불국토[如是嚴淨佛土]로써 조복될 것[得調伏]이라고 함을 따라 곧 그만큼의 불국토[如是佛土]를 섭수하고, ④ 모든 유정들은 응당 이만큼의 엄정한 불국토로써 붓다의 지혜[佛智]에 깨달아 들어갈 것[悟入]이라고 함을 따라 곧 그만큼의 불국토를 섭수하고, ⑤ 모든 유정들은 응당 이만큼의 엄정한 불국토로써 성인의 근행[聖根行]을 일으킬 것이라고 함을 따라 곧 그만큼의 불국토를 섭수하기 때문이다.67

諸善男子, 一切菩薩 隨諸有情 增長饒益 卽便攝受 嚴淨佛土, 隨諸有情 發起種種 淸淨功德 卽便攝受 嚴淨佛土, 隨諸有情 應以如是 嚴淨佛土 而得調伏 卽便攝受 如是佛土, 隨諸有情 應以如是 嚴淨佛土 悟入佛智 卽便攝受 如是佛土, 隨諸有情 應以如是 嚴淨佛土 起聖根行 卽便攝受 如是佛土.

---

65 # 여기에서 '섭수'한다는 것은 얻는다, 취득한다는 정도의 의미이다. 이 경전의 영역본은 이를 'acquire'라고 표현한다.
66 처음 중에 둘이 있으니, ①은 중생이 선을 내고 악을 여의는 것으로써 엄정을 거두는 것을 밝히는 것, ②는 중생이 복덕과 지혜를 일으키는 것으로써 엄정을 거두는 것을 밝히는 것이다. '증장'이란 선을 일으키기 때문이고, 혹은 발심하기 때문이며, '요익'이란 악을 여의기 때문이고, 혹은 수행하기 때문이다.
67 아래의 세 겹에는 둘이 있다. 처음 ③은 중생이 이만큼의 엄정한 불국토로써 악을 그칠 것[息惡]이라고 함을 따라 그만큼의 국토를 거두는 것, 뒤의 ④·⑤는 중생이 이만큼의 엄정한 불국토로써 선을 얻을 것[獲善]이라고 함을 따라 그만큼의 국토를 거두는 것이다. '응당 이만큼의 엄정한 불국토로써'라고 한 것은, 모든 보살이 일체의 뛰어난 행을 닦는 것을 '엄정한 국토'라고 말한 것이니, 국

(ㄷ) 까닭이 무엇인가 하면, 여러 선남자들이여, 보살이 엄정한 불국토를 섭수하는 것은, 모두 유정들이 증장하고 요익하며 갖가지 청정한 공덕을 일으키게 하기 위한 것이기 때문이다.68

여러 선남자들이여, 비유하면 어떤 사람이 빈 땅에서 집을 조립하고 혹은 다시 장엄하고자 한다면 뜻대로 걸림이 없겠지만, 만약 허공에서라면 끝내 이룰 수 없는 것과 같다.69 보살도 이와 같아서 일체법은 모두 허공과 같음을 알면서도, 오직 유정들이 증장하고 요익하며

所以者何　諸善男子, 菩薩 攝受嚴淨佛土, 皆爲 有情增長饒益 發起種種淸淨功德.

諸善男子, 譬如有人 欲於空地　造立宮室 或復莊嚴　隨意無礙, 若於虛空　終不能成. 菩薩如是　知一切法 皆如虛空, 唯爲 有情

....

토를 엄정하는 원인이기 때문이다. 여기에서의 뜻은, 모든 중생들이 응당 이만큼의 보살의 묘행妙行으로써 악을 그칠 것이라고 함을 따라 곧 이 보살의 묘행을 섭수한다는 것이다.

'조복'이란, 신·어업 등을 조화 제어하고, 모든 번뇌와 업을 제복制伏하여 소멸시키는 것이다. ④·⑤의 선을 얻는 것에는 둘이 있으니, ④는 과보의 선[果善]을 얻는 것이고, ⑤는 원인의 선[因善]을 얻는 것이다. '성인의 근행'이란 성근聖根은 보리심이고, 성행聖行은 이후의 수행이다. 혹은 성근은 신근信根 등의 5근이고, 성행은 나머지 만행이다. 혹은 성근은 무루의 지혜이고, 성행은 나머지 다른 원인이다. 혹은 성근이 곧 행이니, 행이 근본이 되어 성聖을 얻기 때문이다.

68 연유를 해석함에 둘이 있다. 처음 여기까지는 연유를 해석하는 것이고, 뒤는 비유를 들어 나타내는 것이다. 여기에서 묻는 뜻은, 앞에서 모든 유정들의 국토가 곧 보살의 엄정한 불국토라고 말하였는데, 무슨 까닭이 있어 지금은 모든 유정들이 증장 요익함을 따라 곧 그 중생을 거두는 것으로써 그 국토를 장엄하는 것이라고 말하는가 라는 것이다.

69 비유로써 나타냄 중 여기까지는 비유이고, 그 아래는 합이다. 비유에 넷이 있으니, 사람, 빈 땅, 집과 장엄, 허공이다.

청정한 공덕을 내게 하기 위하여 곧 이와 같은 불국토를 섭수하는 것이니,70 이와 같이 청정한 불국토를 섭수하는 것은 허공에서가 아닌 것이다.71

增長饒益　生淨功德 卽便攝受　如是佛土, 攝受　如是淨佛土者 非於空也.

(나) 장엄하는 원인을 답하시다72

㈀ 또 다음 보성이여, 그대들은 이와 같이 알아야 한다.

復次　寶性, 汝等當知.

(a) 위 없는 보리에 대한 마음[無上菩提心]을 일으킨 국토가 보살의 엄정한 불국토이

發起　無上菩提心土 是爲菩薩嚴淨佛土,

---

70 사람은 보살과 같고, 허공은 소집所執의 인·법의 체는 없는 것과 같으니, 법이 근본이 되기 때문에 단지 법공만을 말하였다. 그 빈 땅이란 의타성을 비유한 것이고, 일체의 유정이 집을 조립하고 장엄하는 것 등은 그 유정이 증장하고 요익하며 청정한 공덕을 내어 원성실을 증득해서 곧 이와 같은 불국토를 섭수하는 것을 비유하는 것이다.

71 보살을 제외한 일체의 유정이 그 소집所執의 공무空無인 법에서 불국토를 섭수하는 것은 반드시 이룰 수 없다. 이는 반대로 반드시 유정이 증장하고 요익하며 청정한 공덕을 내는 의타성에서 원성실을 증득해야 함을 나타낸다.

72 이하 제2 엄정하는 원인을 답하는 것에 둘이 있다. 처음 ㈀은 장엄하는 원인을 답하는 것, 뒤의 ㈁은 장엄하는 원인이 이익하는 바를 나타내는 것이다. 처음에 18가지의 엄정하는 행이 있다. 구역에는 17가지가 있고, 여기의 세 번째 것이 없었다. 열여덟 가지를 나누면 일곱(=뒤의 (o)가 빠져 있으므로 '여덟 가지'가 되어야 함. 뒤의 (o)에서도 이것을 '제7단'이라고 표현하고 있음)이 된다. 처음의 넷은 글과 같고, 6바라밀은 합하여 모든 장애를 그침[止息諸障]이라고 이름하며, (k) 내지 (n)의 사무량·사섭법·선교방편·보리분의 4법은 일으킴을 말하는 것[發起說]이라고 이름하고, 무가를 그침[息無暇]·스스로 계행을 지킴[自守戒行]·십선업도의 셋은 적정이라고 이름하기 때문이다. 모두 두 글씩이 있으니, 앞은 모두 인행을 내는 것[出因行]이고, 뒤는 모두 득과를 나타내는 것이다.

니, 보살이 대보리를 증득할 때에 대승의 마음을 일으킨 일체의 유정들이 그 나라에 와서 태어날 것이다.73

(b) 순수한 의요[純意樂]의 국토가 보살의 엄정한 불국토이니, 보살이 대보리를 증득할 때에 아첨하지 않고[不諂] 속이지 않는[不誑] 모든 유정들이 그 나라에 와서 태어날 것이다.74

(c) 잘된 가행[善加行]의 국토가 보살의 엄정한 불국토이니, 보살이 대보리를 증득할 때에 오묘하고 잘된 가행[妙善加行]을 일으켜 주지住持한 일체의 유정들이 그 나라에 와서 태어날 것이다.75

(d) 높은 의요[上意樂]의 국토가 보살의 엄정한 불국토이니, 보살이 대보리를 증득할 때에 선법善法을 완전하게 성취한 유정들이

菩薩 證得大菩提時 一切發起 大乘有情 來生其國.

純意樂土 是爲菩薩 嚴淨佛土, 菩薩 證得大菩提時 所有不諂不誑有情 來生其國.

善加行土 是爲菩薩 嚴淨佛土, 菩薩 證得大菩提時 發起住持 妙善加行 一切有情 來生其國.

上意樂土 是爲菩薩 嚴淨佛土, 菩薩 證得大菩提時 具足成就

....

73 앞의 글에서 "모든 유정들의 국토가 보살의 엄정한 불국토"라고 하였기 때문에, 보살이 스스로 발심한 국토가 곧 엄정하는 원인이라고 말하는 것이다. 안의 원인이 이미 그러하므로, 밖으로 대승의 마음을 일으킨 유정이 그 나라에 와서 태어나는 것을 감응한다. 구역에서의 제3 대보리심에 해당하는 것이다.
74 의요가 안으로 순수하고 맑기 때문에, 첨곡諂曲하지 않고 허광虛誑하게 잘못 깨닫지 않은 중생이 그 나라에 와서 태어나는 것이니, 안으로 순선純善을 곧게 닦았기 때문이다. 구역에서는 '곧은 마음[直心]'이라고 하였다.
75 이것은 구역에 없던 것이다. 복덕과 지혜를 승묘하게 닦는 것을 '잘된 가행'이라고 이름하였다.

그 나라에 와서 태어날 것이다.76

(e) 보시布施를 닦는 국토가 보살의 엄정한 불국토이니,77 보살이 대보리를 증득할 때에 능히 재물과 법을 버린 일체 유정들이 그 나라에 와서 태어날 것이다.

(f) 청정한 계[淨戒]를 닦는 국토가 보살의 엄정한 불국토이니, 보살이 대보리를 증득할 때에 열 가지 선업도[十善業道]와 의요意樂를 원만하게 성취한 유정들이 그 나라에 와서 태어날 것이다.

(g) 안온한 인욕[安忍]을 닦는 국토가 보살의 엄정한 불국토이니, 보살이 대보리를 증득할 때에 삼십이상三十二相으로 그 몸을 장엄하고 인욕을 감당[堪忍]하여 온화[柔和]하고 적정寂靜한 유정들이 그 나라에 와서 태어날 것이다.

(h) 정진精進을 닦는 국토가 보살의 엄정한 불국토이니, 보살이 대보리를 증득할 때에 매우 용맹하게 정진한 모든 유정들이 그 나라에 와서 태어날 것이다.

善法有情 來生其國.
修布施土 是爲菩薩嚴淨佛土, 菩薩 證得大菩提時 一切能捨財法有情 來生其國.
修淨戒土 是爲菩薩嚴淨佛土, 菩薩 證得大菩提時 圓滿成就 十善業道 意樂有情 來生其國.
修安忍土 是爲菩薩嚴淨佛土, 菩薩 證得大菩提時 三十二相 莊嚴其身 堪忍柔和 寂靜有情 來生其國.
修精進土 是爲菩薩嚴淨佛土, 菩薩 證得大菩提時 諸善勇猛精進有情 來生其國.

....

76 무릇 선을 닦을 때에 증상하고 맹렬한 위세를 일으키는 것을 '높은 의요'라고 이름하였다.
77 이하의 육바라밀은 합해서 '그침[止息]'이라고 이름한다. 장애를 그치기 때문이다.

(i) 선정[靜慮]을 닦는 국토가 보살의 엄정한 불국토이니, 보살이 대보리를 증득할 때에 바른 알아차림[正念]과 바른 앎[正知]과 바른 선정[正定]을 구족하게 성취한 유정들이 그 나라에 와서 태어날 것이다.

(j) 반야般若를 닦는 국토가 보살의 엄정한 불국토이니, 보살이 대보리를 증득할 때에 이미 정정취[正定]에 든 일체 유정들78이 그 나라에 와서 태어날 것이다.

(k) 사무량심[四無量]의 국토가 보살의 엄정한 불국토이니,79 보살이 대보리를 증득할 때에 항상 자慈・비悲・희喜・사捨에 머무는 유정들이 그 나라에 와서 태어날 것이다.

(l) 사섭법[四攝事]의 국토가 보살의 엄정한 불국토이니, 보살이 대보리를 증득할 때에 모든 해탈을 얻을 유정들이 그 나라에 와서 태어날 것이다.80

修靜慮土 是爲菩薩嚴淨佛土, 菩薩 證得大菩提時 具足成就 正念正知正定有情 來生其國.

修般若土 是爲菩薩嚴淨佛土, 菩薩 證得大菩提時 一切已入正定有情 來生其國.

四無量土 是爲菩薩嚴淨佛土, 菩薩 證得大菩提時 常住慈悲喜捨有情 來生其國.

四攝事土 是爲菩薩嚴淨佛土, 菩薩 證得大菩提時 諸有解脫所攝有情 來生其國.

---

78 '정정취에 들었다'는 것은 모든 성자는 곧 정정취이지만, 범부에도 통하는 것이니, 믿음으로 결정된 것[信定] 역시 정정취라고 이름한다.
79 이하 (n)까지의 네 가지는 합쳐서 '일으킴[發起]'라고 이름한다. 이미 장애를 제거하고 나서 선善을 일으키기 때문이다.
80 보시・애어愛語・이행利行・동사同事의 사섭법으로 중생을 거두어 취하여[攝取] 보리로 향하게 해서 뛰어난 과보를 얻게 하기 때문에 '거두는 일[攝事]'이라고 이름한다. 거두어서 보리로 향하게 하기 때문에 과보를 얻을 때에 해탈할 유정이 그 나라에 와서 태어나는 것이다.

(m) 선교한 방편[巧方便]의 국토가 보살의 엄정한 불국토이니, 보살이 대보리를 증득할 때에 모든 법을 선교하게 관찰하는 유정들이 그 나라에 와서 태어날 것이다.

(n) 서른일곱 가지 보리분법[三十七菩提分]을 닦는 국토가 보살의 엄정한 불국토이니, 보살이 대보리를 증득할 때에 일체 사념처[念住], 사정단[正斷], 사신족[神足], 오근[根], 오력[力], 칠각지[覺支]와 팔정도[道支]를 통달하여 원만한 유정들이 그 나라에 와서 태어날 것이다.

(o) 회향[迴向]을 닦는 국토가 보살의 엄정한 불국토이니, 보살이 대보리를 증득할 때에 그 나라는 온갖 덕의 장엄[衆德莊嚴]을 구족할 것이다.81

(p) 여덟 가지 무가[八無暇]를 그쳐 없애도록 잘 설하는 국토가 보살의 엄정한 불국토이니, 보살이 대보리를 증득할 때에 그 나라는 악취惡趣와 무가無暇를 영원히 떠날 것이다.82

巧方便土 是爲菩薩嚴淨佛土, 菩薩 證得大菩提時 善巧觀察諸法有情 來生其國.

修三十七菩提分土 是爲菩薩嚴淨佛土, 菩薩 證得大菩提時 通達一切 念住正斷神足根力 覺支道支 圓滿有情 來生其國.

修迴向土 是爲菩薩嚴淨佛土, 菩薩 證得大菩提時 其國具足 衆德莊嚴.

善說息除 八無暇土 是爲菩薩嚴淨佛土, 菩薩 證得大菩提時 其國 永離惡趣無暇.

....
81 이것은 제7단으로, 무릇 닦은 선을 보리로 돌려 향하게 하는 것을 '회향'이라고 이름한다. 생사를 구하지 않기 때문에 과보를 얻을 때에 그 나라는 온갖 덕의 장엄을 구족하는 것이다.
82 이하의 세 가지는 합쳐서 '적정'이라고 이름하니, 두 가지 악을 고요하게 하기

(q) 스스로 계행을 지키고[自守戒行] 남을 비난하지 않는[不譏彼] 국토가 보살의 엄정한 불국토이니, 보살이 대보리를 증득할 때에 그 나라에는 금계를 범한다[犯禁]는 이름조차 없게 될 것이다.

(r) 열 가지 선업도[十善業道]가 극히 청정한 국토가 보살의 엄정한 불국토이니, 보살이 대보리를 증득할 때에 수명이 결정되고, 크게 부유하며, 행이 청정하고, 말하는 것이 진실하며, 항상 부드러운 말을 하고, 권속이 떠나지 않으며, 비밀한 뜻을 잘 펴고, 모든 탐욕을 여의었으며, 마음에 성냄이 없고, 바른 견해를 가진 유정들이 그 나라에 와서 태어날 것이다.83

自守戒行 不譏彼土
是爲菩薩嚴淨佛土,
菩薩 證得大菩提時
其國　無有犯禁之
名.

十善業道 極淸淨土
是爲菩薩嚴淨佛土,
菩薩 證得大菩提時
壽量決定 大富梵行
所言誠諦 常以軟語
眷屬不離 善宣密意
離諸貪欲 心無瞋恚
正見有情　來生其
國.

....

때문이다. 첫째 8난八難을 고요하게 하는 것은 곧 악한 과보를 고요하게 하는 것이다. 둘째 범금犯禁과 십악업도를 고요하게 하는 것은 곧 악한 원인을 고요하게 하는 것이다. 처음에 '8무가'라고 한 것은 전에는 8난難이라고 이름한 것이다. 항상 온갖 괴로움을 받기 때문에 잠시도 선한 일을 닦고 보리를 구할 여가가 없기 때문이다. 8무가라는 것은 3악도의 셋, 모든 감각기관을 갖추지 못한 것[諸根不具], 악한 사견, 붓다 전과 붓다 후, 북구로北俱盧에 태어남, 장수천長壽天에 태어남이다.

83 '극히 청정하다'고 한 것은 무루업도를 이름한 것이니, 유루가 아니기 때문이다. (여기에서 말한 과보는) 하나하나가 열 가지 악업도를 뒤집어 말한 것이다. 살생하지 않음에 의해 후에 과보를 얻을 때에 수명이 결정되고, 주지 않는 것 취함을 여의었기 때문에 크게 부유하며, 욕망과 삿된 행을 여의었기 때문에 행이 청정하고, 헛되이 속이는 말을 여의었기 때문에 말하는 것이 진실하며, 추악한 말을 여의었기 때문에 항상 부드러운 말을 하고, 이간하는 말을 여의었기

(ㄴ) 모든 선남자들이여, 이와 같이 보살이[84] ① 보리심을 일으킴을 따라 곧 ② 순수하고 청정한 의요가 있게 되고, 그 순수하고 청정한 의요를 따라 곧 ③ 오묘하고 잘된 가행이 있게 되며, 그 오묘하고 잘된 가행을 따라 곧 ④ 증상한 의요가 있게 되고, 그 증상한 의요를 따라 곧 ⑤ 장애의 그침[止息]이 있게 되며, 그 장애의 그침을 따라 곧 ⑥ 선을 일으킴[發起]이 있게 되고, 그 선을 일으킴을 따라 곧 ⑦ 회향迴向이 있게 되며, 그 회향을 따라 곧 ⑧ 적정寂靜함이 있게 된다.

그 적정함을 따라 곧 ⑨ 청정한 유정이 있게 되고, 그 청정한 유정을 따라 곧 ⑩ 엄정한 불국토가 있게 된다.[85]

그 엄정한 불국토를 따라 곧 ⑪ 청정한 법의 가르침[法敎]이 있게 되고,[86] 그 청정한 법의

諸善男子, 如是菩薩 隨發菩提心 則有純淨意樂, 隨其純淨意樂 則有妙善加行, 隨其妙善加行 則有增上意樂, 隨其增上意樂 則有止息, 隨其止息 則有發起, 隨其發起 則有迴向, 隨其迴向 則有寂靜. 隨其寂靜 則有淸淨有情, 隨其淸淨有情 則有嚴淨佛土. 隨其嚴淨佛土 則有淸淨法敎, 隨其淸

....
때문에 권속이 떠나지 않으며, 잡되고 더러운 말을 여의었기 때문에 비밀한 뜻을 잘 펴고, 탐욕·진에·사견을 여의었기 때문에 나머지 세 가지를 얻는 것이다.
84 이하는 제2 국토를 장엄하는 원인이 하는 이익[嚴土因所爲利益]이다. 그 중에 모두 열일곱 가지의 전환이 있는데, 나누면 둘이 된다. 처음 여덟 가지의 전환은 위에서 말한 열여덟 가지가 차례로 전전하는 모습이고, 뒤에 있는 아홉 가지의 전환은 국토를 장엄하는 원인이 일으키는 뛰어난 과보이다.
85 제2 국토를 엄정嚴淨한 원인이 일으키는 뛰어난 과보를 나타내는 것에 다시 둘이 있다. 처음의 두 가지는 엄정한 원인이 정토의 과보 감응함을 밝히는 것, 뒤의 일곱 가지는 정토의 성취가 다시 뛰어난 과보 일으킴을 밝히는 것이다.

가르침을 따라 곧 ⑫ 청정하고 오묘한 복덕[福]이 있게 되며, 그 청정하고 오묘한 복덕을 따라 곧 ⑬ 청정하고 오묘한 반야[慧]가 있게 되고, 그 청정하고 오묘한 반야를 따라 곧 ⑭ 청정하고 오묘한 지혜[智]가 있게 되며, 그 청정하고 오묘한 지혜를 따라 곧 ⑮ 청정하고 오묘한 행行이 있게 되고, 그 청정하고 오묘한 행을 따라 곧 ⑯ 청정한 자신의 마음[自心]이 있게 되며, 그 청정한 자신의 마음을 따라 곧 ⑰ 청정하고 여러 오묘한 공덕이 있게 되는 것이다.

淨法敎 卽有淸淨妙福, 隨其淸淨妙福 則有淸淨妙慧, 隨其淸淨妙慧 則有淸淨妙智, 隨其淸淨妙智 則有淸淨妙行, 隨其淸淨妙行 則有淸淨自心, 隨其淸淨自心 則有淸淨 諸妙功德.

(2) 마음 장엄할 것을 권하시다[87]

㈎ 여러 선남자들이여, 그러므로 보살이 만약 불국토를 엄정하는 것을 부지런히 닦고자 한다면, 먼저 방편으로 자신의 마음을 엄정해야 하는 것이다.

諸善男子, 是故菩薩 若欲勤修 嚴淨佛土, 先應方便 嚴淨自心.

---

86 정토의 성취가 다시 뛰어난 과보를 일으킴을 밝히는 것에 다시 둘이 있으니, 처음 ⑪의 한 가지는 교화하는 수단[能化]의 이익이고, 뒤의 여섯 가지는 교화 대상[所化]의 이익이다. 구역에서는 네 가지만 있어, 묘복과 묘행의 두 가지가 빠지고, 지혜와 반야도 합쳐져 하나로 되어 전환된 것이다.

87 여래께서 자세히 설하시는 것 중의 제2, 마음 장엄하는 것 일으키기를 권하는 것에 둘이 있다. ㈎는 권하는 것, ㈏는 이유를 해석하는 것이다. 모든 수행자는 자신의 마음이 엄정하면 밖으로 감응하는 유정과 국토도 역시 청정하다. 자신의 마음이 부정하다면, 어떻게 정토를 얻겠는가?

(나) 까닭이 무엇인가? 모든 보살의 자기 마음의 엄정함을 따라 곧 이와 같이 엄정한 불국토를 얻게 되기 때문이다."

所以者何? 隨諸菩薩 自心嚴淨 卽得如是 嚴淨佛土."

3.3 의심을 결단하다[88]

3.3.1 사리자에게 의심이 일어나다

그 때 사리자는 붓다의 위신력으로 인하여 이와 같은 생각을 일으켰다. '만약 모든 보살의 마음이 엄정하기 때문에 불국토가 엄정한 것이라고 한다면, 우리 세존께서 보살로서 수행하실 때에 마음이 엄정하지 않았기 때문에 이 불국토가 이와 같이 잡되고 더러운 것일까?'[89]

爾時 舍利子 承佛威神 作如是念. '若諸菩薩 心嚴淨故 佛土嚴淨, 而我世尊 行菩薩時 心不嚴淨故 是佛土 雜穢若此?'

3.3.2 성인께서 비유로 위로하다[90]

(1) 붓다께서 비유하시다[91]

....

[88] 원인의 원만을 말하는 것 중의 제3 의심을 결단함을 밝히는 것에, 넷이 있다. 처음 3.3.1은 사리자에게 의심이 일어남이고, 다음 3.3.2는 성인께서 비유로써 위로함이며, 다음 3.3.3은 붓다께서 정토를 나투심이고, 뒤의 3.3.4는 사리자의 의심이 제거됨이다.

[89] 이 말이 뜻으로 나타내는 것은, '우리 붓다께서 먼저의 마음이 청정하여 못하여 지금 불토를 이루었어도 잡예함이 이와 같은 것일까' 라는 것이다.

[90] 성인께서 비유로써 위로함에 둘이 있다. 처음 (1)은 붓다께서 비유하시는 것이고, 뒤의 (2)는 지계 범왕이 비유하는 것이다.

[91] 붓다께서 비유하시는 것에 셋이 있다. (가)는 물으시는 것, (나)는 답하는 것, (다)는 이르시는 것이다.

(가) 붓다께서 그 생각을 알아차리시고 곧 말씀하셨다.
"그대 생각에는 어떠한가? 세상의 해와 달이 어찌 맑지 않아서, 소경은 보지 못하는 것이냐?"
(나) 사리자가 대답하였다.
"그렇지 않습니다. 그것은 소경의 허물이지 해와 달의 허물이 아닙니다."
(다) 붓다께서 말씀하셨다.
"이와 같이 중생의 죄 때문에 세존의 불국토가 장엄 청정함을 보지 못하더라도 여래의 허물이 아니다. 사리불이여, 나의 국토는 장엄 청정하지만, 그대가 보지 못할 뿐이다."

佛知其念 卽告之言.
"於意云何? 世間日月 豈不淨耶, 而盲不見?"
對曰.
"不也. 是盲者過 非日月咎."
佛言.
"如是衆生罪故 不見世尊佛土嚴淨 非如來咎. 舍利子, 我土嚴淨 而汝不見."

(2) 범왕이 비유하다92

(가) 그 때 지계持髻 범왕이 사리자에게 말하였다.
"이 불국토가 장엄 청정하지 않다는 이러한 생각을 하지 마십시오. 까닭이 무엇인가 하면 이와 같은 불국토는 가장 지극히 장엄 청

爾時 持髻梵王 語舍利子.
"勿作是意 謂此佛土 爲不嚴淨. 所以者何 如是佛土 最

....
92 지계의 비유의 글에 다섯이 있다. (가)는 지계가 알리는 것, (나)는 사리자가 따지는 것, (다)는 지계가 비유하는 것, (라)는 사리자가 가리켜 말하는 것, (마)는 바른 이치로써 위로하여 말하는 것이다. 구역에는 셋만 있었으니, 제2의 따짐이 없고, 제3의 비유가 제1에 합쳐졌다. 제5의 글에도 조금 차이가 있다.

정하기 때문입니다."

(나) 사리자가 말하였다.

"대범천왕大梵天王님, 지금 이 불국토가 어떻게 장엄 청정하다는 것입니까?"

(다) 지계 범왕이 말하였다.

"존경하는 사리자님, 비유하면 타화자재천의 궁전에 한량없는 보배의 공덕으로 장엄됨이 있는 것과 같이, 제가 세존 석가모니 불국토의 장엄 청정함을 보니, 한량없는 보배의 공덕으로 장엄되어 있는 것도 역시 또한 그와 같습니다."

(라) 사리자가 말하였다.

"대범천왕님, 내가 이 국토를 보건대 그 땅은 높기도 하고 낮기도 하며 구릉과 험한 구덩이에 독한 가시와 모래, 자갈, 흙과 돌의 모든 산 등 더러움이 충만해 있습니다."

(마) 지계 범왕이 말하였다.

"존경하는 대존자大尊者님, 마음에 높고 낮음이 있어 장엄 청정하지 못하기 때문에 붓다의 지혜와 의요도 역시 그러하다고 말하고, 그래서 불국토가 장엄 청정하지 않은 것으로 보는 것입니다. 만약 모든 보살이 모든 유정들에 대해 그 마음이 평등해서 공덕으로 장엄하며 청정하다면, 붓다의 지혜와 의요도 역시 그러하

極嚴淨."

舍利子言.

"大梵天王, 今此佛土 嚴淨云何?"

持髻梵言.

"唯 舍利子, 譬如 他化自在天宮 有無量寶 功德莊嚴, 我見世尊釋迦牟尼 佛土嚴淨, 有無量寶功德莊嚴 亦復如是."

舍利子言.

"大梵天王, 我見此土 其地高下 丘陵坑坎 毒刺沙礫 土石諸山 穢惡充滿."

持髻梵言.

"唯 大尊者, 心有高下 不嚴淨故 謂佛智慧 意樂亦爾, 故見佛土 爲不嚴淨. 若諸菩薩 於諸有情 其心平等 功德嚴淨, 謂佛智慧 意樂

다고 말하고, 곧 불국토도 가장 지극히 장엄 청정함을 보게 될 것입니다."

亦爾, 便見佛土 最極嚴淨."

3.3.3 붓다께서 정토를 나투시다93

(1) 그 때 세존께서 모든 대중들이 마음으로 머뭇거림[猶豫]을 품고 있는 것을 알아차리시고, 곧 발가락으로 이 대지를 문지르시니, 즉시 삼천대천세계가 한량없는 백천의 묘한 보배로 장엄된 것이, (2) 비유하면 마치 공덕보배장엄 붓다[功德寶莊嚴佛]의 한량없는 공덕보배로 장엄된 국토와 같았다.94
(3) 일체의 대중들은 일찍이 없었던 일이라고 찬탄하였고, 모두 자신이 보배연꽃[寶蓮華]에 앉아 있는 것을 보았다.95

爾時 世尊 知諸大衆 心懷猶豫, 便以足指 按此大地, 卽時 三千大千世界 無量百千 妙寶莊嚴, 譬如功德 寶莊嚴佛 無量功德 寶莊嚴土.
一切大衆 歎未曾有, 而皆自見 坐寶蓮華.

3.3.4 사리자의 의심이 제거되다96

．．．．．．．．．．．．．．．．．．

93 이하 제3 붓다께서 정토를 나툼의 글에 셋이 있다. (1)은 붓다께서 나투심을 밝히는 것, (2)는 비유를 들어 밝히는 것, (3)은 대중들이 보는 것을 나타낸다.
94 '보장엄불'은 타수용신이고, '보장엄토'는 곧 무루의 국토[無漏土]이다. 다른 보토報土를 들어 변화토[化土]를 비유한 것이다.
95 잠시 그들의 마음을 변화시켜 평등하게 하였기 때문에 연꽃에 앉아 있는 것을 보고, 국토가 청정한 것도 보는 것이다.
96 이하 제4 사리자의 의심이 제거됨에 셋이 있다. (1)은 국토를 가리키며 묻는 것, (2)는 사리자가 기뻐하며 답하는 것, (3)은 이치를 서술하여 의심을 제거하는 것이다.

(1) 그 때 세존께서 사리자에게 말씀하셨다.

"그대는 이와 같이 온갖 덕으로 장엄한 청정한 불국토를 보는가?"

(2) 사리자가 말하였다.

"예, 그렇습니다, 세존이시여. 예전에는 본 적이 없고 들은 적도 없는, 지금 이 불국토의 장엄 청정함이 모두 나타났습니다."

(3) 사리자에게 말씀하셨다.97

"① 나의 불국토는 항상 청정한 것이 이와 같지만, 하열한 유정을 성숙시키고자 하기 위하여 그래서 한량없는 과실과 잡된 더러움의 국토를 나타내 보이는 것일 뿐이다. ② 사리자여, 비유하면 삼십삼천의 천신들은 공통된 보배그릇의 음식을 취하지만, 초감된 업에 따라 그 음식에 차이가 있는 것과 같다. ③ 이와 같이 사리자여, 한량없는 유정들이 하나의 불국토에 태어나지만, 마음이 청정하고 더러움에 따라 보는 것에 차이가 있는 것이니, 만약 사람의 마음이 청정하다면 곧 이 국토가 한량없는 공덕의 오묘한 보배로 장엄된 것을 보게 될 것이다."

爾時世尊 告舍利子.
"汝見 如是衆德莊嚴 淨佛土不?"
舍利子言.
"唯然, 世尊. 本所不見 本所不聞, 今此佛土 嚴淨悉現."
告舍利子.
"我佛國土 常淨若此, 爲欲成熟 下劣有情 是故示現 無量過失 雜穢土耳. 舍利子, 譬如 三十三天 共寶器食, 隨業所招 其食有異. 如是 舍利子, 無量有情 生一佛土, 隨心淨穢 所見有異, 若人心淨 便見此土 無量功德 妙寶莊嚴."

....

97 제3 이치를 서술하여 의심을 제거하는 것에 셋이 있다. ①은 총체적으로 이르시는 것, ②는 비유로 보이시는 것, ③은 맺어 이루시는 것이다.

4. 이익의 원만[98]

(1) ① 붓다께서 이 장엄 청정한 국토를 나투셨을 때를 맞아, 보성이 이끌고 온 오백 동자童子들은 일체가 모두 무생법인無生法忍을 얻었고, 팔만사천의 모든 유정의 무리들은 모두 무상정등각無上正等覺에 대한 마음을 일으켰다.

② 그 때 붓다 세존께서 곧 신족神足을 거두셨다.[99] 그러자 세계는 다시 예전대로 되돌아왔다.

(2) 성문승을 구하는 삼만이천의 모든 천신들과 사람들은 유위법이 모두 다 무상하다는 것을 알고, 티끌을 떠나고 때를 여의어서 법안의 청정[法眼淨]을 얻었다.[100]

팔천의 비구들은 모든 번뇌를 영원히 여의

當佛現此 嚴淨土時, 寶性所將 五百童子 一切皆得 無生法忍, 八萬四千 諸有情類 皆發 無上正等覺心.

時佛世尊 卽攝神足. 於是世界 還復如故.

求聲聞乘 三萬二千 諸天及人 知有爲法 皆悉無常, 遠塵離垢 得法眼淨.

八千苾芻 永離諸漏

....

[98] 제4 단락인 이익의 원만에 둘이 있다. 처음 (1)은 대승의 이익이고, 뒤의 (2)는 소승의 이익이다. 전자 중에, ①은 두 가지 이익을 밝히는 것이고, ②는 신족을 거두는 것이다.

[99] 정토를 변화시킴 없이 대승의 뜻을 일으키게 해서 큰 과보가 이로써 얻어졌기 때문에 신족을 거두는 것이다.

[100] 무상을 아는 것은 국토의 전변을 보고 고제를 거스르기 때문이다. 이 글은 견도이다. '티끌을 떠난다'는 것은 무간도이니, 장애를 끊기 때문이다. '때를 여읜다'는 것은 해탈도이니, 때를 여의어 무위를 증득하기 때문이다. 법지法智를 얻기 때문에 '법안의 청정'이라고 이름한다.

고 마음으로 잘 해탈하였다.101   心善解脫.

....
101 '모든 번뇌를 영원히 여의고'라 함은 번뇌장이 다하여 소연박所緣縛(=번뇌를 일으키게 하는 인식대상의 속박)을 떠난 것이고, '마음으로 잘 해탈하였다'라는 것은 상응박相應縛(=모든 번뇌가 그와 동시에 일어나는[相應] 심·심소법을 속박하여 인식대상에 대해 자유롭지 못하게 하는 것)을 떠난 것이니, 이는 아라한의 과보를 증득하였다는 것을 밝히는 것이다.

제2 현부사의방편선교품12

顯不思議方便善巧品 第二

1 이하 제2품부터 제12 관여래품까지의 11개품이 제2 근본 가르침[本宗]을 바로 펴는 분이다. 《유가사지론》 보살지에서 이르기를, "일체의 보살은 어떻게 배워야 하는가? 말하자면 세 가지가 있으니, 첫째는 배워야 할 곳[所學處=境], 둘째는 어떻게 배우는가[如是學=行], 셋째는 배우는 주체[能修學者=果]이다."라고 하였다. 말하자면 먼저 배워야 할 대상을 먼저 알아야 하고, 다음에 그것에 의하여 어떻게 배워야 하는가 이며, 그런 연후에 비로소 수학하는 자를 이룰 수 있다는 것이다. 그래서 먼저 대상을 알고, 다음으로 묘행을 닦아, 뒤에 과보를 성취하는 것이다. 이 경전의 정종正宗은 대승의 이치를 밝히는 것이기 때문에 방편에서부터 끝의 향대에 이르기까지의 9개품이 보살의 경계이다. 다음 제11의 보살행품이 보살의 행이고, 뒤의 제12 관여래품이 보살의 과보이다.

보살지에는 배워야 할 곳에 다섯 가지가 있다. 첫째 교화할 곳이다. 여기에서의 제7 관유정품이 그것이니, 일체의 중생이 교화대상이 되기 때문이다. 둘째 이익을 행할 곳이다. 제2 방편품, 제3 성문품, 제4 보살품, 제5 문질품이 그것이니, 이타를 행하기 때문이다. 셋째 진실한 뜻의 처소이다. 제8 보리분품과 제9 불이법문품이 그것이니, 진소유성盡所有性과 여如소유성 등의 도리이기 때문이다. 넷째는 위력의 처소이다. 제6 부사의품이 그것이니, 신통의 위력 등이기 때문이다. 다섯째 보리의 처소이다. 제10 향대품이 그것이니, 붓다에게 있는 수승한 덕을 밝히기 때문이다. 보살지에서는, "교화대상의 근기를 최우선으로 통달해야 비로소 이타의 수승한 행을 일으킨다고 이름하고, 다음으로 진실한 뜻을 알아 끊을 수 있고 닦을 수 있으며, 위력의 문에서 자신의 이익을 닦아 이루고, 다음으로 과위의 무상보리를 애락 희구하여 정진해서 닦아 증득한다."라고 하였지만, 지금 여기에서는 그렇지 않다.

9품의 경계 중 보살이 닦는 것은 이타를 우선으로 하기 때문에 처음의 5개품은 이타행을 밝히는 것이니, 위력문은 남의 이익에도 통하기 때문이고, 신통의 위력은 오직 남의 이익이기 때문이다. 남의 이익을 말함으로써 실제로 중생이 있다고 할까 염려해서, 이제 진실이라고 집착함을 파하여 모두 진실이 아님을 나타내고, 오직 임시의 생각으로만 이익하는 것으로 삼기 때문에 다음의 1품(=제7 관유정품)은 교화할 곳을 밝힌다. 남의 이익이 이미 두루하니, 자신의 이익을 닦아야 하기 때문에 다음의 2개품에서 진실한 뜻의 처소를 밝힌다. 이 2문

1. 선교한 방편을 가지신 분[3]

그 때 광엄성 안에 리첩비 족의 큰 보살로 서, 이름을 무구칭無垢稱이라고 하는 분이 있 었다.

爾時 廣嚴城中 有 大菩薩 離呫毘種 名無垢稱.

2. 진실한 공덕[實德][4]

....
에서 자신의 이익을 닦았기 때문에 과보의 공덕을 애락 희구함을 쫓는다. 그래서 다음의 1품(=제10 향대품)에서 보리의 처소를 밝히는 것이다.
　남의 이익에 관한 5개품 중 처음의 4개품은 은밀한 자취[隱跡]의 이타를 밝히는 것이고, 뒤의 1품(=제6 부사의품)은 드러난 자취[顯跡]의 이타를 밝히는 것이다. 4개품의 은밀한 자취의 이타 중 처음의 1품은 총체적으로 권權(=임시적인 방편으로 시설된 것)을 서술하는 것이고, 뒤의 3개품은 개별적으로 권을 서술하는 것이니, 성문품과 보살품은 과거의 권을 개별적으로 서술하는 것, 문질품은 지금의 권을 개별적으로 서술하는 것이다. 그러므로 이 방편품은 총체적으로 권을 서술하는 것이다.
2 집 공은 단지 '방편품'이라고만 이름하였다. 방편의 뜻은 이치상 크고 작음에 통한다. 지금은 큼을 나타내기 때문에 부사의를 나타낸다고 말해야 한다. 또 대승 중에서 방편은 권과 실實(=항구적인 진실)에 통하는데, 이것은 권이고 실이 아님을 나타낸다. '부사의선교'라고 말해야 작은 것과 실인 것을 가려낸다. 또 범본에도 부사의선교를 나타내는 뜻이 있다(=최근 발견된 포탈라본의 품명도 신역의 품명과 같은 뜻의 'Acintyopāyakkauśalya-parivarto'로 되어 있음). 집 공은 어째서 홀[啊]으로만 이름했을까?
3 이 1품 중에는 큰 글 셋이 있다. 1.은 선한 방편의 주체를 표방하는 것, 2.는 그의 진실한 공덕을 밝히는 것, 3.은 그의 권의 자취를 밝히는 것이다.
4 진실한 공덕을 말하는 것에 20구가 있는데, 나누면 둘이 된다. 처음 (1)의 18구는 내적인 진실한 공덕[實德]을 말하는 것, 뒤의 (2)의 2구는 외적인 진실한 공덕을 말하는 것이다.

(1) 그는 ① 이미 일찍이 모든 붓다들의 처소에서 한량없는 붓다들을 공양하면서 ② 선근을 깊이 심어서,5 ③ 오묘한 변재를 얻고 ④ 무생법인을 갖추었으며 ⑤ 모든 총지總持를 성취하고 ⑥ 신통에서 유희하였으며,6 ⑦ 무소외를 얻고 ⑧ 마원魔怨을 꺾은 힘으로 ⑨ 심오한 법문法門에 들고 ⑩ 지혜바라밀에 능숙해서 방편에 통달하였으며,7 ⑪ 큰 서원을 이루어 만족하였고, ⑫ 유정들의 의요와 행을 환히 알고 ⑬ 유정들의 모든 근기의 뛰어나고 열등함을 잘 알았으며,8 ⑭ 지혜바라밀[智度]이 성취되어 법을 말하는 것이 성숙하였고, ⑮ 대승에 대해 결정하고 수습해서,9

已曾供養 無量諸佛
於諸佛所　深殖善根, 得妙辯才
具無生忍 逮諸總持
遊戲神通,　獲無所畏 摧魔怨力
入深法門 善於智度
通達方便,　大願成滿, 明了有情 意樂及行 善知有情 諸根勝劣,　智度成辦 說法淳熟,
於大乘中　決定修

---

5 여기에 2덕이 있다. 제1 좋은 인연을 오래 만난 덕과, 제2 근본 행을 먼저 닦은 덕이다.
6 여기에 4덕이 있다. 제3 변재를 얻은 덕, 제4 무생법인을 이룬 덕, 제5 총지를 얻은 덕, 제6 신통에 놓아 맡기는 덕이다.
7 여기에 4덕이 있다. 제7은 능히 외도를 꺾은 덕이고, 제8은 붓다의 십력에 근접한 덕이다. 제9는 진실의 경계를 안으로 녹이는 덕[內融眞境德]이니, 법에 깊이 들어가기 때문이고, 제10은 중생들을 선교하게 구제하는 덕이다. '지도智度'라고 말한 것은 제10의 지혜바라밀다이니, 유정을 성취하는 지혜이고, 까닭에 이 익주는 방편에 통달하였으니, 방편선교바라밀이다.
8 여기에 3덕이 있다. 제11은 욕구와 승해가 모두 원만한 덕이니, 큰 서원을 이루어 만족했기 때문이다. 제12는 근기[機器]를 잘 통달한 덕이니, 의요를 잘 안다는 것은 의업이고, 행을 잘 안다는 것은 신·어업이다. 제13은 근기의 마땅함[機宜]에 잘 머무는 덕이니, 근기의 승·열을 알고 다섯 가지 가르침[五乘](=보통인승·천승·성문승·연각승·보살승의 다섯 가지를 말함)을 말하기 때문이다.

⑯ 짓는 업에 대해 잘 사량할 수 있었으므로 ⑰ 붓다의 위의威儀에 머물고 ⑱ 마음과 지혜의 바다[心慧海]에 들었으니,10
(2) ⑲ 모든 붓다께서 감탄해서 드러내어 칭찬하셨고, ⑳ 제석과 범천 및 사천왕들이 항상 예경하였다.11

習, 於所作業 能善思量 住佛威儀 入心慧海,
諸佛咨嗟 稱揚顯說, 釋梵護世 常所禮敬.

3. 방편의 자취.[權跡]

그는 모든 유정들을 성숙시키고자 해서 훌륭한 방편으로서 광엄성에 머물고 있었다.12

爲欲成熟 諸有情故 以善方便 居廣嚴城.

3.1 과거의 방편[昔權]13

....

9 여기에 2덕이 있다. 제14 이익으로 이끄는 데 막힘이 없는 덕이고, 제15 짓는 것에 걸림이 없는 덕이니, 대승의 일체 교·리·행·과를 결정해서 짓기 때문이다.
10 여기에 3덕이 있다. 제16 삼업에서 지혜를 앞세우는 덕, 제17 과업이 원만한 덕, 제18 승묘한 증득이 깊고 넓은 덕이다. '마음'이라고 한 것은 진실한 이치를 말한 것이니, 《승만경》에서 말한 자성청정심이고, '지혜'라고 한 것은 보리의 지혜이다. 이 둘이 깊고 넓은 것이 마치 큰 바다와 같은 것이다.
11 외적인 덕에 둘이 있다. 첫째 모든 성인들이 보호하고 칭찬하는 덕이다. 그 도가 먼 것을 기뻐하는 까닭에 감탄하고, 그 이익함이 넓음을 찬탄하므로 칭찬해서 말한다. 둘째 모든 범부들이 귀의하고 우러르는 덕이다.
12 그의 권도의 자취를 나타냄에 둘이 있다. 처음 이 문장은 권도의 뜻[權意]을 표방하는 것이고, 뒤의 3.1 이하는 권도의 일[權事]을 나타내는 것이다. 후자에 다시 둘이 있다. 3.1은 과거의 방편을 나타내는 것이니, 아직 병을 나타내기 전의 권도의 자취이기 때문이고, 3.2는 그 지금의 방편을 나타내는 것이다.
13 과거의 방편을 나타내는 것에 둘이 있다. 처음은 과거의 방편을 개별적으로

3.1.1 유로써 무를 거둔 방편

그는 ① 다함 없는 재물을 갖추어 빈궁하고 의지할 데 없으며 믿을 데 없는 이들을 섭익攝益하고, ② 청정한 계를 갖추어 일체 파계자[有犯有越]들을 섭익하며,14 ③ 조순調順하는 인욕으로 성냄·원한·포악·질투·고초·해독하는 자들을 섭익하고, ④ 큰 정진으로 일체 게으른 자[懈怠懶惰]들을 섭익하며,15 ⑤ 정려靜慮, 정념正念, 해탈, 삼매[等持]와 등지等至에 안주하여 일체 모든 산란한 마음을 가진 자들을 섭익하고,16 ⑥ 바른 결택[正決擇]

具無盡財 攝益貧窮
無依無怙, 具淸淨
戒 攝益一切 有犯
有越, 以調順忍 攝
益 瞋恨暴嫉楚毒,
以大精進 攝益一切
懈怠懶惰, 安住靜
慮 正念解脫 等持
等至 攝益一切 諸
有亂心, 以正決擇

....

나타내는 것이고, 뒤의 마지막 한 문장은 과거의 방편을 총결하는 것이다. 처음 중에 다시 셋이 있다. 처음 3.1.1은 유로써 무를 거두는 방편[以有攝無權]이니, 자신에게 있는 육바라밀의 묘행으로써 남이 여섯 가지 장애로 묘행이 없는 것을 거두는 것이다. 다음 3.1.2는 동류로서 시류를 이익하는 방편[同類益流權]이니, 같은 부류가 되어 그 시류時流를 이익하는 것이다. 뒤의 3.1.3은 높은 지위가 되어 아래를 가르치는 방편[爲尊誘下權]이니, 존대尊大받는 이가 되어 비하卑下되는 이를 널리 가르치는 것이다.

14 수계受戒하고 깨는 것을 '범', 수계하지 않고 악한 것을 '월'이라 한다. 또 성품의 계[性戒]를 깨는 것을 '범', 막는 계[遮戒]를 깨는 것을 '월'이라고 한다.
15 '해태'란 마음에 나아감이 없는 것, '나타'란 신·어에 나아감이 없는 것이다. 혹은 전자는 선에 나아감이 없는 것, 후자는 악이 증가하기만 하는 것이다.
16 '정려靜慮'란 색계의 4선정이다. '정념'은 직접 능히 선정으로 이끄는 것이기 때문에 이를 합쳐 말한 것(=정념을 제외한 네 가지는, '정려·해탈·삼매·등지의 오염과 청정과 벗어남을 아는 힘'이라고 하여, 여래의 열 가지 힘[十力] 중의 하나로서 정형적으로 열거되는 것이기 때문임. 한글 SN 제7권 p.262, 한글 MN 제1권 p.276 등)이다. '해탈'이란 팔해탈이다. '팔해탈'이란 《유가론》 제12, 15, 73권, 《대법론》 제13권, 《현양성교론》 제4, 20권, 《보살장경》 제4권 등에서

으로 일체의 망령된 소견[妄見]과 나쁜 지혜 [惡慧] 가진 자들을 섭익하였다.17

攝益一切　妄見惡慧.

3.1.2 동류로서 시류를 이익한 방편18

① 그는 세속의 흰 옷[白衣]을 입고 있었지만 사문의 위의와 공덕을 갖추었고, ② 집에 머물고 있었지만 삼계三界에 집착하지 않았으며, ③ 처자 있음을 보였지만 항상 범행梵行을 닦았고, ④ 권속 있음을 나타내었지만 항상 멀리 여읨[遠離]을 즐겼으며, ⑤ 보배 장식을 하고 있더라도 상호相好로써 그 몸을 장엄하였고, ⑥ 음식 받는 것을 나타내더라도 갖가지 선정[靜慮等至]을 맛으로 삼았으며, ⑦ 도박과 바둑 등의 놀이를 같이 즐기더라도 실은 항상 유정을 성숙시키기를 위하였

雖爲白衣 而具沙門威儀功德, 雖處居家 不著三界,

示有妻子　常修梵行, 現有眷屬

常樂遠離, 雖服寶飾 而以相好 莊嚴其身, 雖現受食

而以靜慮　等至爲味, 雖同樂著 博弈嬉戲 而實恒爲 成熟

....

말하는 것과 같다. 첫째 (내적으로) 색이 있어 모든 색을 관찰하는 해탈[有色觀諸色解脫], 둘째 내적으로 색이 없지만 외부의 색을 지각하고 관찰하는 해탈[內無色想觀外諸色解脫], 셋째 청정한 해탈을 몸으로 증득하고 구족하여 머무는 것[淨解脫身作證具足住], 넷째 공무변처해탈, 다섯째 식무변처해탈, 여섯째 무소유처해탈, 일곱째 비상비비상처해탈, 여덟째 상수멸해탈이다(=이하 8해탈에 대하여 《구사론》 제29권의 설명을 소개한 다음, 대승에서는 그렇지 않다면서 《대법론》의 설명을 인용하는 등 설명이 매우 자세함). '등지等持'란 일체의 유심정有心定(=가장 광의로서 산심과 정심에 모두 통함)이다. '등지等至'란 9등지이니, 색계 4선과 무색계 4선 및 멸진정을 말한다.
17 '바른 결택'이란 무루의 지혜이다.
18 동류로서 시류를 이익한 방편에 18구가 있다.

고, ⑧ 일체 외도의 법도와 의식[軌儀]을 따르더라도 불법佛法에 대한 의요意樂가 무너지지 않았으며, ⑨ 일체 세간의 서론書論을 밝히더라도 안뜰[內苑]19에서 법락法樂을 즐겼고, ⑩ 일체 마을 모임의 대중들[邑會衆]에게 모습을 나타내더라도 항상 법을 말하는 것에서 가장 우두머리[上首]가 되었다.

⑪ 세간의 가르침에 따르기 위해 나이 많거나 적은 이들에게 짓는 사업에서 어긋남 없음을 보였고,20 ⑫ 세간의 재보財寶를 희구하지 않았지만 세속의 이익에 대해 익힌 것[所習] 있음을 보였으며,21 ⑬ 중생들을 이익케 하기 위해 모든 거리[市廛]에서 노닐었고, ⑭ 중생들을 보호하기 위해 모든 왕의 업무를 처리하였으며, ⑮ 강론하는 곳에 들어가서는 대승으로써 인도하였고, ⑯ 모든 학당에 들어가서는 어린이들을 깨우쳤으며, ⑰ 유곽[婬舍]에 들어가서는 욕망의 허물을 보였고, ⑱ 바른 알아차림과 바른 앎을 건립케 하기

有情, 雖稟一切 外道軌儀 而於佛法 意樂不壞, 雖明一切 世間書論 而於內苑 賞玩法樂, 雖現一切 邑會衆中 而恒爲 最說法上首.

爲隨世教 於尊卑等 所作事業 示無與乖, 雖不希求 世間 財寶 然於俗利 示有所習, 爲益含識 遊諸市廛,

爲護群生 理諸王務, 入講論處 導以大乘, 入諸學堂 誘開童蒙, 入諸婬舍 示欲之過,

爲令建立 正念正知

....
19 붓다의 정법을 '안뜰'이라고 이름하였다. 혹은 진여의 이치를 '안뜰'이라고 이름한 것이다.
20 세간의 나이 많고 적음, 예의, 충효에서 더불어 어긋남 없음을 보이는 것이다.
21 세속의 이익 익힌 것을 보이는 것은, 방편으로 재물을 거두어 모든 빈곤 궁핍한 이들을 구제하는 것이다.

위해 여러 기생집[伎樂]에서 노닐었다.　　　遊諸伎樂.

3.1.3 존자 되어 아래를 가르친 방편22

(1) 그는 ① 장자長者로 있을 때에는 장자 중의 존자로서 뛰어난 법을 설하였고, ② 거사로 있을 때에는 거사 중의 존자로서 그들의 탐착을 끊었으며, ③ 크샤트리야로 있을 때에는 크샤트리야 중의 존자로서 인욕으로써 가르쳤고,23 ④ 바라문으로 있을 때에는 바라문 중의 존자로서 그들의 아만을 제거했으며,24 ⑤ 대신으로 있을 때에는 대신 중의 존자로서 바른 법으로써 가르쳤고, ⑥ 왕자로 있을 때에는 왕자 중의 존자로서 충효로써 가르쳤으며, ⑦ 내관內官으로 있을 때에는 내관 중의 존자로서 궁녀 바르게 하는 것으로 교화하였고, ⑧ 서민[庶人]으로 있을 때에는 서민 중의 존자로서 비슷한 복과 수승한 의요를 닦게 하였으며,25

若在長者 長者中尊 爲說勝法, 若在居士 居士中尊 斷其貪著, 若在刹帝利 刹帝利中尊 敎以忍辱, 若在婆羅門 婆羅門中尊 除其我慢, 若在大臣 大臣中尊 敎以正法, 若在王子 王子中尊 示以忠孝, 若在內官 內官中尊 化正宮女, 若在庶人 庶人中尊 修相似福殊勝意樂,

....

22 이것에 11구가 있다. 처음의 여덟은 사람 중의 존자이고, 뒤의 셋은 천신 중의 존자이다.
23 관리로서 사무를 처리하므로 사람들이 그를 경시하면 쉽게 분노를 내기 때문에 인욕을 가르치는 것이다.
24 청정한 행으로 도를 지녔다 하여 스스로를 높이고 남을 천시하기 때문에 그들의 거만을 제거한 것이다.
25 서민들은 세 가지 복업의 일[福業事]을 수습하니, 보시, 지계, 선정 닦음[修]을

(2) ⑨ 범천梵天으로 있을 때에는 범천 중의 존자로서 범천대중들에게 정려의 차별을 보였고,26 ⑩ 제석으로 있을 때에는 제석 중의 존자로서 자재함도 모두 다 무상함을 나타내 보였으며,27 ⑪ 사천왕[護世]으로 있을 때에는 사천왕 중의 존자로서 일체의 이익과 안락을 수호하게 하였다.28

이 무구칭은 이러한 등의 불가사의하고 한량없는 선교한 방편의 지혜 문으로써 유정들을 요익하였다.29

若在梵天 梵天中尊 示諸梵衆 靜慮差別, 若在帝釋 帝釋中尊 示現自在 悉皆無常, 若在護世 護世中尊 守護一切 利益安樂.

是無垢稱 以如是等 不可思議 無量善巧 方便慧門 饒益有情.

3.2 지금의 방편[今權]

그가 방편으로써 몸에 병[疾]이 있음을 나타내니,30 그 병 때문에 국왕國王과 대신大

其以方便 現身有疾, 以其疾故 國王

말한다. 출세간의 복과 비슷하므로 '비슷한 복'이라고 이름한다. '수승한 의요'란 위로 미치는 뛰어난 신해信解이다. 혹은 비슷한 복의 수승한 의요이기도 하고, 혹은 복과 의요의 두 가지가 별개일 수도 있다. 뛰어난 출세간의 복을 능히 닦지 못하고, 오직 뛰어난 의요만을 닦는 것이다.

26 범천은 초선에 머물고 있으면서 천하에서 홀로 존귀하다고 말하므로, 지금 모든 정려의 차별을 보여 홀로 존귀한 것이 아님을 알게 하기 때문이다.

27 제석은 하늘에 있으면서 항상하다는 생각을 많이 하므로, 모든 자재함도 일체가 무상하다는 것을 보이는 것이다.

28 사천왕은 각 방향의 영역을 거느리므로 일체를 보호하게 해서 평등하게 이익하고 안락케 하는 것이다.

29 이 한 문장은 3.1 과거의 방편을 나타내는 것 중의 제2 총결하는 것이다.

30 이하 제2 지금의 방편을 나타냄에 둘이 있다. 처음 이것은 몸의 방편을 나타내는 것이니, 몸에 병이 있기 때문이다. 뒤의 그 아래는 말의 방편을 나타내는 것

臣, 장자長者와 거사居士, 바라문 등 및 여러 왕자들과 아울러 나머지 관리[官屬]들 등 무수한 천의 사람들이 모두 다 문병[問疾]을 갔다.31

그 때 무구칭은 몸의 병을 기회 삼아 널리 법을 설하였다.32

大臣 長者居士 婆羅門等 及諸王子 幷餘官屬 無數千人 皆往問疾.
時無垢稱 因以身疾 廣爲說法.

3.2.1 싫어해 떠날 것을 가르치다33

(1) 말하기를, "여러분, 이 사대종四大種이 합쳐져 이루어진 몸은 항상함 없고 강함 없고 견고함 없고 힘이 없어, 썩고 죽는 것이 신속하므로 믿을 수 없는 것입니다.

(2) 괴로움[苦惱]이 되는 온갖 질병의 그릇으로서 여러 허물[過]과 근심[患]이 많으며 변

言, "諸仁者, 是四大種 所合成身 無常無強 無堅無力 朽故迅速 不可保信.
爲苦爲惱 衆病之器 多諸過患 變壞之

이니, 말로 법을 설하기 때문이다.
31 말의 방편을 나타내는 것에 둘이 있다. 처음 여기까지는 교화대상을 밝히는 것이고, 뒤의 그 아래는 바로 방편을 밝히는 것이다.
32 바로 방편을 밝히는 것에 둘이 있으니, 처음 이것은 표방하는 것이고, 뒤의 그 아래는 나타내는 것이다.
33 이하 말의 방편을 나타내는 것에 셋이 있다. 3.2.1은 싫어해 떠날 것을 가르치는 것, 3.2.2는 기뻐해 구할 것을 권하는 것, 3.2.3은 이익을 밝히는 것이다. 전자의 글에 다섯이 있다. 다섯 가지 무너짐 싫어함의 관찰[厭壞觀]을 일으키기를 가르치기 때문이다. (1)은 생멸이 무상한 뜻을 관찰하는 것, (2)는 핍박하는 것이 괴로움의 뜻인 것을 관찰하는 것, (3)은 실제로 있지 않고 공의 뜻임을 관찰하는 것, (4) 자재하지 않음이 무아의 뜻인 것을 탄식하는 것, (5)는 그 더러워할 만함이 부정의 뜻인 것을 탄식하는 것이다.

해 무너지는 법이니, 여러분, 이와 같은 몸은 그 총명한 지혜를 가진 사람이라면 의지[怙]로 삼지 말아야 할 것입니다.

⑶ ① 이 몸은 무리진 물방울[聚沫]과 같이 잡거나 만질 수 없고,34 ② 이 몸은 뜬 물거품[浮泡]과 같이 오래 설 수 없으며, ③ 이 몸은 아지랑이[陽焰]와 같이 모든 번뇌와 갈애에서 생겨난 것이고, ④ 이 몸은 파초와 같이 전혀 알맹이[實]가 없으며, ⑤ 이 몸은 환상[幻]과 같이 전도에서 일어난 것이고, ⑥ 이 몸은 꿈[夢]과 같이 허망하게 보는 것이며, ⑦ 이 몸은 그림자[影]와 같이 업의 연[業緣]에서 나타난 것이고, ⑧ 이 몸은 메아리[響]와 같이 여러 인연에 속한 것이며, ⑨ 이 몸은 구름[雲]과 같이 순식간에 변하여 사라지는 것이고, ⑩ 이 몸은 번개[電]와 같이 순간순간 머물지 않는 것입니다.

⑷ ① 이 몸은 주재[主]가 없는 것이 땅과 같고,35 ② 이 몸은 '나[我]'가 없는 것이 물과

法, 諸仁者, 如此之身 其聰慧者 所不爲怙.

是身如聚沫 不可撮摩, 是身如浮泡 不得久立, 是身如陽焰 從諸煩惱 渴愛所生, 是身如芭蕉 都無有實, 是身如幻 從顚倒起, 是身如夢 爲虛妄見, 是身如影 從業緣現, 是身如響 屬諸因緣, 是身如雲 須臾變滅, 是身如電 念念不住.

是身無主 爲如地, 是身無我 爲如水,

---

34 이하의 10구는 실제로 있는 것이 아님을 관찰하는 것이니, 실제라고 집착한 법은 오온을 성품으로 하기 때문에 실제가 아니고 공이기 때문이다.
35 이하 제4 자재하지 못함을 관찰하는 것에 합쳐서 9구가 있다. 처음의 6구는 공이기 때문에 무아임을 바로 나타내는 것이고(구역에는 5구만 있고, 여기의 ⑤가 없었다), 뒤의 3구는 무아이기 때문에 공이라는 것을 다시 나타내는 것이다. '주재'란 총체적인 이름이고, 다음의 넷은 개별적인 이름이며, 뒤의 1구는

같으며, ③ 이 몸은 유정이 없는 것이 불과 같고, ④ 이 몸은 수명의 주체[命者]가 없는 것이 바람과 같으며, ⑤ 이 몸은 보특가라가 없는 것이 허공과 같으니,36 ⑥ 이 몸은 진실하지 않은 사대四大를 집으로 삼습니다.

⑦ 이 몸은 공空이어서 나와 내 것[我所]을 여의었고, ⑧ 이 몸은 앎이 없는 것[無知]이 초목 등과 같으며, ⑨ 이 몸은 지음이 없어[無作] 바람의 힘으로 움직이는 것입니다.37

(5) ① 이 몸은 부정不淨해서 온갖 더러움으로 충만하고,38 ② 이 몸은 허위虛僞여서 비록

是身無有情 爲如火, 是身無命者 爲如風, 是身無有補特伽羅 與虛空等, 是身不實 四大爲家. 是身爲空 離我我所, 是身無知 如草木等, 是身無作 風力所轉. 是身不淨 穢惡充滿, 是身虛僞 雖假

무아를 총체적으로 나타내는 것이다. '주主'란 주재主宰를 말하는 것이니, 나[我]의 총체적인 이름이기 때문이다. 땅에는 항상하고 고정된 주인이 없기 때문에 비유가 된다.

36 '보특가라'는 여기 말로는 삭취취[數取趣]이다. 자주자주[數數] 유전하면서 다섯 가지 세계[五趣]를 취하기 때문이다. 이것은 범부와 외도가 삼세의 총체적이고 개별적인 나[三世總別之我]라고 헤아려 집착하는 것이다. 지금 사대와 허공을 들어 비유로 삼은 것은 체가 모두 없음을 밝히는 것이고, 총체적으로 '몸은 사대를 집으로 삼는다'고 한 것은, 임시로 화합하여 이루어진 것이어서 유래가 진실하지 않기 때문에 무아라는 것이다. 나는 반드시 항상한 하나[常一]여서, 남에게 의지하는 것이 아니기 때문[非假他故]이다.

37 이 3구는 무아이기 때문에 공이라는 것이다. 나 및 내 것을 여의었기 때문에 공이라는 것이고, 진실한 앎[實知]이 없기 때문에 무아이고, 무아이기 때문에 공이라는 것이며, 다시 능히 몸을 짓는 원인이 없고 단지 바람으로 움직이는 것이기 때문에 나가 없고 내 것이 없어서 공이라는 것이니, 만약 이것이 내 것이라면 반드시 내가 짓기 때문이다.

38 이하 더러움이 싫어할 만함을 탄식하는 것에 합쳐서 7구가 있다.

덮어 가려주고 먹고 마셔 기르더라도 반드시 닳아 없어지고 마는 것이며, ③ 이 몸은 재난이 많아서[多患] 사백네 가지 병이 모여 이루어진 것이고,39 ④ 이 몸은 쉽게 무너지는 것이 마치 지하 수도의 나무사다리[水隧級]가 항상 썩고 낡음으로 핍박받는 것과 같으며,40 ⑤ 이 몸은 일정함이 없어 반드시 죽음을 맞는 것이고, ⑥ 이 몸은 원수의 해침[怨害]이 두루하고 독사로 가득찬 것과 같으며,41 ⑦ 이 몸은 빈 마을[空聚]과 같이 모든

覆蔽 飮食將養 必歸磨滅, 是身多患 四百四病 之所集成, 是身易壞 如水隧級 常爲朽老 之所逼迫,

是身無定 爲要當死, 是身 如怨害周遍 毒蛇之所充滿, 是身 如空聚 諸蘊

....

39 '사백네 가지 병'이란 1대大가 고르지 않으면 101병이 생기는데, 4대가 고르지 않기 때문에 그만큼의 병이 있다는 것이다. 1대는 근본이 되고, 일어난 것이 100가지이다. 이는 총수를 든 것으로, 많으면 100에 이른다는 것이다. 혹은 열 가지의 십악업도의 원인에 의해 이 사대로 일어난 과보의 몸을 감응하였기 때문에 각각 100가지를 이룬다고 한다. 열 가지의 십악업도란 첫째 스스로 짓는 것, 둘째 남을 가르쳐 짓는 것, 셋째 찬탄하며 짓는 것, 넷째 위로하며 짓는 것, 다섯째 조금 짓는 것, 여섯째 많이 짓는 것, 일곱째 완전히 짓는 것, 여덟째 잠시 짓는 것, 아홉째 오래 짓는 것, 열째 죽을 때까지 짓는 것이다.
40 '수수급水隧級'이란, 서역의 우물을 말한다. 이 곳의 옛사람들은 땅속으로 우물을 가로로 뚫어 물길을 만들었는데 그 물길을 '수隧'라고 한다. '급級'은 계단을 말하는데, 갱도에 설치한 나무사다리로서 이것을 통해 사람들이 오르내리며 물을 긷는다(=실크로드에 있는 건조지대에서는 설산에서 내려오는 물이 지하로 스며들어 흐르기 때문에 지하에 가로로 갱도를 뚫어 물길을 만든 다음, 곳곳에 수직으로 다시 갱도를 뚫어 이를 통해 물을 길어 올린다고 하는데, 수수급이란 바로 그 장치를 말함). 이것은 세월이 오래 지나면 자연히 썩게 마련인데, 사람의 몸 또한 그러하다는 것이다. 일설에, '급級'은 줄사다리라고도 한다. 구역에서는 '언덕에 있는 우물[丘井]'이라고 했는데, 뜻이 알기 어렵다. # 포탈라본에는 'jīrṇṇodapāna'라고 표현되어 있다.

온·계·처가 함께 합쳐 이루어진 것입니다.42 界處 所共合成.

3.2.2 기쁘게 구할 것을 권하다43

(1) 여러분, 이와 같은 몸에 대해서는 싫어 떠나려함[厭離]을 일으켜야 하고, 여래의 몸에 대해 기뻐 좋아함[欣樂]을 일으켜야 합니다.

(2) 까닭이 무엇이겠습니까?44

㈎ 여래의 몸은 한량없는 선법善法이 함께 모여 이루어진 것이기 때문입니다.45

㈏ 한량없는 수승한 복덕福德과 지혜智慧를 닦아서 일어난 것이니,46 ① 한량없는 뛰어난 계戒·정정定·혜慧·해탈解脫·해탈지견解脫知見을 닦아서 일어나고,47 ② 자慈·비悲·희喜·

諸仁者, 於如是身 應生厭離, 於如來身 應起欣樂.
所以者何?
如來身者 無量善法 共所集成.
從修無量殊勝 福德 智慧 所生, 從修無量勝 戒定慧 解脫 解脫知見 所生, 從

---

41 번뇌는 원적怨賊과 같고, 사대는 독사와 같이 온 몸에 두루 충만하다.
42 '빈 마을'이라고 이름한 것은 온·처·계가 모인 몸[聚身]은 비어서 알맹이가 없는[空無有實] 그 뜻이 역시 그러하다는 것이다.
43 이하 기쁘게 구할 것을 권하는 것에 셋이 있다. ⑴은 총체적으로 표방하여 권하는 것, ⑵는 모습을 보여 권하는 것, ⑶은 맺어 이루어 권하는 것이다.
44 모습을 보여 권하는 것에 둘이 있으니, 처음 이 문장은 묻는 것이고, 뒤의 ㈎ 이하는 나타내는 것이다.
45 나타내는 것에 다시 둘이 있으니, 처음 ㈎는 법신의 모습을 보이는 것이고, ㈏는 보·화신의 모습을 보이는 것이다. 모든 붓다의 법신은 진여를 체로 하고, 항사恒沙의 만덕과 성품이 함께 모여 이루어져 현現·은隱을 알기 어려워서 단지 총체적으로만 말할 수 있기 때문에 '한량없는 선법으로 이루어졌다'고 말한 것이다.
46 보·화 2신의 공덕을 나타내는 것에 둘이 있다. 처음 이 부분은 총체적인 공덕의 원인이고, 그 아래는 개별적인 공덕의 원인이다.

사捨를 닦아서 일어나며, ③ 보시, 조복하여 적정케 하는 계율[戒], 인욕, 정진, 정려靜慮·해탈·삼매[等持]·등지等至, 반야, 방편, 서원[願], 힘[力], 지혜[智]바라밀을 닦아서 일어나고,48 ④ 일체 도피안到彼岸을 닦아서 일어나며,49 ⑤ 육신통[六通]을 닦아서 일어나고, ⑥ 삼명三明을 닦아서 일어나며, ⑦ 삼십칠보리분법을 닦아서 일어나고, ⑧ 지관止觀을 닦아서 일어나며, ⑨ 십력과, ⑩ 사무소외를 닦아서 일어나고, ⑪ 열여덟 가지 불공불법을 닦아서 일어나며, ⑫ 일체의 불선법을 끊고 일체의 선법을 모아서 일어나고, ⑬ 진실[諦實]을 닦는 것에,50 ⑭ 방일하지 않음에서 일어나며, ⑮ 한량없는 청정한 업을 닦아서 일어나는 것입니다.

(3)51 ① 여러분, 여래의 몸의 공덕은 이와 같

修慈悲喜捨 所生, 從修布施 調伏寂靜 戒忍精進 靜慮解脫 等持等至 般若方便 願力智生, 從修一切 到彼岸生, 修六通生, 修三明生, 修三十七菩提分生, 修止觀生, 從修十力, 四無畏生, 從修十八不共法生, 從斷一切不善法 集一切善法生, 從修諦實, 不放逸生, 從修無量淸淨業生.

諸仁者, 如來之身

---

47 개별적인 공덕의 원인을 나타냄에 15구가 있다. 제1구는 5온(=무루의 5온)에서 생겨났다는 것이다. 소승에서는 예전에 5분법신이라고 이름하였다.
48 ②는 4무량심이고, ③은 10바라밀다이다.
49 '도피안'이라고 함은, 보살이 닦는 두 가지 이익의 만행[二利萬行]은 모두 수행자로 하여금 피안으로 건너게 하므로 모두 바라밀다라고 이름한다. 구역에서는 '방편'이라고 하였다.
50 진실을 닦는다는 것은 진실한 이치[諦實理]를 증득하는 것이다. 혹은 진실한 행을 행하고[行實行], 혹은 진실한 말을 하는 데[諦實語]서 일어나기 때문이다.
51 이하 맺어 이루어서 권함에 둘이 있다. ①은 과보의 증득을 권하는 것, ②는 원인 닦을 것을 권하는 것이다. 혹은 ①은 붓다 법신의 증득을 권하는 것, ②는

으므로 여러분들은 모두 마음을 일으켜 깨달음을 구해야 합니다.

② 여러분들이 이와 같은 몸을 얻고, 일체 유정들의 병을 없애주고자 한다면, 응당 아뇩다라삼먁삼보리에 대한 마음을 일으켜야 하는 것입니다."

功德如是 汝等皆應發心求證.
汝等欲得 如是之身, 息除一切 有情病者, 當發 阿耨多羅三藐三菩提心."

3.2.3 이익을 밝히다

이 무구칭은 모든 집회에서 문병 온 자들을 위하여 근기에 맞추어[如應] 법을 말해서, 무수한 천 사람들로 하여금 모두 아뇩다라삼먁삼보리에 대한 마음[阿耨多羅三藐三菩提心]을 일으키도록 하였다.

是無垢稱 爲諸集會 來問疾者 如應說法, 令無數千人 皆發阿耨多羅三藐三菩提心.

....
보·화신의 원인을 권하는 것이다.

설무구칭경　　　　　　　說無垢稱經
제2권　　　　　　　　　　卷第二

제3　성문품[1]　　　　　　聲聞品　第三

1. 교묘한 방편을 마음으로 생각하다[2]

그 때 무구칭은 이렇게 생각하였다. '나는 이 병에 걸려 침상에 힘들게 누워 있다. 세존께서는 대비하신데 어찌 연민하지 않으시고, 사람을 보내 나를 문병토록 하지 않으시겠는가?'

時無垢稱　作是思惟. '我嬰斯疾 寢頓于床. 世尊大悲　寧不垂愍,　而不遣人 來問我疾?'

2. 대성大聖께서 자비로 문병가라 하시다

....

1 이하의 2품은 과거의 방편을 개별적으로 서술하는 것이다. 방편에 둘이 있으니, 첫째는 성문을 교화하는 것이고, 둘째는 보살을 교화하는 것이다. 방편으로 교묘하게 병을 보여서, 문병하여 중생 제도해 주실 것을 바라므로, 붓다께서 성문들에게 명하여 대사大士를 위문토록 하지만, 그들은 모두 설명하면서 물러선다. 붓다께서는 성문들이 그의 상대가 아님을 알 것이라는 점을 아셨지만, 그의 높은 덕을 드러내기 위해 명한 것이다.
2 이 품에 둘이 있다. 처음은 교묘한 방편을 마음으로 생각해서 붓다께서 애민함을 내려주실 것을 바라는 것이고, 뒤는 대성께서 자비로서 문병을 가라고 하시는 것이다.

그 때 세존께서 그가 생각하는 것을 아시고, 그를 가엾게 여기셔서3 사리자에게 이르셨다.

爾時世尊 知其所念, 哀愍彼故 告舍利子.

2.1 사리자舍利子[사리뿟따Sāriputta]4

"그대가 무구칭의 처소를 찾아가서 그의 병문안을 하라."5

"汝應往詣 無垢稱所 問安其疾."

2.1.1 총체적으로 도가 궁함을 말하다6

그 때 사리자가 말하였다.
"세존이시여, 저는 그를 찾아가 문병하는 일을 감당할 수 없습니다.

時舍利子 白言.
"世尊, 我不堪任 詣彼問疾.

2.1.2 이치 궁함을 따로 나타내다

....
3 대성께서 자비로서 문병가라고 하시는 글에 셋이 있다. 처음 여기까지는 문병을 명하는 뜻을 표방하는 것, 다음 그 아래는 10인의 대덕에게 명하지만, 모두 감당할 수 없음을 말하는 것, 뒤의 마지막 한 문장은 부류를 맺는 것이다.
4 # 대괄호 [ ]안의 이름은 빠알리어 이름(범어명은 Śāriputra)이다. 사리자는 붓다의 십대제자 중 지혜 제일이라고 불렸다(한글 AN 제1권 제일의 품 p.112.). 이하 십대 제자의 이름의 표기와 출전 경전의 표시는 모두 같다. 사리자는 사리의 아들이라는 뜻인데, 그의 어머니 이름이 루빠사리Rūpasārī였다고 한다.
5 이하 10인의 대덕에게 명하지만, 모두 감당할 수 없음을 말하는 글에 모두 둘이 있다. 처음 이 문장은 명하는 것, 뒤의 그 아래는 설명하는 것[詞]이다.
6 설명하는 글에도 각각 셋이 있다. 처음은 도가 궁함을 총체적으로 말하는 것[總陳道屈], 다음은 이치 궁함을 따로 나타내는 것[別顯理窮], 뒤는 이유의 설명을 맺어 답하는 것[結答由詞]이다.

어째서인가 하면, 제가 과거 한 때 큰 숲 속에 있으면서 나무 아래에서 좌선[宴坐]하고 있을 때의 일이 기억나기 때문입니다.7

그 때 무구칭이 그 처소에 도착해서 저의 발에 머리 숙여 예배하고는 이렇게 말하였습니다.8

'(1) 존경하는[唯] 사리자님, 반드시 이렇게 앉아 있는 것이 좌선인 것은 아닙니다.9

(2) 대저 좌선이라는 것은, ① 삼계에서 몸과 마음[身心]을 나타내지 않는 이것이 좌선이고,10 ② 멸진정[滅定]에서 일어나지 않고

所以者何, 憶念我昔 於一時間 在大林中 宴坐樹下.
時無垢稱 來到彼所 稽首我足 而作是言.
'唯 舍利子, 不必是坐 爲宴坐也.
夫宴坐者, 不於三界而現身心 是爲宴坐, 不起滅定 而現諸威

----

7 궁함을 나타내는 설명에도 각각 둘이 있다. 처음 이 문장은 자기의 일[己事]을 말하는 것이고, 뒤의 그 아래는 남의 말[他詞]을 나타내는 것이다. '연좌宴坐'라고 한 것은 멸진정에 든 것이다. 혹은 무상정無相定에 든 것이니, 몸과 마음을 편안하고 고요하게 하는 것이고, 멸진정은 아닌 것이다.

8 이하 남의 말을 나타내는 글에 모두 둘이 있다. 처음은 지극한 법도를 펴는 것[陳至軌]이고, 뒤의 (1) 이하는 바르게 말을 펴는 것[正陳詞]이다. 무구칭이 덕망은 비록 높지만 모습은 범부의 속인을 따르고, 성문은 도가 하위이지만 모습은 여래의 모습이기 때문에, 근기 따라 중생을 교화하려고, 와서 머리를 숙인 것이다. 구역에는 이 말이 없지만, 범본에는 모두 이 말을 두고 있다.

9 이하 바르게 말을 펴는 것에 셋이 있다. 처음 (1)은 총체적으로 그르다는 것[總非], 다음 (2)는 개별적으로 그르다는 것[別非], 뒤의 (3)은 맺어 그르다는 것[結非]이다. '유唯'라고 한 것은 공경히 응답하는 말이다. 총체적으로 그르다고 하지만, 완전히 그른 것[全非]은 아니므로, '반드시 아니다[不必]'라고 하였다.

10 이하 개별적으로 그르다는 것에 여섯 가지 이치가 있다. 이것은 그 처음이다. 《유가론》의 뜻인 응리應理(=마땅한 이치. 유식의 입장을 가리킴. 앞의 제1권 본본에서 "호법護法 등을 말한다. 비록 2제諦를 말하지만, 마땅한 바[所應]를 따라 유有와 공空의 이치를 갖추어서, 원묘圓妙함에 빠짐이 없고 진실로 수승하

도 모든 위의威儀를 나타내는 이것이 좌선이며,11 ③ 일체 증득한 모습[所證得相]을 버리지 않으면서 범부[異生]의 모든 법을 나타내는 이것이 좌선이고,12 ④ 마음이 안에 머물

儀 是爲宴坐, 不捨一切 所證得相 而現一切 異生諸法 是爲宴坐, 心不住內

....
기 때문이다."라는 설명이 있었음)의 견해는 말한다. 성문의 좌선[宴坐]은 삼계의 마음을 나타내지 않는 것이지만, 여래의 멸진정[滅定]은 유루의 몸도 역시 멸한다. 그래서 무상한 색신을 버리고 항상한 색신을 얻는 것이다. 수·상·행·식 또한 그러하다. 그렇게 고요한 선정[寂定]에 드는 것을 진정한 좌선[眞宴坐]이라고 이름한다. 불교를 처음 배우는 이는 단지 그 마음만을 멸하고 몸의 모습[身相]은 없애지 못하므로 진실로 고요한 선정[眞寂定]이 아니다. 반만 인정하고 반은 부정하므로 '반드시는 아니다[不必]'라고 말한 것이다.《중론》·《백론》의 뜻인 공리空理(=공의 이치. 중관의 입장을 가리키는 취지. 역시 앞의 제1권 본本에서 "청변淸辨 등을 말한다. 공을 분명히 말한 경전을 요의로 삼아서, 일체 법은 세속으로는 있을 수 있지만, 승의로는 모두 공이라고 말한다."라는 설명이 있었음)의 견해는 말한다. 이승은 색·심의 모습의 공[色心相空]을 얻지 못하기 때문에 몸을 숲에 숨기고[隱身於林] 마음을 선정에서 없애어[滅心於定], 비록 숨기고 없애고자[隱滅] 하나 도리어 드러나고 나타나는 것[顯現]이다. 대사大士는 색·심이 곧 공임[色心卽空]을 알아 반드시 편안한 고요[安寂]를 필요로 하지 않기 때문에, '삼계에서 몸과 마음을 나타내지 않는 것'을 좌선이라고 이름한다는 것이다.

11 공리에서는 말한다. 이승은 국한되게 보아 고요와 작용[寂用]이 양분되기 때문에 작용을 쉬고 고요에 드는 것을 좌선이라고 한다. 대사는 넓게 통하여 곧 고요에서 작용을 일으키기 때문에, 신심을 고요한 선정에서 멸하면서도 묘한 작용의 위의를 나타낼 수 있는 것이다. 응리에서는 말한다. 이승은 고요에 들면 가행지加行智가 미약하다. 신심을 고요하게 하면 동작할 능력이 없어서, 작용하면 고요하지 못하고, 고요하면 작용하지 못한다. 보살은 고요에 들어도 방편지方便智가 강해서, 먼저 근본식[本識]을 쳐서 위의를 일으켜 중생을 이익하는 묘용을 일으키고, 뒤에 육식이 바야흐로 멸진정에 든다. 밖으로 신·어를 나타내지만 진실은 멸滅에 들어 있으니, 곧 고요에서 작용을 일으키는 것을 진정한 좌선이라고 이름하는 것이다.

지도 않고 밖으로 가지도 않는 이것이 좌선이며,13 ⑤ 서른일곱 가지 보리분법에 머물면서도 일체 견해들[見趣]을 떠나지 않는 이것이 좌선이고,14 ⑥ 생사를 버리지 않으면서도 번뇌가 없고, 비록 열반을 증득하더라

亦不行外 是爲宴坐,
住三十七 菩提分法
而不離於 一切見趣
是爲宴坐, 不捨生死
而無煩惱, 雖證涅槃

---

12 이하의 좌선은 반드시 멸진정은 아니다. [공리] 이승은 곧 정淨이 구垢일 수 없으므로 구를 쉬고 정에 드는 것을 좌선이라고 하지만, 대사는 선악을 건넌 뜻이므로 진·속을 하나로 본다. [응리] 이승은 지위가 열등하여 지혜와 작용[智用]에 다름이 있어, 진지眞智를 관찰하여 현전하면 속용俗用을 쉬고, 속지俗智를 일으켜 작용시키면 진지는 작용하지 않는다. 보살은 방편을 오래 닦아 익혀 쓰는 것이 모두 넉넉하므로, 안으로 진경眞境에서 고요하면서 밖으로 범부의 법을 나타내는 것이다. '증득한 모습'이란 진여의 이치이고, '범부의 법'이란 번뇌 등이다.

13 [공리] 이승인은 마음에 성품이 있다고 보아, 안으로 6근에 머물고 밖으로 6경을 반연하므로, 이것을 쉬기 위해 고요한 선정에 든다. 보살은 마음은 성품이 없음을 알아서 근·경이 모두 공함을 통달하는 것을 분별하는 마음을 쉰다고 이름한다. 그래서 안팎에 머물지 않는 것을 진정한 좌선이라고 이름한다. [응리] 이승이 관찰하는 경계는 안팎을 벗어나지 않으니, 안은 6근을 말하고, 밖은 6경을 말한다. 이 12처를 반연하는 마음이 능히 근심이 되므로 모두 다하는 단계에 이르는 것을 선정에 든다고 이름한다. 보살은 고요에 드는 것은 단지 무상의 진실한 이치[無相眞理]를 관찰함으로써 드는 것이고, 안팎을 반연해서 마음 멸하는 것[滅心]을 이루지 않는다.

14 [공리] 이승은 곧 사邪를 정正으로 삼을 수 없으므로 사를 버리고 정에 드는 것을 좌선으로 삼는다. 보살은 곧 사를 정으로 삼으므로 보리분에 머물면서도 견취見趣를 버리지 않는다. [응리] '견취見趣'란 살가야견薩迦耶見·변집견邊執見·견취見取·계취戒取·사견邪見 이 5견의 의향을 말한다. 혹은 5견이 돌아가 향하는 곳이니, 곧 외도 등의 뜻이다. 이승은 보리분에 머물고 모든 외도의 악한 견취를 교화할 수 없기 때문에 '떠난다[離]'고 이름한다. 보살은 안으로 보리분법에 머물면서도 밖으로 모든 삿됨을 교화하기 때문에 '떠나지 않는다[不離]'고 이름하였다. 구역에서는 곧 이 뜻이 아니었다.

도 머무는 곳[無所住]이 없는 이것이 좌선이 니,15

(3) 만약 이와 같이 좌선할 수 있다면 붓다께서 인가印可하시는 것입니다.'

而無所住 是爲宴坐, 若能如是 而宴坐者 佛所印可.'

2.1.3 맺어 답하다

그 때 저는 세존이시여, 이 말을 듣고 나서 묵묵히 있을 뿐 대답을 할 수가 없었습니다. 그러므로 저는 그를 찾아가 문병하는 일을 맡을 수 없습니다."

時我世尊, 聞是語已 黙然而住 不能加報. 故我不任 詣彼問疾."

2.2 대목련大目連[마하 목갈라나Moggallāna]16

그 때 세존께서는 대목련大目連에게 이르셨다.

"그대가 무구칭의 처소를 찾아가서 그의 병

爾時世尊 告大目連.

"汝應往詣 無垢稱

....
15 [공리] 이승은 곧 속박[縛]을 해탈[解]로 삼을 수 없기 때문에 속박을 끊으면 생사를 버리고, 열반을 증득하면 머무는 곳이 있다. 보살은 할 수 있기 때문에 생사를 버리지 않으면서도 번뇌가 없고, 열반에 들더라도 머무는 곳이 없다. [응리] 보살은 비록 범부처럼 생사를 버리지 않더라도 큰 지혜가 있기 때문에 같지 않아서 번뇌가 없고, 비록 이승과 같이 열반을 증득하더라도 대비로 말미암아 같지 않아서 머무는 곳이 없다. 이승은 그렇지 않아서 만약 생사를 버린다면 곧 번뇌를 끊은 것이고, 만약 열반을 증득한다면 반드시 그에 머문다. 구역에서는 '번뇌를 끊지 않고서도 열반에 든다'고 했는데, 지금은 '번뇌가 없다'고 말한다. 그 이치가 심히 어긋난다.
16 # 마하 목갈라나는 신통 제일이라고 불린 분이다. 범어명은 Maudgalayāyana이고, '목건련目健連', '대목건련' 등으로도 부른다.

문안을 하라."

所 問安其疾."

2.2.1 총체적으로 도가 궁함을 말하다

그 때 대목련이 대답해 말하였다.

"세존이시여, 저는 그를 찾아가 문병하는 일을 감당할 수 없습니다.

時大目連 白言.
"世尊, 我不堪任 詣彼問疾.

2.2.2 이치 궁함을 따로 나타내다

어째서인가 하면, 제가 과거 한 때에 광엄성에 들어가 네 거리에서 여러 거사들을 위하여 법요法要를 연설하고 있을 때의 일이 기억나기 때문입니다.

그 때 무구칭이 그 처소에 도착해서 저의 발에 머리 숙여 예배하고는 이렇게 말하였습니다.

所以者何, 憶念我昔 於一時間 入廣嚴城 在四衢道 爲諸居士 演說法要.
時無垢稱 來到彼所 稽首我足 而作是言.

(1) 무구칭이 비판하다[17]

'존경하는 대목련님, 흰 옷을 입은 여러 거사居士들을 위하여 법을 말할 때에는, 존자尊者께서 말씀하시는 것처럼 해서는 안됩니다. 대저 법을 말하는 자는 여법如法하게 말하여야 합니다.'

'唯 大目連, 爲諸白衣居士 說法, 不當應如 尊者所說.
夫說法者 應如法說.'

---

[17] 이하 바르게 말을 펴는 것에 넷이 있다. 처음 (1)은 총체적으로 그르다는 것, 다음 (2)는 반대로 따지는 것, (3)은 개별적으로 그르다는 것, (4)는 이익됨을 말하는 것이다.

제3 성문품 97

(2) 대목련이 따지다
　그 때 제가 물었습니다.　　　　　　　　時我問言.
　'어떤 것을 여법하게 말하는 것이라고 합니　'云何名爲　如法說
까?'　　　　　　　　　　　　　　　　　耶?'
(3) 무구칭이 하나하나 말하다
　그 분이 대답하였습니다.18　　　　　　彼卽答言.
　㈎ 두 가지 무아의 도리19
　　㈀ 무아를 밝히다
　　　(a) 중생무아
　　　'법에는 '나'가 없으니, 나의 때[我垢]　'法無有我　離我垢
를 여의었기 때문이고, 법에는 유정有情이 없　故, 法無有情　離情
으니, 정의 티끌[情塵]을 여의었기 때문이며,　塵故,
법에는 수명의 주체[命者]가 없으니, 생사를　法無命者　離生死
여의었기 때문이고, 법에는 보특가라가 없으　故,　法無補特伽羅
니, 전후제前後際가 끊어졌기 때문입니다.20　前後際斷故.

....
18 이하 개별적으로 그르다고 함에 둘이 있다. 처음은 2무아의 도리를 나타내는 것, 뒤는 설법의 도리를 밝히는 것이다.
19 2무아의 도리에도 둘이 있으니, 처음 ㈀은 무아를 밝히는 것이고, 뒤의 ㈁은 무아를 맺는 것이다. 처음 중에 다시 둘이 있으니, (a)는 중생무아를 밝히는 것, (b)는 법무아를 밝히는 것이다.
20 삼세의 오온에는 '나'가 없다. 나가 없는 데서 나를 헤아려 나를 늘리는 것은 '때'와 같으니, 더러움[㳌]을 본성으로 하기 때문이다. 과거의 여러 법에는 본래 유정이 없는데 집착해서 유정으로 삼는 것이, 티끌로 오염되는 것과 같다. 현재의 여러 법에는 본래 수명의 주체가 없는데도 집착하여 수명의 주체로 삼는 것은 생사를 늘리기 때문이다. 미래의 여러 법에는 삭취[數取趣]가 없는데도 집착해서 현재 있다고 하여, 전제의 명근이 끊어지고 나면 후제의 육도 중

(b) 법무아[21]

① 법은 항상 고요하니, 모든 표상을 멸하였기 때문이고, ② 법은 탐착을 떠났으니, 소연所緣이 없기 때문이며, ③ 법은 문자가 없으니, 언어가 끊어졌기 때문이고, ④ 법은 비유로 말할 것이 없으니, 일체 파랑波浪 같은 사유를 멀리 떠났기 때문이며, ⑤ 법은 일체에 두루하니, 허공과 같기 때문이고, ⑥ 법은 현색[顯]도 없고 표상[相]도 없으며 형색[形]도 없으니, 일체 행동하는 일을 멀리 여의었기 때문이며, ⑦ 법은 내 것이 없으니, 내 것을 여의었기 때문이고, ⑧ 법은 요별이 없으니, 심·식을 떠났기 때문이며, ⑨ 법은 비할 것이 없으니, 서로 대하는 것[相待]이 없기 때문이고, ⑩ 법은 인因에 속하지 않으니, 연緣에 있지 않기 때문입니다.[22]

法常寂然　滅諸相故, 法離貪著　無所緣故, 法無文字　言語斷故, 法無譬說　遠離一切　波浪思故, 法遍一切　如虛空故, 法無有顯　無相無形　遠離一切　行動事故, 法無我所　離我所故, 法無了別　離心識故, 法無有比　無相待故, 法不屬因　不在緣故.

······················
에 태어난다고 한다. '끊어졌다'고 함은 공무空無하다는 뜻이니, 이미 전후의 실제實際가 도무지 없는데, 어찌 실제의 삭취취가 있을 수 있겠는가?
21 이하 법공을 말하는 것에 20구가 있다. 공리에서는 말한다. 세속제에 의하면 법의 성품이 있을 수 있지만, 승의제에 의하면 법의 성품은 모두 공이다. 그렇지만 모든 차별된 집착을 깨트리기 위하여 개별적으로 나타내는 것이다. 응리에서는 말한다. 20구 중 처음의 10구는 진여의 이치는 소집所執을 여읜 공임을 밝히고, 뒤의 10구는 의타성이 소집을 여읜 공임을 나타낸다. 혹은 20구 모두가 진여를 말하는 것이다.
22 [공리] 속유俗有는 법을 대하므로 비할 것이 있지만, 진실은 대함이 없기 때문에 비할 것이 없다. 세속 중에는 연이 있기 때문에 인연에 속하니, 인연으로 얻

⑪ 법은 법계와 같으니, 같이 일체 진실한 법계[眞法界]에 들어가기 때문이고, ⑫ 법은 여如를 따르니, 따를 것이 없기 때문이며,23 ⑬ 법은 실제에 머무니, 필경 움직이지 않기 때문이고,24 ⑭ 법은 동요가 없으니, 육경에 의지하지 않기 때문이며, ⑮ 법은 가고 옴이 없으니, 머무는 곳이 없기 때문이고, ⑯ 법은 공과 무상과 무원에 수순해 응하니, 일체 증감하는 사유를 멀리 여의었기 때문이며,25

法同法界 等入一切 眞法界故, 法隨於如 無所隨故, 法住實際 畢竟不動故, 法無動搖 不依六境故, 法無去來 無所住故, 法順空隨無相 應無願, 遠離一切 增減思故,

....

는 것이기 때문이다. 진실 중에는 연이 없기 때문에 인연에 속하지 않는다. 인연으로 일어나는 법은 모두 공이라고 말하기 때문이다. [응리] 진여는 오묘하여 비할 것이 없으니, 다시 서로 대할 만한 것이 없기 때문이다. 진여는 인연에 속하지 않는다. 연으로 얻는 것이 아니고 인으로 일어나는 것이 아니기 때문에 '연에 있지 않다'고 이름하였다.

23 [공리] 속은 있다고 집착하므로 법계와 같지 않다. 진제 중에서는 일체가 같이 진법계에 들어가기 때문에 모두 법계와 같아서 일체가 모두 공이다. 속은 따르는 것이 있어 여를 따르지 않으니, 유를 따르기 때문이다. 진제는 따르는 것이 없고, 유를 따르지 않기 때문에 함께 진여의 공을 따른다. [응리] 이하의 10구는, 의타기는 소집所執이 없어 공임과, 아울러 의타기는 진여로 거두어져 돌아감을 밝힌다. 법이 법계와 같은 것은 상을 거두어 성품에 돌아가 법계에 들기 때문이다. 소집이 분별에 의해 허망하게 있는 것과는 같지 않다.

24 진실의 변제邊際를 실제라고 이름하니, 전도됨 없는 소연의 뜻이다.

25 [공리] 속이 있다고 증익하는 사유 때문에 공에 수순하지 못하니, 집착해서 있다고 하기 때문이다. 있음을 손감하는 사유 때문에 무상에 따르지 못하고 무원에 응하지 못하니, 부정해서 없다고 하기 때문이다. [응리] 증익하는 사유가 있기 때문에 소집所執을 집착하여, 공에 수순하지 못함이 있고, 손감하는 사유가 있기 때문에 의타依他를 부정하여 없다고 해서, 무상을 따르지 못하고 무원에 응하지 못한다. 진여를 따름으로써 증감하는 사유가 없기 때문에 공에 수순하

⑰ 법은 취사取捨가 없으니, 생멸을 여의었기 때문이고, ⑱ 법은 집장執藏이 없으니, 일체 안·의·비·설·신·의의 길을 초과하기 때문이며,26 ⑲ 법은 높고 낮음이 없으니, 항상 머물면서 움직이지 않기 때문이고, ⑳ 법은 일체 분별로 형성하는 것을 떠났으니, 일체 희론이 필경 끊어졌기 때문입니다.

(ㄴ) 무아를 맺다

　존경하는 대목련님, 법의 모습이 이와 같은데 어찌 말할 수 있겠습니까?

(나) 설법의 도리27

　(ㄱ) 대저 법을 말하는 이들은 일체 모두가 증익하고 손감하는 것이고, 그 법을 듣는 이들도 또한 모두가 증익하고 손감하는 것입니다.28

法無取捨　離生滅故, 法無執藏 超過一切 眼耳鼻舌身意道故, 法無高下 常住不動故, 法離一切分別所行, 一切戲論 畢竟斷故.

唯 大目連, 法相如是 豈可說乎?

夫說法者 一切皆是增益損減, 其聽法者 亦復皆是 增益損減.

....
　고 무상에 따르며 무원에 응할 수 있는 것이다.
26 [공리] 속俗은 생겨남이 있기 때문에 취할 수 있고, 멸함이 있기 때문에 버릴 수 있지만, 진眞은 생멸이 없는데, 어찌 취하고 어찌 버리겠는가? '길[道]'이란 통하여 일어난다[通生]는 뜻이니, 근과 경이 길이 되는 것이다. 속은 6근이 있어 능집장能執藏이 되기 때문에 6경의 법이 소집장所執藏을 이루지만, 진은 6근에 간직되는 것이 아니다. 따라서 법은 집장되는 바가 없으니, 6근의 길을 초과하기 때문이다. [응리] 의타는 진을 따르므로 취함도 버림도 없으니, 생멸이 없기 때문이다. 또한 능히 집장하는 것이 없으니, 6근을 초과하기 때문이다.
27 이하 설법의 도리를 밝히는 것에 둘이 있다. 처음 (ㄱ)은 말하고 듣는 도리를 널리 말하는 것, 뒤의 (ㄴ)은 여법하게 설할 것을 권하는 것이다.
28 [공리] 진제는 본래 공인데도 말하고 들음이 있는 것을 모두 '증익'한다고 이름

만약 이 곳에서 증익이 없고 손감이 없다고 한다면, 곧 이 곳에서는 도무지 말할 수 있는 것도 없고, 또한 들을 수 있는 것도 없으며, 요별할 것도 없을 것입니다.

(ㄴ) 존자 목련님, 비유하면 환술사가 환술로 변화시킨 자를 위해 모든 법을 펴 말하는 것처럼, 이와 같은 마음에 머물러야 마침내 법을 설할 수 있는 것입니다.29

① 일체 유정의 근성의 차별을 잘 알아야 하고, ② 오묘한 지혜로 걸릴 것 없음을 관찰해서 보아야 하며, ③ 대비가 현전해야 하고, ④ 대승을 찬탄하여 말해야 하며, ⑤ 붓다의 은혜를 갚으려고 생각해야 하고, ⑥ 의요가 청정해야 하며, ⑦ 법의 언사[法詞]가 선교해야 하고, ⑧ 삼보의 종자가 영원히 단절되지 않게 하기 위해서 법을 설해야 합니다.'30

若於是處 無增無減, 卽於是處 都無可說, 亦無可聞, 無所了別.
尊者 目連, 譬如幻士 爲幻化者 宣說諸法, 住如是心 乃可說法.
應善了知 一切有情根性差別, 妙慧觀見 無所罣礙, 大悲現前, 讚說大乘, 念報佛恩, 意樂淸淨, 法詞善巧,
爲三寶種 永不斷絶乃應說法.'

....

한다. 속제는 본래 있는데도 만약 없고 공이라고 말한다면 곧 '손감'을 이룬다. 혹은 진법[眞法]의 자성과 부합하지 않음을 모두 '증익·손감'이라고 한다. [응리] 법을 밖으로 분별하여 언설을 일으키는 것을 '증익'한다고 이름한다. 모든 법의 자상은 가의 지혜 및 표현[假智及詮]에게는 모두 경계가 아니기 때문에 법의 체가 없다고 말한다면 '손감'한다고 이름한다.

29 여법하게 설할 것을 권하는 것에 둘이 있다. 처음 여기까지는 의문을 풀어 설하는 모습을 보이는 것이고, 뒤의 그 아래는 닦을 것을 권하는 것이다. 비유로 말한 것은, 거짓 사람이 거짓 이름으로 거짓 듣는 자를 위해 모든 법을 가설[假說]하고, 도무지 조그만 진실도 없는 것을 뗏목의 비유로 삼았기 때문이다.

30 닦을 것을 권하는 것에 여덟 가지 일이 있다. ②는 모든 법은 걸릴 것이 없음을

⑷ 이익됨을 말하다

　세존이시여, 그 대 거사가 이 법을 말하였을 때 그 청중 중 팔백의 거사가 모두 무상정등각에 대한 마음[無上正等覺心]을 일으켰습니다.

世尊, 彼大居士 說此法時　於彼衆中八百居士 皆發無上正等覺心.

2.2.3 맺어 답하다

　그 때 저는 세존이시여, 침묵할 뿐 말할 수 있는 것이 없었습니다. 그러므로 저는 그를 찾아가 문병하는 일을 맡을 수 없습니다."

時我世尊,　黙無能辯. 故我不任　詣彼問疾."

2.3 대가섭大迦葉[마하깟싸빠Mahākassapa]31

　그 때 세존께서는 가섭파에게 이르셨다. "그대가 무구칭의 처소를 찾아가서 그의 병문안을 하라."

爾時世尊 告迦葉波. "汝應往詣　無垢稱所 問安其疾."

2.3.1 총체적으로 도가 궁함을 말하다

　대가섭파가 말하였다.
"세존이시여, 저는 그를 찾아가 문병하는 일을 감당할 수 없습니다.

大迦葉波 白言.
"世尊, 我不堪任 詣彼問疾.

2.3.2 이치 궁함을 따로 나타내다

....
　지혜로 통달하는 것이다. 구역에는 여섯 가지만 있었으니, 제6, 7이 없었다.
31 # 마하 깟사빠는 두타 제일이라고 불린 분으로, 범어명은 Mahākāśyapa이다.

제3 성문품　103

어째서인가 하면, 제가 과거 한 때에 광엄성에 들어가 가난하고 누추한 거리[貧陋巷]를 다니며 차례로 걸식하고 있을 때의 일이 기억나기 때문입니다.

그 때 무구칭이 그 곳에 도착해서 저의 발에 머리 숙여 예배하고는 이렇게 말하였습니다.

(1) 일의 잘못을 말하다32

'존경하는 대가섭님, 비록 자비심은 있지만 두루하지 못하군요. 부자집은 버리고 가난한 집에서만 걸식을 하시니까요.

(2) 바른 이치를 펴다33

(가) 걸식하는 자34

(ㄱ) 존자 가섭님, ① 평등한 법에 머물러서 차례로 걸식을 행해야 하고,35 ② 먹지 않기

所以者何, 憶念我昔 於一時間 入廣嚴城 遊貧陋巷 而巡乞食.
時無垢稱 來到彼所 稽首我足 而作是言.

'唯 大迦葉, 雖有慈悲 而不能普. 捨豪富 從貧乞.

尊者 迦葉, 住平等法 應次行乞食, 爲

....
32 이하 바르게 말을 펴는 것에 셋이 있다. (1)은 일의 잘못을 말하는 것, (2)는 바른 이치를 펴는 것, (3)은 맺고 권하는 것이다.
33 이하 바른 이치를 펴는 것에 둘이 있다. 처음은 걸식하는 자를 말하는 것, 뒤는 보시하는 자를 말하는 것이다.
34 이하 걸식하는 자를 말하는 것에 셋이 있다. 처음 (ㄱ)은 여섯 가지 상을 깨트리는 것[破六相], 다음 (ㄴ)은 육근을 단속하는 것[防六根], 뒤의 (ㄷ)은 이치를 깨닫고 원인 닦는 것[證理修因]을 밝히는 것이다.
35 처음 여섯 가지 상을 깨트리는 것이라 함은, ① 치우친 행을 깨트리는 것[破偏行], ② 먹는다는 생각을 제거하는 것[除食想], ③ 동네라는 상을 버리는 것[遣村坊相], ④ 성읍이라는 상을 무너뜨리는 것[壞城色相], ⑤ 붓다의 집을 향한다는 상[趣佛家相], ⑥ 집착을 깨뜨리는 상[破著相]이다. 이 본문은 ①이다. 구역에는 넷

위하여[爲不食故] 걸식을 행해야 하며, 그 음식에 대한 집착을 무너뜨리기 위해 걸식을 행해야 하고, 남이 보시하는 음식을 받기 위하여 걸식을 행해야 하며,36 ③ 빈 마을[空聚]이라는 생각으로 취락聚落에 들어가고 ④ 남녀 노소를 성숙시키기 위하여 모든 성읍城邑에 들어가면서37 ⑤ 붓다의 집으로 향한다는 생각[趣佛家想]으로 걸식할 집에 이르러 ⑥ 받지 않기 위하여[爲不受故] 그 음식을 받아야 하는 것입니다.38

不食故　應行乞食, 爲欲壞彼 於食執故 應行乞食, 爲欲受他 所施食故 應行乞食, 以空聚想 入於聚落　爲欲成熟 男女大小 入諸城邑 趣佛家想 詣乞食家 爲不受故　應受彼食.

....
뿐이어서, ④와 ⑤가 없었다.
36 이는 먹는다는 상[食相]을 없애는 것이다. 가섭에게는 먹는다는 상이 있다고 보아, 세 가지 뜻으로 걸식을 가르치니, 오직 몸을 돕기[資身] 위한 것 등만은 아니라는 것이다. 첫째 붓다의 지위[佛位]에 이르기 위한 것이니, 보리를 얻을 때 음식을 필요로 하지 않기 때문이다. 즉 법신을 돕는 것이다. 둘째 과거로부터의 생사를 위해 먹는 집착을 무너뜨리기 위해, 걸식하여 생사를 깨뜨려야 한다는 것이다. 셋째 남의 보시를 받아 남의 보시바라밀 수행을 원만히 하기 위하여 걸식해야 한다는 것이다. 이 세 가지 원인 중 처음 것은 자신의 육바라밀의 원인이고, 다음 것은 생사에 대한 속박을 제거하는 것이며, 뒤의 것은 남의 육바라밀의 원만이다. 구역에는 이 중 셋째 것이 없었다.
37 모든 동네나 취락에 들어갈 때에는 빈 마을이라고 생각하고 동네라고 보지 않아야 한다. 내가 삼보를 생각하는 것을 남이 봄으로써, 악을 그치고 선에 힘써 이익이 있기 때문에 성읍에 들어가는 것이니, 이 중생들을 이익케 하려는 것이지, 다른 것을 위한 것이 아니라는 것이다.
38 '붓다의 집'이란 붓다의 법계이다. 시주의 집에 들어갈 때에는 진리·무상·무위의 집에 들어간다는 생각을 하는 것이다. '받지 않기 위하여'란 집착하지 않는 것이다. 또 삼륜三輪의 청정이니, 세 가지의 체가 공한 것을 '받지 않는다'고 한 것이다.

(ㄴ) 형색을 보는 것은 소경과 같이 하고, 소리를 듣는 것은 메아리와 같이 하며, 향기를 맡는 것은 바람과 같이 하고, 먹는 것의 맛을 분별하지 않으며, 모든 감촉을 받는 것은 지혜로 깨닫듯[智證] 해야 하고,39 모든 법은 환상幻相과 같아서 자성自性도 없고 타성他性도 없으며 치연熾然도 없고 적멸寂滅도 없다고 알아야 합니다.40

(ㄷ) 존자 가섭님, 만약 팔사八邪를 버리지 않고도 팔해탈八解脫에 들 수 있고, 삿된 평등[邪平等]으로써 바른 평등[正平等]에 들 수 있으며, 하나의 단식搏食으로 일체에게 보시하여 모든 붓다 및 뭇 현성賢聖들을 공양한 다음에 먹을 수 있다면,41 이와 같이 먹는 이

所見色 與盲等, 所聞聲 與嚮等, 所嗅香 與風等, 所食味 不分別, 受諸觸 如智證, 知諸法 如幻相 無自性 無他性 無熾然 無寂滅.

尊者 迦葉, 若能不捨八邪 入八解脫, 以邪平等 入正平等, 以一搏食 施于一切 供養諸佛 及衆賢聖 然後可食,

---

39 모든 촉경을 받아들일 때에는 지혜로 이치를 깨닫듯 해야 하니, 그 모습을 말하거나 분별할 것이 아니다. 무엇이 매끄럽고 무엇이 껄끄럽겠는가?
40 이것은 의근을 방호하는 것이니, 연기를 통달해야 한다는 것이다. 그럼으로 인해 실제로 치연한 생사도 없고, 실제로 적멸한 열반도 없어, 두 가지가 한 맛이기 때문에 모두 평등하다. 어찌 의식으로 갖가지를 분별하겠는가?
41 이하 제3 이치를 깨닫고 원인 닦는 것을 밝히는 것에 둘이 있다. 처음 여기까지는 평등을 밝히는 것, 뒤의 그 아래는 먹을 수 있음을 맺는 것이다. 이 처음의 글에도 둘이 있으니, 처음은 이치의 평등[理均]이고, 다음은 현상의 평등[事均]이다.
'팔사八邪'란 외도와 범부가 일으키는 사견·사사유·사어·사업·사명·사념·사정·사정진이다. '팔사를 버리지 않는다'는 것은 외도를 수순해서 역시 이를 일으키는 것이니, 절복折伏하기 위해서이다. '팔해탈에 든다'는 것은 진실한 도에 바르게 수순하는 것이다. 또 사와 정의 이치의 평등은 삿된 평등의 여러

는 잡염에 있는 것도 아니고 잡염을 떠난 것도 아니며, 고요한 선정[靜定]에 든 것도 아니고 고요한 선정에서 나온 것도 아니며, 생사에 머무는 것도 아니고 열반에 머무는 것도 아니니, 그러해야 마침내 먹을 수 있는 것입니다.42

如是食者 非有雜染 非離雜染, 非入靜定 非出靜定, 非住生死 非住涅槃, 爾乃可食.

⑷ 보시하는 자

존자의 음식을 보시하는 모든 이들은 작은 과보도 없고 큰 과보도 없으며, 손감함도 없고 증익함도 없으니, 붓다의 세계[佛趣]로 향하지 성문으로 향하지 않습니다.43

諸有施於 尊者之食 無小果 無大果, 無損減 無增益, 趣入佛趣 不趣聲聞.

(3) 맺고 권하다

존자 가섭님, 만약 이와 같이 음식을 먹을

尊者 迦葉, 若能如

....
법으로써 바르게 평등한 법의 성품[正平等法性]에 드는 것이니, 평등한 법의 성품은 곧 진여이다.
   그 아래는 공양하는 현상의 평등을 밝히는 것이다. 하나의 단식으로 시방의 모든 붓다 및 현성에게 베푸는 것은 심인心因의 평등한 행을 닦았기 때문이니, 이 행은 비록 적지만 얻는 과보는 끝이 없는 것이다.
42 이는 먹을 수 있는 것을 맺는 것이다. 장애가 있는 것을 '잡염雜染'이라고 하고, 무루를 '이염離染'이라고 한다. 밖으로 이타의 일을 행하므로 고요한 선정에 든 것이 아니고, 항상 마음이 산란하지 않으므로 고요한 선정에서 나온 것도 아니다.
43 자체를 집착하지도 않고 과보를 집착하지도 않으며 보은을 집착하지도 않는 것을 보시바라밀이라고 한다. 그래서 장래 인·천이나 이승의 작은 과보도, 보살이나 여래의 큰 과보도 없다고 한 것이다. 사견을 일으켜 인과가 없다고 비방하지도 않고 보시를 불신하지도 않는 것을 '손감함이 없다'고 하고, 아·법에 대한 허망한 집착을 일으키지 않는 것을 '증익함이 없다'고 이름한 것이다.

수 있다면, 남이 보시한 음식을 헛되지 않게 먹는 것입니다.'

是 而食於食, 爲不空食 他所施食.'

2.3.3 맺어 답하다

그 때 저는 세존이시여, 이 말을 듣고 일찍이 경험하지 못하던 것을 얻었고, 곧 일체 모든 보살들에 대해 깊이 존경심을 일으켰습니다.

참으로 기이합니다, 세존이시여. 이 재가거사의 변재와 지혜가 마침내 이와 같을 수 있으니, 지혜 있는 이라면 누군들 이 말을 듣고 아뇩다라삼먁삼보리에 대한 마음[阿耨多羅三藐三菩提心]을 일으키지 않겠습니까? 저는 이 때부터 유정들에게 성문이나 독각 등의 가르침[乘] 구하는 것을 권하지 않고, 오직 무상정등보리無上正等菩提를 구하려는 마음 일으킬 것만을 가르칩니다.

그러므로 저는 그를 찾아가 문병하는 일을 맡을 수 없습니다."

時我 世尊, 聞說是語 得未曾有, 卽於一切 諸菩薩等 深起敬心.

甚奇, 世尊. 斯有家士 辯才智慧 乃能如是, 誰有智者 得聞斯說 而不發於阿耨多羅三藐三菩提心? 我從是來 不勸有情 求諸聲聞獨覺等乘, 唯教發心 趣求無上正等菩提. 故我不任 詣彼問疾."

2.4 대선현大善現 [수부띠Subhūti]⁴⁴

....

44 # 수부띠(범어 이름도 빠알리어 이름과 같고, 보통 수보리須菩提라고 부른다)는 해공解空 제일, 그리고 무쟁無諍 제일이라고 불린 분이다. 소에서는, 「붓다의 시대에 응하여 잘 태어났다[善能現生]고 해서, 혹은 과거에 큰 서원을 일으켰

그 때 세존께서는 대선현大善現에게 이르셨다.
"그대가 무구칭의 처소를 찾아가서 그의 병문안을 하라."

爾時 世尊 告大善現. "汝應往詣 無垢稱 所 問安其疾."

2.4.1 총체적으로 도가 궁함을 말하다
그 때 대선현이 말하였다.
"세존이시여, 저는 그를 찾아가 문병하는 일을 감당할 수 없습니다.

時大善現 白言. "世尊, 我不堪任 詣 彼問疾.

2.4.2 이치 궁함을 따로 나타내다
어째서인가 하면, 제가 과거 한 때에 광엄성에 들어가서 걸식을 하던 차에 그 분의 집에 들어갔을 때의 일이 기억나기 때문입니다.

그 때 무구칭이 저에게 예배하고, 저의 손에 있던 발우를 받아 좋은 음식을 가득 채우고는 저에게 말하였습니다.45

所以者何, 憶念我昔 於一時間 入廣嚴城 而行乞食 次 入其舍.

時無垢稱 爲我作禮, 取我手鉢 盛滿美食 而謂我言.

....
으므로 능히 앞에 잘 나타나서[善能現前] 공의 뜻을 요달하였으므로, 혹은 사위성 중에 물류物留라고 이름하는 대 장자가 있어 하늘에 기도하여 얻었는데, 처음 태어날 때 그 방이 공적空寂하여 상을 보는 사람이 점을 쳐서 '선현'이라고 이름하였으니, 공적했던 것이 그가 성장하면 공의 뜻을 잘 알 것이기 때문에 '선현'이라고 이름하였다.」라고 설명하고 있다.
45 이하 바르게 말을 펴는 것에 여섯이 있다. 첫째 평등의 이치를 펴는 것[陳等理], 둘째 스스로 미혹함을 드러내는 것[顯自迷], 셋째 남이 위로함을 밝히는 것[明他

(1) 평등의 이치를 펴다

'㈎ 존자 선현님, 만약 음식에 있어서 평등한 성품[平等性]으로써 일체법의 평등한 성품에 들고, 일체법의 평등한 성품으로써 일체 붓다의 평등한 성품[佛平等性]에 들 수 있다면, 그는 능히 이와 같이 음식을 받을 수 있습니다.46

㈏ 존자 선현님, ① 만약 탐욕·진에·우치를 끊지 않고서도, 또한 함께 하지 아니할 수 있고,47 ② 살가야견을 무너뜨리지 않고서도, 한결같이 향하는 길[一趣道]에 들며,48 ③ 무

'尊者 善現, 若能於食 以平等性 而入一切法平等性, 以一切法 平等之性 入于一切 佛平等性, 其能如是 乃可取食.

尊者 善現, 若能不斷 貪恚愚癡, 亦不與俱, 不壞薩迦耶見, 入一趣道, 不滅

慰, 넷째 자기의 답을 밝히는 것[彰己答], 다섯째 남의 가르침을 서술하는 것[述他敎], 여섯째 이익을 성취하는 것[成利益]이다. 처음의 글에 다시 넷이 있다. ㈎ 법과 붓다[法佛]의 평등을 나타냄, ㈏ 속박과 해탈[縛解]의 평등을 나타냄, ㈐ 사와 정[邪正]의 평등을 나타냄, ㈑ 선과 악[善惡]의 평등을 나타냄이다.

46 [공리] 이 평등성은 곧 승의의 공이다. 음식이 인연의 근본이기 때문에 음식에 의지해 말한 것이다. 음식의 공한 이치로써 일체법의 공에 들어가니, 두 가지 모두가 공이기 때문이다. 일체법의 공한 이치로 붓다의 공의 이치에 들어가니, 이 공 밖에 따로 붓다의 공이란 없기 때문이다. [응리] 이 평등성은 곧 진여의 이치이다. 음식의 진여가 곧 모든 법의 공임을 알고, 일체법의 진여가 곧 붓다의 진여임을 아는 것이다. 구역에는 붓다의 평등성이 없었다.

47 이하 둘째 속박과 해탈의 평등에 아홉의 댓구[九對]가 있다. 제①은 선과 불선의 상대이다. 공리에서는, 진제를 증득하였기 때문에 마음에 분별이 있더라도 속박과 해탈이 둘이 아니니, 모두 이치가 공하기 때문이라고 한다. 응리에서는, 불선근을 끊지 않고 나타내 보이는 것은 현행케 하는 것에 큰 이익이 있기 때문이지, 실제로 함께 하려는 것은 아니라고 한다.

48 제②는 아견과 무아견의 상대이다. 살가야견이란 아견이다. 아견을 무너뜨리지 않는 것은, 대보리를 구하여 유정의 무리를 제도하려는 것이다. 무아의 이

명과 모든 존재에 대한 갈애[有愛]를 멸하지 않고서도, 지혜의 밝음[慧明]과 해탈을 일으키고,49 ④ 무간지옥[無間]의 평등한 법성으로써 해탈의 평등한 법성에 들 수 있으며,50 ⑤ 해탈 없이도 속박이 없고, ⑥ 사성제를 보지 않고서도 진리를 보지 않는 것이 아니며, ⑦ 과보 얻음이 아니고서도, 범부가 아니고 범부의 법을 떠나지도 않으며,51 ⑧ 성스럽지 않으면서 성인이 아닌 것이 아니고,52 ⑨ 일체법을 성취했으면서도 모든 법이라는 생각[法想]을 떠난다면,53 음식을 받을 수 있습

無明 幷諸有愛, 而起慧明 及以解脫, 能以無間 平等法性 而入解脫 平等法性, 無脫 無縛, 不見四諦 非不見諦, 非得果, 非異生 非離異生法, 非聖 非不聖, 雖成就一切法 而離諸法想 乃可取食.

....
치를 '한결같이 향한다[一趣]'고 한 것이니, 삼승의 수행자가 공통으로 돌아가는 곳이기 때문이다.
49 제③은 잡염과 청정의 상대이다. 무명을 멸하지 않고서도 무루지의 밝음을 일으키고, 존재에 대한 갈애를 멸하지 않고서도 해탈을 일으킨다는 것이다.
50 제④는 괴로움과 즐거움의 상대이니, '해탈'이란 열반 극락의 처소이다.
51 제⑤는 해탈과 속박의 상대이다. 무루를 해탈이라고 하고, 유루를 속박이라고 한 것이다. 제⑥은 증득과 증득치 않음[證不證]의 상대이다. 실제로 진리를 보는 것을 증득[證]이라고 이름하기 때문에 '보지 않는 것도 아니다'라고 말하였다. 보지 않는 것[不見]을 증득치 않는다[不證]고 이름한 것이니, 이치를 깨달을 때에는 보는 모습[見相]이 없기 때문이다. 제⑦은 과보와 과보 아님[果非果]의 상대이다. 생사에 수순해 머물면서 한결같이 과보에만 머물지 않기 때문에 '과보 얻음이 아니다'라고 말하였다.
52 제⑧ 범과 성의 상대이다. 대비로써 범부에 수순하는 것을 '성스럽지 않다'고 말한 것이다.
53 제⑨는 증득과 떠남[證離]의 상대이다. 그 법이라는 생각으로 분별하는 집착을 끊은 것을 '떠났다'고 이름한 것이다.

니다.

(다) 만약 존자 선현님, 붓다를 보지 않고 법을 듣지 않으며 승가를 섬기지 않고, 저 외도의 여섯 스승[六師]인 뿌라나 깟사빠[滿迦葉波], 막칼리 고살라[末薩羯離瞿舍離子], 산자야 벨라티뿟따[想吠多子], 빠꾸다 깟차야나[無勝髮褐], 아지타 께사깜발리[犎迦衍那], 니간타 나타뿟따[離繫親子]가 존자의 스승이기에, 이들을 의지하여 출가해서 그 여섯 스승이 떨어진 곳에 존자도 역시 떨어진다면, 음식을 받을 수 있습니다.54

若尊者善現, 不見佛 不聞法 不事僧, 彼外道六師 滿迦葉波 末薩羯離瞿舍離子 想吠多子 無勝髮褐 犎迦衍那 離繫親子 是尊者師, 依之出家 彼六師墮 尊者亦墮 乃可取食.

....

54 이는 제3 사와 정의 평등이다. [공리] 세속제 중에는 사와 정의 둘이 있어 사를 버리고 정으로 돌아가지만, 승의제 중에는 사와 정의 둘이 없다. 무엇을 버리며, 무엇으로 돌아가겠는가? [응리] 동체同體의 삼보는 보고 들을 수 없고 섬길 수도 없는 것이다. 선현은 그 여섯 스승을 버리고, 따라 배우고 중생을 연민하여 따라 악취에 떨어질 수 없으면서 삼보를 봄으로써, 동체를 증득하지 못하기 때문에 이를 나무라는 것이다.

여섯 스승이란, 첫째 뿌라나 깟사빠Pūraṇa Kassapa[Pūraṇa Kāśyapa](=이하 앞에 표기한 이름은 빠알리어 이름이고, [ ]로 붙인 것은 범어 이름임)는 곧 단견斷見외도이다. 둘째 막칼리 고살라Makkhali Gosāla[Maskarin Gośālīputra]는 곧 상견常見외도이다. 셋째 산자야 벨라티뿟따Sañjayena Belaṭṭhīputta[Saṃjayin Vairaṭīputra]는 곧 고행苦行외도이니, 그는 중생이 애착하는 생사는 모두 즐거움을 집착함에 기인한 것이므로 고행을 잘 닦으면 해탈한다고 말한다. 넷째 빠꾸다 깟차야나 Pakudha Kaccāyana[Kakuda Kātyāna]는 곧 자연自然외도이니, 일체법은 모두 저절로 생긴다고 말한다. 다섯째 아지타 께사깜발리Ajito Kesakambalī[Ajita Keśakambala]는 대자재천을 섬기는 자이니, 대자재천이 모든 법을 일으킨다고 말한다. 여섯째 니간타 나타뿟따Nigaṇṭha Nātaputta[Nirgrantha Jñātiputra]는 숙작인宿作因외도이니, 일체법은 모두 숙세에 이미 그 원인을 지은 것이니, 이제 원인을 짓지 않고 예

㈐ 만약 존자 선현님, ① 모든 견해들[見趣]에 떨어져서도 중도나 극단[中邊]에 이르지 아니하고,55 ② 팔무가無暇에 들어가서도 유가有暇를 얻지 아니하며,56 ③ 모든 잡염을 같이 하면서도 청정에서 떠나고,57 ④ 만약 모든 유정이 얻은 무쟁無諍을 존자께서도 역시 얻었을지라도 청정한 복전이라고 이름하지 않으며,58 ⑤ 존자의 음식을 보시한 모든

若尊者善現, 墮諸見趣 而不至中邊, 入八無暇 不得有暇, 同諸雜染 離於淸淨, 若諸有情 所得無諍 尊者亦得 而不名爲 淸淨福田,

諸有布施 尊者之食

전의 업을 토해버리면 해탈을 얻는다고 말한다.

55 이하 제4 선과 악의 평등이다. 여기에 11구가 있다. [공리] 마음에 걸림이 있으면 선과 악의 둘이 있지만, 선악은 둘이 아니니 무엇을 떠나고 무엇에 힘쓰겠는가? 전체적인 뜻은 이와 같다. 다시 거듭 해석한다면, 그대 수보리가 만약 선악에 평등하고 공을 깨달아, 이미 모든 견해들을 끊어야 할 것이라고 분별하지 않는다면, 어째서 모든 견해들에 떨어져서 중도와 극단의 2도에 이르지 않으려고 하지 않고, 지금 모든 견해들을 끊고 중도에 이르는가 라는 등이다. [응리] 모든 견해들이란 5견이다, 이 부류를 교화하기 위해 항상 그 안에 떨어지지만, 범부처럼 상·단의 극단에 집착하지도 않고, 이승처럼 항상 중도에 이르지도 않는다.

56 [공리] 만약 싫어할 만한 악도가 없는 것이라면, 어째서 팔난八難에 떨어지지 않고 무난無難을 얻는가? [응리] 팔무가에 들어 팔난에 처해 있으면서 중생을 가르쳐 구제하고, 구구하게 종일 유가를 얻지 않는다.

57 [공리] 만약 끊을 만한 잡염이 없는 것이라면, 어째서 잡염을 같이 해서 청정을 떠나려고 하지 않는가? [응리] 생사에 수순해 교화하면서 모든 잡염을 같이 하고, 열반에 머물러 청정을 같이 하지 않는다.

58 [공리] 만약 증득할 만한 성스런 행이 없는 것이라면, 어째서 같이 무쟁을 얻고 청정한 복전이 아니라고 하지 않는가? [응리] 무쟁에는 두 가지가 있으니, 이理무쟁과 사事무쟁이다. 사무쟁이란, 무릇 일으키는 뜻이 무리를 등지고 그들을 관찰해서, 같이 나를 보고 번뇌가 잠시라도 생기지 않게 함에서, 수보리가 가장 제일임을 얻어, 항상 중생으로 하여금 번뇌를 일으키지 않게 하는 것이다.

이가 모든 악취惡趣에 떨어지고, ⑥ 그리고 존자를 온갖 마[衆魔]와 함께 손을 잡게 하며, ⑦ 모든 번뇌를 그 반려伴侶가 되게 하고,59 ⑧ 일체 번뇌의 자성이 곧 존자의 자성이며, ⑨ 모든 유정에 대하여 원수가 해친다는 생각[怨害想]을 일으키고,60 ⑩ 모든 붓다를 비방하며 법을 헐뜯고 승가의 법[僧數]에 참여하지 않으며,61 ⑪ 필경 열반에 들 때[般

墮諸惡趣, 而以尊者
爲與衆魔 共連一手,
將諸煩惱 作其伴侶,
一切煩惱自性 卽是
尊者自性, 於諸有情
起怨害想, 謗于諸佛
毀一切法 不預僧數,
畢竟無有 般涅槃時,

....

이무쟁이란 무상無想의 진여이니, 이무쟁을 증득함으로 인하여 사무쟁이 비로소 될 수 있다. 이 두 가지 무쟁을 일체의 유정 및 존자가 일시에 모두 얻더라도 모두 청정한 복전이라고 이름하지 않으니, 실제로 복전의 성품이 있다고 보지 않기 때문이고, 삼륜이 청정하기 때문이다. 보살은 능히 이와 같을 수 있지만, 성문은 하지 못하는 것이다.

59 [응리] 여기에 3구가 있다. ⑤는 음식을 보시한 이가 후에 성도聖道를 얻고 악취에 떨어질 수 있으니, 괴로운 중생을 교화하려는 것이지, 보시에 의해 큰 죄를 이루기 때문이 아니다. ⑥은 그 음식을 보시한 이는, 존자를 마와 함께 손을 잡게 하고 조석으로 떨어지지 않게 해서 능히 그를 항복케 하는 것이다. ⑦은 행주좌와에 항상 번뇌를 끊으면서도, 버려 여의지 않기 때문에 짝이 되는 것이다. [공리] 만약 선악의 원인이 없는 것이라면, 어째서 보시한 이가 모든 악도에 떨어지지 못하겠는가? 만약 사와 정의 두 스승[邪正二師]이 없는 것이라면, 어째서 마와 함께 손을 잡지 못하겠는가? 만약 번뇌가 뇌란함이 없는 것이라면, 어째서 그것을 짝으로 삼지 못하겠는가?

60 [응리] 번뇌의 자성은 곧 진여로서 존자의 성품과 같으니, 두 가지의 진여는 다름이 없기 때문이다. '원수'란 대적하는 것이니, 스스로 묘행을 닦아 중생을 이익하는 것이 대적하는 것이고, '해침'이란 끊는 것이니, 모든 중생의 번뇌·업·과보인 생사의 유전을 끊는 것이다. 항상 이 생각을 해야 한다. [공리] 만약 선악법의 차별이 없는 것이라면, 어찌 번뇌의 성품이 곧 존자의 성품일 수 없겠는가? 만약 자비의 도에 다름이 없는 것이라면, 어째서 유정에 대해 원수가 해친다는 생각을 일으키지 못하겠는가?

涅槃時]란 없다고 부정하는,62 만약 이러한 이라면 음식을 받을 수 있습니다.'

⑵ 스스로 미혹함을 드러내다63

㈎ 그 때 저는 세존이시여, 이 말을 듣고 마치 깊은 어둠에 놓인 듯 모든 방향을 잃어버리고, 이것이 무슨 말인지도 모르고 무슨 대답을 해야 할 지도 몰라, 자신의 발우를 버리고 그 집을 나오려고 하였습니다.

㈏ 그 때 무구칭이 곧 저에게 말하였습니다.

'존자 선현님, 발우를 받으시고 두려워하지 마십시오. 존자의 생각에는 어떻습니까? 만약 모든 여래께서 만들고 변화시킨 사람이

若如是者　乃可取食.'

時我 世尊, 得聞斯語 猶拘重闇 迷失諸方,　不識是何言 不知以何答,　便捨自缽 欲出其舍.

時無垢稱　卽謂我言.

'尊者 善現, 取缽勿懼. 於意云何? 若諸如來 所作化者 以

....

61 [공리] 만약 삼보라는 좋은 밭[良田]이 없는 것이라면, 어째서 붓다를 비방하고 법을 헐뜯으며 승가의 법에 불참하지 못하겠는가? [응리] 붓다를 비방한다는 것은 색성의 붓다는 진불眞佛이 아니고 법신의 이치가 여래라고 말하는 것이다. 법을 헐뜯는다는 것은 생사의 일체의 악법을 헐뜯는 것이다. 또 진여가 진법이고 사성제의 이치의 법은 진법이 아니라고 말하는 것이다. 승가에 참여하지 않는다는 것은 머리를 깎고, 옷을 물들이며, 걸식하는 등이 승가의 법인데, 항상 생사에 처하면서 무리를 따라 중생을 교화하고 그 모습에 구애되지 않는 것이다.

62 [공리] 만약 생사와 열반의 차별이 없는 것이라면, 어째서 필경 열반할 때가 없지 못하겠는가? [응리] 보살은 중생을 다 제도하고 나서 열반에 들기를 발원하였는데, 중생계가 다할 기약이 없기 때문에 보살은 필경 열반에 들지 않는 것이다.

63 (바르게 말을 펴는 것의 여섯 중) 아래의 ㈎는 둘째 스스로 미혹을 드러내는 것, ㈏는 셋째 남이 위로하는 것, ㈐는 넷째 자기의 답을 밝히는 것이다.

이 일로 힐난하였다면 정녕 두려움이 있겠습니까?'

(다) 제가 말했습니다.
'그렇지 않습니다.'

(3) 무구칭이 가르치다
무구칭이 말하였습니다.64

'(가) 모든 법의 성품과 모양[性相]은 모두 환술로 변화된 것[幻化]과 같습니다. 일체 유정 및 모든 언설의 성품과 모양도 역시 그러합니다.

(나) 그래서 지혜를 가진 모든 이들은 문자에 대해서 집착해서도 안되고 또한 두려워함도 없어야 합니다.

(다) 까닭이 무엇이겠습니까? 일체 언설은 모두 성품과 모습을 여의었기 때문입니다.65

(라) 왜냐 하면 일체 문자도 성품과 모양을

是事詰 寧有懼不?'

我言.
'不也.'

無垢稱言.

'諸法性相 皆如幻化. 一切有情 及諸言說 性相亦爾.

諸有智者 於文字中 不應執著 亦無怖畏.

所以者何? 一切言說 皆離性相.

何以故 一切文字

---

64 이하 제5 남이 가르치는 것을 서술함에 둘이 있다. 처음은 두려워하지 말 것을 권하는 것, 뒤의 (다) 이하는 바른 이치를 보이는 것이다. 처음 중에도 둘이 있으니, (가)는 앞의 변화된 모습과 합하는 것이고, (나)는 두려워하지 말 것을 권하는 것이다.

65 이하 바른 이치를 보이는 것에 셋이 있다. 처음 (다)는 언설이 모습과 성품을 여의었다는 것, 다음 (라)는 문자도 역시 여의었다는 것, 뒤의 (마)는 모든 법을 맺어 이루는 것이다. [공리] 승의의 성·상은 모두 체가 공인데, 언설은 허망하게 일어난 것이므로 공성을 여의었다. [응리] 승의의 성·상은 체가 언설을 여읜 것에 있으므로, 가립假立된 명언은 법성과 일치하지 않는다.

역시 여읜 것이어서, 전혀 문자 아닌 것[都非文字]이 곧 해탈이기 때문이니,66

㈤ 해탈의 모습[解脫相]이 곧 일체법인 것입니다.'67

性相亦離, 都非文字 是則解脫,
解脫相者 卽一切法.'

⑷ 이익을 성취하다

세존이시여, 그 대 거사가 이 법을 설하였을 때 이만의 천자天子들은 티끌과 때를 멀리 여의어 모든 법에 대하여 법안의 청정[法眼淨]을 얻었고, 오백의 천자들은 법에 수순하는 지혜[順法忍]를 얻었습니다.68

世尊, 彼大居士 說是法時 二萬天子 遠塵離垢 於諸法中 得法眼淨, 五百天子 得順法忍.

2.4.3 맺어 답하다

그 때 저는 갑자기 말하는 법을 잃어버려서 잠자코 아무런 대답도 할 수 없었습니다.

時我黙然 頓喪言辯 不能加對.

....
66 [공리] 단지 언설된 법만 공으로 성품이 없는 것일 뿐 아니라, 문자를 여읜 것[離文字] 역시 공이기 때문에 '역시 여의었다'라고 하였다. [응리] 단지 표현된 것[所詮]에는 모든 법의 모양과 성품이 없는 것이 언설을 여읜 것[離言]일 뿐만 아니라, 말 또한 언설을 여의었다는 것이다. 혹은 이는 오직 언설이 이치상 성품을 여의었을 뿐만 아니라, 의지하는 문자 역시 성·상을 여의었다는 것이다.
67 [공리] 해탈과 열반은 곧 일체법의 본래 공한 성품이기 때문이다. [응리] 일체법 중 언설을 여읜 이치가 곧 해탈이고, 해탈은 곧 모든 법의 본래의 이치이기 때문에 '곧[卽]'이라고 하였다.
68 제6 이익을 이루는 것에 둘이 있으니, 처음은 소승의 과보를 얻는 것이고, 뒤는 대승의 지위를 얻는 것이다. '법안의 청정을 얻는다'는 것은 예류과를 증득하는 것이다. '법에 수순하는 지혜를 얻는다'는 것은 혹자는 초지라고 말하니, 바른 교법에 수순하는 지혜를 얻기 때문이고, 혹자는 제8지라고 말한다.

그러므로 저는 그를 찾아가 문병하는 일을 | 故我不任　詣彼問
맡을 수 없습니다." | 疾."

2.5 만자자滿慈子[뿐나　만따니뿟따Puṇṇa Mantāniputta]69

그 때 세존께서는 만자자에게 이르셨다. | 爾時世尊 告滿慈子.
"그대가 무구칭의 처소를 찾아가서 그의 병 | "汝應往詣　無垢稱
문안을 하라." | 所 問安其疾."

2.5.1 총체적으로 도가 궁함을 말하다

그 때 만자자가 말하였다. | 時 滿慈子 白言.
"세존이시여, 저는 그를 찾아가 문병하는 | "世尊, 我不堪任 詣
일을 감당할 수 없습니다. | 彼問疾.

2.5.2 이치 궁함을 따로 나타내다

어째서인가 하면, 제가 과거 한 때에 큰 숲 | 所以者何,　憶念我
속에 있으면서 처음 배우는[新學] 여러 비구 | 昔 於一時間 在大
들에게 법을 설할 때의 일이 기억나기 때문 | 林中 爲諸新學苾芻
입니다. | 說法.

....

69 # 뿐나 만따니뿟따는 설법 제일이라고 불렸던 분으로, 범어 이름은 Pūrṇa-maitrāyaṇīputra이다. 한역명으로는 부루나미다리니자富樓那彌多羅尼子(줄여서 부루나)라고도 하는데, 미다라 족 여인[尼]의 아들[子]인 부루나라고 하는 뜻이다. 부루나는 '만滿'의 뜻, 미다라는 '자慈'의 뜻이라고 해서 만자자라고 부른다. 빠알리어 이름은 만따니(=최초의 제자인 앙냐 꼰당냐의 누이라고 함)의 아들인 뿐나라는 뜻이다.

그 때 무구칭이 그 곳에 도착해서 저의 발에 머리 숙여 예배하고는 이렇게 말하였습니다.70

(1) 그 부당함을 책망하다71

(가) 지금을 알지 못함을 책망하다72

(ㄱ) '존경하는 만자자님, 먼저 선정에 들어 비구들의 마음을 관찰한 다음 비로소 그들을 위해 법을 설하여야 합니다. 더러운 음식을 보배그릇에 두어서는 안됩니다.73

(ㄴ) 응당 이 모든 비구들이 어떤 의요를 가졌는지를 먼저 알아서, 값을 매길 수 없는 폐유리보배를 여러 깨지기 쉽고 값싼 수정구슬 같이 다루어서는 안됩니다.

(ㄷ) ① 존자 만자자님, 모든 유정의 무리의 근성根性의 차별을 관찰하지 않고서, 조그마한 근기가 받을 법[少分根所受法]을 주어서는

時 無垢稱 來到彼所 稽首我足 而作是言.

'唯 滿慈子, 先當入定 觀苾芻心 然後乃應 爲其說法. 無以穢食 置於寶器. 應先了知 是諸苾芻 有何意樂, 勿以無價 吠琉璃寶 同諸危脆 賤水精珠.

尊者 滿慈, 勿不觀察 諸有情類 根性差別, 授以少分根

....
70 이하 바르게 말을 펴는 것에 둘이 있다. (1)은 그 부당함을 책망하는 것, (2)는 그로 하여금 더욱 나아가게 하는 것이다.
71 처음 중에 다시 둘이 있으니, (가)는 지금을 알지 못하는 것을 책망하는 것, (나)는 과거를 알지 못하는 것을 책망하는 것이다.
72 이하 지금을 알지 못함을 책망하는 것에 셋이 있다. (ㄱ)은 마음[心]을 알지 못함을 책망하는 것, (ㄴ)은 의요意樂를 알지 못함을 책망하는 것, (ㄷ)은 근기[根]를 알지 못함을 책망하는 것이다.
73 그들의 마음이 대승을 행하려는 것은 마치 '보배그릇'과 같고, 소승을 설하는 것은 마치 '더러운 음식을 두는 것'과 같다.

안됩니다.74

② 그들은 스스로 상처가 없으므로 그들을 상처입혀서는 안되고, 큰 길을 가려고 하는데 작은 길을 보여서는 안되기 때문입니다.75

③ 태양빛을 저 반딧불과 같이 여겨서는 안되고, 큰 바다를 소발자국[牛跡]에 넣어서는 안되며, 묘고산왕妙高山王을 겨자씨[芥子] 안에 넣어서는 안되고, 큰 사자의 외침[師子吼]을 여우의 울음[野干鳴] 같이 여겨서는 안되는 것입니다.76

(나) 과거를 알지 못함을 책망하다77

㈀ 존자 만자자님, 이 모든 비구들은 모두 지나간 과거에 대승으로 향하는 마음을 일으켰지만, 보리를 구하는 도중에 이 마음을 잊

所受法.

彼自無瘡 勿傷之也, 欲行大道 莫示小徑.

無以日光 等彼螢火, 無以大海 內於牛跡, 無以妙高山王 內於芥子, 無以大師子吼 同野干鳴.

尊者 滿慈子, 是諸苾芻 皆於往昔 發趣大乘心, 祈菩提

---

74 제3 근기[根]를 알지 못함을 책망하는 것에 셋이 있다. ①은 근기를 알지 못함을 책망하는 것, ②는 책망하는 까닭을 나타내는 것, ③은 대소 2승의 유래가 현격하게 차별됨을 나타내는 것이다.

75 까닭에는 둘이 있다. 남을 손상하는 것[損他]과 남을 오도하는 것[誤他]이다. 소승의 마음을 일으키는 것은 상처와 같다.

76 대소 2승의 유래가 현격하게 차별됨을 나타내는 것에 네 가지 비유가 있지만, 구역에는 두 가지만 있었다. 첫째는 이익함이 큼[益大]을 비유하고, 둘째는 깊고 넓음[深廣]을 비유하며, 셋째는 높게 드러남[高顯]을 비유하고, 넷째는 두려움 없음[無畏]을 비유하기 때문이다. 혹은 제1과 제4는 큰 근기를 가진 자에게는 작은 법을 주지 말라는 것이고, 제2와 제3은 작은 근기를 가진 자에게는 큰 법을 주지 말라는 것이다.

77 과거를 알지 못하는 것을 책망하는 것에 둘이 있다. ㈀은 알지 못하는 바를 밝히는 것, ㈁은 알 수 없음을 밝히는 것이다.

었을 뿐입니다. 어떻게 성문승의 법을 보이겠습니까?

(ㄴ) 제가 성문을 관찰한 즉, 지혜가 작고 얕음이 배냇소경[生盲]을 넘어서고, 대승처럼 모든 유정의 근성을 관찰하는 오묘한 지혜가 없어서, 일체 유정의 근기의 예리하고 둔함을 분별할 수 없습니다.'

(2) 더욱 나아가게 하다78

(가) 그 때 무구칭은 곧 이와 같은 뛰어난 삼매로써 모든 비구들로 하여금 그들의 한량없는 전생[宿住]의 차별, 즉 일찍이 과거 오백 분 붓다들의 처소에서 모든 선근을 심었고, 한량없는 수승한 공덕을 쌓고 익혔으며, 무상정등각으로 회향했던 마음을 따라 기억하게 하니,

(나) 그들은 이와 같은 전생의 일들을 따라 기억하고 나서 보리를 구하는 마음이 다시 현전하여, 곧 그 대사의 발에 머리 숙여 예배하였습니다.

(다) 그 때 무구칭이 그 기회를 이용하여 법

中 忘是意. 如何 示以聲聞乘法?
我觀聲聞, 智慧微淺 過於生盲, 無有大乘 觀諸有情根性妙智, 不能分別 一切有情 根之利鈍.'

時無垢稱 便以如是勝三摩地 令諸苾芻隨憶無量 宿住差別, 曾於過去 五百佛所 種諸善根, 積習無量 殊勝功德, 迴向無上正等覺心, 隨憶如是 宿住事已 求菩提心 還現在前, 卽便稽首 彼大士足.

時無垢稱 因爲說法

....

78 이하 더욱 나아가게 함에 셋이 있다. (가)는 과거 일을 기억하게 하는 것, (나)는 가르쳐 대승의 마음을 일으키게 하는 것, (다)는 뛰어난 지위를 얻게 하는 것이다. '삼매'라고 한 것은 곧 선정이니, 선정으로써 이 신통을 나타내어 숙주지의 힘[宿住智力]으로 비구들로 하여금 과거의 겁을 기억하게 하는 것이다.

제3 성문품 121

을 설해서 무상정등보리에서 다시는 퇴전하 | 令於無上正等菩提
지 않도록 하였습니다. | 不復退轉.

2.5.3 맺어 답하다79

(1) 그 때 저는 세존이시여, 이러한 생각을 하 | 時我 世尊, 作如是
였습니다. | 念.

 '모든 성문인聲聞人들은 유정들의 근성根性의 차별을 알지 못하므로, 여래께 말씀드리지 않고 쉽게 남을 위하여 법을 설해서는 안 된다. | '諸聲聞人 不知 有情根性差別, 不白 如來 不應輒爾 爲他說法.

(2) 까닭이 무엇인가 하면, 모든 성문인들은 유정들의 모든 근기의 뛰어나고 열등함을 알지 못하기 때문이니, 붓다 세존처럼 항상 선정에 있지 못하기 때문이다.'80 | 所以者何, 諸聲聞人 不知有情 諸根勝劣, 非常在定 如佛世尊.'

(3) 그러므로 저는 그를 찾아가 문병하는 일을 맡을 수 없습니다." | 故我不任 詣彼問疾."

2.6 가다연나迦多衍那[마하깟짜나Mahākaccāna]81

....
79 이하 이유를 드러내어 말하는 것에 셋이 있다. (1)은 지혜가 약함을 밝히는 것, (2)는 이유를 해석하는 것, (3)은 총결하는 것이다.
80 이는 붓다께서는 항상 선정에 있기 때문에 근기를 능히 아신다는 것을 나타내는 것이니, 모든 근기를 아는 것은 반드시 타심지에 의하기 때문인데, 타심지를 일으키는 것은 반드시 선정에 의하기 때문이다.
81 # 마하깟짜나는 논의論議 제일이라고 불린 분이다. 범어명은 Mahākātyāyana 로서, 흔히 마하가전연迦旃延이라고 부른다.

그 때 세존께서는 저 마하 가다연나에게 이르셨다.

"그대가 무구칭의 처소를 찾아가서 그의 병문안을 하라."

爾時 世尊告彼 摩訶迦多衍那. "汝應往詣 無垢稱所 問安其疾."

2.6.1 총체적으로 도가 궁함을 말하다

가다연나가 말하였다.

"세존이시여, 저는 그를 찾아가 문병하는 일을 감당할 수 없습니다.

迦多衍那 白言. "世尊, 我不堪任 詣彼問疾.

2.6.2 이치 궁함을 따로 나타내다

어째서인가 하면, 제가 과거 한 때에 붓다께서 비구들을 위해 법을 간략히 설하시고 곧 선정[靜住]82에 드시면, 제가 곧 그 후에 경전 구절의 뜻, 말하자면 무상無常의 뜻, 고苦의 뜻, 공의 뜻, 무아의 뜻, 적멸寂滅의 뜻 등을 분별하고 결택해 주고 있을 때의 일이 기억나기 때문입니다.

그 때 무구칭이 그 처소에 도착해서 저의 발 아래 머리 숙여 예배하고는 이렇게 말하였습니다.

所以者何, 憶念我昔 於一時間 佛爲苾芻 略說法已 便入靜住, 我卽於後 分別決擇 契經句義, 謂無常義 苦義空義 無我義 寂滅義.

時無垢稱 來到彼所 稽首我足 而作是言.

---
82 '정주靜住'라고 말한 것은 공 혹은 멸진정에 머물거나, 제4선정에 의지하여 머물기 때문에 '정주'라고 말한다.

(1) 그릇됨을 총체적으로 말하다[83]

'존경하는 대존자 가다연나님, 생멸生滅을 분별하는 심행心行으로 실상實相의 법을 설해서는 안됩니다.[84]

'唯 大尊者 迦多衍那, 無以生滅分別心行 說實相法.

(2) 그릇됨을 개별적으로 말하다

까닭이 무엇인가 하면, ① 모든 법은 필경 이미 생긴 것도 아니고 지금 생기는 것도 아니며 장차 생길 것도 아니고, 이미 멸한 것도 아니고 지금 멸하는 것도 아니며 장차 멸할 것도 아닌 뜻이 무상無常의 뜻이고,[85] ② 오

所以者何, 諸法畢竟 非已生 非今生 非當生, 非已滅 非今滅 非當滅義 是無常義, 洞達五蘊

....

[83] 이하 바르게 말을 펴는 것에 셋이 있다. (1)은 총체적으로 그르다는 것, (2)는 개별적으로 그르다는 것, (3)은 이익을 밝히는 것이다.

[84] [공리] 이 다섯 가지(=가다연나가 분별결택해 준 무상·고·공·무아·적멸)의 진실한 뜻은, 본래의 성품이 모두 없고, 성품은 말의 표현을 여읜 것이어서, 상常도 아니고 무상도 아니며, 고苦도 아니고 불고도 아니며, 공空도 아니고 불공도 아니며, 아我도 아니고 무아도 아니며, 적寂도 아니고 부적도 아니다. 항상 하다는 등의 집착을 막기 위해 무상 등을 말하지만, 진실한 승의 중에는 실제로 무상 등이 있는 것이 아니다. 그래서 이제 생멸하는 심행으로 실상의 법을 말한다고 꾸짖는 것이다. [응리] 이 다섯 가지의 진실한 뜻의 성품은 곧 진여이므로, 이것을 반연하는 마음은 무분별지로 불생불멸의 진여를 반연해서 경계로 삼는다. 이제 생멸하는 유작제有作諦의 이치를 반연하여 분별하는 심행으로 실상 진여의 법을 설하는 것은 심히 합당하지 못하다는 것이다.

[85] 개별적으로 그릇되다고 함에 다섯 가지 아님[五非]이 있다. 이것은 무상이 아니라는 것이다. [공리] 세속제에는 상相이 있지만, 무상無常의 승의로써 알면 상이 없고[無相], 일체는 전혀 공이다. 삼세가 본래 없는데, 어찌 생겨남 등이 있겠는가? [응리] 모든 붓다의 필경 승의의 도리인 진여 중에는 본래 삼세가 없다. 어느 곳에 과거에 이미 생겼고 현재 생기며 미래에 장차 생기는 등이 있겠는가? 따라서 생겨남 등이 없는 것이 진정한 무상無常의 승의의 이치이니, 생

온은 필경 성품이 공이어서, 말미암아 일어나는 바[所由起]가 없음을 통달하는 것이 고苦의 뜻이며,[86] ③ 모든 법은 구경에 있는 바 없음[無所有]이 공의 뜻이고,[87] ④ 나와 무아가 둘이 없음을 아는 것이 무아의 뜻이며,[88] ⑤ 자성自性도 없고 또한 타성他性도 없으며, 본래 치연熾然함이 없으니 지금 그쳐 사라짐[息滅]도 없어서, 적정寂靜도 필경에 적정해짐도 없이, 구경 적정함이 적멸寂滅의 뜻이기 때문입니다.'[89]

畢竟性空, 無所由起 是苦義, 諸法究竟 無所有 是空義, 知我無我 無有二 是無我義, 無有自性 亦無他性, 本無熾然 今無息滅, 無有寂靜 畢竟寂靜, 究竟寂靜 是寂滅義.'

....
멸이 있는 이치를 안립하여 무상의 뜻으로 삼는 것과는 같지 않다.

[86] [공리] 승의로는 무상無相이고 본성이 있지 않지만, 즐겁다고 집착하는 것을 막기 위해 '고'라고 말한다. [응리] 오온의 성품은 공이니, 곧 진여이다. 이 이치를 통달하여, 이 본래의 진실은 말미암아 일어남이 없는 것을 알지만, 표현에 의지해 진실을 나타내어 '고의 뜻'이라고 이름한 것이다.

[87] [공리] 세속제로는 있지만, 승의제로는 공이니, 구경의 도 중에는 '전혀 있는 것이 없다'. 이것이 공의 뜻이다. [응리] 모든 법 중의 구경인 진여는 집착된 모든 법이 있는 것과는 같지 않으니, 공으로 인해 나타난 것을 말해서 '공의 뜻'이라고 말한 것이다.

[88] [공리] 승의제에서 본래 상이란 모두 없음을 알면, 아와 무아의 체는 유래由來가 둘이 아니다. '아'의 전도를 막기 위하여 무아를 말하는 것이니, 이것이 무아의 뜻이다. [응리] 진여는 본래 언설로 분별하는 상을 떠났음을 알면 아와 무아는 유래가 둘이 아니다. '아'를 막기 위해 무아에 의해 나타내는 것을 '무아의 뜻'이라고 이름하였다.

[89] [공리] 그 일체법은 승의제 중에서는 자성도 없고 타성도 없으니, 인연으로 생겨난 법은 모두 공이라고 말하기 때문이다. 이로 인해 치연한 생사도 없다고 말하고, 생사가 이미 없으므로 열반이나 지금 그쳐 멸함도 없다. 열반이 이미 없기 때문에 적정의 체도 없고, 또한 번뇌도 없으며, 필경 적정으로 드러나는

(3) 이익을 밝히다

이 법을 설했을 때에 그 모든 비구들은 모 | 說是法時 彼諸苾芻
든 번뇌가 영원히 다해서 마음으로 해탈을 | 諸漏永盡　心得解
얻었습니다. | 脫.

2.6.3 맺어 답하다

그 때 저는 세존이시여, 잠자코 말을 하지 | 時我 世尊, 默然無
못했습니다. | 辯.
그러므로 저는 그를 찾아가 문병하는 일을 | 故我不任　詣彼問
맡을 수 없습니다." | 疾."

2.7 대무멸大無滅[아누룻다Anuruddha]⁹⁰

....

멸도 이미 그러해서 도무지 없으니, 구경 적정한 일이기 때문이다. [응리] 승의제 중에서는 유위의 모든 법은 자신으로부터 생겨나는 것이 아니므로 자신의 실제의 성품[自實性]이 없고, 남으로부터 생겨나는 것이 아니므로 남의 실제의 성품[他實性]도 없으며, 함께로부터 생겨나는 것도 아니므로 두 가지의 실제의 성품[二實性]도 없다. 따라서 치연한 생사는 없는 것이고, 생사가 이미 없으므로 진실로 멸하는 것[實滅]도 역시 없다. 진실한 이치는 본래 멸이고 지금 비로소 멸인 것이 아니다. 또한 실제로 적정의 자체도 없고, 번뇌도 필경 적정의 지위이지만, 능히 수행자로 하여금 구경 적정하게 하는 것, 이것을 이름해서 진실한 멸의 뜻이라고 부르고, 대열반이라고 부르는 것이니, 소승의 가정적인 열반[假涅槃]과는 같지 않은 것이다.

90 # 아누룻다는 천안天眼 제일이라고 불린 분으로, 범어명은 Aniruddha이다. 붓다의 사촌동생으로 흔히 아나율阿那律이라고 부른다. 소에서는, 「범어로 아니율타阿泥律陀라고 하니, 여기 말로는 무멸이라고 한다. 8만 겁 전에 한 벽지불을 공양하여 얻은 선근이 지금까지 사라지지 않았기 때문에 무멸이라고 이름하였다.」라고 설명한다.

그 때 세존께서는 대무멸에게 이르셨다.
"그대가 무구칭의 처소를 찾아가서 그의 병 문안을 하라."

爾時世尊 告大無滅.
"汝應往詣 無垢稱 所 問安其疾."

2.7.1 총체적으로 도가 궁함을 말하다

그 때 대무멸이 말하였다.
"세존이시여, 저는 그를 찾아가 문병하는 일을 감당할 수 없습니다.

時大無滅 白言.
"世尊, 我不堪任 詣 彼問疾.

2.7.2 이치 궁함을 따로 나타내다

어째서인가 하면,91

所以者何,

(1) 자기의 일을 말하다92

㈎ 제가 과거 한 때에 큰 숲 속에 있으면서 어느 장소에서 경행經行하고 있을 때의 일이 기억나기 때문입니다.

憶念我昔 於一時間 在大林中　一處經 行.

㈏ 그 때 이름을 엄정嚴淨이라고 하는 범왕이 있어 일만의 범천들[梵]과 함께 큰 광명을 놓으면서 저의 처소로 찾아와서 머리 숙여 예배하고는 저에게 물었습니다.

時有梵王 名曰嚴淨 與萬梵俱 放大光明 來詣我所 稽首作禮 而問我言.

....
91 이치의 궁함을 나타내는 둘이 있다. 처음 이것은 묻는 것이고, 뒤의 그 아래는 나타내는 것이다. 후자에도 둘이 있으니, (1)은 자기의 일을 말하는 것이고, (2) 는 남의 말을 나타내는 것이다.
92 자기의 일을 나타내는 것에 셋이 있다. ㈎는 자기의 경행을 밝히는 것, ㈏는 범 천이 와서 묻는 것, ㈐는 그에 대해 바로 답하는 것이다.

'존자 무멸님께서 얻으신 천안으로는 얼마나 볼 수 있습니까?'

(다) 그 때 제가 답해 말했습니다.

'대선大仙이여, 제가 능히 이 석가모니 붓다의 삼천대천세계를 보는 것은, 손바닥의 아마락과阿摩洛果를 보는 것과 같다고 알아야 합니다.'93

(2) 남의 일을 나타내다

그 때 무구칭이 그 곳에 도착해서 저의 발에 머리 숙여 예배하고는 이렇게 말하였습니다.94

(가) '① 존자 무멸님께서 얻으신 천안은 행상行相이 있는 것입니까, 행상이 없는 것입니까?95

② 만약 행상이 있다고 한다면 곧 외도의

'尊者 無滅 所得天眼 能見幾何?'

時我 答言.

'大仙 當知, 我能見此 釋迦牟尼 三千大千 佛之世界, 如觀掌中 阿摩洛果.'

時 無垢稱 來到彼所 稽首我足 而作是言.

'尊者 無滅 所得天眼 爲有行相, 爲無行相?

若有行相 卽與外道

....
93 서역의 과일은 맛과 온갖 모습이 같지 않은데, 아마락과는 많은 사람이 좋아하는 것이기 때문에 비유로 삼았다. 환하게 보아 분명하다는 것이다.
94 이하 남의 일을 나타내는 것에 둘이 있다. 처음 이 문장은 지극한 법도를 밝히는 것이고, 뒤의 그 아래는 바르게 말을 펴는 것이다. 후자에는 다섯이 있다. (가)는 따져 힐난하는 것, (나)는 잠자코 있는 것, (다)는 범왕이 묻는 것, (라)는 무구칭이 답하는 것, (마)는 이익이다.
95 처음 따져 힐난함에 다시 셋이 있다. 처음은 총체적으로 따지는 것, 다음은 개별적으로 힐난하는 것, 뒤는 힐난을 맺는 것이다. 이것은 그 처음이다. [공리] 얻으신 천안은 체에 차별된 행상이 있는가, 체에 차별된 행상이 없는가 라는 것이다. [응리] 허망하게 분별하는 행해의 모습[行解相狀]이 있는가, 없는가 라는 것이다.

오신통과 같을 것이고, 만약 행상이 없다고 한다면 곧 무위無爲여서 봄이 있지 않을 것인데, ③ 어떻게 존자께서 얻으신 천안은 능히 보는 것이 있습니까?'

(나) 그 때 저는 세존이시여, 잠자코 대답을 할 수 없었습니다.

(다) 그런데 그 모든 범천들은 그가 말하는 것을 듣고 일찍이 경험하지 못했던 것을 얻고는, 곧 예배하고 그에게 물었습니다.

'세상에 진정한 천안[眞天眼]을 얻은 자는 누구가 있습니까?'

(라) 무구칭이 말하였습니다.

'붓다 세존께서 계셔 진정한 천안을 얻으셔서, 고요한 선정[寂定]을 버리지 않으시고도 모든 불국토를 보시면서, 두 가지 상[二相]과 갖가지 상[種種相]을 짓지 않으십니다.'[96]

五神通等, 若無行相 卽是無爲 不應有見, 云何 尊者所得天眼 能有見耶?'
時我 世尊, 黙無能對.
然彼諸梵 聞其所說 得未曾有, 卽爲作禮 而問彼言.
'世孰有得 眞天眼者?'
無垢稱言.
'有佛世尊 得眞天眼, 不捨寂定 見諸佛國, 不作二相 及種種相.'

....

[96] 붓다 석가께서 오래 선의 근본을 닦아 진정한 천안을 얻으셨다. [공리] 석가의 진지眞智는 안으로 진공眞空에 계합하여 적정寂定을 버리지 않으므로 유위가 아니고, 밖으로 세속을 따라 모든 불국토를 보므로 무위가 아님을 진정한 천안이라고 이름하니, 외도가 두 가지 상 및 갖가지 상을 보는 것과는 같지 않다. '두 가지 상'이란 총체적인 유有와 공空의 상이고, '갖가지 상'이란 개별적인 유·공의 상이다. [응리] 무멸의 천안은 작용하면 고요하지 않다用而不寂. 먼저 근본정에 들고 뒤에 천안을 일으키므로, 천안은 산심의 유루 무기로서, 오직 대천세계만을 본다. 여래의 천안은 무분별지로 진여를 바르게 관찰하여 적정을 버리지 않고 후득지 중에서 무루를 일으키므로 선한 성품으로, 모든 불국토와 널리 시방을 다 본다. '두 가지 상'은 총체적인 차별상으로, 공상共相의 부류

㈑ 그 때 그 범왕과 오백의 권속은 모두 무상정등각에 대한 마음을 일으켜서, 무구칭에게 예배하고는 홀연히 모습을 감추었습니다.

時彼梵王 五百眷屬
皆發無上正等覺心,
禮無垢稱 欻然不現.

2.7.3 맺어 답하다

그러므로 저는 그를 찾아가 문병하는 일을 맡을 수 없습니다."

故我不任　詣彼問疾."

2.8 우파리優波離[우빠알리Upāli]97

그 때 세존께서는 우파리에게 이르셨다.
"그대가 무구칭의 처소를 찾아가서 그의 병문안을 하라."

爾時世尊 告優波離.
"汝應往詣　無垢稱
所 問安其疾."

2.8.1 총체적으로 도가 궁함을 말하다

그 때 우파리가 말하였다.
"세존이시여, 저는 그를 찾아가 문병하는 일을 감당할 수 없습니다.

時 優波離 白言.
"世尊, 我不堪任 詣
彼問疾.

2.8.2 이치 궁함을 따로 나타내다

어째서인가 하면,

所以者何,

....
이고, '갖가지 상'이란 개별적인 차별상으로, 자상自相의 부류이다.
97 # 우빠알리는 지계 제일이라고 불린 분이다. 범어 이름의 철자 역시 빠알리어와 같고, 보통 '우바리優婆離'라고 부른다.

(1) 자기의 일을 나타내다98

㈎ 과거 한 때 어떤 두 비구가 받은 계[所受 戒]를 범하고 너무나 부끄러워서 붓다를 감히 찾아뵙지 못하고 저의 처소를 찾아와서 저의 발에 머리 숙여 예배하고 저에게 말했을 때의 일이 기억나기 때문입니다.

'존경하는 우파리님, 지금 저희 두 사람은 율행律行을 범했는데, 참으로 부끄러워서 감히 붓다를 찾아뵙지 못하겠습니다. 근심과 후회를 풀고 이 허물을 면하게 해 주시기를 바랍니다.'

㈏ 저는 곧 그들을 위해 여법하게 해설하여 범한 것을 씻게 해서 근심과 후회를 없애 주고, 나타내 보이고 권해 인도하며 칭찬하여 격려하고 경하하여 위로하였습니다.99

憶念我昔 於一時間 有二苾芻 犯所受戒 深懷媿恥 不敢詣佛 來至我所 稽首我足 而謂我言.

'唯 優波離, 今我二人 違越律行, 誠以爲恥 不敢詣佛. 願解憂悔 得免斯咎.'

我卽爲其 如法解說 令除憂悔 得淸所犯, 示現勸導 讚勵慶慰.

....

98 자기의 일을 나타내는 것에 둘이 있다. ㈎는 두 사람이 와서 출죄出罪(=비구가 죄를 참회하여 용서받고 교단에 복귀하는 것)를 청한 것을 말하는 것, ㈏는 자기가 여법하게 없애줌을 말하는 것이다.
99 '여법하다'라고 말한 것은 그 율법과 같다는 말이다. 그 율법대로 도리를 해설해서 근심과 후회를 제거하고 그 범한 허물로부터 청정함을 얻게 하는 것이다. '나타내 보이고' 이하는 여법한 모습을 나타내는 것이니,《유가사지론》제81권에서 말하기를, "시현示現이란 선품의 행을 받아 배우게 하기 위해 진실한 도리를 보이는 … 것이고, 권도勸導란 배울 곳에 안치하여 바르게 받아 행하게 하는 … 것이며, 찬려讚勵란 마음이 퇴굴하려 하면 칭찬하여 책려하는 … 것이고, 경위慶慰란 용맹스럽게 정진하면 칭찬하여 말하고 경하하여 기쁘게 하는 … 것이다."라고 한다. 구역에는 이것이 없었다.

(2) 남의 일을 나타내다

그 때 무구칭이 그 처소에 도착해서 저의 발에 머리 숙여 예배하고는 이렇게 말하였습니다.100

時 無垢稱 來到彼
所 稽首我足 而作
是言.

(가) 바른 이치를 펴다101

(ㄱ) 총체적으로 그르다고 하다

'존경하는 우파리님, 이 두 비구의 죄를 더 늘리지 마십시오. 범한 것을 근심하고 후회하는 것을 바로 없애 주어야지, 그들의 마음을 요란시켜서는 안됩니다.102

'唯 優波離, 無重增
此 二苾芻罪. 當直
除滅 憂悔所犯, 勿
擾其心.

(ㄴ) 바른 것을 나타내다103

----

100 바르게 말하는 것에 다섯이 있다. ⑺는 바른 이치를 펴는 것, ⑷는 찬양함을 나타내는 것, ㈐는 자기의 알림을 밝히는 것, ㈑는 죄가 사라졌음을 밝히는 것, ㈒는 서원 일으킴을 말하는 것이다.
101 바른 이치에 다시 셋이 있다. (ㄱ)은 총체적으로 그르다는 것, (ㄴ)은 바른 것을 나타내는 것, (ㄷ)은 바른 것을 맺는 것이다.
102 [공리] 두 사람이 죄를 범하고, 있다는 상[有相]을 품어 이제 후회를 없애 주기를 청하는데, 도리어 가르쳐 있음을 일으킨다면, 있음에 있음을 더하는 것이므로 '죄를 늘린다'고 이름한다. 응당 상이 없고[無相] 죄의 성품이 본래 공함[罪性本空]을 말해주고, 죄 있음[有罪]으로써 그들의 마음을 어지럽히 말아야 한다. [응리] 죄는 업도業道가 되니, 반드시 이치를 깨달아 허깨비임을 체달하여야 비로소 죄의 근본을 뽑는다. 단지 작법作法에 의지해 일을 써서[用事] 멸하는 것은 입은 옳지만 마음은 그르니, 멸해도 멸하는 것이 아니고 죄업이 다시 일어나므로 '더 늘린다'고 이름한다. 진실한 이치[眞理]를 말하여 그들로 하여금 그것을 깨닫게 하고, 세속의 허깨비[俗幻]를 말하여 그것을 요달하게 하는 것을 '바로 없애준다'고 이름한다. 죄의 종자를 뽑아야지, 현상적인 모습[事相]으로 그들의 마음을 요란하여 죄의 멸함을 나타내지 말라는 것이다.
103 바른 것을 나타내는 것에 둘이 있다. 처음 (a)는 진실한 이치[眞理]를 밝혀, 죄

(a) 진실한 이치를 밝히다104

㈠ 바른 이치를 말하다105

① 까닭이 무엇인가 하면 그 죄의 성품은 안에 머물지도 않고 밖으로 나가지도 아니하며 그 중간에도 있지 않기 때문입니다.106

所以者何　彼罪性 不住內 不出外 不在兩間.

② 붓다께서 말씀하신 바와 같이 마음이 잡염되기 때문에 유정이 잡염되고, 마음이 청정하기 때문에 유정도 청정해지지만,107 이와 같은 마음이라는 것 역시 안에

如佛所說 心雜染故 有情雜染,　心淸淨故 有情淸淨,
如是心者 亦不住內

의 근본[罪本]을 깨닫게 하는 것, 뒤의 (b)는 세속의 현상[俗事]을 밝혀 죄의 거짓 [罪僞]을 알게 하는 것이다. 죄의 모습은 진실이 아니므로 제거하기 쉽다. 죄는 근본된 종자가 본래 진정한 것[眞]이므로 이것을 깨달아야 죄가 멸하는 것이니, 죄가 멸한다는 것은, 번뇌와 악업과 고과의 모든 종자를 뽑아버리는 것이다. 종자를 끊기 때문에 한번 멸하면 생기지 않는다. 만약 몸과 말로 참회하는 것이라면 단지 제복制伏한다고만 이름하니, 진실로 죄를 멸하는 것이 아니다. 뒤에 다시 생겨나기 때문이다.

104 진실한 이치를 밝히는 것에 셋이 있다. ㈠은 바른 이치를 말하는 것, ㈡는 물어서 이해하게 하는 것, ㈢은 염정의 모습을 밝히는 것이다.

105 처음 이치를 말하는 것에 셋이 있다. ①은 죄의 성품[罪性]을 밝히는 것, ②는 죄의 의지처[罪依]를 밝히는 것, ③은 죄의 체[罪體]를 밝히는 것이다.

106 [공리] 죄의 성품이란 진공眞空의 이치이다. 죄의 성품이 만약 있다면 안의 근에 머물 수도, 밖의 육경으로 나갈 수도, 그 중간을 이루어 있을 수도 있겠지만, 죄의 성품이 본래 공인데 도대체 어디에 머물겠으며, 죄의 성품이 본래 공임을 깨닫는다면 무슨 죄가 있겠는가? [응리] 죄의 성품이란 진여의 이치이니, 이 이치는 안의 근과 밖의 경에 의지하지도, 그 사이에 머물지도 않는다. 이 이치를 거스르므로 전전하여 죄가 생기지만, 이 이치를 통달한다면 죄는 영원히 다할 것이다.

머물지도 않고 밖으로 나가지도 아니하며 그 중간에 있지도 않는 것입니다.108

③ 그 마음이 그러하듯이 죄의 더러움[罪垢] 역시 그러하고, 죄의 더러움이 그러하듯이 모든 법도 역시 그러해서 여如를 벗어나지 않습니다.109

亦不出外　不在兩間.

如其心然　罪垢亦然, 如罪垢然　諸法亦然 不出於如.

....
107 이 죄의 의지처를 밝히는 것에 둘이 있다. 처음 여기까지는 거짓된 것[假者]이 마음에 의지하여 이루어짐을 밝히는 것이고, 뒤의 그 아래는 죄의 체가 마음에 의지하여 비로소 일어난다는 것을 밝히는 것이다. 죄는 지어진 악한 신체적인 업을 말하는데, 그 체는 곧 불선한 의도[不善思]의 현행과 종자이다. 마음이 의지처[所依]가 되고, 의도는 의지하는 주체[能依]이기 때문이다. 나무랄 만하고 싫어할 만하기 때문에 죄라고 이름한다. [공리] '마음'이란 6식을 말한다. 8식이 있다고 말하지 않는다. 마음이 만약 실제로 있고 죄도 실제로 있는 것이라면 곧 유정이 잡염되겠지만, 마음의 성품은 본래 공이고 죄도 있지 않기 때문에 유정이 청정한 것이다. [응리]《성유식론》에서는 '마음'은 제8식을 말한다고 한다. '유정'은 오온의 거짓된 것을 말하니, 이는 그 마음에 의지하여 임시로 건립되는 것이다. 제8의 마음이 만약 유루의 잡염에 거두어지면 능의能依인 거짓된 것[假者]도 역시 잡염이고, 의지처인 제8의 마음이 만약 무루의 청정에 거두어지면 능의인 거짓된 것도 역시 청정하다.
108 [공리] 이러한 마음이란 승의제 중에서는 역시 내·외에 머물지 않고 중간에도 머물지 않으니, 성품이 본래 공이기 때문이다. [응리] 이 제8식의 마음은 오직 진여의 청정한 법계에 의지하여 머문다. 이 때문에 죄의 더러움 역시 머무는 곳이 없다.
109 [공리] 그 의지처인 마음은 본래 공적해서 도무지 머무는 바가 없는 것과 같이 능의인 죄구罪垢도 승의제 중에서는 의지하는 바가 없다. 죄구가 이미 그러하고 모든 법도 역시 그러하다. 마음과 죄와 법의 세 가지는 여를 벗어나지 않으니, 여는 공무空無이기 때문이다. [응리] 그 마음은 내·외에 머물지 않고 오직 진여에 의지한다. 능의인 죄구 역시 진여에 의지하고, 죄를 범한 연緣 및 출죄 등 일체의 모든 법 역시 진여를 벗어나지 않는다. 일체는 모두 진여의 이치이

(二) 물어서 이해하게 하다110

① 존경하는 우파리님, 존자의 마음은 본래 청정한데, 해탈을 얻었을 때 이 본래 청정한 마음에 일찍이 오염이 있었습니까?'

② 제가 말했습니다.

'그렇지 않습니다.'

③ 무구칭이 말했습니다.

'일체 유정의 마음의 성품이 본래 청정하고 일찍이 오염이 없었던 것도 또한 이와 같습니다.

(三) 염정의 모습을 밝히다111

존경하는 우파리님, ① 만약 분별이 있고 다른 분별[異分別]112이 있다면 곧 번뇌가 있는 것이고, 만약 분별이 없고 다른 분별이 없다면 곧 성품이 청정한 것이며, ② 만약 전도顚倒113가 있다면 곧 번뇌가 있는 것이

唯 優波離, 汝心本淨, 得解脫時 此本淨心 曾有染不?'

我言.

'不也.'

無垢稱言.

'一切有情 心性本淨 曾無有染 亦復如是.

唯 優波離, 若有分別 有異分別 即有煩惱, 若無分別 無異分別 即性淸淨, 若有顚倒 即有煩

....

기 때문이다. 마음에 미혹하기 때문에 모든 허물이 일어나니 죄라고 이름하지만, 마음을 깨달으면 죄는 멸하고 선이 일어나니 복이라고 이름한다. 그래서 죄는 마음에서 생기고, 다시 마음에서 멸한다고 말하는 것이다.

110 이하 물어서 이해하게 하는 것에 셋이 있다. ①은 묻는 것, ②는 답하는 것, ③은 이해하게 함을 나타내는 것이다.

111 이하 염정의 모습을 밝히는 것에 세 가지 뒤집음이[飜] 있다.

112 '분별'이란 총체적인 분별이고, '다른 분별'이란 갖가지로 계탁해 집착하는 것이다. 이 두 가지에 의해 번뇌를 일으키기 때문에 분별이 없어야 청정을 얻게 된다.

113 '전도'란 진실로 상·락·아·정이 있다고 집착하는 것이다. 혹은 일곱 가지 전

고, 만약 전도가 없다면 곧 성품이 청정한 것이며, ③ 만약 나를 취함[取我]이 있다면 곧 잡염을 이루고,114 만약 나를 취하지 않는다면 곧 성품이 청정한 것입니다.

惱, 若無顚倒 卽性淸淨, 若有取我 卽成雜染, 若不取我 卽性淸淨.

(b) 세속의 현상을 밝히다

존경하는 우파리님, ① 일체법의 성품은 생멸하면서 머물지 않는 것이, 환상[幻]과 같고 변화된 것[化]과 같고 번개[電]와 같고 구름[雲]과 같으며,115 ② 일체법의 성품은 서로 바라보고 기다리지 않으며 나아가 한 순간에 이르기까지도 잠시도 머물지 않으며,116 ③ 일체법의 성품은 모두 허망하게 보는 것이, 꿈[夢]과 같고 아지랑이[焰]와 같고 건달바성健達婆城과 같으며117, ④ 일체법의

唯 優波離, 一切法性 生滅不住, 如幻如化 如電如雲,

一切法性 不相顧待 乃至一念 亦不暫住,

一切法性 皆虛妄見, 如夢如焰 如健達婆城, 一切

도이니, 이 넷에 다시 생각[想]·마음[心]·견해[見]의 세 가지 전도를 더한다.
114 '취한다'는 것은 집취執取하는 것이니, 나를 집착하는 것이 근본이 되어 잡염이 곧 생기는 것이다.
115 이하 세속의 현상을 밝혀 죄가 허위임을 알게 하는 것에 네 겹[重]이 있다. 이것은 제1겹으로 세속의 생멸을 말하는 것이다. 네 가지 비유가 있는데, 모두 실제로 있는 것이 아니고, 모두 다 머물지 않으니, 성품이 스스로 허위이다.
116 이 제2겹은 세속이 신속함을 말한다.
117 이 제3겹은 세속의 체는 허망하게 보는 것에 기인하는 것을 말한다. '건달바성과 같다'고 한 것은 여기 말로는 심향성尋香城이라고 부른다. 서역의 악사를 심향이라고 부르는데, 생업은 하지 않고 오직 향기만을 찾아 먹으면서 음악을 연주하고 그것을 찾아 걸식한다고 한다. 이것은 환술로 변화시킨 성이다. 바다 속의 물의 기[水氣]가 햇빛이 비치면 멀리서 성벽의 담장[雉堞]처럼 보여 환술의 성과 비슷한데, 물이 쳐서 내는 소리가 미묘한 것이 음악을 연주하는 것

성품은 모두 분별하는 마음으로 일으킨 영상과 같은 것이, 물 속의 달[水中月]과 같고 거울 속의 영상[鏡中像]과 같으니,118

　(ㄷ) 바른 것을 맺다

　　이와 같이 아는 자라면 계율을 잘 지닌다[善持律]고 이름하고, 이와 같이 아는 자라면 잘 조복되었다[善調伏]고 이름합니다.'

(나) 찬양함을 나타내다

　　그 때 두 비구는 이렇게 말하는 것을 듣고 일찍이 경험하지 못했던 것을 얻고 모두 이렇게 말하였습니다.

　　'기이하구나. 거사가 이처럼 수승한 지혜와 변재를 갖고 있다니. 이것은 우파리님이 미칠 수 없는 것이니, 붓다께서 계율 지님에 있어 가장 최상이라고 말씀하셨어도 말할 수 없는 것이다.'

　(다) 자기의 알림을 밝히다

　　저는 곧 알려 말하였습니다.

　　'그대들은 그 분에 대해 거사라는 생각을

法性　皆分別心　所起影像　如水中月　如鏡中像,

如是知者　名善持律, 如是知者　名善調伏.'

時二苾芻　聞說是已　得未曾有　咸作是言.

'奇哉. 居士 乃有如是 殊勝慧辯. 是優波離 所不能及, 佛說持律　最爲其上 而不能說.'

我卽告言.

'汝勿於彼　起居士

과 비슷하기 때문에 또한 심향성이라고 부른다. 속여 혹란시켜 일어난 것이기 때문에 이제 비유로 삼은 것이다.
118 이 제4겹은 세속은 마음으로 짓는 것임을 말한다. 물 속의 달은 물에는 실제로 달이 없는데 마음으로 허망하게 있다고 말하는 것이니, 일체의 세속은 모두 마음이 지은 것이다. 거울 속의 영상 역시 실제로는 상이 없는데, 마음으로 취한 것임도 또한 이와 같다.

일으켜서는 안됩니다. 까닭이 무엇인가 하면 오직 여래를 제외하고는 아직 어떤 성문 및 다른 보살도 이 대사의 지혜와 변재를 누를 수 없기 때문입니다. 그 분의 지혜와 변재의 밝음이 수승함은 이와 같습니다.'

㈘ 죄가 사라졌음을 밝히다

그 때 두 비구는 근심과 후회가 곧 사라졌고, 모두 무상정등각에 대한 마음을 일으켰으며,

㈙ 서원 일으킴을 말하다

곧 예배하고는 서원을 일으켜 말하였습니다.

'유정들 모두 이와 같이 수승한 지혜와 변재를 얻게 되기를!'

想. 所以者何 唯除如來 未有聲聞 及餘菩薩 而能制此大士慧辯. 其慧辯明 殊勝如是.'

時二苾芻 憂悔卽除, 皆發無上正等覺心,

便爲作禮 而發願言.

'當令有情 皆得如是 殊勝慧辯!'

2.8.3 맺어 답하다

그 때 저는 잠자코 아무런 대답을 할 수가 없었습니다.

그러므로 저는 그를 찾아가 문병하는 일을 맡을 수 없습니다."

時我默然 不能加對.

故我不任 詣彼問疾."

2.9 라호라羅怙羅 [라훌라 Lāhula]119

---
119 # 라훌라는 밀행密行 제일이라고 불린 분으로, 범어 이름의 철자도 빠알리어 이름과 같다. 보통 라후라羅睺羅라고 부르는데, 붓다의 외아들이다.

그 때 세존께서는 라호라에게 이르셨다.
"그대가 무구칭의 처소를 찾아가서 그의 병문안을 하라."

爾時世尊 告羅怙羅.
"汝應往詣 無垢稱 所 問安其疾."

2.9.1 총체적으로 도가 궁함을 말하다

그 때 라호라가 말하였다.
"세존이시여, 저는 그를 찾아가 문병하는 일을 감당할 수 없습니다.

時羅怙羅 白言.
"世尊, 我不堪任 詣 彼問疾.

2.9.2 이치 궁함을 따로 나타내다

어째서인가 하면,

所以者何,

(1) 자기의 일을 나타내다

제가 과거 한 때에 리첩비 족의 여러 동자童子들이 저의 처소를 찾아와서 머리 숙여 예배하고 저에게 물었을 때의 일이 기억나기 때문입니다.

'존경하는 라호라님, 존자는 붓다의 아들로서 전륜왕의 지위를 버리고 출가出家를 길로 삼았습니다. 그 출가라는 것에는 어떤 공덕과 뛰어난 이익120이 있는 것입니까?'

저는 곧 여법하게 출가의 공덕과 뛰어난 이

憶念我昔 於一時間 有諸童子 離呫毘種 來詣我所 稽首作禮 而問我言.

'唯 羅怙羅, 汝佛之 子 捨輪王位 出家 爲道. 其出家者 爲 有何等 功德勝利?'

我卽 如法爲說 出

---

120 공덕이란 선이 생겨나는 것이고, 뛰어난 이익이란 악이 사라지는 것이다. 공덕이란 복이고, 뛰어난 이익이란 지혜[智]라고 이름한다. 뛰어난 이익이란 능히 세간을 벗어나는 것이고, 공덕이란 복덕과 지혜 두 가지의 장엄이다.

익을 말해 주었습니다.　　　　　　　　　家功德勝利.

(2) 남의 말을 나타내다

 그 때 무구칭이 그 곳에 도착해서 저의 발에 머리 숙여 예배하고는 이렇게 말하였습니다.121　　時　無垢稱　來到彼所　稽首我足　而作是言.

 (가) 이치를 말해 힐난하다122

  (ㄱ) 총체적으로 그르다고 하다

  '존경하는 라호라님, 출가의 공덕과 뛰어난 이익을 그렇게 펴 말해서는 안됩니다.　　'唯 羅怙羅, 不應如是 宣說 出家功德勝利.

  (ㄴ) 개별적으로 힐난하다

  까닭이 무엇인가 하면 공덕도 없고 뛰어난 이익도 없는 것이 출가이기 때문입니다.123　　所以者何 無有功德 無有勝利　是爲出家.

   (a) 유위 유상의 출가124

   존경하는 라호라님, 유위법 중에서는　　唯　羅怙羅, 有爲法

---

121 이하 바르게 말을 펴는 것에 다섯이 있다. (가)는 바로 이치를 말하여 힐난하는 것, (나)는 그들에게 출가를 권하는 것, (다)는 동자들이 청문하는 것, (라)는 가르쳐 보이는 것, (마)는 동자들이 이익을 얻는 것이다.
122 이하 이치를 말해 힐난하는 것에 셋이 있다. (ㄱ)은 총체적으로 그르다는 것, (ㄴ)은 개별적으로 힐난하는 것, (ㄷ)은 바르게 맺는 것이다.
123 개별적으로 힐난함에 둘이 있다. 처음 이것은 표방하는 것이고, 아래의 (a) 이하는 나타내는 것이다. [공리] 앞에서 출가를 찬탄한 것은 세속의 유상有相이고, 지금은 승의의 무상으로써 밝히는 것이다. [응리] 세속의 현상은 지말[末]이고 승의의 이치가 근본[本]이니, 지금은 이치의 근본을 정正으로 삼았다.
124 이하 나타내는 것에 셋이 있다. (a)는 유위 유상의 출가를 밝히는 것, (b)는 무위 무상의 출가를 밝히는 것, (c)는 대승 출가의 공덕과 이익을 밝히는 것이다.

공덕과 뛰어난 이익이 있다고 말할 수도 있지만, 中 可得說有 功德勝利,

(b) 무위 무상의 출가

대저 출가란 것은 무위법이니, 무위법 중에서는 공덕과 뛰어난 이익이 있다고 말할 수는 없는 것입니다.125

夫出家者　爲無爲法, 無爲法中 不可說有 功德勝利.

(c) 대승 출가의 공덕과 이익126

존경하는 라호라님, 대저 출가란, ① 저것도 없고 이것도 없고 중간도 없으며,127 ② 모든 견해를 멀리 여의고, ③ 색色도 색 아닌 것[非色]도 없는, ④ 열반의 길로서, ⑤ 지혜로운 자가 칭찬하는 것이고, ⑥ 성스러

唯 羅怙羅, 夫出家者, 無彼無此 亦無中間, 遠離諸見, 無色非色, 是涅槃路, 智者稱讚, 聖所攝

---

125 [공리] 대저 출가란 근본이 세속의 유상有相을 없애고자 승의의 무위인 성품의 공을 희구해 나아가는 것인데, 성품이 공한 가운데에 무슨 공덕과 이익이 있겠는가? [응리] 무위는 곧 열반의 해탈이고 진여의 이치인 멸이다. 이를 구하기 위해 출가를 하는 것인데, 무위의 근본 중에는 차별이 없는 것이다. 또 출가란 분별의 집착을 떠나려는 것인데, 공덕이 있고 이익이 있는 것은 분별이므로 진정한 출가가 아니다. 진정한 출가는 분별의 집착을 깨뜨리는 것이므로 공덕도 없고 이익도 없는 것이다.

126 이하 대승 출가의 공덕과 이익을 밝히는 것에 24구가 있다. 구역에는 22구만 있었으니, ③과 ⑳은 전부 빠졌고, 나아가 ㉓ 중 관찰을 닦는 것과 ㉔ 중 선을 닦는 것도 빠져있다.

127 [공리] 승의제 중에는 남의 '저[彼]'도 없고, 자신의 '자自'도 없으며, 그 중간도 없다. [응리] 출가인은 물物·아我를 모두 버려서, 몸 밖에 남의 '저[彼]'가 없으니, 남을 자기처럼 거두어 항상 구제하고, 남 외에 자신의 '이[此]'도 없으니, 남이 즐거움을 얻을 때 내가 얻는 것과 같기 때문이며, 또한 물·아 밖에 중간이 있는 것도 아니다.

움에 섭수되는 것입니다.

⑦ 온갖 마를 항복받고, ⑧ 오취五趣를 초월하며, ⑨ 오안五眼을 청정하게 닦고, ⑩ 오근五根을 안립하며, ⑪ 오력五力을 깨달아 얻고, ⑫ 저들을 괴롭히지 않으며, ⑬ 모든 악법을 떠나고, ⑭ 뭇 외도를 꺾으며, ⑮ 임시의 이름[假名]을 초월하고, ⑯ 욕망의 진흙탕을 벗어나, ⑰ 매여 집착하는 것이 없고, ⑱ 섭수되는 바도 없으며, ⑲ 나와 내 것을 떠나, ⑳ 모든 집착[諸取]이 없으니 모든 집착을 끊었고, ㉑ 요란擾亂됨이 없으니 요란을 끊었으며, ㉒ 자신의 마음을 잘 길들이고 남의 마음을 잘 보호하며, ㉓ 고요한 그침[寂止]에 수순하고 뛰어난 관찰[勝觀]을 부지런히 닦아, ㉔ 일체 악을 떠나 일체 선을 닦는 것이니,

　(ㄷ) 바르게 맺다

　　만약 이럴 수 있다면 진실한 출가라고 이름합니다.'

　(나) 출가를 권하다

　그 때 무구칭은 모든 동자들에게 말하였습니다.

'그대들은 지금 잘 설해진 법과 비나야毘奈耶128 가운데에서 의당 함께 출가해야 할 것

受.
降伏衆魔, 超越五趣, 淨修五眼, 安立五根, 證獲五力, 不惱於彼, 離諸惡法, 摧衆外道, 超越假名, 出欲游泥, 無所繫著,
無所攝受, 離我我所, 無有諸取 已斷諸取, 無有擾亂 已斷擾亂, 善調自心 善護他心, 隨順寂止 勤修勝觀,
離一切惡 修一切善,

若能如是 名眞出家.'

時 無垢稱 告諸童子.
'汝等今者 於善說法 毘奈耶中 宜共

이다.

까닭이 무엇인가 하면 붓다께서 세상에 출현하시기도 어렵고, 무가無暇를 여의기도 어려우며, 사람의 몸[人身]을 얻기도 어렵고, 유가有暇를 구족하기는 가장 제일 어렵기 때문이다.'129

㈐ 동자들이 청문하다

모든 동자들이 말하였습니다.

'존경하는 대거사님, 저희들은 부모가 허락하지 않으면 출가할 수 없다고 붓다께서 말씀하신 것으로 들었습니다.'

㈑ 가르쳐 보이다

무구칭이 말하였습니다.

'그대들 동자들이 단지 무상정등각에 대한 마음을 일으켜 바른 행을 부지런히 닦으면 이것이 곧 출가이고, 이것이 곧 구족계를 받고 비구의 성품을 성취하는 것이다.'130

出家.
所以者何　佛出世難, 離無暇難,
得人身難,
具足有暇　第一最難.'

諸童子言.
'唯 大居士, 我聞佛說 父母不聽 不得出家.'

無垢稱言.
'汝等童子 但發 無上正等覺心 勤修正行 是卽出家, 是卽受具 成苾芻性.'

....
128 '비나야'란 여기 말로는 조복이라고 하니, 곧 광대한 계율의 근본이다.
129 출가를 권하는 이유로 네 가지 어려움을 들었다. 지금 유가를 얻었으니, 공덕이라고 이를 만하다. 구역에는 뒤의 셋이 없었다.
130 무구칭이 출가를 가르쳐 보이는 것에 둘이 있다. 첫째는 몸의 출가이니, 옷을 입고 털을 떨어뜨리는 것이고, 둘째는 마음의 출가이니, 발심 수행하는 것이다. 발심 수행하는 것이 진실한 출가이고, 금계禁戒를 받아 지니는 것이 비구의 성품을 이루는 것이다. 옷을 입고 털을 떨어뜨리는 것은 비구의 모습을 이루는 것이고, 지금 출가를 권하는 것은 진실한 출가에 의거한 것이다.

(마) 동자들이 이익을 얻다

그 때 서른두 명의 리첩비 동자들은 모두 무상정등각에 대한 마음을 일으켜, 바른 행 닦을 것을 맹세하였습니다.

時 三十二 離呫童子 皆發 無上正等覺心, 誓修正行.

2.9.3 맺어 답하다

그 때 저는 잠자코 아무런 말을 덧붙일 수가 없었습니다.
그러므로 저는 그를 찾아가 문병하는 일을 맡을 수 없습니다."

時 我默然 不能加辯.
故我不任 詣彼問疾."

2.10 아난다阿難陀[아난다Ānanda]131

그 때 세존께서는 아난다에게 이르셨다.
"그대가 무구칭의 처소를 찾아가서 그의 병 문안을 하라."

爾時世尊 告阿難陀.
"汝應往詣 無垢稱所 問安其疾."

2.10.1 총체적으로 도가 궁함을 말하다

그 때 아난다가 대답해 말하였다.
"세존이시여, 저는 그를 찾아가 문병하는 일을 감당할 수 없습니다.

時 阿難陀 白言.
"世尊, 我不堪任 詣彼問疾.

---

131 # 아난다는 다문多聞 제일이라고 불린 분으로, 붓다께서 성도하신 날 태어난 붓다의 사촌동생이다. 범어 이름도 빠알리어 이름과 철자가 같은데, 흔히 '아난'이라고도 부른다.

2.10.2 이치 궁함을 따로 나타내다

어째서인가 하면, 　　　　　　　　　所以者何,

(1) 자기의 일을 나타내다

제가 과거 한 때에 세존의 몸에 조그만 병환 있는 것이 나타나 우유를 써야 했기에, 제가 이른 아침 평상복을 입고 가사와 발우를 들고 광엄성에 있는 바라문의 집을 찾아가 문 앞에 서서 우유를 구걸하고 있을 때의 일이 기억나기 때문입니다.

憶念我昔　於一時間
世尊身現　少有所疾
當用牛乳, 我於晨朝
整理常服　執持衣鉢
詣廣嚴城　婆羅門家
佇立門下 從乞牛乳.

(2) 남의 말을 나타내다

그 때 무구칭이 그 곳에 도착해서 저의 발에 머리 숙여 예배하고는 이렇게 말하였습니다.132

時無垢稱 來到彼所
稽首我足　而作是
言.

㈎ 그가 묻다

'존경하는 아난다님, 이른 아침에 여기에서 발우를 들고 무엇을 하고 있습니까?'

'唯 阿難陀, 何爲晨朝 持鉢在此?'

㈏ 대답하다

제가 말하였습니다.

我言.

'거사님, 세존의 몸에 조그만 병환이 있어서 우유를 써야 하기 때문에 이 곳에 왔습니다.'

'居士, 爲世尊 身少有所疾　當用牛乳故來至此.'

---

132 아래에 남의 말을 나타내는 것에 다섯이 있다. ㈎는 그가 묻는 것, ㈏는 자기가 대답하는 것, ㈐는 이치로 힐난하는 것, ㈑는 부끄러워함을 일으키는 것, ㈒는 허공에서 알리는 것이다.

(다) 이치로 힐난하다

그 때 무구칭이 저에게 말하였습니다.133   時無垢稱 而謂我言.

(ㄱ) 병환 있다고 함을 책망하다134

(a) 총체적으로 책망하다

'그만, 그만하십시오, 존자님, 이런 말을   '止止, 尊者, 莫作
해서는 안됩니다. 세존을 비방하지 마십시   是語. 勿謗世尊. 無
오. 헛된 일로 여래를 비방해서는 안됩니다.   以虛事 誹謗如來.

(b) 개별적으로 책망하다135

(一) 까닭이 무엇인가 하면 여래의 몸은   所以者何 如來身者
금강이 합하여 이루어진 것이어서, 일체 악   金剛合成, 一切惡
법과 습기는 영원히 끊어졌고 일체 선법이   法 幷習永斷 一切
원만하게 성취된 것인데, 무슨 병이 있고 무   善法 圓滿成就, 當
슨 괴로움이 있겠습니까?   有何疾 當有何惱?

---

133 이하 이치로 힐난함에 둘이 있다. (ㄱ)은 그가 붓다께 병환 있다고 비방함을 책망하는 것, (ㄴ)은 붓다는 실제로 병환의 괴로움이 없음을 나타내는 것이다. 혹은 (ㄱ)은 보신에 병환 없음을 나타내는 것, (ㄴ)은 법신에 병환 없음을 나타내는 것이다.

134 병환 있다고 함을 책망하는 것 중에 다시 둘이 있으니, (a)는 총체적으로 책망하는 것, (b)는 개별적으로 책망하는 것이다.

135 이하 개별적으로 책망함에 넷이 있다. (a)는 악업이 오래 전에 없어졌다는 것, (b)는 거친 말이라고 책망하는 것, (c)는 선근이 이미 만족하였다는 것, (d)는 곧 두려운 수치를 받는다는 것이다. 이것은 두 가지가 대비된 것이니, 악법이 다하였기 때문에 병환 있다는 말은 거친 것이고, 선법이 원만하기 때문에 병환 있다는 것은 부끄러워할 것이라는 것이다. 붓다의 체는 무루의 금강으로 합성되어 생사 인과의 현행과 종자인 악법 및 미세한 습기가 모두 영원히 끊어지고, 모든 선법이 모두 원만한데, 어떤 병이 있겠는가? 병은 악법의 인연으로 생기는 것이기 때문이다.

㈡ 존경하는 아난다님, 잠자코 계시던 곳으로 돌아가셔서, 다른 사람들이 이 거친 말을 듣지 않도록 하시고, 큰 위덕을 가진 모든 천신들 및 다른 불국토에서 온 모든 보살들로 하여금 이 말을 듣지 못하게 하십시오.

㈢ 존경하는 아난다님, 전륜성왕은 부분적으로 모은 선근만을 성취하고서도 오히려 병 없음을 얻었는데, 어찌 하물며 여래께서는 한량없는 선근과 복덕 지혜가 원만하신데, 병환이 있다는 것은 결코 있을 수 없는 일입니다.

㈣ 존경하는 아난다님, 속히 조용히 가셔서, 우리들이 이 비루한 수치를 받지 않도록 하십시오. 만약 여러 외도와 바라문 등이 이 거친 말을 듣는다면 이렇게 생각할 것입니다. '어찌 스승이라 부르겠는가? 자신에게 있는 병도 오히려 구제하지 못하면서, 어떻게 병 있는 사람들을 구제할 수 있다는 것인가?' 은밀하게 빨리 가셔서, 사람들이 듣지 못하도록 하십시오.

(ㄴ) 병환 없음을 나타내다

또 아난다님, 여래의 몸은 곧 법신이므로 잡된 더러움의 몸[雜穢身]이 아니고, 세간을 벗어난 몸[出世身]이므로 세간법에 물들

唯 阿難陀, 默還所止, 莫使異人 聞此麤言, 無令 大威德 諸天 及餘佛土 諸來菩薩 得聞斯語.
唯 阿難陀, 轉輪聖王 成就少分所集善根 尚得無病, 豈況如來 無量善根 福智圓滿, 而當有疾 定無是處.
唯 阿難陀, 可速默往, 勿使我等 受斯鄙恥. 若諸外道 婆羅門等 聞此麤言 當作是念. '何名於師? 自身有病 尚不能救, 云何能救 諸有疾乎?' 可密速去, 勿使人聞.

又阿難陀, 如來身者 卽是法身 非雜穢身, 是出世身 世

지 아니하며, 무루의 몸이므로 일체 번뇌를 여의었고, 무위의 몸이므로 모든 유위를 여의었으며, 온갖 수數를 벗어났으므로 모든 수가 영원히 고요하니,136 이러한 붓다의 몸에 무슨 병환이 있겠습니까?'

㈣ 부끄러워하다

그 때 저는 세존이시여, 이 말을 듣고 진실로 부끄러웠습니다. 붓다를 가까이 모시면서 잘못 들었던 것이 아닌가?137

㈤ 허공에서 알리다

곧 공중에서 소리가 들렸습니다.

'㈠ 그대 아난다여, 거사의 말과 같다. 세존의 진신眞身에는 실제로 병이 없다.138 ㈡ 단

法不染, 是無漏身 離一切漏, 是無爲身 離諸有爲, 出過衆數 諸數永寂, 如此佛身 當有何疾?'

時我 世尊, 聞是語已 實懷慚愧. 得無近佛 而謬聽耶?

卽聞 空中聲曰.

'汝阿難陀, 如居士言. 世尊眞身 實無

....
136 이하 붓다는 실제로 병환과 괴로움이 없음을 나타내고, 또한 법신에는 병이 없는 것을 나타내는 것에 10구의 다섯 가지 대비가 있다. 다섯째는 온갖 수를 벗어나서 중생의 수[生數]의 떨어지지 않는다는 것이다. 중생衆生은 반드시 취趣·계界·생生에 거두어지는 것으로, 그 체는 곧 제8 이숙무기의 식[異熟無記識]이다. 불신佛身은 오직 무루이고 오직 선이기 때문에 중생의 수에 포함되지 않는 것이다.
137 '류謬'란 잘못[錯]이고, '무無'란 아니라는 것[非]이다. 붓다를 가까이 하면서도 잘못 들었던 것이 아닌가 라는 것이다. 또 해석할 수 있으니, '무근無近'이란 멀다[遠]는 것이니, 나는 시자이면서 마음의 지혜가 붓다로부터 멀어 붓다를 알지 못한 것이 아닌가 라는 것이다.
138 공중에서 알리는 것에 셋이 있다. ㈠은 진불眞佛은 병이 없다고 말하는 것, ㈡은 화불化佛에게 병이 있는 이유를 나타내는 것, ㈢은 우유를 받아 갈 것을 권하는 것이다. '진신'이란 보신이다. 진실한 공덕을 닦아서 생겨나기 때문에 진신이라고 이름하였다. 혹은 법신과 보신을 모두 진신이라고 이름한다. 방편의

지 여래께서 오탁의 세상[五濁世]에 출현하시어 빈궁하고 고뇌하며 악행惡行하는 유정들을 교화 인도하시고자 하여 이러한 일을 나타내 보인 것이다.139 (ㄷ) 가거라, 아난다여, 우유를 받고 부끄러워하지 말라.'140

有病. 但以如來 出五濁世 爲欲化導 貧窮苦惱 惡行有情 示現斯事. 行矣, 阿難陀, 取乳勿慚.'

2.10.3 맺어 답하다

그 때 저는 세존이시여, 그 대사가 이와 같이 변설하는 것을 듣고, 무엇을 말해야 할 지 몰라 잠자코 대답을 하지 못하였습니다.

그러므로 저는 그를 찾아가 문병하는 일을 맡을 수 없습니다."

時我 世尊, 聞彼大士 辯說如是, 不知所云 黙無酬對.
故我不任 詣彼問疾."

……………

자취[權跡]가 아니기 때문이다. 구역에는 이 말이 없었다.
139 '오탁의 세상[五濁世]'이란 첫째 번뇌탁煩惱濁이니, 번뇌가 무겁기 때문이고, 둘째 견탁見濁이니, 5견이 다투어 일어나기 때문이며, 셋째 명탁命濁이니, 수명이 극히 짧기 때문이고, 넷째 유정탁有情濁이니, 악한 중생이기 때문이며, 다섯째 겁탁劫濁이니, 기근·역병·도병刀兵의 차례대로 수명이 서른, 스물, 열 살인 때가 일어나는데, 지금 그 전조가 이미 있기 때문이다. 세존께서는 부류를 따라 중생을 교화하시기 때문에, 일체의 악업에는 반드시 악한 과보가 있음을 나타내는 것이니, 세존께서도 현재 받고 똑같이 면할 수 없기 때문이다. (문) 공중의 소리는 무엇인가? (답) 혹은 무구칭이 신통력으로 하는 것이고, 혹은 대보살이 그윽히 이 일을 나타내는 것이다. 이치가 모두 어그러지지 않는다.
140 (문) 무엇 때문에 무구칭은 꾸짖으면서 조용히 가라고 하고, 공중에서는 우유를 받으라고 하는가? (답) 붓다께서 실제로 병이 있어 우유가 필요하다고 말하는 이것은 온당치 못하기 때문에 가라고 하였고, 붓다께서 변화로 병이 있게 했기 때문에 우유가 필요하다고 말하는 것은 이치가 그럴 수 있으므로 받게 한 것이니, 서로 상위하지 않는다.

이와 같이 세존께서는 오백의 성문 여러 대 제자들 한 분 한 분에게 따로, '그대가 무구칭의 처소를 찾아가서 그의 병문안을 하라'고 이르셨지만, 이 모든 성문들은 각각 붓다께 그들의 본래 인연[本緣]을 말씀드리고 대사 무구칭의 말을 찬탄해 말하면서 모두, '그를 찾아가 문병하는 일을 맡을 수 없습니다'라고 말하였다.141

如是世尊 一一別告 五百聲聞 諸大弟子, '汝應往詣 無垢稱所 問安其疾', 是諸聲聞 各各向佛 說其本緣 讚述大士 無垢稱言 皆曰, '不任 詣彼問疾.'

....
141 이는 2. 대성께서 자비로서 문병가라고 하시는 글 중의 제3(=제1은 문병을 명하는 뜻을 표방하는 것, 제2는 10인의 대덕에게 명하지만, 모두 감당할 수 없음을 말하는 것임) 부류를 맺는 것이다.

제4 보살품1　　　　　　　菩薩品 第四

1. 자씨慈氏 보살2

그 때 세존께서 자씨 보살마하살에게 이르셨다.
"그대가 무구칭의 처소를 찾아가서 그의 병 문안을 하라."

爾時 世尊告 慈氏 菩薩摩訶薩言.
"汝應往詣　無垢稱 所 問安其疾."

1.1 총체적으로 도가 궁함을 말하다3

자씨 보살이 말하였다.
"세존이시여, 저는 그를 찾아가 문병하는 일을 감당할 수 없습니다.

慈氏菩薩 白言.
"世尊, 我不堪任 詣 彼問疾.

1.2 이치 궁함을 따로 나타내다

---

1 과거의 방편에 둘이 있었으니, 첫째 성문을 교화하는 것은 이미 전과 같이 마쳤고, 둘째 이하는 보살을 교화하는 것이다. 이제 보살로 하여금 문병케 하는 일을 밝히기 때문에 보살품이라고 이름하였다.
　이 품에 둘이 있다. 처음은 네 보살이 도가 궁하다고 말하고 가지 않음을 밝히는 것이고, 뒤의 5.는 다른 분들도 모두 감당할 수 없다고 말하는 것을 밝히는 것이다.
2 하나하나 중에 글이 모두 둘 있으니, 처음은 명하는 것, 뒤는 말하는 것이다. 범어로 매달리야梅呾利耶Maitreya라고 하는데, 번역하면 자씨가 된다. 예전에는 미제려彌帝麗, 혹은 미륵彌勒이라고 하였는데, 모두 잘못 줄인 것이다.
3 이하 말하는 것에도 역시(=성문품과 같다는 것) 셋이 있다.

어째서인가 하면, 所以者何,

1.2.1 자기의 일을 나타내다

제가 과거 한 때에 도사다睹史多 천왕과 그 권속眷屬들을 위하여 모든 보살마하살 등의 불퇴전지不退轉地에 있는 법의 요체[法要]를 말해주고 있을 때의 일이 기억나기 때문입니다.4

憶念我昔 於一時間 爲睹史多天王 及其 眷屬說 諸菩薩摩訶 薩等 不退轉地 所 有法要.

1.2.2 남의 말을 나타내다

그 때 무구칭이 그 곳에 와서 저의 발에 머리 숙여 예배하고는 이러한 말을 하였습니다.5

時 無垢稱 來到彼 所 稽首我足 而作 是言.

----

4 '도사다'는 욕계欲界 6천 중 제4천(=도솔천)이다. 여기에서는 지족知足이라고 이름하니, 모든 욕락欲樂을 받으면서 깊이 만족함을 알기 때문이다. 자씨 보살은 퇴전하는 지위[退位]를 넘어섰기 때문에 근기를 따라 네 가지 불퇴법륜不退法輪의 행을 그 천신들을 위해 설한다. 혹은 오직 제8지 이상의 제4 불퇴법륜위의 법만을 설한다. # 앞의 제2권(본)에서 4불퇴에 대한 다음과 같은 설명이 있었다. 「첫째는 신信불퇴이니, 십신十信 중 제6의 마음이다. 물러나 사견을 일으키지 않는 것이다. 둘째 위位불퇴이니, 십주十住 중 제7주를 말한다. 물러나 이승을 짓지 않는 것이다. 셋째 증證불퇴이니, 초지 이상을 말한다. 이미 법을 증득하여 영원히 퇴전하지 않기 때문이다. 넷째 행行불퇴이니, 제8지 이상을 말한다. 일체의 행에 대해 닦는 것에서 물러나지 않는 것이다.」

5 이하 바르게 말하는 것에 둘이 있다. 처음은 경전을 인용하여 이치를 펴는 것이고, 뒤의 마지막 한 문장은 그 때 대중이 이익을 얻는 것을 밝히는 것이다. 처음에 다시 셋이 있다. (1)은 경전의 글을 인용하는 것, (2)는 개별적으로 이치를 펴서 힐난하는 것, (3)은 맺고 진실 나타낼 것을 권하는 것이다.

(1) 경전의 글을 인용하다

'존자 자씨님, 붓다 세존께서는 오직 존자에게만 한 생[一生]을 지나면 무상정등보리를 얻을 것이라고 기별[記]을 주셨습니다.6

'尊者 慈氏, 唯佛世尊 授仁者記 一生所繫 當得 無上正等菩提.

(2) 이치를 펴서 힐난하다7

㈎ 유위 무위의 다름에 의해 힐난하다

(ㄱ) 유위를 힐난하다

(a) 어느 생을 써서 수기授記를 받았습니까? 과거過去입니까, 미래未來입니까, 현재現在입니까?8

爲用何生 得授記乎? 過去耶, 未來耶, 現在耶?

(b) 만약 과거의 생이라면 과거의 생은 이미 사라졌고, 만약 미래의 생이라면 미래

若過去生 過去生已滅, 若未來生 未來

....

6 '한 생'이라고 말한 것은 지금의 몸을 제외하고 후에 하늘에 있는 한 생이다. 중유는 방편으로 하늘에 포함되기 때문에 사람에 들어가지 않는다. 어떤 설은 하늘 및 장래 사람 중에 있는 것을 함께 '한 생'이라고 말한 것이라고 한다. 붓다께서는 미륵에게, 장차 지족천에 태어나 그 한 생이 다하면 성불할 것이라고 말씀하셨으므로, 지족천에 있는 것을 일생소계보살이라고 이름하고, 사람으로 있는 것을 '한 생'이라고 이름하지 않는다.

7 이하 개별적으로 이치를 펴서 힐난하는 것에 큰 글 셋이 있다. ㈎는 유위 무위가 다름에 의해 힐난하는 것, ㈏는 유위 무위가 하나임에 의해 힐난하는 것, ㈐는 보리 열반의 이치가 평등함에 의해 힐난하는 것인데, 처음 둘은 인因을 힐난하는 것이고, 뒤의 하나는 과果를 힐난하는 것이다.

8 유위 무위의 다름에 의해 힐난하는 것에 둘이 있으니, 처음은 유위를 힐난하는 것이고, 뒤는 무위를 힐난하는 것이다. 처음에도 또 둘이 있으니, (a)는 총체적인 것, (b)는 개별적인 것이다. 생은 유위의 생상이기 때문에 이것에 의거해 힐난하는 것이다. 유위법은 순간순간 머물지 않아 실제로 생의 체가 없는데, 무엇에 의해 수기를 받았다는 것인가?

의 생은 아직 이르지 않았습니다.　　　　　　生未至.

만약 현재의 생이라면 현재의 생은 머묾이 없으니, 세존께서 '그대들 비구들은 찰나찰나 생·노·사를 갖추어서 곧 몰沒했다가 곧 생生하는 것이다'라고 말씀하신 것과 같습니다.

若現在生 現在生無住, 如世尊說 '汝等苾芻 刹那刹那 具生老死 卽沒卽生.'

(ㄴ) 무위를 힐난하다

(a) 만약 생 없음[無生]으로 수기를 받았다고 한다면, 생 없음은 곧 들어갈 바른 성품[所入正性]입니다. (b) 이 생 없음이라는 들어갈 성품 중에는 수기도 없고, 또한 정등보리를 증득함도 없는데, 어떻게 자씨께서 수기를 받았다는 것입니까?9

若以無生 得授記者, 無生卽是 所入正性. 於此無生 所入性中 無有授記, 亦無證得 正等菩提, 云何慈氏 得授記耶?

(ㄴ) 유위 무위의 같음에 의해 힐난하다10

㈀ ① 여가 생기함[如生]에 의해 수기를 얻었다는 것입니까, 여가 소멸함[如滅]에 의

爲依如生 得授記耶, 爲依如滅 得授

....

9 무위를 힐난하는 글에 둘이 있다. (a)는 체를 내는 것[出體]이고, (b)는 바로 힐난하는 것이다. [공리] '들어간다'는 것은 깨닫는 것[證]이고, '바른 성품'이란 법의 진실한 성품[眞性]이니, 곧 승의의 공성空性이다. 공의 승의 중에서 무슨 줄 만한 기별이 있고, 무슨 증득할 만한 깨달음이 있겠는가? [응리] 생 없음의 체는 곧 증득할 진여의 바른 성품[所證眞如正性]이다. 진여문 중에는 증득할 만한 깨달음이 없는데, 무슨 기별과 수기가 있겠는가?

10 이하 유위 무위가 하나임에 의해 힐난하는 것에 셋이 있다. ㈀은 여에 의해 개별적으로 힐난하는 것, ㈁는 여에 의해 총체적으로 나타내는 것, ㈂은 여에 의해 힐난함을 맺는 것이다.

해 수기를 얻었다는 것입니까?

② 만약 여가 생기함에 의해 수기를 얻었다고 한다면 여는 생기가 없는 것이고, 만약 여가 소멸함에 의해 수기를 얻었다고 한다면 여는 소멸이 없는 것입니다.11

③ 생기함도 없고 소멸함도 없는 진여의 이치 중에서는 수기라는 것이 없습니다.

(ㄴ) 일체 유정은 모두 여如이고, 일체 법도 역시 여이며, 일체 성현聖賢들도 역시 여이니, 자씨 보살님에 이르기까지도 역시 여인 것입니다.

(ㄷ) 만약 존자 자씨께서 수기를 얻었다고 한다면 일체 유정도 역시 이와 같이 수기를 얻어야 할 것입니다. 어째서인가 하면 대저 진여라는 것은 두 가지로 나타나는 것이 아니고, 또한 갖가지 다른 성품으로 나타나는 것이 아니기 때문입니다.

(다) 보리 열반의 이치에 의해 힐난하다12

(ㄱ) 만약 존자 자씨 보살께서 장차 무상정

記耶?

若依如生 得授記者 如無有生, 若依如滅 得授記者 如無有滅.

無生無滅 眞如理中 無有授記.

一切有情 皆如也, 一切法 亦如也, 一切聖賢 亦如也, 至於慈氏 亦如也.

若尊者慈氏 得授記者 一切有情 亦應如是 而得授記. 所以者何 夫眞如者 非二所顯, 亦非種種 異性所顯.

若尊者慈氏 當證

----
11 처음 여에 의해 개별적으로 힐난하는 것 중에도 셋이 있다. ①은 쌍으로 따지는 것, ②개별적으로 힐난하는 것, ③은 쌍으로 맺는 것이다. 공리에서는 공에 의해 무생 무멸이고, 응리에서는 진여에 의해 역시 무생 무멸이다. 무슨 수기가 있겠는가?
12 이하 보리 열반이 평등함에 의해 힐난하는 것에 둘이 있으니, 처음 (ㄱ)은 보리를 힐난하는 것이고, 뒤의 (ㄴ)은 열반을 힐난하는 것이다.

등보리를 증득하실 것이라면, 일체 유정들도 역시 이와 같이 장차 증득하는 것이 있을 것입니다.

까닭이 무엇인가 하면 대저 보리라는 것은 일체 유정도 평등하게 따라 깨닫는 것이기 때문입니다.13

(ㄴ) 만약 존자 자씨 보살께서 장차 열반에 드실 것이라면, 일체 유정들에게도 역시 이와 같이 장차 열반이 있을 것입니다.14

까닭이 무엇인가 하면 일체 유정들은 반열반하지 않는 것이 아니기 때문이니, 붓다께서 진여가 반열반이라고 말씀하셨기 때문입니다.15 왜냐하면 붓다께서 일체 유정들은

無上正等菩提, 一切有情　亦應如是 當有所證.

所以者何 夫菩提者 一切有情　等所隨覺.

若尊者慈氏 當般涅槃, 一切有情　亦應如是 當有涅槃.

所以者何 非一切有情 不般涅槃, 佛說眞如　爲般涅槃. 以佛觀見　一切有情

---

13 보리를 힐난하는 것에 둘이 있으니, 처음 앞 문장은 힐난하는 것이고, 뒤의 이 문장은 풀이하는 것이다. 일체의 유정에게는 모두 불성이 있으므로, 만약 힘써 간다면 평등하게 모두 모든 법을 따라 깨달을 수 있다.

14 열반을 힐난하는 것에 둘이 있으니, 처음 이 문장은 힐난하는 것이고, 뒤의 그 아래는 풀이하는 것이다.

15 [공리] 일체의 유정은 장차 공을 증득하지 못하고 열반하지 못하는 것이 아니다. 붓다께서 진여의 성품이 공함을 관찰하여 보시고 열반으로 삼으셨기 때문이다. [응리] 열반에는 네 가지가 있다. 첫째 자성청정열반이니, 일체법의 모습이 진여의 이치인 것을 말한다. 둘째 유여의열반이니, 고의 인이 다함[苦因盡]으로 나타난 진실한 이치를 말한다. 셋째 무여의열반이니, 고의 과가 다함[苦果盡]으로 나타난 진실한 이치를 말한다. 넷째 무주처열반이니, 소지장이 다하여 대비와 반야로써 굴려지는 진실한 이치를 말한다. 지금 자성청정[性淨]으로 나머지 세 가지를 힐난하는 것이다. 힐난하는 취지는, 일체의 유정은 장차 반열반하지 않는 것이 아니니, 붓다께서 진여를 자성청정한 열반이라고 말씀하셨

본성이 적정하여 곧 열반의 모습임을 관찰해 보셨기 때문에 진여가 반열반이라고 말씀하신 것입니다.

本性寂靜 卽涅槃相 故說眞如 爲般涅槃.

(3) 진실을 나타낼 것을 권하다16

㈎ 간략히 권하다

㈀ 그러므로 자씨 보살님, 이 법으로 모든 천자들을 가르치지 마시고, 이 법으로 모든 천자들을 막히게 하지 마십시오.17

是故慈氏, 勿以此法 誘諸天子, 勿以此法 滯諸天子.

㈁ 대저 보리라는 것은 향하여 구함[趣求]도 없고 또한 퇴전함도 없는 것입니다.18

夫菩提者 無有趣求 亦無退轉.

㈏ 자세히 권하다19

㈀ 자세히 권하다

....

기 때문이다. 자성청정한 열반이 이미 본래 갖추어져 있으므로, 나머지 세 가지 뜻은 드러난다. 어떻게 장차 있지 않겠는가? 이 아래의 글은 앞의 모습을 거듭 풀이하는 것이다.

16 제3 맺어서 진실을 나타낼 것을 권하는 것에 둘이 있다. ㈎는 진실 나타낼 것을 간략히 권하는 것, ㈏는 진실 나타낼 것을 자세히 권하는 것이다.

17 간략히 권하는 글에 둘이 있다. ㈀은 간략히 권하는 것, ㈁은 간략히 나타내는 것이다. [공리] 분별과 상이 있는 것으로 천자들을 가르치지 말고, 막히게 해서 진실을 깨닫지 못하도록 하지 말라는 것이다. [응리] 미륵은 앞에서 인연의 법문을 말하였지만, 무구칭은 지금 진여의 법문으로 하는 것이니, 깊음으로 얕음을 힐난하는 것이다. 진여와 진지眞智를 보여 근기를 성숙시키고 속히 들게 해야 한다는 것이다.

18 [공리] 공이 보리이므로 구함도 물러남도 없다. [응리] 진여를 무상보리라고 이름하는 것이기 때문에, 향하여 구함도 없고 퇴전함도 없다.

19 이하 진실 나타낼 것을 자세히 권하는 것에 둘이 있다. ㈀은 앞의 권함을 넓히는 것, ㈁ 앞의 나타냄을 넓히는 것이다.

존자 자씨 보살님, 이 모든 천자들로 하 　尊者慈氏, 　當令此
여금 보리를 분별하는 견해를 버리게 해야 　諸天子　捨於分別
합니다.20 　菩提之見.

  (ㄴ) 자세히 나타내다21

    (a) 표방하다

  까닭이 무엇인가 하면, 대저 보리라는 　所以者何, 　夫菩提
것은 몸[身]으로 깨달을 수 있는 것도 아니고 　者　非身能證　非心
마음[心]으로 깨달을 수 있는 것도 아니기 때 　能證.
문입니다.22

    (b) 풀이하다23

      ㈠24 ① 적멸寂滅이 보리이니, 일체 유 　寂滅　是菩提, 一切

---

20 향하여 구함이 있고 퇴전함이 있는 것, 이러한 것이 있다고 보는 것이 보리를 분별하는 견해이다. 진실한 근본에 계합하지 못하므로 버리게 해야 한다.
21 이하 진실을 자세히 나타내는 것에 셋이 있다. (a)는 표방하는 것, (b)는 풀이하는 것, (c)는 맺는 것이다.
22 오근의 신체로 깨달을 수 없고 분별하는 마음으로 깨달을 수 없다. 오식을 몸이라고 이름한 것이니, 색근에 의지하기 때문이다. 비록 무분별지와 상응하는 것을 마음이라고 하지만 마음이 아니니, 이 마음은 무분별지로서, 분별하는 마음이 아니고 분별이 없는 마음이기 때문이다. 지금 분별을 차단하기 위해 마음으로 깨달을 수 있는 것이 아니라고 말한 것이다.
23 이하 풀이하는 것에 지금 32구가 있는데, 구역에는 25구가 있었다. 32구를 나누면 넷이 된다. ㈠의 13구(구역에서는 11구)는 끊음[斷]과 정지正智는 변계소집을 여읜 보리의 뜻임을 개별적으로 밝히는 것, ㈡의 5구는 끊음과 정지가 체와 용으로서의 보리의 뜻임을 개별적으로 밝히는 것, ㈢의 9구(구역에서는 7구)는 끊음과 정지가 유루의 의타기를 여읜 보리의 뜻임을 개별적으로 밝히는 것, ㈣의 5구(구역에서는 2구)는 끊음과 정지가 깊고 오묘한 보리의 뜻임을 합쳐 밝히는 것이다.
24 처음 중에 둘이 있다. 처음의 8구(구역의 6구)는 끊음이 보리임을 밝히는 것이

정들과 일체 법들의 모습이 모두 적멸하기 때문입니다.25 ② 증익하지 않는 것[不增]이 보리이니, 일체 소연所緣을 증익하지 않기 때문이고,26 ③ 행하지 않는 것[不行]이 보리이니, 일체 희론戲論과 일체 작의作意를 모두 행하지 않기 때문이며, ④ 영원히 끊는 것[永斷]이 보리이니, 일체 견취見趣를 모두 영원히 끊기 때문이고, ⑤ 버리고 떠나는 것[捨離]이 보리이니, 일체 취착取著을 모두 버리고 떠나기 때문이며, ⑥ 계박을 여의는 것[離繫]이 보리이니, 일체 동란動亂하는 법을 영원히 여의기 때문이고,27 ⑦ 적정寂靜한 것이

有情 一切法相 皆寂滅故. 不增 是菩提, 一切所緣 不增益故, 不行 是菩提, 一切戲論 一切作意 皆不行故, 永斷 是菩提, 一切見趣 皆永斷故, 捨離 是菩提, 一切取著 皆捨離故, 離繫 是菩提, 永離一切 動亂法故, 寂靜 是菩提,

----

고, 뒤의 5구는 지혜가 보리임을 밝히는 것이다. [공리] 보리란 진제인 공의 성품이니, 이치의 공함[理空]이 단斷보리가 되고, 마음의 공함[心空]이 지智보리가 된다. [응리] 진여가 단보리이니, 끊음의 성품이기 때문이다. 무분별의 반야가 지보리이니, 지혜의 작용이 있기 때문이다.

25 처음 8구의 단보리 중에서 나누면 셋이 된다. 처음의 1구는 여읨의 모습을 총체적으로 말하는 것, 다음의 6구는 여읨의 모습을 개별적으로 말하는 것, 뒤의 1구는 여읨의 모습을 총체적으로 이루는 것이다. 유정상有情相 및 법상法相의 둘이 모두 적멸하기 때문에 적멸이 보리인 것이다. 이에 의해 바른 지혜로써 내적으로 명합할 수 있는 것이지, 몸이나 마음으로 깨달을 수 있는 것이 아니다. 이 아래의 보리는 모두 위의 글에서 신·심으로 깨달을 수 있는 것이 아니라는 뜻을 풀이하는 것이다. 그런데 아래의 보리에는 모두 두 글이 있으니, 앞은 표방하는 것이고, 뒤는 풀이하는 것이다.

26 아·법의 두 가지는 반연하는 주체[能緣]가 반연할 때 모두 증익하는 것인데, 진실한 이치는 그렇지 않아서, 소연이 증익되지 않는다.

27 아·법의 두 가지의 동란하는 법이 일체 분별의 소연이 되니, 체가 적정寂靜하

보리이니, 일체 분별이 영원히 고요하기 때문입니다. ⑧ 광대廣大한 것이 보리이니, 일체 큰 서원[弘願]을 측량하지 못하기 때문입니다.28

⑨ 다투지 않는 것[不諍]이 보리이니, 일체 집착과 일체 쟁론을 모두 영원히 떠나기 때문입니다.29 ⑩ 안주安住하는 것이 보리이니, 법계에 머물기 때문이고, ⑪ 따라 이르는 것[隨至]이 보리이니, 진여를 따르기 때문입니다. ⑫ 둘 아닌 것[不二]이 보리이니, 차별된 법의 성품을 모두 영원히 떠나기 때문이고, ⑬ 건립建立이 보리이니, 실제實際에서 건립되기 때문입니다.30

㈡31 ⑭ 평등平等이 보리이니, 일체 안

一切分別 永寂靜故. 廣大 是菩提, 一切弘願 不測量故.

不諍 是菩提, 一切執著 一切諍論 皆遠離故. 安住 是菩提, 住法界故, 隨至 是菩提, 隨眞如故. 不二 是菩提, 差別法性 皆遠離故, 建立 是菩提, 實際所立故.

平等 是菩提, 一切

지 못하다. 진실한 이치는 그렇지 않으니, 그러므로 분별하여 동란하는 계박을 여의면, 일체의 분별도 역시 영원히 적정한 것이다.

28 일체의 분별로는 큰 서원을 헤아리지 못하니, 분별을 여읜 마음이 행하는 경계이기 때문이다. 구역에는 이것이 없었다.

29 이하의 5구는 지보리를 밝히는 것이다. 나누면 셋이 된다. 첫 1구는 체에 집착과 능히 증득한다는 상이 없는 것, 다음의 2구는 지혜가 진여에 의지하는 것, 뒤의 2구는 지혜가 한 맛임을 나타내는 것이다.

30 '실제'란 진실한 이치[眞理]이니, 지혜는 진실한 이치를 반연하여 생겨나는 것이고, 그래서 '건립'이라고 하였다. 구역에는 이 '건립'이라는 문이 없었다.

31 이하 5구의, 제2 끊음과 정지의 체와 용으로서의 보리의 뜻을 개별적으로 밝히는 것에 둘이 있다. 처음2구는 단보리의 체를 밝히는 것, 뒤의 3구는 지보리의 용을 밝히는 것이다.

眼·색色 내지 의意·법法이 모두 다 평등함이 허공과 같기 때문이고,32 ⑮ 무위無爲가 보리이니, 생생·주住·이異·멸滅을 필경 떠나기 때문입니다.

⑯ 두루 아는 것[遍知]이 보리이니, 일체 유정들에게 있는 심행心行을 모두 두루 알기 때문이고, ⑰ 문 없는 것[無門]이 보리이니, 내육처內六處 등과 여의지 않기 때문이며,33 ⑱ 섞이지 않는 것[無雜]이 보리이니, 일체 번뇌의 상속과 습기를 영원히 떠나기 때문입니다.

(三)34 ⑲ 처소 없는 것[無處]이 보리이니, 진여 중에서는 일체 처소[方處]가 멀리 떠나기 때문이고, ⑳ 머묾 없는 것[無住]이 보리이니, 일체처에서 볼 수 없기 때문이며,35 ㉑ 오직 이름뿐인 것[唯名]이 보리이

眼色 乃至意法 皆悉平等 如虛空故, 無爲 是菩提, 生住異滅 畢竟離故.

遍知 是菩提, 一切有情 所有心行 皆遍知故, 無[間]<門> 是菩提, 內六處等 所不[雜]<離>故, 無雜 是菩提, 一切煩惱 相續習氣 永遠離故.

無處 是菩提, 於眞如中 一切方處 所遠離故, 無住是菩提, 於一切處 不可見故, 唯名 是菩提,

----

32 이 첫 구는 끊음의 성품이 평등하게 12처處에 두루함을 밝히는 것이고, 다음 구는 끊음의 무위를 밝히는 것이니, 4상相을 떠나기 때문이다.
33 심행을 두루 아는 것은 능히 비추는 작용이다. 정지正智는 곧 능히 아는 문[能了之門]이니, 이를 제외하고는 알 수 있는 작용이 없기 때문이다. 내육처와 체가 서로 여의지 아니하니, 육처에 의지하여 일어나 모든 법을 알 수 있는 것이므로 '문'이라고 이름하였는데, 다시 다른 문이 없는 것이다.
34 이하 9구의, 제3 끊음과 정지가 유루의 의타를 여읜 보리의 뜻을 개별적으로 밝히는 것에 둘이 있다. 처음의 8구는 단보리가 유루상을 여의었음을 밝히는 것, 뒤의 1구는 지보리가 유루상을 여의었음을 밝히는 것이다.
35 구역에는 이것이 없었다.

니, 이 보리는 작용이 없다고 이름하기 때문이고,36 ㉒ 파랑 없는 것[無浪]이 보리이니, 일체 취하거나 버리는 것[取捨]을 영원히 멀리 떠나기 때문이고,37 ㉓ 어지러움 없는 것[無亂]이 보리이니, 항상 스스로 고요하기 때문이며, ㉔ 매우 고요한 것[善寂]이 보리이니, 본성이 청정하기 때문이고, ㉕ 밝게 드러나는 것[明顯]이 보리이니, 스스로의 성품에 잡됨이 없기 때문이며,38 ㉖ 취함 없는 것[無取]이 보리이니, 반연을 떠나기 때문입니다.

㉗ 다름 없는 것[無異]이 보리이니, 모든 법의 평등한 성품을 따라 깨닫기 때문입니다.39

(四)40 ㉘ 비유가 없는 것[無喩]이 보리이니, 일체 비유를 영원히 멀리 떠나기 때문이고, ㉙ 미묘微妙한 것이 보리이니, 지극히

此菩提　名無作用故,　無浪　是菩提,　一切取捨　永遠離故,　無亂　是菩提,　常自靜故,　善寂　是菩提,　本性淨故,　明顯　是菩提,　自性無雜故,　無取　是菩提,　離攀緣故.

無異　是菩提,　隨覺諸法　平等性故.

無喩　是菩提,　一切比況　永遠離故,　微妙　是菩提,　極難覺

....
36 유위의 모든 법은 작용이 있다고 이름한다. 이름에 의해 이것을 표현하면 체와 용이 문득 늘어나므로 이름의 체가 있을 수 있다. 진실한 이치는 그렇지 않아서 오직 이름으로만 나타나고, 소리는 작용이 없어서 진실의 체와 용을 증장시키지 않으므로, 오직 임시의 이름만 있을 뿐 표현 대상의 모습은 없다.
37 의타기가 취할 수도 있고 버릴 수도 있어서 마치 파랑과 같은 것과는 같지 않다. 구역에서는 '변화와 같다'고 하였는데, 글은 다르지만 뜻은 같다.
38 구역에는 이것이 없었다.
39 성품의 지혜가 평등하여 모든 법을 따라 모두 깨달아 알기 때문에 '다름이 없다'고 하였으니, 한 맛으로 구별이 없는 것을 '다름이 없다'고 하기 때문이다.
40 이하의 5구는 제4 지와 단 두 가지 보리의 깊고 오묘한 뜻을 합쳐 밝히는 것이다. 마지막 3구는 구역에 모두 없었다.

깨닫기 어렵기 때문이며, ㉚ 두루 작용하는 것[遍行]이 보리이니, 스스로의 성품이 두루 함이 허공과 같기 때문이고, ㉛ 정상에 이른 것[至頂]이 보리이니, 일체법의 최상의 꼭대기에 이르기 때문이며, ㉜ 물듦 없는 것[無染]이 보리이니, 일체 세간법이 물들일 수 없기 때문입니다.

故, 遍行 是菩提, 自性周遍 如虛空 故, 至頂 是菩提, 至一切法 最上首 故, 無染 是菩提, 一切世法 不能染 故.

(c) 맺다

이와 같이 보리는 몸으로 깨달을 수 있는 것도 아니고 마음으로 깨달을 수 있는 것도 아닌 것입니다.'

如是菩提 非身能證 非心能證.'

세존이시여, 그 대 거사가 이 법을 말하였을 때 하늘 대중들 중 이백의 천자들이 무생법인을 얻었습니다.41

世尊, 彼大居士 說此法時 於天衆中 二百天子 得無生法忍.

1.3 맺어 답하다

그 때 저는 침묵한 채 대답을 할 수 없었습니다. 그러므로 저는 그를 찾아가 문병하는 일을 맡을 수 없습니다."

時我默然 不能加辯. 故我不任 詣彼問疾."

2. 광엄光嚴 동자42

....

41 이는 무구칭이 바르게 말을 하는 것 둘 중의 제2(=제1은 경전을 인용하여 이 치를 펴는 것) 그 때 대중이 이익을 얻는 것을 밝히는 것이다.
42 이름은 앞에서 해석한 것(2.1.1.의 (2) 보살의 명칭을 열거하는 데서 해석한 것

그 때 세존께서 광엄 동자童子에게 이르셨다.	爾時 世尊 告光嚴童子.
"그대가 무구칭의 처소를 찾아가서 그의 병문안을 하라."	"汝應往詣 無垢稱所 問安其疾."

2.1 총체적으로 도가 궁함을 말하다

광엄 동자가 말하였다.	光嚴童子 白言.
"세존이시여, 저는 그 분을 찾아가 문병하는 일을 감당할 수 없습니다.	"世尊, 我不堪任 詣彼問疾.

2.2 이치 궁함을 따로 나타내다

어째서인가 하면,43	所以者何,

2.2.1 만나서 문답하다

(1) 제가 과거 한 때에 광엄성을 나갈 때의 일이 기억나기 때문입니다. 그 때 무구칭은 막 그 성으로 들어오고 있었습니다. 저는 예배하고44 물었습니다.	憶念我昔 於一時間 出廣嚴城. 時無垢稱 方入彼城. 我爲作禮 問言.

....

을 말함. 그 내용을 그대로 옮기면, "빛 중에 온갖 문채가 있어 갖가지로 장엄하였으므로 '광엄'이라 이름한다."라고 되어 있음)과 같다.

43 이치 궁함을 나타내는 것에 둘이 있다. 처음 이 문장은 묻는 것이고, 뒤의 2.2.1 이하는 나타내는 것이다. 나타내는 것에는 다섯이 있다. 첫째 2.2.1의 (1)은 만나서 묻는 것, 둘째 (2)는 그가 답하는 것, 셋째 (3)은 자기가 물은 것, 넷째 2.2.2는 그가 말한 것, 다섯째 2.2.3은 맺어서 이익을 이루는 것이다.

44 미륵은 출가의 모습이므로 그(=무구칭)가 머리 숙였지만, 광엄은 속세에 있

'거사님, 어디에서 오십니까?' ‘居士, 從何所來?’
(2) 그가 저에게 대답하였습니다. 彼答我言.
'묘보리妙菩提에서 오는 길이다.'45 ‘從妙菩提來.’
(3) 제가 물었습니다. 我問.
'거사居士님, 묘보리妙菩提란 어느 곳입니까?' ‘居士, 妙菩提者 爲何所是?’

2.2.2 무구칭이 말하다

곧 저에게 대답하였습니다.46 卽答我言.
(1) 보리의 체를 나타내다47

....

는 모습이기 때문에 그에게 예배해야 하는 것이다.
45 광엄은 인보리因菩提를 아직 깨닫지 못했기 때문에 물은 기회에 인보리를 들어 대답해서 그로 하여금 깨닫게 하는 것이다. 구역에서는 '도량道場'이라고 했는데, 뜻은 인보리를 나타낸다(=포탈라본에는 신역과 같은 'bodhimaṇḍa'라는 용어로 표현되어 있음). 앞에서 자씨는 과위를 많이 말하여 진여와 정지를 보리로 삼았지만, 지금은 인위를 말하므로 능히 과덕果德을 일으키는 것을 보리로 삼는다. 보리에는 다섯 가지가 있다. 첫째는 보리의 성품[性]이니, 진여를 말한다. 둘째는 보리의 작용[用]이니, 진지眞智를 말한다. 셋째는 보리의 인因이니, 능히 보리를 얻는 세 가지 지혜의 바퀴[三慧輪] 등이다. 넷째는 보리의 반려伴侶이니, 복덕과 지혜의 만행萬行이다. 다섯째는 보리의 경계[境]이니, 진·속의 법을 말한다. 이하 상응함을 따라 이 다섯 가지가 있다.
46 그가 말한 것을 밝히는 것에 둘이 있다. ⑴은 서른두 가지 보리의 체를 개별적으로 나타내는 것, ⑵는 행동거지[擧措] 모두가 보리임을 맺어 이루는 것이다.
47 서른두 가지를 나누면 여섯이 된다. ㈎의 넷은 진실로 향해 나아감이니, 불과佛果의 진실을 향한 행으로 나아가기 때문이다. ㈏의 여섯은 바라밀다이니, 수행자를 피안에 이르게 하기 때문이다. ㈐의 여덟은 유정을 성숙함이니, 이 여덟 가지로 중생을 이롭게 하기 때문이다. ㈑의 둘은 일체의 선근이니, 선을 닦고 악을 제거하여 선근이 만족하기 때문이다. ㈒의 여섯은 정법을 섭수함이

㈎ ① 순직淳直한 의요意樂48가 묘보리이니, 이 의요가 헛되고 거짓되지[虛假] 않기 때문이고, ② 가행을 일으키는 것[發起加行]이 묘보리이니, 베풀어 짓는 모든 것을 능히 성취하기 때문이며, ③ 증상增上한 의요49가 묘보리이니, 수승한 법을 구경에 깨달아 알기[證會] 때문이고, ④ 대보리심大菩提心이 묘보리이니, 일체 법에 대해 잊어버림[忘失]이 없기 때문이다.

㈏ ① 청정한 보시가 묘보리이니, 세간의 이숙과異熟果를 희망하지 않기 때문이고,50 ② 청정한 계를 굳게 지키는 것[固守淨戒]이 묘보리이니, 원하고 구하는 모든 것이 모두 원만해지기 때문이며, ③ 인욕하여 온화한 것[忍辱柔和]이 묘보리이니, 모든 유정에 대해 마음으로 성냄이 없기 때문이고, ④ 용맹하게 정진하는 것이 묘보리이니, 치열하고 부지런히 닦아서 게을러 물러남[懈退]이 없기 때문이며, ⑤ 고요하게 그친 정려[寂止靜

'淳直意樂 是妙菩提, 由此意樂 不虛假故, 發起加行 是妙菩提, 諸所施爲 能成辦故, 增上意樂 是妙菩提, 究竟證會 殊勝法故, 大菩提心 是妙菩提, 於一切法 無忘失故.

淸淨布施 是妙菩提, 不悕 世間異熟果故, 固守淨戒 是妙菩提, 諸所願求 皆圓滿故, 忍辱柔和 是妙菩提, 於諸有情 心無恚故, 勇猛精進 是妙菩提, 熾然勤修 無懈退故, 寂止靜慮 是妙

니, 붓다의 정법을 싸안아 반연하여 받아들이기 때문이다. ㈐의 여섯은 여래께 공양함이니, 법공양을 닦는 것이 가장 제일이기 때문이다.
48 '순淳'이란 곧음이 두터운 것[貞厚]이고, '직直'이란 바탕이 진실한 것[質實]이다.
49 용맹하게 닦고 지어서, 힘써 노력함을 꺼리지 않는 것을 '증상'이라고 한다.
50 상 없고[無相] 번뇌 없이[無漏] 보시를 행하는 것을 청정한 보시라고 한다. 세간의 오온 자체, 큰 재산이나 지위 등의 이숙과를 희망하지 않기 때문이다.

慮]가 묘보리이니, 그의 마음이 조순調順하여 감당하는 능력[堪能]이 있기 때문이고,51 ⑥ 수승한 반야가 묘보리이니, 일체법의 성품과 모습[性相]을 직접 보기[現見] 때문이다.

(다) ① 자애[慈]가 묘보리이니, 모든 유정에 대해 마음이 평등하기 때문이고, ② 연민[悲]이 묘보리이니, 모든 피곤한 괴로움을 능히 참고 받아들이기 때문이며, ③ 기뻐함[喜]이 묘보리이니, 법 뜰의 즐거움[法苑樂]을 항상 받아들이기 때문이고, ④ 평정[捨]이 묘보리이니, 일체 사랑하고 성내는 등을 영원히 끊었기 때문이다.52 ⑤ 신통神通이 묘보리이니, 육신통을 갖추기 때문이고, ⑥ 해탈解脫이 묘보리이니, 분별하는 움직임[分別動]을 여의기 때문이며,53 ⑦ 방편方便이 묘보리이니, 유정을 성숙하기 때문이고, ⑧ 거두는 일[攝事]이 묘보리이니, 모든 유정을 거두기 때문이다.54

菩提, 其心調順 有堪能故, 殊勝般若 是妙菩提, 現見 一切法性相故.

慈 是妙菩提, 於諸有情 心平等故, 悲 是妙菩提, 於諸疲苦 能忍受故, 喜 是妙菩提, 恒常領受 法苑樂故, 捨 是妙菩提, 永斷一切 愛恚等故. 神通 是妙菩提, 具六神通故, 解脫 是妙菩提, 離分別動故, 方便 是妙菩提, 成熟有情故, 攝事 是妙菩提, 攝諸有情故.

....

51 선정에 듦에 의해 그 마음을 고요하게 하면, 마음에서 딱딱하고 껄끄러움이 제거되어 조순해 질 수 있어, 신통의 업을 일으키고 큰 감당의 능력이 있다.
52 처음의 넷은 사무량이고, 뒤의 넷은 개별적인 행이다. 안으로 진실을 증득함에 의해 법 뜰의 즐거움을 받기 때문에 남의 선을 보고 이를 도와 기뻐하니, 질투가 없기 때문이다.
53 팔해탈은 선정을 장애하는 등의 분별하는 움직임을 여의기 때문이다.
54 사섭법으로 중생을 거두면 그 이익이 크다.

㈐ ① 많이 듣는 것[多聞]이 묘보리이니, 진실한 행을 일으키기 때문이고, ② 조복調伏하는 것이 묘보리이니, 이치대로 관찰하기 때문이다.55

㈑ ① 서른일곱 가지 보리분법菩提分法이 묘보리이니, 일체 유위법을 버리기 때문이고, ② 일체가 진실한 것[諦實]이 묘보리이니, 모든 유정을 헛되이 속이지 않기 때문이며, ③ 십이연기十二緣起가 묘보리이니, 무명無明이 다하지 않고 나아가 늙음·죽음과 근심, 괴로움, 열뇌[憂苦熱惱]에 이르기까지도 모두 다하지 않기 때문이고,56 ④ 모든 번뇌를 쉬는 것[息諸煩惱]이 묘보리이니, 진실한 법의 성품[眞法性]을 여실하게 현재에 깨닫기 때문이며,57 ⑤ 일체 유정有情이 묘보리이니, 모두 무아無我를 써서 스스로의 성품[自性]으로 삼기 때문이고, ⑥ 일체 모든 법이 묘보리이니, 일체 모두의 성품이 공함[性空]을 따라 깨닫기 때문이다.

多聞 是妙菩提, 起眞實行故, 調伏 是妙菩提, 如理觀察故.

三十七種 菩提分法 是妙菩提, 棄捨一切 有爲法故, 一切諦實 是妙菩提, 於諸有情 不虛誑故, 十二緣起 是妙菩提, 無明不盡 乃至老死 憂苦熱惱 皆不盡故, 息諸煩惱 是妙菩提, 如實現證眞法性故, 一切有情 是妙菩提, 皆用無我 爲自性故, 一切諸法 是妙菩提, 隨覺一切 皆性空故.

....

55 조복해서 능히 삼업의 온갖 악을 멸한다면 이치대로 관찰할 것이니, 무슨 악을 짓겠는가? 악법이 이미 사라지고 선법이 일어나기 때문에 선근이라고 이름한다. 여기의 두 가지는 보리의 인이기 때문에 보리라고 이름한다.
56 모든 중생의 십이연기를 관찰하면 모두 다함이 없으니, 중생계가 다할 기약이 없기 때문이다.
57 진여를 증득함으로 인하여 번뇌가 문득 쉰다.

㈐ ① 마군의 원수[魔怨]를 항복시키는 것이 묘보리이니, 일체 마군의 원수가 기울이거나 움직이지 못하기 때문이고, ② 삼계를 떠나지 않는 것이 묘보리이니, 일체 향해 나아가는 일[發趣事]을 멀리 떠나기 때문이며,58 ③ 대사자후가 묘보리이니, 능히 잘 결택해서 두려워할 것이 없기 때문이고, ④ 모든 힘과 무소외와 불공불법이 묘보리이니, 널리 일체에 있어서 꾸짖거나 싫어함[訶厭]이 없기 때문이며,59 ⑤ 삼명三明으로 비추어 보는 것[鑒照]이 묘보리이니, 모든 번뇌를 여의어 구경에 남음이 없는 지혜를 획득하기 때문이고,60 ⑥ 일찰나의 마음으로 일체 법을 구경에 남음 없이 깨닫는 것이 묘보리이니, 일체지지一切智智가 원만하게 증득되기 때문이다.61

降伏魔怨 是妙菩提, 一切魔怨 不傾動故, 不離三界 是妙菩提, 遠離 一切 發趣事故, 大師子吼 是妙菩提, 能善決擇 無所畏故, 諸力無畏 不共佛法 是妙菩提, 普於一切 無訶厭故, 三明鑒照 是妙菩提, 離諸煩惱 獲得究竟 無餘智故, 一刹那心 覺一切法 究竟無餘 是妙菩提, 一切智智 圓滿證故.

....

58 원에 따라 화생하여 삼계를 떠나지 않는 것이다. 이승이 오직 성과聖果만으로 향하는 것을 멀리 떠나니, 그들은 군생들을 이롭고 안락하게 하는 일이 없기 때문이다.
59 힘과 무소외 등은 일체가 모두 기뻐하는 것이다.
60 삼제三際의 어리석음이 일체 모두 끊어짐(=숙주지는 전제, 숙명지는 후제, 누진지는 중제)에 의해 번뇌가 구경에 모두 멸한 단계에 이르러 비로소 삼명을 얻으니, 삼명은 번뇌가 다하고 남음이 없는 지혜에 머무는 것이기 때문에 이것이 보리이다.
61 한 순간의 마음으로 진·속과 이·사의 모든 법을 능히 통달하여 궁극까지 다하고 남음이 없으니, 일체지와 일체종지가 원만하게 증득되기 때문이다. '일체

(2) 모두가 보리임을 맺어 이루다62

㈎ 이와 같이 선남자여, 만약 모든 보살이 진실로 향해 나아감[眞實發趣]을 구족하여 상응하고, 바라밀다波羅蜜多를 구족하여 상응하며, 유정을 성숙시키는 것[成熟有情]을 구족하여 상응하고, 일체 선근을 구족하여 상응하며, 정법을 섭수하는 것[攝受正法]을 구족하여 상응하고, 여래께 공양하는 것[供養如來]을 구족하여 상응한다면,63 ㈏ 오고 가며[往來] 나아가고 멈추며[進止] 발 들고 발 내

如是 善男子, 若諸菩薩 眞實發趣 具足相應, 波羅蜜多 具足相應, 成熟有情 具足相應, 一切善根 具足相應, 攝受正法 具足相應, 供養如來 具足相應, 諸有所作 往來進止 擧足下足

....

지'란 무분별지로서 진여를 능히 통달하는 것이고, '종지'란 후득지로서 세속의 현상을 능히 아는 것이니, 두 가지를 합하여 '일체지지'라고 이름한다.

이 32가지 중 22가지는 인보리와 반려보리를 밝히는 것이고, 다음의 2가지는 경境보리이며, 다음의 2가지는 성性보리이고, 뒤의 6가지는 용用보리를 밝히는 것이다. 그 중 인보리는 나누면 셋이 되니, 처음의 10은 자리, 다음의 8은 이타, 뒤의 4는 두 가지에 통한다.

62 제2 행동거지 모두가 보리임을 맺어 이루는 것에 둘이 있다. ㈎는 앞을 인용하는 것이고, ㈏는 맺어 이루는 것이다.

63 진실로 향해 나아간다는 것은 앞의 서른두 가지 중 처음의 넷을 따온 것이고, 바라밀다라는 것은 다음의 여섯 가지를, 유정을 성취한다는 것은 다음의 여덟 가지를, 일체의 선근이라는 것은 다음의 두 가지를, 정법을 섭수한다는 것은 다음의 여섯 가지를, 여래께 공양한다는 것은 뒤의 여섯 가지를 각각 따온 것이다. 이러한 등을 '구족'하면 행하고 증득할 수 있기 때문에 '상응'이라고 하였다. '상응'이라는 것은 서로 여의지 않고 상호 수순해서 능히 행하고 능히 증득하여 화합한다는 뜻이다. 구역에는 오직 둘만 있었으니, 모든 바라밀다와 중생을 교화하는 것이고, 나머지 넷은 없었다. 그 뜻은 수행이란 자리의 바라밀다와 이타의 교화중생이라는 두 가지 문을 벗어나지 않는다는 것이다. 그래서 나머지는 인용하지 않았으나, 신역은 글을 갖추었다.

리는[舉足下足] 따위의 짓는 모든 일 일체가 | 一切皆從 妙菩提來,
모두 묘보리에서 오는 것이고, 일체가 모두 | 一切皆從 諸佛法來,
모든 불법佛法에서 오는 것이며, 일체 모든 | 安住一切　諸佛妙
붓다의 묘법妙法에 안주하는 것이다.'64 | 法.'

2.2.3 맺어 이익을 이루다

세존이시여, 그 대 거사가 이 법을 말하였 | 世尊, 彼大居士　說
을 때 오백의 천자들이 모두 무상정등각에 | 是法時 五百天子 皆
대한 마음을 일으켰습니다. | 發 無上正等覺心.

2.3 맺어 답하다

그 때 저는 침묵한 채 대답을 할 수가 없었 | 時我　默然　不能加
습니다. 그러므로 저는 그를 찾아가 문병하 | 辯. 故我不任 詣彼
는 일을 맡을 수 없습니다." | 問疾."

3. 지세持世 보살65

---

64 맺어 이루는 것에 대략 세 가지가 있다. 첫째 일체가 모두 묘보리에서 오는 것이라 함은, 일체가 선하고 오묘한 지혜를 여의지 않기 때문이고, 둘째 일체가 모든 불법에서 오는 것이라 함은, 일체의 불법이 모두 현행하기 때문이며, 셋째 항상 모든 붓다의 묘법에 안주하는 것이라 함은 신·어·의업이 항상 불법에 처하기 때문에 안주한다고 말하였다. 구역에는 두 번째 것이 없고, 둘만 있었다. 그 뜻은 도량이 곧 불법이라는 것이다.

65 # 지세보살에 대하여는 소에 설명이 없다.『주유마힐경』을 비롯한 구역의 주석에도 거의 설명이 없으며, 천태지의의 설명을 제자 담연湛然이 요약하였다는『유마경약소略疏』(제6권)에서 다음과 같은 정도의 설명을 찾아볼 수 있을 뿐이다. "출가보살로서 역시 법신대사이다. '지세'라고 말한 것은 받아들여 기

그 때 세존께서 지세持世 보살에게 이르셨다.

"그대가 무구칭의 처소를 찾아가서 그의 병 문안을 하라."

爾時世尊 告持世菩薩.

"汝應往詣 無垢稱所 問安其疾."

3.1 총체적으로 도가 궁함을 말하다
지세 보살이 말하였다.

"세존이시여, 저는 그를 찾아가 문병하는 일을 감당할 수 없습니다.

持世菩薩 白言.

"世尊, 我不堪任 詣彼問疾.

3.2 이치 궁함을 따로 나타내다
어째서인가 하면,66

所以者何,

3.2.1 자기의 일을 나타내다67
(1) 제가 과거 한 때에 저의 처소에서 머물고 있을 때의 일이 기억나기 때문입니다.
(2) 그 때 악마 파순[惡魔怨]68이 일만이천의

憶念我昔 於一時間 在自住處.

時 惡魔怨 從萬二

....

억해서 잊지 않음[領憶不忘]을 '지'라고 하고, '세'는 간격하여 구별함[隔別]을 뜻으로 한다. 실상의 진실한 마음[實相眞心]이 (세간의) 모든 법을 받아들여 기억해서 잊어버림이 없기 때문에 '지세'라고 이름하였다."

66 이치 궁함을 나타내는 것에 둘이 있다. 처음 3.2.1은 자기의 일을 나타내는 것이고, 뒤의 3.2.2. 이하는 남의 말을 나타내는 것이다.

67 자기의 일을 나타내는 것에 다섯이 있다. (1) 자기가 과거에 머문 것을 밝히는 것, (2) 마가 와서 존경하며 선 것, (3) 알아보지 못하고 그에게 권한 것, (4) 마의 요란하는 시험[試嬈]을 당한 것, (5) 자기가 받지 않았음을 나타내는 것이다.

여러 천녀天女 등을 이끌고 모습을 마치 제석帝釋처럼 하여 북과 현악기로 음악을 노래하면서 저의 처소로 와서, 그의 권속들과 함께 저의 발에 머리 숙여 예배하고 여러 하늘의 음악을 연주하여 저에게 공양한 뒤 합장하여 공경하면서 한쪽에 섰습니다.

⑶ 저는 그 때 마음으로 진실로 제석이라고 생각해서 그에게 말하였습니다.

'잘 오셨습니다, 교시가憍尸迦님. 비록 복이 있다고 해도 스스로 방자하지 말고, 모든 욕망을 즐기는 즐거움은 모두 다 무상하다고 부지런히 관찰해야 합니다. 신체와 목숨과 재물에 대해서 부지런히 수습해서 견고하고 진실한 법[堅實法]을 깨달아야 합니다.'

⑷ 그가 곧 저에게 말하였습니다.

'존경하는 대 정사正士님, 이 여인들을 받으셔서 곁에 두고 시중들게 하십시오.'

⑸ 저는 곧 대답하였습니다.

'그만 두십시오, 교시가님. 이러한 비법非法

千 諸天女等 狀如帝釋 鼓樂絃歌 來到我所 與其眷屬 稽首我足 作諸天樂 供養於我, 合掌恭敬 在一面立.

我時意謂 眞是帝釋 而語之言.

'善來, 憍尸迦. 雖福應有 不當自恣, 當勤觀察 諸欲戲樂 皆悉無常. 於身命財 當勤修習 證堅實法.'

卽語我言.

'唯 大正士, 可受此女 以備供侍.'

我卽答言.

'止, 憍尸迦. 無以

---

68 # 구마라집 역은 이를 '마魔 파순波旬'이라고 표현하고 있는데, 포탈라본도 '마라 빠삐얀pāpīyān'이라고 표현하고 있다. 이는 욕계 제6천(타화자재천)에 있는 마왕의 빠알리어 별명 '빠삐만pāpiman'을 가리키는 것인데, 파순은 음을 옮기면서 잘못 옮겨진 것이지만, 대승경전에서는 널리 쓰이는 명칭이다. 그래서 원문의 '惡魔怨'을 직역하면 '악마의 원수'가 되지만, 여기에서는 이 명칭을 써서 '악마 파순'이라고 옮겼다.

의 물건을 세존의 제자[釋子]인 우리 사문들에게는 베풀 필요가 없습니다. 이것은 우리에게 적절한 것이 아닙니다.'

如是 非法之物 而要施我 沙門釋子. 此非我宜.'

3.2.2 남의 말을 나타내다69

(1) 마의 모습을 드러내다

말이 끝나기도 전에 무구칭이 그 곳에 도착해서, 저의 발에 머리 숙여 예배하고 저에게 말하였습니다.

所言未訖時 無垢稱 來到彼所, 稽首我足 而謂我言.

'제석이 아닙니다. 이는 악마 파순이 존자를 어지럽히는 것일 뿐입니다.'

'非帝釋也. 是惡魔怨 嬈汝故耳.'

(2) 바로 마를 항복시키다70

(가) 바로 마를 항복시키다71

(ㄱ) 그 때 무구칭이 악마에게 말하였습니다.

時無垢稱 語惡魔言.

'그대는 지금 이 모든 천녀들을 되돌려 나에

'汝今可以 此諸天

---

69 남의 말을 나타내는 것에 열여덟이 있다. 처음 하나는 숨은 마의 모습을 드러내는 것, 뒤의 열일곱은 바로 마를 항복시키는 것이다.
70 바로 마를 항복시키는 것에 셋이 있다. (가)의 넷은 바로 마를 항복시키는 것, (나)의 셋은 천녀들에게 말하는 것, (다)의 여덟(앞에서는 이 부분을 열 가지로 해서 총 열여덟이라고 했으나, 뒤에는 제14 내지 제16이 (ㅂ)의 하나로 묶여 있어 (다)는 여덟 가지임. 이렇게 되면 모두 열여덟 가지가 아니라, 열여섯 가지로 됨.)은 다시 궁으로 돌아가고자 하는 것을 나타내는 것이다.
71 바로 마를 항복시키는 것에 넷이 있다. (ㄱ)은 마에게 요구하는 것을 나타내는 것, (ㄴ)은 마가 놀라서 도주하려고 하는 것, (ㄷ)은 공중의 소리가 권하는 것, (ㄹ)은 마가 여인들을 주는 것이다.

게 주는 것이 좋겠소. 이들은 나 같이 집에 있는 흰 옷에게는 어울리지만, 석존의 제자인 모든 사문들은 받을 수 있는 것이 아니오.'

(ㄴ) 그 때 악마 파순은 곧 놀라고 두려워서, 무구칭이 장차 나를 괴롭히지 않을까 생각하고는 모습을 숨기고 가려고 하였지만, 무구칭이 가진 신통력 때문에 숨길 수 없었고, 그의 신통력으로 갖가지 방편을 다하였으나 역시 갈 수가 없었습니다.

(ㄷ) 곧 공중에서 소리가 들렸습니다.

'그대 악마 파순이여, 천녀들을 이 거사에게 주어야만, 자신의 천궁으로 되돌아 갈 수 있을 것이오.'

(ㄹ) 이 악마 파순은 두려워해서 고개를 숙였다 올려보았다 하다가 주었습니다.

(나) 천녀들에게 말하다72

(ㄱ) 간략히 말하다73

(a) 그 때 무구칭이 천녀들에게 말하였습

女 迴施於我. 是我在家 白衣所宜, 非諸沙門 釋子應受.'
時惡魔怨 卽便驚怖, 念無垢稱 將無惱我 欲隱形去, 爲無垢稱 神力所持 而不能隱, 盡其神力 種種方便 亦不能去.
卽聞 空中聲曰.
'汝惡魔怨, 應以天女 施此居士, 乃可得還 自所天宮.'
是惡魔怨 以怖畏故 俛仰而與.

時 無垢稱 語諸女

....
72 이하 두 번째 천녀들에게 말하는 것에 셋이 있다. (ㄱ)은 간략히 말하는 것, (ㄴ)은 자세히 말하는 것, (ㄷ)은 말하는 것을 맺는 것이다. # 다만 처음 열여덟 가지로 나누는 곳에서는, 본문의 (ㄴ)의 (a)까지를 제5 무구칭이 바로 말하는 것으로, 본문의 (ㄴ)의 (b)를 제6 천녀가 법을 묻는 것으로, 본문의 (ㄴ)의 (c) 이하를 모두 제7 무구칭이 말하는 것의 세 과목으로 나누어져 있다.
73 간략히 말하는 것에 둘이 있다. (a)는 발심할 것을 권하는 것, (b)는 근기 따라 법을 말하는 것이다.

니다.

'이 악마 파순이 그대들을 나에게 주었습니다. 이제 모든 누이들은 무상정등각에 대한 마음을 일으켜야 합니다.'

　(b) 곧 근기[所應]를 따라 묘보리를 수순하거나 성숙시키는 갖가지 법을 말하여, 그들로 하여금 정등보리로 향해 나아가게 하였습니다.74

　(ㄴ) 자세히 말하다

　　(a) 법락을 총체적으로 보이다

　그리고 또 말하였습니다.

'누이들은 무상정등각에 대한 마음을 이미 일으켰으므로, 큰 법뜰의 즐거움[大法苑樂]이 있어 스스로 즐길 만할 것이니, 다시는 오욕五欲의 즐거움을 즐겨서는 안됩니다.'75

　　(b) 천녀가 법을 묻다

　모든 천녀가 말하였습니다.

'존경하는 대 거사님, 어떤 것을 이름해서 큰 법뜰의 즐거움이라고 합니까?'

言.

'是惡魔怨　以汝施我. 今諸姉等　當發無上正等覺心.'
卽隨所應　爲說種種 隨順成熟　妙菩提法, 令其趣向　正等菩提.

復言.

'姉等已發　無上正等覺心, 有大法苑樂 可以自娛. 不應復樂 五欲樂也.'

諸天女言.

'唯 大居士, 云何名爲 大法苑樂.'

----

74 첫째 처음인 근기[初機]를 위해서는 보리에 수순하는 법을 말하고, 둘째 오래 배운 이를 위해서는 보리를 성숙시키는 법을 말하여, 모두 정등보리로 향해 나아가게 하는 것이다.

75 '큰 법뜰'이란 청정한 진여이다. 이로 인해 즐거움을 일으키므로 법 뜰의 즐거움이라고 한다. 출세간의 즐거움을 얻고, 생사의 5욕에 대한 즐거움을 버려야 한다.

(c) 자세히 답하다76

무구칭이 말하였습니다.

㈠ '법뜰의 즐거움이라 함은, 말하자면 ① 모든 붓다들에 대한 무너지지 않는 청정의 즐거움,77 ② 정법을 항상 청문하는 즐거움, ③ 화합한 승가[和合衆]를 부지런히 공경하고 섬기는 즐거움과,

㈡ ① 그 삼계에서 영원히 출리하는 즐거움, ② 모든 소연에 대해 의지해 머묾[依住]이 없는 즐거움과,78

㈢ ① 모든 온蘊에 대해 무상함이 원수의 해침[怨害]과 같다고 관찰하는 즐거움, ② 모든 계界에 대해 독사와 같다고 전도됨 없이 관찰하는 즐거움, ③ 모든 처處에 대해 빈 마을[空聚]과 같다고 전도됨 없이 관찰하는

'法苑樂者　謂於諸佛 不壞淨樂,
於正法中　常聽聞樂, 於和合衆　勤敬事樂,
於其三界　永出離樂, 於諸所緣　無依住樂,
於諸蘊中　觀察無常如怨害樂, 於諸界中　無倒觀察　如毒蛇樂, 於諸處中　無倒觀察　如空聚樂,

....
76 자세히 답하는 것에 모두 35구의 법락法樂이 있다. 구역에는 32구가 있어, ㈡의 ②, ㈤의 ⑨, ㈥의 ⑤의 3구가 빠졌다. 35구를 나누면 여섯이 된다. ㈠의 셋은 좋은 밭을 만나는 즐거움[得遇良田樂], ㈡의 둘은(구역은 1구) 괴로움을 벗어나 원만히 깨닫는 즐거움[出苦圓證樂], ㈢의 셋은 허환虛幻을 체달하는 즐거움[體達虛幻樂], ㈣의 열은 지극한 마음으로 수행하는 즐거움[至心修行樂], ㈤의 열(구역은 9구)은 악을 떠나 선을 거두는 즐거움[離惡攝善樂], ㈥의 일곱(구역은 6구)은 이타와 자리의 즐거움[利他自利樂]이다.
77 붓다의 삼신에 대해 결정적이고 청정한 신심을 일으켜 파괴할 수 없는 것을 무너지지 않는 청정한 마음의 즐거움이라고 이름하였다.
78 소연의 경계에 대해 의지하는 마음이 없고 안주하는 바가 없어 마음이 매여 집착하지 않는 것은, 곧 정지正智로 모든 법을 깨달아 통달하는 것이다.

즐거움과,79

　　(四) ① 보리심을 견고하게 수호하는 즐거움,80 ② 모든 유정을 요익하는 일의 즐거움, ③ 모든 스승과 어른[師長]을 부지런히 받들어 모시는 즐거움, ④ 베푸는 보시[惠施] 중에서 인색과 탐욕[慳貪]을 여의는 즐거움, ⑤ 청정한 계율 중에서 해이함[慢緩]이 없는 즐거움, ⑥ 인욕 중에서 감내하여 조순[堪調順]하는 즐거움, ⑦ 정진 중에서 선근을 닦는 즐거움, ⑧ 선정 중에서 산란 없음을 아는 즐거움, ⑨ 반야 중에서 미혹을 떠나 밝아지는 즐거움, ⑩ 보리 안에서의 광대하고 오묘한 즐거움과,

　　(五)81 ① 온갖 마군의 원수[魔怨]를 능

於菩提心　堅守護樂, 於諸有情　饒益事樂, 於諸師長　勤供侍樂,　於惠施中 離慳貪樂,

於淨戒中　無慢緩樂, 於忍辱中　堪調順樂, 於精進中　習善根樂,　於靜慮中 知無亂樂, 於般若中 離惑明樂, 於菩提中 廣大妙樂,

於眾魔怨　能摧伏

----

79 모든 온은 무상하게 핍박하기 때문에 괴로움인 것이 마치 원수의 해침과 같다고 관찰하고, 18계가 모든 유정을 쏘기 때문에 독사와 같다고 관찰하며, 12처는 빈 마을처럼 전혀 있는 것이 없다고 관찰하는 것이다.
80 제4 열 가지 발심하여 수행하는 즐거움 중, 처음 ①은 발심하는 것, 다음 ② 내지 ⑨의 여덟은 수행하는 것, 뒤의 ⑩ 하나는 과보를 나타내는 것이다. 수행 중에 다시 셋이 있다. 처음 ②는 중생을 건지는 것이고, 다음의 ③은 사장師長을 섬기는 것, 뒤의 여섯은 6바라밀을 닦는 것이다.
81 이하 제5 악을 떠나고 선을 거두는 즐거움에 둘이 있다. 처음의 둘은 악을 떠나는 것, 뒤의 여덟은 선을 거두는 것이다. 후자에도 둘이 있으니, 처음 ③ 내지 ⑤의 셋은 장엄하는 원인[嚴因], 뒤의 다섯은 장엄한 과보[嚴果]이다. 구역에는 장엄하는 원인 중 세 번째 '모든 공덕을 닦는 것'을 밝히는 것에 '즐긴다[樂]'는 글자가 없이 앞의 '상호'에 속해 있어서, 여기와는 큰 차이가 있다.

히 꺾어 누르는 즐거움, ② 모든 번뇌를 능히 두루 아는 즐거움, ③ 모든 불국토를 두루 닦고 바로 잡는 즐거움, ④ 상相과 수호隨好로 장엄한 신체를 극히 원만하게 하는 즐거움,82 ⑤ 그 복덕과 지혜[福智]의 두 가지 자량을 바르게 수습하는 즐거움, ⑥ 묘보리를 갖추어 장엄하는 즐거움, ⑦ 매우 심오한 법[甚深法]에 대해 놀라거나 두려워함이 없는 즐거움, ⑧ 세 가지 해탈문을 바르게 관찰하는 즐거움, ⑨ 반열반에 대해 바르게 반연하는 즐거움,83 ⑩ 때 아닐 때[非時]에 관찰하지 않는 즐거움과,84

㈥85 ① 같은 부류[同類]의 중생86에 대해서는 그 공덕을 보고 항상 친근하는 즐거움, ② 다른 부류[異類]의 중생에 대해서는 과실을 보지 않고 증오함이 없는 즐거움, ③

樂, 於諸煩惱 能遍知樂, 於諸佛土 遍修治樂, 於相隨好 莊嚴身中 極圓滿樂, 於其福智 二種資糧 正修習樂, 於妙菩提 具莊嚴樂, 於甚深法 無驚怖樂, 於三脫門 正觀察樂, 於般涅槃 正攀緣樂, 不於非時 而觀察樂,

於同類生 見其功德 常親近樂,

於異類生 不見過失 無憎恚樂,

....

82 '상'은 32대사상大士相, '수호'는 80수호로,《대반야경》제381권에서 말하는 것과 같다.
83 열반을 반연하여 들어가기를 희망하는 것이다. 구역에는 이것이 없었다.
84 중생을 관찰함에 끝내 비시非時가 아닌 것이다. '비시'란 근기에 맞추지 않고 가서 가르침의 이익을 베푸는 것이다. 따라서 세존의 설법에는 네 가지 과실이 없으니, 첫째는 처 아님[非處]이 없고, 둘째 때 아님[非時]이 없으며, 셋째 근기 아님[非器]이 없고, 넷째 법 아님[非法]이 없는 것이다.
85 제6에 일곱 가지의 이타와 자리의 즐거움이 있는데, 처음 넷이 이타이고, 뒤의 셋은 자리이다.
86 '같은 부류의 중생'이란 그 출세간의 청정한 행을 같이 하는 부류이다.

모든 선우善友에 대해서는 즐겨 친근하는 즐거움, ④ 모든 악우惡友에 대해서는 즐겨 수호하는 즐거움, ⑤ 선교한 방편에 대해서는 잘 섭수하는 즐거움, ⑥ 모든 법 중에서 환희하고 믿는 즐거움이니,87 ⑦ 방일하지 않고 일체 보리분법을 수습하는 것이 최상의 오묘한 즐거움입니다.

(ㄷ) 맺어 말하다

이와 같이 여러 누이들이여, 이것이 보살의 큰 법뜰의 즐거움입니다. 이 법뜰의 즐거움은 모든 대 보살들이 항상 그 안에서 머무는 것입니다. 여러분들도 이것을 즐겨야 하고, 욕망의 즐거움을 즐겨서는 안됩니다.'

(다) 천궁으로 돌아가려 하다88

(ㄱ) 그 때 악마 파순이 천녀들에게 말하였습니다.

'그대들은 이리 오시오. 이제 그대들과 함께 모두 천궁으로 돌아가고 싶소.'

(ㄴ) 모든 여인들이 대답하였습니다.

於諸善友　樂親近樂, 於諸惡友　樂將護樂, 於巧方便　善攝受樂, 於諸法中歡喜信樂, 於不放逸　修習一切　菩提分法 最上妙樂.

如是諸姊, 是爲菩薩　大法苑樂. 此法苑樂　諸大菩薩　常住其中. 汝等當樂, 勿樂欲樂.'

時惡魔怨　告天女曰.

'汝等可來. 今欲與汝 俱還天宮.'

諸女答言.

....
87 정법正法에 대해 기뻐하고 또 믿으며, 즐겨 알기를 구하는 것이다.
88 이하 제3 천궁으로 돌아가려 함을 밝히는 글에 여덟이 있다. (ㄱ) 천녀들을 궁으로 돌아가자고 부르는 것, (ㄴ) 천녀들이 가지 않겠다고 사양하는 것, (ㄷ) 악마가 도리어 반환을 구하는 것, (ㄹ) 무구칭이 주는 것, (ㅁ) 천녀들이 도를 묻는 것, (ㅂ) 무구칭이 설하는 것, (ㅅ) 천녀들이 사례하는 것, (ㅇ) 억제하던 것을 풀고 놓아 주는 것이다.

'악마 당신은 가십시오. 우리들은 다시 그대와 함께 돌아가지 않겠습니다. 어째서인가 하면 당신은 우리들을 이 거사님께 주었는데, 어떻게 다시 당신과 함께 돌아갈 수 있겠습니까?

우리들은 이제 법뜰의 즐거움을 즐기고, 욕망의 즐거움을 즐기지 않을 것이니, 당신 혼자 돌아가십시오.'

㈐ 그 때 악마 파순이 무구칭에게 말하였습니다.

'존경하는 대 거사님, 이 여인들을 주십시오. 일체 있는 것에 대해 마음으로 탐착하지 않고 베풀어 주는 것이 보살마하살일 것입니다.'

㈑ 무구칭이 말하였습니다.

'나는 주었으니 그대가 데려 가도 좋소. 그대들과 일체 유정들의 법에 대한 원[法願]을 만족케 해 주어야 하오.'[89]

㈒ 그 때 모든 천녀들은 무구칭에게 예배하고 물었습니다.

'존경하는 대 거사님, 저희들 모든 천녀들

'惡魔汝去. 我等不復 與汝俱還. 所以者何 汝以我等 施此居士, 云何更得 與汝等還?

我等今者 樂法苑樂, 不樂欲樂, 汝可獨還.'

時惡魔怨 白無垢稱.

'唯 大居士, 可捨此女. 一切所有 心不耽著 而惠施者 是爲菩薩摩訶薩也.'

無垢稱言.

'吾以捨矣 汝可將去. 當令汝等 一切有情 法願滿足.'

時諸天女 禮無垢稱 而問之言.

'唯 大居士, 我等諸

---

[89] 대보살은 중생의 원을 수순한다. 지금도 수순하기 때문에 준다. 주는 것을 이미 행했으므로 곧 서원을 일으켜, 그대 등 및 모든 유정의 선법에 대한 원을 만족하게 해야 한다는 것이다.

이 마의 궁전에 돌아가서는 어떻게 수행하여야 합니까?'

㈏90 ① 무구칭이 말하였습니다.

'여러 누이들이여, 무진등無盡燈이라고 이름하는 오묘한 법문이 있다는 것을 알아야 하고, 그대들이 배워야 합니다.'

② 천녀가 다시 물었습니다.

'어떤 것이 무진등이라고 이름하는 것입니까?'

③ 무구칭이 대답하였습니다.

'㉮ 누이들이여, 비유하면 하나의 등불로 백천의 등불을 켜면 어둠이 모두 밝아져서, 밝음은 끝내 다하지 않고 또한 감퇴함도 없는 것과 같습니다.91

㉯ 이와 같이 누이들이여, 대저 한 보살이 백천 구지俱胝 나유타那庾多의 대중들에게 무상정등보리無上正等菩提를 향해 구하는 마음을 일으키도록 권하여 건립建立하였다면, 이 보살의 보리에 대한 마음은 끝내 다함이 없

女 還至魔宮 云何修行?'

無垢稱言.

'諸姊, 當知 有妙法門 名無盡燈, 汝等當學.'

天女復問.

'云何名爲 無盡燈耶?'

答言.

'諸姊, 譬如一燈 然百千燈 暝者皆明, 明終不盡 亦無退減.

如是 諸姊, 夫一菩薩 勸發建立 百千俱胝 那庾多衆 趣求 無上正等菩提, 而此菩薩 菩提之心

---

90 제6 무구칭이 설하는 것에 셋이 있다. 처음 ①은 간략히 설하는 것, 다음 ②는 다시 묻는 것, 뒤의 ③은 풀이하는 것이다. ③에도 둘이 있다. 처음은 풀이하는 것이고, 뒤의 ㉯는 권하는 것이다. 처음 풀이하는 중에 셋이 있으니, ㉮는 비유하는 것, ㉯는 마음을 밝히는 것, ㉰는 맺는 것이다.

91 새로운 밝음[新明]은 다하지 않고, 예전의 밝음[舊明]도 감소하지 않는다.

고 또한 감퇴함도 없으며 더욱 다시 증가하는 것입니다.

㉰ 이와 같이 남을 위하여 선교한 방편으로 정법을 펴 말한다면, 모든 선법에 있어 더욱 다시 증장해서 끝내 다함이 없고 또한 감퇴함도 없는 것입니다.

㉱ 여러 누이들이여, 무진등이라고 이름하는 이 오묘한 법문을 알아야 하고, 그대들이 배워야 합니다. 비록 마의 궁전에 머물더라도 한량없는 천자와 천녀들에게 보리심을 일으키도록 권하여야 합니다. 그러면 그대들은 곧 여래의 은혜를 알고 진실하게 갚는다고 이름하고, 또한 일체 유정을 요익한다고 이름할 것입니다.'

(ㅅ) 이 모든 천녀들은 무구칭의 발에 공경하며 머리 숙여 예배하였습니다.

(ㅇ) 그 때 무구칭은 먼저 악마를 누르고 있던 신통력을 풀어, 악마 파순과 여러 권속들로 하여금 홀연히 사라져 본래의 궁전으로 돌아가도록 하였습니다.

3.3 맺어 답하다

세존이시여, 이 무구칭에게는 이와 같은 등의 자재한 신통력과 지혜와 변재가 있어 변

終無有盡 亦無退減 轉更增益.

如是爲他 方便善巧 宣說正法, 於諸善法 轉更增長 終無有盡 亦無退減.

諸姊, 當知 此妙法門 名無盡燈, 汝等當學. 雖住魔宮 當勸 無量天子天女 發菩提心. 汝等卽名 知如來恩 眞實酬報, 亦是饒益 一切有情.'

是諸天女 恭敬頂禮 無垢稱足.

時無垢稱 捨先制持 惡魔神力, 令惡魔怨 與諸眷屬 忽然不現 還於本宮.

世尊, 是無垢稱 有如是等 自在神力

화해 나타내면서 법을 말합니다. 그러므로 저는 그를 찾아가 문병하는 일을 맡을 수 없습니다."

智慧辯才　變現說法. 故我不任　詣彼問疾."

4. 소달다蘇達多 [수닷따Sudatta][92]

그 때 세존께서 장자의 아들 소달다蘇達多에게 이르셨다.
"그대가 무구칭의 처소를 찾아가서 그의 병문안을 하라."

爾時世尊　告長者子蘇達多言.
"汝應往詣　無垢稱所 問安其疾."

4.1 총체적으로 도가 궁함을 말하다

그 때 소달다가 말하였다.
"세존이시여, 저는 그를 찾아가 문병하는 일을 감당할 수 없습니다.

時蘇達多 白言.
"世尊, 我不堪任 詣彼問疾.

4.2 이치 궁함을 따로 나타내다

어째서인가 하면,

所以者何,

4.2.1 자기의 일을 나타내다

....

[92] '소달다'는 여기 말로는 선시善施라고 한다. 고독하고 빈궁한 이들을 잘 구제하고 마음에 인색함이 없기 때문에 선시라고 한다. 예전에는 선덕善德이라고 하였다. # 이 수닷따는 급고독장자라는 별명으로 널리 알려져 있는 아나타삔띠까Anāthapiṇḍika 장자로서, 수보리의 형이다.

제가 과거에 저의 아버지의 집에서 이레 낮 이레 밤 동안 큰 제사[祠會]93를 모시고, 일체 사문과 바라문 및 모든 외도들, 빈궁한 이들, 하천한 이들, 고독한 이들과 걸인들을 공양하여, 이 큰 제사가 7일의 기한을 다 채울 무렵의 일이 기억나기 때문입니다.

憶念我昔 自於父舍 七日七夜 作大祠會, 供養一切 沙門婆羅門 及諸外道 貧窮下賤 孤獨乞人, 而此大祠 期滿七日.

4.2.2 남의 말을 나타내다94
(1) 법 보시 닦을 것을 권하다

　그 때 무구칭이 모임에 들어와서 저에게 말하였습니다.

時無垢稱 來入會中 而謂我言.

　'존경하는 장자의 아들이여, 대저 제사란 지금 존자가 여기에서 베푼 것과 같아서는 안됩니다. 그대는 지금 법보시의 제사를 베풀어야 합니다. 어찌 이러한 재물의 보시를 써서 제사를 하는 것입니까?'

'唯 長者子, 夫祠會者 不應如汝 今此所設. 汝今應設 法施祠會. 何用如是 財施祠爲?'

(2) 법보시의 행상을 나타내다95

----

93 '사[祠]는 비는 것[禱]이고, '회'는 모이는 것이다. 뛰어난 결과를 기도하려고 대중들이 한 곳에 모이기 때문에 '사회'라고 이름한다.
94 남의 말을 나타내는 것에 넷이 있다. (1)은 재물·수명을 버리고 법 보시를 닦을 것을 총체적으로 권하는 것, (2)는 법 보시의 온갖 행의 모습을 개별적으로 나타내는 것, (3)은 이백의 범지가 모두 큰 마음을 일으키는 것, (4)는 소달다가 환희하며 영락 등을 보시하는 것이다.
95 이하 법보시 제사의 모습을 개별적으로 나타내는 것에 셋이 있다. ㈎는 묻는 것, ㈏는 답하는 것, ㈐는 뛰어난 이익을 맺는 것이다.

(가) 제가 물었습니다.

'거사님, 어떠한 것을 법보시의 제사라고 이름합니까?'

(나) 무구칭이 저에게 대답하였습니다.

'법보시의 제사라는 것은 앞도 없고 뒤도 없이 일시에 일체 유정들에게 공양하는 것을 원만한 법보시의 제사라고 이름하는 것입니다.96

그 일은 어떤 것인가 하면,

(ㄱ) 말하자면97 ① 무상보리의 행상으로써 큰 자애[慈]를 이끌어 일으키고, ② 모든 유정들이 해탈한 행상으로써 큰 연민[悲]을 이끌어 일으키며,98 ③ 모든 유정들을 따라 기뻐하는 행상으로써 큰 기뻐함[喜]을 이끌어 일으키고, ④ 정법을 거두고 지혜를 거두는 행상으로써 큰 평정[捨]을 이끌어 일으키며,99

我言.

'居士, 何等名爲 法施祠會?'

答我言.

'法施祠者　無前無後　一時供養　一切有情　是名　圓滿法施祠會.

其事云何,

謂以無上菩提行相 引發大慈,　以諸有情　解脫行相　引發大悲, 以諸有情　隨喜行相　引發大喜, 以攝正法　攝智行相　引發大捨,

....

96 이하 답하는 것에 셋이 있다. 처음 이 문장은 총체적으로 답하는 것, 다음은 스스로 묻는 것, 뒤의 (ㄱ) 이하는 자세히 나타내는 것이다. 때에 앞과 뒤가 없는 것은 마음이 평등하다는 것을 나타낸다.

97 이하 자세히 나타내는 것에 32구가 있는데, 나누면 다섯이 된다. (ㄱ)은 사무량심의 행이고, (ㄴ)은 육바라밀의 행이며, (ㄷ)은 세 가지 삼매[等持]의 행이고, (ㄹ)의 아홉은 섞인 수행이며, (ㅁ)은 열 가지 순차적인 행이다.

98 중생에게 보리의 즐거운 모습을 말해 주는 것을 자애라고 이름한다. 지혜의 보리[智覺]를 말하는 것이 큰 자애를 이끌기 때문이다. 괴로움에서 해탈한 모습으로 큰 연민을 이끌어 일으켜서, 중생을 괴로움에서 건져 해탈케 한다. 열반을 말하는 것이 큰 연민을 이끌기 때문이다.

㈎ ① 매우 적정하게 조복된 행상으로써 보시 바라밀다를 이끌어 일으키고,100 ② 금계 범한 유정[犯禁有情]을 교화하는 행상으로써 청정한 지계[淨戒] 바라밀다를 이끌어 일으키며, ③ 일체법의 무아無我의 행상으로써 감내하는 인욕[堪忍] 바라밀다를 이끌어 일으키고, ④ 몸과 마음을 멀리 잘 떠난 행상으로써 정진 바라밀다를 이끌어 일으키며,101 ⑤ 가장 뛰어난 각지覺支의 행상으로써 선정 바라밀다를 이끌어 일으키고, ⑥ 일체지지一切智智를 듣는 행상으로써 반야 바라밀다를 이끌어 일으키며,102

㈏ ① 일체 중생들을 교화하는 행상으로써 공 수행을 이끌어 일으키고, ② 일체 유위를 다스리는 행상으로써 무상 수행을 이끌며, ③ 의도적으로 작의하여 수생受生하는 행

以善寂靜 調伏行相
引發布施波羅蜜多,
以化犯禁 有情行相
引發淨戒波羅蜜多,
以一切法 無我行相
引發堪忍波羅蜜多,
以善遠離 身心行相
引發精進波羅蜜多,
以其最勝 覺支行相
引發靜慮波羅蜜多,
以聞 一切智智行相
引發般若波羅蜜多,
以化一切衆生行相
引發修空, 以治一
切有爲行相 引修無
相, 以故作意受生

---

99 중생으로 하여금 모두 잘 따라 기뻐하도록 하고자 해서, 크게 기뻐함을 이끌어 일으키는 것이다. 그 '정법'이란 교·리·행의 법이니, 이 정법을 헤아려 섭수하게 하고, 또 과의 법인 정지正智에 대해서는 큰 평정을 이끌어 일으키게 해서, 탐·진·치를 버리고서 정법을 섭수하게 하기 때문이다.
100 모든 중생으로 하여금 간탐 등을 없애어 능히 심행을 적정하게 잘 조복하게 함으로써 보시로 이끈다.
101 만약 '나'가 있다면 인욕을 감당할 수 없고, 신심에 집착하면 정진할 수 없다.
102 무루의 칠각지는 반드시 정려에 의지하기 때문에 각지가 되고, 선정을 이끌어 일으키는 것이다. 붓다의 두 가지 지혜를 들으면 장차 깨달을 것이기 때문에 반야를 이끌어 일으키는 것이다.

상으로써 무원 수행을 이끌고,103

(ㄹ) ① 정법을 잘 섭수하는 행상으로써 큰 힘을 이끌어 일으키고,104 ② 사섭법을 잘 수습하는 행상으로써 명근命根을 이끌어 일으키며,105 ③ 일체 유정들의 하인[僕隸]처럼 공경히 섬기는 행상으로써 거만 없음[無慢]을 이끌어 일으키고,106 ④ 견실하지 못한 것을 일체 견실한 것과 무역하는 행상으로써 견고한 신체·수명·재물 증득할 것을 이끌어 일으키며,107 ⑤ 그 여섯 가지를 따라 새기는

行相 引修無願, 以善攝受正法行相 引發大力, 以善修習攝事行相 引發命根, 以如一切有情 僕隸 敬事行相 引發無慢, 以不堅實 貿易一切堅實行相 引發證得 堅身命財, 以其六種 隨念

---

103 중생이 있다고 보면 교화 제도할 수 없고 제도하더라도 견고하지 못하다. 나를 공과 같이 보기 때문에 항상 교화할 수 있다. 그래서 교화하는 행상으로 공을 이끌어 일으킨다. 유위와 유상이 심신을 요란하므로, 이를 대치하기 위해 무상 수행을 이끈다. 구역에서는 '유위를 버리지 않는다'고 해서, 이것과는 상반된다. 보살이 항상 욕·색의 2계에서 부류를 따라 화생하는 것을, '의도적으로 작의하여 수생하는 행상으로 무원을 이끌어 일으킨다'라고 이름하였다. 본래는 삼계에서의 수생을 원하고 구하지 않으므로, '의도적으로 작의'한다고 이름한 것이다.

104 힘에 두 가지가 있으니, 사유간택[思擇]하는 것과 수습하는 것이다. 정법을 섭수하는 행상으로써 사유간택하고 수습하는 두 가지 힘을 이끈다.

105 명근에 두 가지가 있다. 첫째 세간의 명근[世命根]이니, 제8식의 종자이다. 둘째 승의의 명근[勝命根]이니, 지혜의 종자를 말한다. 그 상응하는 근기의 차별에 따라 사섭법을 잘 닦는 행상으로 이 두 가지 명근을 이끈다.

106 보살은 계를 지니고 모든 유정에 대해 마음을 높이지 않는 것이 하인과 같기 때문에, 하인처럼 해서 거만 없음을 이끌어 일으킨다.

107 생사에서의 유루의 재물을 견실하지 못하다고 이름하고, 출세간의 무루의 재물을 견실하다고 이름한다. 이것을 저것과 교환하기 때문에 '무역한다'고 이름한다. 견실하지 못한 유루의 신·명·재를 견실한 무루의 신(=법신)·명(=

[隨念] 행상으로써 정념正念을 이끌어 일으키고,[108] ⑥ 청정 오묘한 모든 법을 닦는 행상으로써 의요를 이끌어 일으키며,[109] ⑦ 바른 행을 부지런히 수습하는 행상으로써 청정한 생계[淨命]를 이끌어 일으키고,[110] ⑧ 청정하게 환희하고 친근하는 행상으로써 성현들을 친근하게 섬김을 이끌어 일으키고, ⑨ 성인 아닌 이[非聖]를 증오하지 않는 행상으로써 마음 조복함을 이끌며,

行相 引發正念, 以修淨妙諸法行相 引發意樂, 以勤修習正行行相 引發淨命, 以淨歡喜親近行相 引發 親近承事聖賢, 以不憎恚非聖行相 引調伏心,

㈂ ① 매우 청정한 출가의 행상으로써 청정하고 증상한 의요를 이끌어 일으키고, ② 항상 중도를 수습하는 행상으로써 방편 선교한 다문을 이끌어 일으키며,[111] ③ 무쟁법無

以善淸淨 出家行相 引發淸淨增上意樂, 以常修習 中道行相 引發方便善巧多聞,

혜명慧命. 뒤의 p.397의 각주 3 참조)·재(=법재)로 바꾸어 취하는 것이다.

108 '여섯 가지를 따라 새긴다(=육수념)'는 것은 불·법·승·보시[施]·계율[戒]·천신[=소에는 '修'라고 되어 있으나, 한글 AN 제4권(제6-25경) pp.103-106, 한글 DN 제3권(제33 합송경) p.431 등에 의하면 6수념 중 나머지 하나는 천신[天]deva임]을 말한다. 가르침을 따라 이들을 반연하기 때문에 '따라 새긴다'고 한다. 이것을 따라 새김에 의해 무루의 새김이 일어나므로 '바른 새김을 이끈다'고 이름한다. # 천신을 새김의 대상으로 삼는 이유에 대해 위 AN는, 천신들이 믿음·계·배움·보시·지혜를 구족하여 하늘에 태어났음을 새김에 의해, 탐·진·치에 압도되지 않고 청정해질 수 있다고 설명한다.

109 무루법의 청정하고 오묘함을 관찰하는 행상으로 의요와 신해信解하는 마음을 인발하는 것이다. 구역에서는 '6화경(=뒤의 p.585 참조)으로 질직한 마음을 일으킨다'고 했는데, 뜻은 비록 그럴 수 있지만, 글은 역시 부족하다.

110 바른 삼업[正三業]의 상으로 청정한 생계를 인발하는 것이니, 탐·진으로 삿된 생계[邪命]를 일으키지 않기 때문이다.

諍法에 통달한 행상으로써 항상 아련야처阿練若處에 머묾을 이끌어 일으키고,112 ④ 붓다의 지혜를 바로 향해 구하는 행상으로써 연좌宴坐를 이끌어 일으키며,113 ⑤ 일체 유정의 번뇌를 바로 없애주는 행상으로써 유가사지瑜伽師地를 잘 닦는 것을 이끌어 일으키고,114 ⑥ 상호相好를 갖추어 유정을 성숙하고 불국토를 장엄하고 청정케 하는 행상으로써 광대하고 오묘한 복덕[福]의 자량을 이끌어 일으키며, ⑦ 일체 유정의 심행을 알고 그 근기에 맞추어 설법하는 행상으로써 광대하고 오묘한 지혜[智]의 자량을 이끌어 일으키고, ⑧ 모든 법에 대해 취함도 없고 버림도 없이 하나의 바른 이치[一正理]의 문으로 깨달아 들어가는 행상으로써 광대하고 오묘한 반야[慧]의 자량을 이끌어 일으키며,115 ⑨

以無諍法通達行相 引發常居阿練若處, 以正趣求佛智行相 引發宴坐, 以正息除 一切有情煩惱行相 引發善修瑜伽師地, 以具相好 成熟有情 莊嚴淸淨佛土行相 引發廣大 妙福資糧, 以知一切有情心行 隨其所應 說法行相 引發廣大 妙智資糧, 以於諸法 無取無捨 一正理門 悟入行相 引發廣大 妙慧資糧, 以斷一切

....

111 이미 출가하였으니, 다음에는 법을 듣는 것이다. 오묘한 지혜의 작용을 갖고 많이 듣는 것을, 교묘한 다문이라고 이름한 것이다.
112 '아련야처'란 마을 밖으로 2리 이상을 벗어난 공한처空閑處이니, 이 곳에 머묾에 의해 사물과 다투지 않고 무쟁을 닦을 수 있다.
113 붓다의 지혜로 취구趣求함이 연좌宴坐를 인발하는 것은, 연좌하여 집중된 마음이 능히 지혜를 일으키기 때문이다.
114 '유가'란 여기 말로는 상응이라고 한다. 교와 리, 마음과 경계, 선정과 지혜, 원인과 결과, 약과 병이 모두 서로 수순하기 때문에 '상응'이라고 이름한다. '사師'란 이 상응을 배우는 수행자이다. '지地'란 의지처이니, 사의 의지처를 유가사지라고 한다. 곧 삼승을 따른 모든 법의 경계와 수행과 과보이다.

일체 번뇌의 습기와 모든 불선법의 장애를 끊는 행상으로써 일체 선법善法을 증득함을 이끌어 일으키고, ⑩ 일체지지와 일체 선법의 자량을 따라 깨닫는 행상으로써 일체 닦아야 할 보리분법을 깨달아 수행하는 것을 이끌어 일으키는 것입니다.116

㈐ 그대 선남자여, 이와 같은 것을 법보시의 제사라고 이름합니다.

만약 모든 보살들이 이러한 법보시의 제사에 안주한다면 큰 시주施主라고 이름하고, 널리 세간의 천신과 인간들의 공양을 받을 것입니다.'

⑶ 이백의 범지가 큰 마음을 일으키다

세존이시여, 그 대 거사가 이 법을 말했을 때 바라문[梵志] 대중 중 이백의 바라문들이 모두 무상정등각에 대한 마음을 일으켰습니다.

⑷ 소달다가 환희하며 영락을 보시하다117

煩惱習氣 諸不善法
障礙行相 引發證得
一切善法, 以隨覺悟
一切智智 一切善法
資糧行相 引發證行
一切所修 菩提分法.
汝善男子, 如是名
爲 法施祠會.

若諸菩薩 安住如是
法施祠會 名大施
主, 普爲世間天人
供養.'

世尊, 彼大居士 說
此法時 梵志衆中
二百梵志 皆發 無
上正等覺心.

---

115 ⑺의) '지혜'는 제10의 바라밀다이니, 후득지의 바라밀을 이끄는 것이다. '반야'는 제6 바라밀다로, 무분별의 반야이다. 하나의 바른 이치의 문이란 곧 진여이다.

116 '일체지지'란 붓다의 2지(=근본지와 후득지)이고, '일체 선법'이란 불신佛身의 모든 덕이다. 이것의 자량이 되는 인을 따라 깨닫는 행상이, 능히 일체의 닦아야 할 보리분법을 깨달아 수행하는 것을 인발한다. 단지 보리의 인만 얻는다면 모두 이끌어 거둘 수 있기 때문에 '일체'라고 하였다.

㈎ 저는 그 때 일찍이 없었던 일이라며 찬탄하고 청정한 기쁨을 얻어 그 대사의 발에 공경히 머리 숙여 예배하고, 십만 금의 값이 나가는 보배 영락을 풀어 간절한 마음으로 베풀어 올렸더니,

㈏ 그 분은 받으려고 하지 않았습니다.

㈐ 제가 말했습니다.

'대사님, 저를 가엾게 여기셔서 꼭 받아주시기 바랍니다. 만약 스스로 필요 없으시다면 마음으로 믿으시는 곳 어디라도 뜻대로 주시도록 하십시오.'

㈑ ① 그러자 무구칭은 비로소 영락을 받더니 두 부분으로 나누어, 일부는 이 큰 제사 중에서 가장 혐오스럽고 빈천한 걸인에게 베풀고, 일부는 저 난승難勝 여래께 받들어 올렸습니다.118

그러면서 신통력으로 모든 대중들로 하여금 타방의 양염陽焰 세계의 난승 여래를 모두

我於爾時 歎未曾有 得淨歡喜 恭敬頂禮 彼大士足, 解寶瓔珞 價直百千 慇懃奉施,

彼不肯取.

我言.

'大士, 哀愍我故 願必納受. 若自不須 心所信處 隨意施與.'

時無垢稱 乃受瓔珞 分作二分, 一分施此 大祠會中 最可厭毀 貧賤乞人, 一分奉彼 難勝如來.

以神通力 令諸大衆 皆見他方 陽焰世界

....

117 이하 제4 소달다가 환희하며 영락 등을 보시하는 글에 다섯이 있다. ㈎는 환희하며 보시하는 것, ㈏는 받지 않는 것, ㈐는 거듭 보시하는 것, ㈑는 비로소 받는 것, ㈒는 이익을 얻는 것이다.

118 이하 제4 비로소 받는 것을 밝히는 글에 둘이 있다. ①은 받고 나서 남에게 보시하는 수행을 밝히는 것, ②는 일을 마치고 보시하는 법을 설하는 것이다. 처음의 글에 다시 둘이 있으니, 처음 여기까지는 받고 나서 남에게 보시하는 것을 밝히고, 뒤의 그 아래는 그 신통력을 나타내는 것이다.

뵙게 하였고,119 또 보시된 그 구슬 영락이 그 붓다의 머리 위에서 오묘한 보대寶臺를 이룬 것을 보게 하였는데, 사방을 네 보대가 등분하여 사이를 장식하고 갖가지로 장엄하여 매우 사랑스러웠습니다.120

② 이러한 등의 신통 변화의 현상을 나투고 나서 다시 이렇게 말하였습니다.

'만약 어떤 시주施主가 평등한 마음으로 이 모임 중의 최하의 걸인에게도, 마치 여래라는 복전과 같다는 생각으로 보시하면서, 분별하는 바가 없고 그 마음이 평등하여 대자대비로 널리 일체에게 보시하되 과보를 구하지 아니한다면, 이것을 원만한 법보시의 제사라고 이름하는 것입니다.'

㈅ 그 때 이 걸인은 그 신통 변화를 보고 그분이 말하는 것을 듣고는 퇴전하지 않는 증상한 의요를 얻어서, 곧 무상정등각에 대한 마음을 일으켰습니다.

難勝如來, 又見所施 一分珠瓔 在彼佛上 成妙寶臺, 四方四臺 等分間飾 種種莊嚴 甚可愛樂.
現如是等 神變事已 復作是言.

'若有施主 以平等心 施此會中 最下乞人, 猶如 如來福田之想, 無所分別 其心平等 大慈大悲 普施一切 不求果報, 是名 圓滿法施祠祀.'

時 此乞人 見彼神變 聞其所說 得不退轉 增上意樂, 便發 無上正等覺心.

....

119 신통력을 나타내는 것에 둘이 있다. 처음 이것은 좋은 밭을 보는 것, 뒤의 그 아래는 물건의 변화를 보는 것이다. 세계가 허환虛幻하기 때문에 '양염'이라 이름하고, 붓다의 복전이 으뜸이므로 '난승'여래라고 한다.
120 이것은 물건의 변화를 보는 것이다. 빈자의 재물과는 같은 것이고, 붓다께 보시한 것은 변역하기 때문에 '일부'라고 말하였다. 붓다를 따르는 자는 세간을 벗어나고, 붓다를 따르지 않는 자는 생사함이 같기 때문이다.

4.3 맺어 답하다

 세존이시여, 그 대 거사는 이러한 등의 자재한 신통 변화와 걸림 없는 변재를 갖추었습니다. 그러므로 저는 그를 찾아가 문병하는 일을 맡을 수 없습니다."

世尊, 彼大居士 具如是等 自在神變 無礙辯才. 故我不任 詣彼問疾."

5. 다른 보살들도 물러나다

 이와 같이 세존께서 모든 대 보살들 한 분 한 분에게 따로 거사 무구칭의 처소에 가서 그 병문안을 하도록 이르셨으나, 이 모든 보살들은 각각 붓다께 그들의 본래 인연을 말씀드리면서 대사 무구칭의 말을 찬탄하여 말씀드리고는, 모두 그 문병하는 일을 맡을 수 없다고 말하였다.

如是 世尊 一一別告 諸大菩薩 令往居士 無垢稱所 問安其疾, 是諸菩薩 各各向佛 說其本緣 讚述大士 無垢稱言, 皆曰 不任詣彼問疾.

설무구칭경　　　　　　　　說無垢稱經
　　제3권　　　　　　　　　　　卷第三

　　　　제5 문질품[1]　　　　　　問疾品　第五

1. 붓다께서 길상에게 명하시다

　그 때 붓다께서 묘길상妙吉祥에게 이르셨　　爾時佛告　　妙吉祥
다.[2]　　　　　　　　　　　　　　　　　　言.
　"그대가 지금 무구칭의 처소를 찾아가서 그　"汝今應詣　無垢稱
의 병을 위문하라."　　　　　　　　　　　　　所 慰問其疾."

2. 길상이 명을 받들다[3]

----
[1] 이 하나의 품은 개별적으로 방편을 서술하는 것 중 지금의 방편을 개별적으로 서술하는 것이다. 이 품에 큰 글 다섯이 있다. 1.은 붓다께서 길상에게 명하시는 것, 2.는 길상이 명을 받드는 것, 3.은 천·인들이 따라가는 것, 4.는 그에게 가서 상대해 나타내는 것, 5.는 그 때 대중이 이익을 얻는 것이다.
[2] 뭇 현인을 거쳤으나 모두 감당할 수 없다고 말하니, 감당할 수 있는 이 여기 있으리라고 미루어 그에게 명하였다. 범어로 만수실리曼殊室利Mañjuśrī라고 하니, 여기 말로는 묘길상이다. '길'이란 선한 이익이고, '상'이란 기뻐 경하하는 것이며, 말이나 생각으로 헤아릴 수 없어서 '묘'라는 이름을 세웠다. 또 중생을 구제하는 신통한 공능을 '길'이라고 하고, 중생이 모든 선을 짊어지는 것을 '상'이라고 하며, 이롭게 하는 작용이 뛰어나므로 다시 '묘'하다고 하였다. 구역에서는 문수사리文殊師利라고 했는데, 여기 말로는 묘덕妙德이라고 한다.

(1) 그 때 묘길상이 말하였다.

"세존이시여, 그 대사는 상대하기 어렵습니다.

(2)4 ① 법의 문[法門]에 깊이 들어, ② 능히 잘 분별하여 말하고, ③ 오묘한 변재에 머물고, ④ 깨달은 지혜[覺慧]에 걸림이 없으며,5 ⑤ 일체 보살들이 하는 사업을 모두 이미 성취하였고, ⑥ 모든 대 보살 및 모든 여래의 비밀한 처소[祕密之處]에 모두 다 능히 따라 들어가며,6 ⑦ 뭇 악마를 잘 섭수하여 교묘한 방편이 걸림 없고,7 ⑧ 이미 가장 뛰어난

時妙吉祥 白言.

"世尊, 彼大士者 難爲酬對.

深入法門, 善能辯說, 住妙辯才, 覺慧無礙,

一切菩薩 所爲事業 皆已成辦, 諸大菩薩 及諸如來 祕密之處 悉能隨入, 善攝衆魔 巧便無礙,

---

3 길상이 명을 받드는 글에 셋이 있다. (1)은 대적하기 어려움을 간략히 말하는 것, (2)는 덕이 높음을 따로 나타내는 것, (3)은 응수하기 어렵지만 위신을 받들어 가려는 것을 맺어 답하는 것이다.

4 이하 덕이 높음을 따로 나타내는 것에 13구가 있다. 구역에는 9구가 있어, 신역의 넷이 없으니, 이미 피안으로 건너감(=⑧), 법계의 문을 설함(=⑨), 유정의 근행을 앎(=⑩), 문답에 자재함(=⑬)이 없다. 다른 글도 조금 다르지만 뜻하는 것은 대체로 같다. 13구를 합하면 여섯의 댓구가 된다. 처음의 둘은 진실을 깨닫고 진실을 말하는 덕[證眞說眞德], 다음 ③·④의 2구는 세속을 말하고 세속을 깨달은 덕[說俗證俗德], 다음 ⑤·⑥의 2구는 이타와 자리의 덕, 다음 ⑦ 내지 ⑨의 3구는 악을 깨트리고 선에 계합하는 덕, 다음 ⑩·⑪의 2구는 근기를 알아 잘 교화하는 덕, 뒤의 2구는 지혜가 있어 능히 논하는 덕[有智能論德]이다.

5 법문에 깊이 들어간 것은 진실을 능히 깨닫기 때문이고, 능히 잘 분별하여 말하는 것은 능히 진실을 말하기 때문이다. 오묘한 변재에 머무는 것은 능히 세속을 말하기 때문이고, 깨달은 지혜에 걸림 없는 것은 능히 세속을 깨닫기 때문이다.

6 보살의 사업은 본래 남을 위하는 것이고, 비밀한 진여는 자신의 이익을 깨달아 이루는 것이다.

7 이는 악을 깨뜨리는 것이다. 네 가지 마를 잘 섭수하기 때문에 교묘한 방편이라

둘 없고[無二] 섞임 없는[無雜] 법계의 영역[法界所行]인 구경의 피안으로 건너가,8 ⑨ 하나의 모습[一相]으로 장엄된 법계에서, 끝없는 모습[無邊相]으로 장엄된 법문法門을 능히 말하고,9 ⑩ 일체 유정의 근행根行을 요달하여, ⑪ 가장 뛰어난 신통에서 능히 잘 유희하고,10 ⑫ 큰 지혜와 선교한 방편의 세계[趣]에 도달하여, ⑬ 일체 묻고 답하여 결택함[問答決擇]에서 두려움 없는 자재함을 이미 얻었으니,

⑶ 하열한 언변과 말재간[言辯詞鋒]을 가진 모든 이들은 상대할 수 있는 분이 아닙니다.

비록 그러하지만 제가 붓다의 위신력을 받들어 그를 찾아가 문병하겠습니다. 만약 그

已到最勝 無二無雜 法界所行 究竟彼岸, 能於一相 莊嚴法界, 說無邊相 莊嚴法門, 了達 一切有情根行, 善能遊戲 最勝神通, 到大智慧 巧方便趣, 已得一切 問答決擇 無畏自在,

非諸下劣 言辯詞鋒 所能抗對.

雖然 我當承佛威神 詣彼問疾. 若當至

고 이름하였다.

8 ⑧·⑨의 2구는 선에 계합하는 것으로, 이것은 진실을 증득하는 것이고, 뒤의 ⑨는 진실을 말하는 것이다. 구경의 피안은 체가 곧 열반이니, 생사의 이 언덕에서 해탈하였기 때문이다. 이 진실한 법계는 성자가 가는 곳[聖者所行]이니, 아·법의 둘이 없고, 갖가지 잡되고 다른 소집所執 또한 없어서 지극히 가장 뛰어나다.

9 이것은 능히 진실을 말하는 것이니, 말이 이치에 합치하기 때문이다. 청정한 법계는 만덕으로 장엄되더라도 무상을 상으로 하기 때문에 하나의 상이라고 말한다. 능히 법계일상의 법 중에서 무변상으로 장엄된 청정법계의 법문을 말하니, 소위 불성, 여래장, 법신, 진여, 열반, 해탈, 법계, 법성 등 한량 없는 법문이다. 말은 비록 여러 상이지만, 하나의 상에 계합하는 것이다.

10 '근'은 근성을 말하고, '행'은 의요를 말한다. 혹은 행은 행상을 말하니, 근의 행상이다. 이 근행을 앎에 의해 육신통으로 잘 교화하는 것이다.

에게 가면 저의 힘 닿는 대로 그와 담론하겠습니다."

彼 隨己力能 與其談論."

3. 천·인들이 따라가다11

(1) 그 때 대중들 중에 모든 보살들과 대 제자들 및 제석, 범천, 사천왕과 여러 천자 등이 있었는데, 모두 이와 같이 생각하였다. '지금 두 분의 보살은 모두 매우 심오하고 광대한 승해勝解를 갖추었으니, 만약 서로 대론[抗論]한다면 오묘한 법의 가르침을 결정적으로 펴 말할 것이다. 우리들은 지금 법을 들으러 온 것이니, 역시 서로 이끌고 따라 가서 그 분을 찾아 뵈어야 할 것이다.'

(2) 이 때 대중들 중 팔천 명의 보살들과 오백 명의 성문들, 한량없는 백천의 제석, 범천, 사천왕들과 여러 천자들 등이 법을 듣기 위하여 모두 따라 가겠다고 청하였다.

(3) 이윽고 묘길상은 모든 보살들, 대 제자들, 제석, 범천, 사천왕 및 모든 천자들과 함께 모두 세존에 대해 공경을 일으켜서 엎드려 예배한 다음, 앞 뒤에서 둘러 싸고 암라림菴

於是衆中 有諸菩薩 及大弟子 釋梵護世 諸天子等, 咸作是念. '今二菩薩 皆具甚深廣大勝解, 若相抗論 決定宣說微妙法敎. 我等今者 爲聞法故, 亦應相率 隨從詣彼.'

是時衆中 八千菩薩 五百聲聞 無量百千 釋梵護世 諸天子等 爲聞法故 皆請隨往.

時妙吉祥 與諸菩薩 大弟子衆 釋梵護世 及諸天子 咸起恭敬 頂禮世尊, 前後圍

....

11 제3 천·인들이 따라가는 것에 셋이 있다. (1)은 마음으로 생각하는 것을 밝히는 것, (2)는 갈 것을 청하는 것, (3)은 바로 가는 것을 말하는 것이다.

羅林을 나와 광엄성廣嚴城으로 가서 무구칭의 처소에 이르러 그의 병문안을 하고자 하였다.

繞 出菴羅林 詣廣嚴城 至無垢稱所 欲問其疾.

4. 가서 상대해서 나타내다12

4.1 손님을 기다리다13

⑴ 그 때 무구칭은 마음으로 이렇게 생각하였다.

'지금 묘길상이 여러 대중들과 함께 문병을 오고 있구나. 나는 이제 나의 신통력으로 방 안을 비워서, 일체의 침상[床], 의자[座], 살림살이[資具] 및 모든 시자侍者와 문지기[衛門人] 등을 모두 없애 버리고, 오직 침상 하나만을 둔 채 병든 모습으로 누워 있어야겠다.'14

時無垢稱 心作是念.

'今妙吉祥 與諸大衆 俱來問疾. 我今應以 己之神力 空其室內, 除去一切 床座資具 及諸侍者 衛門人等, 唯置一床 現疾而臥.'

....

12 이하 제4 그에게 가서 상대해 나타내는 것에 둘이 있다. 4.1은 무구칭이 역逆으로 생각하고 손님을 기다리는 것, 4.2는 길상이 가르침을 따라서 문병하는 것이다.

13 처음 무구칭이 역으로 생각하고 손님을 기다리는 것에 둘이 있다. ⑴은 무구칭이 역으로 생각하는 것, ⑵는 손님을 기다리는 것이다.

14 모두 여섯 가지 생각[六想]이 있다. 첫째 자기 힘으로, 둘째 방안을 비우는 것, 셋째 일체를 없애는 것, 넷째 시자가 없는 것, 다섯째 침상 하나를 두는 것, 여섯째 병든 모습으로 눕는 것이다. ① 스스로 덕이 높음을 나타내는 것이니, 아래의 불가사의한 일을 나타내고자 자기 힘으로 하는 것을 생각한다. ② 지혜로 진실 증득하였음을 나타내는 것이니, 아래에서 이 방이 어째서 비었는가를 문

(2) 그 때 무구칭은 이렇게 생각하고 나서 곧 큰 신통력으로 그 방을 비게 만들어 모든 있던 것을 없애고, 오직 침상 하나만을 둔 채 병든 모습으로 누웠다.

時無垢稱 作是念已 應時卽以 大神通力 令其室空 除諸所有, 唯置一床 現疾而臥.

4.2 묘길상이 문병하다15

그 때 묘길상이 여러 대중들과 함께 그의 집으로 들어가니, 방은 비었고 모든 살림살이와 문지기[門人]와 시자도 없이, 오직 무구칭만 홀로 침상 하나에 누워 있는 것만이 보였다.

時妙吉祥 與諸大衆 俱入其舍, 但見室空 無諸資具 門人侍者, 唯無垢稱 獨寢一床.

> 답함을 나타내고자 방을 비우는 것을 생각한다. ③ 오염된 번뇌 끊었음을 나타내는 것이니, 아래에서 일체의 색신을 널리 나타내고 그리고 먹을 것 등을 생각하는 것을 나타내고자 일체를 없애는 것을 생각한다. ④ 삼계를 초월하였음을 나타내는 것이니, 아래에서 어째서 시자가 없는가를 문답함을 나타내고자 시자가 없는 것을 생각한다. ⑤ 해탈에 둘이 없음을 나타내는 것이니, 아래에서 앉을 것을 생각하는 것을 나타내고자 침상 하나 두는 것을 생각한다. ⑥ 중생 생각함을 나타내는 것이니, 아래에 네 가지 묻는 것(=병의 근원, 병의 모습, 위로해 깨우침, 조복하는 것)을 나타내고자 병든 모습으로 누움을 생각한다. 비록 여섯 가지 생각이 있지만, 전체적으로 세 가지 뜻이 있는 것이다. 첫째 적寂에 즉한 작용, 둘째 세 가지 공을 깨달음, 셋째 머물지 않는 도를 얻는 것이다. 신통력(=①)은 작용이고, 빈 방(=②)은 적寂이다. 시자 등이 없음(=④)은 중생의 공을 나타내고, 일체를 없애는 것(=③)은 모든 법의 공을 나타낸다. 침상 하나를 두는 것(=⑤)은 대 지혜에 의하기 때문에 생사에 머물지 않고 해탈의 침상에 머무는 것이고, 병으로 누움을 보이는 것(=⑥)은 대비에 의하기 때문에 열반에 머물지 않는 것이다.

15 묘길상이 가르침에 따라 문병하는 글에 둘이 있다. 처음은 그 보이는 것을 밝히는 것이고, 아래의 4.2.1 이하는 양인이 함께 담론하는 것을 밝히는 것이다.

4.2.1 법도를 보이다16

(1) 그 때 무구칭이 묘길상을 보고 소리 높여 말하였다.

"잘 오셨습니다. 오지 않고서 오시고[不來而來], 보지 않고서 보시며[不見而見], 듣지 않고서 들으십니다[不聞而聞]."17

(2) 묘길상이 말하였다.18

㈎ "그러합니다, 거사님. 만약 이미 왔다면

時無垢稱 見妙吉祥 唱言.

"善來. 不來而來, 不見而見, 不聞而聞."

妙吉祥言.

"如是 居士. 若已來

---

16 양인이 담론하는 것을 밝히는 것에 둘이 있다. 처음 4.2.1은 법도[軌]를 보이는 것이고, 뒤의 4.2.2는 담론하는 내용을 밝히는 것이다. 법도를 보이는 것에도 둘이 있다. (1)은 주인이 먼저 말을 꺼내는 것이고, (2)는 손님이 뒤에 말하는 것이다.

17 종래 아직 오지 않았다가 지금 비로소 오기 시작해 온 것을 '왔다'고 이름한 것이니, 오랫동안 오지 않았기 때문이다. 이것은 현상에 의거한 해석이다. 또 이 치로 해석해 말한다면 허망을 떨쳐버리고 진실을 나타낸 것이다. [공리] 인연의 세속으로는 옴[來]이 있다고 말할 수 있지만 그것은 이미 진실이 아니므로, 곧 오지 않고서 오는 것이다. 그 옴이 이미 옴이 아니므로 이것 역시 보지 않고 보는 것이고, 몸[身]이 이미 보지 않고 보므로, 말도 역시 듣지 않고 듣는 것이다. 허망한 옴 등은 없고, 진실한 옴 등이 있는 것을 나타내기 때문이다. [응리] 범부가 집착하는 것과 같은 것은 없기 때문에 오지 않는 것이고, 인연을 따른 현상의 세속에는 가정적으로 옴이 있을 수 있다. 그것은 이미 인연이어서 가정적으로 있음이 있을 수 있지만, 헤아려 집착하는 진실한 옴은 없다. 여기에 그 집착하는 봄도 역시 없지만, 인연이 있으므로 가정적으로 본다고 말할 수 있고, 몸이 이미 보지 않는 봄이므로, 말 역시 듣지 않는 들음이다. 혹 진실 중에는 상相이 없기 때문에 오지 않는다고 말하고, 세속의 겉에는 형상[形]이 있으므로, 다시 온다고 말하였다.

18 손님이 뒤에 말하는 것에 둘이 있다. ㈎는 옴의 뜻을 답하는 것, ㈏는 보고 들음을 답하는 것이다.

다시 올 수 없을 것이고, 만약 이미 갔다면 다시 갈 수 없을 것입니다.19

어째서인가 하면 이미 온 것이 아니어야 옴[來]을 시설할 수 있고, 이미 간 것이 아니어야 감[去]을 시설할 수 있기 때문입니다.

(내) 그 이미 본 것이라면 다시 볼 수 없을 것이고, 그 이미 들은 것이라면 다시 들을 수 없을 것입니다.

者 不可復來, 若已去者 不可復去.
所以者何 非已來者 可施設來, 非已去者 可施設去.
其已見者 不可復見, 其已聞者 不可復聞.

4.2.2 담론의 내용을 밝히다20

19 옴의 뜻을 답하는 것에 둘이 있으니, 처음 이것은 표방하는 것, 뒤의 그 아래는 해석하는 것이다. 현상에 의거해 해석해 말한다면, '그러하다'고 말한 것은 그의 말을 수순해 이루는 것이고, '온다'는 것은 방장方丈(=무구칭의 방)을 향한 것이고, '간다'는 것은 암라원을 등지는 것이다. 만약 종래 이미 왔다면 다시 올 수 없다는 것은, 다만 종래 이 곳에 아직 오지 않았기 때문에 지금 왔다는 것이고, 간다는 것도 역시 마찬가지이다. 이치에 의한 해석은 다음과 같다. [공리] 세속제는 있으므로 '만약 이미 왔다'고 한 것이고, 승의제는 공하므로 '다시 올 수 없다'고 한 것이다. 가는 것도 마찬가지이다. 따라서 오고 감은 우선 세속을 따라 말한 것이고, 승의제에 의하면 오고 감이 없어서, 무구칭의 '오지 않고서 온다'고 한 것이 성립되는 것이라고 알아야 한다. [응리] 만약 헤아려 집착하는 바의 '이미 온 것'이라면 이것의 체는 공하여 없으므로 다시 올 수가 없고, 가는 것도 마찬가지이다. 그러므로 오고 감은 모두 인연을 따라 가정적으로 시설해서 있는 것이고, 전혀 진실한 모습이 없는 것이라고 알아야 한다. 또 해석한다면, 만약 세속의 의타기를 따라 이미 옴이 있다고 한다면, 승의의 진여에는 차별상이 없으므로 다시 올 수가 없고, 가는 것도 마찬가지이다. 그러므로 오고 감은 모두 세속의 의타기에 의해 가정적으로 세운 것이고, 승의로는 전혀 없는 것이라고 알아야 한다.

20 이하 담론의 내용을 밝히는 것에 다섯이 있다. (1)은 총체적으로 병을 묻는 것

(1) 문병하고 병의 원인을 묻다21

(가) 묘길상이 묻다22

(ㄱ) 이 일은 이 정도로 해 둡시다. ① 거사님, 괴로움은 참을 만합니까? 생명은 건질 수 있겠습니까? 요소[界]23는 조절될 수 있겠습니까? 병이 치료될 수 있겠습니까? 이 병이 더 악화되지 않을 수 있겠습니까?

② 세존께서 은근하게 전하신 물음이 한량없었습니다.

③ 거사님, 이 병에 조금 차도[瘥]가 있습니까? 움직이고 멈추는 기력은 좀 편안[安]합니까?

(ㄴ) 지금 이 병의 근원은 어디에서 일어났습니까? 그것이 생긴지는 얼마나[久如] 되었고, 어떻게 해야 사라지겠습니까?"24

且置是事. 居士, 所苦 寧可忍不? 命可濟不? 界可調不? 病可療不? 可令是疾 不至增乎?
世尊慇懃 致問無量.
居士, 此病 少得瘥不? 動止氣力 稍得安不?
今此病源 從何而起, 其生久如, 當云何滅?"

....
을 밝히면서, 병의 근원[疾源]을 따로 묻는 것,(2)는 빈 방과 시자 없는 것을 묻는 것,(3)은 병의 모습[疾相]을 묻는 것,(4)는 위로해 깨우침[慰喩]을 묻는 것, (5) 병자가 마음을 조복하는 법을 묻는 것이다. 여기에서 뜻하는 것은, 보살의 병은 범부와는 다른 것임을 밝히는 것이다.

21 처음의 글 중에 둘이 있다. (가)는 묻는 것이고, (나)는 대답하는 것이다.
22 물음 중에도 둘이 있으니,(ㄱ) 총체적으로 병 묻는 것을 밝히는 것이고,(ㄴ)은 병의 근원을 따로 묻는 것이다. 전자 중에 셋이 있으니, ①은 다섯 가지를 묻는 것, ②는 붓다의 가르침을 전하는 것, ③은 두 가지를 물어 되풀이해 위로하는 것이다.
23 '요소'는 곧 사대이다.
24 이 병의 근원을 따로 묻는 것에 셋이 있다. 첫째 병의 근원을 묻는 것, 둘째 병

(나) 무구칭이 대답하다25

무구칭이 말하였습니다.

(ㄱ) "모든 유정의 무명과 존재에 대한 갈애[有愛]가 생긴 지 이미 오래된 것처럼, 나의 지금 이 병이 생긴 것도 또한 그러합니다.26

(ㄴ) 멀리 과거로부터 생사한 이래로 유정이 이미 병들었으므로 나도 곧 따라 병든 것이니, 유정이 만약 낫는다면 나도 역시 따라 나을 것입니다.27

까닭이 무엇이겠습니까? ① 일체 보살은 모든 유정에 의해서 오랫동안 생사에 유전하였고, 생사에 의함으로 말미암아 곧 병이 있

無垢稱言.

"如諸有情　無明有愛　生來旣久, 我今此病　生亦復爾. 遠從前際　生死以來　有情旣病　我卽隨病, 有情若愈　我亦隨愈.

所以者何?　一切菩薩　依諸有情　久流生死, 由依生死　便

....

이 온 것이 오래되고 가까움을 묻는 것, 셋째 사라지는 단계를 묻는 것이다. '구久'란 먼 것[遠]이고, '여如'란 비유[喩]이니, 이 물음의 뜻은 병이 생긴지 오래되고 가까움을 어떠한 등으로 비유할 수 있는가 라는 것이다.

25 이하 무구칭이 대답하는 것인데, 총체적인 물음에는 답하지 않고, 단지 따로 물은 것에만 대답한다. 답에 셋이 있다. (ㄱ)은 오래되고 가까움을 따로 답하는 것, (ㄴ)은 오래되고 가까움과 사라지는 단계를 합쳐 답하는 것, (ㄷ)은 병의 근원을 답하는 것이다.

26 유정의 생사는 무명이 인이 되어 능히 모든 행을 일으키고, 존재에 대한 갈애가 연이 되어 모든 업을 윤택하기 때문에 생·노·사가 일어나 시작도 없이 유전한다. 중생의 어리석음과 갈애가 생긴 지 이미 오래이므로, 나의 지금 이 병도 역시 시작도 없이 생겨난 것이다.

27 이하 오래되고 가까움과 사라지는 단계를 합쳐 답하는 것에 둘이 있다. 처음 이 문장은 표방하는 것이고, 뒤의 그 아래는 해석하는 것이다. 후자의 해석하는 글에는 셋이 있다. ①은 법을 말하는 것, ②는 비유를 말하는 것, ③은 합하여 말하는 것이다.

는 것이므로, 만약 모든 유정이 병의 괴로움을 여의게 된다면 곧 모든 보살도 다시 병이 없게 되기 때문입니다.28 ② 비유하면 세상의 장자나 거사에게 오직 외아들[一子]만 있어 마음으로 지극히 사랑해서, 보면 항상 기쁘므로 잠시도 버려두는 때가 없으니, 그 아들이 만약 병 들면 부모도 역시 병이 들고, 만약 그 아들의 병이 낫는다면 부모도 역시 낫는 것과 같습니다. ③ 보살도 이와 같이 모든 유정들을 마치 외아들과 같이 연민하기 때문에 유정이 만약 병이 들면 보살도 역시 병이 들고, 유정의 병이 만약 낫는다면 보살도 역시 낫는 것입니다.

(ㄷ) 또 이 병이 어떤 원인으로 일어났는가 말씀하셨는데, 보살의 병이란 대비大悲에서 일어나는 것입니다."

即有病, 若諸有情 得離疾苦 則諸菩薩 無復有病. 譬如世間 長者居士 唯有一子 心極憐愛, 見常歡喜 無時暫捨, 其子若病 父母亦病, 若子病愈 父母亦愈. 菩薩如是 愍諸有情 猶如一子 有情若病 菩薩亦病, 有情病愈 菩薩亦愈.
又言 是病 何所因起, 菩薩疾者 從大悲起."

(2) 방이 비고 시자 없는 것을 묻다
묘길상이 말하였다.
"거사님, 이 방은 어째서 완전히 비었고, 또한 시자도 없습니까?"29

妙吉祥言.
"居士, 此室 何以都空, 復無侍者?"

....
28 보살의 생사는 유정을 건네기 위한 것임을, 유정에 의해서 생사에서 유전하였고, 생사에 의함으로 말미암아 유정이 병들기 때문에 보살도 역시 병든다고 말하였다.

(가) 방이 빈 것을 답하다30

무구칭이 말하였다. 無垢稱言.

(ㄱ) "일체 불국토들도 역시 모두 비었습니다." "一切佛土 亦復皆空."

(ㄴ) 問 "어째서 비었습니까?" 問. "何以空?"

(ㄷ) 答 "공하기 때문에 비었습니다."31 答. "以空空."

(ㄹ) 問 "이 공은 무엇[誰]이 공한 것입니까?"32 又問. "此空 爲是誰空?"

(ㅁ) 答 "이 공은 분별이 없으므로 공[無分別空]입니다."33 答曰. "此空 無分別空."

....

29 이하 제2 그 방이 빈 것 및 시자가 없는 것을 묻는 것에 둘이 있다. 처음 이것은 묻는 것이고, 뒤의 그 아래는 답하는 것이다. 이것은 쌍으로 묻는 것이니, 첫째는 방이 빈 것을 묻는 것이고, 둘째는 시자가 없는 것을 묻는 것이다. 처음은 법공을 묻는 것이고, 뒤는 생공生空을 묻는 것이다. 만약 모든 보살이 모든 유정을 따라 병들고 낫는다고 한다면, 어찌 두 가지 공을 이루겠는가?

30 이하 답하는 것에 둘이 있다. (가)는 방이 빈 것을 답하는 것, (나)는 시자가 없는 것을 답하는 것이다. 처음의 답 중에 열셋의 문답이 있다. 이것은 첫 답이다. [공리] 일체의 불국토는 모두 본래 공적하다. 그러므로 지금 나의 방도 진실한 성품이기 때문에 빈 것이다. [응리] 법신의 불국토는 공으로 인해 드러나는 것이니, 공의 이치[空理]이기 때문에 비었고, 보·화신의 불국토는 공하여 집착하는 것이 없으니, 공의 현상[空事]이기 때문에 그러해야 한다. 체가 모두 없지는 않으니, 나의 지금 이 방도 불국토의 공을 나타내기 위하여 빈 것이다.

31 [공리] 승의제의 공은 있는 것이 없으므로, 불국토도 곧 공하다. [응리] 공하여 그 변계소집이 없는 것으로 바야흐로 법·보·화토를 나타낼 수 있다. 법·보·화토는 이에 의하여 공하다고 칭하고, 공공空空이라고 이름한다.

32 이 공한 것[所空]은, 무엇이 공한 주체[能空]인가를 묻는 것이다.

33 마음에 분별이 있으면 있다[有]고 집착하므로 공이 아니다. 분별이 없기 때문에 일체가 공이다.

(ㅂ) 問 "공의 성품[空性]은 분별할 수 있습니까?"34

(ㅅ) 답 "이 분별하는 주체[能分別] 역시 공입니다. 어째서인가 하면 공성空性은 분별해서 공이라고 할 수 없기 때문입니다."35

(ㅇ) 問 "이 공空은 어디에서 구해야 합니까?"36

(ㅈ) 답 "이 공은 응당 육십이견 가운데서 구해야 합니다."37

又問. "空性 可分別耶?"

答曰. "此能分別 亦空. 所以者何 空性 不可分別 爲空."

又問. "此空 當於何求?"

答曰. "此空 當於 六十二見中求."

....

34 [공리] 진공眞空의 성품은 분별할 수 있는가? 무분별이 없이는 공을 증득하지 못한다. [응리] 집착된 것[所執]의 공성은 분별할 수 있는가? 분별이 있을 때에는 공을 증득하지 못한다.
35 [공리] 분별 주체[能分別]인 마음의 체성이 공하지 않다면 진공의 성품을 능히 분별할 수 있겠지만, 분별 주체인 마음의 체성이 본래 공인데, 어찌 진공의 성품을 능히 분별하겠는가? 그래서 해석해 말하기를, '공성은 분별해서 공이라고 할 수 없다'고 한 것이니, 능연과 소연은 모두 성품이 공이기 때문이다. [응리] 분별 주체[能分別]라고 집착하면 이미 이것은 집착된 것[所執]이고, 역시 체가 공이다. 단지 집착된 경계만을 공이라고 이름할 뿐 아니라, 있다고 집착하는 집착 주체인 마음 역시 공이다. 따라서 이 실제의 능취와 소취가 있다면 공을 분별할 수 있겠지만, 분별하는 마음도 역시 공인데, 공성을 무엇이 분별하겠는가? 이 도리에 의해 해석해 말하기를, '공성은 분별해서 공이라고 할 수 없다'고 한 것이다.
36 어디에서 구해야 이 공의 모습을 알 수 있는가?
37 62견에 대해서는 여러 글이 있다. (1설) 아견과 아소견이 근본이 되고, 하나하나의 온에 대해 모두 집착해서 '나'라고 하고, ('내 것'이라고 하는 것도) 모두 셋이 있어서, 20구(=4×5온)를 이룬다. 20구 중 5구는 아견이고, 15구는 아소견이다. 3세의 5온에 각각 집착하는 것이 20이므로 60가지를 이루고, 본래의 두 가지와 아울러 62가지가 된다. (2설) 62견은 두 가지 견에 포함되니, 첫째는 변

(ㅊ) 문 "육십이견은 어디에서 구해야 합니까?"38

(ㅋ) 답 "응당 모든 붓다의 해탈 가운데서 구해야 합니다."39

(ㅌ) 문 "모든 붓다의 해탈은 어디에서 구해야 합니까?"

(ㅍ) 답 "응당 일체 유정의 심행心行 가운데서 구해야 합니다.40

又問. "六十二見 當 於何求?"

答曰. "當於 諸佛解 脫中求."

又問. "諸佛解脫 當 於何求?"

答曰. "當於 一切有 情 心行中求.

....

견, 둘째는 사견이다. 변견은 47가지를 포함하니, 4변상론邊常論, 4일분상론一分常論, 16유상론有想論, 8무상론, 8비유상비무상론의 이 40가지는 상견에 포함되고, 7단멸론은 단견에 포함된다. 그래서 이 47가지는 변견에 포함된다. 사견은 15가지를 포함하는데, 4유변론有邊論, 4불사교란不死矯亂, 2무인론無因論, 5현법열반론現法涅槃論을 말한다. 이 여러 문의 뜻은 모두 별도의 글과 같으므로(=졸역 『주석성유식론』 pp.555-557 참조) 번거로움을 염려하여 서술하지 않는다. 이 망견들 때문에 모든 법이 있다고 집착한다. 집착하는 마음이 이미 허망하므로 경계도 공함을 안다. 비록 공이 두루 5견으로 말미암는 것을 알지만, 그 62견이 수도 많고 망령됨이 심하기 때문에, 우선 치우쳐 말한 것이므로, 역시 허물은 없는 것이다.

38 이 견해의 허망은 어디에서 구해야 알 수 있는가?
39 모든 붓다께서는 여기에서 열반을 얻으셨기 때문에 견해가 망령됨을 안다. 또 해탈에 미혹하기 때문에 이 견해를 일으키기 때문이다.
40 모든 유정의 마음이 바른 이치[正理]를 미혹함에 의해 모든 망견妄見이 일어나서 곧 해탈하지 못한다. 유정의 심행이 만약 진실한 이치를 깨닫는다면 모든 망견을 끊고 곧 열반을 증득한다. 그러므로 해탈은 유정의 마음에서 구해야 한다. 이상의 여섯 가지 문답은 모두 응리(=유식)의 뜻이다. 공리의 뜻으로는, 허망한 경계와 마음은 둘이 없으므로 공은 모든 견해에서 구해야 하고, 허망과 진실은 둘이 없으므로 견해는 해탈에서 구해야 하며, 원인과 결과는 둘이 없으므로 해탈은 심행에서 구해야 한다고 한다. 승의제 중에서는 모두 둘이 없기 때문이다.

(나) 시자 없는 것을 답하다

또 존자께서 어째서 시자가 없는가를 물으셨는데, 일체 마군[魔怨]과 모든 외도가 모두 나의 시자입니다.

까닭이 무엇이겠습니까?41 일체 마군은 생사를 기뻐해 칭찬하고, 일체 외도는 모든 견해를 기뻐해 칭찬하는데, 보살은 그 중에서 모두 싫어해 버리지 않습니다. 그러므로 마군과 모든 외도가 모두 나의 시자인 것입니다."42

又仁所問 何無侍者, 一切魔怨 及諸外道 皆吾侍也.
所以者何? 一切魔怨 欣讚生死, 一切外道 欣讚諸見, 菩薩於中 皆不厭棄. 是故魔怨 及諸外道 皆吾侍者."

(3) 병의 모습을 묻다43

㈎ 묘길상이 말하였다. "거사님, 이 병은 어떤 모습입니까?"

답 "나의 병은 전혀 색상色相도 없고 또한 볼 수도 없습니다."44

妙吉祥言. "居士, 此病 爲何等相."
答曰. "我病 都無色相 亦不可見."

....

41 대저 시자란 온갖 일에서 공손하게 순종하고[恭順], 움직이고 멈춤에서 반드시 함께 하는 것이다. 위의 둘은 그렇지 않은데, 어째서 시자라고 하는가?
42 마군은 생사를 칭찬하고 삼계를 벗어나는 것을 두려워하는데, 나는 중생이 되어 싫어하지 않고 버리지 않으며, 또 그를 눌러 공손하고 순종케 하고 항상 그럴 수 있게 하므로, 마군이 시자가 된다. 외도는 일체의 악견을 기뻐해 구하고 또한 그것을 찬탄하는데, 나는 지견智見과 모든 법을 보고 통달하기를 구하여 싫어하지 않고 버리지 않으며, 또 그를 교화하여 공손하고 순종케 하고 항상 그럴 수 있게 하기 때문에 외도가 시자가 된다.
43 이하 병의 모습을 묻는 것에 세 가지 문답이 있다.
44 나의 병은 모든 색법에 포함되지 않아서, 세상의 병이 색법의 변현에 의지하

(나) 問 "이 병은 몸과 상응하는 것입니까, 마음과 상응하는 것입니까?"45

答 "나의 병은 몸과 상응하지 않으니, 몸의 모습[身相]을 떠났기 때문이고, 또한 몸과 상응하기도 하니, 영상影像과 같기 때문이며, 마음과 상응하지 않으니, 마음의 모습[心相]을 떠났기 때문이고, 또한 마음과 상응하기도 하니, 환화幻化와 같기 때문입니다."46

(다) 問 "지계地界와 수水·화火·풍계風界의 이 네 가지 계[四界] 중에서 어느 계의 병입니까?"

答 "모든 유정의 몸은 모두 사대四大에서 일어나고, 그들에게 병이 있어 그래서 나도 병든 것이지만, 그러나 이 병은 곧 네 가지

又問. "此病 爲身相應, 爲心相應?"

答曰. "我病 非身相應, 身相離故, 亦身相應, 如影像故, 非心相應, 心相離故, 亦心相應, 如幻化故."

又問. "地界 水火風界 於此四界 何界之病?"

答曰. "諸有情身 皆四大起, 以彼有病 是故我病, 然此之

─────────

는 것과 같지 않기 때문에 모습이 없는 것이다. 또한 볼 수도 없으니, 대비로써 정진하고 다구치는 것을 이름하여 병이라고 한 것이기 때문이다.
45 병이 몸에 있는 것인지, 마음에 있는 것인지를 묻는 것이다.
46 몸의 모습이 있다고 망령되이 집착하지만, 이 몸은 모습이 전혀 없는 것을 '몸의 상을 떠났다'고 하였다. '떠났다'는 것은 공이라는 것이다. 이것은 몸과 상응하지 않으니, 인연으로 임시로 있는 것이어서 영상과 같은 몸이다. 그렇지만 이 몸은 없지 않으므로 병과 몸이 상응하니, 신·어업으로 중생을 건지기 때문이다. 앞의 답은 진실한 일[實事]을 답하므로, 병이 색상色相이 아니라는 것이고, 지금의 답은 중생을 따르기 때문에 또한 몸과 상응하기도 한다는 것이다. 마음의 모습이 있다고 망령되이 집착하지만, 이 마음은 모습이 전혀 없는 것을 '마음의 상을 떠났다'고 하였다. 이것은 마음과 상응하지 않으니, 인연으로 임시로 있는 것이어서 환화와 같은 마음이다. 그렇지만 이 마음은 없지 않으므로 병이 마음과 상응하니, 항상 의업으로 중생을 이롭게 하기 때문이다.

계에서 일어난 것이 아니니, 계의 성품[界性] 病 非卽四界, 界性
을 떠났기 때문입니다."47 離故."

⑷ 위로하여 깨우치는 것을 묻다48
㈎ 무구칭이 말하였다. 無垢稱言.
"보살은 어떻게 병이 있는 보살을 위로하여 "菩薩 應云何 慰喩
깨우쳐[慰喩] 그를 기쁘게 해야 하는 것입니 有疾菩薩　令其歡
까?"49 喜?"
㈏ 묘길상이 답하였다.50 妙吉祥言.
㈀ ① 몸의 무상함을 보이되, 몸을 싫어하 "示身無常, 而不勸
여 떠나기를 권하지 말 것이고, ② 몸에 괴로 厭離於身, 示身有
움 있음을 보이되, 열반 좋아하기를 권하지 苦, 而不勸 樂於涅

---

47 [공리] 진실한 성품은 공이기 때문이다. [응리] 집착된 것[所執]은 없기 때문이다. 비록 두 가지 공을 알지만, 중생을 위해 또한 병든 것이므로 병의 모습이 있는 것이다.
48 손님과 주인이 상대해 일으키고, 번갈아 일으키는 것이니, 이상은 객(=길상)이 주인(=무구칭)에게 물었고, 이것은 주인이 객에게 묻는 것이다. 또 주인의 일은 손님이 물을 수 있지만, 손님의 일은 주인이 물을 것인데, 병을 위로하는 것은 손님의 일이기 때문에 무구칭이 묻는 것이다. 구역에서는 여전히 문수가 묻고, 무구칭이 답하여 그 뜻이 극히 어긋났으니, 문수가 위로해 깨우치는 것을 알지 못해 남에게 물을 수 있는 것은 아니었다. 묻는 것에 둘이 있으니, ㈎는 묻는 것이고, ㈏는 답하는 것이다.
49 '위'는 편안케 하는 것[安]이고, '유'는 깨우치는 것[曉]이다.
50 묘길상이 답하는 것에 둘이 있으니, ㈀은 답하는 것이고, ㈁은 맺는 것이다. 답하는 것 중에 10구가 있다. 처음 5구는 짓되 짓지 말 것[作而不作]을 권하는 것, 뒤의 5구는 지어야 할 것을 짓도록[所作而作] 권하는 것이다. 혹은 처음 5구는 나쁜 것 여읠 것을 권하는 것, 뒤의 5구는 선한 것 닦을 것을 권하는 것이다.

말 것이며,51 ③ 몸에 나 없음[無我]을 보이 되, 유정 성숙시키기를 권하지 말 것이고,52 ④ 몸이 공적함을 보이되, 필경 적멸함 닦기를 권하지 말 것이며,53 ⑤ 과거의 죄[先罪] 뉘우치는 것을 보이되, 죄에 이전移轉 있음을 말하지 말 것이고,54

槃, 示身無我, 而 [勸]<不勸> 成熟有 情, 示身空寂, 而不 勸 修畢竟寂滅, 示 悔先罪, 而不說 罪 有移轉,

....

51 이승은 무상함을 보여 회신멸지灰身滅智하여 몸을 싫어해 떠나기를 권한다. 보살은 그렇지 아니해서 몸의 무상함을 보여 싫어해 떠나기를 일으키되, 금강처럼 무너지지 않는 항상한 몸 얻기를 권한다. 이승은 괴로움을 보여 열반을 즐겨 영원히 적멸에 들기를 권한다. 보살은 괴로움을 보여 괴로운 몸을 버리되, 적멸에 들기를 권하지 않고 중생을 교화하게 한다.
52 몸에 나 없음을 보일 것이니, 누가 병의 주체[病者]일 것인가? 유정 성숙시키기를 권하지 말 것이니, 실제로 성숙될 중생이 없기 때문이다. 만약 가의 중생[假有情]이라면 역시 성숙시키기를 권하기도 하기 때문이다. 구역에서는 "중생 가르쳐 인도할 것을 말한다."고 하였다.
53 이승은 공을 보여서 영원히 적멸에 들게 하지만, 보살은 비록 일체가 공적함을 보여 모든 존재에 대한 두려움을 제거하게 하되, 중생에게 필경의 적멸에 들기를 권하지 아니한다. 이 두 가지(=③과 ④)는 모두 대비의 훈습 때문이다.
54 [공리] 이승은 삼세가 있다고 고집해서, 현재 죄를 짓고 나면 과거세로 들어간다고 하는 것을 '이전이 있다'고 이름하고, 과거에 체가 있으므로 미래에 과보를 감응한다고 한다. 대승의 죄는 본성이 모두 공한데, 어찌 이전이 있겠는가? 이것이 곧 병자의 참회를 가르치는 뜻이다. [응기] 대승의 죄는 몸에 있는 종자를 훈습해서, 뉘우치기 전에는 순간순간 현재에 있고 과거로 들어가지 않는 것을 '이전이 없다'라고 이름한다. 없애지 않으면 사라지지 않고 미래에 과보를 감응하므로, 그 병 있는 보살에게 과거에 지은 죄를 뉘우치도록 가르친다. 죄는 항상 현재에 있는 것이므로, 죄가 과거로 옮겨 들어간다고 말하지 않으니, 과거는 없는 것이기 때문이다. 이 때문에 구역에서는 과거로 들어감을 말하지 않는다고 하였다. 또 '이전'이란 사라져서 과보가 없다는 뜻이니, 먼저 지은 죄에는 나쁜 과보가 능히 있게 됨을 보여 그로 하여금 뉘우쳐 없애게 하고, 죄를

⑥ 자기의 병을 통해 모든 유정을 연민하고 그의 병을 없애도록 권할 것이고,55 ⑦ 과거에 받았던 온갖 괴로움을 생각해서 유정 요익하기를 권할 것이며, ⑧ 닦았던 한량없는 선의 근본[善本]을 기억하여 청정한 생계[淨命]를 닦도록 권할 것이고, ⑨ 놀라거나 두려워하지 말고 용맹하게 정진하기를 권할 것이며, ⑩ 큰 서원을 일으켜 큰 의왕醫王이 되어 모든 유정의 신심身心의 온갖 병을 치료하여 영원히 적멸케 하기를 권할 것이니,

㈐ 보살은 응당 이와 같이 병 있는 보살을 위로하여 깨우쳐서 그를 기쁘게 해야 하는 것입니다."

勸以己疾 愍諸有情 令除彼疾, 勸念前際所受衆苦 饒益有情, 勸憶所修 無量善本 令修淨命,

勸勿驚怖 精勤堅勇,

勸發弘願 作大醫王 療諸有情 身心衆病 令永寂滅,

菩薩 應如是慰喩 有疾菩薩 令其歡喜."

⑸ 병자가 마음 조복하는 법을 묻다

묘길상이 말하였다.

"병 있는 보살은 어떻게 그의 마음을 조복해야 합니까?"56

무구칭이 말하였다.57

妙吉祥言.

"有疾菩薩 云何 調伏其心?"

無垢稱言.

지어도 옮겨가 사라져서 과보가 없다고 말하지 않는다는 것이다.
55 자기 병의 괴로움이 참기 어려움을 통하여 유정을 연민하고 그들의 병을 없애도록 권하는 것이다.
56 병자가 마음 조복하는 것을 묻는 것에 둘이 있으니, 처음 이것은 묻는 것이고, 뒤의 그 아래는 답하는 것이다.
57 답하는 것에 셋이 있으니, ㈎는 범부의 마음 조복하는 법을 밝히는 것, ㈏는 이

(가) 범부의 마음 조복하는 법58

　(ㄱ) 바로 조복하는 것을 밝히다

　　(a) 자신의 병을 깨뜨리다

　　　(一) 아집을 깨뜨리다59

　　"① 병 있는 보살은 응당 이렇게 생각해야 합니다. '지금 나의 이 병은 모두 과거에 허망하게 전도되어 분별하는 번뇌로 일으킨 업에서 생겨난 것이다.60 그렇지만 몸

"有疾菩薩　應作是念. '今我此病　皆從前際　虛妄顚倒　分別煩惱　所起業生.

....
승의 마음 조복하는 것, (다)는 두 가지 마음을 쌍으로 조복하는 것이다. 모든 보살이 행하는 조복의 수단[能調]은 무분별지와 대비이고, 조복의 대상[所調]은 두 가지 장애 및 오직 자기만 이익하는 것[唯自利]이다. 범부는 장애가 있기 때문에 능히 업을 지어 생사의 괴로움을 받으므로, 지금 두 가지 장애를 깨뜨리면 업이 다하고 괴로움이 사라진다. 그래서 처음에 범부의 마음 조복하는 법을 밝히는 것이다. 이승은 비록 생사의 괴로움은 벗어났지만, 분별이 있고 오직 자리만을 구하여 중생 이롭게 함을 버린다, 그래서 두 번째로 이승의 마음 조복하는 법을 밝히는 것이다. 범부는 조복하지 못했고, 이승은 이미 조복했지만, 모두 치우쳐 머물고 중도에 계합하는 것이 아니다. 보살은 쌍으로 떠나 중도의 행을 닦기 때문에 세 번째로 두 가지 마음 조복하는 법을 밝히는 것이다. 또 모든 병이 일어나는 것은 모두 두 가지 집착에 기인하니, 첫째는 유에 집착하는 것이고, 둘째는 무에 집착하는 것이다. 이 두 가지를 조복하기 때문에 나누어 셋이 된다. 처음은 두 가지 공으로 유를 파하고, 다음은 대비로 무를 파하며, 뒤는 머물지 않음[不住]으로써 쌍으로 파한다.

58 처음(=범부의 마음 조복하는 법)에 둘이 있다. (ㄱ)은 바로 범부의 마음을 조복하는 것이니, 두 가지 공으로 유를 파하는 것을 밝히는 것이고, (ㄴ)은 뛰어난 깨달음[勝覺]이 온갖 괴로움을 끊을 수 있는 것을 맺어 이루는 것이다. 전자에 둘이 있다. (a)는 자신의 병을 깨뜨리는 것, (b)는 남의 병을 깨뜨리는 것이다. 전자에 다시 둘이 있으니, (一)은 아집을 파하는 것으로, 번뇌장을 끊는 것이고, (二)는 법집을 파하는 것으로, 소지장을 끊는 것이다.

59 아집을 깨뜨리는 것에 둘이 있으니, ①은 표방하는 것, ②는 풀이하는 것이다.

안에는 도무지 단 하나의 법도 진실한 것이 없는데, 누가 얻을 수 있어서 이 병을 받겠는가?'61

② 까닭이 무엇이겠습니까?62

㉮ 사대가 화합한 것을 임시로 몸이라 이름하는데, 사대 중에는 주재[主]가 없고, 몸 안에도 역시 나[我]가 없습니다.63 이 병이 만약 일어났다면 반드시 나를 집착함에 의한 것이므로, 여기에서 망령되이 나라는 집착을 일으키지 말아야 할 것이니, 이 집착이 병의 근본임을 알아야 합니다.64

身中都無 一法眞實, 是誰可得 而受此病?
所以者何?
四大和合 假名爲身, 大中無主, 身亦無我. 此病若起 要由執我,
是中不應 妄生我執, 當了 此執 是病根本.

....

60 ① 표방하는 것 중에 다시 둘이 있으니, 처음 이것은 인연법을 관찰하는 것, 뒤의 그 아래는 실제로 나가 없음을 관찰하는 것이다. 이 번뇌로 말미암아 업을 일으켜서 생·노·사하게 하였으니, 온갖 괴로움의 병은 자신의 인연인 번뇌와 업에서 생겨난 것이다. 오직 법뿐임을 아는 것이다.

61 허가虛假의 인연이 합쳐 몸이 되었으므로 하나의 진실도 없어서, 이 병을 받는 실제의 '나'가 없다고 안다. 내가 이미 실제가 아닌데, 병이 어찌 진실할 수 있겠는가?

62 이하 풀이하는 것에 둘이 있다. ㉮는 나 없음을 관찰하는 것이고, ㉯는 오직 법뿐임을 관찰하는 것이다.

63 나 없음을 관찰하는 것 중에 둘이 있으니, 처음은 관찰하는 것, 뒤는 맺는 것이다. 처음 중에 둘이 있으니, 처음 이 문장은 나 없음을 관찰하는 것, 뒤의 그 아래는 인연을 관찰하는 것이다. 사대의 법이 가화합한 것을 몸이라고 이름하는데, 개별의 대大에는 이미 주재가 없고, 총체적인 몸에도 역시 나가 없다. 개별과 전체를 따져보아도 나란 도무지 있지 않다.

64 이것은 인연을 관찰하는 것이다. 병은 업에 의해 생기고, 업은 번뇌에 의해 생기며, 번뇌는 나를 집착하는 것이 근본이 되기 때문에 생긴다. 나는 이미 실제로 없는데도 망령되이 집착하기 때문에 일어나니, 허망한 마음이 근본이 되어

이 인연에 의해 응당 일체 유정이라거나 나라는 생각[有情我想]을 없애고 법이라는 생각[法想]에 안주해야 합니다.65

㉴ 다시 이렇게 생각하여야 합니다. '온갖 법이 화합해서 함께 이 몸을 이루어 생멸하면서 유전하니, 태어나더라도 오직 법이 생겨나는 것이고 사멸하더라도 오직 법이 소멸하는 것이다.66 이와 같이 모든 법은 전전하여 상속하면서 상호 알지 못하고 끝내 생각함도 없으니, 생길 때에도 내가 생긴다고 말하지 아니하고, 멸할 때에도 내가 멸한다고 말하지 아니한다.'67

병이 있는 보살은 이와 같이 법이라는 생각을 바르게 환히 알아야 합니다.

㈡ 법집을 깨뜨리다68

由此因緣 應除一切有情我想　安住法想.

應作是念. '衆法和合 共成此身 生滅流轉, 生唯法生 滅唯法滅. 如是諸法 展轉相續 互不相知　竟無思念, 生時 不言我生, 滅時 不言我滅.'

有疾菩薩 應正了知 如是法想.

....

이윽고 병의 생겨남이 있는 것이다. 따라서 병이란 그 인연이 진실하지 못함을 아는 것이다.

65 이는 병의 원인인 나를 집착하는 생각을 없앨 것을 우선 곡진曲盡하게 맺는 것이다.

66 ㉴의 오직 법뿐임을 관찰하는 것에 둘이 있다 처음은 관찰하는 것, 뒤는 맺는 것이다. 처음에도 둘이 있으니, 처음 여기까지는 전체적으로 관찰하는 것, 뒤의 그 아래는 개별적으로 관찰하는 것이다.

67 모든 법은 상속하더라도 법에는 앎[知]이 없기 때문에 상호 알지 못하고, 끝내 생각함도 없어서, 생겨나더라도 내가 생겨난다고 말하지 않고, 소멸하더라도 역시 내가 소멸한다고 말하지 않는다. 따라서 나란 없고, 실제의 작용도 없으며, 오직 그 법만이 있음을 안다.

① 간략함

　　나의 이 법이라는 생각도 곧 전도顚倒입니다. 대저 법이라는 생각은 곧 큰 병[大患]이므로 나는 제거해 없애야 하고, 일체 유정의 이와 같은 큰 병도 역시 제거해 없애야 하는 것입니다.69

我此法想　卽是顚倒. 夫法想者 卽是大患 我應除滅, 亦當除滅　一切有情如是大患.

② 자세함70

㉮ 유병有病을 파하다

　㉠ 이러한 큰 병을 어떻게 제거할 수 있는가? 나와 내 것에 대한 집착을 제거해 없애야 하는 것을 말합니다.71

云何能除　如是大患? 謂當除滅 我我所執.

　㉡ 나와 내 것에 대한 집착은 어떻게 없앨 수 있는가? 두 가지 법을 떠나는 것을 말

云何能除　我我所執? 謂離二法.

....

68 이하 법집을 깨뜨려 소지장을 끊는 것에 둘이 있으니, ①은 줄인 것[略], ②는 넓힌 것[廣]이다.

69 과거에는 나를 집착하는 생각이 병의 근본이었는데, 지금은 법이라는 생각에 집착하는 것이 극히 전도되었다는 것이다. 나라는 생각이 이미 생사의 근본이지만, 법이라는 생각이 그 아집의 근원으로서, 보리를 장애하는 근본이다. 진실로 큰 병으로서 내가 제거해 없애야 할 것이고, 또한 유정을 위하여도 이 병을 제거해 없애야 한다. 법에 대한 집착이라는 근본이 사라지면 번뇌는 저절로 없어지기 때문에 법이라는 생각을 깨뜨려야 하는 것이다.

70 이하 넓히는 것에 둘이 있다. ㉮는 유병을 파하는 것, ㉯는 공병을 파하는 것이다. 전자에는 다섯 가지 문답이 있어 전전하여 서로 일으킨다. 구역에는 넷만 있었다.

71 생사의 괴로움을 받으면서 보리를 얻지 못하는 것이 큰 병의 체라고 이름한다. 이것은 번뇌로 말미암는 것이므로 나와 내 것에 대한 집착을 제거해 없애야 한다.

합니다.

ⓒ 어떻게 두 가지 법을 떠나는가? 안의 법[內法]과 밖의 법[外法]을 필경 형성하지 않는 것[不行]을 말합니다.72

云何 離二法? 謂內法外法 畢竟不行.

ⓔ 어떻게 두 가지 법을 필경 형성하지 않는가? 평등을 관찰하여 동요가 없고 관찰 대상[所觀察]이 없는 것을 말합니다.73

云何 二法畢竟不行? 謂觀平等 無動無搖 無所觀察.

ⓜ 어떤 것이 평등인가? 나와 열반 두 가지가 모두 평등한 것을 말합니다. 왜냐 하면 두 가지의 성품은 공이기 때문입니다.74

云何 平等? 謂我涅槃 二俱平等. 所以者何 二性空故.

㈎ 공병空病을 파하다75

㉠ 이 두 가지가 이미 없다면 무엇이 다시 공이겠습니까? 단지 이름[名字]으로써 임

此二旣無 誰復爲空? 但以名字 假說

....
72 '안'이란 자기의 몸이니, 나에 대한 집착의 의치처이다. '밖'이란 몸을 제외한 나머지 모든 법을 말하니, 내 것이라는 집착의 의지처이다. 단지 이 두 가지만 형성하지 않는다면 나와 내 것에 대한 집착은 사라진다.
73 반드시 모든 법이 평등함을 관찰해야 분별의 동요가 없고 관찰 대상이 없게 된다. '관찰대상'이란 일체법이 공이어서 있지 않음을 관찰하는 것이니, 이것이 곧 평등이고 동요가 없는 것이다.
74 [공리] 나와 열반은 승의제 중에서는 둘 모두 평등하니, 그 두 가지의 성품이 공하여 체가 없기 때문이다. [응리] 변계소집의 나와 열반은 둘 모두 평등하니, 허망한 마음으로 집착된 것은 성품이 모두 공이기 때문이다. 진실한 열반이 아니고, 또 체가 있지 않다. 허망하게 집착된 나의 모습과 같이 없는 것이니, 열반은 허망하게 집착된 것이 아니기 때문이다.
75 이하 공병을 파하는 것에 셋이 있다. ㉠은 앞을 이어 유를 파함으로써 공의 뜻을 드러내는 것, ㉡은 공에 대한 집착이 또한 큰 병이 됨을 나타내는 것, ㉢은 진실에 머물러 유병·공병을 떠날 것을 권하는 것이다.

시로 공이라고 말하는 것일 뿐입니다.

ⓛ 이 두 가지는 진실하지 않다고 평등하게 보고 나면 다른 병은 없고, 오직 공병만 있게 됩니다.76 응당 이와 같은 공병도 또한 공이라고 보아야 합니다. 왜냐 하면 이러한 공병도 필경 공이기 때문입니다.

ⓒ 병이 있는 보살은 느낌의 대상[所受]이 없는 데서 모든 느낌을 느껴야 합니다.77 만약 불법佛法에 대해 아직 원만을 얻지 못했다면 느낌을 멸하지 말고 깨달을 대상[所證]을 두고서, 느낌의 주체[能受]와 느낌의 대상된 모든 법을 여의어야 합니다.78

爲空.
此二不實 平等見已 無有餘病, 唯有空病. 應觀如是 空病亦空. 所以者何 如是空病 畢竟空故.
有疾菩薩 應無所受 而受諸受.
若於佛法 未得圓滿 不應滅受 而有所證, 應離 能受所受 諸法.

....

76 공에 대한 집착이 또한 큰 병이 됨을 나타내는 것에 둘이 있다. 처음 이것은 공에 집착하는 것이 병이 됨을 나타내는 것, 뒤의 그 아래는 이 공병 없애는 것을 나타내는 것이다.

77 이하 진실에 머물러 유병·공병을 떠날 것을 권하는 것(의 둘 중)에서 이것은 유병·공병을 총체적으로 떠나는 것이다. 느껴지는 것[所受]이 있다는 것도 곧 허망한 소집所執이고, 느낌의 주체[能受]가 있다는 것도 허망한 능집能執이다. 병 있는 보살은 느낌의 대상[所受]이 없는 데서 느낌의 대상을 느끼는 것이다. [공리] 세속의 두 가지 느낌(=소수·능수)은 없는 것이니, 승의에 의하면 느낌은 공인 것이다. [응리] '느낌의 대상이 없는 데서'는 유병을 여의는 것이고, '모든 느낌을 느끼는 것'은 공병을 여의는 것이다.

78 이는 유병·공병을 떠나는 것을 따로 나타내는 것이다. [공리] 불법에 아직 원만하지 못하다면, 오직 승의에 의지해 느낌을 멸하여 오로지 법의 공함만을 말해서는 안되고, 깨달을 대상을 두고서 속제에 의지하여 두 가지 느낌(=소수·능수)을 여읨으로써 원만한 증득을 구해야 한다. [응리] 불법에 아직 원만하지 못하다면, 오직 소집(=변계소집성)의 느낌[所執受] 하나를 멸함에 의해서만 공

(b) 남의 병을 깨뜨리다79

㈀ 만약 고통이 몸에 엄습하면 험한 세계[險趣]의 일체 유정들을 연민하고 대비를 일으켜서 그들의 온갖 괴로움을 없애주어야 합니다.

㈁ 병 있는 보살은 이렇게 생각해야 하니, '자신의 병은 이미 제거하였으니, 또한 유정의 모든 병도 제거해야 한다'라고 하고,

㈂ 이와 같이 자신과 남의 병을 제거했을 때에는 '제거할 만한 조그만 법도 있지 않다'라고 하며,80

㈃ 병이 일어나는 인연을 바르게 관찰해서 속히 제거하도록 바른 법을 말해야 합니다.81

若苦觸身 應愍險趣
一切有情 發趣大悲
除彼衆苦.

有疾菩薩 應作是念, '旣除己疾, 亦當除去 有情諸疾', 如是除去 自他疾時 '無有少法 而可除者.'

應正觀察 疾起因緣
速令除滅 爲說正法.

....

을 배워서는 안되고, 깨달을 대상을 두고서 소집의 능수와 소수를 떠나 의타기와 원성실의 두 가지 성품에 의하여 원만한 증득을 구함으로써 병의 원인을 제거해야 한다. # 이 대목을 영역본의 다음과 같은 표현하고 있다. ··· he should not destroy all sensation thus achieving Nirvana; but he should eliminate notions of 'sensing subject' and 'things to be sensed'.

79 이하 남의 병을 깨뜨리는 것에 넷이 있다. ㈀은 연기에 통달한 생각을 하는 것, ㈁는 항상 구호하는 마음을 짓는 것, ㈂은 법의 성품이 공함을 아는 것, ㈃는 인연을 관찰하여 법을 말하는 것이다.

80 자기와 남의 몸의 법은 모두 진실이 없음을 관찰한다. 어찌 제거할 만한 조그만 법이라도 있을 것인가? 그래서 병은 모두 제거되니, 병을 보지 못하기 때문이다. 구역에서는 단지 그 병만을 제거하고 법은 제거하지 않는다고 했다(=그 해석은 그 경전에 수록함).

81 이하 인연을 관찰하여 법을 말하는 것에 둘이 있으니, 처음 이 문장은 표방하

① 어떠한 것을 병의 인연이라고 이름하는 것인가? 연려緣慮가 있는 것을 말합니다. 모든 연려는 모두가 병의 원인이니, 연려가 있는 자는 모두 병이 있기 때문입니다.82

② 무엇을 연려하는가? 삼계를 반연하는 것을 말합니다.83

③ 이러한 연려를 어떻게 알아야 하는가? 이 있었던 연려는 도무지 얻을 것이 없음[無所得]을 바르게 요달了達하는 것을 말합니다. 만약 얻을 것이 없다면 곧 연려도 없을 것입니다.84

何等名爲 疾之因緣? 謂有緣慮. 諸有緣慮 皆是疾因, 有緣慮者 皆有疾故.

何所緣慮? 謂緣三界.

云何應知 如是緣慮? 謂正了達 此有緣慮 都無所得. 若無所得 則無緣慮.

....
는 것이고, 뒤의 그 아래는 풀이하는 것이다. 이미 자신의 병이 사라졌으므로, 뒤에는 남을 위해 말하는 것이다.
82 이하 풀이하는 것에 둘이 있으니, 처음 ⑤까지는 다섯 문답을 두어 전전해서 일으키는 것이고, 뒤의 ⑥·⑦은 둘(=자·타)의 병을 끊는 것을 전체적으로 맺어 이루는 것이다. 이는 첫째 문답이다. [공리] 마음에 연려(=반연하여 사려함. 영역본은 이를 'grasping of an object'라고 표현함)가 있는 것이 곧 허망이 되는 것이니, 마음으로 반연함이 없으면 공을 증득하고 병이 사라진다. [응리] '연려'란 유루의 분별하는 심·심소이니, 이 인연인 분별(=연려)로 말미암아 곧 분별을 일으킨다. 곧 일으키기 때문에 무명이 함께 하고, 무명이 함께 하기 때문에 법집이 생기며, 법집이 생기기 때문에 아집이 생기고, 아집이 생기기 때문에 모든 번뇌가 생긴다. 모든 번뇌가 생기기 때문에 업이 생기고, 업이 생기기 때문에 괴로움이 생기며, 괴로움이 생기기 때문에 연려가 있게 된다. 따라서 유루의 분별하는 심·심소가 병의 인연인 것이다. '연려가 있는 자는 모두 병이 있기 때문'이라고 한 것은 병의 체는 곧 괴로움이니, 행고·괴고·고고가 모두 삼계의 연려이고, 모두 이름하여 병이라고 한다.
83 삼계의 마음은 삼계를 반연하는 것이다.
84 이 연려하는 마음 등이 온갖 괴로움의 원인이 되는 것을 어떻게 알아야 하는

④ 어떻게 연려를 끊는가? 두 가지 보는 것[二見]을 반연하지 않는 것을 말합니다.85

⑤ 어떤 것이 두 가지 보는 것인가? 내견內見과 외견外見을 말합니다.86

⑥ 만약 두 가지 보는 것이 없다면 곧 얻는 것[所得]이 없을 것이고, 이미 얻는 것이 없다면 연려도 완전히 끊어질 것이며, 연려가 끊어지기 때문에 곧 병도 없을 것입니다.87

⑦ 만약 자기에게 병이 없다면 곧 유정의 병도 단멸할 수 있게 될 것입니다.

(ㄴ) 맺어 이루다88

① 또 묘길상님, 병이 있는 보살은 이와 같이 그의 마음을 조복해야 합니다. ② '오직 보살의 보리만이 일체 노·병·사의 괴로움을

云何 絶緣慮? 謂不緣二見.

何等 二見? 謂內見外見.

若無二見 則無所得, 旣無所得 緣慮都絶, 緣慮絶故 則無有疾.

若自無疾 則能斷滅有情之疾.

又妙吉祥, 有疾菩薩 應如是 調伏其心. '唯菩薩菩提 能

....

가? 세간 벗어남을 얻어서, 주관으로서 있었던 연려[能有緣慮]는 허망하게 일어난 것이기 때문에 집착대상인 모든 법[所執諸法]도 도무지 얻을 것이 없음을 바르게 요달하는 것을 말한다. 만약 정지正智를 일으켜 얻을 것 없음을 얻게 되면 곧 삼계의 허망한 연려도 없게 된다.

85 곧 무분별지로써 내적으로 진여를 증득하는 것이다.
86 '내견'은 아견을 말한다. 혹은 능취能取이다. 외견은 아소견을 말한다. 혹은 소취所取이다.
87 이하 둘의 병을 끊어 없애는 것을 전체적으로 맺어 이루는 것으로, 여기까지는 자기의 병이 없는 것이고, 그 아래는 남의 병을 끊는 것이다. 구역에서는 이 맺는 글이 없어, 위의 뜻이 분명하지 않았다.
88 이하는 제2 뛰어난 보리가 온갖 괴로움을 끊을 수 있음을 맺어 이루는 것에 셋이 있다. ①은 맺는 것, ②는 표방하는 것, ③은 풀이하는 것이다.

끊을 수 있는 것이다. 만약 이와 같이 않다면 자기가 부지런히 닦은 것도 곧 헛된 것이 되고 말 것이다.' ③ 어째서이겠습니까? 비유하여 어떤 사람이 능히 원수를 무찌른다면 마침내 영웅[勇健]이라고 이름하듯이, 만약 이와 같이 일체 노·병·사의 괴로움을 영원히 끊을 수 있다면 마침내 보살이라고 이름하기 때문입니다.

斷一切 老病死苦. 若不如是 己所勤修 卽爲虛棄.' 所以者何? 譬如有人 能勝怨敵 乃名勇健, 若能如是 永斷一切 老病死苦 乃名菩薩.

(나) 이승의 마음 조복하는 법89

(ㄱ) 대비로써 자·타의 병을 관찰하다90

(a) 또 묘길상님, 병 있는 보살은 나의 이 병이 진실도 아니고[非眞] 있지도 않듯이[非有], 일체 유정들에게 있는 모든 병도 또한 진실도 아니고 있지도 않다고 스스로 관찰해야 합니다.91

又妙吉祥, 有疾菩薩 應自觀察 如我此病 非眞非有, 一切有情 所有諸病 亦非眞非有.

(b) 이와 같이 관찰할 때 이 애착이나 견

如是觀時 不應以此

---

89 이하는 두 번째 큰 단락으로 이승의 마음을 조복하여, 대비로써 무를 깨뜨리는 것을 밝히는 것이다. 이승은 오직 자리와 법집에 계박되어 있으므로, 지금 대비의 묘혜妙慧와 방편해方便解를 말하기 때문에 '이승의 마음을 조복하여 대비로써 무를 깨뜨리는 것을 밝힌다'고 이름하였다. 글에 세 단락이 있다. (ㄱ)은 대비로써 자·타의 병을 관찰하는 것, (ㄴ)은 그 이유를 해석하는 것, (ㄷ)은 계박 떠나는 것을 맺어 이루는 것이다.
90 처음에도 둘이 있다. (a)는 병의 모습을 관찰하는 것, (b)는 대비를 일으키는 것이다.
91 자·타의 병은 인연이 임시로 화합하여 이루어진 것이기 때문에 진실이 아니고 결정적으로 있는 것도 아니다.

해[愛見]에 얽힌 마음으로 모든 유정에 대해 대비를 일으켜서는 안되고, 오직 객진의 번뇌를 끊기 위해서만 모든 유정에 대해 대비를 일으켜야 합니다.92

愛見纏心 於諸有情 發起大悲, 唯應爲斷 客塵煩惱 於諸有情 發起大悲.

(ㄴ) 이유를 해석하다

까닭이 무엇이겠습니까? ① 보살이 만약 애착이나 견해에 얽힌 마음으로 모든 유정에 대해 대비를 일으킨다면, 곧 생사에서 피로해 싫어함[疲厭]이 있을 것이지만, ② 만약 객진의 번뇌를 끊어 버리기 위하여 모든 유정에 대해 대비를 일으킨다면, 곧 생사에 있어서도 피로해 싫어함이 없을 것이기 때문입니다.93

所以者何? 菩薩 若以愛見纏心 於諸有情 發起大悲, 卽於生死 而有疲厭, 若爲斷除 客塵煩惱 於諸有情 發起大悲, 卽於生死 無有疲厭.

(ㄷ) 계박 떠남을 맺어 이루다94

(a) 계박 떠남을 맺어 이루다95

....

92 애착[愛]을 가진 범부와 같이 대비를 일으켜서는 안되고, 두 가지 견해[見](=생사와 열반)를 일으키는 이승과 같이 대비를 일으켜서는 안된다. 혹은 아래의 글에 준한다면, 모든 선정의 맛을 집착하는 애착[愛]을 일으키거나 방편 없는 지혜를 집착하여 사랑하는 견해[見]를 일으켜 대비를 일으켜서는 안된다. 혹은 견해[見]로써 그 진실을 집착하거나 애착[愛]으로써 명리名利 등에 물들어 대비를 일으켜서는 안된다.

93 항상 남을 자신과 같이 거두면서도 애착이나 견해에 얽힌 마음이 없기 때문에, 능히 항상 제도하면서도 피곤함이 없는 것이다.

94 이하 제3 계박 떠남을 맺어 이루는 것에 셋이 있다. (a)는 계박 떠남을 맺어 이루는 것, (b)는 가르침을 인용하여 증명해 이루는 것, (c)는 속박과 해탈을 자세히 밝히는 것이다.

① 보살이 이와 같이 모든 유정을 위하여 생사에 처하면서도 능히 피로해 싫어함이 없고 애착과 견해가 그의 마음을 얽어 매지 않을 수 있다면,96 ② 애착과 견해가 마음을 얽어맴이 없기 때문에 곧 생사에 있어서도 계박됨이 없고, ③ 생사에 있어 계박됨이 없기 때문에 곧 해탈하게 되며, ④ 생사에서 해탈하게 되기 때문에 곧 힘이 있어 오묘한 법을 펴 말해서, 모든 유정들로 하여금 계박을 멀리 여의고 해탈을 증득케 하는 것입니다.

菩薩如是　爲諸有情
處在生死　能無疲厭
不爲愛見　纏繞其心,
以無愛見　纏繞心故
卽於生死　無有繫縛,
以於生死　無繫縛故
卽得解脫, 以於生死
得解脫故　卽便有力
宣說妙法, 令諸有情
遠離繫縛　證得解脫.

(b) 가르침을 인용하여 증명해 이루다

세존께서는 이에 의해 비밀한 뜻으로 말씀하시기를, '만약 스스로 속박이 있으면서 남의 속박을 풀 수 있다고 한다면 있을 수 없는 일이다. 만약 스스로 속박에서 풀려나서 남의 속박을 풀 수 있다고 한다면 이것은 옳은 일이다.'라고 하셨습니다.

世尊依此　　密意說
言,'若自有縛　能解
他縛　無有是處.
若自解縛　能解他縛
斯有是處.'

그러므로 보살은 해탈을 구해서 모든 계박을 떠나야 하는 것입니다.

是故　菩薩　應求解
脫　離諸繫縛.

....
95 이 처음의 글에 네 가지 속박이 있다. 처음의 셋은 자리(에 대한 것)이고, 뒤의 ④는 이타(에 대한 것)이다.
96 피로해 싫어함이 없기 때문에 곧 애·견이 그의 마음을 얽어맴이 없게 되고, 이는 다시 상호작용을 하는 것이다. 앞에서는 애·견이 없으므로 곧 피로해 싫어함이 없다고 말하였고, 여기에서는 피로해 싫어함이 없으므로 곧 애·견이 없다고 말하니, 두 가지가 상호 원인이 되기 때문이다.

(c) 속박과 해탈을 자세히 밝히다97

또 묘길상님, 어떠한 것을 보살의 계박이라고 이름하고, 어떠한 것을 보살의 해탈이라고 이름하겠습니까?

㈀ 만약 모든 보살이 닦은 바의 정려와 해탈과 삼매[等持]와 등지等至에 맛들여 집착한다면 이것은 곧 보살의 계박이라고 이름하고, 만약 보살이 교묘한 방편으로 모든 세계의 중생[諸有生]을 거두면서도 탐착하는 것이 없다면 이것은 보살의 해탈이라고 이름합니다.98

㈁ ① 만약 방편이 없이 오묘한 지혜를 잘 거둔다면 이것은 계박이라고 이름하고, 만약 방편을 갖고 오묘한 지혜를 잘 거둔다면 이것은 해탈이라고 이름합니다.99

又妙吉祥, 何等名爲 菩薩繫縛, 何等名爲 菩薩解脫?
若諸菩薩 味著所修 靜慮解脫 等持等至 是則名爲 菩薩繫縛, 若諸菩薩 以巧方便 攝諸有生 無所貪著 是則名爲 菩薩解脫.
若無方便 善攝妙慧 是名繫縛, 若有方便 善攝妙慧 是名解脫.

----

97 속박과 해탈을 자세히 밝히는 것에 둘이 있다. 처음은 묻는 것, 뒤의 ㈀이하는 답하는 것이다. 후자의 답하는 것에 두 가지 댓구가 있다. ㈀은 선정에 집착함은 속박, 선정에 집착하지 않음은 해탈임을 밝히는 것이고, ㈁는 교묘함 없이 지혜가 있는 것은 속박, 교묘함이 있고 지혜가 있는 것은 해탈임을 밝히는 것이다.
98 만약 지혜가 선교하여 정려 등을 버리지 않고, 근기에 따라 세 가지 존재[三有] 등의 중생을 거두어 이익하기 위해 세 가지 존재에 태어나면서도 맛들여 탐착하지 않는다면, 해탈이라고 이름한다.
99 이하 교묘함 없이 지혜가 있는 것은 속박, 교묘함이 있고 지혜가 있는 것은 해탈임을 밝히는 것에 셋이 있다. ①은 표방하는 것, ②는 풀이하는 것, ③은 오묘한 지혜와 선교함의 차별을 해석하는 것이다. 이는 표방하는 것이다. 여기에

② ㉮ 어떤 것이 보살이 방편 없이 오묘한 지혜를 잘 거두어서 계박繫縛이라고 이름하는 것입니까? 모든 보살이 공·무상·무원의 법으로써 자신을 조복하지만, 상호相好로써 그 몸을 밝게 장식하고 불국토를 장엄하며 유정을 성숙시키지 않는 것을 말하는 것이니, 이러한 모든 보살은 방편 없이 오묘한 지혜를 잘 거두므로 계박이라고 이름하는 것입니다.100

㉯ 어떤 것이 보살이 교묘한 방편을 갖고 오묘한 지혜를 잘 거두어서 해탈解脫이라고 이름하는 것입니까? 모든 보살이 공·무상·무원의 법으로써 그의 마음을 조복하고, 모든 법의 유상有相과 무상無相을 관찰하여 수습해서 증득하면서도,101 다시 상호로써 그

云何菩薩 無有方便 善攝妙慧　名爲繫縛? 謂諸菩薩 以空無相無願之法 而自調伏, 不以相好　瑩飾其身　莊嚴佛土　成熟有情,　此諸菩薩　無有方便　善攝妙慧 名爲繫縛.

云何菩薩 有巧方便 善攝妙慧　名爲解脫? 謂諸菩薩 以空無相無願之法 調伏其心, 觀察諸法 有相無相　修習作證,

서의 뜻이 말하는 것은, 선교한 방편 없이 단지 오묘한 지혜를 잘 거두는 것은 속박이라고 이름하니, 이승 등은 지혜의 작용이 없기 때문이라는 것이다.

100 둘째 풀이하는 것에 두 가지 댓구가 있다. 처음 ㉮와 ㉯의 댓구는 이승의 무학에 머무는 이와 보살(의 상대)이고, 뒤의 ㉰와 ㉱의 댓구는 이승의 유학에 머무는 이와 보살(의 상대)이다. ㉮와 ㉰는 속박이고, ㉯와 ㉱는 해탈이다. 하나하나마다 처음은 물음, 다음은 답하는 것, 뒤는 맺는 것이다. 구역에도 두 가지 댓구가 있었지만, 명자도 같지 않고 뜻도 전혀 다르니 세심히 조사해야 한다. 공을 닦기 때문에 상호로써 그 몸을 장식하지 않고, 무상을 닦기 때문에 불국토를 장엄하지 않으며, 무원을 닦기 때문에 유정을 이롭게 하지 않는다.

101 풀이하는 것에 둘이 있으니, 처음 여기까지는 오묘한 지혜가 있는 것을 풀이하는 것이고, 뒤의 그 아래는 방편이 있는 것을 풀이하는 것이다. 유상有相이란

의 몸을 밝게 장식하고 불국토를 장엄하며 유정을 성숙시키는 것을 말하는 것이니, 이러한 모든 보살은 교묘한 방편을 갖고 오묘한 지혜를 잘 거두므로 해탈이라고 이름하는 것입니다.

㉢ 어떤 것이 보살이 방편 없이 오묘한 지혜를 잘 거두어서 계박이라고 이름하는 것입니까? 모든 보살이 모든 견해와 일체 번뇌, 얽음[纏], 속박[縛], 수면隨眠에 안주하여 모든 선의 근본[善本]을 닦으면서, 정등보리에 회향하지 않고 깊이 집착을 일으키는 것을 말하는 것이니,102 이러한 모든 보살은 교묘한 방편 없이 오묘한 지혜를 잘 거두므로 계박이라고 이름하는 것입니다.

㉣ 어떤 것이 보살이 교묘한 방편을 갖고

復以相好 瑩飾其身 莊嚴佛土 成熟有情, 此諸菩薩 有巧方便 善攝妙慧 名爲解脫.

云何菩薩 無有方便 善攝妙慧 名爲繫縛? 謂諸菩薩 安住諸見 一切煩惱 纏縛隨眠 修諸善本, 而不迴向 正等菩提 深生執著, 此諸菩薩 無巧方便 善攝妙慧 名爲繫縛.

云何菩薩 有巧方便

무원無願의 관찰대상인 의타기성이고, 무상無相이란 무상의 관찰대상인 원성실성이다. 공은 이 두 가지에서 나와 내 것은 도무지 얻을 수 없는 것임을 관찰하는 것이다. 그래서 잡염의 의타기를 끊고 청정의 의타기를 닦는 것을, 원성실성을 '수습해서 증득한다'고 이름한다.

102 '견해'는 5견을 말하고, '번뇌'는 탐·진·치·만慢·의疑이고, 8전纏, 3박縛(=8전은 서품의 각주 11에 설명이 나왔고, 3박은 앞의 소 제2권본本에서 탐·진·치 세 가지 속박이 유정을 생사에 처하게 한다는 설명이 있었음) 등은 모두 앞에서 말한 것과 같다. 이상은 현행이고, '수면'이란 종자를 말한다. 이에 안주하여 선의 근본을 닦을 때 보리에 회향하지 않고 집착을 일으키니, 선의 근본을 닦는 것은 오묘한 지혜가 있는 것이고, 보리에 회향하지 않고 집착을 일으키며 번뇌가 있는 것은 방편이 없는 것이다. 구역에는 회향하는 것이 없었다.

오묘한 지혜를 잘 거두어서 해탈이라고 이름하는 것입니까? 모든 보살이 모든 견해와 일체 번뇌, 얽음, 속박, 수면을 멀리 여의고 모든 선의 근본을 닦으면서, 정등보리에 능히 회향하고 집착을 일으키지 않는 것을 말하는 것이니, 이러한 모든 보살은 교묘한 방편을 갖고 오묘한 지혜를 잘 거두므로 해탈이라고 이름하는 것입니다.

③ ㉮ 또 묘길상님, 병 있는 보살은 모든 법과 몸 및 병은 모두 다 무상하고 괴로우며 공이고 무아라고 관찰하여야 하니, 이것을 지혜라고 이름하고,103

㉯ 비록 몸에 병이 있더라도 항상 생사에 있으면서 유정을 요익하는 것에 싫증냄이 없으니, 이것을 방편이라고 이름합니다.

㉰ 또 몸과 마음 및 모든 병은 전전하면서 서로 의지하여 비롯함 없이 유전하고 생멸하는 것이 빈틈 없어[無間] 새로운 것도 아니고[非新] 예전 것도 아니라[非故]고 관찰하여야 하니,104 이것을 지혜라고 이름하고,

善攝妙慧 名爲解脫? 謂諸菩薩 遠離諸見 一切煩惱 纏縛隨眠 修諸善本, 而能迴向 正等菩提 不生執著, 此諸菩薩 有巧方便 善攝妙慧 名爲解脫.

又妙吉祥, 有疾菩薩 應觀諸法 身之與疾 悉皆無常 苦空無我, 是名爲慧,

雖身有疾 常在生死 饒益有情 曾無厭倦, 是名方便.

又觀身心 及與諸疾 展轉相依 無始流轉 生滅無間 非新非故, 是名爲慧,

---

103 이하 오묘한 지혜와 선교함의 차별을 해석하는 것에 모두 두 번의 뒤집음이 있다. ㉮와 ㉰는 지혜를 해석하는 것, ㉯와 ㉱는 방편을 해석하는 것이다.
104 '신심身心'이란 오온이 화합하여 임시로 생긴 것이고, '병'이란 이들에 의지해 온갖 괴로움이 핍박하는 작용이니, 이 두 가지는 비롯함 없이 전전하여 서

㉣ 몸과 마음 및 모든 병이 필경 적멸하기를 구하지 아니하니, 이것을 방편이라고 이름합니다.105

不求身心 及與諸疾 畢竟寂滅, 是名方便.

(다) 두 가지 마음 조복하는 법106

(ㄱ) 총체적으로 표방하다

또 묘길상님, 병 있는 보살은 응당 이와 같이 그 마음을 조복하여야 하니, '조복된 마음[調伏心]이나 조복되지 않은 마음[不調伏心]에 안주하여서는 안된다'라고.

又妙吉祥, 有疾菩薩 應如是 調伏其心, '不應安住 調伏不調伏心'.

(ㄴ) 간략히 해석하다

까닭이 무엇이겠습니까? 만약 조복되지 않은 마음에 머문다고 한다면 이것은 범부의 어리석은 법이고, 만약 조복된 마음에 머문다고 한다면 이것은 성문의 법이기 때문입니

所以者何? 若住不調伏心 是凡愚法, 若住調伏心 是聲聞法.

로 의지해서, 뒤의 것이 생기면 앞의 것은 사라지는 것이 잠시도 틈이 없다. 일찍이 생기지 않다가 지금 비로소 새로 생긴 것도 아니고, 예전에 멸하지 않다가 지금 비로소 새로 멸하는 것도 아니다. 또 만약 새로 있다고 말하면 곧 과거의 병이 되고, 만약 과거의 병이라고 말한다면 순간순간 새로 만들었던 것이다. 몸과 병은 순간순간 생멸하고 있음을 아니, 그래서 새로운 것도 아니고 예전 것도 아니라고 말한 것이다.

105 이승은 몸과 병이 생멸함을 알고 필경 멸하여 영원히 열반에 들기를 구하는 것을 방편이 없다고 이름한다. 보살은 그렇지 않아서 영원히 멸하기를 구하지 않기 때문에 방편이 있다는 것이다. 지혜는 이승에게도 모두 있지만, 범부에게는 없는 것이고, 방편은 이승에게는 없지만, 보살에게는 모두 있다.

106 이하 제3 두 가지 마음을 쌍으로 조복하여 보살의 행을 밝히는 것에 셋이 있다. (ㄱ)은 총체적으로 표방하는 것, (ㄴ)은 간략히 해석하는 것, (ㄷ)은 자세히 말하는 것이다.

다.107 그러므로 보살은 이 두 가지 극단에 모두 안주하지 않으니, 이것을 곧 보살이 행할 것[所行]이라고 이름합니다.

　(ㄷ) 자세히 말하다108

　　(a) 만약 이 처소[處]가 범부가 행할 것도 아니고 성인이 행할 것도 아니라면, 이것은 곧 보살이 행할 것이라고 이름합니다.109

　　(b) ① 만약 생사의 영역[所行]을 관찰함에 처해서도 일체 번뇌로써 행하는 것이 없다면, 이것은 곧 보살이 행할 것이라고 이름하고, ② 만약 열반의 영역을 관찰함에 처해서도 필경 적멸로써 행하지 아니한다면, 이것은 곧 보살이 행할 것이라고 이름합니다. ③ 만약 네 가지 악마[四魔]의 영역을 나타내

是故菩薩 於此二邊 俱不安住, 是則名 爲 菩薩所行.

若於是處 非凡所行 非聖所行, 是則名 爲 菩薩所行.

若處觀察 生死所行 而無一切　煩惱所 行, 是則名爲 菩薩 所行, 若處觀察 涅 槃所行 而不畢竟 寂 滅所行, 是則名爲 菩薩所行. 若處示現

---

107 번뇌의 생사는 '조복되지 않은 마음'이라고 하고, 세간을 떠난 자리自利를 '조복된 마음'이라고 이름한다.
108 이하 자세히 말하는 것에 37구가 있다. 보살이 행할 것을 나누면 둘이 되니, 처음 34구는 범부나 이승이 행하는 것과 같지 않으므로 보살이 행할 것이라고 이름하고, 뒤의 (h)의 3구는 수승함을 얻되 하열함을 버리지 않으므로 보살이 행할 것이라고 이름한다. 전자는 일곱으로 나누어진다. (a)의 1구는 총체적인 것, (b)의 4구는 차례로 범부, 이승과 같지 않은 것, (c)의 4구는 둘에 둘씩 이승, 범부와 같지 않은 것, (d)의 4구는 차례로 이승, 범부와 같지 않은 것, (e)의 7구는 오직 이승과만 같지 않은 것, (f)의 2구는 오직 범부와만 같지 않은 것, (g)의 12구는 오직 이승과만 같지 않은 것이다. 구역에는 31구가 있었다.
109 '처'란 처소를 말하니, 수행하는 처소, 혹은 도리道理의 처소이다. # 이 대목의 영역본 표현은 다음과 같다. That which is neither the domain of the worldly nor the domain of the holy, such is the domain of the Bodhisattva.

보임[示現]에 처해서도 일체 악마의 일[魔事]의 영역을 초월한다면, 이것은 곧 보살이 행할 것이라고 이름하고, ④ 만약 일체지지一切智智의 영역을 구하면서도 때 아닌 때[非時]에 증지證智로 행하지 아니한다면, 이것은 곧 보살이 행할 것이라고 이름합니다.110

　(c) ① 사성제의 오묘한 지혜의 영역을 구하면서도 때 아닌 때에 증득된 진리[證諦]로 행하지 아니한다면, 이것은 곧 보살이 행할 것이라고 이름하고,111 ② 만약 내적 증득[內證]의 영역을 바르게 관찰하면서도 의도적으로 생사의 영역을 섭수한다면, 이것은 곧 보살이 행할 것이라고 이름합니다.112

　③ 만약 일체 연기緣起의 영역을 행하면서도 견취見趣로 행하는 것을 능히 멀리 여읜다면, 이것은 곧 보살이 행할 것이라고 이름하

四魔所行 而越一切 魔事所行, 是則名爲 菩薩所行, 若求一切 智智所行 而不非時 證智所行, 是則名爲 菩薩所行.

若求四諦 妙智所行 而不非時　證諦所行, 是則名爲　菩薩所行, 若正觀察　內證所行　而故攝受 生死所行,　是則名 爲 菩薩所行.

若行一切緣起所行 而能遠離　見趣所行, 是則名爲　菩薩所行,

....
110 이승은 과지果智만을 구하므로 때 아닌 때에도 성지聖智를 증득하지만, 보살은 일체종지[種智]를 구하므로 때 아닌 때에는 성지를 증득하지 아니하고, 보살의 증지證智는 밖으로 여러 근기에 응하여 능히 구제해 건지므로 '때 아닌 때에 하지 않는다'고 이름한다. 이승의 증지는 중생을 이롭게 하지 아니하므로 '때 아닌 때'라고 하니, 때에 응하지 아니하기 때문에 도리가 아닌 것이다.
111 이하의 4구는 둘의 둘씩 이승, 범부와 같지 아니한 것이니, ①과 ②는 이승과 같지 아니한 것이고, ③과 ④는 범부와 같지 아니한 것이다. 자리하고 이타하지 않는 것을 '때 아닌 때'라고 이름하였다.
112 만약 바르게 내증할 때 생사를 버리면 이승이 행하는 것이고, 비록 바르게 내증하더라도 생사를 섭수하면 보살이 행하는 것이다.

고,113 ④ 만약 일체 유정상과 모든 법상法相에 섞인 영역을 행하면서도 번뇌와 수면으로 행하는 것이 없다면, 이것은 곧 보살이 행할 것이라고 이름합니다.114

(d) ① 만약 무생無生의 영역을 바르게 관찰하면서도 성문 정성正性의 영역에 떨어지지 아니한다면, 이것은 곧 보살이 행할 것이라고 이름하고,115 ② 만약 일체 유정들의 영역을 거두면서도 번뇌와 수면으로 행하는 것이 없다면, 이것은 곧 보살이 행할 것이라고 이름합니다.116 ③ 만약 멀리 여읨[遠離]의 영역을 바르게 기뻐하면서도 몸과 마음이 다하여 멸하는 영역을 구하지 아니한다면, 이것은 곧 보살이 행할 것이라고 이름하고, ④ 만약 삼계三界의 영역을 즐겨 관찰하면서도 법계法界의 영역을 무너뜨리고 어지럽히지 아니한다면, 이것은 곧 보살이 행할 것이라

若行一切 有情諸法相[離]<雜>所行 而無煩惱隨眠所行, 是則名爲 菩薩所行.
若正觀察 無生所行 而不墮 聲聞正性所行, 是則名爲 菩薩所行, 若攝一切 有情所行 而無煩惱隨眠所行, 是則名爲 菩薩所行. 若正欣樂 遠離所行 而不求身心 盡滅所行, 是則名爲 菩薩所行, 若樂觀察 三界所行 而不壞亂 法界所行, 是則名爲

....
113 범부는 연기에 있으면서 문득 견취를 일으키지만, 보살은 연기를 나타내면서도 견취를 멀리 한다.
114 범부는 유정상 및 법상을 일으켜 섞이므로 번뇌와 수면이 있지만, 보살은 두 가지 상을 나타내면서도 번뇌와 수면이 없다.
115 이승은 무생을 증득하기 때문에 성문의 정성에 떨어지지만, 보살은 무생을 증득하더라고 성문의 정성에 떨어지지 않는다. '정성'이란 인무아의 이치이니, 증지로써 이 인무아의 이치만을 깨닫는 것을 정성에 떨어진다고 하였다.
116 범부는 유정이 행하는 곳[行處]을 섭수하면 번뇌와 수면이 있다.

고 이름합니다.

  (e) ① 만약 공성空性의 영역을 즐겨 관찰하면서도 일체 공덕의 영역을 구한다면, 이것은 곧 보살이 행할 것이라고 이름하고, ② 만약 무상無相의 영역을 즐겨 관찰하면서도 유정을 도탈度脫시키는 영역을 구한다면, 이것은 곧 보살이 행할 것이라고 이름하며, ③ 만약 무원無願의 영역을 즐겨 관찰하면서도 존재 세계[有趣]의 영역을 능히 나타내 보인다면, 이것은 곧 보살이 행할 것이라고 이름합니다.117

  ④ 만약 무작無作의 영역에서 즐겨 노닐면서도[遊履] 항상 일체 선근이 쇠퇴 없이[無替] 행해짐을 일으킨다면, 이것은 곧 보살이 행할 것이라고 이름하고,118 ⑤ 만약 육바라밀[六度]의 영역에서 즐겨 노닐면서 일체 유정이 마음으로 행하는 오묘한 지혜[妙智]의 피안의 영역으로 향하지 아니한다면, 이것은 곧 보살이 행할 것이라고 이름하며,119 ⑥ 만

菩薩所行.

若樂觀察 空性所行 而求一切 功德所行, 是則名爲 菩薩所行, 若樂觀察 無相所行 而求度脫 有情所行, 是則名爲 菩薩所行, 若樂觀察 無願所行 而能示現 有趣所行, 是則名爲 菩薩所行.

若樂遊履 無作所行 而常起作 一切善根 無替所行, 是則名爲 菩薩所行, 若樂遊履 六度所行 而不趣向 一切有情 心行妙智 彼岸所行, 是則名爲 菩薩

---

117 이 곳의 7구는 오직 이승과만 같지 아니한 것이다. 여기까지의 3구는 세 가지 삼매[等持]의 행이고, 뒤의 넷은 다른 섞인 행[雜行]이다.
118 '체替'란 폐하는 것[癈]이다. 이승은 공에서 노닐고 온갖 행을 일으키지 않지만, 보살은 공을 일으키면서도 선근을 폐함이 없다.
119 보살은 육바라밀에 노닐면서 열반을 좋아하지 않으니, 머묾 없음에 머물기 때문이다. '유정이 마음으로 행하는 오묘한 지혜의 피안'은 열반이다.

약 자·비·희·사가 한량없는 영역을 즐겨 관찰하면서도 범천의 세상[梵世]의 영역에 태어나기를 구하지 아니한다면, 이것은 곧 보살이 행할 것이라고 이름하고,120 ⑦ 만약 육신통[六通]의 영역에서 즐겨 노닐면서 누진漏盡의 영역을 증득함으로 향하지 아니한다면, 이것은 곧 보살이 행할 것이라고 이름합니다.121

(f) ① 만약 모든 법의 영역을 즐겨 건립하면서도 사도邪道의 영역을 반연하지 아니한다면, 이것은 곧 보살이 행할 것이라고 이름하고,122 ② 만약 여섯 가지 새김[六念]의 영역을 즐겨 관찰하면서도 모든 누[諸漏]의 영역에 따라 태어나기를 구하지 아니한다면. 이것은 곧 보살이 행할 것이라고 이름합니다.123

所行, 若樂觀察 慈悲喜捨 無量所行 而不求生 梵世所行, 是則名爲 菩薩所行, 若樂遊履 六通所行 而不趣證 漏盡所行, 是則名爲 菩薩所行.

若樂建立 諸法所行 而不攀緣 邪道所行, 是則名爲 菩薩所行, 若樂觀察 六念所行 而不隨生 諸漏所行, 是則名爲 菩薩所行.

....

120 이승은 사무량심을 닦아 범천의 세상에 태어나기를 구하니, 인이 유루이기 때문이다. 이의 과보는 반드시 초선천 중에 태어나기 때문이다. 보살은 사무량심을 닦으면서 대보리를 구하니, 인이 무루이기 때문이다.

121 이승은 육신통에 노닐면서 누가 다한 열반을 증득하지만, 보살은 육신통에 노닐면서도 열반을 증득치 아니하니, 머묾 없음에 머물기 때문이다.

122 이하의 2구는 오직 범부와만 같지 않은 것이다. 범부는 모든 법을 건립하면서 사도를 반연하고 삿된 이해[邪解]로 모든 법을 분별한다. 보살은 모든 법을 건립하지만 사도를 반연하지 않으니, 바른 이치로 환히 알기 때문이다.

123 범부는 여섯 가지 새김[육념六念=육수념六隨念]을 일으키면서 모든 누를 따라 태어나니, 갈애와 자만[愛慢] 등으로 태어나기 때문이다. 보살은 육념을 일

(g)124 ① 만약 장애 아닌 것[非障]의 영역을 즐겨 관찰하면서도 잡염을 여읜[離染] 영역을 희구하지 아니한다면, 이것은 곧 보살이 행할 것이라고 이름하고,125 ② 정려, 해탈, 삼매[等持], 등지等至 등 모든 선정의 영역을 즐겨 관찰하면서도 모든 선정의 세력으로 수생受生하는 영역을 능히 따르지 아니한다면, 이것은 곧 보살이 행할 것이라고 이름합니다.126

③ 만약 사념처[念住]의 영역에서 즐겨 노닐면서도 신·수·심·법을 멀리 떠난[遠離] 영역 구하기를 좋아하지 아니한다면, 이것은 곧 보살이 행할 것이라고 이름하고,127 ④ 만약 사정단[正斷]의 영역에서 즐겨 노닐면서

若樂觀察 非障所行 而不希求 [雜]<離>染所行, 是則名爲 菩薩所行, 若樂觀察 靜慮解脫 等持 等至 諸定所行 而能不隨 諸定勢力 受生所行, 是則名 爲 菩薩所行.

若樂遊履 念住所行 而不樂求 身受心法 遠離所行, 是則名爲 菩薩所行, 若樂遊履 正斷所行 而不見善

....
으키면서도 모든 누를 따라 태어나지 않으니, 모든 누를 멸하기 때문이다.
124 이하의 12구는 오직 이승과만 같지 아니한 것인데, 나누면 셋이 된다. 처음 2구는 이염離染과 수생受生에서 다른 것, 다음의 7구는 보리분법을 닦는 데서 다른 것, 뒤의 3구는 무위·유위를 깨닫는 데서 다른 것이다.
125 이승은 무루(='장애 아닌 것')를 관찰하면서 이염을 희구하지만, 보살은 무루를 관찰하면서도 이염을 희구하지 않고 번뇌를 남기니, 번뇌가 다함에 이르러 붓다의 일체지를 증득하고자 하기 때문이다.
126 이승은 유루의 선정을 얻어 선정의 힘으로 수생함을 따르지만, 보살은 유루의 선정을 얻으면서도 선정의 힘으로 수생함을 따르지 아니한다.
127 이승은 념주를 닦으면서 신·수·심·법을 멀리 떠나는 것을 구하지만, 보살은 념주를 닦으면서도 네 가지를 멀리 떠나는 것을 구하지 않는다. '멀리 떠난다'는 것은 번뇌를 끊는다는 것이다.

도 선법과 불선법 두 가지의 영역을 보지 아니한다면, 이것은 곧 보살이 행할 것이라고 이름하며,128 ⑤ 만약 사신족[神足]의 영역에서 즐겨 노닐면서도 공용功用 없이 신족의 영역에서 변현變現함이 자재하다면, 이것은 곧 보살이 행할 것이라고 이름하고,129 ⑥ 만약 오근五根의 영역에서 즐겨 노닐면서도 일체 유정의 모든 기능[根]의 뛰어나고 열등함의 묘지[勝劣妙智]의 영역을 분별하지 아니한다면, 이것은 곧 보살이 행할 것이라고 이름하며,130 ⑦ 만약 오력五力의 영역을 즐겨 안립하면서도 여래의 십력十力의 영역을 구한다면, 이것은 곧 보살이 행할 것이라고 이름하고,131 ⑧ 만약 칠각지[七等覺支]의 원만한 영역을 즐겨 안립하면서도 불법佛法의 차별되

及與不善 二種所行,
是則名爲 菩薩所行,
若樂遊履 神足所行
而無功用 變現自在
神足所行, 是則名爲
菩薩所行, 若樂遊履
五根所行 而不分別
一切有情 諸根勝劣
妙智所行, 是則名爲
菩薩所行,

若樂安立 五力所行
而求如來 十力所行
是則名爲 菩薩所行,
若樂安立 七等覺支
圓滿所行 不求佛法

....
128 이승은 정단을 일으켜서 부지런히 두 가지 악을 끊고 두 가지 선을 닦기 때문에 선과 불선을 보지만, 보살은 분별 없이 사정단을 일으키므로 선과 불선을 보지 않는다.
129 이승은 사신족을 일으키되, 임운하여 변현함이 자재할 수 없지만, 보살은 신족을 일으키면서 능히 임운하여 변현할 수 있으니, 가행加行이 크기 때문이다.
130 이승은 오근에서 노닐어 스스로 얻고 나서는, 유정의 모든 기능[根]의 뛰어나고 열등함이라는 묘지의 경계[妙智境] 분별함을 또한 일으키지만, 보살은 분별을 일으키지 않으니, 비록 기능의 상·하를 아는 힘은 있지만 분별이 없기 때문이다.
131 이승은 오력五力을 일으키면서 십력十力을 구하지 않지만, 보살은 십력을 구한다.

는 묘지妙智와 선교善巧의 영역을 구하지 아니한다면, 이것은 곧 보살이 행할 것이라고 이름하며,132 ⑨ 만약 팔성도지八聖道支가 원만한 영역을 즐겨 안립하면서도 사도邪道의 영역을 싫어해 등지지 아니한다면, 이것은 곧 보살이 행할 것이라고 이름합니다.133

⑩ 만약 지관止觀의 자량資糧의 영역을 구하면서도 필경 적멸한 영역에 떨어지지 아니한다면, 이것은 곧 보살이 행할 것이라고 이름하고,134 ⑪ 만약 생멸하는 모습[生滅相]이 없는 모든 법의 영역을 즐겨 관찰하면서도 상호相好로써 그 몸을 장엄하고 갖가지 불사佛事로 행하는 것을 이루어 만족한다면, 이것은 곧 보살이 행할 것이라고 이름하며,135 ⑫

差別妙智 善巧所行, 是則名爲 菩薩所行, 若樂安立 八聖道支 圓滿所行 而不厭背 邪道所行, 是則名爲 菩薩所行.

若求止觀 資糧所行 不墮畢竟 寂滅所行, 是則名爲 菩薩所行, 若樂觀察 無生滅相 諸法所行 而以相好 莊嚴其身 成滿種種 佛事所行, 是則名爲 菩薩

....
132 이승은 칠각지를 모두 원만하게 하고 나서도 분별이 있으므로, 후에 불법의 차별되는 묘지와 묘용의 경계를 구하지만, 보살은 칠각지를 이미 원만하게 하고 나면 분별이 없으므로, 다시 불법의 차별되는 묘지와 묘용의 영역을 구하지 아니하니, 지혜의 과보[智果]가 만족하기 때문이다.
133 이승은 팔정도가 원만하면 사도邪道를 싫어해 등지지만, 보살은 팔정도가 원만하더라도 사도를 싫어하지 않으니, 항상 교화하기 때문이다.
134 이하의 3구는 무위와 유위를 깨닫는 데서 같지 않은 것이다. 처음의 2구는 무위에서 같지 않은 것이고, 뒤의 하나는 유위에서 같지 않은 것이다. 이승은 지관의 두 가지 인因을 구해서 필경 적멸에 떨어지지만, 보살은 지관을 일으키면서도 필경 적멸에 떨어지지 않으니, 항상 중생을 교화하기 때문이다. '자량'이란 '인因'이다.
135 이승은 생멸이 없는 이치를 관찰하면서, 상호로 몸을 장엄하거나 불사를 이루어 만족할 수 없지만, 보살은 생멸 없는 이치를 내적으로 관찰하면서도 상호

만약 성문이나 독각의 위의威儀로 행하는 것을 즐겨 나타내 보이면서도 일체 붓다의 법[佛法]을 연려緣慮하는 영역을 버리지 아니한다면, 이것은 곧 보살이 행할 것이라고 이름합니다.136

(h) ① 만약 모든 법이 구경 청정하며 본성이 항상 고요한[本性常寂] 오묘한 선정[妙定]의 영역을 따르면서도, 일체 유정이 갖가지 즐기는 바의 위의[所樂威儀]의 영역을 수순하지 않는 것이 아니라면, 이것은 곧 보살이 행할 것이라고 이름하고,137 ② 만약 일체 불국토는 그 성품이 공적하여 이루어짐도 없고[無成] 무너짐도 없어[無壞] 공空과 같은 영

所行, 若樂示現 聲聞獨覺 威儀所行 而不棄捨 一切佛法 緣慮所行, 是則名爲 菩薩所行.

若隨諸法 究竟淸淨 本性常寂 妙定所行, 非不隨順 一切有情 種種所樂 威儀所行, 是則名爲 菩薩所行, 若樂觀察 一切佛土 其性空寂 無成無壞 如

로 몸을 장엄하고 모든 불사를 이룬다.

136 이것은 유위의 사업이 같지 않은 것이다. 이승은 위의를 일으키면 일체 붓다의 법(=이승의 법이 아닌 것)을 연려하는 마음을 버린다. 세속의 일을 일으키면, 다시 세간 벗어난 이치와 현상을 관찰할 수 없는 것이다. 보살은 이승의 위의의 일을 일으키더라도, 또한 내적으로 일체 붓다의 법의 이치와 현상을 반연할 수 있으니, 가행이 크기 때문이다.

137 위의 34구는 범부나 이승의 영역과 같지 않은 것이고, 이하의 3구는 수승한 것을 얻되, 하열한 것을 버리지 않는 것을 '보살의 행할 것'이라고 이름한다. ①은 선정에 들어서도 위의를 나타내는 것, ②는 이치를 증득하고서도 온갖 모습을 나타내는 것, ③은 과보를 얻고서도 원인 닦는 것을 나타내는 것이다. '구경 청정하며 본성이 항상 고요한 것'은 진여이고, '오묘한 선정'이란 관찰의 수단[能觀]인 선정이다. 비록 진여를 얻고 뛰어난 선정을 능히 반연하여 선정의 영역을 따르면서도, 유정이 즐기는 바의 위의를 버리지 않는다. 혹은 곧 멸진정에서 일어나지 않고도 위의를 나타내는 것이다.

역인 것을 즐겨 관찰하면서도, 갖가지 공덕으로 불국토를 장엄하고 일체 유정들을 요익하는 영역을 나타내 보이지 않는 것이 아니라면, 이것은 곧 보살이 행할 것이라고 이름하며,138 ③ 만약 일체 불법佛法으로 법륜을 굴리고 대열반에 들어가는 불사佛事의 영역을 즐겨 나타내 보이면서도, 모든 보살행의 차별된 영역을 수행하지 않는 것이 아니라면, 이것은 곧 보살이 행할 것이라고 이름하는 것입니다."139

空所行, 非不示現 種種功德 莊嚴佛土 饒益一切 有情所行, 是則名爲 菩薩所行, 若樂示現 一切佛法 轉於法輪 入大涅槃 佛事所行, 非不修行 諸菩薩行 差別所行, 是則名爲 菩薩所行."

5. 대중이 이익을 얻다

이 일체 보살이 행할 것[菩薩所行]이라는 희유한 일을 말하였을 때 이 묘길상이 이끌고 온 대중들 중 8억의 천자天子들은 그 말한 법을 듣고 모두 무상정등보리로 마음을 일으켜

說是 一切菩薩所行 希有事時 是妙吉祥 所將衆中 八億天子 聞所說法 皆於無上

....
138 '일체 불국토가 그 성품이 공적하여 이루어짐도 없고 무너짐도 없어 공空과 같다'는 것은 법성의 국토[法性土]이다. 비록 수승한 일체 법성의 무상이고 공인 국토를 관찰하면서도, 갖가지로 불국토를 장엄하거나 유정을 이롭고 즐겁게 함으로써 하열한 보·화의 국토[報化土]를 닦지 않는 것이 아닌 것이다.
139 비록 수승한 팔상八相(=강도솔降兜率·입태·출태·출가·항마降魔·성도成道·전법륜·반열반의 여덟 가지 모습의 붓다의 생애)을 변화해 나툼을 구하고 불사佛事하는 것을 보이면서도, 하열한 모든 보살행 닦는 것을 버리지 않는다. 여기에서는 과보에 있는 2상(=전법륜·반열반)만을 우선 설한 것이다.

향하였다.   正等菩提 發心趣向.

제6 부사의품1　　　　　　不思議品 第六

1. 사리자가 생각하다2

그 때 사리자는 이 방 안에 앉을 것[床座]이 없는 것을 보고 속으로 이렇게 생각하였다. '이 모든 보살들과 대 성문들은 어디에 앉아야 하나?'

時舍利子 見此室中 無有床座　竊作是念. '此諸菩薩 及大聲聞 當於何坐?'

2. 무구칭이 나무라다3

2.1 사리자에게 묻다

....
1 방편품 이하의 모두 5개 품이 이타행을 밝히는 것인데, 처음 4개 품은 은밀한 자취의 이타이니, 대신통을 나투지 않고 부류를 따라 제도하기 때문에 은밀한 방편이고, 이 1품은 대신통을 나투므로 드러난 자취의 이타를 밝히는 것으로, 드러난 방편이다. 신통의 오묘한 작용은 상위上位는 알 수 있지만, 하심下心으로는 사려할 수 있는 것이 아니고, 또 하열한 방편으로는 논의할 수 있는 것이 아닌데, 지금 이것을 자세히 밝히므로 '부사의품'이라고 이름하였다. 이는 무루의 혜근慧根을 체로 하니, 부사의의 체는 곧 신통이기 때문이다. 그 신통의 경계와 오묘한 작용 또한 헤아리기 어렵기 때문에 '부사의'라고 이름하였다.
2 이 품에는 큰 글이 넷 있다. 1.은 사리자가 마음으로 생각하는 것, 2.는 무구칭이 꾸짖어 말하는 것, 3.은 부사의를 드러내는 것, 4.는 대중이 이익을 얻는 것이다. 구역에는 셋만 있고, 네 번째 것은 없었다.
3 무구칭이 꾸짖어 말하는 것에 넷이 있다. 처음 2.1은 사리자에게 묻는 것, 다음 2.2는 사리자가 대답하는 것, 다음 2.3은 무구칭이 자세히 말하는 것, 뒤의 2.4는 대중이 이익을 얻는 것이다.

그 때 무구칭은 사리자가 마음으로 생각하는 것을 알아차리고 곧 말하였다.

"존경하는 사리자님, 법을 위해서 오셨습니까, 자리에 앉기 위해 오셨습니까?"

時無垢稱 知舍利子心之所念 便卽語言.
"唯 舍利子, 爲法來耶, 求床坐耶?"

2.2 사리자가 대답하다

사리자가 말하였다.

"나는 법을 위해 온 것이지, 앉을 것을 위해 온 것이 아닙니다."

舍利子言.
"我爲法來, 非爲床座."

2.3 무구칭이 자세히 말하다4

(1) 법 구하는 것을 총체적으로 밝히다

무구칭이 말하였다.

"존경하는 사리자님, 법을 구하는 모든 자는 신명身命을 돌아보지 않는데, 어찌 하물며 앉을 것이겠습니까?

無垢稱言.
"唯 舍利子, 諸求法者 不顧身命, 何況床座?

(2) 법 구하는 것을 개별적으로 밝히다5

(가) 또 사리자님, 법을 구하는 모든 자는 색

又 舍利子, 諸求法

---

4 무구칭이 자세히 말하는 것에 셋이 있다. (1)은 법 구하는 것을 총체적으로 밝히는 것, (2)는 법 구하는 것을 개별적으로 밝히는 것, (3)은 법 구하는 것을 맺어 이루는 것이다.

5 이하 법 구하는 것을 개별적으로 밝히는 것에 모두 10단락이 있다. '구할 것[所求]'은 법을 체득하여 깨닫는 것[作證法]을 말한다. '구하지 않을 것[所不求]'이란 비록 구하여 알 수 있다 하더라도, 깨달아 얻기[證獲]를 구하지 않기 때문에 '구하지 않는다'고 이름한다.

온色蘊 내지 식온識蘊을 구하지 아니하고, 법을 구하는 모든 자는 안계眼界 내지 의식계意識界를 구하지 아니하며, 법을 구하는 모든 자는 안처眼處 내지 법처法處를 구하지 아니하고, 법을 구하는 모든 자는 욕계, 색계, 무색계를 구하지 아니합니다.6

㈏ 또 사리자님, 법을 구하는 모든 자는 붓다에 대한 집착 및 법·승가에 대한 집착을 구하지 아니하고, 법을 구하는 모든 자는 고를 알고 집을 끊으며 멸을 증득하고 도를 닦는 것을 구하지 아니합니다. 어째서인가 하면 법에는 희론이 없기 때문입니다. 만약 나는 고를 알고 집을 끊으며 멸을 증득하고 도를 닦아야 한다고 말한다면 이는 곧 희론이지, 법을 구하는 것이라고 하지 않습니다.7

㈐ 또 사리자님, 법을 구하는 모든 자는 생함[生]을 구하지 아니하고 멸함[滅]을 구하

者 不求色蘊 乃至識蘊, 諸求法者 不求眼界 乃至意識界, 諸求法者 不求眼處 乃至法處, 諸求法者 不求欲界 色無色界.

又舍利子, 諸求法者 不求佛執 及法僧執, 諸求法者 不求知苦 斷集證滅 及與修道. 所以者何 法無戲論. 若謂我當 知苦斷集 證滅修道 卽是戲論, 非謂求法.

又舍利子, 諸求法者 不求於生 不求

....
6 이는 제1 허환법虛幻法을 구하지 않는 것이다. 온蘊·계界·처處의 셋 및 삼계三界의 법은 모두 허망한 환상[虛幻]이기 때문이다.
7 이는 제2 이승의 법을 구하지 않는 것이다. 이승은 삼보와 사성제가 있다고 집착하기 때문이다. 이는 개별적인 모습[別相]의 삼보에 대한 집착을 구하지 않는다는 것이지, 삼보를 구하지 않는다는 것은 아니고, 고를 알고 집을 끊으며 멸을 증득하고 도를 닦는 것을 차별하여 분별하는 희론을 구하지 않는다는 것이지, 비안립제(=언어로써 안립된 사성제를 가리키는 '안립제'의 근거가 되는 진여)의 진실한 이치[非安立諦之眞理] 깨닫기를 구하지 않는다는 것은 아니다.

지 아니합니다. 어째서인가 하면 법은 적정 및 적정에 가까운 것[近寂靜]이라고 이름하기 때문입니다. 만약 생멸을 형성한다면 이는 생멸을 구하는 것이지, 법을 구하는 것이라고 하지 않고, 멀리 여읨[遠離]을 구하는 것도 아닙니다.8

 그리고 법을 구하는 모든 자는 탐염貪染을 구하지 아니합니다. 어째서인가 하면 법은 탐염이 없고 모든 탐염을 떠났기 때문입니다. 만약 모든 법 내지 열반에 대해 조금이라고 탐염이 있다면 이것은 탐염을 구하는 것이지, 법을 구하는 것이라고 하지 않습니다.9

 ㈃ 또 사리자님, 법을 구하는 모든 자는 경계를 구하지 아니합니다. 어째서인가 하면 법은 경계가 아니기 때문입니다. 만약 일체 경계의 영역을 헤아린다면 이것은 경계를 구하는 것이지, 법을 구하는 것이라고 하지 않

於滅. 所以者何 法名寂靜　及近寂靜. 若行生滅　是求生滅, 非謂求法, 非求遠離.

諸求法者　不求貪染. 所以者何 法無貪染 離諸貪染. 若於諸法 乃至涅槃 少有貪染　是求貪染, 非謂求法.

又舍利子, 諸求法者 不求境界. 所以者何 法非境界. 若數一切境界所行 是求境界, 非謂求法.

....
8 제3 유루법을 구하지 않는 것에 둘이 있다. 이것은 모든 유루법을 일으키고 버림[起遣]을 구하지 않는 것이다. 법을 '적정'이라고 이름한다는 것은 진여이고, '적정에 가까운 것'은 나머지 무루법이다. 만약 유루의 생멸을 형성한다면 무루법을 구하는 것이라고도, 진여의 멀리 여의는 법을 구하는 것이라고도 하지 않는다.
9 이는 유루를 구하지 않는 것 중 (둘째로서) 번뇌가 따라 증가하는 법을 구하지 않는 것이다. '법은 탐염이 없다'는 것은 진여이고, '모든 탐염을 떠났다'는 것은 나머지 무루법이다. 모두 탐염할 수 있는 것이 아니기 때문이다.

(마) 또 사리자님, 법을 구하는 모든 자는 취하고 버림[取捨]을 구하지 않습니다. 어째서인가 하면 법은 취하고 버림이 없기 때문입니다. 만약 법을 취하고 버린다면 이것은 취하고 버림을 구하는 것이지, 법을 구하는 것이라고 하지 않습니다.11

(바) 또 사리자님, 모든 법을 구하는 자는 거두어 간직함[攝藏]을 구하지 않습니다. 어째서인가 하면 법은 거두어 간직함이 없기 때문입니다. 만약 거두어 간직함을 즐긴다면 이는 거두어 간직함을 구하는 것이지, 법을 구하는 것이라고 하지 않습니다.12

(사) 또 사리자님, 법을 구하는 모든 자는 법상法相을 구하지 아니합니다. 어째서인가 하

又舍利子, 諸求法者 不求取捨. 所以者何 法無取捨. 若取捨法 是求取捨, 非謂求法.

又舍利子, 諸求法者 不求攝藏. 所以者何 法無攝藏. 若樂攝藏 是求攝藏, 非謂求法.

又舍利子, 諸求法者 不求法相. 所以

----

10 이는 제4 알아야 할 대상의 법[所知法]을 구하지 않는 것이다. 이것에는 두 가지 해석이 있다. 첫째는 망심妄心의 인식대상[所取]의 경계를 구하지 않는다는 것이니, 인연의 진여는 허망한 경계가 아니기 때문이다. 만약 마음으로 분별한다면 헤아려서 경계로 삼는 것이지, 법을 구하는 것이라고 하지 않는다. '수數'란 헤아리는 것[計]이다. 둘째는 상相의 차별이 있는 경계를 구하지 않는다는 것이니, 진여의 정법正法은 차별이 없기 때문이다. '수'란 분별하는 것이다.
11 이는 제5 법을 거두고 버림[攝棄法]을 구하지 않는 것이다. 인연의 진여는 취사가 없기 때문이다. 혹은 진실은 생멸이 없는데, 어찌 취사가 있겠는가?
12 이는 제6 법을 애착愛著함을 구하지 않는 것이다. 섭장의 주체[能攝藏]는 애착[愛]이고, 섭장의 대상[所攝藏]은 이 애착의 소연所緣이다. 이미 탐애를 구하지 않기 때문에 법은 섭장될 수 없다. 애착할 경계가 아니기 때문이다.

면 법은 상이 없다고 이름하기 때문입니다. 만약 상을 따라 인식한다면 곧 상을 구하는 것이지, 법을 구하는 것이라고 하지 않습니다.13

㈎ 또 사리자님, 법을 구하는 모든 자는 법과 함께 머물지 않습니다[不共法住]. 어째서인가 하면 법은 머무는 바[所住]가 없기 때문입니다. 만약 법과 더불어 머문다면 이는 곧 머묾[住]을 구하는 것이지, 법을 구하는 것이라고 하지 않습니다.14

㈐ 또 사리자님, 법을 구하는 모든 자는 보고 듣고 감각하고 아는 것[見聞覺知]을 구하지 않습니다. 어째서인가 하면 법은 보고 듣고 감각하고 알 수 없기 때문입니다. 만약 견문각지見聞覺知를 행한다면 이는 견문각지를 구하는 것이지, 법을 구하는 것이라고 하지 않습니다.15

㈑ 또 사리자님, 법을 구하는 모든 자는 유

者何 法名無相.
若隨相識　卽是求
相, 非謂求法.

又舍利子,　諸求法
者 不共法住. 所以
者何 法無所住.
若與法住　卽是求
住, 非謂求法.

又舍利子,　諸求法
者 不求見聞 及與
覺知. 所以者何 法
不可 見聞覺知. 若
行見聞覺知 是求見
聞覺知, 非謂求法.

又舍利子,　諸求法

....
13 이는 제7 상이 있는 법[有相法]을 구하지 않는 것이다. 진여와 정지正智는 모두 상이 없는 것이다.
14 이는 제8 세속법을 구하지 않는 것이다. 모든 법을 구하는 자는 일체의 세속법과 함께 머물지 않는다. 진여법 중에는 머무는 것이 없기 때문이다.
15 이는 제9 네 가지 경계의 법[四境法]을 구하지 않는 것이다. 이 네 가지는 모두 유루의 차별심에 의지하여 이를 건립하는 것이다. 따라서 진여는 보고 들을 수 있는 등이 아니라고 말한다.

위를 구하지 아니합니다. 어째서인가 하면 법은 무위여서 유위의 성품을 떠났다고 이름하기 때문입니다. 만약 유위를 형성한다면 이것은 유위를 구하는 것이지, 법을 구하는 것이라고 하지 않습니다.16

(3) 법 구하는 것을 맺어 이루다

그러므로 사리자님, 만약 법을 구하고자 한다면 일체법에 대하여 구하는 것이 없어야 하는 것입니다."17

者 不求有爲. 所以者何 法名無爲 離有爲性. 若行有爲 是求有爲, 非謂求法.

是故 舍利子, 若欲求法 於一切法 應無所求."

2.4 대중이 이익을 얻다

이 법을 말하였을 때 오백의 천자들은 티끌을 멀리하고 때를 떠나 모든 법에 대해 법안의 청정[法眼淨]을 얻었다.18

說是法時 五百天子 遠塵離垢, 於諸法中 得法眼淨.

3. 불가사의함을 나타내다19

....
16 이는 제10 악한 업과 번뇌로써 형성하는 법을 구하지 않는 것이다. 모든 무루법은 악한 업과 번뇌로써 형성하는 법이 아니기 때문에 무위라고 이름한다. 혹은 오직 진여만을 무위라고 이름하니, 법의 근본이기 때문이다.
17 법을 구하는 모든 자는 일체 모든 법이 아닌 법[諸非法法]을 구하지 않아야 하고, 법이 아닌 법에 대해 구하는 것이 없어야 한다. 이 법 중에서 구함 없이 구하는 것, 이것이 법을 구하는 것이다.
18 그 때 대중이 이익을 얻으니, 예류과를 얻었다는 것이다.
19 이하 제3 불가사의를 나타내는 것에 둘이 있다. 처음은 불가사의한 일을 나타내는 것을 말하는 것, 뒤는 불가사의한 일을 말하는 것이다.

3.1 불가사의한 일을 나타내다[20]

⑴ 자리가 있는 곳을 묻다

그 때 무구칭이 묘길상에게 물었다.

"존자께서는 일찍이 시방세계의 한량없고 수없는 백천 구지俱胝의 모든 불국토를 다니셨습니다. 어떠한 불국토에 좋고 가장 오묘하며 공덕을 구족한 큰 사자좌師子座가 있던가요?"

⑵ 길상이 처소를 보이다

묘길상이 말하였다.

"동쪽으로 여기에서 삼십육 항하의 모래[殑伽沙]와 같은 여러 불국토를 지나서 붓다세계[佛世界]가 있으니, 이름을 산당山幢이라고 하고, 그 국토의 여래는 명호를 산등왕山燈王이라고 하는데 바로 지금 현재 안온하게 머물고 있습니다. 그 붓다의 신장身長은 팔십사억 유선나踰膳那이고, 그 분의 사자좌師子座는 높이가 육십팔억 유선나이며, 그 보살들의 신장은 사십이억 유선나이고, 그들

時無垢稱 問妙吉祥.
"仁者 曾遊 十方世界 無量無數 百千俱胝 諸佛國土. 何等佛土 有好上妙 具足功德 大師子座?"

妙吉祥言.
"東方去此 過三十六殑伽沙等 諸佛國土 有佛世界, 名曰山幢, 彼土如來 號山燈王 今正現在 安隱住持. 其佛身長 八十四億 踰膳那量, 其師子座高 六十八億 踰膳那量, 彼菩薩身長 四十二億 踰膳

---

[20] 불가사의한 일을 나타내는 것에 넷이 있다. ⑴은 자리가 있는 곳을 묻는 것, ⑵는 길상이 처소를 보이는 것, ⑶ 자리를 시설하는 것을 바로 밝히는 것, ⑷는 사리자가 찬양하는 것이다. (문) 무엇 때문에 처음에는 법을 구할 것이지 자리가 아니라고 책망하고, 뒤에 와서 자리 있는 곳을 묻고 바야흐로 설치까지 하는가? (답) 이치상 응당 진실을 구할 것이지 세속은 아닌 까닭에 처음에 나무라서 법도[禮]를 마치고 나서, 근기에 수순하는 까닭에 지금 시설하는 것이다.

의 사자좌는 높이가 삼십사억 유선나입니다.

거사님, 그 국토의 여래의 사자좌가 가장 절묘하고 모든 공덕을 갖추었다고 알아야 합니다."21

那量, 其師子座高 三十四億 蹄膳那量. 居士, 當知 彼土如來 師子之座 最爲 殊妙 具諸功德."

(3) 자리를 시설하다22

㈎ 그 때 무구칭은 생각을 거두어 선정에 들어서 다음과 같은 자재한 신통을 일으켰다.23

時無垢稱 攝念入定 發起如是 自在神通.

㈏ ① 그 즉시 동방 산당세계의 산등왕 붓다께서 삼십이억 개의 큰 사자좌를 보내시니, 높고 넓으며 장엄 청정하여 매우 사랑스러운 것이 허공을 타고 무구칭의 방으로 들어왔다.24

卽時 東方山幢世界 山燈王佛 遣三十二億 大師子座, 高廣 嚴淨 甚可愛樂 乘空來入 無垢稱室.

② 이 모든 보살들과 대 성문들, 제석·범천·사천왕들과 모든 천자 등은 과거에 보지

此諸菩薩 及大聲聞 釋梵護世 諸天子等

---

21 자리가 뛰어남을 찬탄하는 것이니, 이를 보여 취하게 하려는 것이다.
22 이하 제3 자리를 시설하는 것을 바로 밝히는 것에 셋이 있다. ㈎는 신통 일으키는 것을 밝히는 것, ㈏는 자리가 이르는 것을 밝히는 것, ㈐는 자리에 앉도록 권하는 것이다.
23 제8지 이상은 항상 선정 중에 있지만, 세속에 수순해서 신통을 일으키려고 생각을 거두어 선정에 드는 것이다.
24 이하 자리가 이르는 것을 밝히는 것에 셋이 있다. ①은 자리가 이르는 것을 밝히는 것, ②는 기이하고 특별함을 밝히는 것, ③은 품어 담는 것[舍容]을 밝히는 것이다. 이 때의 대중의 수에 맞추어 삼십이억 개가 있었고, 자리가 실제가 아니고 신통력으로 일어났음을 나타내기 위해 '허공을 타고 왔다'고 한 것이다.

못한 것이었고 이전에 들어보지도 못한 것이 었다.

③ 그 방은 홀연 넓어지고 장엄 청정해져서 삼십이억 개의 사자좌를 모두 다 포용하고서도 서로 방해가 되지 않았으며,25 광엄 대성 및 섬부주贍部洲를 포함한 사대주四大洲 등 모든 세계에 있는 성읍과 취락, 국토와 왕도王都, 천신·용·야차[藥叉]·아수라[阿素洛] 등이 머무는 궁전들 또한 조여지지 않고서[不迫迮] 본래대로 모두 다 보이는 것이 전후로 다름이 없었다.26

昔所未見　先亦未聞.
其室欻然　廣博嚴淨
悉能苞容　三十二億
師子之座　不相妨礙,
廣嚴大城　及贍部洲
四大洲等　諸世界中
城邑聚落　國土王都
天龍藥叉　阿素洛等
所住宮殿　亦不迫迮
悉見如本　前後無異.

....

25 이하 품어 담는 것을 밝히는 것에 둘이 있다. 처음 여기까지는 방이 변하여 자리를 담는 것을 밝히고, 뒤의 그 아래는 세계가 조여지지 않음을 밝힌다. 방이 넓어져 커지고 청정해서 더럽지 않으며, 모든 사자좌를 모두 다 능히 품어 담으니, 작은 것을 크게 하는 것이다. 18변變(=앞의 소 제1권본本 중에서, 육신통 중 신경통神境通에는 능변能變과 능화能化의 둘이 있다고 하면서, '변'은 먼저 있던 것을 바꾸는 것이고, '화'는 먼저 없던 것을 있게 하는 것이라고 한 다음, '변'에는 1. 진동시킴[振動], 2. 활활 태움[熾然], 3. 멀리 퍼뜨림[流布], 4. 나타내 보임[示現], 5. 바꾸어 변하게 함[轉變], 6. 가고 옴[往來], 7. 맒[卷], 8. 폄[舒], 9. 온갖 상을 몸에 들임[衆像入身], 10. 같은 부류로 나아감[同類往趣], 11. 드러냄[顯], 12. 숨김[隱], 13. 짓는 것에 자재함[所作自在], 14. 남의 신통을 누름[制他神通], 15. 능히 변재를 베풂[能施辯才], 16. 능히 억념을 베풂[能施憶念], 17. 능히 안락을 베풂[能施安樂], 18. 대광명을 놓음[放大光明]까지 열여덟 가지가 있고, '화'에는 몸[身]·경계[境]·말[語]을 변화시키는 것의 세 가지가 있다는 설명이 있었는데, 그 출전은 《유가사지론》 제37권임) 중 제8 펴는 것[舒]이다. 혹은 작은 것이 능히 큰 것을 받아들이는 것을 넓어진다고 한 것이고, 변하여 커지는 것은 아니다.

26 섬부주의 세계는 작고(=《구사론》 제11권에 의하면 긴 쪽의 길이가 2천 유선나라고 함), 자리의 크기는 지극히 큰데(=앞에서 보살의 사자좌 하나의 높이

㈐ 그 때 무구칭이 묘길상에게 말하였다.

㈀ "사자좌에 앉으십시오.27 모든 보살 및 대 성문들과 함께 마련된 대로 모두 앉으시되, 스스로 사자좌에 맞게 몸을 변화시켜야 할 것입니다."28

㈁ ① 그 신통을 얻은 모든 대보살들은 각각 스스로 몸을 사십이억 유선나의 크기로 변화시켜, 사자좌에 올라 단엄端嚴하게 앉았다.29

② 그 새로 배우는 보살[新學菩薩]들은 모두 사자좌에 오를 수가 없었다. 그 때 무구칭이 법요法要를 설해서 그들 모두로 하여금 오신통五神通을 얻게 하니, 곧 신통력으로써 각각 스스로 몸을 사십이억 유선나의

時無垢稱 語妙吉祥. "就師子座. 與諸菩薩 及大聲聞 如所敷設 俱可就座, 當自變身 稱師子座." 其得神通 諸大菩薩 各自變身 爲四十二億 踰膳那量, 昇師子座 端嚴而坐.
其新學菩薩 皆不能昇 師子之座. 時無垢稱 爲說法要 令彼一切 得五神通, 卽以神力 各自變身 爲

....

가 34억 유선나라고 하였음), 둘이 함께 한 곳에 있는데도 서로 방해되지 않는다. 작은 세계에 큰 자리가 임했는데도 조여지지 않았기 때문에 모두 본래와 같고, 처음과 뒤가 둘이 없다고 한 것이다. 18변 중 온갖 상이 몸에 들어가는 것[像像入身]에 포함되는 것이다.

27 이하 제3 자리에 앉을 것을 바로 권하는 것에 둘이 있다. 처음 이 부분은 길상에게 앉기를 권하는 것이고, 뒤의 그 아래는 다른 사람들에게 권하는 것이다.
28 다른 사람들에게 앉기를 권하는 것에 둘이 있다. 처음 이 문장은 권하는 것이고, 뒤의 ㈁ 이하는 앉는 것이다. 도의 힘이 높지 못할까봐 신통력을 나타내기를 권하는 것이니, 맞지 않을까 염려하여 몸을 변화하도록 한 것이다.
29 이하 앉는 것을 밝히는 것에 둘이 있으니, ㈁은 보살이 앉는 것을 밝히는 것, ㈐은 성문이 앉는 것을 밝히는 것이다. 전자에 둘이 있으니, ①은 스스로 할 수 있는 경우이고, ②는 다른 쪽(=스스로 할 수 없는 쪽)을 나타내는 것이다.

크기로 변화시켜 사자좌에 올라 단엄하게 앉았다.

(ㄷ) ① 그 중에는 또한 모든 대 성문들도 있었는데, 모두 사자좌에 오를 수가 없었다.30

② 그 때 무구칭이 사리자에게 말하였다.
"존자께서는 어째서 이 자리에 오르지 않으십니까?"

③ 사리자가 말하였다.
"이 자리는 높고 넓어 나는 오를 수가 없습니다."

④ 무구칭이 말하였다.
"존경하는 사리자님, 의당 산등왕 붓다께 예경하고 신통력을 가지加持해 주실 것을 청해야 비로소 앉을 수 있을 것입니다."

⑤ 그 때 대 성문들이 모두 곧 산등왕 붓다께 예배하고 신통력을 가지하여 줄 것을 청하자, 곧 사자좌에 올라 단엄하게 앉을 수가 있었다.

(4) 사리자가 찬양하다

사리자가 말하였다.

四十二億 蹫膳那量, 昇師子座 端嚴而坐. 其中復有 諸大聲聞, 皆不能昇 師子之座.

時無垢稱 語舍利子.
"仁者 云何 不昇此座."

舍利子言.
"此座高廣 吾不能昇."

無垢稱言.
"唯 舍利子, 宜應禮敬 山燈王佛 請加神力 方可得坐."

時大聲聞 咸卽禮敬 山燈王佛 請加神力, 便卽能昇 師子之座 端嚴而坐.

舍利子言.

....
30 이하 성문들이 앉는 것을 밝히는 것에 다섯이 있다. ①은 할 수 없음, ②는 힐난해 물음, ③도가 궁함을 답함, ④이익되는 것을 말함, ⑤비로소 할 수 있게 됨이다.

"매우 기이하군요, 거사님. 이와 같이 작은 방[小室]이 저러한 백천의 높고 넓으며 장엄 청정한 사자좌들을 능히 받아들이고 도 서로 방해가 되지 아니하고,31 광엄 대성 및 섬부주贍部洲를 포함한 사대주四大洲 등 모든 세계에 있는 성읍과 취락, 국토와 왕도王都, 천신·용·야차[藥叉]·아수라[阿素洛] 등의 모든 궁전들 또한 조여지지 않고서[不迫迮] 본래대로 모두 다 보이는 것이 전후로 다름이 없습니다."

"甚奇, 居士. 如此小室 乃能容受 爾所百千 高廣嚴淨 師子之座 不相妨礙, 廣嚴大城 及贍部洲 四大洲等 諸世界中 城邑聚落 國土王都 天龍藥叉 阿素洛等 所有宮殿 亦不迫迮 悉見如本 前後無異."

3.2 불가사의한 일을 말하다32

3.2.1 불가사의함을 말하다33

(1) 총체적으로 표방하다

무구칭이 말하였다.

"존경하는 사리자님, 모든 붓다 여래 응 정등각 및 불퇴의 보살[不退菩薩]에게는 '불가사의不可思議'라고 이름하는 해탈解脫이 있습

無垢稱言.

"唯 舍利子, 諸佛如來 應正等覺 及不退菩薩 有解脫 名

---

31 이하 제4 사리자가 찬양하는 것에 둘이 있다. 처음 여기까지는 방이 능히 수용하는 것을 찬양하는 것, 뒤의 그 아래는 세계가 같음[如]을 찬양하는 것이다.
32 이하 둘째 불가사의한 일을 말하는 것에 큰 글 셋이 있다. 처음 3.2.1은 불가사의함을 말하는 것, 다음 3.2.2는 가섭이 찬탄하고 한탄하는 것, 뒤의 3.2.3은 해탈을 거듭 이루는 것이다.
33 처음 불가사의함을 말하는 것에 셋이 있다. (1)은 총체적으로 표방하는 것, (2)는 자세히 말하는 것, (3)은 맺어 이루는 것이다.

니다.34

(2) 자세히 말하다35

(가) ① 만약 이러한 불가사의 해탈에 머무는 보살이라면, ② 묘고산왕妙高山王이 높고 넓음이 이와 같다 하더라도 능히 신통력으로써 이를 겨자씨[芥子] 안에 넣되, 그럼에도 겨자씨의 크기는 늘어나지도 않고, 묘고산왕의 크기도 줄어들지 않게 합니다.36

不可思議.

若住如是 不可思議
解脫菩薩, 妙高山王
高廣如是 能以神力
內芥子中, 而令芥子
形量不增, 妙高山王
形量不減.

....
34 제8지 이상을 '불퇴'라고 이름한다. 신통이 있는 것을 '해탈'이라고 이름하니, 진실한 해탈[眞解脫]을 증득해야 비로소 일으킬 수 있는 것이기 때문이다. 또한 선정의 장애에서 해탈하였기 때문에 '해탈'이라고 이름한다. 신통한 작용이 헤아리기 어려운 것을 '부사의不思議'라고 이름한다.
35 이하 자세히 말하는 것에 모두 여섯 가지 전환[六翻]이 있다. (가)는 크고 작음이 서로 받아들이는 것[大小相容], (나)는 넓고 좁음이 서로 받아들이는 것[寬狹相納], (다)는 가고 옴에 자재한 것[往來自在], (라)는 늘어나고 줄어듦을 생각에 맡기는 것[延促任情], (마)는 움직여 바꿈이 마음을 따르는 것[運轉隨心], (바)는 같은 부류로 향해 가는 것[同類往趣]이다. 처음 다섯 가지는 경계를 바꾸는 것[轉境]이고, 뒤의 한 가지는 몸을 변화시키는 것[變身]이다.
36 처음의 전환에 글이 다섯 있다. ①은 변화의 주체를 표방하는 것, ②는 신통변화를 바로 밝히는 것, ③은 인연 없이는 알지 못한다는 것, ④는 근기가 성숙하면 따를 수 있다는 것, ⑤는 깊고 오묘함을 맺어 이루는 것이다. 이것은 산과 겨자가 서로 받아들이는 것[山芥相容]이다.

(문) 산의 크기가 줄어들지 않고, 겨자씨가 늘어나지 않는다면, 크고 작음이 이미 다른데 어떻게 서로 받아들이는가? (답) [공리] (1) 세속은 허가虛假해서 승의로는 본래 공이다. 공에 미혹하여 가假로써 마음을 장애하니 대소가 막히지만, 환화幻化임을 깨달아 뜻에 통한다면 어찌 서로 받아들이지 못하겠는가? (2) 대소를 견주어 현격히 차이진다고 하는 것은 미혹하여 있음에 집착하기 때문이니, 공의 승의를 통달한다면 어찌 걸리어 통하지 못하겠는가? [응리] 대략 여덟 가지 해석이 있다. (1) 있음에 집착하니 집착된 대소가 현격히 다르지만,

③ 비록 이와 같은 신통의 작용을 나타내더라도, 저 사대천왕四大天王이나 삼십삼천三十三天의 천신들로 하여금 자신들이 어디로 가고 어디로 들어가는지 알고 보지 못하게 하고, ④ 오직 신통의 힘을 보고 조복될 그 나머지 자들만이 묘고산왕이 겨자씨 안으로 들어가는 것을 알고 보게 합니다.

⑤ 이와 같이 불가사의 해탈에 안주하는 보살이 방편의 선교함과 지혜의 힘으로 들어가는 불가사의한 해탈의 경계는, 모든 성문이나 독각으로서는 헤아릴 수 있는 것이 아닙니다.

(나) ① 또 사리자님, 만약 이러한 불가사의

雖現如是 神通作用 而不令彼 四大天王 三十三天 知見我等 何往何入,

唯令所餘 睹神通力 調伏之者 知見妙高 入乎芥子.

如是安住 不可思議 解脫菩薩 方便善巧 智力所入 不可思議 解脫境界, 非諸聲聞 獨覺所測.

又舍利子, 若住如

....

집착된 것이 공함을 안다면 무엇이 작고 무엇이 크겠는가? (2) 의타기성을 통달하지 못하여 진실로 크고 작다고 말하지만, 그 허위를 체득한다면 무슨 이치로 통하지 못하겠는가? (3) 현상[事]은 대소를 이루어 혹 받아들이지 못할 수도 있지만, 이치[理]는 모두 원만히 성취된 것이니, 어찌 서로 받아들이지 못하겠는가? (4) 법에 작용이 있다고 집착하니 대소가 어긋나지만, 법의 인연됨을 안다면 같이 비었으니 어찌 가로막겠는가? (5) 마음에 미혹하여 경계를 집착하니 실제로 경계가 수용하기 어렵지만, 경계가 모두 마음임을 안다면 어찌 걸리어 불가능하겠는가? (6) 법에 진정 상相이 있어서 대소가 서로 받아들이지 못하지만, 상 없음이 진실이니 무엇이 크고 무엇이 작겠는가? (7) 아직 진여에 계합하지 못하니 어리석은 마음이 아득히 가로막지만, 진실을 알고 허위를 통달한다면 지혜가 환하여 능히 통한다. (8) 아랫 지위[下位]는 마음으로 애써도 회통할 수 없지만, 윗 사람[上士]의 위력이라면 무슨 일인들 하지 못하겠는가? 이것은 불가사의한 힘이니, 다른 사람은 헤아릴 수 없는 것이다. 앞의 열 가지 해석은 아래에서도 모두 준해서 알아야 한다.

해탈에 머무는 보살이라면, ② 사대해의 물 [四大海水]의 깊고 넓음이 이와 같다 하더라도 능히 신통력으로써 이를 하나의 털구멍[一毛孔] 안에 넣되, 그럼에도 털구멍의 크기는 늘어나지도 않고, 사대해의 물의 양도 줄어들지 않게 합니다.37

③ 비록 이와 같은 신통의 작용을 나타내더라도, 저 모든 용들과 야차[藥叉], 아수라[阿素洛] 등으로 하여금 자신들이 어디로 가고 어디로 들어가는지 알고 보지 못하게 하고, 또한 저 물고기, 자라[鱉], 큰 자라[黿] 악어[鼉] 및 나머지 갖가지 수중 생물들과 여러 용신龍神 등의 일체 유정들로 하여금 근심하고 두려워하며 고뇌하도록 하지 아니하며, ④ 오직 신통의 힘을 보고 조복될 그 나머지 자들만이 이와 같이 사대해의 물이 털구멍으로 들어가는 것을 알고 보게 합니다.

⑤ 이와 같이 불가사의 해탈에 안주하는 보살이 방편의 선교함과 지혜의 힘으로 들어가는 불가사의한 해탈의 경계는, 모든 성문이나 독각으로서는 헤아릴 수 있는 것이 아닙니다.

是 不可思議 解脫菩薩, 四大海水 深廣如是 能以神力 內一毛孔, 而令毛孔 形量不增, 四大海水 形量不減.
雖現如是 神通作用, 而不令彼 諸龍藥叉 阿素洛等 知見我等 何往何入, 亦不令彼 魚鱉黿鼉 及餘種種 水族生類 諸龍神等 一切有情 憂怖惱害, 唯令所餘 睹神通力 調伏之者 知見如是 四大海水 入於毛孔.
如是安住 不可思議 解脫菩薩 方便善巧 智力所入 不可思議 解脫境界, 非諸聲聞 獨覺所測.

---

37 넓고 좁음이 서로 받아들이는 것이다. 글에는 앞과 같은 다섯 가지가 있다.

(다) ① 또 사리자님, 만약 이러한 불가사의 해탈에 머무는 보살이라면, ② 이와 같은 삼천대천세계의 크기가 광대하다고 하더라도 능히 신통력으로 방편을 써서 끊어 취하여 오른 손바닥 안에 두고 도공의 물레[陶家輪]처럼 신속히 회전시켜서 항하의 모래와 같은 세계들 밖의 타방他方으로 던져 두었다가, 또 다시 가져다 본래 있던 곳[本處]으로 되돌려 놓되, 그럼에도 세계가 늘어나거나 줄어드는 것이 없게 합니다.38

③ 비록 이와 같은 신통의 작용을 나타내더라도, 그 곳에 거주하는 유정들로 하여금 자신들이 어디로 갔다가 어디로 돌아왔는지 알고 보지 못하게 하고, 그들로 하여금 가고 온다는 생각마저도 전혀 일으키지 못하고 또한 고뇌함도 없도록 하며, ④ 오직 신통의 힘을 보고 조복될 그 나머지 자들만이 세계의 가고 오는 일이 있는 것을 알고 보게 합니다.

⑤ 이와 같이 불가사의 해탈에 안주하는 보살이 방편의 선교함과 지혜의 힘으로 들어가는 불가사의한 해탈의 경계는, 모든 성문이나 독각으로서는 헤아릴 수 있는 것이 아닙

又舍利子, 若住如是 不可思議 解脫菩薩, 如是三千大千世界 形量廣大 能以神力 方便斷取 置右掌中 如陶家輪 速疾旋轉 擲置他方 殑伽沙等 世界之外, 又復持來 還置本處, 而令世界 無所增減.

雖現如是 神通作用, 而不令彼 居住有情 知見我等 何去何還, 都不令其 生往來想 亦無惱害, 唯令所餘 睹神通力 調伏之者 知見世界 有去有來.

如是安住 不可思議 解脫菩薩 方便善巧 智力所入 不可思議 解脫境界, 非諸聲

....
38 가고 옴에 자재한 것이다. 글에는 역시 앞과 같은 다섯 가지가 있다.

니다.

㈑ ① 또 사리자님, 만약 이러한 불가사의 해탈에 머무는 보살이라면, ② 혹은 여러 유정들은 생사生死가 오랜 시간에 걸쳐[多時] 상속相續하는 것을 보아야 조복시킬 수 있고, 혹은 여러 유정들은 생사가 짧은 시간 동안[少時] 상속하는 것만 보아도 조복시킬 수 있으므로, 신통력으로 그 마땅함을 따라 혹은 7일을 늘려 1겁으로 만들어서 그 유정들로 하여금 1겁이 지났다고 말하게 하고, 혹은 1겁을 줄여 7일로 만들어서 그 유정들로 하여금 7일이 지났다고 말하게 함으로써, 각자가 보는 것을 따라 조복시킬 수 있습니다.39

③ 비록 이와 같은 신통의 작용을 나타내더라도, 그 교화될 유정들로 하여금 이와 같은 시간의 늘어나고 줄어듦[時分延促]을 깨달아 알지 못하게 하고, ④ 오직 신통의 힘을 보고 조복될 그 나머지 자들만이 늘어나고 줄어듦을 깨달아 알게 합니다.

⑤ 이와 같이 불가사의 해탈에 안주하는 보살이 방편의 선교함과 지혜의 힘으로 들어가는 불가사의한 해탈의 경계는, 모든 성문이 聞 獨覺所測.

又舍利子, 若住如是 不可思議 解脫菩薩, 或諸有情 宜見生死 多時相續 而令調伏, 或諸有情 宜見生死 少時相續 而令調伏, 能以神力 隨彼所宜 或延七日 以爲一劫 令彼有情 謂經一劫, 或促一劫 以爲七日 令彼有情 謂經七日, 各隨所見 而令調伏. 雖現如是 神通作用, 而不令彼 所化有情 覺知如是 時分延促, 唯令所餘 睹神通力 調伏之者 覺知延促.

如是安住 不可思議 解脫菩薩 方便善巧 智力所入 不可思議

---

39 늘어나고 줄어듦을 생각에 맡기는 것이다. 글에는 역시 다섯 가지가 있다.

나 독각으로서는 헤아릴 수 있는 것이 아닙니다.

㈤ ① 또 사리자님, 만약 이러한 불가사의 해탈에 머무는 보살이라면, ② ㉠ 신통력으로써 붓다의 공덕으로 장엄된 청정한 일체 세계들을 모아 하나의 불국토에 두고 모든 유정들에게 보일 수 있고,40 ㉡ 또 신통력으로써 하나의 불국토에 있는 일체 유정들을 취하여 오른 손바닥에 두고서, 마음의 세력 [意勢通]을 타고 시방에 두루 이르러 일체의 모든 불국토를 널리 보이지만, 비록 시방의 일체 불국토에 이르렀더라도 하나의 불국토에 머물면서 이전移轉하지 않았으며,41 ㉢ 또

解脫境界, 非諸聲聞 獨覺所測.

又舍利子, 若住如是 不可思議 解脫菩薩, 能以神力 集一切佛 功德莊嚴 淸淨世界 置一佛土 示諸有情, 又以神力 取一佛土 一切有情 置之右掌, 乘意勢通 遍到十方 普示一切 諸佛國土, 雖到十方 一切佛土 住一佛國 而不移轉,

....
40 제5 움직여 바꾸는 것이 마음을 따르는 것의 글 역시 다섯이 있다. 그 중의 둘째 신통변화를 바로 나타내는 것에 일곱 가지가 있다. ㉮는 모든 불국토를 모으는 것, ㉯는 시방에 두루 이르는 것, ㉰는 오묘한 공양 거리[供具]를 내는 것, ㉱는 색상色像을 널리 나타내는 것, ㉲는 풍륜을 능히 삼키는 것, ㉳는 불을 배 안에 두는 것, ㉴는 모든 세계를 던지는 것이다.
41 시방에 두루 이르는 것에 두 가지 해석이 있다. 첫째 '마음의 세력[意勢通]'이란 몸이 가는 것이 아니라, 마음의 세력[意勢力]으로 유정을 변화시켜 시방의 세계에 이르게 하여 모든 불국토를 보인다는 것이다. 단지 몸을 능히 변화시켜서 가지 않음(=감의 오기로 보임)이 없을 뿐만 아니라, 그 모든 유정들도 하나의 불국토에 머물면서 이전하지 않는 것이다. 둘째 '마음의 세력'이란 몸을 움직여서 짓는 것이 마음의 세력을 따르므로 이미 지극히 신속하다는 것이니, 일찰나에 시방에 두루하기 때문이다. 비록 유정들을 이끌고 시방의 세계에 이르더라도 또한 모든 보토報土이고 개별 불국토는 스스로 법성이 머물므로, 혹은 보·화의 한 불국토 중에 머무는 것이므로, '이전하지 않았다'는 것이다.

신통력으로써 하나의 털구멍으로부터 일체 매우 오묘한 공양 거리[供具]를 현출現出해서 시방의 일체의 세계를 두루 다니면서 모든 붓다와 보살과 성문들에게 공양하고, ㉯ 또 신통력으로써 하나의 털구멍에서 시방 일체 세계에 있는 해와 달과 별들[日月星辰]의 색상色像을 두루 나타내며, ㉰ 또 신통력으로써 나아가 시방 일체 세계의 큰 풍륜風輪 등에 이르기까지를 빨아들여 입 안[口中]에 두지만, 몸에는 손상이 없고, 일체 세계의 초목草木과 총림叢林들은 비록 이 바람을 만났어도 끝내 요동搖動이 없으며, ㉱ 또 신통력으로써 시방 세계에 있는 불국토가 겁이 다하여[劫盡] 탈 때에 일체 불을 모아 배 안[腹中]에 넣어 두지만, 비록 이 불의 세력이 치열하게 불타고 그치지 않더라도 그의 몸에는 전혀 손상이 없으며, ㉲ 또 신통력으로써 아래 방향으로 한량없는 구지俱胝의 항하의 모래[殑伽沙]와 같은 모든 붓다 세계를 지나서 있는 하나의 불국토를 들어, 윗 방향으로 구지의 항하의 모래와 같은 모든 붓다 세계를 지나서 있는 하나의 불국토 속으로 던져두는 것이, 마치 바늘[針鋒]로 조그만 대추잎[棗葉]을 들어 다른 방향으로 던져두는 것처럼 전혀 손

又以神力 從一毛孔
現出一切 上妙供具
遍歷十方 一切世界
供養諸佛 菩薩聲聞,
又以神力 於一毛孔
普現十方 一切世界
所有日月 星辰色像,
又以神力 乃至十方
一切世界 大風輪等
吸置口中, 而身無
損, 一切世界 草木
叢林 雖遇此風 竟無
搖動, 又以神力 十
方世界 所有佛土 劫
盡燒時 總一切火 內
置腹中, 雖此火勢
熾焰不息 而於其身
都無損害, 又以神力
過於下方 無量俱胝
殑伽沙等 諸佛世界
舉一佛土, 擲置上方
過於俱胝 殑伽沙等
諸佛世界 一佛土中,
如以針鋒 舉小棗葉

상되는 것이 없습니다.

③ 비록 이와 같은 신통의 작용을 나타내더라도, 인연 없는 자들은 보지 못하고 알지 못하며, 모든 유정들에게도 끝내 괴롭힘이 없고, ④ 오직 신통의 힘을 보고 조복될 일체의 자들만이 이 일을 봅니다.

⑤ 이와 같이 불가사의 해탈에 안주하는 보살이 방편의 선교함과 지혜의 힘으로 들어가는 불가사의한 해탈의 경계는, 모든 성문이나 독각으로서는 헤아릴 수 있는 것이 아닙니다.

㈥ ① 또 사리자님, 만약 이러한 불가사의 해탈에 머무는 보살이라면, ② ㉮ 신통력으로써 붓다의 신체[佛身]의 갖가지 색상色像을 나타내 지을 수도 있고, 혹은 독각과 모든 성문의 갖가지 색상을 나타낼 수도 있으며, 혹은 보살의 갖가지 색상을 나타낼 수도 있고, 그러면서 모든 상[諸相]과 수호隨好를 구족해서 장엄하며, 혹은 또한 범왕, 제석, 사대천왕, 전륜왕 등 일체 유정의 갖가지 색상을 나타내 지을 수도 있고,42 ㉯ 혹은 신통력으로

擲置餘方 都無所損.
雖現如是 神通作用,
而無緣者 不見不知,
於諸有情 竟無惱害,
唯令一切 睹神通力
調伏之者 便見是事.
如是安住 不可思議
解脫菩薩 方便善巧
智力所入 不可思議
解脫境界, 非諸聲
聞 獨覺所測.

又舍利子, 若住如是
不可思議 解脫菩薩,
能以神力 現作佛身
種種色像, 或現獨覺
及諸聲聞 種種色像,
或現菩薩 種種色像,
諸相隨好 具足莊嚴,
或復現作 梵王帝釋
四大天王 轉輪王等
一切有情 種種色像,

....

42 이하 같은 부류로 향해 감의 글에는 오직 둘만 있다. 처음 ①은 변화시키는 주체를 표방하는 것이고, 뒤의 ②는 신통변화를 바로 밝히는 것이다. 신통변화 중에는 둘이 있으니, 처음 ㉮는 몸을 변화시키는 것이고, 뒤의 ㉯ 이하는 말을

써 모든 유정들을 변화시켜서 붓다의 몸과 모든 보살, 성문, 독각, 제석[釋], 범천[梵], 사대천왕[護世], 전륜왕 등의 갖가지 색상이 되게 할 수도 있으며, ㉓ 혹은 신통력으로써 시방의 일체 유정들의 상품·중품·하품의 차별되는 음성들을 전변하여 모두 제일 미묘한 붓다의 음성[佛聲]으로 만들어서,43 이 붓다의 음성으로부터 무상, 고, 공, 무아, 구경열반, 적정의 뜻 등으로 차별되는 언사言詞들을 연설하여 나오게 할 수도 있고, 나아가 일체 모든 붓다와 보살, 성문과 독각이 법을 설하는 음성에 이르기까지 모두 그 중에서 나오게 할 수 있으며, 나아가 시방의 모든 붓다께서 법을 설하시는 것에 있는 일체 명신·구신·문신[名句文身]과 차별되는 음성에 이르기까지 모두 이러한 붓다의 음성 중에서 나오게 해서,44 일체 유정들로 하여금 차별되는

或以神力 變諸有情
令作佛身 及諸菩薩
聲聞獨覺 釋梵護世
轉輪王等 種種色像,
或以神力 轉變十方
一切有情 上中下品
音聲差別 皆作佛聲
第一微妙, 從此佛聲
演出無常 苦空無我
究竟涅槃 寂靜義等
言詞差別, 乃至一切
諸佛菩薩 聲聞獨覺
說法音聲 皆於中出,
乃至十方 諸佛說法
所有一切 名句文身
音聲差別 皆從如是
佛聲中出, 普令一切

....
변화시키는 것이다. 몸을 변화시키는 것에도 둘이 있으니, ㉠는 스스로를 변화시키는 것이고, ㉡는 남을 변화시키는 것이다.

43 이하 말을 변화시키는 것을 밝힌다. 남의 말을 변화시키는 것을 들어 자기 말을 변화시키는 결정적 능력의 예로 삼는 것이다. 이 중에 둘이 있으니, ㉓는 법에 걸림 없는 음성[法無礙聲]을 변화시키는 것, ㉔는 언사에 걸림 없는 음성[詞無礙聲]을 변화시키는 것이다. 전자 중에 셋이 있다. 처음 여기까지는 붓다의 음성으로 바꾸어 만드는 것, 다음은 능히 법 등을 설하는 것, 뒤는 이익을 맺어 이루는 것이다.

가르침[乘]을 따라 널리 듣게 해서 모두 다 조복시킬 수 있고, ㉔ 혹은 신통력으로써 널리 시방에서 모든 유정들이 사용하는 차별되는 말과 소리[言音]를 따라 그들에게 맞추어 갖가지 소리를 내어 묘법을 연설해서, 모든 유정들로 하여금 각각 이익을 얻게 할 수 있습니다.

有情得聞 隨乘差別
悉皆調伏, 或以神力
普於十方 隨諸有情
言音差別 如其所應
出種種聲 演說妙法,
令諸有情 各得利益.

(3) 맺어 이루다

① 존경하는 사리자님, 나는 지금 이와 같이 불가사의 해탈에 안주하는 보살이 방편의 선교함과 지혜의 힘으로 들어가는 불가사의한 해탈의 경계를 간략히 말하였습니다만, 만약 내가 자세히 말한다면 혹은 1겁을 지나고, 혹은 1겁 이상을 지나며, 혹은 다시 이 이상을 지난다고 하더라도 지혜와 변재는 끝내 다할 수 없습니다.45

唯舍利子, 我今略說
安住如是 不可思議
解脫菩薩 方便善巧
智力所入 不可思議
解脫境界, 若我廣說
或經一劫 或一劫餘,
或復過此 智慧辯才
終不可盡.

② 나의 지혜와 변재가 다함이 없는 것과 같이, 이와 같은 불가사의 해탈에 안주하는 보살이 방편의 선교함과 지혜의 힘으로 들어

如我智慧 辯才無盡,
安住如是 不可思議
解脫菩薩 方便善巧

....

44 이는 둘째 법 등을 능히 말하는 것이다. 셋이 있으니, 처음은 능히 법을 말하는 것, 다음은 삼승을 나타내는 것, 뒤는 음운音韻을 내는 것이다.
45 불가사의함을 말하는 것의 제3 앞에 말한 것을 맺어 이루는 것에 둘이 있다. ①은 자신의 지혜 변재가 다할 수 없음을 맺는 것이고, ②는 남의 해탈이 다하기 어려움을 말하는 것이다.

가는 불가사의한 해탈의 경계도 역시 다할 수 없는 것이니, 한량없는 것이기 때문입니다."

智力所入 不可思議
解脫境界 亦不可盡,
以無量故."

3.2.2 가섭이 찬탄하고 한탄하다46

(1) 그 때 존자 대가섭파는 불가사의 해탈에 안주하는 보살의 불가사의 해탈의 신통력을 말하는 것을 듣고 일찍이 듣지 못한 것이라고 찬탄하고,47 곧 존자 사리자에게 말하였다.

爾時 尊者 大迦葉波
聞說安住 不可思議
解脫菩薩 不可思議
解脫神力 歎未曾有,
便語尊者 舍利子言.

"① 비유하면 마치 어떤 사람이 배냇 소경[生盲]인 자에게 비록 갖가지 차별되는 물건의 모습을 나타내더라도 그 소경인 자는 전혀 볼 수 없는 것과 같이, 이와 같이 일체 성문과 독각들은 모두 배냇 소경처럼 수승한 눈이 없어서, 불가사의 해탈에 안주하는 보살이 나타내는 생각하기 어려운 해탈의 신통력을 말하는 것을 듣고도 나아가 하나의 일에 이르기까지도 역시 알 수가 없습니다.48 ②

"譬如有人 對生盲者
雖現種種 差別色像
而彼盲者 都不能見,
如是一切 聲聞獨覺
皆若生盲 無殊勝眼,
聞說安住 不可思議
解脫菩薩 所現難思
解脫神力 乃至一事
亦不能了. 誰有智者

....
46 불가사의함을 말하는 것의 두 번째 가섭이 찬탄하고 한탄하는 것에 둘이 있다. ⑴은 찬탄하고 한탄함을 밝히는 것, ⑵는 이익을 밝히는 것이다.
47 첫째 찬탄하고 한탄하는 것에 둘이 있다. 처음 여기까지는 찬탄하는 것, 뒤의 그 아래는 한탄하는 것이다.
48 이하 스스로 한탄하는 것에 여섯이 있다. ①은 자기가 알지 못한 것을 한탄하는 것, ②는 지자[智]는 깨달을 수 있음을 밝히는 것, ③은 일으켜 향함[發趣] 없

지혜 있는 남자와 여인이라면 그 누군들 이러한 불가사의 해탈의 신통력을 말하는 것을 듣고도 무상정등각에 대한 마음을 일으키지 않겠습니까? ③ 우리들은 지금 이 대승에 내하여 타서 썩어버린 종자[燋敗種]처럼 그 뿌리를 영원히 끊어버렸으니, 다시 무엇을 해야 합니까? ④ 우리들 일체 성문과 독각들은 이러한 불가사의한 해탈의 신통력을 말하는 것을 듣고는 모두 울부짖어서, 그 소리가 삼천대천세계를 진동케 해야 할 것입니다. ⑤ 일체 보살들은 이러한 불가사의한 해탈의 신통력을 말하는 것을 듣고는 모두 기뻐하고 경하해서 머리 위에 이고[頂戴] 수지受持하기를, 마치 관정을 받은 지위[受灌頂位]의 황태자와 같이 해서 믿음과 이해[信解]의 세력을 생장시키고 견고하게 하여야 합니다. ⑥ 만약 어떤 보살이 이러한 불가사의한 해탈의 신통력을 말하는 것을 듣고 믿음과 이해를 견고하게 한다면, 일체 마왕과 모든 마군[魔衆]들도 이 보살을 어떻게 할 수가 없을 것입니다."

⑵ 존자 대가섭파가 이 말을 하였을 바로 그

男子女人 聞說如是 不可思議 解脫神力 不發 無上正等覺心? 我等今者 於此大乘 如燋敗種 永絶其根, 復何所作?
我等一切 聲聞獨覺 聞說如是 [不]<不可>思議解脫神力 皆應號泣, 聲震 三千大千世界. 一切菩薩 聞說如是 不可思議 解脫神力 皆應欣慶 頂戴受持, 如王太子 受灌頂位 生長堅固 信解勢力. 若有菩薩 聞說如是 不可思議 解脫神力 堅固信解, 一切魔王及諸魔衆 於此菩薩 無所能爲."

當於尊者 大迦葉波

....
는 것을 탄식하는 것, ④는 자기를 원망하여 울부짖는 것, ⑤는 남의 도가 수승함을 경하하는 것, ⑥은 능히 악을 깨뜨릴 수 있음을 나타내는 것이다.

때 대중들 중 삼만이천의 천자들은 모두 무상정등각에 대한 마음[無上正等覺心]을 일으켰다.

說是語時 衆中 三萬二千天子 皆發無上正等覺心.

3.2.3 해탈을 거듭 이루다49
(1) 마왕의 일을 밝히다

그 때 무구칭이 곧 존자 가섭파에게 말하였다.

時無垢稱 卽語尊者迦葉波言.

"시방의 한량없고 수없는 세계에서 마왕魔王이 된 자는 다수가 불가사의 해탈에 안주하는 보살입니다. 그들은 방편의 선교善巧함으로 마왕이 되어 나타나는 것이니, 모든 유정들을 성숙成熟시키고자 하기 위한 때문입니다.

"十方無量 無數世界 作魔王者 多是安住 不可思議解脫菩薩. 方便善巧 現作魔王, 爲欲成熟諸有情故.

(2) 크게 구걸하는 자의 일을 밝히다50

㈎ ① 대가섭파님, 시방의 한량없고 수없는 세계의 일체 보살에게 어떤 자들이 와서 손[手], 발[足], 귀[耳], 코[鼻], 머리[頭], 눈[目], 골수[髓], 뇌[腦], 피[血], 살[肉], 근육

大迦葉波, 十方無量無數世界 一切菩薩 諸有來求 手足耳鼻 頭目髓腦 血肉筋骨

──────────────

49 불가사의함을 말하는 것의 세 번째, 해탈을 거듭 이루는 것에 둘이 있다. ⑴은 마왕은 다수가 해탈임을 밝히는 것, ⑵는 크게 구걸하는 자도 역시 다수가 해탈임을 밝히는 것이다.
50 크게 구걸하는 자도 역시 다수가 해탈임을 밝히는 것에 둘이 있다. ㈎는 나타내는 것이고, ㈏는 맺는 것이다.

[筋], 뼈[骨], 일체 지체支體와, 처첩妻妾, 남녀 노비, 친지 권속[親屬]과, 마을의 성[村城], 취락, 나라의 고을[國邑], 왕도王都, 사대주四大洲 등과, 갖가지 왕위王位와, 재물과 곡식[財穀], 진귀한 보배[珍寶], 금, 은, 진주眞珠, 산호珊瑚, 나패螺貝, 폐유리吠琉璃 등의 모든 장엄거리[莊嚴具]와, 방[房], 집[舍], 침상[床], 좌구[座], 의복, 음식, 탕약湯藥 등의 자산과, 코끼리, 말, 수레들[輦輿], 크고 작은 여러 배[船], 무기들[器仗]과 군사들[軍衆]을 구하기도 하는데,51 이와 같은 일체로써 보살을 다구쳐서 구걸하는 자는 다수가 불가사의 해탈에 안주하는 보살입니다.

② 그들은 선교한 방편으로 이러한 일을 나타내어 보살을 시험해서, 그들로 하여금 의요意樂의 견고함을 환히 알게 합니다.52

一切支體, 妻妾男女 奴婢親屬 村城聚落 國邑王都 四大洲等, 種種王位, 財穀, 珍寶 金銀眞珠 珊瑚螺貝 吠琉璃等 諸莊嚴具, 房舍床座 衣服飲食 湯藥資産, 象馬輦輿 大小諸船 器仗軍衆, 如是一切 逼迫菩薩 而求乞者 多是安住 不可思議 解脫菩薩.

以巧方便 現爲斯事 試驗菩薩, 令其了知 意樂堅固. 所以

---

51 나타내는 것에 셋이 있다. ①은 하는 일을 밝히는 것, ②는 이유를 풀이하는 것, ③은 비유로써 밝게 나타내는 것이다. 처음에도 둘이 있다. 처음 여기까지는 구걸하는 대상[所乞]을 밝히는 것, 뒤의 그 아래는 구걸하는 주체를 밝히는 것이다. 구걸의 대상에도 둘이 있으니, 첫째는 내부의 재물이고, 둘째는 외부의 재물이다. 후자에는 일곱 가지가 있으니, 첫째 친지권속, 둘째 세상의 토지, 셋째 귀한 지위, 넷째 먹고 마실 것, 다섯째 몸을 장엄하는 것, 여섯째 네 가지 필수품, 일곱째 자산들이다.
52 이유를 풀이하는 것에 둘이 있다. 처음 여기까지는 표방하는 것이고, 뒤의 그 아래는 나타내는 것이다. 보살의 의요를 견고하게 하고자 하기 때문에 큰 구걸을 하여 그를 시험하는 것이다.

어째서인가 하면 증상하고 용맹한 모든 대보살들은 모든 유정을 요익케 하고자 하기 때문에 이와 같이 하기 어려운 큰 일을 나타내 보이지만, 범부와 하열한 자는 다시 세력勢力이 없어서 이와 같이 보살을 다구쳐서 이렇게 구걸하는 일을 할 수가 없기 때문입니다.

③ 대가섭파님, 비유하면 마치 반딧불[螢火]은 끝내 태양을 덮을 위력이 없는 것처럼, 이와 같이 범부와 하열한 지위에 있는 자도 다시 보살을 다구쳐서 이렇게 구걸하는 일을 할 만한 세력이 없습니다.53

대가섭파님, 비유하면 마치 큰 코끼리[龍象]가 위력을 나타내어 싸우려고 한다면 나귀가 감당할 것이 아니고[非驢所堪], 오직 큰 코끼리가 있어야만 큰 코끼리와 이렇게 싸울 수 있는 것처럼, 이와 같이 범부와 하열한 지위에 있는 자도 보살을 다구칠 세력이 없고, 오직 보살이 있어야만 보살과 서로 다구칠 수 있는 것입니다.

者何 增上勇猛 諸大菩薩 爲欲饒益諸有情故 示現如是 難爲大事, 凡夫下劣 無復勢力 不能如是 逼迫菩薩 爲此乞求.

大迦葉波, 譬如螢火 終無威力 映蔽日輪, 如是凡夫 及下劣位 無復勢力 逼迫菩薩 爲此乞求.

大迦葉波, 譬如龍象 現威鬪戰 非驢所堪, 唯有龍象 能與龍象 爲斯戰諍, 如是凡夫 及下劣位 無有勢力 逼迫菩薩, 唯有菩薩 能與菩薩 共相逼迫.

---

53 비유로 밝게 나타내는 것에 두 가지 비유가 있다. 처음 이것은 힘이 커서 다구칠 수 있음을 밝히는 것이고, 뒤의 그 아래는 힘이 대적하여 다구칠 수 있음을 밝히는 것이다. 제7지 이전은 크게 구걸하는 자에게는 반딧불과 같다. 제8지 이상의 해탈보살이라야 비로소 크게 구걸하고 다구침을 행할 수 있다.

(나) 이것을 불가사의 해탈에 안주하는 보살이 방편의 선교함과 지혜의 힘으로 들어가는 불가사의한 해탈의 경계라고 이름하는 것입니다."

是名安住 不可思議
解脫菩薩 方便善巧
智力所入 不可思議
解脫境界."

4. 대중이 이익을 얻다

이 법을 말하였을 때 팔천 명의 보살들은 보살이 방편의 선교함과 지혜의 힘으로 들어가는 불가사의한 해탈의 경계에 들어갈 수 있었다.

說此法時 八千菩薩
得入菩薩 方便善巧
智力所入 不可思議
解脫境界.

설무구칭경　　　　　　　　說無垢稱經
　제4권　　　　　　　　　　　卷第四

　　　제7 관유정품12　　　　　　觀有情品 第七

1. 길상이 문답하여 보살행을 밝히다3

1.1 교화 대상을 관찰하다4

....

1 방편, 성문, 보살, 문질, 부사의 5개품은 능히 이익하는 행[能利行]을 밝히는 것이고, 지금 이 1품은 그 이익을 받는 대상[所利]를 밝히는 것이다. 이익을 받는 대상으로 실제의 중생이 있다고 말할 것을 염려해서 지금 그 집착을 깨뜨려 모두가 진실이 아니고, 오직 임시의 생각으로써 이익을 받는 대상으로 삼은 것임을 나타내는 것이다. 따라서 이 1품은 교화할 곳[所化處]이라고 이름한다. '관'은 관찰을 말하는 것이니, 유정이 곧 교화되는 중생의 경계이다. 비록 교화될 만한 것[可化]은 있다 해도 실제로 있는 것은 아닌 것[非實有]을 '관유정'이라고 이름한 것이다. 비록 이 품 중에서는 다시 뛰어난 행[勝行]도 밝히지만, 교화 대상이 주이므로 '관유정'이라고 이름하였다. 혹은 저를 관찰함에 의해 뛰어난 행을 일으키므로, 합쳐서 '관유정품'이라고 이름하였다.
2 집 공은 관중생품이라고 이름하였다. 초목처럼 식이 없는 것도 역시 중생이라고 이름한다. 식이 있는 것은 '정情'이라고 이름하니, 초목에는 통하지 않는 것이다. 이미 살타sattva라고 했으므로 '유정'이라고 이름한 것이다. # 포탈라본의 품명은 '천녀품[Devatā-parivartaḥ]'으로 되어 있다.
3 이 품에 나아가면 큰 글이 둘이 있다. 1.은 길상이 문답해서 보살행을 밝히는 것이고, 뒤의 2.는 천녀가 상대해 일으켜서 성문의 집착을 깨뜨리는 것이다. 전자 중에 둘이 있다. 1.1은 교화 대상을 관찰하는 것이고, 1.2는 이익하는 행을 밝히는 것이다.

⑴ 그 때 묘길상이 무구칭에게 물었다.

"보살은 어떻게 모든 유정을 관찰하여야 합니까?"

⑵ 무구칭이 말하였다.5

㈎ "비유하면 마치 환술사[幻師]가 환술로 만들어진 것[所幻事]을 관찰하듯이, 이와 같이 보살은 일체 유정들을 바르게 관찰하여야 합니다.

㈏ 또 묘길상님,6 마치 지혜 있는 사람이 ㈀ ① 물 속의 달을 관찰하듯이, ② 거울 속의 영상을 관찰하듯이, ③ 신기루[陽焰水]를 관찰하듯이, ④ 외치는 소리의 메아리를 관찰하듯이, ⑤ 허공 중의 구름으로 된 성과 대각臺閣을 관찰하듯이, ⑥ 물거품의 앞 순간[前際]을 관찰하듯이,7 ⑦ 물방울이 일어났다 사라

時妙吉祥 問無垢稱.

"云何菩薩 觀諸有情?"

無垢稱言.

"譬如幻師 觀所幻事, 如是菩薩 應正觀察 一切有情.

又妙吉祥, 如有智人 觀水中月, 觀鏡中像, 觀陽焰水, 觀呼聲響, 觀虛空中 雲城臺閣, 觀水聚沫 所有前際, 觀水浮泡 或

....

4 교화 대상을 관찰하는 것에 둘이 있다. ⑴은 묻는 것, ⑵는 답하는 것이다.
5 이하의 답에 둘이 있다. [공리] ㈎는 속제의 가유假有의 유정은 마치 환사幻事와 같아서, 비슷하지만 진실이 아님을 관찰하는 것이고, ㈏는 진제의 본래 공[本空]한 유정을 관찰하는 것이다. [응리] ㈎는 의타기의 가유의 유정을 관찰하는 것이고, ㈏는 소집所執의 본래 공한 유정을 관찰하는 것이다. 의타기성은 마치 환사와 같아서, 비슷하지만 진실이 아니기 때문이다.
6 이하 두 번째의 글에 둘이 있다. ㈀은 자세히 비유를 말하여, 있는 것이 아님을 나타내는 것이고, ㈁은 앞의 뜻을 맺어, 공空인 이유를 풀이하는 것이다. 처음 중에 33구가 있다, 구역에는 29구가 있었다. '마치 지혜 있는 사람이'라는 말은 아래의 모든 비유에 관통하는 것이다.
7 '물거품의 앞 순간을 관찰하듯이'라고 한 것은, 앞 순간에는 본래 없었고, 먼저

졌다 함을 관찰하듯이, ⑧ 파초의 속에 있는 견고한 알맹이를 관찰하듯이, ⑨ 제5의 대大를 관찰하듯이, ⑩ 제6의 온蘊을 관찰하듯이, ⑪ 제7의 근을 관찰하듯이, ⑫ 제13의 처를 관찰하듯이, ⑬ 제19의 계를 관찰하듯이, ⑭ 무색계의 온갖 물질의 영상을 관찰하듯이,8 ⑮ 타서 썩어버린 종자가 내는 싹과 줄기를 관찰하듯이, ⑯ 거북의 털 따위로 만든 의복을 관찰하듯이, ⑰ 요절한 자가 욕망의 즐거움 받는 것을 관찰하듯이, ⑱ 예류과가 일으키는 분별의 살가야견을 관찰하듯이,9 ⑲ 일래과가 제3의 존재 받는 것을 관찰하듯이,10 ⑳ 불환과가 모태에 드는 것을 관찰하듯이, ㉑ 아라한의 탐·진·치 삼독을 관찰하듯이, ㉒ 득인得忍보살의 인색하고 범계하며 성내어 해치는 등의 마음을 관찰하듯이,11 ㉓ 모

起或滅, 觀芭蕉心 所有堅實, 觀第五 大, 觀第六蘊, 觀第 七根, 觀十三處, 觀 十九界, 觀無色界 衆色影像, 觀燋敗 種 所出牙莖, 觀龜 毛等 所作衣服, 觀 夭沒者 受欲戲樂, 觀預流果 所起分別 薩迦耶見, 觀一來 果 受第三有, 觀不 還果 入母胎藏, 觀 阿羅漢 貪瞋癡毒, 觀得忍菩薩 慳吝犯 戒 恚害等心, 觀諸

는 허공이었기 때문이다.
8 무색계 중에는 선정의 경계인 색[定境色]은 있지만, 업의 과보인 색[業果色]은 없다. 여기에서는 업의 과보인 색을 말하는 것이다.
9 살가야견은 구생俱生(=선천적인 것=수혹)과 분별(=견혹)에 통한다. 예류 이상에는 분별인 것은 없지만, 구생인 것이 없지는 않다.《능가경》에서 이르기를, 「붓다께서 대혜에게 말씀하셨다. "신견에는 두 가지가 있으니, 구생과 망상妄相을 말한다."」라고 하였다. '망상'이란 곧 분별의 살가야견이다.
10 일래과의 사람에게는 다시 두 번의 태어남이 있다. 하늘에서 사람으로 오므로, 오직 두 번(=하늘과 사람 각 1회)의 태어남이 있기 때문이다. 이것은 소승의 태어남에 의한 것이고, 대승의 태어나는 뜻(=부사의 변역생)은 아니다.

든 여래의 습기의 상속을 관찰하듯이, ㉔ 배 냇소경인 자가 온갖 색상 보는 것을 관찰하듯이, ㉕ 멸진정에 머묾에도 출입식 있는 것을 관찰하듯이,12 ㉖ 허공 중에 있는 새의 날아간 자취[鳥跡]를 관찰하듯이, ㉗ 반탁가半擇迦의 근根에 작용 있음을 관찰하듯이,13 ㉘ 석녀의 아이 낳는 일을 관찰하듯이, ㉙ 붓다께서 변화시킨 이가 모든 번뇌 일으키는 것을 관찰하듯이, ㉚ 필경 불생不生의 여러 번뇌들을 관찰하듯이,14 ㉛ 꿈에서 깨고 난 뒤 꿈에서 본 것을 관찰하듯이, ㉜ 일어나지 않은 불이 태우는 일 있는 것을 관찰하듯이, ㉝ 아라한의 후유後有가 상속하는 것을 관찰하듯이,

(ㄴ) 이와 같이 보살은 일체 유정들을 바르게 관찰하여야 합니다. 까닭이 무엇인가 하면 모든 법은 본래 공이어서 진실로 '나'도 없고 '유정'도 없기 때문입니다."

如來 習氣相續, 觀生盲者 睹見衆色, 觀住滅定 有出入息, 觀虛空中 所有鳥跡, 觀半擇迦 根有勢用, 觀石女兒 所有作業, 觀佛所化 起諸結縛,

觀諸畢竟 不生煩惱, 觀夢悟已 夢中所見, 觀不生火 有所焚燒, 觀阿羅漢 後有相續,

如是菩薩 應正觀察 一切有情. 所以者何 諸法本空 眞實無我 無有情故."

....

11 제8지 이상을 '득인'이라고 이름하니, 인忍이 상속하기 때문이다. 따라서 간탐 등이 없다. 7지는 여전히 일으키니, 이익하기 위해서이다. 혹 초지 이상이면 성품의 계[性戒]를 성취하여 비로소 인을 얻기 때문에 인색 등이 없다.
12 제4선 이상은 출입식이 없다. 하물며 멸진정에서랴?
13 '반탁가'란 여기 말로는 '거세[絶勢]'라고 하니, 곧 황문黃門의 부류이다.
14 제8지 이상은, 일체 번뇌가 그 종자는 비록 아직 끊어지지 않았지만, 무루가 상속하므로 연이 결여되어 일어나지 않는 것을 '필경 불생의 번뇌'라고 이름하였다.

1.2 이익하는 행을 밝히다[15]
1.2.1 이타행을 밝히다[16]
⑴ 큰 자애

㈎ 묘길상이 말하였다.

"만약 모든 보살이 일체 유정들을 이와 같이 관찰한다면, 어떻게 그들에 대하여 큰 자애[大慈]를 닦겠습니까?"

㈏ 무구칭이 말하였다.[17]

㈀ "보살은 이와 같이 유정을 관찰하고 나서 스스로 생각하기를, '나는 모든 유정들을 위해[爲諸有情] 이와 같은 법을 말하여[說如斯法] 그들로 하여금 환히 알게 하리라'라고 합니다. 이것을 진실로 큰 자애를 닦아 모든 유정들에게 구경의 안락을 주는 것[與究竟安樂]이라고 이름합니다.[18]

㈁[19] ① 이와 같이 해서 보살은 적멸의 자

妙吉祥言.

"若諸菩薩 如是觀察 一切有情, 云何於彼 修於大慈?"

無垢稱言.

"菩薩如是 觀有情 已自念, '我當 爲諸有情 說如斯法 令其解了'.

是名 眞實修於大慈 與諸有情 究竟安樂.

如是菩薩 修寂滅

---

[15] 이하 이익하는 행을 밝히는 것에 둘이 있다. 처음 1.2.1은 이타행을 밝히는 것이고, 뒤의 1.2.2는 자리행을 밝히는 것이다.

[16] 이타행을 밝히는 것에 넷이 있다. (네 가지) 한량 없음을 밝히기 때문이다. 그 각각 중에는 모두, 처음의 묻는 것과 뒤의 답하는 것이 있다.

[17] 첫째 물음에 답하는 것에 셋이 있다. ㈀은 총체적으로 표방하는 것, ㈁은 자세히 말하는 것, ㈂은 맺어 이루는 것이다.

[18] '자애'에는 세 가지가 있다. '유정들을 위해'란 유정을 조건[緣]하여 일으키므로 '유정연자有情緣慈'라고 이름한다. '이와 같은 법을 말하여'란 법을 조건하여 일으키기 때문에 '법연자法緣慈'라고 이름한다. '구경의 안락을 준다'란 진여를 조건하여 일으키기 때문에 '무연자無緣慈'라고 이름한다.

애를 닦으니, 모든 취착이 없기 때문이고,20 ② 열 없는 자애를 닦으니, 번뇌를 떠났기 때문이며,21 ③ 여실한 자애를 닦으니, 삼세가 평등하기 때문이고, ④ 거스르지 않는 자애를 닦으니, 같이 일어남이 없기 때문이며,22 ⑤ 둘 없는 자애를 닦으니, 안팎을 떠났기 때문이고,23 ⑥ 무너짐 없는 자애를 닦으니, 필경 머물기 때문이며,24 ⑦ 견고한 자애를 닦으니, 증상한 의요가 금강과 같기 때문이고, ⑧ 청정한 자애를 닦으니, 본성이 깨끗하기 때문이며, ⑨ 평등한 자애를 닦으니, 허공과

慈, 無諸取故, 修無熱慈, 離煩惱故, 修如實慈, 三世等故, 修不違慈, 無等起故, 修無二慈, 離內外故, 修無壞慈, 畢竟住故, 修堅固慈, 增上意樂 如金剛故, 修淸淨慈, 本性淨故, 修平等慈, 等虛

------

19 이하 자애를 자세히 말하는 것에 모두 38구가 있는데, 나누면 둘이 된다. 처음의 30구는 무연·법연·유정연의 세 가지 자애를 개별적으로 닦는 것이니, 뛰어나고 열등한 증득[勝劣證得]이 순서로 되기 때문이다. 뒤의 8구는 유정연·법연·무연의 세 가지 자애를 개별적으로 닦는 것이니, 관찰하는 행[觀行]의 처음과 뒤의 순서이기 때문이다. 처음 중에도 셋이 있다. 처음 9구는 무연자를 닦는 것, 다음에 있는 11구(=⑩ 내지 ⑳)는 법연자를 닦는 것, 뒤에 있는 10구(=㉑ 내지 ㉚)는 유정연자를 닦는 것이다.
20 무연의 자애는 능취·소취를 떠났기 때문에 적멸을 닦는다.
21 번뇌의 태움[燒]을 떠났기 때문에 열 없음을 닦는다.
22 등기인等起因(=업의 본질인 의도[思]가 신·구업의 원인으로서 함께 일어난다는 뜻)이 없기 때문에 어긋나지 않음을 닦는다. 원인이 있어 같이 일어나는 것은 모두 유위이기 때문에 수순함도 있고 거스름도 있지만, 진여는 원인이 없어서, 어긋나고 빠질 것[所違逃]이 없기 때문에 어긋나지 않음을 닦는 것이다.
23 진실은 안팎이 없기 때문에 둘 없음을 닦는 것이다.
24 진실[眞]은 필경 머물기 때문에 무너짐 없음을 닦으니, 무너질 때가 없기 때문이다. 구역에서는 '필경 다하기 때문'이라고 하였다. 필경 모든 번뇌를 다하기 때문에 체가 무너지지 않는다는 것이다.

같기 때문입니다.25

⑩ 아라한의 자애를 닦으니, 영원히 번뇌의 도적을 해쳤기 때문이고, ⑪ 독각의 자애를 닦으니, 스승의 도움을 기다리지 않기 때문이며, ⑫ 보살의 자애를 닦으니, 유정을 성숙시킴에 휴식이 없기 때문이고,26 ⑬ 여래의 자애를 닦으니, 모든 법의 진여의 성품을 따라 깨닫기 때문이며, ⑭ 붓다의 자애를 닦으니, 잠들어 꿈꾸는 모든 유정을 깨우기 때문이고,27 ⑮ 자연적인 자애를 닦으니, 저절로 모든 법성을 평등하게 깨닫기 때문이며, ⑯ 보리의 자애를 닦으니, 같은 하나의 맛이기 때문이고,28 ⑰ 치우침 없는 자애를 닦으니, 애증이 끊어졌기 때문이며, ⑱ 대비의 자애를 닦으니, 대승을 나타내기 때문이고, ⑲ 무쟁無諍의 자애를 닦으니, 무아를 관찰하기 때문이며,29 ⑳ 싫어함 없는 자애를 닦으니, 성

空故.

修阿羅漢慈, 永害結賊故, 修獨覺慈, 不待師資故,

修菩薩慈, 成熟有情 無休息故, 修如來慈, 隨覺諸法 眞如性故, 修佛之慈, 覺悟睡夢 諸有情故, 修自然慈, 任運等覺 諸法性故,

修菩提慈, 等一味故, 修無偏慈, 愛憎斷故, 修大悲慈, 顯大乘故, 修無諍慈, 觀無我故,

修無厭慈, 觀性空

---

25 진실은 허공과 같기 때문에 평등을 닦는다는 것이다.
26 이하 11구의 법연의 자애를 닦는 것에 셋이 있다. 여기까지 처음 셋은 삼승의 셋이고, 다음의 둘은 법신·보신의 둘이며, 뒤는 여섯 가지 과보의 지위이다.
27 이 둘은 법신·보신의 자애이다. 진여는 법신여래의 이법理法이 되기 때문이고, 보신은 불과의 지위[佛果位]를 이름하는 것이기 때문에 둘은 다르다.
28 바른 깨달음과 진여는 평등한 한 맛이다. 그래서 보리를 닦는 것이다.
29 도무지 '나'가 없음을 관찰하기 때문에 무쟁을 닦는다. 만약 '나'가 있음을 본다면 번뇌를 일으켜 다투기 때문이다.

품의 공을 관찰하기 때문입니다.30

㉑ 법 보시의 자애를 닦으니, 스승의 오무림[師捲]을 떠나기 때문이고,31 ㉒ 청정한 계율의 자애를 닦으니, 계율 범하는 모든 유정을 성숙시키기 때문이며, ㉓ 감내하는 인욕의 자애를 닦으니, 자신과 남을 따라 보호하여 손상 없게 하기 때문이고, ㉔ 정진하는 자애를 닦으니, 유정을 이락하는 일을 짊어지기 때문이며, ㉕ 선정의 자애를 닦으니, 맛을 사랑함이 없기 때문이고, ㉖ 반야의 자애를 닦으니, 일체시에 때맞춰 법을 알기 때문이며,32 ㉗ 방편의 자애를 닦으니, 일체 문門을 널리 시현示現하기 때문이고, ㉘ 오묘한 서원의 자애를 닦으니, 한량없는 큰 서원으로 일

故. 修法施慈, 離師捲故, 修淨戒慈, 成熟犯戒 諸有情故, 修堪忍慈, 隨護自他 令無損故, 修精進慈, 荷負有情 利樂事故, 修靜慮慈, 無愛味故, 修般若慈, 於一切時 現知法故, 修方便慈, 於一切門 普示現故, 修妙願慈, 無量大願

---

30 법성의 공을 관찰하기 때문에 싫어함 없음을 닦는다. 법성이 만약 있다고 한다면, 문득 싫어함이 있을 것이기 때문이다.
31 이하의 10구는 유정연을 닦는 것이니, 곧 십바라밀이다. '오무린다'는 것은, 마치 사람이 물건을 줄 때 처음에는 손을 폈다가 뒤에는 오무려 붙잡는 것과 같다는 것이다. # '스승의 오무림'은 포탈라본의 'ācāryamuṣṭi'를 옮긴 것인데, 이는 니까야에 등장(한글 DN 제2권의 제16 대반열반경 p.203, 한글 SN 제6권의 제47쌍윳따 9경 p.75 등)하는 '스승의 주먹[師拳]ācaryamuṭṭhi'과 같은 표현이다. 위 한글 DN는 주석서의 글을 인용하여 그 뜻을, "외도들에게는 스승의 주먹이 있다. 젊었을 때에는 설하지 않다가 노년이 되어 마지막 침상에 누워서 좋아하는 측근 제자에게만 말해 주는 것이다."라고 설명하고 있다.
32 항상 종지種智를 이루기 때문에 현재에 법을 아는 것이다. 모두 유정을 위하기 때문이다.

으켜지기 때문이며, ㉙ 큰 힘의 자애를 닦으니, 일체 광대한 일을 능히 성취하기 때문이고, ㉚ 지혜[若那]의 자애를 닦으니, 일체법의 성품과 모습을 환히 알기 때문입니다. ㉛ 신통의 자애를 닦으니, 일체법의 성품과 모습을 무너뜨리지 않기 때문이고, ㉜ 거두는 일[攝事]의 자애를 닦으니, 방편으로 모든 유정을 거두어 이익케 하기 때문이며,33 ㉝ 집착 없는 자애를 닦으니, 걸리거나 물듦이 없기 때문이고,34 ㉞ 거짓 없는 자애[無詐]를 닦으니, 의요가 깨끗하기 때문이며, ㉟ 아첨 없는 자애를 닦으니, 가행이 깨끗하기 때문이고,35 ㊱ 속임 없는 자애[無誑]를 닦으니, 헛되거나 거짓되지 않기 때문이고, ㊲ 깊은 마음의 자애를 닦으니, 티의 더러움을 떠났기 때문이며,36 ㊳ 안락한 자애를 닦으니, 모든 붓다의 안락한 일을 건립하기 때문입니다.37

所引發故, 修大力慈, 能辦一切 廣大事故, 修若那慈, 了知一切 法性相故.
修神通慈, 不壞一切 法性相故, 修攝事慈, 方便攝益 諸有情故,
修無著慈, 無礙染故, 修無詐慈, 意樂淨故, 修無諂慈, 加行淨故,
修無誑慈, 不虛假故, 修深心慈, 離瑕穢故,
修安樂慈, 建立諸佛 安樂事故.

....
33 제㉛ 이하 8구의 유정연·법연·무연을 개별적으로 닦는 것에 셋이 있다. 처음의 둘은 유정연이고, 다음 5구(=㉝ 내지 ㊲)는 법연이며, 뒤의 1구는 무연이다. (㉛은) 비록 신통으로 갖가지 신변神變을 나투지만, 성품과 모습을 무너뜨리지 않는 것이다.
34 마음에 장애가 없고 그리고 물드는 것도 없기 때문에 집착 없음을 닦는다.
35 가행이 청정 오묘하기 때문에 아첨하고 굽히지 않는 것이다.
36 밖의 모습은 선이지만, 안의 마음에 때가 있는 것을 이름하여 '티의 더러움'이라고 한 것이다.

㈐ 존경하는 묘길상님, 이것을 보살이 큰 자애를 닦는 것이라고 이름하는 것입니다."

唯 妙吉祥, 是名 菩薩修於大慈."

⑵ 큰 연민

㈎ 묘길상이 말하였다.

"그렇다면 보살은 어떻게 큰 연민[大悲]을 닦습니까?"

妙吉祥言.
"云何 菩薩 修於大悲?"

㈏ 무구칭이 말하였다.

"지어 만들고 증장시킨 모든 선근을 모두 다 버려서 모든 유정에게 베풀면서 일체 인색함이 없습니다. 이것을 보살이 큰 연민을 닦는 것이라고 이름하는 것입니다."38

無垢稱言.
"所有 造作增長善根 悉皆棄捨 施諸有情 一切無吝. 是名 菩薩修於大悲."

....

37 이 하나는 무연인 안락한 일이니, 본래 오직 진여이기 때문이다.
38 베풀면서 아낌이 없어서, 능히 그들이 현재 당하고 있는 온갖 괴로움을 뽑아 주기 때문에 '큰 연민'이라고 이름하니, 행이 넓기[弘廣] 때문이다. 아끼지 않는 것으로는 대비라고 이름하지 않으니, 단지 즐거움을 줄 뿐이기 때문이다. # 이는 이 소의 앞(제2권말末)에 나온 사무량심에 대한 아래와 같은 설명을 전제로 한 것이다. 이어 나오는 큰 기뻐함과 큰 평정의 주석 내용도 마찬가지이다. "법계의 유정에는 모두 세 종류가 있다. 첫째 괴로움도 즐거움도 없는 자는 전도 없이 즐거움을 주는 것[無倒與樂]을 '자애[慈]'라고 이름하니, 성냄 없음[無瞋]을 체로 한다. 둘째 괴로움이 있는 자는 괴로움을 뽑아 주는 것[拔苦]을 '연민[悲]'이라고 이름하니, 해치지 않음[不害]을 체로 한다. 셋째 즐거움이 있는 자는 돕는 것이 '기뻐함[喜]'이니, 선근을 질투하지 않는 것[不嫉善根]을 성품으로 한다. 또한 고·락이 없는 자에게는 어리석은 생각(=무관심) 여읨을 일으키고, 괴로움이 있는 자에게는 성내는 생각(=싫어함) 여읨을 일으키며, 즐거움이 있는 자에게는 탐착하는 생각(=좋아함) 여읨을 일으키니, 평등하게 모든 악에서 떠나게 하고자 하기 때문에 '평정[捨]'이라고 이름한다. 악을 버리게 하기 때문이니, 선한 버림[善捨]을 체로 한다."

(3) 큰 기뻐함

㈎ 묘길상이 말하였다.

"그렇다면 보살은 어떻게 큰 기뻐함[大喜]을 닦습니까?"

㈏ 무구칭이 말하였다.

"모든 유정에 대해 요익되게 하는 일을 지으면서 기뻐하고[歡喜], 후회함이 없습니다. 이것을 보살이 큰 기뻐함을 닦는 것이라고 이름하는 것입니다."39

妙吉祥言.

"云何 菩薩 修於大喜?"

無垢稱言.

"於諸有情 作饒益事 歡喜, 無悔. 是名 菩薩修於大喜."

(4) 큰 평정

㈎ 묘길상이 말하였다.

"그렇다면 보살은 어떻게 큰 평정[大捨]을 닦습니까?"

㈏ 무구칭이 말하였다.

"평등하게 요익하면서 과보를 바라지 않습니다. 이것을 보살이 큰 평정을 닦는 것이라고 이름하는 것입니다."40

妙吉祥言.

"云何 菩薩 修於大捨?"

無垢稱言.

"平等饒益 不望果報. 是名 菩薩修於大捨."

1.2.2 자리행을 밝히다41

---

39 이익을 짓고 후회함이 없으니, 선함이 기쁨을 일으키기 때문이다. 오직 기쁨을 돕는 것[助喜]만으로 기뻐함이라고 이름하지 않는다.
40 여기에서 평정[捨]을 행하는 것은 또한 평등平等을 겸하니, 보답을 희망하지 않기 때문이다. 오직 악 버리기를 권하는 것만으로 평정이 되지는 않는다.
41 이하 자리행을 밝히는 것에는 12문답이 있어 전전해서 서로 일으킨다.

⑴ 묘길상이 말하였다.

"만약 모든 보살이 생사生死를 두려워한다면 무엇에 의지하여야 합니까?"42

무구칭이 말하였다.

"만약 모든 보살이 생사를 두려워한다면, 항상 모든 붓다의 대아大我에 바르게 의지하여 머물러야 합니다."43

⑵ 問 "보살이 대아에 머물고자 한다면, 어떻게 머물러야 합니까?"

答 "대아에 머물고자 한다면, 응당 일체 유정의 평등한 해탈[平等解脫] 가운데 머물러야 합니다."44

⑶ 問 "일체 유정을 해탈케 하고자 한다면, 무엇을 없애야 합니까?"

答 "일체 유정을 해탈케 하고자 한다면, 그의 번뇌를 없애야 합니다."

⑷ 問 "일체 유정의 번뇌를 없애고자 한다면, 무엇을 닦아야 합니까?"

妙吉祥言.

"若諸菩薩 怖畏生死 當何所依?"

無垢稱言.

"若諸菩薩 怖畏生死, 常正依住 諸佛大我."

又問. "菩薩 欲住大我, 當云何住?"

曰. "欲住大我, 當於一切有情 平等解脫中住."

又問. "欲令 一切有情解脫, 當何所除?"

曰. "欲令 一切有情解脫, 除其煩惱."

又問. "欲除 一切有情煩惱, 當何所修?"

....

42 지전의 보살이 생사에 들어가 중생을 교화할 때 만약 두려워함이 있다면, 무엇에 의지하여야 하는가? 지상(의 보살)은 생사의 괴로움을 두려워하지 않기 때문이다.
43 '모든 붓다의 대아'는 대열반이다. (열반의) 네 가지 덕의 '나'를 '대아'라고 이름하고, 머묾 없음[無住]의 머묾을 '바르게 의지하여 머문다'고 이름한다.
44 곧 이 진여가 번뇌를 떠났을 때를 가정적으로 해탈이라고 이름한다. 해탈의 체는 곧 택멸 무위이다.

답 "일체 유정의 번뇌를 없애고자 한다면, 이치대로[如理] 관찰하는 작의作意를 닦아야 합니다."45

(5) 문 "이치대로 관찰하는 작의를 닦고자 한다면, 어떻게 닦아야 합니까?"

답 "이치대로 관찰하는 작의를 닦고자 한다면, 모든 법이 생겨나지 않고 소멸하지 않음[諸法不生不滅]을 닦아야 합니다."

(6) 문 "어떤 법이 생겨나지 않고, 어떤 법이 소멸하지 않습니까?"

답 "선하지 못한 법이 생겨나지 않고, 선한 법이 소멸하지 않는 것입니다."

(7) 문 "선하거나 선하지 못한 법은 무엇이 근본이 됩니까?"

답 "몸[身]을 근본으로 합니다."

(8) 문 "몸은 무엇이 근본이 됩니까?"

답 "욕탐을 근본으로 합니다."46

(9) 문 "욕탐은 무엇이 근본이 됩니까?"

답 "허망한 분별[虛妄分別]을 근본으로 합

曰. "欲除 一切有情 煩惱, 當修 如理觀 察作意."

又問. "欲修 如理觀 察作意, 當云何修?"

曰. "欲修 如理觀察 作意, 當修 諸法不 生不滅."

又問. "何法 不生, 何法 不滅?"

曰. "不善 不生, 善 法 不滅."

又問. "善不善法 孰 爲本?"

曰. "以身 爲本."

又問. "身 孰爲本?"

曰. "欲貪 爲本."

又問. "欲貪 孰爲本?"

曰. "虛妄分別 爲

---

45 '이치'란 진여의 도리를 말하는 것이니, 이것에 수순하는 작의를 '이치대로의 작의'라고 한다.

46 이는 태어남을 촉진[潤生]하는 가까운 원인 및 욕계에 대한 갈애를 들었기 때문에 치우쳐 욕탐欲貪이라고 답하였지만, 실제로는 무명癡 등으로 말미암는 것이다.

니다."⁴⁷

⑽ 문 "허망한 분별은 무엇이 근본이 됩니까?"

답 "전도된 지각[倒想]을 근본으로 합니다."⁴⁸

⑾ 문 "전도된 지각은 무엇이 근본이 됩니까?"

답 "무주無住를 근본으로 합니다."⁴⁹

⑿ 묘길상이 말하였다.

"이와 같은 무주는 무엇이 그 근본이 됩니까?"

무구칭이 말하였다.

"이 물음은 이치에 맞지 않습니다. 어째서 인가 하면 대저 무주라는 것은 곧 그 근본[本]이 없는 것이고 또한 머무는 곳[所住]도 없는 것이니, 그 근본이 없고 머무는 곳도 없기 때문에 곧 일체 모든 법을 건립할 수 있는 것입니다."⁵⁰

本."

又問. "虛妄分別 孰爲本?"

曰. "倒想 爲本."

又問. "倒想 孰爲本?"

曰. "無住 爲本."

妙吉祥言.

"如是無住 孰爲其本?"

無垢稱言.

"斯問 非理. 所以者何 夫無住者 卽無其本 亦無所住, 由無其本 無所住故 卽能建立 一切諸法."

....

47 집착하는 주체가 되는 마음[能執心]의 허망한 분별로 말미암아 욕탐이 생겨나기 때문이다.

48 '전도된 지각'이란 경계이니, 전도된 경계가 있음으로 인하여 허망한 마음이 생기기 때문이다. 상像을 취하면서 전도되어, 분별심이 생기는 것이다.

49 '무주'란 곧 진여이다. 진여에 미혹함으로 말미암아 전도된 경계가 생겨나기 때문이다.

50 [응리] 진여는 근본이 없다. 남으로부터 생기는 것[他生]이 아니기 때문이다. 또

2. 천녀가 성문의 집착을 깨트리다51

2.1 천녀가 꽃을 뿌리다52

(1) 그 때 무구칭의 방 안에 본래부터 머물고 있던 한 천녀[一本住天女]가 있다가, 여러 대인大人들을 보고 또 말하는 법을 듣고는 일찍이 경험하지 못했던 것을 얻어서 뛰어오를듯이 기뻐하면서 그 몸을 나타내고, 곧 하늘 꽃[天花]들을 모든 보살 및 대 성문 대중들에게 뿌렸다.53

時 無垢稱室中 有一本住天女, 見諸大人 聞所說法 得未曾有 踊躍歡喜 便現其身, 卽以天花 散諸菩薩 大聲聞衆.

....

한 머무는 곳도 없으니, 다시 의지처가 없기 때문이다. 이러한 근본에 의해 모든 법을 세우는 것이니, 오염된 성품의 미혹[染性迷]도 생기고, 청정한 성품의 깨달음[淨性悟]도 일어나는 것이다. 그래서 유식에서는 미·오의 의지처[迷悟依]라고 말하는 것이다. 이 진여는 능히 생겨나게 하는 것[能生]이 아니기 때문에 단지 법의 의지처가 될 뿐이다. 그래서 '무주'에 일체 법을 세운다[立]고 말하고, 생기게 한다[生]고 말하지 않은 것이다. [공리] '무주'란 곧 진실한 공의 성품이기 때문에 또한 미·오 두 가지 법의 근본이 되는 것이다. 또 인연의 성품은 공하고, 공의 성품에서 일체 모든 법이 생기기 때문에 무주에 일체법을 세운다고 말한 것이다.

51 이하 천녀가 상대하여 일으켜서 성문의 집착을 파하는 것에 셋이 있다. 처음 2.1은 천녀가 꽃을 뿌리는 것, 다음 2.2는 사리자와 문답하는 것, 뒤의 2.3은 무구칭이 찬탄하는 것이다.
52 천녀가 꽃을 뿌리는 것에 셋이 있다. (1)은 환희하여 꽃을 뿌리는 것, (2)는 붙고 붙지 않는 것, (3)은 문답하여 집착을 파하는 것이다.
53 '본래부터 머문다'는 것은 그 천녀가 길상과 함께 온 것이 아님을 나타내는 것이다. '천녀'는 지위가 제8지에 있지만, 여자의 몸을 보인 것이다. 그래서 이 품의 끝에서, "이미 신통과 지혜에서 능히 노닐었고 무생법인을 얻어 위없는 깨달음에서 영원히 퇴전하지 않지만, 본원의 힘을 타고 바라는 것을 따라 일체

⑵ 그 때 그 하늘꽃들이 보살의 몸에 이른 것은 곧 떨어지고 말았지만, 대 성문에게 이른 것은 곧 붙어서 떨어지지 않았다.

그러자 성문 대중들이 각자 꽃을 떼내고자 그들의 신통력을 다하였지만 모두 떼낼 수가 없었다.

⑶54 ㈎ 그 때 천녀가 곧 존자 사리자舍利子에게 물었다.

"무엇 때문에 꽃을 떼내려고 합니까?"

㈏ 사리자가 말하였다.

"꽃은 여법如法하지 못하므로, 내가 그래서 이것을 떼내려고 합니다."

㈐ 천녀가 말하였다.55

㈀ "① 그만 두십시오. 이 꽃을 여법하지

時 彼天花 至菩薩身 卽便墮落, 至大聲聞 便著不墮.

時 聲聞衆 各欲去華 盡其神力 皆不能去.

爾時 天女 卽問尊者 舍利子言.

"何故 去華?"

舍利子言.

"華不如法, 我故去之."

天女言.

"止. 勿謂此華 爲不

유정을 성취한다."라고 하였다. 따라서 범부인 신령이나 귀신이 아님을 알 수 있다. 꽃을 뿌리는 일을 나타낸 것은 무구칭의 공능을 도와 올리려는 것[助揚]이니, 그래서 여자의 몸이 되었고 남자의 모습을 하지 아니한 것이다. 이미 변화된 모습이므로 고정된 어떤 하늘만인 것은 아니다. 과거에는 정명의 방이 비었으므로 몸을 감추었지만, 지금은 이익하려는 편의로 그 몸을 나타낸 것이다. 그녀가 꽃을 뿌린 것은, 꽃은 향기가 많아 어리석은 세속을 정으로 물들게 하는 것이므로, 성문에게는 집착이 있고 보살은 이것을 떠났음을 밝히고자 이를 뿌린 것이다.

54 이하 문답하여 집착을 파하는 것에 셋이 있다. ㈎는 천녀가 묻는 것, ㈏는 사리자가 답하는 것, ㈐는 천녀가 설하는 것이다.

55 이하 천녀가 설하는 것에 둘이 있다. ㈀은 사람과 꽃[人華]을 상대한 것, ㈁ 크고 작음[大小]을 상대한 것이다. 전자 중에도 둘이 있으니, ①은 나타내는 것이고, ②는 풀이하는 것이다.

않다고 말하지 마십시오. ② 까닭이 무엇인가 하면 이 꽃은 여법한 것인데, 오직 존자들만 스스로 여법하지 못하기 때문입니다. 까닭이 무엇이겠습니까? 꽃은 분별이 없고 다른 분별[異分別]이 없지만, 오직 존자 등에게만 스스로 분별이 있고 다른 분별이 있기 때문입니다.56

(ㄴ) (a) 잘 말해진 법과 비나야毘奈耶 중으로 출가한 모든 이들에게 만약 분별이 있고 다른 분별이 있다면 곧 여법하지 못한 것이고, 만약 분별이 없고 다른 분별이 없다면 이는 곧 여법한 것입니다.57

(b)58 ① 존경하는 사리자님, 모든 보살들을 보십시오. 꽃이 붙지 않는 것은 모두 일체 분별과 다른 분별을 영원히 끊었기 때문입니다. 모든 성문들을 보십시오. 꽃이 몸에 붙는 것은 모두 일체 분별과 다른 분별을 아

如法. 所以者何 是華如法 惟尊者等自不如法. 所以者何? 華無分別 無異分別, 惟尊者等 自有分別 有異分別.

於善說法 毘奈耶中諸出家者 若有分別 有異分別 則不如法, 若無分別 無異分別 是則如法.

惟 舍利子, 觀諸菩薩. 華不著者 皆由永斷 一切分別 及異分別. 觀諸聲聞. 華著身者 皆由未斷 一

---

56 '분별이 없다'고 한 것은 총체적인 집착의 분별이 없다는 것이고, '다른 분별이 없다'고 한 것은 차별된 분별이 없다는 것이다. 또 전자는 공상이 없는 것이고, 후자는 별상이 없는 것이다.
57 이하 크고 작음을 상대한 것에 둘이 있다. (a)는 사람에게 차별이 있음을 밝히는 것, (b)는 꽃이 붙는 것에도 차이가 있음을 밝히는 것이다.
58 이하 꽃이 붙는 것에도 차이가 있음을 밝히는 것에 둘이 있다 ①은 분별하는 것에 다름이 있어, 붙고 붙지 아니함이 있는 것을 밝히는 것, ②는 습기를 끊음[習斷]에 다름이 있어, 붙고 붙지 아니함이 있는 것을 밝히는 것이다.

직 끊지 못했기 때문입니다.59

존경하는 사리자님, 마치 사람에게 두려움이 있을 때라면 비인非人들이 그 기회[便]를 얻지만, 만약 두려워하는 것이 없다면 일체 비인들이 그 기회를 얻을 수 없는 것과 같습니다. 만약 생사와 업과 번뇌를 두려워한다면, 곧 색·성·향·미·촉 등이 그 기회를 얻게 되겠지만, 생사와 업과 번뇌를 두려워하지 않는다면, 세간의 색·성·향·미·촉 등은 그 기회를 얻지 못하는 것입니다.60

② 또 사리자님, 만약 번뇌의 습기가 아직 영원히 끊어지지 않았다면 꽃이 그의 몸에 붙지만, 만약 번뇌의 습기가 이미 영원히 끊어졌다면 꽃은 붙지 않는 것입니다."

切分別 及異分別. 惟 舍利子, 如人有畏時 非人得其便, 若無所畏 一切非人 不得其便. 若畏生死 業煩惱者, 即爲色聲香味觸等 而得其便, 不畏生死 業煩惱者, 世間 色聲香味觸等 不得其便.
又舍利子, 若煩惱習 未永斷者 華著其身, 若煩惱習 已永斷者 華不著也."

2.2 사리자와 문답하다61

....

59 처음의 분별하는 것에 다름이 있어, 붙고 붙지 아니함이 있는 것을 밝히는 것에도 둘이 있다. 처음 여기까지는 분별에 다름이 있어, 붙고 붙지 아니함을 밝히는 것이고, 뒤의 그 아래는 두려워하고 두려워하지 않음이 달라서, 붙고 붙지 아니함이 있는 것을 밝히는 것이다.
60 이승은 생사를 두려워하므로 모든 경계가 기회를 얻어 그의 마음을 어지럽히고 미혹시키지만, 보살은 생사를 두려워하지 않으므로 모든 경계가 그의 마음을 어지럽히고 미혹시키지 못한다.
61 이하 제2 사리자와 문답하는 것에 큰 글 다섯이 있다. 2.2.1은 얼마나 오래 방에 머물렀는가를 묻는 것, 2.2.2는 어떤 승으로 향해 나아가는가를 묻는 것, 2.2.3은 물어서 여자의 몸을 바꾸도록 하는 것, 2.2.4는 다음 생은 어느 곳인가

2.2.1 얼마나 오래 머물렀는가

(1) 사리자가 말하였다.

"천녀는 이 방에 머문 지 지금까지 얼마나 되었습니까?"

(2) 천녀가 대답하였다.

"내가 이 방에 머문 것은 사리자께서 해탈에 머무신 것과 같습니다."

(3) 사리자가 말하였다.

"천녀가 이 방에 머문 지 그렇게 오래되었다는 것입니까?"

(4) 천녀가 다시 말하였다.

"해탈에 머무신 것 또한 얼마나 오래되셨는지요?"

(5) 그 때 사리자는 잠자코 대답하지 않았다.

(6) 천녀가 말하였다.

"존자께서는 대 성문으로 큰 지혜와 변재를 갖추셨는데, 이 조그만 물음에 침묵하셔서 답하시는 것을 볼 수 없습니다."

(7) 사리자가 말하였다.

"대저 해탈이란 모든 명언名言을 떠난 것입니다. 내 지금 여기에서 도대체 무엇을 말할 수 있겠습니까?"

舍利子言.

"天止 此室 經今幾何?"

天女 答言.

"我止此室 如舍利子 所住解脫."

舍利子言.

"天止此室 如是久耶?"

天女 復言.

"所住解脫 亦何如久?"

時舍利子 黙然不答.

天曰.

"尊者 是大聲聞 具大慧辯, 得此小問黙不見答."

舍利子言.

"夫解脫者 離諸名言. 吾今於此 竟知何說?"

....

를 묻는 것, 2.2.5는 과보를 증득할 시절을 묻는 것이다. 처음에는 모두 12문답이 있다.

⑻ 천녀가 말하였다.

"① 말하는 문자는 모두 해탈의 모습입니다. ② 어째서인가 하면 이러한 해탈은 안도 아니고 밖도 아니며 그 두 가지를 떠난 중간에서 얻을 수 있는 것도 아닌 것과 같이,62 문자도 역시 그래서 안도 아니고 밖도 아니며 그 두 가지를 떠난 중간에서 얻을 수 있는 것도 아니기 때문입니다.63 ③ 그러므로 문자를 떠남에서 해탈을 말해서는 안되는 것입니다. 어째서인가 하면 그 해탈과 일체법은 그 성품이 평등하기 때문입니다."64

⑼ 사리자가 말하였다.

"어찌 탐·진·치 따위를 떠나는 것이 해탈이 아니겠습니까?"65

⑽ 천녀가 말하였다.

"붓다께서는 여러 증상만增上慢인 자들을

天曰.

"所說文字 皆解脫相. 所以者何 如此解脫 非內非外 非離二種 中間可得, 文字亦爾 非內非外 非離二種 中間可得. 是故 無離文字 說於解脫. 所以者何 以其解脫 與一切法 其性平等."

舍利子言.

"豈不以離 貪瞋癡等 爲解脫耶?"

天曰.

"佛 爲諸增上慢者

....

62 해탈을 해석하는 것에 셋이 있다. ①은 표방하는 것, ②는 풀이하는 것, ③은 맺는 것이다. 풀이하는 것에도 둘이 있으니, 처음 여기까지는 해탈의 모습을 풀이하는 것이고, 뒤의 그 아래는 문자의 모습을 해석하는 것이다. 해탈은 진여를 체로 하는 것이다.
63 이것은 문자의 모습을 풀이하는 것이다. 음성 위에서 가명으로 안립한 것일 뿐, 실제의 문자란 없는 것이다. 어떻게 안팎에 있겠는가?
64 일체법과 진여는 성품이 진실한 해탈이라는 점에서 체에 전혀 차별이 없다.
65 사리자는 번뇌의 계박을 떠나는 것으로써 얻는 택멸擇滅을 해탈로 삼는다. 그래서 이렇게 물은 것이다.

위하여 일체 탐·진·치 등을 떠나는 것이 해탈이라고 말씀하셨습니다만, 만약 증상만을 멀리 떠난 이들이었다면 곧 일체 탐·진·치 등의 본래의 성품[本性]이 해탈이라고 말씀하셨을 것입니다."66

⑾ 사리자가 말하였다.

"훌륭하십니다, 천녀님. 그대는 무엇을 증득하였기에 지혜와 변재가 이와 같습니까?"

⑿ 천녀가 말하였다.

"나는 지금 얻은 것[得]도 없고 깨달은 것[證]도 없으므로 지혜와 변재가 이렇습니다. 만약 내가 지금 얻은 것이 있고 깨달은 것이 있다고 말한다면, 곧 잘 설해진 법과 비나야에서 증상만이 되는 것입니다."67

說離一切 貪瞋癡等 以爲解脫, 若爲遠離 增上慢者 卽說一切 貪瞋癡等 本性解脫."

舍利子言.

"善哉, 天女. 汝何得證 慧辯若斯?"

天曰.

"我今無得無證 慧辯如是. 若言 我今有得有證, 卽於善說 法毘奈耶 爲增上慢."

2.2.2 어떤 승으로 향해 나아가는가68

....

66 이승을 이름해서 '증상만'이라고 한 것은 아직 불과佛果를 얻지 못하고도 제일이라고 말하고 다시 구하지 않으니, 적은 것을 얻고도 많다고 말하므로 증상만이라고 이름하였다. 이들을 위하기 때문에 번뇌를 떠나서 얻는 택멸을 이름하여 해탈이라 한다고 말씀하셨다. 모든 보살들은 '(증상만을) 멀리 떠난 이들'이라고 이름한 것이니, 이들을 위하기 때문에 모든 번뇌의 본성인 진여가 해탈이라고 말씀하신다.

67 모든 법은 본래 공이어서 얻는 것도 없고 깨달는 것도 없다. 얻고 깨달음이 있다고 말한다면 증상만이라고 이름한다.

68 제2 어떤 승으로 향해 나아가는가의 글에 넷이 있다. ⑴은 묻는 것, ⑵는 답하는 것, ⑶은 힐난하는 것, ⑷는 회통하는 것이다.

⑴ 사리자가 말하였다.

"그대는 삼승 중에서 무엇으로 향해 나아갑니까?"

⑵ 천녀가 대답하였다.

"나는 삼승 중에서 모두로 향해 나아갑니다."

⑶ 사리자가 말하였다.

"그대는 어떤 비밀한 뜻에서 이러한 말을 한 것입니까?"69

⑷ 천녀가 말하였다.70

"㈎ 나는 항상 대승을 펴서 말하여 남으로 하여금 듣게 하기 때문에 나는 성문聲聞이 되고, 진실한 법의 성품을 자연히 현재 깨닫기 때문에 나는 독각獨覺이 되며, 항상 대자비를 버려 떠나지 않기 때문에 나는 대승大乘이 됩니다.

㈏ 또 사리자님, 나는 성문승聲聞乘을 구하는 모든 유정을 교화 제도하기 위하여 나는 성문도 되고, 나는 독각승獨覺乘을 구하는 모

舍利子言.

"汝於三乘 爲何發趣?"

天女答言.

"我於三乘 並皆發趣."

舍利子言.

"汝何密意 作如是說?"

天曰.

"我常 宣說大乘 令他聞故 我爲聲聞, 自然現覺 眞法性故 我爲獨覺, 常不捨離 大慈悲故 我爲大乘.

又舍利子, 我爲化度 求聲聞乘 諸有情故 我爲聲聞, 我爲化度

....

69 근기에 의해 배우는 법을 이름해서 '승'이라고 한다. 삼승 모두로 향한다고 하니, 말이 이해하기 어려우므로 '비밀한 뜻'이라고 말한 것이다.
70 넷째 회통하는 것에 셋이 있다. ㈎는 자기 것을 행하여 저들 것을 행한다는 것, ㈏는 저들에 맞추어 법을 편다는 것, ㈐는 모든 의문을 푸는 것이다. 구역에는 처음 것이 없었다.

든 유정을 교화 제도하기 위하여 나는 독각도 되며, 나는 무상승無上乘을 구하는 모든 유정을 교화 제도하기 위하여 나는 대승도 됩니다.

(다)71 (ㄱ) 또 사리자님, 비유하면 어떤 사람이 첨박가瞻博迦 숲에 들어가면 일체가 오직 첨박가의 향기만 맡게 되고, 끝내 피마자[草麻]의 향기 등은 즐기고 맡을 수 없는 것과 같습니다. 이와 같이 만약 어떤 사람이 이 방에 머문다면 오직 대승의 공덕의 향기만 즐기게 되고, 끝내 성문과 독각의 공덕의 향기 따위는 즐기지 못하게 되는 것이니, 왜냐 하면 이 방 안에는 일체 불법佛法의 공덕의 오묘한 향기가 항상 퍼져 나오기 때문입니다.

求獨覺乘 諸有情故
我爲獨覺, 我爲化度
求無上乘 諸有情故
我爲大乘.

又舍利子, 譬如有人
入瞻博迦林 一切惟
嗅 瞻博迦香, 終無
樂嗅 草麻香等.
如是 若有止此室者
惟樂大乘 功德之香,
終不樂於 聲聞獨覺
功德香等, 由此室中
一切佛法 功德妙香
常所薰故.

....

71 이하는 의문을 푸는 것이다. 말하자면 의문이 있는 사람이 힐난하여 말하기를, 천녀는 현재 삼승을 한다는데, 이 방에는 어째서 이승인을 볼 수 없고, 이승의 법을 들을 수 없는가 라고 하는 것이다. 이하 네 단락으로 이 의문을 푼다. 나는 비록 삼승을 행하고 삼승의 덕이 있지만, 방에는 오직 대승뿐이기 때문에 이승인을 보지 못하고 이승법을 듣지 못하는 것이다. 네 단락 중 (ㄱ)은 오직 대승의 수행[行]이고, (ㄴ)은 오직 대승의 이치[理]이며, (ㄷ)은 오직 대승의 가르침[敎]이고, (ㄹ)은 오직 대승의 과보[果]이다. 수행은 향기가 향내내는 것[香薰]과 같으니, 선을 증장하기 때문이고, 이치는 향기의 체[香體]와 같으니, 능히 악을 그치기 때문이다. 처음의 글에는 셋이 있다. 첫째는 비유, 둘째는 법, 셋째는 해석이다. '첨박가campaka'란 구역에서는 '첨복瞻蔔'이라고 하였는데, 이 땅에는 없는 것이다. 향기가 가장 제일이다. # 포탈라본에 의하면 '초마草麻'는 피마자 나무[castoroil plant]를 가리키는 'eraṇḍa'로 되어 있다.

㈦ 또 사리자님, 모든 제석[釋], 범천[梵], 사대천왕, 용[那伽], 야차[藥叉] 및 아수라[阿素洛]와, 자세히 말해서 나아가 사람과 비인非人 등에 이르기까지 이 방에 들어온 자들은, 모두 이러한 대사大士들을 우러러보고 그리고 친근하고 예경하며 공양하고 큰 법[大法]을 청문聽聞해서, 일체가 모두 큰 보리심[大菩提心]을 일으키고는, 모두 일체 불법佛法의 공덕의 오묘한 향기[妙香]를 지니고 나갑니다.72

㈧ 또 사리자님, 내가 이 방에 머문 지 십이 년이 되었지만, 일찍이 성문이나 독각과 상응하는 언론言論을 말하는 것은 듣지를 못하였고, 오직 대승의 모든 보살들이 행하는 대자 대비와 불가사의한 모든 붓다의 오묘한 법[諸佛妙法]과 상응하는 언론만을 들었습니다.73

又舍利子, 諸有釋梵
四大天王 那伽藥叉
及阿素洛, 廣說乃至
人非人等 入此室者,
皆爲瞻仰 如是大士
及爲親近 禮敬供養
聽聞大法, 一切皆發
大菩提心, 皆持一切
佛法功德 妙香而出.

又舍利子, 吾止此
室 十有二年, 曾不
聞說 聲聞獨覺 相
應言論, 惟聞大乘
諸菩薩行 大慈大悲
不可思議 諸佛妙法
相應言論.

....
72 일체가 모두 대승인을 우러러보고, 말하는 이치를 듣고 이치를 이해하므로, 곧 돌아가면서 향기를 지니고 나가는 것이다.
73 '12년'이라고 한 것은 곧 보살의 12주住이다. 말하자면 종성주, 승해행주, 극희주, 증상계주, 증상심주, 삼혜주(=각분覺分상응증상혜주·제제諸諦상응증상혜주·연기유전지식止息증상혜주), 무상유공용주, 무상무공용주, 무애해주, 최상보살주 및 여래주(=이상 졸역『주석성유식론』pp.854-855 참조)로서, 앞의 12주(=마지막의 '여래주' 제외)를 보살이 보살의 지위에 들어감을 나타내는 것이라고 이름한다. 가르침과 이치가 서로 수순하는 것을 '상응한다'고 말한다.

㈃ 또 사리자님, 이 방에는 여덟 가지 과거에 없었던 수승한 법이 항상 나타납니다.74 어떤 것이 여덟 가지이겠습니까?

① 말하자면 사리자님, 이 방에는 항상 금색金色의 광명이 있어 낮이나 밤이나 다름없이 두루하게 비추고 있으므로, 해와 달이 비추어서 밝히는 것을 필요로 하지 않으니, 이것이 첫째의 과거에 없었던 수승한 법입니다.75

② 또 사리자님, 이 방에는 일체 세간의 사람이나 비인 등이 이 방에 들어오고 나면 일체 번뇌에 의해 해침을 당하지 않게 되는 일이 항상 있으니, 이것이 둘째의 과거에 없었던 수승한 법입니다.76

③ 또 사리자님, 이 방에는 일체 제석, 범천, 사천왕 등 및 다른 세계의 모든 대 보살들이 모여서 비지 않는 일[不空]이 항상 있으니, 이것이 셋째의 과거에 없었던 수승한 법

又舍利子, 此室常現 八未曾有 殊勝之法. 何等爲八?
謂舍利子, 此室常有 金色光明 周遍照曜 晝夜無異, 不假日月 所照爲明, 是爲 一未曾有 殊勝之法.

又舍利子, 此室常有 一切世間 人非人等 入此室已 不爲一切 煩惱所害, 是爲 二未曾有 殊勝之法.

又舍利子, 此室常有 一切釋梵 四天王等 及餘世界 諸大菩薩 集會不空, 是爲 三

---

74 대승을 닦기 때문에 여덟 가지 수승한 과보를 얻는 것이다. 글에 셋이 있으니, 처음 여기까지는 표방하는 것이고, 다음에는 풀이하는 것이며, 마지막은 맺는 것이다.
75 공실空室에 머물 때의 현상에 이 여덟 가지 희유함이 있는 것은, 진공眞空에 머물면 능히 여덟 가지 현상을 일으킬 수 있음을 나타내는 것이다. 안으로 지혜가 있으므로 밖으로 광명을 감응하는 것이 첫째이다.
76 법을 듣는 것이 인연이 되어 번뇌가 해치지 못하는 것이다.

입니다.77

④ 또 사리자님, 이 방에는 보살의 여섯 가지 바라밀다波羅蜜多와 불퇴전의 법륜[不退法輪]과 상응하는 언론言論이 항상 들리고 있으니, 이것이 넷째의 과거에 없었던 수승한 법입니다.

⑤ 또 사리자님, 이 방에는 천신과 사람의 음악을 항상 지어서, 모든 음악 중에서 한량없는 백천의 법의 소리[法音]를 연출하니, 이것이 다섯째의 과거에 없었던 수승한 법입니다.

⑥ 또 사리자님, 이 방에는 항상 네 가지 큰 보배 곳간[寶藏]이 있어 온갖 진보[衆珍]가 흘러 넘치고 항상해서 다하는 일이 없으므로, 일체의 빈궁하고 짝 없으며[鰥寡] 고독하고 의지할 데 없어서[無依] 이것을 구걸하는 자에게 공급해 베풀어 모두 마음 흡족케 하더라도 끝내 다하지 않으니, 이것이 여섯째의 과거에 없었던 수승한 법입니다.78

未曾有 殊勝之法.

又舍利子, 此室常聞 菩薩六種 波羅蜜多 不退法輪 相應言論, 是爲 四未曾有 殊勝之法.

又舍利子, 此室常作 天人伎樂, 於諸樂中 演出無量 百千法音, 是爲 五未曾有 殊勝之法.

又舍利子, 此室常有 四大寶藏 衆珍盈溢 恒無有盡, 給施一切 貧窮鰥寡 孤獨無依 乞求之者 皆令稱遂 終不窮盡, 是爲 六未曾有 殊勝之法.

....

77 선법을 친근한 인연 때문에 모여서 비지 않는 것이다.
78 '네 가지 큰 곳간'이란 한량없이 거두어주는 일[攝事]로 내적 수행이 만족했기 때문에 외적으로 네 가지 곳간을 감응한 것이고, 법의 지혜를 만족했기 때문에 풍부하게 재물을 베푸는 것이다. 재물이 적은 것을 '빈', 전혀 없는 것을 '궁'이라 하고, 부인이 없는 것을 '환鰥', 남편이 없는 것을 '과寡'라고 하며, 부모 없는 것을 '고', 형제 없는 것을 '독'이라 하고, 친족 없는 것을 '무의無依'라고 한다.

⑦ 또 사리자님, 이 방에는 항상 석가모니釋迦牟尼 여래, 무량수無量壽 여래, 난승難勝 여래, 부동不動 여래, 보승寶勝 여래, 보염寶焰 여래, 보월寶月 여래, 보엄寶嚴 여래, 보음성寶音聲 여래, 사자후師子吼 여래, 일체의성一切義成 여래와 이러한 등의 시방十方의 한량없는 여래들께서 항상 계셔서, 만약 이 대사大士께서 마음을 일으켜 기도하여 청하시면[祈請] 때 맞추어[應時] 곧 오셔서 일체 여래의 비밀한 요체[祕要]의 법문法門을 자세히 펴 말씀하시고, 말씀하시고 나서는 되돌아 가시니, 이것이 일곱째의 과거에 없었던 수승한 법입니다.79

⑧ 또 사리자님, 이 방에는 일체 불국토의 공덕의 장엄[功德莊嚴]과, 모든 하늘 궁전의 온갖 기묘하고 아름다운 장식[妙綺飾]이 항상 나타나니, 이것이 여덟째의 과거에 없었던 수승한 법입니다.80

존경하는 사리자님, 이 방에는 항상 이러한 여덟 가지 과거에 없었던 수승한 법이 나타

又舍利子, 此室常有 釋迦牟尼如來 無量壽如來 難勝如來 不動如來 寶勝如來 寶焰如來 寶月如來 寶嚴如來 寶音聲如來 師子吼如來 一切義成如來 如是等 十方無量如來, 若此大士 發心 祈請 應時卽來 廣爲宣說 一切如來 祕要法門, 說已還去, 是爲 七未曾有 殊勝之法.

又舍利子, 此室常現 一切佛土 功德莊嚴, 諸天宮殿 衆妙綺飾, 是爲 八未曾有 殊勝之法.

唯 舍利子, 此室常現 八未曾有 殊勝之

---

79 안으로 법신을 보고, 밖으로 보신불을 보니, 하물며 중생을 이롭게 하는 화신이야 어찌 구하는데도 오지 않겠는가?
80 중생의 겁이 다하도록 정토는 항상 편안하니, 범부는 작은 방을 보지만, 성인은 정토임을 아는 것이다.

나는데, 그 누군들 이러한 불가사의한 일을 | 法, 誰有見斯 不思
보고도 다시 발심해서 성문이나 독각의 법을 | 議事 而復發心 樂求
즐겨 구하는 이가 있겠습니까?"81 | 聲聞 獨覺法乎?"

2.2.3 여자의 몸을 바꾸지 않는가82

(1) 천녀에게 몸을 바꾸게 하다83

㈎ 그 때 사리자가 천녀에게 물었다. | 時舍利子 問天女言.
"그대는 지금 어째서 이 여자의 몸을 바꾸 | "汝今 何不轉 此女
지 않습니까?"84 | 身?"

㈏ 천녀가 답하여 말하였다. | 天女答言.
"내가 이 방에 머무는 십이 년 동안 여인의 | "我居此室 十有二
성품을 구했어도 마침내 얻을 수 없었는데, | 年 求女人性 了不
무엇이 바꾸어야 할 것입니까?"85 | 可得, 當何所轉?"

....

81 셋째 맺는 것이다. 그래서 이승은 나타나지 않고 오직 대승의 법만 들린다.

82 이하 제3 물어서 여자의 몸을 바꾸게 하는 것에 셋이 있다. (1)은 천녀에게 몸을 바꾸게 하는 것, (2)는 사리자를 바꾸는 것, (3)은 본래의 모습으로 회복시키는 것이다.

83 천녀에게 몸을 바꾸게 하는 것에 다섯이 있다. ㈎는 묻는 것, ㈏는 답하는 것, ㈐는 반문하는 것, ㈑는 물리쳐 답하는 것, ㈒는 바르게 풀이하는 것이다.

84 사리자는 아래 지위[下位]여서 위의 계급[上階]을 헤아리지 못하므로 진실로 여자의 몸이라고 말한다. 그래서 물어서 바꾸게 하는 것이다.

85 '12년'이란 혹은 12인연에 의탁하여 말해서 12년이라고 하였으니, 스스로 생사에 머물면서 진실로 여자의 몸을 구했어도 전혀 얻을 수 없었기 때문이다. 혹은 보살의 12주 중에 의탁하여 말해서 12년이라고 하였으니, 발심한 이래 진실로 여인을 구했지만 마침내 구하지 못했다는 것이다. 혹은 직접 무구칭에게 의지하여 이 방에 들어온 지 12년이 되었으니, 이는 의탁해 말할 필요가 없다. 단지 변화하여 여인의 모습이 된 것 뿐만 아니라, 진실로 여인의 성품을 구했

㈐ 존경하는 사리자님, 비유하면 환술사가 환녀幻女를 변화로 만든 것과 같으니, 만약 어떤 사람이, '그대는 지금 어째서 이 여자의 몸을 바꾸지 않습니까?'라고 말한다면, 바른 물음이 되겠습니까?"

惟 舍利子, 譬如幻師 化作幻女, 若有問言, '汝今 何不轉此女身?', 爲正問不?"

㈑ 사리자가 말하였다.

舍利子言.

"그렇지 않습니다, 천녀님. 환상[幻]은 이미 진실이 아닌데, 무엇이 바꾸어야 할 것이겠습니까?"

"不也, 天女. 幻旣非實, 當何所轉?"

㈒ 천녀가 말하였다.

天曰.

"이와 같이 모든 법의 성품과 모습은 모두 진실이 아닌 것이 마치 환술로 변화된 것[幻化]과 같습니다. 어찌하여 여자의 몸을 바꾸지 않느냐고 물으셨습니까?"

"如是 諸法性相 皆非眞實 猶如幻化. 云何乃問 不轉女身?"

⑵ 사리자를 바꾸다86

㈎ 즉시 천녀는 신통력으로써 사리자를 변화시켜 천녀처럼 되게 하고, 스스로 그의 몸

卽時 天女 以神通力 變舍利子 令如

어도 또한 얻을 수 없었다는 것이다. 이미 여인이 없는데, 무엇이 바꾸어야 할 것인가? (문) 앞의 답에서는 여기에 머문 것이 해탈에 머문 것과 같다고 하고, 전혀 햇수[年載]는 없었다. 무엇 때문에 지금은 12년이라고 말하는가? (답) 앞에서는 진실한 이치의 해탈에 의거하여 답하였기 때문에 답에 때[時]가 없었지만, 지금은 수행 및 생사의 분한分限에 머문 것에 의거하기 때문에 12년이라고 답한 것이니, 서로 어긋나지 않는다.

86 사리자를 바꾸는 것에 셋이 있다. ㈎는 바꾸고 묻는 것, ㈏는 대답에 헤매는 것, ㈐는 바르게 풀이하는 것이다.

을 사리자처럼 변화시키고는, 그에게 물었다.

"존자께서는 어찌하여 여자의 몸을 바꾸지 않습니까?"

㈏ 그 때 사리자는 천녀의 모습으로 그에게 대답하였다.

"나는 지금 어떻게 남자의 몸이 사라져버리고 여자의 모습이 생겨났는지 모르겠습니다."87

㈐ 천녀가 다시 말하였다.88

"① 존자께서 만약 이 여자의 몸을 바꿀 수 있다면, 일체 여자의 몸들도 역시 바뀔 수 있을 것입니다. ② 사리자님께서 실제로 여자가 아니면서 여자의 몸을 나타내었듯이, 일체 여자의 몸들도 역시 또한 이와 같아서 비록 여자의 몸을 나타내고 있지만 실제로는 여자가 아닙니다. ③ 세존께서는 이 비밀한 뜻[密意]에 의하여 말씀하시기를, 일체 모든 법은 남자도 아니고 여자도 아니라고 하셨습니다."89

天女, 自變其身 如舍利子, 而問之言.
"尊者 云何 不轉女身?"
時 舍利子 以天女像 而答之言.
"我今不知 轉滅男身 轉生女像."

天女 復言.
"尊者 若能轉 此女身, 一切女身 亦當能轉. 如舍利子 實非是女 而現女身, 一切女身 亦復如是 雖現女身 而實非女. 世尊 依此 密意說言, 一切諸法 非男非女."

....
87 대답에 헤매는 것이니, 남자가 사라지고 여자로 바뀐 원인을 알지 못하는 것이다.
88 이하 바르게 풀이하는 것에 셋이 있다. ①은 간략히 예를 드는 것, ②는 자세히 이루는 것, ③은 가르침을 인용하는 것이다.

(3) 본래의 모습으로 회복시키다[90]

(개) 그 때 천녀는 이 말을 하고 나서 신통력을 다시 거두어 각각 본래의 모습을 회복시키고 사리자에게 물었다.

"존자님, 여자의 몸은 지금 어디에 있습니까?"

(내) 사리자가 말하였다.

"지금 나의 여자의 몸은 있지도 않았고[無在] 변함도 없었습니다[無變]."[91]

(대) 천녀가 말하였다.

"존자님, 훌륭하고 훌륭하십니다. 일체 모든 법도 또한 다시 이와 같이 있음도 없고 변함도 없으니, 일체법은 있음도 없고 변함도 없다고 말하는 것이 진실한 붓다의 말씀입니

爾時 天女 作是語已 還攝神力 各復本形 問舍利子.

"尊者, 女身 今何所在?"

舍利子言.

"今我女身 無在無變."

天曰.

"尊者, 善哉善哉. 一切諸法 亦復如是 無在無變, 說一切法 無在無變 是眞

....

89 모습에는 남녀가 있지만 실제로는 남녀가 없다. 현상[事]에는 남녀가 있지만, 이치[理]에는 실제로 없기 때문이다. 말씀 중에서는 한결같기[一向] 때문에 '비밀한 뜻'이라고 이름한 것이다.

90 셋째 본래의 모습으로 회복시키는 것에 셋이 있다. (개)는 모습을 회복시키고 묻는 것, (내)는 이치에 의거해 대답하는 것, (대)는 찬양하고 가르침을 인용하는 것이다.

91 여인의 모습은 이미 없었으므로 '있지도 않았다'고 하였다. 원래 진실로 여인이 아니었는데 무엇이 변한 것이었겠는가? 또 법의 성품은 공하니, 무엇이 있었고, 무엇이 변했겠는가? 구역에서는 '있음도 없고 있지 않음도 없다[無在無不在]'라고 하였다. 진실로 여인이 과거에 있다가 지금은 있지 않는 것도 없고, 진실로 여인이 있음도 없다. 무엇이 있고 있지 않겠는가[在不在]? # 영역본의 표현은 'My feminine form is neither made nor changed'라고 되어 있다.

다."92 佛語."

2.2.4 다음 생은 어느 곳인가93

⑴ 그 때 사리자가 천녀에게 물었다.
"그대는 여기에서 죽으면 어디에서 태어날 것입니까?"

⑵ 천녀가 답하였다.
"여래께서 변화시키신 것[所化]이 태어날 곳, 그 곳에 나도 태어날 것입니다."

⑶ 사리자가 말하였다.
"여래께서 변화시키신 것은 죽음도 없고 태어남도 없을 것인데, 어째서 장차 태어날 곳이라고 말합니까?"94

⑷ 천녀가 말하였다.
"존자님, 모든 법과 유정도 역시 그러해서 죽음도 없고 태어남도 없다고 알아야 합니다. 어째서 저에게 어디에 태어날 것인지를 물으셨습니까?"95

時舍利子 問天女言.
"汝於此沒 當生何所?"

天女 答言.
"如來所化 當所生處, 我當生彼."

舍利子言.
"如來所化 無沒無生, 云何而言 當所生處?"

天曰.
"尊者, 諸法有情 應知亦爾 無沒無生. 云何問我 當生何所?"

....

92 법의 성품은 본래 공인데, 무엇이 있고 무엇이 변하겠는가? 또 그 상과 같은 것은 없는데도[無如彼相] 일체의 법을 건립한 것이니 모두 다 있음이 없다. 새로 새로 생겨나기[新新生] 때문에 실제의 자성이 없는데, 무엇을 변한 것[所變]이라고 하겠는가?
93 이하 제4 죽어서 어느 곳에 태어날 것인가를 묻는 것에 넷이 있다. ⑴은 묻는 것, ⑵는 답하는 것, ⑶은 힐난하는 것, ⑷는 회통하는 것이다.
94 변화된 것은 이미 진실이 아니므로 죽음도 없고 태어남도 없는 것이다.

2.2.5 언제 과보를 얻을 것인가[96]

(1) 그 때 사리자가 천녀에게 물었다.

"그대는 얼마나 지나서 무상정등보리를 증득하겠습니까?"

(2) 천녀가 대답하였다.

"사리자님께서 다시 범부[異生]를 이루고 범부의 법을 갖추는 것과 같이, 내가 무상정등보리를 증득하기까지의 시간의 길이[久近]도 역시 그러합니다."

(3) 사리자가 말하였다.

"내가 장차 그렇게 다시 범부를 이루고 범부의 법을 갖춘다는 것은 도리도 없고[無處] 시절도 없습니다[無位]."[97]

(4) 천녀가 말하였다.

"존자님, 내가 장차 무상정등보리를 증득한다는 것도 역시 이와 같이 도리도 없고 시절도 없습니다. 까닭이 무엇이겠습니까? 무상보리는 머무는 곳[住處]이 없기 때문입니다. 그러므로 보리를 증득하는 주체[證菩提

時舍利子 問天女言.

"汝當久如 證得無上正等菩提?"

天女答言.

"如舍利子 還成異生 具異生法, 我證無上正等菩提 久近亦爾."

舍利子言.

"無處無位 我當如是 還成異生 具異生法."

天曰.

"尊者, 我亦如是 無處無位 當證無上正等菩提. 所以者何? 無上菩提 無有住處. 是故 亦無證菩

---

95 [공리] 승의제 중에는 모든 법과 유정은 이미 체성이 없는데, 장차 어디에 태어나겠는가? [응리] 변계소집의 법 및 유정은 전혀 실체가 없는데, 장차 어디로 가겠는가?
96 제5 과보를 증득할 시절을 묻는 것에 아홉 문답이 있다.
97 다시 범부를 이룬다는 것은 도리道理도, 처소處所도, 시간의 단계[時位]도 없다.

者] 역시 없는 것입니다."98

(5) 사리자가 말하였다.

"만약 그렇다면 어째서 붓다께서는 항하의 모래와 같은 모든 붓다께서 무상정등보리를 현재 증득하시고, 이미 증득하셨고, 장차 증득하실 것이라고 말씀하셨습니까?"

(6) 천녀가 말하였다.

"존자님, 모두가 문자와 세속법[俗數]의 언어로 삼세의 모든 붓다께서 증득하심이 있다고 말씀하신 것이지, 보리에 과거·미래·현재가 있다고 말씀하신 것이 아닙니다. 어째서인가 하면 무상보리는 삼세를 초과한 것이기 때문입니다.99

(7) 또 사리자님, 존자께서는 아라한을 이미 증득하셨습니까?"

(8) 사리자가 말하였다.

"얻지 않고서 얻었으니, 얻는 것 없음[無所得]을 얻었기 때문입니다."100

提者."
舍利子言.
"若爾 云何佛說 諸佛 如殑伽沙 現證無上正等菩提, 已證, 當證?"
天曰.
"尊者, 皆是文字 俗數語言 說有三世諸佛證得, 非謂菩提 有去來今. 所以者何 無上菩提 超過三世.
又舍利子, 汝已證得 阿羅漢耶?"
舍利子言.
"不得而得, 得無所得."

----

98 진여의 이치가 대보리이기 때문에 머무는 곳도 없고, 증득할 수 있는 시간의 단계 및 증득하는 주체도 역시 없는 것이다.

99 이치로 회통하는 것이다. 경전에서 삼세에 보리를 얻는다고 말한 것은 세속의 문자와 언어에 의거하여 있다고 말한 것이지, 승의의 진여에 의거하여 보리에 삼세가 있을 수 있어서 증득한다고 말한 것이 아니다. 진여와 보리는 삼세를 초과한 것이기 때문이다.

100 종래 얻지 못한 것을 지금 증득하는 것이니, 해탈이다. 종래 얻었다고 말하였

(9) 천녀가 말하였다.

"존자님, 보리도 역시 그러해서 증득하지 않고서 증득하는 것이니, 증득하는 것 없음[無所證]을 얻기 때문입니다."101

2.3 무구칭이 찬탄하다

그 때 무구칭이 곧 존자 사리자에게 말하였다.

"이와 같이 천녀는 구십이 백천 구지 나유타의 붓다를 이미 일찍이 공양供養하고 친근親近하며 섬기어서[承事], 신통과 지혜에서 이미 능히 노닐었으며, 서원한 바[所願]를 만족하였고, 무생법인[無生忍]을 얻어, 이미 무상정등보리無上正等菩提에서 영원히 퇴전退轉하지 않지만,102 본원의 힘[本願力]을 타고 그녀가 바라는 대로 마땅한 곳[所宜處]을 따

天曰.

"尊者, 菩提亦爾 不證而證, 證無所證."

時無垢稱 卽語尊者 舍利子言.

"如是 天女 已曾供養 親近承事 九十有二 百千俱胝 那庾多佛, 已能遊戲 神通智慧, 所願滿足, 得無生忍, 已於無上正等菩提 永不退轉, 乘本願力 如其所欲 隨所宜處

....

지만, 지금 얻는 것이 없으니, 허망한 경계[妄境]이다. 무학을 증득할 때에 먼저 얻지 못한 것을 지금 얻고, 먼저 얻은 것을 지금 얻지 않기 때문에 얻음[得]과 얻음 없음[無得]이라고 이름한 것이다. 또 '얻지 않는다'라고 말한 것은 곧 얻은 것이 있는 것[有所得]이니, 만약 얻고자 한다면 곧 얻는 것이 없어야[無所得] 한다.

101 아홉 번째로 해석해 이루는 것이다. 보리도 역시 그러해서 종래 증득하지 못했다가 지금 증득한 것은 진여이고, 먼저 증득했다가 지금 증득함이 없는 것은 소집所執, 혹은 허망한 경계[妄境]이다.
102 이는 제3 단락으로 무구칭이 찬탄하는 것이다. 글에 둘이 있으니, 처음 여기까지는 그 공덕을 찬탄하는 것이고, 뒤의 그 아래는 여인이 된 것을 풀이하는 것이다.

라 유정들을 성숙시키고 있는 것입니다." 成熟有情."

제8 보리분품12   菩提分品 第八

1. 보리의 원인을 간략히 밝히다34

....

1 방편품 등 아래의 5개품(=제2 내지 제6품)은 이타의 뛰어난 행이었고, 바로 위의 1개품(=제7 관유정품)은 교화할 곳을 관찰하는 것이었다. 그 다음의 2개품(=제8 및 제9품)은 진실한 뜻의 처소이니, 자리행을 밝히는 것이다. 그 중 처음의 1품(=본품)은 진실한 유위의 세속적 현상의 행[眞實有爲世俗事行], 다음 뒤의 1품(=제9 불이법문품)은 진실한 무위의 출세간의 이치의 행[眞實無爲出世理行]이니, 이타한 후에는 반드시 스스로를 이롭게 해야 하기 때문이고, 그 이치를 증득하려면 먼저 현상을 닦아야 하기 때문이다. '보리'는 깨달음의 과보[覺果]이고, '분'이란 원인[因]의 뜻이다. 붓다의 보리를 얻는 원인되는 지위의 행을 지금 여기에서 자세히 밝히기 때문에 '보리분'이라고 이름하였다. 오직 37보리분법만인 것은 아니다.

2 집 공은 불도품이라고 이름하였다. 뜻은 비록 그럴 수 있지만, 범어의 음이 다르고 뜻에도 역시 혼동이 있을 수 있으므로, 바로 보리분품이라고 해야 한다. # 그런데 포탈라본의 품명은 'Tathāgatagotra-parivartaḥ', 즉 여래의 종성품이라고 되어 있다.

3 품에 세 단락이 있다. 1.은 길상이 물어서, 보리의 원인을 간략히 밝히는 것, 2.는 무구칭이 물어서, 여래의 종성을 밝히는 것, 3.은 보현이 물어서, 보리의 업을 자세히 밝히는 것이다. 붓다의 세계[佛趣]로 이를 수 있게 하는 것이 보리의 인이니, 바른 수행이기 때문이다. 능히 생겨나게 하는 원인[能生因]은 여래의 종자[如來種]이니, 본성을 말하기 때문이다. 법의 부모 등은 보리의 업이니, 과보가 이미 만족하였기 때문이다. 보리의 원인이 없다면 불과는 무엇으로 증득할 수 있겠으며, 여래의 종자가 없다면 보리분은 어떻게 생겨날 수 있으며, 부모 등이 없다면 불과는 무슨 모습으로 원만하게 하겠는가? 그래서 3단이 되니, 처음 것은 수순하는 원인[順因]이 되고, 다음 것은 건립하는 원인[建因]이 되며, 뒤의 것은 과보의 덕[果德]을 밝히는 것이다. 아직 보리를 얻지 못했을 때에는 선·불선의 법은 모두 불성이라고 이름한다. 따라서 둘 모두 원인이니, 선법은 보신의 원인이 되고, 불선법은 법신의 원인이 되는 것이다. 그래서 《승만경》에서, "두

1.1 문답하고 따지다

(1) 그 때 묘길상이 무구칭에게 물었다.

"어떤 것이 보살이 모든 불법佛法에서 궁극의 세계[究竟趣]에 이르는 것입니까?"5

(2) 무구칭이 말하였다.

"만약 모든 보살이 향함 아닌 것[非趣]을 행한다면, 마침내 불법에서 궁극[究竟]의 세계에 이르게 될 것입니다."6

(3) 묘길상이 말하였다.

"어떤 것이 보살이 향함 아닌 것을 행하는 것입니까?"

時妙吉祥 問無垢稱.
"云何菩薩 於諸佛法 到究竟趣."

無垢稱言.
"若諸菩薩 行於非趣, 乃於佛法 到究竟趣."

妙吉祥言.
"云何菩薩 行於非趣?"

....

가지 여래장이 있으니, 공의 지혜[空智]와 번뇌 또한 여래장이라고 이름한다."라고 하였다.

4 이 처음의 글에 넷이 있다. 첫째 1.1의 (1)은 묻는 것, 둘째 (2)는 답하는 것, 셋째 (3)은 따지는 것, 넷째 1.2는 풀이하는 것이다.

5 '모든 불법'이란 말하자면 인·과에 통하는 것이다. '궁극에 향하는 곳[究竟所趣]'은 곧 불과 중의 보리와 열반이다. 어떤 것이 보리에 도달하고 얻는 원인이 되는 것인가 라는 것이다. 37보리분은 아니니, 그것은 삼승에 공통되기 때문이다. 이것은 공통되지 않는 것이기 때문이다.

6 범부가 돌아가는 곳을 이름하여 '취趣'라고 한다. 성인이 돌아가는 곳은 범부가 향하는 곳[所趣]이 아니다. 이 '향함 아닌 것[非趣]'에 노니는 것을 '향함 아닌 것을 행한다[行非趣]'라고 이름하였다. 혹은 '취趣'에는 둘(=소취·능취)이 있다. 향하는 곳[所趣]을 '취'라고 이름하니, 불과의 법을 말한다. 향하는 수단[能趣]은 '비취'이니, 보리분이 그것이다. 지금 보리를 닦는 원인은 능취이기 때문에 '비취를 간다'고 말하였다. 이 비취를 간다면 궁극의 세계에 도달할 수 있다는 것이다. 구역에서는 '비도非道를 간다'고 하였는데, '도'는 '취'이니, 오도五道 등과 같은 것이다. # 영역본은 이 부분을 다음과 같이 표현한다. 'it is by following a roundabout way that a Bodhisattva follows his way in the Buddhadharmas.'

1.2 풀이하다7

(1) 무구칭이 말하였다.

"① 만약 모든 보살이 비록 다시 오무간五無間의 세계로 간다고 하더라도, 성내고 고뇌하며 분노하고 해치려는 마음이 없고,8 ② 비록 다시 나락가那落迦의 세계로 간다고 하더라도, 일체 번뇌의 티끌과 때[塵垢]를 떠나며,9 ③ 비록 다시 모든 축생[傍生]의 세계로

無垢稱言.
"若諸菩薩 雖復行於 五無間趣, 而無恚惱 忿害毒心, 雖復行於 那落迦趣, 而離一切 煩惱塵垢, 雖復行於 諸傍

---

7 풀이하는 것에 둘이 있다. 처음은 풀이하는 것이고, 뒤의 (8)은 맺는 것이다. 풀이하는 것 중에 33구가 있는데, 크게 나누면 둘이 된다. 처음 (3)까지의 19구는 범부의 행과 같지 않은 것이고, 뒤의 14구는 이승의 행과 같지 않은 것이다. 그렇지만 전체를 일곱으로 나눌 수 있다. (1)의 6구는 취에 의지해 악행을 떠나는 것[依趣離惡行], (2)의 3구는 근에 의지해 독행을 멸하는 것[依根滅毒行], (3)의 10구는 장애에 의지해 바라밀행을 닦는 것[依障修度行], (4)의 2구는 소승에 의지해 대승의 행을 닦는 것[依小修大行], (5)의 5구는 악에 의지해 선행을 닦는 것[依惡修善行], (6)의 4구는 열등한 것에 의지해 뛰어난 행을 닦는 것[依劣修勝行], (7)의 3구는 안에서 머물지 않는 행을 닦는 것[中修不住行]이다. 구역에는 31구가 있었다. (1)에 5구만 있고, (7)에 2구만 있었다.

8 처음 6구의 취에 의지하여 악행을 떠나는 것 중에서, 처음의 2구는 지옥이고, ③은 축생, ④는 아수라, ⑤는 아귀, ⑥은 천취天趣이다. 생략하여 인취와 색계천은 없다. 구역에는 색계천인 자도 역시 있었는데, 착오이다. 여기에서는 가장 뛰어나게 닦기 어려운 곳을 든 것이기 때문에, 사람과 색계의 여러 하늘은 없다. 보살은 항상 그 두 곳에 의지해 교화하기 때문에 쉬워서 논하지 않은 것이다. '5무간'이란 아버지를 죽이고 어머니를 해치는 등의 다섯 가지 무겁게 거스르는 업[重逆業]을 말한다. 그 곳에 태어나면 괴로움을 받는 것에 틈이 없기 때문에 '무간'이라 이름한다. 5무간에 태어나면 필시 극악해서 성내고 고뇌하는 등의 마음을 많이 일으키지만, 보살은 그 곳에 태어나더라도 중생을 이롭게 하기 때문에 성내고 고뇌하는 마음이 없으니, 보리분인 것이다.

9 '나락가'란 예전에는 지옥이라고 하였다. 이것은 제일 아래[最下]를 제외한 나머

간다고 하더라도, 일체 어두컴컴한 무명을 떠나고, ④ 비록 다시 아수라[阿素洛]의 세계로 간다고 하더라도, 일체 오만倨慢하고 교만함[憍逸]을 떠나며,10 ⑤ 비록 다시 염마왕琰魔王의 세계로 간다고 하더라도, 광대한 복덕과 지혜의 자량[福慧資糧]을 모으고,11 ⑥ 비록 다시 무색정無色定의 세계로 간다고 하더라도, 그것으로 향해 나아가는 것을 좋아하지 않습니다.12

(2) ① 비록 다시 탐욕행貪欲行의 길[趣] 가는 것을 보이더라도, 일체 받아들이는 욕망에 대해 모든 물들어 집착함[染著]을 떠나고, ② 비록 다시 진에행瞋恚行의 길 가는 것을 보이더라도, 일체 유정의 경계에서 모든 성냄을 떠나고 손해하는 마음이 없으며, ③ 비록 다

生趣, 而離一切 黑暗無明, 雖復行於 阿素洛趣, 而離一切 傲慢憍逸, 雖復行於 琰魔王趣, 而集廣大 福慧資糧, 雖復行於 無色定趣, 而能於彼 不樂趣向.

雖復示行 貪欲行趣, 而於一切 所受欲中 離諸染著, 雖復示行 瞋恚行趣, 而於一切 有情境界 離諸瞋恚 無損害心, 雖復示行

....
지 지옥이다. 유정이 그 곳에 태어나면 번뇌의 진구塵垢가 필시 극히 무겁지만, 보살은 그 곳에 태어나더라도 진구가 모두 없다. 이하의 여러 구에서 '그 곳을 간다고 하더라도'라고 한 것은 모두 보살이 부류를 따라 변화해 태어나는 것이니, 악처로 가는 것을 보이고, 악법을 일으키는 것을 보이지만, 그 곳에서 짓는 일은 없는 것이므로 보리분인 것이다. 일체 모두 준해서 알아야 한다.

10 아수라[非天]는 스스로를 많이 믿으므로 오만하고 교만하다.
11 '염마'는 예전에는 '염라閻羅'라고 하였다. 지하로 오백 유순을 지나서 염마의 왕국이 있는데, 대저 염마에 있는 자는 대부분 수승한 원인으로 장엄하지 않는다. 보살은 그 곳에 태어나면, 복덕과 지혜를 능히 모은다.
12 무색정의 적정한 해탈을 얻으면 다수가 그 선정으로 향하여 그 곳에 태어나지만, 보살은 그 곳을 간다고 하더라도 선정으로 태어남을 즐기지 않는다.

시 우치행愚癡行의 길 가는 것을 보이더라도, 모든 법에서 일체 어두컴컴한 무명을 멀리 떠나 지혜의 밝음[明]으로 스스로 조복합니다.13

(3) ① 비록 다시 간탐행慳貪行의 길 가는 것을 보이더라도, 신명身命을 돌아보지 않고 모든 안팎의 재물[內外事]을 능히 베풀고, ② 비록 다시 범계행犯戒行의 길 가는 것을 보이더라도, 일체 계율[尸羅]과 두타[杜多]의 공덕을 안립하고, 소욕少欲 지족知足하며, 작은 죄 중에서 큰 두려움을 볼 수 있고,14 ③ 비록 다시 성내며 분노하는 행[瞋忿行]의 길 가는 것을 보이더라도, 궁극적으로 자비에 안주해서 마음에는 성냄과 고뇌[恚惱]가 없으며, ④ 비록 다시 해태행懈怠行의 길 가는 것을 보이더라도, 능히 일체 선근을 부지런히 닦고 정진을 폐하는 일이 없으며[無替], ⑤ 비록 다시 감각기관이 산란한 행[根亂行]의 길 가는 것을 보이더라도, 항상 평정[恬黙]하여 정려

愚癡行趣, 而於諸法 遠離一切 黑暗無明 以智慧明 而自調伏.

雖復示行 慳貪行趣, 而能棄捨 諸內外事 不顧身命, 雖復示行 犯戒行趣, 而能安立 一切尸羅 杜多功德, 少欲知足, 於小罪中 見大怖畏, 雖復示行 瞋忿行趣, 而能究竟 安住慈悲 心無恚惱, 雖復示行 懈怠行趣, 而能勤習 一切善根 精進無替, 雖復示行 根亂行趣, 而常恬黙 安止

---

13 이 3구는 근에 의지하여 독행毒行을 멸하는 것이다. 보살은 비록 세 가지 불선근을 행하더라도, 모두 이 삼독三毒의 성품을 멸할 수 있는 것이다.
14 이 (3)의 10구는 장애에 의지해 바라밀행을 닦는 것이다. ①은 비록 다시 간탐하더라도 재물과 지위를 보시함에 신명을 돌아보지 않는 것이다. ②는 비록 범계를 보이더라도 청량한 12두타를 세우고, 소욕하여 많이 구하지 않고, 지족하여 다시 구하지 않으며, 작은 죄를 크게 두려워하는 것이다.

에 편안히 머물고,15 ⑥ 비록 다시 악혜행惡慧行의 길 가는 것을 보이더라도, 일체 세간 및 출세간의 믿음[信]에 잘 통해 이르러서 궁극의 반야[慧] 바라밀다에 이르고,16 ⑦ 비록 다시 아첨하고 속이는 행[諂詐行]의 길 가는 것을 보이더라도, 방편의 선교함을 능히 성취하며,17 ⑧ 비록 다시 비밀한 말[密語]의 방편과 교만憍慢을 행하는 길 가는 것을 보이더라도, 건져 건네주는 교량橋梁을 이루어 세우고,18 ⑨ 비록 다시 일체 세간의 번뇌행의 길 가는 것을 보이더라도, 성품이 청정하여 궁극적으로 물듦이 없고[無染],19 ⑩ 비록 다

靜慮, 雖復示行 惡慧行趣, 而善通達 一切世間 出世間信 至究竟慧 波羅蜜多, 雖復示行 諂詐行趣, 而能成辦 方便善巧, 雖復示行 密語方便 憍慢行趣, 而爲成立 濟度橋梁, 雖復示行 一切世間 煩惱行趣, 而性淸淨 究竟無

....

15 비록 감각기관의 산란함(=포탈라본에 의하면 이 표현의 원어는 산란을 뜻하는 vibhrānta와 근根을 뜻하는 indriya를 합성한 'vibhrāntendriya'임)을 보이더라도, 항상 평정하고 고요하게 선정에 머문다.
16 비록 악혜를 보이더라도, 믿어야 할 경계에 대한 일체 믿음을 항상 통달하여 반야의 도피안에 이르는 것이다.
17 아첨하고 굽히며[諂曲] 거짓으로 속여서[詐僞] 남을 기쁘게 하는 것은 방편의 선교함을 장애한다. 보살은 비록 아첨하고 굽히며 거짓으로 속임을 보이더라도 방편의 선교함을 닦아 익히고(=방편바라밀), 또한 남도 기쁘게 할 수 있다.
18 교만하기 때문에 비밀한 말을 많이 일으켜서 스스로 방자하고 남을 멸시하며, 세속의 삿된 원[世耶願]을 일으켜서 크고 승묘한 서원[大妙願]을 장애한다. 보살은 교만하고 삿된 원을 행하는 것을 보이더라도, 건져 건네서 세간을 벗어나게 하는 교량이 되려는 승묘한 서원을 성취하여(=서원바라밀), 능히 건져주고 능히 교량이 되니, 유정을 제도하기 때문이다. 세상에서 서원하여 무병장수를 말하는 것처럼, 보살도 역시 따라서 이것을 주문하고 원하지만, 뜻은 세간을 벗어나고 세상의 교량이 되려는 데 있다.

시 온갖 마행魔行의 길 가는 것을 보이더라도, 일체 불법佛法의 깨달음의 지혜[覺慧]를 스스로 깨달아 알고[自證知] 다른 연을 따르지 않습니다.20

⑷ ① 비록 다시 성문행의 길 가는 것을 보이더라도, 유정들을 위하여 아직 듣지 못한 법을 말하고, ② 비록 다시 독각행의 길 가는 것을 보이더라도, 대자 대비로써 유정을 성숙시키는 일을 성취합니다.21

⑸ ① 비록 다시 모든 빈궁한 세계에 있음을 나타내더라도, 보배손[寶手]을 얻어 진귀한 재물이 다함 없고, ② 비록 다시 여러 감관이 결여된 세계[缺根趣]에 있음을 나타내더라도, 상호와 오묘한 형색으로 장엄한 몸을 갖추며, ③ 비록 다시 비천한 삶의 세계에 있음을 나타내더라도, 붓다의 집에 태어나 종성種姓이 존귀하고 수승한 복덕과 지혜의 자량을 적집하며, ④ 비록 다시 나약하거나 누추하여 대중들이 미워하는 세계에 있음을 나타

染, 雖復示行 衆魔行趣, 而於一切 佛法覺慧 而自證知 不隨他緣.

雖復示行 聲聞行趣, 而爲有情 說未聞法, 雖復示行 獨覺行趣, 而爲成辦 大慈大悲 成熟有情.

雖復現處 諸貧窮趣, 而得寶手 珍財無盡, 雖復現處 諸缺根趣, 而具相好 妙色嚴身, 雖復現處 卑賤生趣, 而生佛家 種姓尊貴 積集殊勝 福慧資糧, 雖復現處 羸劣醜陋 衆所憎趣, 而得勝

......

19 비록 번뇌를 일으키더라도 뛰어난 힘을 이루고(=힘바라밀) 성품이 청정하여 물듦이 없다.
20 붓다의 깨달음의 지혜를 깨달아(=지혜바라밀) 마의 속박을 따르지 않는 것이다. 다른 연을 따르는 것은 다른 연의 속박을 따르는 것이다. 이상 19구는 범부의 행과 같지 않은 것이고, 그 아래는 이승의 행과 같지 않은 것이다.
21 이상의 2구는 소승에 의지하여 대승행을 닦는 것이다.

내더라도, 승묘한 나라연那羅延의 몸을 얻어 일체 유정들이 항상 즐겨 보려 하고, ⑤ 비록 다시 여러 늙거나 병듦의 세계에 있음을 나타내더라도, 필경 늙거나 병듦의 뿌리를 없애고 모든 죽음의 두려움을 초월합니다.22

(6) ① 비록 다시 재물을 구하는 지위의 세계[求財位趣]에 있음을 나타내더라도, 무상無常을 관찰하는 지각을 많이 닦고 익혀 모든 희구함을 쉬며,23 ② 비록 다시 궁궐의 기녀들과 즐기는 모든 세계에 있음을 나타내더라도, 항상 모든 욕망의 진흙탕을 벗어나 필경 멀리 여의는 행을 닦고 익히며, ③ 비록 다시 여러 어리석은 세계[頑囂趣]에 있음을 나타내더라도, 갖가지 변재의 장엄을 갖추고 다라니를 얻으며 새김과 지혜를 잃음이 없고,24 ④ 비록 다시 여러 삿된 도의 세계[邪道

妙 那羅延身 一切有情 常所樂見, 雖復現處 諸老病趣, 而能畢竟 除老病根 超諸死畏.

雖復現處 求財位趣, 而多修習 觀無常想 息諸悕求, 雖復現處 宮室妓女 諸戲樂趣, 而常超出 諸欲淤泥 修習畢竟 遠離之行, 雖復現處 諸頑囂趣, 而具種種 才辯莊嚴 得陀羅尼 念慧無失, 雖復現處 諸邪

....

22 여기의 5구는 악에 의지하여 선행을 닦는 것이다. 나라연 하늘(=금강역사)의 몸은 가장 제일이어서 대중이 즐겨 보려 한다. 비록 늙고 병듦을 나타내더라도, 이것의 근본되는 업과 번뇌를 능히 떠나, 생사 중의 두려움을 초월한다.
23 이하의 4구는 열등한 것에 의지해 뛰어난 행을 닦는 것이다. 예류나 일래는 오히려 다섯 가지(=믿음 등의 5근)에 열등함이 있지만, 보살은 그렇지 않으니, 이는 그 나머지에 모두 통한다. 사고 파는 것을 나타내면서도 무상을 관찰하여 탐착을 일으키지 않고 모든 희구함을 쉰다.
24 입으로 충성과 신의[忠信]의 말을 하지 못하는 것이 '완頑'이고, 마음으로 덕과 옳음[德義]의 이치를 헤아리지 못하는 것은 '은囂'이라고 한다. 비록 이러한 어리석은 부류 중에 있음을 나타내더라도, 변재·총지·새김·지혜를 갖춘다.

趣]에 있음을 나타내더라도, 바른 도[正道]로써 모든 세간을 제도합니다.

(7) ① 비록 다시 일체 태어남의 세계에 있음을 나타내더라도, 실제로는 일체 취趣·생生을 영원히 끊었고, ② 비록 다시 반열반의 세계에 있음을 나타내더라도, 항상 생사의 상속을 버리지 않으며,25 ③ 비록 다시 오묘한 보리를 얻어 대법륜을 굴리고 열반에 드는 세계를 나타내 보이더라도, 다시 모든 보살행을 부지런히 닦는 것이 상속하고 끊어짐이 없습니다.26

(8) 존경하는 묘길상님, 보살이 이와 같이 향함 아닌 것[非趣]을 행한다면, 마침내 모든 불법에서 궁극의 세계에 이르렀다고 이름할 수 있을 것입니다."

道趣, 而以正道 度諸世間.

雖復現處 一切生趣, 而實永斷 一切趣生, 雖復現處 般涅槃趣, 而常不捨生死相續, 雖復示現 得妙菩提 轉大法輪 入涅槃趣, 而復勤修 諸菩薩行 相續無斷.

唯 妙吉祥, 菩薩如是 行於非趣, 乃得名爲 於諸佛法 到究竟趣."

2. 여래의 종성을 밝히다27

---

25 일곱째의 3구는 안에서 머물지 않는 행을 닦는 것이다. 처음의 둘은 생사와 열반에 머물지 않는 것이다.
26 이 하나는 원인과 결과에 머물지 않는 것이니, 비록 과보 얻은 것을 나타내더라도 거듭 인행을 닦는 것이다.
27 이하 제2 무구칭이 물어서 여래의 종성을 밝히는 것에 넷이 있다. 처음 2.1의 (1)은 묻는 것, 둘째 (2)는 답하는 것, 셋째 (3)은 따지는 것, 넷째 2.2는 풀이하는 것이다.

2.1 문답하고 따지다

(1) 그 때 무구칭이 묘길상에게 물었다.

"어떤 것을 이름하여 여래의 종성種性이라고 합니까. 간략하게 설명해 주시기 바랍니다."28

時無垢稱 問妙吉祥.
"何等名爲 如來種性? 願爲略說."

(2) 묘길상이 말하였다.29

妙吉祥言.

㈎ "소위 일체 거짓된 무리[僞身]의 종성種性이 여래의 종성이고, 일체 무명無明과 존재에 대한 갈애[有愛]의 종성이 여래의 종성이며, 탐욕貪欲과 성냄[瞋恚]과 어리석음[愚癡]의 종성이 여래의 종성이고, 네 가지 허망한 전도[四種虛妄顚倒]의 종성이 여래의 종성이며,30

"所謂 一切僞身種性 是如來種性, 一切無明 有愛種性 是如來種性, 貪欲瞋恚愚癡種性 是如來種性, 四種虛妄顚倒種性 是如來種性,

---

28 '종種'이란 원인[因]이고, '성性'이란 부류[類]이니, 붓다의 원인이 되는 체류體類를 '여래의 종성'이라고 이름한다.
29 답하는 것에 둘이 있다. 처음은 개별적으로 말하는 것이고, 뒤의 ㈐는 맺어 요약하는 것이다. 전자에도 둘이 있다. ㈎는 개별적으로 열거하는 것이고, ㈏는 유추하여 말하는 것이다.
30 이 개별적으로 열거하는 것에 넷이 있다. 불성의 뜻은 여러 갈래가 있다. 우선 《열반경》에서는 이르기를, "혹 어떤 불성은 선근인에게는 있지만 천제인에게는 없고, 혹 어떤 불성은 천제인에게는 있지만 선근인에게는 없으며, 혹 어떤 불성은 두 사람에게 모두 있고, 혹 어떤 불성은 두 사람에게 모두 없다."라고 한다. 그래서 《열반경》에서는, "아뇩다라삼먁삼보리를 얻지 못했을 때에는 일체 선·불선법을 모두 불성이라고 이름한다."라고 하였다.
'종성'에는 두 가지가 있으니, 첫째는 무루이고, 둘째는 유루이다. 무루에도 둘이 있다. 하나는 무위의 성품이니, 《승만경》에서 말하기를, "번뇌에 있을 때 [在纒]는 여래장이라고 이름하고, 번뇌를 벗어나면[出纒] 법신이 된다."고 한다.

(나) 이와 같이 존재하는 다섯 가지 장애[五蓋]의 종성, 육입처[六處]의 종성, 일곱 가지 의식의 주처[七識住]의 종성, 팔사八邪의 종성, 아홉 가지 괴롭히는 일[九惱事]의 종성, 열 가지 불선업도不善業道의 종성이 여래의

如是 所有五蓋種性, 六處種性, 七識住種性, 八邪種性, 九惱事種性, 十種不善業道種性

……………

그래서 《열반경》에서 결정적으로 말하여, "일체 중생에게는 모두 다 불성이 있다."고 말하였다. 다른 하나는 인연의 성품을 가진 것[有因緣性]이니, 번뇌에 있을 때는 다문하여 훈습하는 법이종자[多聞熏習法爾種子]라고 이름하고, 번뇌를 벗어나면 보신報身이라고 이름한다. 《능가경》에서 이르기를, "아뢰야식은 공여래장이라고 이름하지만, 무루를 훈습하는 법을 구족하고 있기 때문에 불공여래장이라고 이름한다."고 한다. 《승만경》에서는 무위의 뜻에 의거하여 번뇌는 능복장能覆藏이 되고 진실한 이치는 소복장所覆藏이 된 것이고, 《능가경》에서는 유위의 뜻에 의거하여 아뢰야식은 능섭장能攝藏이 되고 종자는 소섭장所攝藏이라고 이름한 것이니, 두 가지 능장能藏과 두 가지 소장所藏을 모두 여래장이라고 이름하는 것이다.

유루에도 두 가지가 있지만, 모두 증상연增上緣이다. 첫째 가행선加行善은 수순하는 성품이니, 무루의 종자를 따라 증장시키기 때문이다. 둘째 나머지 불선법은 위배하는 성품이니, 위배하여 무루법을 장애하기 때문이다. 이것을 끊음에 의해 보리를 얻는 것이므로, 이 번뇌가 진실한 이치를 능히 덮고 있음과 이것을 현행시키면 공덕(=덮음의 공덕)을 늘리기 때문에 여래장이라고 이름한다. 이 두 가지 뜻을 갖추기 때문에 이 불선법을 여래장이라고 이름한다. 그래서 교教에서 말하기를, 아직 보리를 얻지 못했을 때에는 보리가 번뇌이니, 깨닫지 못하기 때문에 미혹해서 뒤에 괴로움에 처하기 때문이고, 이미 보리를 얻고 나면 번뇌가 보리니, 미혹하지 않기 때문에 깨달아서 그 연을 끊음에 의해 보리를 얻기 때문이라고 한 것이다.

'거짓된 무리[僞身]'의 종성은 곧 살가야견의 소연인 오온의 무리[五蘊身]이고, '유애有愛'란 후유後有를 윤택케 하는[潤] 갈애이다. 신견이 근본이 되고, 무명이 원인이 되며, 유애가 원인이 되어 삼계에서 생사하므로 종성이 되는 것이다. 삼독과 4전도도 뒤에 이들을 따라 일어나므로 모두 또한 같다.

종성입니다.31

(다) 요약하여 말하자면 육십이견六十二見과 일체 번뇌 및 악하고 선하지 못한 법[惡不善法]의 모든 종성이 여래의 종성인 것입니다."32

是如來種性.

以要言之 六十二見 一切煩惱 惡不善法 所有種性 是如來種性."

· · · · · · · · · · · · · · · · ·

31 '다섯 가지 장애', '육입처', '팔사', '십불선업도'는 모두 앞서 말한 것과 같다. '칠식주'란, ① 신체가 다르고 생각이 다른 것[身異想異]이니, 사람과 욕계천 및 초선정과 같은 것으로, 겁초에 생각을 일으키는 것을 제외한다. 말하자면 괴롭다는 생각과 즐겁다는 생각과 둘 아닌 생각이다. ② 신체는 다르지만 생각은 하나인 것[身異想一]이니, 범중천梵衆天과 같은 것이다. 말하자면 겁초에 일어나서 모습은 이미 다르지만, 같이 범왕을 중생의 아버지라고 생각한다. ③ 신체는 하나이나 생각은 다른 것[身一想異]이니, 제2선천과 같은 것이다. 신체의 모습은 다르지 않지만(=같은 색계천은 다른 신체를 감응할 만한 표업의 차이가 없기 때문에 신체가 같다고 함. 다만 범중천의 경우 범왕과 범중 사이에는 신체의 차이가 있다고 함), 즐거움과 둘 아닌 것[捨]이 교차한다. ④ 신체도 하나이고 생각도 하나인 것[身一想一]이니, 제3선천을 말한다. 오직 즐겁다는 생각만 있기 때문에 생각이 하나라고 한 것이다. ⑤-⑦ 위의 4식주 그 아래의 3무색처(=공무변처·식무변처·무소유처)의 이름의 차별은 스스로 이루어진다. 상응하는 바를 따른 5온과 4온(=무색처는 4온, 나머지는 5온)이니, 이것을 '식주'라고 이름한다. 나머지 처소는 식을 손상하므로 식주로서 세우지 않는다. 악취는 무거운 괴로움[重苦]이, 제4정려는 무상정과 무상천[無想定天]이, 비상비비상처 중에서는 멸진정이 있어 식을 능히 무너뜨려 상속이 끊어지게 하기 때문에 식주가 아니다(=그래서 뒤의 두 가지는 '2처'라고 함).

'아홉 가지 괴롭히는 일'이란 체가 모두 진에이다. (누군가가) 나의 원수 집안을 사랑하는 것, 나의 친우 및 내 자신을 증오하는 것을 세 가지로 해서 삼세에 각각 셋이 있는데, 이 아홉 가지가 능히 중생을 괴롭히는 일이므로 '아홉 가지 괴롭히는 일'이라고 이름한다.

32 거짓된 무리와 식주는 유루의 과보이고, 불선업도는 유루의 업이며, 그 나머지 일체는 모두 번뇌이다. 다 갖추어 말할 수 없으므로 요약하여 말해서, 일체 번뇌와 악하고 선하지 못한 법이 모두 붓다의 종성이라고 이름한다.

(3) 무구칭이 말하였다.

"어떤 비밀한 뜻에 의하여 이러한 말씀을 하시는 것입니까?"33

無垢稱言.

"依何密意 作如是說?"

2.2 풀이하다34

2.2.1 자세히 풀이하다35

(1) 묘길상이 말하였다.

"㈎ 무위를 보고 정성이생正性離生의 지위에 이미 들어간 자는 무상정등각에 대한 마음을 일으킬 수 있는 것이 아니니, 반드시 유위의 번뇌의 여러 행에 머물러 아직 진리를 보지 못한 자[未見諦者]라야 무상정등각에 대한 마음을 일으킬 수 있습니다.36

妙吉祥言.

"非見無爲 已入正性離生位者 能發無上正等覺心, 要住有爲 煩惱諸行 未見諦者 能發無上正等覺心.

....

33 '종'이란 원인의 뜻이니, 능히 일으키고 아는 원인[生了因]이다. 선하지 못한 성품은 어긋나는 것인데, 어떻게 '종'이 되는가? 그래서 '어떤 비밀한 뜻으로 말하는가'라고 묻는다. 말이 심히 알기 어렵기 때문이다.

34 제4 풀이하는 것에 둘이 있다. 처음 2.2.1은 자세히 풀이하는 것, 뒤의 2.2.2는 찬탄하는 것이다.

35 자세히 풀이하는 것에 둘이 있다. 처음 (1) 내지 (3)은 풀이하는 것, 뒤의 (4)는 맺는 것이다. 전자에 셋이 있다. (1)은 고원에서는 꽃이 나지 않고, 아래 습지라야 비로소 날 수 있음으로 비유하는 것, (2)는 공중에서는 종자를 심을 수 없고, 땅이 있어야 비로소 생장할 수 있음으로 비유하는 것, (3)은 바다에 의지해야 뛰어난 보배가 있고, 바다 아니면 곧 진보珍寶가 없음으로 비유하는 것이다. 그 중 (1)에도 셋이 있다. ㈎는 법, ㈏는 비유, ㈐는 합이다.

36 '정성'이란 진실한 이치[諦理]이다. '입'이란 들어가는[預]이고, '생'은 범부[異生]를 말하니, 이 범부를 떠나는 것을 '이생離生'이라고 이름한다. '위'는 '지위의 단계[位次]를 말한다. 들어가서 진실한 이치에 있으면서 범부의 지위를 떠났으

(나) 비유하면 고원高原의 육지陸地에서는 온 발라塭缽羅화와 발특마缽特摩화와 구모다拘母陀화와 분도리奔荼利화가 생겨나지 못하고, 반드시 낮고 습하며 더러운 진흙 속이라야 이 네 가지 꽃이 마침내 생겨날 수 있는 것과 같습니다.37

(다) 이와 같이 성문과 독각의 종성처럼 이미 무위를 보고 이미 정성이생의 지위에 들어간 자는 끝내 일체지에 대한 마음[一切智心]을 일으킬 수 없고, 반드시 번뇌의 여러 행의 낮고 습하며 더러운 진흙 속에서라야 비로소 일체지에 대한 마음을 일으킬 수 있으니, 그 중에서 모든 불법佛法을 생장生長시키기 때문입니다.38

譬如 高原陸地 不生 塭缽羅花 缽特摩花 拘母陀花 奔荼利花, 要於卑濕穢淤泥中 乃得生此四種花.

如是 聲聞獨覺種性 已見無爲 已入正性離生位者 終不能發一切智心, 要於煩惱諸行 卑濕穢淤泥中 方能發起 一切智心, 於中生長 諸佛法故.

....

므로, 곧 예류 등이다. 그들은 정등각에 대한 마음을 일으킬 수 있는 것이 아니다. 반드시 번뇌에 머물러야 일으킬 수 있기 때문이다. 이 글에 대해서는 여러 설이 있다. 아직 발심하기 전의 이승의 성자를 말하는 것이지, 모든 이승이 필경 일으키지 못한다는 것은 아니라고 한다. 또 이것은 대부분 맹렬하고 신속하게 초월하여 마음을 일으키는 것에 의했기 때문에 이승은 마음을 일으킬 수 없다고 말한 것이지, 이승인 자는 대승을 향하지 못한다는 것은 아니라고 한다. 그러므로 이승도 역시 얻는 자가 있다고 알아야 하고, 따라서 한결같이 논할 수 있는 것은 아니다.

37 온발라화는 청색, 발특마화는 황색, 구모다화는 적색, 분도리화는 백색이니, 이들은 네 가지 색의 연꽃이다.

38 이승은 고원과 같으니, 꽃을 낼 수 없기 때문이다. 번뇌는 진흙과 같으니, 꽃을 낼 수 있기 때문이다. 번뇌가 이치를 덮고 있으므로 이치가 드러나면 도가 생겨나니, 도는 꽃과 같기 때문이다. 번뇌가 지혜를 장애하므로 이것을 끊으면

(2) 또 선남자여,39 ㈎ 비유하면 씨앗을 공중에 심어 두어서는 끝내 생장生長하지 못하고, 반드시 아래의 습하고 썩은 흙으로 된 땅에 심어야 생장하게 되는 것과 같습니다.

㈏ 이와 같이 성문과 독각의 종성처럼 이미 무위를 보고 이미 정성이생의 지위에 들어간 자는 일체 불법을 생장시킬 수 없지만, 비록 유신견[身見]을 일으킴이 묘고산과 같다고 하더라도 대보리에 대한 서원[大菩提願]을 일으킬 수 있으니, 그 중에서 모든 불법을 생장시키기 때문입니다.40

(3) 또 선남자여, ㈎ 비유하면 어떤 사람이 큰 바다에 들어가지 않으면 폐유리 등의 무가無價의 진보珍寶를 끝내 얻을 수 없는 것과 같이, ㈏ 생사의 번뇌라는 큰 바다에 들어가지 않으면 끝내 무가의 진보인 일체지에 대한 마음을 일으킬 수 없는 것입니다.41

又善男子, 譬如 植種置於空中 終不生長, 要植卑濕糞壤之地 乃得生長.
如是 聲聞獨覺種性 已見無爲 已入正性離生位者 不能生長 一切佛法, 雖起身見 如妙高山 而能發起 大菩提願, 於中生長 諸佛法故.
又善男子, 譬如有人 不入大海 終不能得 吠琉璃等 無價珍寶, 不入生死 煩惱大海 終不能發 無價珍寶 一切智心.

....
지혜가 생겨나니, 지혜는 꽃과 같기 때문이다. 번뇌를 일으킴에 의해 중생을 이롭고 즐겁게 하고 지혜를 증장케 하니, 지혜는 꽃과 같기 때문이다.
39 이하의 제2 비유에는 둘이 있다. ㈎는 비유, ㈏는 법이다.
40 이승은 허공과 같아서 씨앗을 심을 수 없다. 무아이기 때문이다. 유신견은 땅과 같으니, 선법을 일으킬 수 있기 때문이다. 이승은 공을 깨달아서 나아가 닦을 수 없지만, 나를 위해서 세간에 출현하여 중생을 제도하므로, 나아가 닦을 수 있기 때문이다.
41 이 제3의 비유에도 둘이 있으니, ㈎는 비유, ㈏는 법이다. 반드시 번뇌의 바다

(4) 그러므로 일체 생사 번뇌의 종성[生死煩惱種性]이 여래의 종성이라고 알아야 하는 것입니다."

是故當知 一切生死煩惱種性 是如來種性."

2.2.2 찬탄하다42

(1) 그 때 존자 대가섭파가 묘길상을 찬탄하였다.

"훌륭하고 훌륭하십니다. 진실한 말[實語], 그대로의 말[如語], 진실로 다름이 없는 말[誠無異言]을 지극히 잘 말씀하셨습니다. 일체 생사 번뇌의 종성이 여래의 종성입니다.43

(2) 까닭이 무엇이겠습니까?44

(가) 우리들은 지금 마음의 상속[心相續] 중에서 생사의 종자가 모두 다 이미 타버려서 끝내 정등각正等覺에 대한 마음을 일으킬 수

爾時 尊者 大迦葉波 歎妙吉祥.

"善哉善哉. 極爲善說 實語如語 誠無異言. 一切生死煩惱種性 是如來種性."

所以者何?

我等今者 心相續中 生死種子 悉已燋敗 終不能發 正等覺

에 들어가야, 그것을 인식하고, 그것을 일으키며, 그것을 끊기 때문에 비로소 큰 마음[大心]을 일으키는 것이다.

42 제2 찬탄함에 셋이 있다. (1)은 찬탄하고 표방하는 것, (2)는 이유를 풀이하는 것, (3)은 뜻을 맺어 이루는 것이다.

43 '훌륭하시다'는 것은 총체적인 것이고, '실', '여', '무이'는 개별적인 것이다. 앞에 세 가지 비유가 있었는데, 차례대로 이들에 배속한 것이다. 혹은 차례대로 번뇌와 업과 괴로움에 배분한 것이다. 혹은 말이 헛되지 않음을 '실', 말이 뜻에 수순함을 '여', 다시 다른 이름이 없음을 '무이'라고 이름한 것이다.

44 이유를 풀이하는 것에 둘이 있다. (가)는 간략한 것, (나)는 자세한 것이다.

없으니,45 차라리 오무간五無間의 업을 성취할지언정, 우리들 아라한처럼 구경해탈을 해서는 안 됩니다.

(나) ① 까닭이 무엇이겠습니까? 다섯 가지 무간업을 성취한 자는 여전히 무간업을 다하고 무상정등각에 대한 마음을 일으킬 힘을 가질 수 있어서 점차 일체 불법을 성취할 수 있지만, 우리들 번뇌 다한[漏盡] 모든 아라한들은 영원히 이러한 가능성이 없기 때문입니다.46

② 마치 감관이 결여된 사람[缺根土]은 오묘한 오욕[妙五欲]에 대해서 할 수 있는 것[所能爲]이 없듯이, 이와 같이 번뇌 다한 모든 아라한들은 모든 결박이 영원히 끊어져서 불법에 대해 할 수 있는 것이 없으므로, 다시는 모든 붓다의 오묘한 법[妙法]을 마음으로 구하지 못합니다.

(3) 그러므로 범부[異生]는 붓다의 은혜를 갚을 수 있지만, 성문과 독각은 끝내 갚을 수가 없습니다.47

心, 寧可成就 五無間業, 不作我等 諸阿羅漢 究竟解脫. 所以者何? 成就五種 無間業者 猶能有力 盡無間業 發於無上正等覺心 漸能成辦 一切佛法, 我等漏盡 諸阿羅漢 永無此能.

如缺根土 於妙五欲 無所能爲, 如是漏盡 諸阿羅漢 諸結永斷 卽於佛法 無所能爲, 不復志求 諸佛妙法.

是故 異生能報佛恩, 聲聞獨覺 終不能報.

----

45 처음의 간략한 것 중에 둘이 있으니, 처음 여기까지는 불능임을 밝히는 것이고, 뒤의 그 아래는 가능함을 시설하는 것이다.
46 자세한 것 중에 둘이 있다. ①은 앞의 말을 풀이하는 것이고, ②는 비유로 나타내는 것이다.

까닭이 무엇인가 하면, 범부는 불·법·승의 공덕을 듣고 삼보의 종자[三寶種]가 끝내 단절되지 않도록 해서 능히 무상정등각에 대한 마음을 일으키고 점차 일체 불법을 성취할 수 있지만,48 성문과 독각은 가령 종신終身토록 여래의 힘[力]·무소외[無畏] 등과 나아가 모든 불공불법不共佛法에 이르기까지 일체 공덕을 말하여 듣게 하여도, 끝내 정등각에 대한 마음[正等覺心]을 일으킬 수 없기 때문입니다."

所以者何, 異生 聞佛法僧功德 爲三寶種 終無斷絶 能發無上正等覺心 漸能成辦 一切佛法, 聲聞獨覺 假使終身聞說如來 力無畏等 乃至所有 不共佛法 一切功德, 終不能發 正等覺心."

3. 보리의 업을 자세히 밝히다49

3.1 보현이 묻다

그 때 대중 가운데 보현일체색신普現一切色身이라고 이름하는 한 보살이 있다가 무구칭에게 물었다.

"거사님, 부모님과 처자, 노비와 하인[僕使], 친구와 권속, 일체 시자[侍]와 수위[衛],

爾時 衆中 有一菩薩 名曰普現一切色身 問無垢稱言.
"居士, 父母妻子 奴婢僕使 親友眷屬

---

47 이하 제3 뜻을 맺어 이루는 것에 둘이 있다. 처음 여기까지는 간략한 것이고, 뒤의 그 아래는 자세한 것이다.
48 이하 자세한 것에 둘이 있다. ①은 범부가 은혜 갚는 것을 자세하게 한 것이고, ②는 이승이 갚을 수 없는 것을 자세하게 한 것이다.
49 이하 보현이 물어서 보리의 업을 자세히 밝히는 것에 둘이 있으니, 3.1은 묻는 것이고, 3.2는 답하는 것이다.

코끼리, 말, 수레[車乘], 부리는 사람[御人] 등의 무리는 모두 다 누구이고, 모두 어디에 있습니까?"	一切侍衛 象馬車乘 御人等類 悉爲是誰, 皆何所在?"

3.2 무구칭이 답하다50

그 때 무구칭은 오묘한 게송[妙伽他]으로써 답하였다.	時無垢稱 以妙伽他 而答之曰.

① 반야바라밀은 보살의 어머니요	慧度菩薩母
훌륭한 방편은 아버지가 되니	善方便爲父
세간의 진실한 도사[眞導師]는	世間眞導師
이들로 인해 태어나지 않음 없네51	無不由此生

---

50 이하의 답에 42게송이 있는데, 나누면 둘이 된다. 처음의 40게송은 앞의 물음에 바로 답하는 것이고, 뒤의 2게송은 맺고 발심을 권하는 것이다. 앞의 물음에 답하는 것 중 39게송은 개별적으로 답하는 것이고, 뒤의 ㊵ 1게송은 총체적으로 답하는 것이다. 전자도 나누면 셋이 된다. 처음 12게송은 출세간의 법을 세간법에 따라 배속하여 앞 물음에 답하는 것, 다음 ⑬-⑰의 5게송은 출세간의 행을 세간의 일에 따라 배속하여 앞 물음에 답하는 것, 뒤의 ⑱-㊴의 22게송은 세간의 일을 따라 보여서 앞 물음에 답하는 것이다. 혹은 처음 것은 행을 밝히는 것, 다음 것은 경계를 밝히는 것, 뒤의 것은 지혜를 밝히는 것이니, 그래서 아래의 총답에서, "이와 같이 가이없는 행과, 가이없는 행의 대상과, 가이없는 지혜의 원만으로, 가이없는 중생 도탈케 한다"라고 하였다.

51 첫 단락은 둘로 나눈다. 처음의 3게송반은 출세간의 법을 유정을 따라 배속하는 것이고, 뒤의 8게송반은 출세간의 법을 비정非情을 따라 배속하는 것이다. 유정에는 다섯이 있으니, 부모, 처자, 하인, 친구, 권속이다. 혹은 나누면 열이 되니, 부와 모, 처와 자, 아들과 딸을 분리하고, 집과 기녀는 별개이기 때문이다. 비록 집은 역시 비정이지만, 이치상 근본 의지처이기 때문에 이것을 먼저

② 오묘한 법락은 아내가 되고　　　　　妙法樂爲妻
　　대자 대비는 딸이 되며　　　　　　　大慈悲爲女
　　진실한 진리와 법은 아들이고　　　　眞實諦法男
　　사유하는 공의 승의가 집이며52　　　思空勝義舍

③ 번뇌는 천한 종[賤隷]과　　　　　　煩惱爲賤隷
　　하인이 되어 마음 따라 구르고　　　　僕使隨意轉
　　보리분[覺分]은 친구가 되니　　　　　覺分成親友
　　이로 인하여 보리를 깨닫네　　　　　由此證菩提

④ 육바라밀다는 권속이 되고　　　　　　六度爲眷屬
　　사섭四攝의 법은 기녀가 되며53　　　四攝爲妓女

....

말한 것이다. 근본을 따라 논하므로 총체적으로 유정이라 한 것이다.
　이 처음의 1게송에는 하나가 있으니, 소위 부모이다. 반야 제6바라밀은 무분별지로서, 온갖 선의 근본이기 때문에 어머니라고 이름한다. 제7의 방편바라밀은 아버지가 되니, 후득지이기 때문이다. 세간의 보살과 모든 붓다의 도사가 태어나는 것은 모두 이 두 가지 지혜로 말미암아 태어나기 때문이다.
52 이 제2송에도 하나가 있으니, 소위 처자이다. 법락은 처가 되어, 법을 듣고 기뻐하고 즐거워서 선행을 낳기 때문이다. 자비는 딸이 되니, 능히 온화하기 때문이다. 진리와 법은 아들이 되니, 결과 잇기[續果]를 잘 하기 때문이다. 진리의 가르침을 들음에 의해 선법의 종자가 생겨나서 삼보를 잇기 때문이다. [공리] 세속제 중의 모든 사유하는 바는 승의제의 공을 그 집으로 한다. 일체의 보살이 돌아가는 곳이기 때문이다. [응리] 공을 사유하는 것은 모두 진여의 승의를 그의 집으로 한다. 여래의 집은 진여의 이치인 것이다. # 영역본은 다소 달라서, 'the contemplation of emptiness is their house'라고 표현하고 있다.
53 이상의 1게송반에는 셋이 있으니, 하인과 친구와 권속이다. 기녀는 역시 권속에 포함되는 것이다. 번뇌가 천한 종이 되는 것은, 마음에 맡겨 일어나고 사라

맺고 모아진 정법의 말씀을	結集正法言
오묘한 음악으로 삼고54	以爲妙音樂

5 총지總持로는 정원[園苑]을 만들고　　　總持作園苑
　　대승의 법은 수풀 이루며　　　　　　　大法成林樹
　　각품覺品의 꽃으로 장엄하니　　　　　覺品華莊嚴
　　해탈과 지혜가 열매가 된다55　　　　解脫智慧果

6 팔해탈의 오묘한 연못에는　　　　　　　八解之妙池
　　선정의 물[定水] 담연 가득하고　　　　定水湛然滿
　　칠청정의 꽃 펼쳐져 있어　　　　　　　七淨華彌布
　　모든 때의 더러움 씻어 없앤다56　　　洗除諸垢穢

지기 때문이다. 보리분이 친구가 되는 것은 능히 보리를 이루기 때문이다. 깨달음의 원인이 될 수 있는 것은 모두 '보리분'이라고 이름하고, 37보리분을 말하는 것이 아니다. 육바라밀이 권속이 되는 것은 만행을 섭수하기 때문이고, 사섭법이 기녀가 되는 것은 능히 이익과 즐거움을 일으키기 때문이다.

54 이하 12까지의 8게송반은 출세간의 법을 비정을 따라 배속한 것이다. 열여섯 가지가 있다. ① 음악, ② 원림園林, ③ 꽃과 열매, ④ 못과 연꽃, ⑤ 수레와 말, ⑥ 달리는 길[馳路], ⑦ 장엄구[嚴具], ⑧ 옷과 머리장식[衣鬘], ⑨ 진귀한 재물[珍財], ⑩ 침상 깔개[床褥], ⑪ 음식, ⑫ 목욕, ⑬ 바르는 향, ⑭ 도적을 없앰[珍賊], ⑮ 원수를 없앰[除怨], ⑯ 깃발을 세움[建幢]이다. 이것은 그 첫째로 법음法音이 즐거움이 되는 것은 심령을 기쁘게 하기 때문이다.

55 ② 총지가 정원이 되는 것은 모든 행을 거두어 지니기 때문이고, 대승의 법이 숲이 되는 것은 만덕이 번성하기 때문이다. ③ 37각품이 꽃이 되는 것은 장차 과실을 열 것이기 때문이고, 해탈의 열반과 보리의 지혜가 열매가 되는 것은 꽃으로 인해 있기 때문이다.

56 ④ 팔해탈이 못이 되는 것은 탐욕 등의 때를 없애기 때문이고, '선정의 물이 담

⑦	신통은 코끼리와 말이 되고	神通爲象馬
	대승을 수레로 삼으며	大乘以爲車
	보리에 대한 마음 길들여	調御菩提心
	팔정도의 길에서 노닌다57	遊八道支路

⑧	오묘한 상相으로 장엄을 갖추고	妙相具莊嚴
	온갖 수호[好]로 사이를 장식하며	衆好而綺間
	부끄러워함[慚愧]은 의복이 되고	慚愧爲衣服
	뛰어난 의요는 머리장식[鬘] 된다58	勝意樂爲鬘

⑨	정법의 진귀한 재물 갖추고	具正法珍財
	환히 보임[曉示]은 방편이 되니	曉示爲方便
	전도 없는 행의 뛰어난 이익을	無倒行勝利
	대보리로 회향한다네59	迴向大菩提

....

연 가득하다'는 것은 8해탈의 못 중에 항상 선정의 물이 있어 동요하지 않기 때문이다. 칠청정의 꽃이 항상 두루 펼쳐져 있는 것은 연꽃이 못에 있는 것과 같다. 못에서는 무엇을 하는가 하면 번뇌의 때를 없앤다. '칠청정'이란 1. 계청정, 2. 마음청정, 3. 견見청정, 4. 의심을 건넌 청정, 5. 도와 도 아님에 대한 지견의 청정, 6. 행에 대한 지견의 청정, 7. 행하여 끊은 지견의 청정이다.

57 ⑤ 신통이 코끼리와 말이 되는 것은 능히 교화敎化를 운반하기 때문이고, 대승이 수레가 되는 것은 능히 실어서 이롭게 하기 때문이다. 대승의 체는 곧 두 가지 진지眞智이니, 그러므로 실어서 이롭게 할 수 있다. ⑥ '팔도八道'를 달린다는 것은 곧 여덟 가지 성스러운 도[八聖道]이다.

58 ⑦ 삼십이상이 장엄구가 되고, 팔십종호는 사이 장식이 되는 것은, 내덕內德을 장엄하기 때문이다. ⑧ 참괴가 의복이 되는 것은 모든 악을 제어하기 때문이고, 뛰어난 의요가 머리장식이 되는 것은 마음의 머리[心首]를 밝게 하기 때문이다.

⑩ 네 가지 정려는 침상이 되고	四靜慮爲床
청정한 생계는 깔개[茵蓐]가 되며	淨命爲茵蓐
새김과 지혜로 항상 깨어 있어	念智常覺悟
선정의 마음에 있지 않을 때 없다60	無不在定心

⑪ 이미 불사不死의 법을 먹었고	旣餐不死法
다시 해탈의 맛을 마셨으며	還飮解脫味
오묘하고 청정한 마음을 목욕하고	沐浴妙淨心
상품上品의 계의 향 발라서61	塗香上品戒

⑫ 번뇌의 도적 멸해 없애니	殄滅煩惱賊
그 용맹함은 이길 자 없어	勇健無能勝
사마四魔의 원수 꺾어 누르고	摧伏四魔怨
오묘한 보리의 깃발 세운다62	建妙菩提幢

....

59 ⑨ 정법은 재물이 된다. 모든 중생에게 베풀어 이 법을 환히 보이는 것을 방편으로 삼고, 자신의 전도 없는 행을 뛰어난 이익으로 삼아서, 보리로 회향하여 스스로 수용한다. 재물에는 자타가 수용하는 덕이 있기 때문에 정법을 비유로 삼은 것이다.

60 ⑩ 4정려가 침상이 되는 것은 마음이 항상 편안하게 처하기 때문이다. 탐욕 없는 청정한 생계를 깔개로 하는 것은, 세 가지 업이 항상 가까운 의지처로 삼기 때문이다. 새김에 의해 분명하게 기억하고 지혜로 관찰하여 항상 스스로 깨어 있으므로 항상 선정 중에 있다. 그래서 정려로써 침상 등을 삼는 것이다.

61 ⑪ 이미 진여라는 불사의 법을 먹었으니, 일어나고 사라짐[起滅]이 없기 때문이고, 다시 택멸이라는 해탈의 맛을 마셨으니, 모든 괴로움을 떠났기 때문이다. ⑫ 팔해탈의 못에서 오묘하고 청정한 마음을 목욕하니, 오염이 없게 하기 때문이다. ⑬ 이 마음 위에 상품의 계의 향을 바르니, 온갖 악을 없애기 때문이고, 신심을 훈습하기 때문이다. 보살계이다.

⑬ 실제로 일어나고 사라짐 없지만 　　　　雖實無起滅
　　일부러 의도하여 태어남 받고 　　　　　而故思受生
　　모든 불국토를 다 나타내니 　　　　　　悉現諸佛土
　　햇빛이 두루 비춤과 같다63 　　　　　　如日光普照

⑭ 매우 오묘한 공양 다 지녀서 　　　　　盡持上妙供
　　모든 여래께 봉헌하면서 　　　　　　　奉獻諸如來
　　붓다 및 자신에 대해 　　　　　　　　　於佛及自身
　　일체 분별이 없고64 　　　　　　　　　一切無分別

⑮ 비록 모든 붓다의 나라와 　　　　　　　雖知諸佛國
　　그리고 유정의 공함 알지만 　　　　　　及與有情空
　　항상 청정한 국토를 닦고 　　　　　　　而常修淨土
　　중생 이익함에 게을리 쉼 없다65 　　　利物無休倦

....

62 ⑭ 번뇌의 도적 멸해 없애니, 그러므로 용맹함은 다시 이길 자가 없는 것이다. ⑮ 사마四魔(=온마·번뇌마·사마死魔·천마)를 굴복시키고, ⑯ 보리의 깃발 세운다. 무상보리는 지극히 높고 크기 때문에, 이에 의해 깃발로 비유한 것이다.
63 이하의 5게송은 출세간의 행을 세상일을 따라 배속하여 앞의 물음에 답하는 것이다. 모두 여섯이 있다. ① 생을 받음[受生], ② 국토를 나타냄[現土], ③ 공양함, ④ 업을 닦음[修業], ⑤ 변현變現함, ⑥ 악을 파함[破惡]이다. 이 게송에는 둘이 있다. ① 비록 생사함이 없지만, 고의로 욕·색계의 수생을 의도한다. ② 능히 불국토를 나타내어, 밝기가 해가 비추어 일어난 것과 같다.
64 ③ 여래께 공양하되 삼사三事의 체가 공하여 일체 분별이 없다. 공양구와 또한 체의 공함을 겸하여 거두기 때문이다.
65 ④ 비록 불국토와 유정의 공함을 알지만, 정토의 업과 중생 이롭게 하는 업을 닦으면서, 쉼도 없고 피로해 게을리 함도 없다.

16	일체 유정의 무리들의	一切有情類
	형색과 소리 및 위의威儀들을	色聲及威儀
	무소외와 힘 갖춘 보살은	無畏力菩薩
	찰나에 능히 다 나타내고66	刹那能盡現

17	모든 마의 업 깨달으면서	雖覺諸魔業
	따라 구르는 것 보이지만	而示隨所轉
	궁극에 이르면 방편으로	至究竟方便
	표함 있는 일[有表事] 모두 성취한다67	有表事皆成

18	혹은 자신에게 늙음과 병과	或示現自身
	죽음 있음을 나타내 보여	有諸老病死
	모든 유정 성숙시키지만	成熟諸有情
	환술의 법[幻法]에 유희함 같고	如遊戲幻法

| 19 | 혹은 겁화劫火가 일어나 천지가 | 或現劫火起 |
| | 모두 불타는 것 나타내어서 | 天地皆熾然 |

....

66 ⑤ 유정의 색성과 위의 등의 법을, 4무소외와 10력을 배운 보살은 일찰나 중에 모두 나타낼 수 있다.
67 ⑥ 생사의 마업魔業을 능히 깨달아 알면서도 능히 나타내 보이고 그것을 따라 구르는 것을 일으키지만, 궁극에 이를 때에는 지혜의 방편으로 다시 모두 다 끊을 수 있다. 처음 마업을 깨닫고도 일어남을 보이는 것은 표한 후에 단멸하려는 것이기 때문에, 구경에 이르러 지혜의 방편으로 모두 다 능히 끊는 것을, '표함 있는 일[有表事]을 모두 능히 성취한다'고 말한 것이니, 본래의 마음으로 기약했던 것을 지금 만족시키기 때문이다.

제8 보리분품

	항상한 모습 집착하는 유정에게	有情執常相
	속히 사라짐 비춰줘 알리며68	照令知速滅

20 일천 구지俱胝의 유정들이   千俱胝有情
    온 국토[率土]에서 모두 와 청하면   率土咸來請
    동시에 그들 공양을 받고   同時受彼供
    모두 보리로 향하게 한다69   皆令趣菩提

21 모든 주문의 기술[禁咒術]과   於諸禁咒術
    서론書論과 온갖 기예伎藝들을   書論衆伎藝
    모두 알고 구경에 이르러   皆知至究竟
    모든 유정을 이락利樂케 하고   利樂諸有情

22 세간의 모든 도의 법들   世間諸道法
    그 가운데 두루 출가해   遍於中出家
    방편 따라 중생 이롭게 하나   隨方便利生

....

68 이하 22게송의, 세간 일을 따라 보여 앞의 물음에 답하는 것에 여섯이 있다. 18·19의 2게송은 무상無常을 보이는 것, 20의 1게송은 깨달음을 구할 것을 권하는 것, 21·22의 2게송은 두루 알고 통달하는 것[遍知達], 23-29의 7게송은 근심과 괴로움을 없애는 것, 30-32의 3게송은 선교함을 나타내는 것, 33-39의 7게송은 위난을 건네는 것[濟危]이다. 마치 유희하는 도구로 환술을 하는 것처럼 병과 죽음을 시현하지만, 진실 아님은 마찬가지이다. 유정들은 대부분 세계가 항상하다고 집착하기 때문에 불의 일어남과 늙고 병든 몸을 나타내어, 신속히 사라지는 것을 알게 하는 것이다.
69 이는 둘째 권하여 깨달음 구하게 하는 것이다.

	모든 소견에는 떨어지지 않는다70	而不墮諸見

23 혹은 일천자나 월천자가 되고 　　　　　或作日月天
　　범왕이나 세계주世界主도 되며 　　　　　梵王世界主
　　땅과 물 및 불과 바람도 되어 　　　　　　地水及火風
　　유정의 무리들을 요익하고71 　　　　　　饒益有情類

24 질병 창궐하는 겁에는 능히 　　　　　　能於疾疫劫
　　여러 양약良藥 됨을 나타내어서 　　　　現作諸良藥
　　모든 병고疾苦를 깨끗이 없애 　　　　　蠲除諸疾苦
　　대보리로 향하게 하며 　　　　　　　　令趣大菩提

25 기근이 만연한 겁에는 능히 　　　　　　能於飢饉劫
　　여러 음식이 됨을 나타내어서 　　　　　現作諸飯食
　　그들의 기갈 먼저 없앤 뒤 　　　　　　先除彼飢渴
　　법을 설하여 편안케 하고 　　　　　　　說法令安泰

26 병란이 빈번한 겁에는 능히 　　　　　　能於刀兵劫

....
70 이 2게송은 두루 알고 통달하는 것이다. 21송은 육예六藝(=예·악·사射·어御·서書·수數) 등을 알고 구경에 이르러 이롭고 즐겁게 하는 것이고, 22송은 모든 도를 따라 출가해서 중생 이롭게 하는 것이다. 비록 따라 출가하지만 그 소견을 따르지는 않으니, 소견에 오염됨을 끊었기 때문이다.
71 이하의 7게송은 근심과 괴로움 제거하는 것이다. 이 1게송은 유정과 중생을 위해 수시로 이익케 하는 것이다. # 포탈라본에서 '세계주'에 해당하는 범어는 창조주, 세간의 주인, 대자재천 등을 뜻하는 'prajeśvarā'이다.

자애와 연민과 선정 닦아서	修慈悲靜慮
한량없는 유정 기쁘게 하여	令無量有情
성냄과 해침 없애게 하며72	欣然無恚害

27 큰 전쟁의 진영[戰陣]에서는 능히	能於大戰陣
힘을 나타내 붕당 사이를	示現力朋黨
왕복해서 화해케 하고	往復令和好
권하여 보리심 일으키게 한다73	勸發菩提心

28 모든 불국토가 한량이 없고	諸佛土無量
지옥도 또한 끝이 없지만	地獄亦無邊
그 곳[方所]마다 모두 다 가서	悉往其方所
괴로움 뽑아 안락케 하고	拔苦令安樂

29 잔인하게 해치고 서로 잡아먹는	諸有傍生趣
모든 축생의 세계에서도	殘害相食噉
모두 태어남 나투어 그들	皆現生於彼
이락利樂했으니 본생本生이라 부른다74	利樂名本生

....

72 [24] 이하 여기까지의 3게송은 3재災에 속해 있을 때 중생 구제하는 것이다.
73 이 1게송은 원수의 나라를 권하여 화해하게 하고, 발심케 하는 것이다.
74 이 2게송은 악도로 가서 구제하는 것이다. 연민하여 속히 괴로움 뽑고 자애로 안락을 주기 위하여 큰 물고기[大魚]가 되기도 하고, 사슴왕[鹿王]이 되기도 하였으며, 나는 꿩[飛雉]이 되어 여러 유정의 무리를 구제한다. 이와 같이 가서 구제하여 이롭고 안락케 하고 이제 붓다를 이루었으니, 이름하여 본생이라고 한다. 바로 보살의 본생사이기 때문이다.

|30| 여러 욕망 받는 것 보이지만　　　　示受於諸欲
　　　항상 선정을 닦아　　　　　　　　而常修靜慮
　　　모든 악마를 혹란케 해서　　　　　惑亂諸惡魔
　　　기회를 얻지 못하게 하니　　　　　令不得其便

|31| 불 속에서 꽃이 피는 것을　　　　　如火中生華
　　　심히 희유하다 말들 하지만　　　　說爲甚希有
　　　선정 닦으며 욕망 행함의　　　　　修定而行欲
　　　희유함은 다시 이를 초월하도다　　希有復過此

|32| 혹은 음녀婬女 됨을 나타내어서　　　或現作婬女
　　　모든 호색자를 욕망의 모습으로　　引諸好色者
　　　먼저 불러 들이고 난 뒤에　　　　　先以欲相招
　　　붓다의 지혜 닦게도 하고[75]　　　　後令修佛智

|33| 혹은 성읍의 재상이 되고　　　　　　或爲城邑宰
　　　상인의 회장 및 나라의 스승이나　 商主及國師
　　　신하나 관료나 재상[輔相尊]이 되어　臣僚輔相尊
　　　모든 중생들 이락케 하고[76]　　　　利樂諸含識

....

[75] 이 3게송(=|30|-|32|)의 선교함을 나타내는 것 중에 둘이 있다. 처음 2게송은 두 가지 선교함을 나타내는 것이니, 첫째 욕망의 경계를 수용하면서 선정을 닦는 것이고, 둘째 악마를 요란시켜서 기회를 얻지 못하게 하는 것이다. 다음은 처음의 욕망 수용하면서 선정 닦는 것을 거듭 해석하는 것이다. 제3게송은 음녀가 된 것을 보여서 붓다의 지혜를 닦도록 권하는 것이니, 모두 세 가지의 선교함이 있는 것이다.

34	모든 궁핍한 자를 위해서는	爲諸匱乏者
	다함 없는 곳간 됨을 나투어	現作無盡藏
	베풀어서 가난한 괴로움 없애	給施除貧苦
	대보리로 향하게 하며77	令趣大菩提

35	모든 교만한 자에 대해서는	於諸憍慢者
	큰 역사力士가 됨을 나투어	現作大力士
	그들의 교만함[貢高] 꺾어 눌러	摧伏彼貢高
	보리의 서원에 머물게 하고78	令住菩提願

36	모든 두려워하는 자에게는	於諸恐怖者
	방편으로 잘 위안하여	方便善安慰
	놀람과 두려움 제거해 준 뒤	除彼驚悸已
	보리심 일으키게 하며79	令發菩提心

37	오신통의 선인 됨을 나투어	現作五通仙
	범행을 청정히 닦아	淸淨修梵行
	모두 계율과 인욕과 자애의	皆令善安住
	선법 중에 잘 안주하게 하고80	戒忍慈善中

──────────

76 이하 7게송의 위난 건네는 것에 여섯 가지가 있다. 이것은 그 중 첫째 존귀하게 되어 아래를 이롭게 하는 것이다.
77 이는 그 둘째 재물을 나타내 가난한 자에게 베푸는 것이다.
78 이는 그 셋째 힘이 있어 교만을 없애는 것이다.
79 이는 그 넷째 선교한 방편으로 두려움을 끊어주는 것이다.
80 이는 그 다섯째 스스로 선인이 됨을 나투어 범행을 청정하게 닦아서, 중생의

38	혹은 여러 유정으로서	或見諸有情
	섬김 필요한 자 나타난 것 보면	現前須給侍
	곧 종도 되고 하인도 되며	乃爲作僮僕
	제자로서도 그를 섬겨서	弟子而事之

39	이러저러한 방편을 따라	隨彼彼方便
	정법을 사랑하고 즐기게 해서	令愛樂正法
	모든 방편들 안에서 모두	於諸方便中
	능히 잘 닦고 배우게 하니81	皆能善修學

40	이와 같이 가이없는 행과	如是無邊行
	가이없는 행의 대상[所行]과	及無邊所行
	가이없는 지혜의 원만으로	無邊智圓滿
	가이없는 중생 도탈케 한다82	度脫無邊衆

41	가령 일체 붓다들께서	假令一切佛
	백천 겁 동안 머무시면서	住百千劫中
	그의 공덕을 찬탄하시더라도	讚述其功德
	여전히 다할 수 없으리라	猶尙不能盡

....
무리에게 계율·인욕·자애에 머물도록 권하는 것이다.
81 이 2게송은 그 여섯째 궁핍 보면 시중들고 방편으로 섬기는 것이다. 그 갖가지 지혜의 방편을 따라, 나아가 간하고 닦기를 권하여 정법을 애락케 해서, 보살의 수행의 방편에서 모두 따라 배우게 하는 것이다.
82 이 1게송은 총체적인 답이다. 첫째 무변한 행의 업, 둘째 무변한 소행所行의 경계, 셋째 무변한 지혜, 넷째 이상 세 가지로 무변한 중생을 도탈케 하는 것이다.

42 뉘라서 이러한 법 듣고서도   誰聞如是法
    대보리를 원하지 않으랴   不願大菩提
    하열한 유정과 전혀   除下劣有情
    지혜 없는 자를 제외하고서83   都無有慧者

....

83 이 2게송은 맺고 발심을 권하는 것이다. 첫 게송은 뛰어남을 맺는 것이니, 그래서 찬탄이 다하지 못하는 것이다. 뒷 게송은 발심 수학을 권하는 것이다. 신역과 구역은 같고 다름이 있다. 하나하나 말해야 하지만, 글이 번거로울 것을 염려하기 때문에 생략하고 그쳤다.

제9 불이법문품12   不二法門品 第九

....
1 보리분품과 이 1품은 진실한 뜻의 처소로서, 자리의 문을 밝히는 것이다. 전품은 진실한 유위의 세속 현상의 행이고, 이 품은 진실한 무위의 출세간 이치의 행이다. 이타의 행은 반드시 자신을 이롭게 하기 때문이고, 그 이치를 깨닫고자 한다면 먼저 현상을 닦아야 하기 때문이다. 두 가지가 차별되는 뜻이 둘[二]임과 둘 아님[非二]을 모두 둘[二]이라고 이름한다. 하나와 셋, 넷 등은 둘이 아니라고 이름하기 때문이다. 화엄 보살 등은 하나를 둘로 하고, 법자재 보살 등은 둘을 둘로 하며, 심심각 보살 등은 셋을 둘로 하고, 광당 보살 등은 다섯을 둘로 하며, 희견 보살 등은 여섯을 둘로 한다. 하나 등에 집착하는 것에 준하기 때문에 모두 둘인 것이다. 여기에서 분별 및 현상의 차별을 제거한 것을 둘 아님이라고 이름하기 때문이다.

　[공리] 공성은 차이가 없지만, 세속의 허망[俗妄]에는 차이가 있다. 지금은 진실의 같은 성품[同性]은 세속의 허망한 차이와 같지 않음을 말하기 때문에 둘 아닌 법이라고 말한다. 이 공은 곧 문[門]이니, 이것을 반연하면 능히 진실한 공의 지혜를 내기 때문이다. 그러나 그 진실한 성품을 말한다면 둘도 아니고 둘 아닌 것도 아니다. 지금 허망한 두 가지 법을 막기 때문에 둘 아닌 법이라고 말한다. 허망은 공의 지혜를 내지 못하지만 진실한 공은 낼 수 있으므로, 저 문 아닌 것을 차단하기 위하여 문이 아닌데도 억지로 문이라고 말하는 것이다.

　[응리] 세속의 현상 및 소집의 허망은 모두 차이가 있다고 말하지만, 진실한 이치는 허망이 아니고, 허망한 다름[妄異]이 아니다. 지금은 무상의 진여의 이치는 오직 하나임을 나타내지만, 하나라는 것을 듣고 고정된 하나[定一]라고 할까 염려하여 하나라고 말하지 않고, 다만 허망한 다름만을 부정해서 둘이 아니라고 말한다. 둘 아닌 이치는 본뜰 수 있으므로[可軌可擬] 이름해서 '법'이라 하고, 이것은 생사와 무루의 지혜[智解]에 통할 수 있으므로 '문'이라는 이름을 세우지만, 진실에 의거한다면 진여는 둘 아닌 것도 아니다. 법도 아니고 둘인 법도 아니며, 문도 아니고 문 아닌 것도 아니다. 이 두 가지를 막기 위하여 억지로 둘이 아니라고 이름하고, 문 아닌 것을 부정하기 위하여 문이라고 이름한 것이다.

2 집 공은 입불이법문품이라고 이름하였다. 지금 불이법문의 도리를 밝히는 것인데, 어찌 수고로이 '입'이라는 말을 두는가? 집 공은 정명이 말을 하지 않은 것은 말하자면 둘 아님에 들어감이고, 묘덕 등에게 말이 있는 것은 둘에 들어감이라고 하는 것이지만, 모두 다 둘이 아님을 나타내는 뜻이기 때문에 '입'이라

1. 불이법문을 말하다[3]

그 때 무구칭은 대중 중의 여러 보살들에게 두루 물었다.[4]

"어떤 것이 보살이 둘 아닌 법의 문으로 능히 잘 깨달아 들어간다[悟入]고 하는 것입니까? 존자들께서는 모두 자신의 변재에 맡겨 각자 좋아하는 대로 말씀해 보십시오."

時無垢稱 普問眾中 諸菩薩曰.

"云何菩薩 善能悟入 不二法門? 仁者皆應 任己辯才 各隨樂說."

1.1 여러 보살들이 말하다

....
고 말할 필요가 없다. 범본 경전에도 '입'이라는 글자가 없다(=포탈라본의 품명은 '불이'라는 뜻의 'advaya'와 '법문'이라는 뜻의 'dharmamukha' 다음에, 입 구나 문門이라는 뜻 외에 들어간다[시는 뜻도 있는 'praveśa'가 합성된 'Advayadharmamukhapraveśa-parivarto'라고 되어 있음).

[3] 글에 2단락이 있다. 처음은 불이법문을 밝히는 것이고, 뒤의 3.은 이익을 밝히는 것이다. 처음 중에도 둘이 있다. 1.은 불이법문을 말하는 것을 밝히는 것, 2.는 불이법문에 들어감을 밝히는 것이다. 말하는 것에 또 둘이 있다. 1.1은 무구칭이 여러 보살들에게 물어 불이법문을 말하게 하는 것이고, 1.2는 여러 보살들이 묘길상에 물어 불이법문을 말하게 하는 것이다. 혹은 31보살은 분별의 집착은 둘이 되고 무분별의 이치는 둘 아님이라고 이름해서, 지혜로 이 이치[理]를 아는 것을 둘 아님에 들어간다고 이름한다. 문수는 언설은 둘이 되고, 언설을 떠난 법성은 둘 아님이라고 이름해서, 지혜로 이 성품[性]을 통달하는 것을 둘 아님에 들어간다고 이름한다. 무구칭은 가지假智와 언설은 모두 둘이라고 이름하고 모든 법의 진여는 둘 아님이라고 이름해서, 정지正智로 진실[眞]을 깨닫는 것을 둘 아님에 들어간다고 이름한다. 그래서 이름이 다름을 이루는 것이다.

[4] 처음(불이법문을 말하는 것을 밝히는 것)에 둘이 있다. 처음 이것은 묻는 것이고, 그 아래는 답하는 것이다. '들어간다[시]'는 것은 깨닫는 것[證]이고, 아는 것[解]이니, 진실한 이치를 깨달아 아는 것이다.

그 때 대중의 모임 중에 여러 보살이 있다가 각자 좋아하는 대로 차례로 말하였다.5

時衆會中 有諸菩薩 各隨所樂 次第而說.

1.1.1 법자재法自在 보살6

그 때 법자재라고 이름하는 보살이 있다가 이와 같이 말하였다.

"생과 멸이 둘이 됩니다. 만약 보살이 모든 법은 본래 생겨남도 없고 또한 소멸함도 없음을 환히 알아서 이와 같은 무생법인을 증득한다면, 이것이 둘 아닌 법의 문으로 깨달아 들어가는 것입니다."7

時有菩薩 名法自在 作如是言.

"生滅爲二. 若諸菩薩 了知諸法 本來無生 亦無有滅 證得如是 無生法忍, 是爲悟入 不二法門."

1.1.2 승밀勝密 보살

또한 이름을 승밀이라고 하는 보살이 있다가 이와 같이 말하였다.

"나와 내 것[我所]을 분별하면 둘이 됩니다.

復有菩薩 名曰勝密 作如是言.

"我及我所 分別爲

---

5 이하의 답에 둘이 있다. 이 한 문장은 간략한 것이고, 그 아래는 자세한 것이다.
6 이하의 자세한 것에, 모두 31보살의 앞 물음에 대한 개별적인 답이 있다. 글에는 모두 넷이 있다. 첫째 보살의 이름을 나타내는 것, 둘째 둘의 법을 펴는 것, 셋째 둘 아님을 밝히는 것, 넷째 총결하는 것이다. [공리] 모두 세속의 허망으로 둘이 있다고 하지만, 진공眞空은 둘이 없다. [응리] 모두 소집이나 의타로 둘이 있다고 하지만, 원성실의 진여로는 진실로 둘이 없다.
7 생멸이 둘이 되지만, 이치로는 둘이 아니라고 이름한다. 이 생겨남이 없다는 바른 지혜[無生正智]를 깨닫는 것을 '인忍'이라고 이름한다. 초지 이상은 이 인으로 진여를 깨달아 불이에 들어간다. [공리] 공에는 둘이 없다. [응리] 이치에는 현상의 둘이 없다. 생멸을 둘로써 말하여 분별하지 않기 때문이다.

나를 헤아리기 때문에 곧 내 것도 헤아리는 것이므로, 만약 나가 없음을 안다면 또한 내 것도 없을 것이니, 이것이 둘 아닌 법의 문으로 깨달아 들어가는 것입니다."8

二. 因計我故 便計我所, 若了無我 亦無我所, 是爲悟入 不二法門."

1.1.3 무순無瞬 보살

또한 이름을 무순이라고 하는 보살이 있다가 이와 같이 말하였다.

"취착 있고[有取] 취착 없음[無取]을 분별하면 둘이 됩니다. 만약 모든 보살이 취착 없음을 환히 안다면 곧 얻는 것이 없을 것[無所得]입니다. 얻는 것이 없기 때문에 곧 늘리거나 줄임[增減]도 없고, 지음[作]도 없고 그침[息]도 없으며, 일체법에 대하여 집착하는 것도 없을 것이니, 이것이 둘 아닌 법의 문으로 깨달아 들어가는 것입니다."9

復有菩薩 名曰無瞬 作如是言.

"有取無取 分別爲二. 若諸菩薩 了知無取 則無所得. 無所得故 則無增減, 無作無息, 於一切法 無所執著, 是爲悟入 不二法門."

....

8 나와 내 것을 분별하는 것을 둘이라고 이름하고, 둘이 없는 이치를 '불이'라고 이름한다. 이 둘이 없는 이치를 깨닫는 것을 '불이'에 들어간다고 이름한다. 이하는 모두 이치로써 둘이라고 집착하는 것을 부정하기 때문에 '불이'라고 이름한다. 그래서 '둘' 중에서는 모두 '분별'이라고 말한다. 구역에는 전혀 '분별'이라는 말이 없었다. 뜻이 공의 이치[空理]에 있었기 때문이다.

9 '취착 있음'이란 집착이 있는 것[有著]이고, '취착 없음'은 집착이 없는 것[無著]이다. 만약 집착이 있다면 얻는 것[所得]이 있고, 얻는 것이 있기 때문에 늘리고 줄임이 있다. 늘림이 있기 때문에 일으켜 지음[起作]이 있고, 줄임이 있기 때문에 그쳐 멸함[息滅]이 있는 것이다. 만약 집착 없음을 환히 깨닫는다면 곧 얻는 것이 없고, 얻는 것이 없기 때문에 늘리고 줄임이 없으며, 늘리고 줄임이 없기 때문

1.1.4 승봉勝峰 보살

또한 이름을 승봉이라고 하는 보살이 있다가 이와 같이 말하였다.

"잡염과 청정을 분별하면 둘이 됩니다. 만약 모든 보살이 잡염과 청정의 둘이 없음을 환히 안다면 곧 분별이 없을 것이고, 영원히 분별을 끊는다면 적멸의 자취[寂滅跡]로 향할 것이니, 이것이 둘 아닌 법의 문으로 깨달아 들어가는 것입니다."10

復有菩薩 名曰勝峰 作如是言.

"雜染淸淨　分別爲二. 若諸菩薩 了知雜染淸淨無二 則無分別, 永斷分別 趣寂滅跡,　是爲悟入 不二法門."

1.1.5 묘성妙星 보살

또한 이름을 묘성이라고 하는 보살이 있다가 이와 같이 말하였다.

"산동散動과 사유思惟를 분별하면 둘이 됩니다. 만약 모든 보살이 일체는 산동도 없고 사유할 것[所思惟]도 없음을 환히 안다면 곧 작의作意가 없을 것이니, 산동도 없고 사유할 것도 없어서 작의 없음에 머문다면, 이것이 둘 아닌 법의 문으로 깨달아 들어가는 것

復有菩薩 名曰妙星 作如是言.

"散動思惟　分別爲二. 若諸菩薩 了知一切 無有散動 無所思惟　則無作意, 住無散動 無所思惟 無有作意,　是爲悟

에 일으켜 지음도 없고 그쳐 멸함도 없으며, 따라서 모든 법 중에서 집착하는 것이 없을 것이다. 집착 없는 마음, 이것의 이치를 통달하여 아는 것을 둘 아님에 들어간다고 이름한다.

10 '적멸의 자취'란 곧 진실한 이치이니, 이치는 지혜의 자취이다. 지혜를 발로 비유한 것이니, 밟는 주체[能履]이기 때문에 이치는 자취가 된다. 밟힌 것[所履]이기 때문이다.

입니다."11 　　　　　　　　　　　　入 不二法門."

1.1.6 묘안妙眼 보살
또한 이름을 묘안이라고 하는 보살이 있다가 이와 같이 말하였다.

"하나의 상[一相]과 무상無相을 분별하면 둘이 됩니다. 만약 모든 보살이 모든 법은 하나의 상도 없고 다른 상[異相]도 없으며 또한 무상도 없다는 것을 환히 안다면, 곧 이러한 하나의 상 및 다른 상과 무상이 평등함을 알 것이니, 이것이 둘 아닌 법의 문으로 깨달아 들어가는 것입니다."12

復有菩薩 名曰妙眼 作如是言.

"一相無相　分別爲二. 若諸菩薩 了知諸法 無有一相　無有異相　亦無無相, 則知如是 一相異相 無相平等, 是爲悟入 不二法門."

1.1.7 묘비妙臂 보살
또한 이름을 묘비라고 하는 보살이 있다가 이와 같이 말하였다.

復有菩薩 名曰妙臂 作如是言.

....
11 '산동'이란 마음이 바깥 경계로 치달리는 것이고, '사유'란 생각을 안의 연으로 거두는 것[攝念內緣]이다. 처음 둘이 없음을 알면 곧 작의가 없고, 뒤에 둘 없음에 머물면 전혀 작의가 없게 된다.
12 '하나의 상'이란 공·무아 등 공상共相의 이치이고, '무상'이란 진여로써 모든 법은 공상도 없고 또한 자상自相도 없다는 것을 환히 아는 것이다. '자상自相'이란 개별적으로 다른 상이다. 이 공상·자상의 두 가지 유위상이 일체 도무지 없고, 또한 진실한 무상의 체도 없다는 것을 안다면, 이 유위와 무위의 이치를 알아서 두 가지 지혜가 평등할 것이니, 둘 아님에 들어간다고 이름한다. 공상과 자상은 모두 유위이고, 그것들을 상대한 무위이기 때문에 둘이라고 이름한 것이다.

"보살과 성문의 두 가지 마음이 둘이 됩니다. 만약 모든 보살이 두 가지 마음의 성품이 환상처럼 공함을 환히 안다면, 보살의 마음도 없고 성문의 마음도 없을 것이니, 이러한 두 가지 마음은 그 상相이 평등해서 모두 환술로 변화된 것[幻化]과 같은 것, 이것이 둘 아닌 법의 문으로 깨달아 들어가는 것입니다."13

"菩薩聲聞二心 爲二. 若諸菩薩 了知二心 性空如幻, 無菩薩心 無聲聞心, 如是二心 其相平等 皆同幻化, 是爲悟入 不二法門."

1.1.8 육양育養 보살

또한 이름을 육양이라고 하는 보살이 있다가 이와 같이 말하였다.

"선과 불선을 분별하면 둘이 됩니다. 만약 모든 보살이 선의 성품과 불선의 성품은 일어나는 바[所發起]가 없음을 환히 안다면, 상相과 상 없는 것[無相]의 두 가지 구[二句]가 평등해서 취함도 없고[無取] 버림도 없을 것[無捨]이니, 이것이 둘 아닌 법의 문으로 깨달아 들어가는 것입니다."14

復有菩薩 名曰育養 作如是言.
"善及不善 分別爲二. 若諸菩薩 了知善性 及不善性 無所發起, 相與無相 二句平等 無取無捨, 是爲悟入 不二法門."

....

13 보살과 성문의 둘이 인연하는 마음은 성품이 모두 환상과 같다. 이 둘의 환상과 같은 이치를 통달하면 둘 아님에 들어간다고 이름한다.
14 선과 불선은 일어나고 지어지는 것[所起作]이 없으니, 이 두 가지의 상이 있는 것과 상이 없는 것 두 가지 모두 평등해서, 취할 만한 선도 없고 버릴 만한 악도 없다. 이것을 요지하는 것을 둘 아님에 들어간다고 이름한다.

1.1.9 사자師子 보살

또한 이름을 사자라고 하는 보살이 있다가 이와 같이 말하였다.

"죄 있음[有罪]과 죄 없음[無罪]을 분별하면 둘이 됩니다. 만약 모든 보살이 죄 있음과 죄 없음의 두 가지가 모두 평등함을 환히 알아서, 금강과 같은 지혜로써 모든 법은 속박도 없고[無縛] 해탈도 없음[無解]을 통달한다면, 이것이 둘 아닌 법의 문으로 깨달아 들어가는 것입니다."15

復有菩薩 名曰師子 作如是言.

"有罪無罪 分別爲 二. 若諸菩薩 了知 有罪 及與無罪 二 皆平等, 以金剛慧 通達諸法 無縛無 解, 是爲悟入 不二 法門."

1.1.10 사자혜師子慧 보살

또한 사자혜라고 이름하는 보살이 있다가 이와 같이 말하였다.

"유루와 무루를 분별하면 둘이 됩니다. 만약 모든 보살이 일체법은 성품이 모두 평등함을 안다면, 유루와 무루에 대하여 두 가지 지각[二想]을 일으키지 않고, 있다는 지각[有想]에도 집착하지 않으며 없다는 지각[無想]에도 집착하지 않을 것이니, 이것이 둘 아닌 법의 문으로 깨달아 들어가는 것입니다."16

復有菩薩 名師子慧 作如是言.

"有漏無漏 分別爲 二. 若諸菩薩 知一 切法 性皆平等, 於 漏無漏 不起二想, 不著有想 不著無 想, 是爲悟入 不二 法門."

....
15 죄 있는 것을 속박이라고 이름하고, 죄 없는 것을 해탈이라고 이름한다. 금강 무루의 지혜로써 속박과 해탈 없음을 통달하는 것을 둘 아님에 들어간다고 이름한다.

1.1.11 정승해淨勝解 보살

또한 정승해라고 이름하는 보살이 있다가 이와 같이 말하였다.

"유위와 무위를 분별하면 둘이 됩니다. 만약 모든 보살이 두 가지 법의 성품이 모두 평등함을 환히 안다면, 모든 행을 멀리 여의어 깨달음의 반야[覺慧]와 공과 같은 지혜[如空智]가 매우 청정해서 붙잡음도 없고[無執] 버림도 없을 것[無遺]이니, 이것이 둘 아닌 법의 문으로 깨달아 들어가는 것입니다."17

復有菩薩 名淨勝解 作如是言.

"有爲無爲 分別爲二. 若諸菩薩 了知二法 性皆平等 遠離諸行 覺慧如空智 善淸淨 無執無遺, 是爲悟入 不二法門."

1.1.12 나라연那羅延 보살

또한 나라연이라고 이름하는 보살이 있다가 이와 같이 말하였다.

"세간과 출세간을 분별하면 둘이 됩니다. 만약 모든 보살이 세간의 본래 성품이 공적함을 환히 안다면, 들어감도 없고[無入] 나옴

復有菩薩 名那羅延 作如是言.

"世出世間 分別爲二. 若諸菩薩 了知世間 本性空寂, 無

---

16 '있다는 지각'이란 유루의 지각이고, '없다는 지각'이란 무루의 지각이다. 혹은 유루가 생긴 것을 '있다는 지각'이라 이름하고, 무루가 생긴 것을 '없다는 지각'이라 이름한다. 혹은 마음의 지각이 있는 것을 '있다는 지각'이라 이름하고, 마음의 지각을 멸하여 없는 것을 '없다는 지각'이라 이름한다.

17 일체 유위의 모든 행을 멀리 여의어 각혜覺慧를 일으키니, 곧 무위를 관찰하는 공과 같은 지혜가 매우 청정하다. 혹은 유위행을 멀리 하면 곧 무위의 각혜와 공과 같은 지혜가 매우 청정하다. 이미 전혀 붙잡는 것도 없고 또한 버리는 것도 없는 것을 둘 아님에 들어간다고 이름한다.

도 없으며[無出] 흐름도 없고[無流] 흩어짐도 없으며[無散] 또한 집착하지도 않을 것이니, 이것이 둘 아닌 법의 문으로 깨달아 들어가는 것입니다."18

入無出　無流無散 亦不執著,　是爲悟 入 不二法門."

1.1.13 조순혜調順慧 보살

또한 조순혜라고 이름하는 보살이 있다가 이와 같이 말하였다.

"생사와 열반을 분별하면 둘이 됩니다. 만약 모든 보살이 생사는 그 성품이 본래 공이어서 유전流轉도 없고 또한 적멸寂滅도 없음을 환히 안다면, 이것이 둘 아닌 법의 문으로 들어가는 것입니다."19

復有菩薩 名調順慧 作如是言.

"生死涅槃　分別爲 二. 若諸菩薩 了知 生死 其性本空 無有 流轉 亦無寂滅, 是 爲悟入 不二法門."

1.1.14 현견現見 보살

또한 이름을 현견이라고 하는 보살이 있다가 이와 같이 말하였다.

"다함 있음[有盡]과 다함 없음[無盡]을 분별

復有菩薩 名曰現見 作如是言.

"有盡無盡　分別爲

----

18 허물어지고 무너질 수 있기 때문에 세간이라고 하고, 이것과 반대되는 것을 출세간이라고 이름한다. 세간이 공함을 알아서 처음부터 이미 들어가지 않았으므로 뒤에 또한 나오지도 않는다. 들어가지 않았기 때문에 생사의 흐름을 따르지도 않고, 나오지 않기 때문에 흩어져 사라지거나 세간을 떠남도 없다. 경계가 이미 이와 같으므로, 마음도 또한 집착하지 않는다.
19 생사가 공함을 알면 본래 유전도 없고 또한 열반도 없다. 두 가지 경계가 본래 공하므로 분별이 곧 사라진다.

하면 둘이 됩니다. 만약 모든 보살이 다함 있음과 다함 없음이란 도무지 없음을 환히 알아서, ─궁극적으로 다해야 마침내 다했다고 이름하지만, 만약 궁극적으로 다했다면 다시는 더 다하지 않을 것이므로 곧 다함 없다고 이름한다. 또 다함 있다고 하는 것은 한 순간[一刹那]을 말하는 것이겠지만, 한 순간 중에는 결정코 다함이란 없을 것[定無有盡]이므로 곧 이것은 다함이 없는 것이다. 다함 있음이 없기 때문에 다함 없음도 또한 없다─라고 해서, 다함 있음과 다함 없음의 성품이 공함을 환히 안다면, 이것이 둘 아닌 법의 문으로 깨달아 들어가는 것입니다."20

二. 若諸菩薩 了知都無 有盡無盡, 要究竟盡 乃名爲盡, 若究竟盡 不復當盡 則名無盡, 又有盡者 謂一刹那, 一刹那中 定無有盡 則是無盡, 有盡無故 無盡亦無, 了知 有盡無盡性空, 是爲悟入 不二法門."

....

20 이것은 두 가지를 뒤집는 해석이다. 처음은 유진有盡과 무진無盡이 도무지 없음을 아는 것이다. 궁극적으로 다해야 마침내 다했다고 이름하니, 곧 번뇌 등이다. 궁극적으로 다한 법은 유진이라고 이름하지만, 이미 궁극적으로 다하였으므로 다시는 더 항상 다함이 있을 수 없으니, 곧 무진이라고 이름한다. 유진이 곧 무진이니, 무진은 곧 자체가 없고, 무진이 곧 유진이니 유진도 역시 자체가 없다. 따라서 두 가지는 도무지 없는 것이다. ('또 다함 있다고 하는 것' 이하는) 두 번째 뒤집는 해석이니, 앞은 상속의 관점에서 둘 없음을 해석하였지만, 이것은 찰나의 관점이다. 혹은 앞은 잡염법의 관점이고, 이것은 청정법의 관점이다. 일찰나의 법은 잠깐 그러하다가 사라져 없어지므로, 결정코 다함이란 없는 것이니, 곧 다함이 없는 것이다. 일찰나 중에는 다함 있음이란 없기 때문에 다함 없음도 역시 없는 것이다. 두 가지가 본래 공함을 알아서 분별이 일어나지 않는 것을 둘 아님에 들어간다고 이름한다.

1.1.15 보밀普密 보살

또한 이름을 보밀이라고 하는 보살이 있다가 이와 같이 말하였다.

"유아와 무아를 분별하면 둘이 됩니다. 만약 모든 보살이 나가 있다는 것도 오히려 있을 수 없는 일인데 어찌 하물며 무아이겠는가 라고 환히 알아서, 나와 무아는 그 성품에 둘이 없음을 본다면, 이것이 둘 아닌 법의 문으로 깨달아 들어가는 것입니다."21

復有菩薩 名曰普密 作如是言.

"有我無我 分別爲二. 若諸菩薩 了知有我 尙不可得 何況無我, 見我無我 其性無二, 是爲悟入 不二法門."

1.1.16 뇌천電天 보살

또한 이름을 뇌천이라고 하는 보살이 있다가 이와 같이 말하였다.

"명지[明]와 무명無明을 분별하면 둘이 됩니다. 만약 모든 보살이 무명은 그 본성이 명지여서, 명지와 무명은 모두 얻을 수 없으며 세거나 헤아릴[算計] 수 없다는 것을 환히 알아서, 세거나 헤아림의 길을 벗어나 그에 대해 평등하여 둘이 없음을 현관現觀한다면, 이것이 둘 아닌 법의 문으로 깨달아 들어가는

復有菩薩 名曰電天 作如是言.

"明與無明 分別爲二. 若諸菩薩 了知無明 本性是明, 明與無明 俱不可得 不可算計, 超算計路 於中現觀 平等無二, 是爲悟入 不

---

21 나와 무아의 체는 그 성품이 전혀 없어서 두 가지를 논할 수 없다. 두 가지의 경계가 공임을 알아 그 분별이 끊어져서 지혜로 이 이치를 통달한다면 불이법문에 들어간다고 이름한다. # 현관現觀은 의식의 매개를 통하지 않고 직접 본다는 뜻이다.

것입니다."22

二法門."

1.1.17 희견喜見 보살

또한 이름을 희견이라고 하는 보살이 있다가 이와 같이 말하였다.

"색·수·상·행 및 식과 공을 분별하면 둘이 됩니다. 만약 취온取蘊의 성품이 본래 공이어서, 곧 색이 바로 공인 것이지 색을 멸하여 공인 것이 아니고, 나아가 식온에 이르기까지도 또한 이와 같다는 것을 안다면, 이것이 둘 아닌 법의 문으로 깨달아 들어가는 것입니다."23

復有菩薩 名曰喜見 作如是言.
"色受想行 及識與空 分別爲二. 若知取蘊 性本是空, 卽是色空 非色滅空, 乃至識蘊 亦復如是, 是爲悟入 不二法門."

....

22 무명의 본성이 공인 이치를 환히 알면 곧 명지이다. 두 가지를 집착하여 진실로 삼는 것은 모두 있을 수 없고, 세고 헤아려서 있음[有]으로 삼을 수 없다.

23 위의 16보살은 둘로써 두 가지로 삼은 것이고, 아래의 15보살은 둘이 아닌 것으로써 두 가지로 삼은 것이다. 혹은 모두 둘로써 두 가지로 삼은 것이라고도 말할 수 있으니, 5온이 하나가 되고 공이 하나가 되기 때문이다. 이하도 모두 준해서 알아야 한다.

　[공리] 세속의 취온은 성품이 곧 진공眞空이니, 공과 온의 체 두 가지는 다름이 없어서, 취온이 현재 있을 때 곧 진공이 있는 것이지, 온이 멸하고 나서 비로소 공의 성품이 있는 것이 아니다. 이 때문에 '곧 색이 바로 공인 것이지, 색이 멸하여 공인 것이 아니다'라고 한 것이니, 이는 두 가지 집착을 파하는 것이다. 첫째는 세속의 색 외에 따로 진공이 있다고 집착하는 것이니, 이를 파하기 위해 '곧 색이 바로 공'이라고 말하였다. 색과 공은 다름이 없는 것이다. 둘째는 세속의 색이 멸하여 비로소 진공이 있다고 집착하는 것이니, 이를 파하기 위해 '색이 멸하여 공인 것이 아니다'라고 말하였다. 온이 현재 있을 때 이미 공이 있기 때문이다.

1.1.18 광당光幢 보살

또한 이름을 광당이라고 하는 보살이 있다가 이와 같이 말하였다.

"네 가지 요소[四界]와 공을 분별하면 둘이 됩니다. 만약 모든 보살이 네 가지 요소가 곧 허공의 성품[虛空性]임을 환히 알아서, 과거·현재·미래의 네 가지 요소와 공의 성품에 모두 전도됨 없이 모든 요소[諸界]로 깨달아 들어간다면, 이것이 둘 아닌 법의 문으로 깨달아 들어가는 것입니다."24

復有菩薩 名曰光幢 作如是言.

"四界與空　分別爲二. 若諸菩薩 了知四界 卽虛空性, 前中後際　四界與空性皆無倒　悟入諸界, 是爲悟入 不二法門."

1.1.19 묘혜妙慧 보살

또한 이름을 묘혜라고 하는 보살이 있다가 이와 같이 말하였다.

"눈과 형색, 귀와 소리, 코와 냄새, 혀와 맛, 몸과 감촉, 정신[意]과 법을 분별하면 둘이

復有菩薩 名曰妙慧 作如是言.

"眼色耳聲　鼻香舌味 身觸意法 分別

[응리] 대략 두 가지 해석이 있다. 첫째는 소집所執의 색은 곧 공이라는 것이다. 색과 공은 별도의 체가 없고, 소집의 색이 멸하고 비로소 공이 있게 되는 것이 아니니, 현재의 색이 있을 때 성품이 이미 공이기 때문이다. 둘째는 소집 및 의타의 색은 모두 진여의 공이라는 것이다. 공과 진여는 다시 별도의 체가 없고, 또한 두 가지(=소집 및 의타)의 색이 멸하고 비로소 진여의 공이 있는 것도 아니니, 두 가지 색이 나타날 때에 진여가 있는 것이기 때문이다.

24 '사계'란 지·수·화·풍이다. '공'이란 공리에서는 진공의 성품이라고 말하고, 응리에서는 소집이 곧 공하여 없는 것이라고 한다. '전·중·후제'란 과거·현재·미래이다. '성품에 모두 전도됨이 없다'는 것은 곧 진여의 이치이기 때문이다.

됩니다. 만약 모든 보살이 그 일체는 그 성품이 모두 공인 것을 환히 알아서, 눈의 자성自性을 보아 형색에 대해 탐욕이 없고 성냄이 없고 어리석음이 없으며, 이와 같이 해서 나아가 정신[意]의 자성을 보아 법에 대해 탐욕이 없고 성냄이 없고 어리석음이 없다면 이들이 곧 공일 것이니, 이렇게 보고 나서 적정寂靜하게 안주한다면, 이것이 둘 아닌 법의 문으로 깨달아 들어가는 것입니다."25

爲二. 若諸菩薩 了知一切 其性皆空, 見眼自性 於色 無貪無瞋無癡, 如是 乃至 見意自性 於法 無貪無瞋無癡 此則爲空, 如是見已 寂靜安住, 是爲悟入 不二法門."

1.1.20 무진혜無盡慧 보살

또한 무진혜라고 이름하는 보살이 있다가 이와 같이 말하였다.

"보시布施와 이를 일체지의 성품[一切智性]에 회향하는 것은 각별로 둘이 되고, 이와 같이 지계[戒]·인욕[忍]·정진·선정[靜慮]·반야 및 이들을 일체지의 성품에 회향하는 것을 분별하면 각별로 둘이 됩니다. 만약 보시가 곧 회향 대상[所迴向]인 일체지의 성품이고, 이 회향 대상인 일체지의 성품이 곧 보시이

復有菩薩 名無盡慧 作如是言.

"布施 迴向一切智性 各別爲二, 如是分別 戒忍精進 靜慮般若 及與迴向 一切智性 各別爲二. 若了布施 卽所迴向 一切智性, 此所迴向 一切智性

....

25 눈과 형색을 분별하면 둘이 되고, 나아가 정신과 법을 분별하면 둘이 되니, 근과 경이 상대하기 때문이다. 여섯 가지의 두 가지는 그 성품이 모두 공임을 요지하고, 눈의 공성을 보아 색경에 대해 삼독이 없고, 나아가 정신과 법에 대해서도 또한 이와 같이 보고나서 고요하게 머무는 것이다.

며, 이와 같이 해서 나아가 반야의 자성이 곧 회향 대상인 일체지의 성품이고, 이 회향 대상인 일체지의 성품이 곧 반야임을 알아서, 이 하나인 이치[一理]를 환히 안다면, 이것이 둘 아닌 법의 문으로 깨달아 들어가는 것입니다."26

卽是布施, 如是乃至 般若自性 卽所迴向 一切智性, 此所迴向 一切智性 卽是般若, 了此一理, 是爲悟入 不二法門."

1.1.21 심심각甚深覺 보살

또한 심심각이라고 이름하는 보살이 있다가 이와 같이 말하였다.

"공空과 무상無相과 무원無願을 분별하면 둘이 됩니다. 만약 모든 보살이 공 중에서는 전혀 상相이 없고, 이 무상 중에서는 또한 원願이 없으며, 이 무원 중에서는 움직일 만한 마음[心]도 없고 의意도 없고 식識도 없다는 것을 환히 알아서, 이렇게 곧 하나의 해탈문解脫門에서 일체 세 가지 해탈문을 갖추어 거두는 것, 만약 이것을 통달한다면 이것이 둘 아닌 법의 문으로 깨달아 들어가는 것입니다.27

復有菩薩 名甚深覺 作如是言.

"空無相無願 分別 爲二. 若諸菩薩 了知空中 都無有相, 此無相中 亦無有願, 此無願中 無心無意無識可轉, 如是卽於 一解脫門 具攝一切 三解脫門, 若此通達 是爲悟入 不二法門."

----

26 보시가 하나가 되고, 일체지의 성품에 회향하는 것이 하나가 되기 때문에 이름하여 둘이 된다고 한다. '일체지의 성품'이란 곧 진여의 이치이니, 이 지혜의 체이기 때문이다. 보시 등이 곧 진여의 성품인 것을 알기 때문에 둘이 아니라고 이름한다.

1.1.22 적정근寂靜根 보살

또한 적정근이라고 이름하는 보살이 있다가 이와 같이 말하였다.

"불·법·승의 삼보를 분별하면 둘이 됩니다. 만약 모든 보살이 붓다의 성품은 곧 법의 성품이고, 법은 곧 승가의 성품이어서, 이와 같이 삼보가 모두 무위의 모습으로 허공과 같음을 환히 안다면 모든 법도 또한 그러할 것이니, 만약 이것을 통달한다면 이것이 곧 둘 아닌 법의 문으로 깨달아 들어가는 것입니다."28

復有菩薩 名寂靜根 作如是言.
"佛法僧寶 分別爲二. 若諸菩薩 了知佛性 卽是法性, 法卽僧性, 如是三寶 皆無爲相 與虛空等 諸法亦爾, 若此通達 是爲悟入 不二法門."

....

27 공은 '나' 등이 없다고 관찰하고, 무상과 무원은 무위와 유위가 있는 것을 반연한다. '나'가 공임을 요지한다면 전혀 상이 없고, 이 무상 중에서는 또한 원할 만한 것[可願]이 없으며, 이 무원 중에서는 심·의·식 세 가지는 전혀 일어날 수 없다. 소취가 없기 때문에 능취도 역시 없는 것이다.《능가경》에서 이르기를, "장식藏識은 '심'이라고 이름하고, 사량思量은 '의'라고 이름하며, 모든 경계의 모습을 요별하는 것은 '식'이라고 이름한다"고 하였다. 이와 같이 하나의 공해탈문에서 세 가지를 갖추어 거두니, 이것을 능히 통달한다면 둘 아님에 들어간다고 이름한다.《성유식론》에서 이르기를, "공·무상·무원은 변계소집·의타기·원성실을 혹은 모두 공통하여 반연[通緣]하기도 하고, 혹은 차별하여 반연(=공은 변계소집을, 무원은 의타기를, 무상은 원성실을 반연.『졸역 성유식론』p.838 참조)하기도 한다"고 하였는데, 이것은 공통하여 반연하는 것이기 때문에 둘이 아니라고 이름하였다. 나아가 무원에서 또한 곧 공과 무상(을 갖추어 거두는 것)도 모두 이에 준해서 알아야 한다.

28 삼보는 체가 같다. 모두 무위의 모습이어서 허공과 같으니, 있지 않은 곳이 없기 때문이다. 모든 법도 역시 그래서 모두 진여의 성품인 것을 둘이 아니라고 이름한 것이다.

1.1.23 무애안無礙眼 보살

또한 무애안이라고 이름하는 보살이 있다가 이와 같이 말하였다.

"살가야薩迦耶와 살가야의 소멸[薩迦耶滅]을 분별하면 둘이 됩니다. 만약 모든 보살이 살가야가 곧 살가야의 소멸임을 안다면, 이와 같이 환히 알아서 살가야견薩迦耶見을 필경 일으키지 않을 것이니, 살가야와 살가야의 소멸에 대해 곧 분별이 없고 다른 분별[異分別]도 없어서, 이 두 가지의 필경 적멸인 성품[究竟滅性]을 증득하여 의심할 것[所猜疑]도 없고 놀람[驚]도 없으며 두려움[懼]도 없다면, 이것이 둘 아닌 법의 문으로 깨달아 들어가는 것입니다."29

復有菩薩 名無礙眼 作如是言.
"是薩迦耶 及薩迦耶滅 分別爲二. 若諸菩薩 知薩迦耶 卽薩迦耶滅, 如是了知 畢竟不起 薩迦耶見, 於薩迦耶 薩迦耶滅 卽無分別 無異分別, 證得此二 究竟滅性 無所猜疑 無驚無懼, 是爲悟入 不二法門."

1.1.24 선조순善調順 보살

또한 선조순이라고 이름하는 보살이 있다가 이와 같이 말하였다.

"이 몸[身]·말[語]·마음[意]의 세 가지 율의

復有菩薩 名善調順 作如是言.
"是身語意 三種律

---

29 '살가야'란 허위의 무리[虛僞身]이고, '소멸[滅]'이란 진실한 이치이다. 허위의 무리와 진여를 분별하면 둘이 된다. 허위의 무리가 곧 소멸임을 안다면 위신견(=유신견)을 일으키지 않을 것이고, 그래서 위신僞身과 소멸 두 가지에 대해서 총체적인 분별 및 개별적인 분별이 없어서, 두 가지의 진여의 구경 적멸인 성품을 깨달으면 의심할 것도 없고 놀람도 없으며 두려움도 없다. 유신견에 집착하면 의심이 있고, 또한 놀람과 두려움이 있는 것이다.

律儀를 분별하면 둘이 됩니다. 만약 모든 보살이 이러한 세 가지 율의는 모두 지음 없는 모습[無作相]으로서 그 모습에 둘이 없음을 환히 안다고 합시다. 까닭이 무엇인가 하면 이 세 가지 업도業道는 모두 지음 없는 모습이니, 몸의 지음 없는 모습은 곧 말의 지음 없는 모습이고, 말의 지음 없는 모습은 곧 마음의 지음 없는 모습이며, 마음의 지음 없는 모습은 곧 일체법 모두의 지음 없는 모습이기 때문입니다. 만약 지어 만듦[造作] 없는 모습에 따라 들어갈 수 있다면, 이것이 둘 아닌 법의 문으로 깨달아 들어가는 것입니다."30

儀 分別爲二. 若諸菩薩 了知 如是三種律儀 皆無作相 其相無二. 所以者何 此三業道 皆無作相, 身無作相 卽語無作相, 語無作相 卽意無作相, 意無作相 卽一切法 俱無作相. 若能隨入 無造作相, 是爲悟入 不二法門."

1.1.25 복전福田 보살

또한 이름을 복전이라고 하는 보살이 있다가 이와 같이 말하였다.

"죄행罪行과 복행福行 및 부동행不動行을 분

復有菩薩 名曰福田 作如是言.

"罪行福行 及不動行

---

30 몸·말의 두 가지 색 및 마음의 비색을 분별하면 둘이 된다. [공리] 세 가지가 본래 공이어서 조작造作의 모습이 없는 것을 안다면, 조작의 상이 없기 때문에 그 상은 둘이 없다. 몸이 공함이 곧 말의 공함이고, 말의 공함이 곧 마음의 공함이며, 마음의 공함이 곧 일체법의 공함이다. 만약 일체법의 공함과 조작 없는 모습에 따라 들어갈 수 있다면, 둘 아님에 들어간다고 이름한다. [응리] 세 가지 율의는 본래 진여의 성품으로서 모두 조작이 없음을 안다면, 몸의 진여는 곧 말의 진여이고, 말의 진여는 곧 마음의 진여이며, 마음의 진여는 곧 일체법의 진여일 것이니, 이 지음 없는 진여에 따라 들어갈 수 있다면 둘 아님에 들어간다고 이름한다.

별하면 둘이 됩니다. 만약 모든 보살이 죄행과 복행 및 부동행은 모두 지음 없는 모습[無作相]으로서 그 모습에 둘이 없음을 환히 안다고 합시다. 까닭이 무엇인가 하면 죄·복·부동의 이와 같은 세 가지 행[三行]은 성품과 모습이 모두 공인데, 공 중에는 죄·복·부동 세 가지 행의 차별이 없기 때문이니, 이와 같이 통달하는 것, 이것이 둘 아닌 법의 문으로 깨달아 들어가는 것입니다."31

分別爲二. 若諸菩薩 了知 罪行福及不動 皆無作相 其相無二. 所以者何 罪福不動 如是三行 性相皆空, 空中無有 罪福不動 三行差別, 如是通達, 是爲悟入 不二法門."

1.1.26 화엄華嚴 보살

또한 이름을 화엄이라고 하는 보살이 있다가 이와 같이 말하였다.

"일체 두 가지 법은 모두 '나'를 쫓아서 일어납니다. 만약 모든 보살이 '나'의 진실한 성품을 안다면 곧 두 가지를 일으키지 않습니다. 두 가지를 일으키지 않기 때문에 곧 요별了別함이 없고, 요별함이 없기 때문에 요별될 것[所了別]도 없으니, 이것이 둘 아닌 법의

復有菩薩 名曰華嚴 作如是言.

"一切二法 皆從我起. 若諸菩薩 知我實性 卽不起二.
不起二故 卽無了別, 無了別故 無所了別, 是爲悟入 不

---

31 모든 불선업이 헐뜯고 싫어할 만함을 '죄행'이라고 이름하고, 욕계의 선업이 사랑하고 즐거워할 만함을 '복행'이라고 이름하며, 색·무색계의 모든 선한 선정의 마음[善定心]이 하나의 경계에 머무는 것을 '부동행'이라고 이름한다. 산散·정정定의 2지地를 분별하면 둘이 된다. '지음이 없는 모습'이란 공리에서는 진공의 성품이라고 하고, 응리에서는 그 성품은 곧 진여라고 한다. 따라서 이 공 중에서는 세 가지의 차별이 없는 것이다.

문으로 깨달아 들어가는 것입니다."32 二法門."

1.1.27 승장勝藏 보살

또한 이름을 승장이라고 하는 보살이 있다가 이와 같이 말하였다.

"일체 두 가지 법은 얻는 것 있음[有所得]이 일으킵니다. 만약 모든 보살이 모든 법은 전혀 얻을 것 없음[無所得]을 환히 안다면 곧 취하거나 버림[取捨]이 없을 것이고, 이미 취하거나 버림이 없다면 이것이 둘 아닌 법의 문으로 깨달아 들어가는 것입니다."33

復有菩薩 名曰勝藏 作如是言.

"一切二法 有所得起. 若諸菩薩 了知諸法 都無所得 則無取捨, 旣無取捨, 是爲悟入 不二法門."

1.1.28 월상月上 보살

또한 이름을 월상이라고 하는 보살이 있다가 이와 같이 말하였다.

"밝음과 어둠을 분별하면 둘이 됩니다. 만약 모든 보살이 진실한 모습[實相]에는 어둠도 없고 밝음도 없어서, 그 성품에 둘이 없음

復有菩薩 名曰月上 作如是言.

"明之與暗 分別爲二. 若諸菩薩 了知實相 無暗無明, 其

---

32 이러한 등은 하나로써 둘을 삼은 것이니, '일체의 2법'이란 일체의 분별로 차별된 법이다. 모두 '나'를 쫓아서 일어나지만, '나'의 진실한 이치를 안다면 곧 두 가지를 일으키지 않는다. 그 근본과 지말의 차별된 둘이 없기 때문이다.

33 '얻는 것 있음'이란 본래 상이 있다고 보는 것[見有相]을 말한다. 만약 본래 유소득을 환히 알아서 무소득을 이룬다면, 곧 일으킬 대상[所起]인, 본·말의 두 가지를 취하고 버림이 없을 것이다. 이미 취하고 버림 두 가지가 없으므로 둘 아님에 들어간다고 이름한다.

을 환히 안다고 합시다. 어째서인가 하면 비구가 멸진정에 들어가면 어둠도 없고 밝음도 없는 것처럼, 일체 모든 법도 그 모습이 그러하기 때문입니다. 이렇게 해서 모든 법의 평등에 오묘하게 계합한다면, 이것이 둘 아닌 법의 문으로 깨달아 들어가는 것입니다."34

性無二. 所以者何 譬如苾芻 入滅盡定 無暗無明, 一切諸法 其相亦爾. 如是妙契 諸法平等, 是爲悟入 不二法門."

1.1.29 보인수寶印手 보살

또한 보인수라고 이름하는 보살이 있다가 이와 같이 말하였다.

"열반을 좋아하고 생사를 싫어하는 것이 둘이 됩니다. 만약 모든 보살이 열반과 생사에 대해 좋아하거나 싫어함을 일으키지 않고 곧 둘이 없음을 환히 안다고 합시다. 어째서이겠습니까? 만약 생사에 계박되게 되었다면 곧 해탈을 구하겠지만, 만약 필경 생사의 속박이란 없다는 것을 안다면, 어찌 열반의 해탈을 다시 구하겠습니까? 이와 같이 속박도 없으며 해탈도 없음을 통달해서, 열반을 좋아하지도 않고 생사를 싫어하지도 않는다면, 이것이 둘 아닌 법의 문으로 깨달아 들어가는 것입니다."35

復有菩薩 名寶印手 作如是言.
"欣厭 涅槃生死 爲二. 若諸菩薩 了知涅槃 及與生死 不生欣厭 則無有二. 所以者何? 若爲生死 之所繫縛 則求解脫, 若知畢竟 無生死縛, 何爲更求 涅槃解脫? 如是通達 無縛無解, 不欣涅槃 不厭生死, 是爲悟入 不二法門."

....
34 근본의 진실한 이치를 알면 곧 밝고 어둠이 없다. 밝고 어둠은 둘이 없기 때문이다.

1.1.30 주계왕珠髻王 보살

그 때 주계왕이라고 이름하는 보살이 있다가 이와 같이 말하였다.

"정도正道와 사도邪道를 분별하면 둘이 됩니다. 만약 모든 보살이 정도와 사도가 필경 작용하지 않음에 잘 안주할 수 있다면, 작용하지 않기 때문에 곧 정도와 사도의 두 가지 모습이 없을 것이고, 두 가지 모습을 없앴기 때문에 곧 두 가지 지각[覺]도 없을 것인데, 만약 두 가지 지각이 없다면 이것이 둘 아닌 법의 문으로 깨달아 들어가는 것입니다."36

復有菩薩 名珠髻王 作如是言.

"正道邪道 分別爲二. 若諸菩薩 善能安住 正道邪道 究竟不行, 以不行故 則無正道 邪道二相, 除二相故 則無二覺, 若無二覺 是爲悟入 不二法門."

1.1.31 제실諦實 보살

또한 이름을 제실이라고 하는 보살이 있다가 이와 같이 말하였다.

"허위[虛]와 진실[實]을 분별하면 둘이 됩니다. 만약 모든 보살이 진리[諦]의 진실한

復有菩薩 名曰諦實 作如是言.

"虛之與實 分別爲二. 若諸菩薩 觀諦

---

35 생사와 열반의 본래 진실한 이치의 성품에는 둘이 없다는 것을 환히 알면, 곧 좋아하거나 싫어함이 없다. 궁극의 이치로는 생사에서도 속박이 없고 열반에서도 해탈이 아니다. 어찌 좋아하고 기뻐할 것이겠는가?

36 정도에 잘 머문다면 사도가 곧 사라져서 작용하지 않을 것이다. 만약 사도가 있다고 본다면, 정도가 있는 것도 볼 수 있겠지만, 사도가 작용하는 것을 이미 보지 못한다면, 정도가 어찌 있을 수 있겠는가. 두 가지 경계가 모습에 이미 둘이 없으므로 지각하는 주체[能覺]도 있지 않다. 두 가지의 지각이 없기 때문에 둘 아님에 들어간다고 이름한다.

성품을 관찰한다면 오히려 진실도 보지 않는데, 어찌 하물며 허위를 보겠습니까? 어째서인가 하면 이 성품은 육안으로 보는 것이 아니고, 혜안이라야 보기 때문입니다. 이렇게 볼 때 일체법에 대해 보는 것도 없고[無見] 보지 않는 것도 없는 것[無不見], 이것이 둘 아닌 법의 문으로 깨달아 들어가는 것입니다."37

實性 尚不見實, 何況見虛? 所以者何 此性非是 肉眼所見, 慧眼乃見. 如是見時 於一切法 無見無不見, 是爲悟入 不二法門."

1.2 묘길상이 말하다38

(1) 이와 같이 법회 중에 있던 모든 보살들이 아는 바[所了知]를 따라 각각 따로 말하고 나서, 동시에 묘길상에게 물음을 일으켜서 말하였다.

"어떤 것을 보살이 둘 아닌 법의 문으로 깨달아 들어가는 것이라고 이름합니까?"

(2) 그 때 묘길상이 모든 보살들에게 말하였다.

如是會中 有諸菩薩 隨所了知 各別說已, 同時發問 妙吉祥言.

"云何菩薩 名爲悟入 不二法門?"

時妙吉祥 告諸菩薩.

....

37 '허위'는 유위의 현상을 말하고, '진실'은 무위의 이치를 말한다. 이치의 진리는 깨달을 수 있지만 오히려 진실을 보지 않는다. 어찌 하물며 허위의 법은 깨달을 수도 없는데, 이를 볼 수 있겠는가? 이 진실한 이치의 성품은 육안으로 볼 수는 없고, 오직 혜안으로만 볼 수 있다. 무분별지의 혜안으로 깨달을 때에는 일체에 대해 분별이 없기 때문에 보는 것도 없고 보지 않는 것도 없으니, 둘 아님에 들어간다고 이름한다.
38 이하 제2 모든 보살이 묘길상에게 물어서 불이법문을 설하는 것에 둘이 있다. (1)은 앞을 맺고 물음을 일으키는 것, (2)는 물음을 따라 답하는 것이다.

"존자들이 말한 것들도 비록 모두 좋지만, 나의 뜻과 같아서는 존자들의 이 말도 여전히 둘이 된다고 이름할 것입니다. 만약 모든 보살이 일체법에 대하여 언설도 없고[無言無說] 표시도 없으며[無表無示] 모든 희론을 떠나고 분별을 끊는다면, 이것이 둘 아닌 법의 문으로 깨달아 들어가는 것입니다."39

"汝等所言 雖皆是善, 如我意者 汝等此說 猶名爲二. 若諸菩薩 於一切法 無言無說 無表無示 離諸戱論 絶於分別, 是爲悟入 不二法門."

2. 불이법문에 들어감을 밝히다40

(1) 그 때 묘길상은 다시 보살 무구칭에게 물었다.

"우리들은 뜻을 따라 각자 따로 말했습니다. 어떤 것이 보살이 둘 아닌 법의 문으로 깨달아 들어가는 것이라고 이름하는 것인지 존자께서 말씀하셔야 합니다."

(2) 그 때 무구칭은 묵묵히 말이 없었다[黙然無說].41

時妙吉祥 復問菩薩 無垢稱言.

"我等隨意 各別說已. 仁者當說 云何菩薩 名爲悟入 不二法門."

時無垢稱 黙然無說.

---

39 이것은 바르게 서술하는 것이다. 말할 수 없고 분별할 수 없는 이치이기 때문에 언설과 분별을 부정하는 것이다.
40 위에서는 방편의 인위에서 밖으로 중생을 교화하여 이롭게 하는 불이법문을 밝혔고, 이하에서는 근본 과위에서 안으로 증득하여 자신을 이롭게 하는 불이법문에 깨달아 들어가는 것을 밝힌다. 글에 셋이 있으니, (1)은 묻는 것, (2)는 들어가는 것, (3)은 찬탄하는 것이다.
41 바른 이치[正理]는 깊고 그윽해서 말의 올무[言蹄]로는 헤아릴 수 없다. 가령 말

(3) 묘길상이 말하였다.

"훌륭하고 훌륭하십니다. 이러한 것이 보살이 진실로 둘 아닌 법의 문으로 깨달아 들어가는 것이니, 그 중에는 일체의 문자와 언설의 분별이 전혀 없습니다."42

妙吉祥言.
"善哉善哉. 如是菩薩 是眞悟入 不二法門, 於中都無 一切文字 言說分別."

3. 이익을 밝히다

이 여러 보살들이 이 법을 말하였을 때 대중의 모임에 있던 오천의 보살은 모두 둘 아닌 법의 문으로 깨달아 들어갔고, 동시에 무생법인을 깨달았다.43

此諸菩薩 說是法時 於衆會中 五千菩薩 皆得悟入 不二法門, 俱時證會 無生法忍.

....

하지 않는다는 말[不言之言]로써 말을 버린다고 하더라도, 끝내 오묘한 이치와 합할 수 없기 때문에 묵묵히 말이 없는 것이다. 지혜로써 진실과 명합하는 것[冥眞]을, 둘 아님의 가장 깊고 지극함[深極]에 들어간다고 이름한다.

42 나는 둘 아님을 말하면서 말로써 말을 버렸지만, 그대는 둘 아님에 들어가 지혜로써 진실과 명합했다. 합함의 오묘함은 비록 같다 해도 친·소가 현격하다. 말을 하여 진실과 계합하는 것은, 진실은 깨닫는 것이기 때문에 멀다[疏]고 말한 것이다. 깨달아서 진실과 계합하는 것은 언설을 떠났기 때문에 깨닫는 것이 가까운 것[親]이다.

43 이는 큰 단락 제2 이익을 밝히는 것이다. 처음 초지로 들어가는 것을 둘 아님을 깨닫는다고 이름한다. 둘 아님의 이치는 곧 진여법이기 때문이다. 무생을 깨닫는 것도 초지에서 얻는 것이다. 혹은 임운하여 둘 아님에 들어가는 것은 제8지이고, 무생이 상속하는 것도 역시 제8지이다.

설무구칭경   說無垢稱經
　　　제5권   卷第五

　　　제10 향대불품1   香臺佛品 第十

1. 사리자가 먹을 것을 생각하다2

　그 때 사리자는 이렇게 생각하였다. '공양　　時舍利子　作是思
시간이 이르렀는데 이 대 보살들은 법을 말　　惟. '食時將至 此摩
하면서 아직 일어나지 않는구나. 우리들 성　　訶薩 說法未起. 我
문과 모든 보살들은 무엇을 먹어야 할 것인　　等聲聞　及諸菩薩

----
1 방편품 이하의 8개 품은 두 가지 이익행을 밝히고, 이 1품은 두 가지 이익행의 과보를 밝힌다. 과덕果德을 애락하여 희구하게 하기 때문에 이 1품은 보리의 처소를 밝히는 것이다. 혹은 위의 8개 품은 두 가지 이익을 개별적으로 밝히고, 이 1품은 총체적으로 두 가지 이익을 밝힌다. '향대'는 붓다의 명호이다. 붓다의 과덕을 한 붓다에 의지해 수승함을 표방해서 아랫 지위로 하여금 희구하게 하려고, 붓다의 명호를 표방해서 품의 이름으로 삼고, 두 가지 이익을 밝혀서 수습하게 한 것이다. 붓다의 신체에 빛이 나타나고, 모습은 향을 쌓아 만든 높은 대각과 비슷하여, 온갖 중생을 이롭게 구제하기 때문에 '향대'라고 이름하였다. 이 품은 그 일을 자세하게 밝히므로 '향대불품'이라 이름한 것이다. # 그러나 포탈라본의 품명은 '화인化人의 음식품[Nirmitabhojanānayana-parivarto]'이라고 되어 있다.
2 품에 다섯 단락이 있다. 1.은 사리자가 먹을 것을 생각하는 것, 2.는 무구칭이 나무라고 멈추도록 하는 것, 3.은 가서 구하게 하는 것, 4.는 먹을 것을 얻어 돌아오는 것, 5.는 그 때 대중이 이익을 얻는 것이다.

가?'3 　　　　　　　　　　　　　當於何食?'

2. 무구칭이 나무라다

그 때 무구칭이 그의 생각을 알아차리고 곧 그에게 말하였다.

"대덕이시여, 여래께서는 모든 성문들을 위하여 팔해탈을 말씀하셨습니다. 존자께서는 이미 머무시니, 물질로 된 음식으로 그 마음을 오염시키지 말고 정법을 들으십시오.4

만약 먹고 싶다면 잠깐만 기다리십시오. 모두 일찍이 먹어 보지 못한 음식을 먹게 해 드리겠습니다."

時無垢稱 知彼思惟 便告之曰.
"大德, 如來 爲諸聲聞 說八解脫. 仁者 已住, 勿以財食 染污其心 而聞正法. 若欲食者　且待須臾. 當令皆得 未曾有食."

3. 가서 구하게 하다5

....

3 붓다께서는 시간을 정하셔서, 때 아닌 때에 먹지 못하도록 하셨는데, 공양 시간이 이미 이른 까닭에 생각한 것이다.
4 소승의 팔해탈에 수순해서 탐욕을 없애는 것이니, 대승의 팔해탈은 선정의 장애를 없애는 것이기 때문이다. 또 선정의 장애 중에서는 탐욕이 우두머리가 되기 때문에 팔해탈의 관찰로써 5경境에 대한 탐욕을 없애는 것이다. 존자께서는 지금 이미 머무셔서 탐욕이 영원히 사라졌지만, 물질로 된 음식에 대해 희망이 있으니, 오염의 습기가 여전히 있는 것이다. 마음을 오염시키지 말고 정법을 듣고, 재식財食에 대한 욕망을 없애고 법식法食에 대한 서원을 일으키라.
5 제3 가서 구하도록 명하는 것에 넷이 있다. 3.1은 음식 있는 것을 보이는 것, 3.2는 누구를 선택하여 가서 구하게 할 것인가, 3.3은 변화해서 말을 전하게 하는 것, 3.4는 위신을 받들어 가서 청하는 것이다.

3.1 음식 있는 곳을 보이다6

⑴ 그 때 무구칭은 곧 이와 같이 미묘하고 고요한 선정에 들어 이와 같은 수승한 신통을 일으켜서,7

⑵ 모든 보살과 대 성문 대중들에게 보였다.

이 불국토에서 위쪽 방향의 세계로 사십이 항하의 모래와 같은 모든 붓다 세계를 지나서 일체묘향一切妙香이라고 이름하는 붓다 세계가 있는데, 그 곳에는 명호를 최상향대最上香臺라고 하는 붓다께서 계셔서 지금 현재 그 곳에서 안온하게 머물고 계신다.

그 세계 중에는 오묘한 향기가 있는데, 다른 시방의 일체 불국토의 사람과 천신의 향기와 비교하면 가장 으뜸으로서,8 그 곳에 있는 모든 나무들은 모두 오묘한 향기를 내어 모든 방향으로 널리 퍼져서 일체에 두루 가득하다.

時無垢稱 便入如是
微妙寂定 發起如是
殊勝神通,
示諸菩薩 大聲聞衆.
上方界分 去此佛土
過四十二 殑伽沙等
諸佛世界 有佛世界
名一切妙香, 其中有
佛 號最上香臺 今現
在彼 安隱住持.
彼世界中 有妙香
氣, 比餘十方 一切
佛土 人天之香 最
爲第一, 彼有諸樹
皆出妙香 普薰方域
一切周滿.

---

6 첫 글에 셋이 있다. ⑴은 총체적으로 작용 일으키는 것을 표방하는 것, ⑵는 보일 것을 개별적으로 나열하는 것, ⑶은 맺고 대중이 보게 하는 것이다.

7 비록 항상 선정에 있지만, 세속에 수순해서 지금 들어가는 것이다. 만약 신통을 나타내지 않으면 남은 끝내 보지 못하기 때문이다.

8 향기가 가장 뛰어남을 총체적으로 편 것이니, 오온의 인을 닦은 것이 가장 뛰어나기 때문이고, 그 국토의 중생은 향기를 맡고 도에 들기 때문이며, 모든 붓다께서 이락하시는 일이 하나가 아니기 때문이고, 세상의 유정들이 탐하는 향기의 맛을 깨트리기 때문이다.

그 곳에서는 이승이라는 이름[二乘之名]조차 없고, 오직 청정한 대 보살 대중들만이 있는데, 그 여래께서는 그들을 위해 법을 말씀하신다.

그 세계 안의 일체 대각[臺觀]과 궁전, 경행 經行하는 원림園林과 의복은 모두가 갖가지 오묘한 향기로 이루어진 것이고, 그 붓다 세존 및 보살 대중들이 먹는 향기는 미묘하기 제일로서 시방의 한량없는 불국토에 널리 퍼진다.

그 때 그 여래와 모든 보살들은 바야흐로 함께 앉아 식사를 하시는데, 그 곳에는 이름을 향엄香嚴이라고 부르는 천자天子가 있어 대승에 대해 깊은 마음으로 이미 나아가서, 그 국토의 여래 및 모든 보살들을 공양하고 섬기고 있다.

(3) 그 때 이 곳의 대중들 일체는 모두 그 세계의 여래와 모든 보살들이 바야흐로 함께 앉아 식사하는 이러한 등의 일을 목격하였다.

彼中無有 二乘之名, 唯有淸淨 大菩薩衆, 而彼如來 爲其說法.

彼世界中 一切臺觀 宮殿 經行園林 衣服 皆是種種 妙香所成, 彼佛世尊 及菩薩衆 所食香氣 微妙第一 普薰十方 無量佛土.

時彼如來 與諸菩薩 方共坐食, 彼有天子 名曰香嚴 已於大乘 深心發趣, 供養承事 彼土如來 及諸菩薩.

時此大衆 一切皆睹 彼界如來 與諸菩薩 方共坐食 如是等事.

3.2 누구를 택하여 가게 할 것인가[9]

---

[9] 이하 제2 누구를 선택하여 가서 구하게 할 것인가에 넷이 있다. (1)은 대중에게 묻는 것, (2)는 잠자코 대답하지 않는 것, (3)은 거듭 묻는 것, (4)는 도리어 책망하는 것이다.

(1) 그 때 무구칭은 일체 보살 대중들에게 두루 일렀다.

"여러 대사님들 중 누가 저 곳에 가서 오묘한 향기의 음식[妙香食]을 가져 오실 수 있겠습니까?"

(2) 묘길상의 위신력威神力 때문에 모든 보살 대중들은 모두 다 침묵하였다.10

(3) 그 때 무구칭이 묘길상에게 말하였다.

"존자께서는 지금 어찌 하여 이 대중들을 가호加護해서 그들로 하여금 그렇게 하도록 하지 않으십니까?"

(4) 묘길상이 말하였다.

"거사님, 붓다께서 아직 배우지 못한 이를 경시하지 말라고 말씀하신 것처럼, 당신은 지금 모든 보살 대중들을 가볍게 대해서는 안 됩니다."

時無垢稱 遍告一切菩薩眾言.

"汝等大士 誰能往彼 取妙香食?"

以妙吉祥 威神力故 諸菩薩眾 咸皆默然.
時無垢稱 告妙吉祥.

"汝今云何 於此大眾 而不加護 令其乃爾?"

妙吉祥言.

"居士, 汝今 不應輕毀 諸菩薩眾, 如佛所言 勿輕未學."

3.3 변화해서 말을 전하게 하다11

....

10 침묵하는 뜻에는 네 가지가 있다. 첫째 음식으로 손님을 접대하는 것이므로 손님은 갈 수 없다. 길상이 그 손님에게 묻는 것을 괴이하게 여겨 모두 침묵하게 한 것이다. 둘째 대사는 법을 구하고 재식을 구하지 않으므로, 그가 비록 물어도 침묵하게 한 것이다. 셋째 모든 보살들은 음식에 대해 오염 없음을 드러내기 위하여 모두 침묵하게 한 것이다. 넷째 무구칭의 신통자재를 나타내어 보살들에게 보여서, 기뻐하고 우러르게 하기 위한 때문이다.

11 이하 제3 변화해서 말을 전하게 하는 것에 둘이 있다. (1)은 신통변화를 밝히는

(1) 그 때 무구칭은 침상에서 일어나지 않고 대중의 모임 앞에 있으면서 보살을 변화시켜 만드니, 몸은 진금색眞金色으로 상호로써 장엄하였으며 위덕威德의 광명이 대중의 모임을 덮었는데,

(2) 그에게 말하였다.12

"㈎ 그대 선남자여, 이 불국토에서 위쪽 방향으로 사십이 항하의 모래[殑伽沙]와 같은 모든 붓다 세계를 지나서 가면, 일체묘향一切妙香이라고 이름하는 붓다 세계가 있는데, 그곳에 명호를 최상향대最上香臺라고 하는 붓다께서 모든 보살들과 함께 앉아 식사를 하고 계신다.

㈏ ① 그대는 그 곳으로 가서 붓다의 발에 엎드려 예배하고13 ② 이렇게 말해야 한다. '이 아래 방향에 무구칭이 있어 세존의 두 발에 엎드려 예배하고 세존께 공경하게 여쭈었습니다. 병이나 괴로움은 없으시고 기거하시기 가벼우시며 기력은 편안하시고 안락하게

時無垢稱 不起于床 居衆會前 化作菩薩, 身眞金色 相好莊嚴 威德光明 蔽於衆會,

而告之曰.

"汝善男子, 宜往上方 去此佛土 過四十二 殑伽沙等 諸佛世界, 有佛世界 名一切妙香, 其中有佛 號最上香臺 與諸菩薩 方共坐食.

汝往到彼 頂禮佛足 應作是言. '於此下方 有無垢稱 稽首雙足 敬問世尊. 少病少惱 起居輕利, 氣力康和 安樂住

....

것, (2)는 말을 전하게 하는 것이다.

12 이하 말을 전하게 하는 것에 둘이 있다. ㈎는 처소를 보이는 것, ㈏는 말을 전하게 하는 것이다.

13 이하 말을 전하게 하는 것에 넷이 있다. ①은 궤범을 가르쳐 그 곳에 가서 예배하게 하는 것, ②는 공경히 위로하고 이렇게 말할 것을 명하는 것, ③은 음식을 청하는 것, ④는 이유를 말하는 것이다.

계시는지요? ③ 멀리서 마음으로 오른 쪽으로 수백천 바퀴를 돌고 두 발에 엎드려 예배하고 이렇게 말하였습니다. 원컨대 세존께서 드시던 것의 나머지를 아래 방향의 감인堪忍 세계가 얻도록 하셔서 불사佛事를 베푸시고, ④ 지금 이 하열한 욕망 즐기는 유정들로 하여금 큰 지혜를 기뻐하게 하며, 또한 여래의 한량없는 공덕의 명성이 널리 들리게 하소서!'라고 말이다."14

不? 遙心右繞 多百千匝 頂禮雙足 作如是言. 願得世尊 所食之餘 當於下方 堪忍世界 施作佛事, 令此下劣 欲樂有情 當欣大慧, 亦使如來 無量功德 名稱普聞.'"

3.4 위신을 받들어 가서 청하다15

(1) 그 때 변화된 보살이 대중의 모임 앞에서 허공으로 솟구치는 것을 모든 대중들이 모두 보았다. 신통이 매우 빨라 잠깐 사이에 문득 일체묘향一切妙香 세계에 도착해서 최상향대最上香臺 붓다의 발에 엎드려 예배하였다.

(2) 또 그가 말하는 것이 들렸다. "① 아래 방향에 무구칭이라고 이름하는 보살이 있어 세

時化菩薩 於衆會前 上昇虛空 擧衆皆見. 神通迅疾 經須臾頃 便到 一切妙香世界 頂禮 最上香臺佛足.

又聞其言. "下方菩薩 名無垢稱 稽首

....

14 음식을 청하는 이유에는 두 가지가 있다. 음식을 보고 발심하게 하는 것을 '큰 지혜를 기뻐하게 한다'고 하였고, 중생이 이익을 얻고 아울러 붓다의 덕을 찬양하는 것을 '명성이 멀리 들리게 한다'고 이름하였다.
15 제4 위신을 받들어 가서 청하는 것에 둘이 있다. (1)은 그 나라에 도착하는 것을 보는 것, (2)는 말 전하는 것을 듣는 것이다.

존의 두 발에 엎드려 예배하고 세존께 공경하게 여쭈었습니다. '병이나 괴로움은 없으시고 기거하시기 가벼우시며 기력은 편안하시고 안락하게 계시는지요? ② 멀리서 마음으로 오른 쪽으로 수백천 바퀴를 돌고 두 발에 엎드려 예배하고 이렇게 말하였습니다. 원컨대 세존께서 드시던 것의 나머지를 아래 방향의 감인세계가 얻도록 하셔서 불사佛事를 베푸시고, ③ 지금 이 하열한 욕망 즐기는 유정들로 하여금 큰 지혜를 기뻐하게 하며, 또한 여래의 한량없는 공덕의 명성이 널리 들리게 하소서!'라고 말입니다."

雙足 敬問世尊. '少病少惱 起居輕利 氣力康和 安樂住不? 遙心 右繞多百千匝 頂禮雙足 作如是言. 願得世尊所食之餘 當於下方堪忍世界 施作佛事, 令此下劣 欲樂有情 當欣大慧, 亦使如來 無量功德 名稱普聞.'"

4. 먹을 것을 얻어 돌아오다[16]

4.1 저 곳에서 있었던 일[17]
(1) 그 때 저 상방의 보살 대중의 모임에서는 변화된 보살의 상호가 장엄하고 위덕의 광명

時彼上方 菩薩衆會 見化菩薩 相好莊嚴

----

[16] 이하 제4의 큰 단락에 여섯이 있다. 4.1은 저 곳에 있으면서 아직 돌아오지 않은 것, 4.2는 음식을 얻어 돌아오는 것, 4.3은 대중들이 듣고 모두 모이는 것, 4.4는 대중들에게 권하여 그것을 먹게 하는 것, 4.5는 이 곳에서 저 붓다를 묻는 것, 4.6은 저 곳에서 이 곳의 법을 묻는 것이다.

[17] 처음의 글 중에 넷이 있다. (1) 보살들이 찬탄하면서 묻는 것, (2)는 저 붓다께서 갖추어 말씀하시는 것, (3)은 거듭 이유를 묻는 것, (4)는 뛰어난 공덕을 자세히 말하는 것이다.

이 미묘하고 수승함을 보고 일찍이 보지 못한 일이라고 찬탄하였다.

"지금 이 대사大士는 어디에서 왔고, 감인堪忍세계는 어디에 있으며, 어찌 하여 하열한 욕망을 즐긴다[下劣欲樂]고 이름하는 것입니까? 최상향대最上香臺여래님께 여쭈오니, 세존께서는 이 일을 말씀하여 주시기 바랍니다."18

(2) 붓다께서 그들에게 말씀하셨다.19

"㈎ 여러 선남자들이여, 이 불국토에서 저 아래 방향으로 사십이 항하의 모래와 같은 여러 붓다 세계를 지나면 붓다 세계가 있으니, 이름을 감인堪忍이라고 부른다. 그 곳의 붓다는 명호를 석가모니釋迦牟尼 여래 응 정등각이라고 하는데, 지금 현재 그 곳에서 안온하게 머물러 계시면서, 오탁의 악세[五濁世]에서 여러 하열한 욕망을 즐기는 유정들을 위하여 정법正法을 선양宣揚하고 계신다.20

威德光明 微妙殊勝 歎未曾有.

"今此大士 從何處來, 堪忍世界 爲在何所, 云何名爲 下劣欲樂? 尋問最上香臺如來, 唯願世尊 爲說斯事."

佛告之曰.

"諸善男子, 於彼下方 去此佛土 過四十二 殑伽沙等 諸佛世界 有佛世界, 名曰堪忍. 其中佛號 釋迦牟尼 如來應正等覺, 今現在彼 安隱住持, 居五濁世 爲諸下劣 欲樂有情 宣揚正法.

....

18 묻는 것에는 셋이 있다. 첫째는 온 방향을 묻는 것, 둘째는 세계의 소재를 묻는 것, 셋째는 하열한 의요를 묻는 것이다.
19 저 곳의 붓다께서 갖추어 말씀하시는 것에 둘이 있으니, ㈎는 석가모니를 말씀하시는 것, ㈏는 무구칭을 말씀하시는 것이다.
20 이것은 두 가지 물음에 답하는 것이니, 첫째 세계의 소재에 답하는 것이니, '아래 방향' 등이다. 둘째 하열한 의요에 답하는 것이니, 오탁 악세의 유정이다. 범

(나) ① 그 곳에는 무구칭이라고 이름하는 보살이 있어 불가사의 해탈에 안주하는 법문을 이미 얻어, 모든 보살들을 위하여 오묘한 법을 열어 보이고,21 ② 변화된 보살을 보내 이 곳에 이르게 해서, 나의 신체와 공덕과 명호를 찬양하고, 아울러 이 국토의 온갖 공덕의 장엄을 찬탄해서 그 보살들의 선근을 증진케 하는 것이다."22

(3) 그 보살 대중들은 모두 이렇게 말하였다. "그의 공덕은 어떠하길래 마침내 이러한 변화를 만들고, 큰 신통의 힘과 두려움 없음이 이와 같습니까?"

(4) 그 붓다께서 이르셨다.

"여러 선남자들이여, 이 대 보살은 수승하고 큰 공덕의 법을 성취하였으므로, 일 찰나경에 한량없으며 가이없는 보살들을 변화해 만들어 두루 시방의 일체 국토로 그들을 모

彼有菩薩 名無垢稱
已得安住 不可思議
解脫法門, 爲諸菩薩
開示妙法, 遣化菩薩
來至此間, 稱揚我身
功德名號, 幷讚此土
衆德莊嚴 令彼菩薩
善根增進."

彼菩薩衆 咸作是言.
"其德何如 乃作是化, 大神通力 無畏若斯?"

彼佛告言.

"諸善男子, 是大菩薩 成就殊勝 大功德法, 一刹那頃 化作無量無邊菩薩 遍於

....
어로는 '사하素訶Sahā'(=사바)라고 하니, 여기 말로는 감인이라고 한다. 모든 괴로운 일을 능히 감당하여 참고 받기[堪能忍受] 때문이다.
21 무구칭을 말씀하시는 것에 둘이 있다. 이 ①은 그 자신을 말씀하시는 것이고, 아래의 ②는 보내어 공경하는 것을 말씀하시는 것이다.
22 이는 보내어 공경하는 것을 말씀하시는 것이다. 그래서 나와 이 국토를 찬양하는 것이니, 그 보살들의 선근을 증장케 하기 때문이다. 곧 앞에서 말한 바, 큰 지혜를 기뻐하게 하는 것이니, 이것은 앞에서 '어디에서 왔고'라고 한 물음(=세 가지 중의 첫째 물음)에 답하는 것이다.

두 보내어 가게 해서, 불사佛事를 베풀어 지어 한량없는 유정을 이익되게 하고 안락케 한다."23

十方 一切國土 皆遣其往, 施作佛事 利益安樂 無量有情."

4.2 음식을 얻어 돌아오다24

(1) 그 때 최상향대 여래께서는 온갖 오묘한 향기가 흘러나오는 그릇에, 여러 오묘한 향기가 풍겨나오는 음식을 가득 담아서, 무구칭이 변화시킨 보살의 손에 건네 주었다.

(2) 그 때 저 불국토에 구백만의 큰 보살 스님들이 있다가 동시에 소리를 내어 저 붓다께 청하였다.

"저희들은 이 변화된 보살과 함께 모두 하방下方의 감인堪忍세계로 가서 석가모니 여래를 우러러 뵙고 공경히 예배하며 공양하고서 정법正法을 듣고 싶습니다.25 아울러 저

於是 最上香臺如來 以能流出 衆妙香器, 盛諸妙香 所薰之食, 授無垢稱 化菩薩手. 時彼佛土 有九百萬 大菩薩僧 同時擧聲 請於彼佛.

"我等欲與 此化菩薩 俱往下方 堪忍世界 瞻仰 釋迦牟尼如來 禮敬供事

---

23 초지 보살은 능히 백백억의 나라에, 제2지 보살은 천백억의 나라에, 나아가 제10지 보살은 두루 시방의 일체의 불국토에 단박에 변화시켜 가게 하여, 불사를 베풀어 지어서 유정을 이락케 한다.

24 제2 음식을 얻어 돌아오는 것에 일곱이 있다. (1)은 향대 붓다께서 음식을 주시는 것, (2)는 보살들이 오기를 청하는 것, (3)은 저 붓다께서 허락하고[勅] 경계시키시는 것[勅], (4)는 저 대중들이 여기에 이르는 것, (5)는 좌석을 변화시켜 그들을 접대하는 것, (6)은 음식의 향기가 널리 풍기는 것, (7)은 대중들이 맡고서 놀라고 기뻐하는 것이다.

25 보살들이 오기를 청하는 것이다. 여기에 오기를 청함에 있어 삼보에 예경하는데, 이는 붓다와 정법에 예경하는 것이고, 그 아래는 승보에 예경하는 것이다.

무구칭과 여러 보살들도 우러러 법고 공경히 예배하며 공양하고 싶습니다. 세존께서는 가호加護하시고 청허聽許하여 주시기 바랍니다."

⑶ 저 붓다께서 이르셨다.

"㈎ 여러 선남자들이여, 그대들이 지금이 바로 그럴 때라고 여긴다면 가도 좋다.26

㈏ ① 그대들은 모두 스스로 몸의 향기를 거두고서 감인세계에 들어감으로써, 그 모든 유정들로 하여금 그것에 취하여 번민하거나 방일하지 않게 하여야 한다.27 ② 또 그대들은 모두 스스로 형색의 모습을 은폐하고 감인세계에 들어감으로써, 저 모든 보살들로 하여금 마음으로 부끄러움을 일으키지 않게 하여야 하며,28 ③ 그대들은 저 감인세계에

聽聞正法. 幷欲瞻仰 禮敬供事 彼無垢稱 及諸菩薩. 唯願世尊 加護聽許."
彼佛告曰.
"諸善男子, 汝便可往 今正是時.
汝等皆應 自攝身香 入堪忍界, 勿令 彼諸有情 醉悶放逸.
汝等皆應
自隱色相 入堪忍界, 勿令 彼諸菩薩 心生愧恥,
汝等於彼 堪忍世界

....
구역에는 법이 없었다.
26 셋째 저 붓다께서 허락하고 경계시키시는 것에 둘이 있으니, ㈎는 허락하시는 것이고, ㈏는 경계시키시는 것이다.
27 경계시키는 것에 셋이 있다. ①은 향기를 거두라고 경계시키는 것, ②는 형색을 숨기라고 경계시키는 것, ③은 세계에 대해 하열하다는 생각을 내지 말도록 경계시키는 것이다. 혹은 처음은 사람을 경계시키는 것, 뒤의 하나는 세계를 경계시키는 것인데, 처음에 두 가지 경계가 있는 것이다. 감인세계는 악세여서 공기가 나쁘고 향기가 없다. 갑자기 지극한 향기를 맡으면 취해 번민을 일으킬까 두렵다. 탐하고 물들어 애착하는 것이다. 이미 취해 번민하고 나서는 깨닫고 아는 것이 없어 방일하게 되니, 스스로 책려하지 못하는 것이다.
28 저 곳의 대 보살들은 상호로써 신체를 장엄하여 형색의 모습이 제일이기 때문

대해 하열하다는 생각을 일으켜 장애가 되지 않도록 하여야 한다.29 어째서인가 하면 여러 선남자들이여, 일체 국토들은 모두 허공과 같지만, 모든 붓다 세존들께서 모든 유정들을 성숙시키고자 하시기 때문에 여러 유정들이 좋아하는 바를 따라 갖가지 불국토를 나타내 보이시므로 혹은 잡염되기도 하고 혹은 청정하기도 할 뿐 결정된 모습[決定相]이란 없으며, 모든 불국토는 실제로는 모두 청정하여 차별이 없기 때문이다."30

⑷ 그 때 변화된 보살은 음식이 가득한 그릇을 받고 구백만의 여러 보살 스님들과 함께 저 붓다의 위신威神과 무구칭의 힘[力]을 받들어, 저 세계에서 사라져 잠깐 사이에 이 국토에 이르러서 무구칭의 방에 홀연히 나타났

勿生劣想 而作障礙. 所以者何 諸善男子, 一切國土 皆如虛空, 諸佛世尊爲欲成熟 諸有情故 隨諸有情 所樂示現 種種佛土 或染或淨, 無決定相,
而諸佛土 實皆淸淨 無有差別."
時化菩薩 受滿食器 與九百萬 諸菩薩僧 承彼佛威神 及無垢稱力, 於彼界沒 經須臾頃 至於此土 無

이다.
29 이하 세계에 대해 하열하다는 생각을 내지 말도록 경계시키는 것에 둘이 있다. 처음은 표방하는 것, 뒤의 그 아래는 풀이하는 것이다. 묘향세계는 진귀한 보배 향으로 이루어졌지만, 이 나라는 예토여서 실제로 하열하다. 장애에는 두 가지가 있다. 세계에 대해 하열하다는 생각을 일으키면, 마음에 비천함을 일으켜 그 붓다를 공경하지 않고 그 중생들을 제도하지 않으므로, 스스로에게도 장애가 되고, 이들 중생들에게도 장애가 되는 것이다.
30 일체의 국토는 실체가 없는 것이 마치 허공과 같다. 혹은 법성토는 무상無相임이 허공과 같은데, 어떻게 선하고 어떻게 악하겠는가? 붓다께서 화생化生시키는 것은 좋아함을 따라 시현하는 것이므로 염·정에 일정함이 없지만, 붓다께서 감응하시는 보토報土는 청정함에 다름이 없는 것이다.

다.

(5) 그 때 무구칭은 구백만 개의 사자좌를 변화시켜서, 모든 보살들로 하여금 모두 그 위에 앉도록 하였는데, 미묘하게 장엄되기로는 전에 앉았던 여러 사자좌들과 아무런 차이가 없었다.

(6) 그 때 변화된 보살이 음식 가득한 그릇을 무구칭에게 드리니, 이 음식 그릇의 오묘한 향기가 광엄대성과 이 삼천대천세계에 널리 퍼졌고, 한량없으며 끝없는 오묘한 향기가 퍼졌기 때문에 일체 세계에는 향기가 진동하였다.

(7) 그러자 광엄대성의 모든 바라문, 장자, 거사, 사람, 비인非人 등은 이 향기를 맡고 일찍이 경험하지 못한 것을 얻어, 놀라서 찬탄함이 한량없었고 몸과 마음은 뛰어오를듯이 기뻤다.

垢稱室 欻然而現. 時無垢稱 化九百萬師子之座, 微妙莊嚴 與前所坐 諸師子座 都無有異, 令諸菩薩 皆坐其上. 時化菩薩 以滿食器 授無垢稱, 如是食器 妙香普薰 廣嚴大城 及此三千大千世界, 無量無邊 妙香薰故 一切世界 香氣芬馥. 廣嚴大城 諸婆羅門 長者居士 人非人等 聞是香氣 得未曾有, 驚歎無量 身心踊悅.

4.3 대중들이 듣고 모이다[31]

(1) ① 그 때 이 성 안의 리첩비離呫毘 종족의 왕은 이름을 월개月蓋라고 하였는데, 팔만사천의 리첩비 종족과 함께 갖가지로 장엄하고

時此城中 離呫毘王 名爲月蓋, 與八萬四千 離呫毘種 種種莊

....

[31] 이하 제3 대중들이 향기를 맡고 모두 모이는 것에 둘이 있다. (1)은 사람의 왕이 방에 들어오는 것이고, (2)는 천신들이 들어오는 위의이다.

모두 다 무구칭의 방으로 들어와서, ② 이 방 안의 여러 보살 대중들은 그 수가 매우 많고, 모든 사자좌들은 높고 넓으며 장엄하게 장식된 것을 보고는, 크게 기뻐하는 마음을 일으켜서 일찍이 보지 못했던 것이라며 찬탄하고, ③ 모든 보살 및 대 성문들에게 예배한 다음 한 쪽으로 물러나 머물렀다.32

(2) 그 때 여러 지신地神 및 허공신虛空神과 아울러 욕계·색계의 여러 천자 대중[天子衆]들도 이 오묘한 향기를 맡고는, 각각 한량없는 백천의 권속들과 함께 모두 다 무구칭의 방으로 들어왔다.

嚴 悉來入于 無垢稱室, 見此室中 諸菩薩衆 其數甚多, 諸師子座 高廣嚴飾, 生大歡喜 歎未曾有, 禮諸菩薩 及大聲聞 卻住一面.

時諸地神 及虛空神 幷欲色界 諸天子衆 聞是妙香, 各與眷屬 無量百千 悉來入于 無垢稱室.

4.4 권하여 먹게 하다33

(1) 그 때 무구칭은 곧 존자 사리자 등 여러 대 성문들에게 말하였다.

"존자 여러분, 여래께서 베푸신 감로맛의 음식을 드셔 보십시오.34 이 음식은 대비로

時無垢稱 便語尊者 舍利子等 諸大聲聞. "尊者, 可食 如來所施 甘露味食. 如是

....

32 사람의 왕이 방에 들어오는 것에는 셋이 있다. ①은 들어오는 것, ②는 찬탄하는 것, ③은 예배하는 것이다.
33 이하 제4 대중에게 권하여 먹게 하는 것에 여섯이 있다. (1)은 모두 먹도록 권하는 것, (2)는 누군가가 음식이 적다고 생각하는 것, (3)은 변화된 자가 깨우치는 것, (4)는 먹고도 남음이 있는 것, (5)는 먹고 나니 안락한 것, (6)은 몸에서 여러 향기를 내는 것이다.
34 모두 먹도록 권하는 것에 둘이 있다. 처음 여기까지는 권하는 것이고, 뒤의 그

써 훈제한 것이므로 조금이라도 하열한 마음[心行]으로 이 음식을 먹어서는 안됩니다. 만약 그렇게 먹는다면 결정코 소화시킬 수 없을 것입니다."35

⑵ 그 때 대중의 모임 중에서 어떤 하열한 성문이 이러한 생각을 일으켰다. '이 음식은 너무 적다. 이러한 대중들을 어떻게 충족시키겠는가?'

⑶ 그 때 변화된 보살은 곧 그들에게 말하였다.

"① 존자들 스스로의 적은 복덕[福]과 지혜[慧]로써 여래의 한량없는 복덕과 지혜를 헤아려서는 안됩니다.36 어째서인가 하면 사대해四大海의 물은 차라리 마를 수 있을지언정, 이 오묘한 향기의 음식은 끝내 다함이 없기 때문입니다.

食者 大悲所薰 勿以少分 下劣心行而食此食. 若如是食 定不能消."

時衆會中 有劣聲聞作如是念. '此食甚少. 云何充足 如是大衆?'

時化菩薩　便告之言.

"勿以 汝等 自少福慧 測量如來 無量福慧. 所以者何 四大海水　乍可有竭, 是妙香食　終無有盡.

....

아래는 훈계하는 것이다. 이 음식은 향대 여래께서 베푸신 감로이니, 일체의 번뇌의 해독을 녹일 수 있는 매우 오묘한 맛의 음식이다.

35 붓다께서 행하신 대비를 신·심에 훈습해 매어[薰擊] 변화시켜서 이 음식을 일으킨 것이니, 본래 모든 유정을 이락하고자 하시기 때문이다. 생사에 대한 자리自利와 같은, 조금이라도 하열한 마음으로 이 음식을 먹어서는 안 되니, 대비의 마음 없이는 결정코 소화할 수 없다. 큰 뜻[大意]을 일으키도록 훈계하는 것이다.

36 변화된 자가 훈계하는 것에 둘이 있다. ①은 간략히 훈계하는 것, ② 자세히 나타내는 것이다. 전자에도 둘이 있으니, 처음 여기까지는 표방하는 것이고, 뒤의 그 아래는 풀이하는 것이다.

⑵ 가사 한량없는 대천세계의 일체 유정들 하나하나가 음식을 뭉쳐서 먹는데[摶食] 그 음식 뭉쳐진 크기가 묘고산妙高山과 같다고 하고, 이와 같이 뭉쳐서 먹기를 혹은 1겁을 지나거나 혹은 1백 겁을 지난다고 하더라도 여전히 다할 수 없습니다.37 어째서인가 하면 이와 같은 음식은 다함 없는 계, 정, 혜, 해탈, 해탈지견에서 태어나신 여래께서 드시던 것의 나머지이므로, 한량없는 삼천대천세계의 일체 유정들이 백천 겁이 지나도록 이 향기의 음식[香食]을 먹는다고 하더라도 끝내 다할 수 없기 때문입니다."38

⑷ 그 때 대중들 모두가 이 음식을 먹고 모두 다 충만함을 얻었지만, 오히려 남음이 있었다.

⑸ 그 때 모든 성문들과 모든 보살들 그리고 사람과 천신 등 일체 모인 대중들이 이 음식

假使無量 大千世界 一切有情 一一摶食 其食摶量 等妙高山, 如是摶食 或經一劫 或一百劫 猶不能盡. 所以者何 如是食者 是無盡戒 定慧解脫 解脫知見 所生如來 所食之餘, 無量 三千大千世界 一切有情 經百千劫 食此香食 終不能盡."

於是 大衆 皆食此食 悉得充滿, 而尚有餘.

時諸聲聞 及諸菩薩 幷人天等 一切衆會

---

37 자세히 나타내는 것에 둘이 있다. 처음 여기까지는 표방하는 것이고, 뒤의 그 아래는 풀이하는 것이다. 설사 대천세계의 일체의 유정들 하나하나가 손으로 이 음식을 쥐고 뭉쳐서[握摶] 그 크기가 묘고산과 같고, 겁이 지나도록 뭉친 것을 쥐고 먹는다고 해도 여전히 다할 수 없다.
38 이는 이유를 풀이하는 것이니, 계·정 등의 다섯이다. 음식은 이러한 등의 끝없는 원인에서 생겨난 것이므로, 과보 역시 다함이 없다. 붓다께서 드시던 것의 나머지는 그래서 모든 유정들이 백천 겁이 지나도록 먹어도 끝내 다하지 않는 것이다.

을 먹고 나니 그 몸이 안락安樂한 것이, 비유하자면 마치 일체 안락장엄安樂莊嚴세계의 보살이 일체 안락安樂에 머무는 것과 같았고,39

(6) 몸의 모든 털구멍에서 모두 오묘한 향기를 내는 것이, 비유하여 일체의 묘향妙香세계의 온갖 묘향나무에서 항상 한량없는 갖가지 오묘한 향기를 내는 것과 같았다.40

食此食已 其身安樂, 譬如一切 安樂莊嚴世界菩薩 一切安樂 之所住持,

身諸毛孔 皆出妙香, 譬如一切 妙香世界 衆妙香樹 常出無量 種種妙香.

4.5 저 붓다에 대해 묻다41

(1) 그 때 무구칭이 그 상방에서 온 모든 보살들에게 물었다.

 "존자들은 저 국토의 여래께서는 그 세계에서 모든 보살들에게 어떻게 법을 설하는지 아십니까?"42

(2) 그 보살들은 모두 같이 답하였다.

 "① 우리 국토의 여래께서는 보살들에게 글

時無垢稱 問彼上方 諸來菩薩.

"汝等知不 彼土如來 於其世界 爲諸菩薩 云何說法?"

彼諸菩薩 咸共答言.

"我土如來 不爲菩

---

39 비유를 들어 말을 성취하니, 비유하여 일체 시방의 보토報土인 안락장엄세계의 보살의 안정된 몸과 같이 기쁘고 괴로움이 없다. 단지 서방 극락세계 뿐만 아니라, 시방의 일체 안락한 세계를 모두 비유로 삼는 것이다.
40 단지 상방의 묘향세계 향나무만을 비유로 삼는 것이 아니라, 시방의 일체 묘향세계를 모두 취해서 비유로 삼는 것이니, 뜻에 차이가 없기 때문이다.
41 제5 저 붓다에 대해 묻는 것에 둘이 있다. (1)은 묻는 것, (2)는 답하는 것이다.
42 계위가 낮은 자는 또한 알지 못할 수도 있기 때문에 시험삼아 '아는지 모르는지[知不]'라고 물은 것이다.

과 말[文詞]로써 법을 설하지 않고, 단지 오묘한 향기로써 모든 보살들로 하여금 모두 다 조복調伏되게 합니다.43 ② 그 모든 보살들이 각각 묘향나무[妙香樹] 아래에 편안히 앉으면, 모든 묘향나무에서 각각 갖가지 향기가 흘러나오므로, 그 모든 보살들은 이 오묘한 향기를 맡고 문득 일체 공덕으로 장엄된 선정[德莊嚴定]을 얻고, 이 선정을 얻고 나서는 곧 일체 보살의 공덕을 갖추는 것입니다."44

薩 文詞說法, 但以妙香 令諸菩薩 皆悉調伏. 彼諸菩薩 各各安坐 妙香樹下, 諸妙香樹 各各流出 種種香氣, 彼諸菩薩 聞斯妙香 便獲一切 德莊嚴定, 獲此定已 卽具一切 菩薩功德."

4.6 이 곳의 법을 묻다45
4.6.1 교화의 방법을 문답하다
(1) 그 때 저 상방에서 온 모든 보살들이 무구

時彼上方 諸來菩薩

....

43 답하는 것에 둘이 있다. ①은 같지 않다고 답하는 것, ②는 이롭게 하는 모습을 해석하는 것이다. 이 국토에서 음성에 의해 일으킨 글과 말로써 설법하는 것과 같지 않고, 단지 오묘한 향기로써 한다. 그들로 하여금 악을 그치게 하기 때문에 '조복'이라고 말하였다.
44 선정이 근본이 되기 때문에 문득 지혜를 일으키니, 보살의 공덕은 이로 인해 생겨난다. 선정이 능히 일체의 공덕을 일으키기 때문에 '일체 공덕으로 장엄된 선정'이라고 이름하였다.
45 이하 제6 그들이 이 곳의 법을 묻는 것에 여섯이 있다. 첫째 4.6.1의 (1)은 교화의 수단[化宜]을 묻는 것, 둘째 그 (2)는 교화방법[化法]을 답하는 것, 셋째 4.6.2의 (1)은 그들이 찬탄하는 것, 넷째 그 (2)는 서술해서 성취하는 것, 다섯째 4.6.3의 (1)은 정토를 일으키는 인을 묻는 것, 여섯째 그 (2)는 정토를 얻는 업을 답하는 것이다.

칭에게 물었다.

"이 국토의 여래 석가모니께서는 모든 유정들에게 어떻게 법을 설하십니까?"

(2) 무구칭이 말하였다.46

"(가) 이 국토의 유정들은 일체가 억세고 강해서[剛强] 극히 조복 교화하기 어려우므로, 여래께서도 조복할 수 있는 갖가지 억세고 강한 언어로써 이들을 조복 교화합니다.47

(나) 어떤 것을 조복할 수 있는 갖가지 억세고 강한 언어라고 이름하겠습니까?48

(ㄱ) 말하자면 펴서 말씀하시기를,49 이것은 지옥의 세계이고, 이것은 축생[傍生]의 세계이며, 이것은 아귀의 세계이고, 이것은 무가無暇의 삶이며, 이것은 여러 감관의 결여

問無垢稱.

"此土如來 釋迦牟尼 爲諸有情 云何說法?"

無垢稱曰.

"此土有情 一切剛强 極難調化, 如來 還以 種種能伏 剛强語言 而調化之. 云何名爲 種種能伏 剛强語言?

謂爲宣說, 此是地獄趣, 此是傍生趣, 此是餓鬼趣, 此是無暇生, 此是諸根

....

46 교화방법을 답하는 것에 셋이 있다. (가)는 말로써 함을 표방하여 답하는 것, (나)는 말하는 모습을 개별적으로 나타내는 것, (다) 언어로 말하는 이유를 풀이하는 것이다.

47 대저 교화를 행하는 자는 모두 근기에 응해야 한다. 근기가 이미 조복하기 어려우므로 교화에는 억세고 강한 것이 필요하다. 말로써 이익으로 인도하면 처음 중생은 따를 수 있지만, 향기와 맛으로 이끌면 저들은 문득 어그러진다. 그래서 억세고 강한 말로써 저 조복하기 어려운 중생을 교화하는 것이다.

48 이하 말하는 모습을 개별적으로 나타내는 것에 셋이 있다. 처음 이 문장은 묻는 것, 다음 (ㄱ) 이하는 답하는 것, 마지막 한 문장은 맺는 것이다.

49 이하 답하는 것에 둘이 있다. 처음 (ㄹ)까지의 4단락은 오직 악한 인과만을 보여서 싫어해 끊으려 함을 일으키는 것이고, 뒤의 (ㅁ)의 20댓구는 선악을 공통으로 보여서 기뻐함과 싫어함을 일으키는 것이다.

[根缺]라고 하고,50

㈏ 이것은 몸[身]의 악행이고 몸의 악행의 과보이며, 이것은 말[語]의 악행이고 말의 악행의 과보이며, 이것은 마음[意]의 악행이고 마음의 악행의 과보라고 하며,51

㈐ 이것은 생명을 끊는 것[斷生命]이고 생명을 끊는 것의 과보이며, 이것은 주지 않는 것을 취하는 것[不與取]이고 주지 않은 것을 취하는 것의 과보이며, 이것은 욕망의 삿된 행[欲邪行]이고 욕망의 삿된 행의 과보이며, 이것은 속이는 말[虛誑語]이고 속이는 말의 과보이며, 이것은 이간하는 말[離間語]이고 이간하는 말의 과보이며, 이것은 거칠고 나쁜 말[麤惡語]이고 거칠고 나쁜 말의 과보이며, 이것은 잡되고 더러운 말[雜穢語]이고 잡되고 더러운 말의 과보이며, 이것은 탐욕이고 탐욕의 과보이며, 이것은 성냄이고 성냄의 과보이며, 이것은 사견邪見이고 사견의 과보라고 하며,52

缺, 此是身惡行 是身惡行果, 此是語惡行 是語惡行果, 此是意惡行 是意惡行果, 此是斷生命 是斷生命果, 此是不與取 是不與取果, 此是欲邪行 是欲邪行果, 此是虛誑語 是虛誑語果, 此是離間語 是離間語果, 此是麤惡語 是麤惡語果, 此是雜穢語 是雜穢語果, 此是貪欲 是貪欲果, 此是瞋恚 是瞋恚果, 此是邪見 是邪見果,

---

50 이는 제1단락이다. 5구가 있는데, 악한 과보를 보이는 것이다.
51 이 제2단락에 있는 3구는 세 가지 업 중 악한 인과를 보이는 것이다.
52 이 제3단락에 있는 10구는 열 가지 업도의 악한 인과를 보이는 것이다. 처음 셋은 몸의 세 가지 악이고, 다음 넷은 말의 네 가지 악이며, 뒤의 셋은 마음의 세 가지 악이다.

㈃ 이것은 인색이고 인색[慳吝]의 과보이며, 이것은 계를 허무는 것[毁戒]이고 계 허무는 것의 과보이며, 이것은 성냄과 원한[瞋恨]이고 성냄·원한의 과보이며, 이것은 게으름이고 게으름의 과보이며, 이것은 마음의 산란[心亂]이고 마음 산란의 과보이며, 이것은 어리석음이고 어리석음의 과보라고 하며,53

㈄ ① 이것은 배울 것을 받는 것[受所學]이고, 이것은 배울 것을 넘는 것[越]이며, ② 이것은 별해탈別解脫을 지니는 것이고, 이것은 별해탈을 범하는 것이며,54 ③ 이것은 지어야 할 것[應作]이고, 이것은 지어야 할 것이 아니며,55 ④ 이것은 유가瑜伽이고, 이것은 유가가 아니며,56 ⑤ 이것은 영원히 끊는 것[永斷]이고, 이것은 영원히 끊는 것이 아니며, ⑥ 이것은 장애이고, 이것은 장애가 아니며,57 ⑦ 이

此是慳吝　是慳吝果, 此是毁戒　是毁戒果, 此是瞋恨
是瞋恨果,　此是懈怠　是懈怠果, 此是心亂　是心亂果, 此是愚癡　是愚癡果,
此受所學,　此越所學, 此持別解脫,
此犯別解脫,
此是應作,
此非應作,
此是瑜伽,　此非瑜伽, 此是永斷,
此非永斷,　此是障礙, 此非障礙,

....

53 이 제4단락에 있는 6구는 6폐蔽의 악한 인과를 보이는 것이다.
54 이하의 20댓구는 모든 선악에 공통해서 기뻐함과 싫어함을 일으키는 것인데, 구역에는 9댓구가 있었다. '배울 것을 받는 것'이란 처음 받는 계[初所受戒]이고, '별해탈(=계의 조목)을 지니는 것'이란 받아 지니는 계[受持戒]이다. 혹은 전자는 차계遮戒이고, 후자는 성계性戒이다. 혹은 후자는 첫 시기[初時]이니, 처음 악을 버리기 때문이고, 전자는 뒷 시기[後時]이니, 받은 것을 영수[領所受]하기 때문이다. 위의 두 가지를 뒤집은 것은 알 수 있을 것이다.
55 여기서 '지어야 할 것'이란 지어서 지니는 계[作持之戒]이고, '지어야 할 것이 아닌 것'이란 멈춰서 지니는 계[止持之戒], 혹은 지으면 범하는 계[作犯之戒]이다.
56 '유가'란 상응하는 관행觀行의 뜻이다.

것은 죄를 범하는 것이고, 이것은 죄에서 나오는 것[出罪]이며,58 ⑧ 이것은 잡염이고,59 이것은 청정이며, ⑨ 이것은 정도이고, 이것은 사도邪道이며, ⑩ 이것은 선이고, 이것은 악이며, ⑪ 이것은 세간이고, 이것은 출세간이며, ⑫ 이것은 죄 있는 것이고, 이것은 죄 없는 것이며, ⑬ 이것은 유루이고, 이것은 무루이며, ⑭ 이것은 유위이고, 이것은 무위이며, ⑮ 이것은 공덕이고, 이것은 허물[過失]이며, ⑯ 이것은 괴로움이 있는 것이고, 이것은 괴로움이 없는 것이며, ⑰ 이것은 즐거움이 있는 것이고, 이것은 즐거움이 없는 것이며, ⑱ 이것은 싫어해 떠날 만한 것이고, 이것은 기뻐해 즐길 만한 것이며, ⑲ 이것은 버려 버릴 만한 것이고, 이것은 닦아 익힐 만한 것이며,60 ⑳ 이것은 생사이고, 이것은 열반이라고 하시니,

　이와 같은 등의 법에 한량없는 문이 있습니다.

此是犯罪, 此是出罪, 此是雜染, 此是淸淨, 此是正道, 此是邪道, 此是善, 此是惡, 此是世間, 此出世間, 此是有罪, 此是無罪, 此是有漏 此是無漏, 此是有爲, 此是無爲, 此是功德, 此是過失, 此是有苦, 此是無苦, 此是有樂, 此無樂, 此可厭離, 此可欣樂, 此可棄捨, 此可修習,

此是生死, 此是涅槃,

如是等法 有無量門.

....
57 '영원히 끊는 것'이란 성도聖道로써 그것을 버리는 것이고, '장애'란 성도를 장애하는 법이다.
58 '죄에서 나오는 것'이란 참회의 법이다.
59 '잡염'이라고 함에서 '염'이란 번뇌 등을 말하니, 염과 섞이는 것[襍]은 모든 유루인 것이다.
60 악법이 싫어할 만한 것이고, 하열한 법이 버릴 만한 것이다.

(대) ① 이 국토의 유정들은 그 마음이 억세고 강하므로 여래께서는 이러한 갖가지 법문을 설하셔서 그 마음을 편안히 머물게 해서 그들을 조복시킵니다. ② 비유하면 코끼리나 말이 흉악해서 길들여지지 않으면, 채찍들로써 쳐서 나아가 뼈에 사무친 연후에야 조복되는 것과 같이, ③ 이와 같이 이 국토의 억세고 강한 유정들은 극히 조복 교화하기 어려우므로, 여래께서 방편으로 이러한 등의 간절한 언사로써 은근하게 가르치신 연후에야 조복되어서 정법正法으로 향해 들어가는 것입니다."61

此土有情 其心剛強 如來說此 種種法門 安住其心 令其調伏. 譬如象馬 憛悷不調, 加諸楚毒 乃至徹骨 然後調伏, 如是此土 剛強有情 極難調化,
如來方便 以如是等 苦切言詞 慇懃誨喩 然後調伏 趣入正法."

4.6.2 찬탄하고 성취하다

(1) 그 때 저 상방에서 온 모든 보살들은 이러한 말을 듣고는 일찍이 경험하지 못한 것을 얻어서 모두 이러한 말을 하였다.62

"(가) 매우 기이합니다. 세존 석가모니께서는 어려운 일을 능히 하시는 것입니다. 한량없는 존귀한 공덕을 감추시고, 이러한 조복

時彼上方 諸來菩薩 聞是說已 得未曾有 皆作是言.
"甚奇. 世尊 釋迦牟尼 能爲難事. 隱覆無量 尊貴功德, 示

....
61 이 언어로써 하는 이유를 풀이하는 것에 셋이 있다. ①은 법, ②는 비유, ③은 합하는 것이다.
62 제3 찬탄하는 것에 둘이 있다 (가)는 여래를 찬탄하는 것, (나)는 보살을 찬탄하는 것이다.

388 설무구칭경

의 방편을 나타내 보이셔서, 하열하고 빈궁한 유정들을 성숙시키고 갖가지 문으로써 조복하고 거두어 이익케 하십니다.63

(나) 그리고 이 모든 보살들은 이 불국토에 머물면서 역시 갖가지 고단함을 능히 감내해서, 가장 뛰어나고 희유하며 견고하고 불가사의한 대비의 정진을 성취하여, 여래의 위없는 정법을 선양함을 돕고, 이와 같이 교화하기 어려운 유정들을 이락케 하는 것입니다."64

(2) 무구칭이 말하였다.65

"(가) 이와 같이 대사大士님들, 진실로 말씀하신 것처럼 석가 여래께서는 어려운 일을 능히 하시니, 한량없는 존귀한 공덕을 감추시고, 수고로움을 마다하지 않으시면서 이와

現如是 調伏方便, 成熟下劣 貧匱有情 以種種門 調伏攝益. 是諸菩薩 居此佛土 亦能堪忍 種種勞倦, 成就最勝 希有堅牢 不可思議 大悲精進, 助揚如來 無上正法, 利樂如是 難化有情."

無垢稱言.

"如是大士, 誠如所說 釋迦如來 能爲難事, 隱覆無量 尊貴功德, 不憚劬勞 方

---

63 석가모니의 진실한 공덕은 아름다움을 찬탄한다면 다하지 못하지만, 하열한 삶을 나투셨기 때문에 '감추시다'라고 이름하였다. 극악한 중생이기 때문에 '하열하다'고 이름하였고, 성스러운 법재法財가 없기 때문에 '빈궁하다'고 이름하였다. '조복'해서 악을 끊고, '거두고 이익케' 해서 선을 주는 것이다.

64 '갖가지 고단함을 참는다'는 것은 중생을 이익케 할 때 고뇌하는 일이다. '뛰어나고 희유하며 견고하다'는 것은 갖가지 일이 괴롭히더라도, 물러나고 지지 않는 것이다. 모든 외도 등을 넘는 것을 '뛰어난 정진'이라고 이름하고, 퇴굴할 수 없는 것을 '견고하다'고 이름하며, '불가사의하다'는 것은 책려策勵하는 것이 심오한 것이다. '대비의 정진'은 중생을 위해 일으키는 것이다.

65 이하 제4 무구칭이 말하여 이루는 것에 둘이 있다. (가)는 말하여 이루는 것, (나)는 뛰어남을 찬탄하는 것이다.

같이 억세고 강한 유정들을 방편으로 조복하십니다.

그리고 이 모든 보살들은 이 불국토에 태어나서 역시 갖가지 고단함을 능히 감내하면서, 가장 뛰어나고 희유하며 견고하고 불가사의한 대비의 정진을 성취하여, 여래의 위없는 정법을 선양함을 돕고, 이와 같이 한량없는 유정들을 이락케 하고 있습니다.

(내)66 (ㄱ) 대사大士님들은 응당, 감인堪忍세계에서 일생一生을 지나면서 보살행菩薩行을 행하여 유정을 이익되게 해서 얻게 되는 공덕은, 일체묘향一切妙香의 세계에서 백천 대겁大劫 동안 보살행을 행하여 유정을 이익되게 해서 얻게 되는 공덕보다 많다는 것을 아셔야 합니다.67

(ㄴ) 어째서인가 하면 감인세계에는 다른 시방 세계의 청정한 불국토에는 없는, 대략 열 가지 닦아 모으는 선법[修集善法]이 있기 때문입니다.68

便調伏 如是剛強 難化有情.

諸菩薩衆 生此佛土 亦能堪忍 種種勞倦, 成就最勝 希有堅牢 不可思議 大悲精進, 助揚如來 無上正法, 利樂如是 無量有情.

大士 當知, 堪忍世界 行菩薩行 饒益有情 經於一生 所得功德, 多於一切妙香世界 百千大劫 行菩薩行 饒益有情 所得功德.

所以者何 堪忍世界 略有十種 修集善法, 餘十方界 清淨佛土 之所無有.

----

66 이하 뛰어남을 찬탄하는 것에 셋이 있다. (ㄱ)은 뛰어남을 표방하는 것, (ㄴ)은 뛰어남을 나타내는 것, (ㄷ)은 뛰어남을 맺는 것이다.
67 이 국토에서 모든 보살행을 수행하면서 괴로움을 참고 정진해서 거두어 이익케 하는 것은 크고 넓은 까닭에 일생에 닦는 복은, 저 일체의 묘향세계에서의 백천 대겁의 것보다 뛰어나다. 저 세계에서의 온갖 일은 모두 묘향으로 이루어지기 때문에 '일체'라고 말하였다.

어떤 것이 열 가지일까요? 첫째 베풀어 보시해서 모든 빈궁을 거두는 것이고, 둘째 청정한 계로써 모든 금계 허무는 것[毁禁]을 거두는 것이며, 셋째 인욕으로써 모든 성냄을 거두는 것이고, 넷째 정진으로써 모든 게으름을 거두는 것이며, 다섯째 선정으로서 모든 산란한 마음을 거두는 것이고, 여섯째 뛰어난 지혜로써 모든 어리석음을 거두는 것이며,69 일곱째 팔무가八無暇 제거하는 법을 말해서 일체 무가의 유정들을 널리 거두는 것이고, 여덟째 대승의 정법을 펴 말해서 일체 작은 법[小法] 좋아하는 자들을 널리 거두는 것이며,70 아홉째 갖가지 수승한 선근善根으로써 아직 선근을 심지 못한 모든 자들을 널리 거두는 것이고,71 열째 위없는 네 가지 거두는 법[攝法]으로써 일체 유정들을 항상 성

何等爲十? 一 以惠施 攝諸貧窮, 二 以淨戒 攝諸毁禁, 三 以忍辱 攝諸瞋恚, 四 以精進 攝諸懈怠, 五 以靜慮 攝諸亂意, 六 以勝慧 攝諸愚癡, 七 以說除八無暇法 普攝一切無暇有情,

八 以宣說 大乘正法 普攝一切 樂小法者, 九 以種種 殊勝善根 普攝未種諸善根者, 十 以無上 四種攝法 恒常

---

68 뛰어남을 나타내는 것에 둘이 있다. 처음 이것은 이유를 나타내는 것이고, 뒤의 그 아래는 뛰어난 행을 나타내는 것이다. 다른 불국토 안에는 괴로움의 유정 및 번뇌 등이 없고, 또한 이승도 없기 때문에, 일생을 닦더라도 다른 세계의 많은 겁보다 뛰어나다.
69 이 여섯 가지는 도피안으로 6폐蔽를 제거하는 것이니, 다른 불국토 중에는 6폐가 없기 때문이다.
70 다른 국토에는 8난이 없기 때문이고, 다른 국토에는 소승이 없기 때문에, 수승한 것이다.
71 다른 국토에는 아직 선근을 심지 못한 자가 없고, 일체가 모두 선근이 성숙한 자이기 때문에 이 쪽이 수승하다.

숙시키는 것입니다.72 이것들이 열 가지 닦아 모으는 선법들인 것입니다.

㈐ 이 감인세계는 다른 시방 세계의 청정한 불국토에는 없는 것을 모두 다 구족하였습니다."

成熟 一切有情. 是爲十種 修集善法. 此堪忍界 悉皆具足 餘十方界 淸淨佛土 之所無有."

4.6.3 정토의 원인과 업을 문답하다
⑴ 그 때 저 불국토에서 온 모든 보살들은 다시 이렇게 말하였다.

"감인세계의 모든 보살들은 몇 가지 법을 훼손 없고[無毁] 손상 없이[無傷] 성취해야, 여기에서의 수명을 마치고 다른 정토에 태어납니까?"73

⑵ 무구칭이 말하였다.74

"㈎ 감인세계의 보살 대중들은 훼손 없고 손상 없이 여덟 가지 법을 성취하면, 여기에서의 수명을 마치고 다른 정토에 태어나니

時彼佛土 諸來菩薩 復作是言.
"堪忍世界 諸菩薩衆 成就幾法 無毁無傷, 從此命終 生餘淨土?"
無垢稱言.
"堪忍世界 諸菩薩衆 成就八法 無毁無傷, 從此命終 生

----

72 다른 국토에는 악법의 유정이 없기 때문에 사섭법을 필요로 하지 않는다.
73 제5 정토의 원인을 묻는 것이다. 이 국토의 보살은 앞의 열 가지 법을 행하면서 지전地前에 머물고 있다가, 이 법을 훼손하지 않고 선행善行을 손상하지 않으며, 혹은 선을 훼손하지 않고 악을 일으켜 손상함 없이 몇 가지 법을 성숙시켜야 십지에 머물게 되어 뒤에 정토에 태어나는가? 만약 이미 십지에 머물고 있다면 임운하여 정토에 태어날 것이므로 이 물음을 빌리지 않는다[不假].
74 제6 정토를 얻는 업을 답하는 것에 셋이 있다. ㈎는 표방하는 것, ㈏는 나타내는 것, ㈐는 답하는 것이다.

다.

㈏ 어떤 것이 여덟 가지일까요?

첫째 보살은 이와 같이 생각해야 합니다. '나는 유정들에게 응당 선한 일[善事]을 해야 한다. 그러나 그에 대해 선한 과보[善報]를 희망하지 않아야 한다'라고.75

둘째 보살은 이와 같이 생각해야 합니다. '나는 저 일체 유정들을 대신해서 모든 고뇌 苦惱를 받고, 나에게 있는 일체 선근善根을 모두 다 되돌려서 베풀어 주어야[迴施與] 한다'라고.76

셋째 보살은 이와 같이 생각해야 합니다. '나는 저 일체 유정들에 대하여 그 마음을 평등하게 하되, 마음에 걸림[罣礙]이 없어야 한다'라고.77

넷째 보살은 이와 같이 생각해야 합니다. '나는 저 유정들에 대해 교만憍慢을 꺾어 누르고 붓다를 대하듯이 공경하고 사랑해야 한다'라고.78

餘淨土.
何等爲八?
一者 菩薩 如是思惟. '我於有情 應作善事. 不應於彼 希望善報.'
二者 菩薩 如是思惟. '我應代彼 一切有情 受諸苦惱, 我之所有 一切善根 悉迴施與.'
三者 菩薩 如是思惟. '我應於彼 一切有情 其心平等, 心無罣礙.'
四者 菩薩 如是思惟. '我應於彼 一切有情 摧伏憍慢 敬愛如佛.'

----
75 저들을 보고 자기에 대해 은혜가 있었다고 해야 하니, 자기의 보리를 이루기 때문이다. 자기가 저들에 대해 이익이 있었던 것이 아니니, 큰 이익을 보지 않기 때문이다. 하물며 삼사三事가 공함에도 선한 과보를 바람이 있겠는가?
76 대비大悲가 널리 움직이므로 저들을 대신해서 괴로움을 받고, 대자大慈가 널리 움직이므로 선근을 되돌려 베푸는 것이다.
77 원수와 친구가 둘이 아니므로 평등하게 구제하는 것이다.

다섯째 보살은 믿고 이해하는 것[信解]이 높아져서, 아직 듣지 못했던 매우 심오한 경전을 잠시라도 듣게 된다면 의심[疑]도 없고 비방[謗]도 없어야 합니다.79

여섯째 보살은 남의 이양利養에 대해서는 질투하는 마음이 없고, 자기의 이양에 대해서는 교만을 일으키지 않아야 합니다.

일곱째 보살은 자신의 마음을 조복해서, 항상 자기의 허물[己過]은 반성하고 남의 범행[他犯]은 헐뜯지 않아야 합니다.

여덟째 보살은 항상 방일放逸함이 없어서, 모든 선법善法을 항상 찾고 구하기[尋求]를 즐기고, 보리분법菩提分法을 정진해서 수행해야 합니다.

㈐ 감인세계의 보살 대중들이 이와 같은 여덟 가지 법을 훼손 없고 손상 없이 갖추어 성취한다면, 여기에서의 수명을 마치고 다른 정토에 태어납니다."

五者 菩薩 信解增上, 於未聽受 甚深經典 暫得聽聞 無疑無謗.

六者 菩薩 於他利養 無嫉妒心, 於己利養 不生憍慢.

七者 菩薩 調伏自心, 常省己過 不譏他犯.

八者 菩薩 恒無放逸, 於諸善法 常樂尋求, 精進修行 菩提分法.

堪忍世界 諸菩薩衆 若具成就 如是八法 無毀無傷, 從此命終 生餘淨土."

....
78 '교'란 취하여 일탈해서 신심身心을 방탕하게 놓아버리는 것을 말하고, '만'이란 오만해서 자기를 높이고 상대를 낮추는 것을 말한다. 과거에 안으로 '교'하고, 밖으로 '만'을 내었기 때문에 생사에 빠졌으니, 지금 이것을 제거하고 남을 붓다처럼 공경하는 것이다.
79 과거에는 법을 듣지 못했고 설령 듣더라도 의심하고 비방했기 때문에 생사에 빠진 것이니, 지금은 듣게 된다면 의심과 비방을 끊어야 한다.

5. 대중이 이익을 얻다

그 무구칭이 묘길상 및 여러 보살들과 함께 대중 가운데에서 갖가지 미묘한 법을 펴 말하였을 때 백천의 중생들은 같이 무상정등각無上正等覺에 대한 마음을 일으켰고, 일만의 보살들은 모두 다 무생법인無生法忍을 증득하였다.80

其無垢稱 與妙吉祥
諸菩薩等 於大衆中
宣說種種 微妙法時
百千衆生 同發無上
正等覺心, 十千菩薩
悉皆證得 無生法忍.

....
80 품의 다섯째 단락으로 그 때의 대중의 이익이다. 아직 구하여 향하지 못한 자는 모두 같이 발심하고, 이미 수행하고 있는 자는 무생법인을 얻은 것이다.

제11 보살행품1　　　　　　菩薩行品 第十一

1. 암라원에 이를 조짐을 나타내다2

(1) 붓다께서는 그 때 여전히 암라위림에서 대중들을 위하여 법을 설하시고 계셨는데, 대중들이 모인 처소에서 그 땅이 홀연 넓어지면서 장엄 청정해졌고, 일체 대중들은 모두 금색을 나타내었다.

(2) 그러자 아난다가 곧 붓다께 여쭈었다.
"세존이시여, 대중들의 모임 중에 땅이 홀연 이와 같이 넓어지면서 장엄 청정해지고, 일체 대중들이 모두 금색을 나타내는 이것은

佛時猶在 菴羅衛林 爲衆說法, 於衆會處 其地欻然 廣博嚴淨, 一切大衆 皆現金色.

時阿難陀 卽便白佛.
"世尊, 此是 誰之前相, 於衆會中 欻然如是 廣博嚴淨, 一

---

1 모두 11개품의 근본 가르침을 바로 펴는 것 중에 셋이 있었다. 이상의 9개품(제2 내지 제10)은 보살의 경계를 밝히는 것이었고, 이 1품은 보살의 행을 밝히는 것(이며, 다음의 1품은 보살의 과보를 밝히는 것)이다. 식의 경계[識境]가 바야흐로 보살의 행을 일으키기 때문이다. '행'이란 원인이 되는 업[因業]이니, 보살이 닦는 것은 붓다를 이루는 원인이 되는 업인 것이다. 이 품은 이것을 자세히 밝히므로 보살행품이라고 이름하였다.

2 품에 세 단락이 있다. 1.은 암라원에 이르기 전에 조짐을 나타내는 것, 2.는 붓다께 도착한 까닭에 펴서 말하는 것, 3.은 보살들이 찬탄하고 청해서 귀환하는 것이다. 제1 단락에 다시 셋이 있다. (1)은 이르기 전 조짐을 나타내는 것, (2)는 아난이 괴이하게 여기고 묻는 것, (3)은 세존께서 알리시는 것이다. 그들이 오고자 하므로 미리 조짐을 나타낸 것이다. 첫째 넓게 변화한 것은 행을 증대하기 때문이고, 둘째 엄정하게 변화한 것은 번뇌를 멸하기 때문이며, 셋째 금색으로 변화한 것은 가장 수승한 과보 성취함을 나타내기 때문이다.

무슨 조짐[前相]입니까?"

(3) 붓다께서 구수具壽3 아난다에게 말씀하였다.

"이것은 무구칭과 묘길상이 공경하면서 둘러싼 여러 대중들을 이끌고 이 대중의 모임으로 오려고 하는 마음을 일으켰으므로 이러한 조짐을 나타낸 것이다."

切大衆 皆現金色?"

佛告 具壽 阿難陀曰.

"是無垢稱 與妙吉祥 將諸大衆 恭敬圍繞 發意欲來 赴斯衆會 現此前相."

2. 붓다께 이르다4

2.1 오려고 함을 밝히다5

(1) 그 때 무구칭이 묘길상에게 말하였다.

"우리들은 지금 모든 대사大士들과 함께 여래의 처소를 방문하여 엎드려 예배하고 공양

時無垢稱 語妙吉祥.

"我等今應 與諸大士 詣如來所 頂禮

---

3 '구수'란 예전에는 혜명慧命이라고 하였다. 세간의 유정은 대부분 수명을 사랑한다. 장수하리라는 말을 듣는다면 누가 기뻐하지 않겠는가? 출가한 사람은 대부분 지혜를 사랑한다. 지혜롭다는 말을 듣는다면 누가 기뻐하지 않겠는가? 역시 세속인이 수명을 사랑하는 것과 같은 것이다. 이 때문에 구역에서는 '혜명'이라고 불렀으니, '수壽'란 '명命'인 것이다. 세간의 명命을 구족하고 그리고 출세간의 지혜의 명命을 갖춘 것이니, 치우쳐 나타낼 수 없기 때문이다. 명命을 지금은 쌍으로 불러, 통칭해서 '구수'라고 말한 것이다[=이상은 뒤의 2.4.3 (4)의 (내)에 나오는 '구수'에 대한 주석을 미리 옮긴 것임].

4 이하 제2 단락에 넷이 있다. 2.1은 오려고 함을 분명히 밝히는 것, 2.2는 도착해서 예배하는 것, 2.3은 세존께서 가리키며 물으시는 것, 2.4는 향기를 맡고 괴이해 하고 묻는 것이다.

5 첫째의 글에 둘이 있다. (1)은 무구칭이 올바르게 논하는 것, (2)는 묘길상이 옳다고 답하는 것이다.

하며 세존을 우러러 보면서 오묘한 법[妙法]을 듣고 받아들여야 합니다." 供事 瞻仰世尊 聽受妙法."

(2) 묘길상이 말하였다.
妙吉祥曰.

"지금이 바로 그럴 때이니 함께 가도록 합시다."
"今正是時 可同行矣."

2.2 도착해서 예배하다6

(1) 그 때 무구칭은 신통력을 나타내어 모든 대중들을 본래의 처소와 사자좌에서 일어나지 않은 채 오른 손바닥 위에 두고서 붓다의 처소로 찾아갔다.
時無垢稱 現神通力 令諸大衆 不起本處 幷師子座 住右掌中 往詣佛所.

(2) ① 도착해서는 땅에 내려놓고 세존의 두 발에 공경히 엎드려 예배하고 오른쪽으로 일곱 바퀴를 돈 다음 한편으로 물러나서 붓다께 합장하고 공손하게 섰다.7
到已置地 恭敬頂禮 世尊雙足 右繞七匝 卻住一面 向佛合掌 儼然而立.

② 모든 대 보살들은 사자좌에서 내려 세존의 두 발에 공경히 엎드려 예배하고 오른쪽
諸大菩薩 下師子座 恭敬頂禮 世尊雙足

---

6 제2 도착해서 예배하는 것에 셋이 있다. (1)은 손바닥에 두고 찾아가는 것, (2)는 도착해서 예배하는 것, (3)은 붓다께서 앉으라고 명하시는 것이다.

7 둘째 도착해서 예배하는 것에 셋이 있다. ①은 무구칭이 예배하는 것, ②는 보살들이 예배하는 것, ③은 대중들이 예배하는 것이다. 오른 쪽으로 도는 것은 육신통을 경계하면서 변화를 나타내려는 것[規六通而現化]이고, 일곱 바퀴는 7수면隨眠을 멸하여 7각분覺分을 얻고 7청정을 이루어, 붓다께서 얻으신 일체지를 향하는 것이다. 합장하는 것은 진실한 경계에 명합함을 나타내는 것이고, 공손하게 서는 것은 붓다께서 깨우쳐 주심을 받으려는 것이다.

으로 세 바퀴를 돈 다음 한편으로 물러나서 붓다께 합장하고 공손하게 섰다.

③ 모든 대 성문들과 제석, 범천, 세상 보호하는 사천왕[護世四天王] 등도 역시 모두 자리를 피해 세존의 두 발에 공경히 엎드려 예배하고 한편으로 물러나서 붓다께 합장하고 공손하게 섰다.

(3) 그 때 세존께서는 모든 보살들과 일체 대중들에게 여법하게 위로하여 물으신 다음, 이렇게 이르셨다.

"그대들 대사들은 자신들에게 맞추어 각각 본래의 자리에 앉으시오."

그러자 모든 대중들은 붓다의 권하심을 받고 각각 본래의 자리로 돌아가서 공경히 앉았다.

右繞三匝 卻住一面 向佛合掌 儼然而立. 諸大聲聞 釋梵護世 四天王等 亦皆避座 恭敬頂禮 世尊雙足 卻住一面 向佛合掌 儼然而立.

於是 世尊 如法慰問 諸菩薩等 一切大衆, 作是告言.

"汝等大士 隨其所應 各復本座."

時諸大衆 蒙佛教勅 各還本座 恭敬而坐.

2.3 세존께서 가리키며 물으시다[8]

(1) 그 때 세존께서는 사리자에게 이르셨다.

"그대는 가장 뛰어난 보살인 대사大士가 자재한 신통력[自在神力]으로 한 일[所爲]을 보았는가?"

(2) 사리자가 말하였다.

爾時世尊 告舍利子.

"汝見 最勝菩薩大士 自在神力 之所爲乎?"

舍利子言.

....

8 제3 세존께서 가리키며 물으시는 것에 넷이 있다. ⑴은 붓다께서 물으시는 것, ⑵는 그가 답하는 것, ⑶은 거듭 물으시는 것, ⑷는 그가 말하는 것이다.

"예, 이미 보았습니다."   "唯然, 已見."

⑶ 세존께서 다시 물으셨다.   世尊 復問.

"그대는 어떤 생각을 하였는가?"   "汝起何想?"

⑷ 사리자가 말하였다.   舍利子言.

"생각하기 어려운 경지라는 생각[難思想]을 했습니다.9 저는 대사의 불가사의함을 보고, 그 분이 지어서 쓰는 신통력의 공덕은 셈으로 셀 수도 없고 사유할 수도 없으며 일컫거나 헤아릴 수도 없고 진술해 찬탄할 수도 없었습니다."   "起難思想. 我見 大士不可思議, 於其作用 神力功德 不能算數 不能思惟 不能稱量 不能述歎."

2.4 향기를 맡고서 묻다10

2.4.1 아난이 놀라서 묻다11

⑴ 그 때 아난다가 곧 붓다께 여쭈었다.   時阿難陀 卽便白佛.

"지금 풍기고 있는 향기는 과거에는 없었던   "今所聞香 昔來未

....

9 이하 생각키 어려움을 풀이하는 것에 둘이 있다. 처음은 무구칭의 생각키 어려움을 말하는 것이고, 뒤는 신통력의 생각키 어려움을 말하는 것이다. 그가 지어서 쓰는 신통력의 공덕은 셈으로 셀 수도 없고, 생각으로 생각할 수도 없다. ('사유'의) '유惟'도 역시 생각하는 것이다. 말로써 일컬을 수도 없고, 마음으로 헤아릴 수도 없으니, 모두 심구·사찰하는 길이기 때문이다. 이 네 가지 뜻 때문에 진술해서 찬양할 수가 없는 것이다.

10 이하 제4 향기를 맡고 괴이해 하고 묻는 것에 넷이 있다. 2.4.1은 아난이 놀라서 묻는 것, 2.4.2는 사리자가 곁에서 소통하는 것, 2.4.3은 언제까지 머물지를 묻는 것, 2.4.4는 붓다의 일을 찬탄하여 말하는 것이다.

11 처음의 글 중에 둘이 있다. ⑴은 아난이 의심하여 묻는 것이고, ⑵는 세존께서 바로 답하시는 것이다.

것입니다. 이와 같은 향기는 무엇의 향기입니까?"

⑵ 붓다께서 그에게 이르셨다.

"이것은 여러 보살들의 털구멍에서 나오는 것이다."

有. 如是香者 爲是誰香?"

佛告之言.

"是諸菩薩 毛孔所出."

2.4.2 사리자가 곁에서 소통하다12

⑴ 그 때 사리자가 아난다에게 말하였다.

"우리들의 털구멍에서도 역시 이 향기가 납니다."

⑵ 아난다가 말하였다.

"이러한 오묘한 향기가 존자 등의 몸 안에 어떤 인연에서 있게 되었습니까?"

⑶ 사리자가 말하였다.

"이 무구칭이 자재한 신통력으로 변화된 보살을 보내어 상방의 최상향대最上香臺 여래의 불국토로 가게 해서, 그 붓다께서 드시던 음식의 나머지를 청해 얻어서 그의 방으로 돌아와 모든 대중들에게 공양하였는데, 그 사이에 있다가 이 음식을 먹은 분들의 일체 털구멍에서 모두 이 향기가 나게 되었습니다."

時舍利子 語阿難陀.

"我等毛孔 亦出是香."

阿難陀曰.

"如是妙香 仁等身內 何緣而有?"

舍利子言.

"是無垢稱 自在神力 遣化菩薩 往至上方 最上香臺 如來佛土, 請得彼佛所食之餘 來至室中 供諸大衆, 其間所有 食此食者 一切毛孔 皆出是香."

----

12 사리자가 곁에서 소통시키는 것에 셋이 있다. ⑴은 사리자가 말하는 것, ⑵는 아난이 묻는 것, ⑶은 사리자가 답하는 것이다.

2.4.3 언제까지 머물지를 묻다[13]

(1) 그 때 아난다가 무구칭에게 물었다.

"이 오묘한 향기는 장차 얼마나 머물게 됩니까?"

(2) 무구칭이 말하였다.

"나아가 이 음식이 모두 다 소화될 때까지 그 향기는 그대로 머뭅니다."[14]

(3) 아난다가 말하였다.

"이와 같이 먹은 음식은 얼마나 지나면 모두 다 소화됩니까?"

(4) 무구칭이 말하였다.[15]

"㈎ 이 음식의 세력은 이레 낮과 이레 밤 동안 몸 안에 머물다가 이것을 지난 후에는 점점 소화될 수 있는데, 비록 오랫동안 소화되지 않고 있더라도 병이 되지는 않습니다.[16]

時阿難陀 問無垢稱.

"是妙香氣　當住久如?"

無垢稱言.

"乃至此食　未皆消盡 其香猶住."

阿難陀曰.

"如是所食　其經久如 當皆消盡?"

無垢稱言.

"此食勢分　七日七夜　住在身中　過是已後 乃可漸消, 雖久未消 而不爲患.

....

13 언제까지 머물지를 묻는 것에 넷이 있다. ⑴은 향기가 얼마나 머물지를 묻는 것, ⑵는 음식이 다 소화되기까지라고 답하는 것, ⑶ 음식은 얼마나 걸려 소화되는지를 묻는 것, ⑷ 음식이 소화되는 시간을 답하는 것이다.

14 향기는 음식의 바탕[質]을 따르므로 음식이 있으면 향기가 남고, 음식이 소화되면 향기도 사라진다.

15 음식이 소화되는 시간을 답하는 것에 셋이 있다. ㈎는 총체적으로 답하는 것, ㈏는 개별적으로 나타내는 것, ㈐는 비유하여 이루는 것이다.

16 음식의 세력은 역시 세간의 음식을 따라 이레 낮과 이레 밤을 머물고 나서 비로소 소화되지만, 대비와 신통으로 비록 오래 소화되지 못하더라도 병이 되지 않는 것은 세간의 음식과 같지 않다. 비록 7일을 지나 세력이 모두 소화된다고 하더라도 병이 되는 경우도 있다. 여기에서 이레라고 말한 것은 우선 세간의

(ㄴ) 구수具壽님, 이렇게 아셔야 합니다.17

(ㄱ) 모든 성문승으로서, ① 아직 정성이생의 지위[正性離生位]에 들지 못한 자가 만약 이 음식을 먹는다면, 반드시 정성이생의 지위에 들고 난 연후에야 소화되고,18 ② 아직 욕망을 여의지 못한 자[未離欲者]가 만약 이 음식을 먹는다면, 반드시 욕망을 여의게 되고 난 연후에야 소화되며,19 ③ 아직 해탈하지 못한 자가 만약 이 음식을 먹는다면, 반드시 마음이 해탈한 연후에야 소화되고,20

(ㄴ) 모든 대승 보살의 종성으로서, ① 아직 무상보리에 대한 마음을 일으키지 못한 자가 만약 이 음식을 먹는다면, 반드시 무상보리에 대한 마음을 일으키고 난 연후에야 소화되고,21 ② 이미 무상보리에 대한 마음을 일

具壽, 當知.
諸聲聞乘, 未入正性離生位者 若食此食, 要入正性離生位已 然後乃消, 未離欲者 若食此食, 要得離欲 然後乃消, 未解脫者 若食此食, 要心解脫 然後乃消,

諸有大乘 菩薩種性, 未發無上菩提心者 若食此食, 要發無上菩提心已 然後乃消, 已發無上

음식을 따라 많은 쪽으로 논했지만, 반드시 결정적으로 그렇지는 않다. 혹은 늘기도 하고 혹은 줄기도 해서 일정하지 않음이 있기 때문이다.
17 둘째 개별적으로 나타내는 것에 둘이 있다. (ㄱ)은 성문의 경우를 나타내는 것이고, (ㄴ)은 보살의 경우를 나타내는 것이다. 성문에는 셋이 있는데, 처음 ①은 범부에서 견도[見諦]를 얻는 것, ②는 견도에서 이욕離欲을 얻는 것, ③은 유학에서 무학을 얻는 것이다.
18 이미 성문의 마음을 일으켰으나 아직 견도에 들지 못하고서 먹고 나면, 반드시 들고 난 연후에야 소화된다. 극히 빠르면 3생이고, 극히 늦으면 60겁이다.
19 '욕망을 여의게 된다'는 것은 불환과를 말하는 것이다.
20 '마음이 해탈한다'는 것은 구해탈俱解脫 아라한과이다.
21 보살의 경우를 나타내는 것에 넷이 있다. 이것은 (첫째) 범부에서 보살의 성품

으킨 자가 만약 이 음식을 먹는다면, 반드시 장차 무생법인을 증득한 연후에야 소화되며,22 ③ 그 이미 무생법인을 증득한 자가 만약 이 음식을 먹는다면, 반드시 장차 퇴전하지 않는 지위[不退轉位]에 안주한 연후에야 소화되고,23 ④ 그 이미 퇴전하지 않는 지위에 안주하는 자가 만약 이 음식을 먹는다면, 반드시 장차 일생소계의 지위[一生繫位]에 안주한 연후에야 소화될 것이라고.24

㈐ 구수님, 이렇게 알아야 합니다.25 ① 비유하면 세간에는 최상의 맛[最上味]이라고 이름하는 큰 약왕[大藥王]이 있으니, 만약 여러 독毒을 만나 몸에 두루 가득 퍼진 중생이 있어서 이를 주어 먹게 한다면, 나아가 모든

菩提心者 若食此食, 要當證得 無生法忍 然後乃消, 其已證得 無生忍者 若食此食, 要當安住 不退轉位 然後乃消, 其已安住 不退位者 若食此食, 要當安住 一生繫位 然後乃消. 具壽, 當知. 譬如世間 有大藥王 名最上味, 若有衆生 遇遭諸毒 遍滿身者 與令服之, 乃至諸

을 갖추는 것이다. 반드시 대심大心을 일으킨 연후에야 소화된다.
22 둘째 이미 발심하였으면 반드시 초지를 얻어야 한다. 무생을 처음 얻는 것은 초지에 있기 때문이다.
23 셋째 초지에서는 반드시 제8지를 얻어야 한다. 불퇴를 구족하는 것은 제8지에 있기 때문이다.
24 제8지에서는 반드시 보처補處에 이르러야 한다. 보처는 곧 일생소계一生所繫에 있기 때문이다. 또한 일생소계에서 이것을 얻어 먹고나면 성불하고서야 소화된다. 그렇지만 일생소계보살은 대부분 도솔천[知足]에 머물고 있어, 이 음식은 일생소계의 몸에게는 이르지 않기 때문에 생략하고 말하지 않았다. 혹은 뜻으로는 응당 있지만, 글에서 생략하고 이를 없앴다.
25 이하 셋째 비유하여 이루는 것에 둘이 있으니, ①은 비유이고, ②는 합하는 것이다.

독이 아직 모두 제거되지 않기까지는 이 큰 약왕도 아직 다 소화되지 않지만, 모든 독이 사라지고 난 연후에는 소화되는 것과 같이, ② 이 음식을 먹은 자도 또한 다시 이와 같아서 나아가 일체 번뇌의 모든 독이 아직 모두 제거되지 않기까지는 이와 같이 먹은 것도 아직 다 소화되지 않지만, 번뇌가 사라지고 난 연후에는 소화되는 것이라고."

毒 未皆除滅 是大藥王 猶未消盡, 諸毒滅已 然後乃消, 食此食者 亦復如是 乃至一切 煩惱諸毒 未皆除滅 如是所食 猶未消盡, 煩惱滅已 然後乃消."

2.4.4 붓다의 일을 찬탄하여 말하다26

(1) 아난이 찬탄하다

아난다가 말하였다.

"불가사의합니다. 이와 같이 대사가 불러들인 향의 음식이 능히 중생들을 위해 여러 불사佛事를 지었습니다."27

阿難陀言.

"不可思議. 如是大士 所致香食 能爲衆生 作諸佛事."

(2) 붓다께서 불사를 말씀하시다28

㈎ 불사 말한 것을 인정하시다

붓다께서 곧 말씀하셨다.

"그러하고 그러하다. 그대가 말한 것처럼

佛卽告言.

"如是如是. 如汝所

....

26 이하 제4단 불사佛事를 말하는 것에 둘이 있다. ⑴은 아난이 찬탄하는 것, ⑵는 붓다께서 불사를 말씀하시는 것이다.
27 붓다께서 유정을 이락하시는 일이기 때문에 '불사佛事'라고 이름한다.
28 불사를 말씀하시는 것에 셋이 있다. ㈎는 불사 말한 것을 인정하시는 것, ㈏는 그 나머지를 예로 말씀하시는 것, ㈐는 불신佛身의 같고 다름이다.

불가사의하다. 이 무구칭이 불러들인 향의 음식[香食]이 능히 중생들을 위하여 여러 불사를 지었다."

(나) 그 나머지를 예로 말씀하시다29

(ㄱ) 그 때 붓다께서 다시 아난다에게 말씀하셨다.

"마치 무구칭이 불러들인 향의 음식[香食]이 능히 중생들을 위해 여러 불사를 지은 것과 같이,

(ㄴ) 이와 같이 나머지 시방세계에서도,30 ① 혹은 어떤 불국토에서는 모든 광명光明으로써 불사를 짓고,31 ② 혹은 어떤 불국토에서는 보리수菩提樹로써 불사를 지으며,32 ③

說 不可思議. 此無垢稱 所致香食 能爲衆生 作諸佛事."

爾時佛復　告阿難陀.

"如無垢稱　所致香食 能爲衆生　作諸佛事,

如是 於餘 十方世界, 或有佛土 以諸光明 而作佛事, 或有佛土 以菩提樹 而作佛事,

....
29 이하 그 나머지를 예로 말씀하시는 것에 셋이 있다. (ㄱ)은 무구칭의 불사를 인용하시는 것, (ㄴ)은 그 나머지 불국토를 나타내시는 것, (ㄷ)은 뛰어난 이익을 맺어 이루시는 것이다.
30 이하 그 나머지 불국토를 나타내시는 것에 열네 가지가 있는데, 나누면 넷이 된다. 처음 열 가지는 따로 따로 깨달아 들어가는 것[悟入], 다음 ⑪과 ⑫의 두 가지는 삼성三性에 깨달아 들어가는 것, 다음 ⑬의 한 가지는 말로 인해 도를 깨닫는 것, 마지막 ⑭의 한 가지는 고요함으로 인해 법을 깨닫는 것[因寂證法]을 불사라고 이름한다.
31 광명을 보거나 혹은 광명에 접촉됨에 의해, 온갖 괴로움이 모두 제거되고, 지혜를 생각해 얻어서 어리석음의 어둠을 사라지게 하기 때문이다.
32 보리수를 보면 사유하여 깨닫는 나무[思覺樹]가 생겨나서 네 가지 한량없음[四無量]을 일으켜, 군생을 가려주기[蔭群生] 때문이다. # 이 대목은 구역에 대한 승조(제9권)의 아래와 같은 주석이 이해에 도움이 된다. "붓다께서 그 아래에서 성도한 나무를 보리수라고 한다. 이 나무는 광명이 비추지 않을 때가 없고 향

혹은 어떤 불국토에서는 모든 보살들로써 불사를 짓고,33 ④ 혹은 어떤 불국토에서는 여래의 색신色身의 상호相好를 보는 것으로써 불사를 지으며,34 ⑤ 혹은 어떤 불국토에서는 여러 변화된 사람[化人]으로써 불사를 짓고,35 ⑥ 혹은 어떤 불국토에서는 여러 의복衣服으로써 불사를 지으며,36 ⑦ 혹은 어떤 불국토에서는 여러 침구[臥具]로써 불사를 짓고,37 ⑧ 혹은 어떤 불국토에서는 여러 음식飮食으로써 불사를 지으며,38 ⑨ 혹은 어떤 불국토에서는 여러 원림園林으로써 불사를 짓고,39 ⑩ 혹은 어떤 불국토에서는 여러 누

或有佛土 以諸菩薩 而作佛事, 或有佛土 以見如來 色身相好 而作佛事, 或有佛土 以諸化人 而作佛事, 或有佛土 以諸衣服 而作佛事, 或有佛土 以諸臥具 而作佛事, 或有佛土 以諸飮食 而作佛事, 或有佛土 以諸園林 而作佛事, 或有佛土 以諸臺觀

....

기가 풍기지 않을 때가 없으며, 형색이 미묘해서 근기에 따라 볼 수 있고, 나무에서 법의 음을 내므로 근기에 따라 들을 수 있으니, 이는 여래께서 보응報應하시는 나무인 것이다. 어리석은 중생도 저절로 도를 깨달으니, 이 국토는 나무로써 교화의 근본으로 삼는 것이다."

33 모든 보살들을 보면 발심 수행하여 같은 부류 되기를 희망하기 때문이니, 지장地藏보살을 생각하는 것과 같다.
34 붓다의 상호를 보면 발심하여 기뻐하고 생사의 몸을 싫어하며 큰 과보를 얻으려 하기 때문이다.
35 변화된 사람을 봄에 의해 근기가 바야흐로 성숙하여 붓다의 신통의 작용을 알아서, 원하고 좋아함[願樂]을 일으키기 때문이다.
36 의복을 봄에 의해 부끄러워함[慚愧]을 일으키기 때문이다.
37 침구를 봄에 의해 기쁘게 네 가지 선정[四禪]을 닦고, 청정한 생계[淨命]를 일으키기 때문이다.
38 음식을 봄에 의해 깨달음의 음료[覺漿]와 해탈의 맛을 생각하여 구하고, 법의 음식[法食]을 기뻐하기 때문이다.

각[臺觀]으로써 불사를 지으며,40

⑪ 혹은 어떤 불국토에서는 그 허공虛空으로써 불사를 지으니, 까닭이 무엇인가 하면 모든 유정들이 이 방편으로 인하여 조복되기 때문이고,41 ⑫ 혹은 어떤 불국토에서는 모든 유정들을 위하여 갖가지 글과 말로써 환상[幻], 꿈[夢], 빛의 그림자[光影], 물 속의 달[水月], 메아리[響聲], 아지랑이[陽焰], 거울의 영상[鏡像], 뜬 구름[浮雲], 건달바의 성[健達縛城], 인다라의 그물[帝網] 등의 비유를 펴 말해서 불사를 지으며,42

⑬ 혹은 어떤 불국토에서는 그 음성과 언어와 문자로써 갖가지 모든 법의 성품과 모습을 펴 말해서 불사를 짓고,43

而作佛事,

或有佛土 以其虛空 而作佛事, 所以者何 由諸有情 因此方便 而得調伏, 或有佛土 爲諸有情 種種文詞 宣說幻夢光影水月 響聲陽焰 鏡像浮雲 健達縛城 帝網等喩 而作佛事,

或有佛土 以其音聲 語言文字 宣說種種 諸法性相 而作佛事,

....
39 원림을 봄에 의해 총지와 무루법을 닦고 모으기 때문이다.
40 누각을 봄에 의해 정토 등의 모든 오묘한 처소[妙處]를 좋아하기 때문이다.
41 ⑪과 ⑫의 둘은 세 가지 성품에 깨달아 들어가는 것이다. ⑪은 두 가지 성품(=원성실과 변계소집)에 개별적으로 깨달아 들어가는 것이고, ⑫는 의타기에 깨달아 들어가는 것이다. 허공에는 도무지 성품과 모습[性相]이 없음을 관찰함에 의해, 소집의 인·법 2아[生法二我]의 체가 없는 것도 역시 그러함에 깨달아 들어가고, 이에 의해 유정들이 조복되어 집착을 끊고 두 가지의 성품이 없는 것을 깨달아 두 가지 공의 이치를 통달하는 것(=원성실)이다.
42 이것은 의타기에 들어가는 것이다. 환상 등 열 가지의 비유를 펴 말해서, 있는 것이 아닌데도 있는 것과 비슷해서 어리석은 범부를 속여 미혹시키는, 인연에 의한 현상이라고 말하는 것을 듣고, 곧 의타기에 들어가는 것이다.
43 이 한 가지는 말로 인해 도를 깨닫는 것이다. 말로써 모든 법의 진실한 성품[眞性]을 펴 말하는 것을 듣고 곧 원성실을 알고, 세속의 모습[俗相]을 말하는 것을

⑭ 혹은 어떤 불국토에서는 청정하고 아주 고요[寂寞]해서, 언설도 없고 나무람도 없고 찬탄함도 없으며 추구하는 바도 없고 희론도 없으며 표시함도 없어서, 교화될 유정들을 이 아주 고요함으로 인하여 자연히 모든 법의 성품과 모습에 깨달아 들어가게 해서 불사를 짓는다.44

㈐ (a) 이와 같이 시방세계의 모든 불국토는 그 수가 끝이 없으므로 짓는 바의 불사도 역시 헤아릴 수 없다고 알아야 한다.45

(b) 요약해서 말하자면 모든 붓다에게 있는 위의威儀와 나아가고 멈추심[進止], 수용하시고 베풀어 행하심[施爲]이 모두 교화될 유정을 조복되게 하는 것이니, 그러므로 일

或有佛土　淸淨寂寞, 無言無說 無訶無讚　無所推求　無有戲論　無表無示, 所化有情 因斯寂寞 自然證入 諸法性相 而作佛事.

如是當知　十方世界 諸佛國土 其數無邊 所作佛事 亦無數量. 以要言之 諸佛所有 威儀進止 受用施爲 皆令　所化有情調伏, 是故　一切皆名

듣고 곧 의타기를 알며, 이미 2제를 알아 소집所執은 없고 오직 경계의 모습[境相]만 있음을 깨닫는 것을 삼성三性에 들어간다고 이름하니, 이 세 가지를 표현하기 때문이다.

44 이는 고요함으로 인해 법을 깨닫는 것이다. 불국토가 고요하고 고요해서, 악을 말함도 없고 선을 말함도 없으며, 나무래서 책망함도 없고 또한 찬탄함도 없으며, 사유하는 것도 없고 모든 법을 추구하는 것도 없으며, 또한 모든 법을 분별하여 희론함도 없고, 표창表彰하는 것도 없고 지시하는 것도 없는 것을 보고, 법의 성품과 모습을 깨달으니, 본성이 고요하고 체는 말의 길을 떠났으며 심구 사찰의 경계를 넘는 것이다. 혹은 앞(=⑬)은 말로 인하여 세속제를 깨닫는 것이고, 지금은 고요함으로 인하여 승의제를 깨닫는 것이다.

45 이하 뛰어난 이익을 맺어 이루는 것에 넷이 있다. (a)는 불사가 여럿[衆多]임을 나타내는 것, (b)는 움직이고 멈추는 것이 모두 이익하는 것이라는 것, (c)는 여럿인 까닭을 밝히는 것, (d)는 도리를 권해 보이는 것이다.

체를 모두 불사라고 이름하는 것이다.46

(c) 또 모든 세간에 있는 네 가지 마[四魔]와 팔만사천의 모든 번뇌의 문은, 유정의 무리는 그것들에 의해 괴로움을 받지만, 일체 여래께서는 곧 이들 법으로써 모든 중생들을 위해 불사를 지으신다.47

佛事.
又諸世間 所有四魔
八萬四千 諸煩惱門,
有情之類 爲其所惱,
一切如來 卽以此法
爲諸衆生 而作佛事.

....
46 행주좌와를 '위의'라고 이름한다. 혹은 가고 혹은 머무는 것을 '나아가고 멈춘다'고 이름하고, 여러 경계를 받아들이는 것을 '수용한다'고 이름하며, 널리 일으켜 짓는 것을 '베풀어 행한다'고 이름한다. 이와 같은 등의 부류 일체가 모두 교화될 유정을 조복케 하는 것이다. '조調'는 선을 생장하는 것이고, '복伏'은 악을 눌러 꺾는 것이다. 그래서 일체를 모두 불사라고 이름한다.
47 이는 여럿인 까닭을 밝히는 것이다. '팔만사천의 법문'이란,《현겁경賢劫經》(=제2권 제6 제도무극품諸度無極品. 다만 한역자가 달라서인지 표현은 다름)에서 이르기를,「그 때 이름을 희왕喜王이라고 하는 보살이 있어 고요히 앉아 사유하다가 7일이 지나고 나서 붓다의 처소에 와서 말하였다. "세존이시여, 어떤 삼매를 행하여야 속히 법문을 증득합니까?" 붓다께서 희왕에게 말씀하셨다. "제법의 본제本際를 요달함이라고 이름하는 삼매가 있으니, 보살이 행하고 나면 속히 팔만사천의 법문에 들어간다."」라고 하고, 가장 뛰어난 광명을 비춤[最勝光曜]에서부터 나아가 최후로 붓다의 사리를 나누어 배포함[分布佛體]에 이르기까지 350가지 사업이 있다고 하고, 이 하나하나에서 모두 6바라밀을 행하므로 2,100가지를 이루니, 그 경전 중에서 하나하나 그 6바라밀의 모습을 개별적으로 설하는 것과 같다. 이들에서 다시 하나하나가, 탐·진·치가 각각 증승한 것 및 그 세 가지가 동등한 것의 이 네 가지의 유정의 심행을 대치하므로 8,400가지를 이루고, 이러한 하나하나가 다시 각각 4대종大種 및 6무의無義에서 생기는 과실을 대치하므로, 이와 같이 해서 모두 84,000가지를 이룬다고 한다. '6무의'란 곧 6경境이다. 옳음과 이익[義利]을 일으키지 않기 때문에 '무리無利'라고도 이름한다.
　중생의 근기에 팔만사천 가지가 있으므로, 일으키는 병에도 역시 팔만사천 가지가 있고, 치료될 병에 이미 팔만사천 가지가 있으므로, 치료수단인 행에

(d)48 ① 그대는 이제 이와 같은 법문을 이름해서 일체 불법에 깨달아 들어감[悟入一切佛法]이라 한다고 알아야 한다.49 ② 만약 모든 보살들이 이 법문에 들어간다면, 비록 한량없이 광대한 공덕을 성취하고 장엄 청정한 일체 불국토를 보더라도 환희와 탐착[喜貪]을 일으키지 않고, 비록 모든 공덕이 없으며 더러움으로 뒤섞인 일체 불국토를 보더라도 근심이나 성냄[憂恚]을 일으키지 않으며,50 ③ 모든 붓다의 처소에 대하여 높은 믿음과 좋아함과 공경을 일으키고, 일찍이 있지 않았음을 찬탄할 것이다. ④ 모든 붓다 세존들께서는 일체 공덕이 평등하고 원만하시니, 일체법의 필경 진실하며 평등한 성품을 얻으셨기 때문이나, 차별되는 유정들을 성숙

汝今當知 如是法門 名爲 悟入一切佛法. 若諸菩薩 入此法門, 雖見一切 成就無量 廣大功德 嚴淨佛土 不生喜貪, 雖見一切 無諸功德 雜穢佛土 不生憂恚,

於諸佛所 發生上品 信樂恭敬, 歎未曾有. 諸佛世尊 一切功德 平等圓滿, 得一切法 究竟眞實 平等性故, 爲欲成

....

도 역시 팔만사천 가지가 있으며, 행이 이미 팔만사천 가지이므로, 표현하는 법문에도 역시 팔만사천 가지가 있다. 중생들이 이미 네 가지 마로 요란되고, 팔만사천의 번뇌로 요란되므로, 여래께서 곧 그것들을 대치하는 법으로써 불사를 베풀어 행하신다. '불사'란 근본이 미혹의 병[惑病]을 다스리는 것이니, 중생의 근기에 응하기 때문이다.

48 넷째 도리를 권해 보이는 것에 넷이 있다. ① 깨달아 들어가는 것을 따와서 보이는 것, ②는 수순하거나 거스르는 것을 제거하기를 권하는 것, ③은 믿고 좋아함을 일으키게 하는 것, ④는 앞의 뜻을 해석해 이루는 것이다.

49 표현 수단과 표현 대상[能詮所詮], 대치 수단과 대치 대상[能治所治], 일으키는 수단과 일어나는 대상[能生所生]은 앞에서 말한 법들을 벗어나지 않기 때문이다.

50 청정함과 더러움이 모두 이락[利樂]하는 것이기 때문이다.

시키고자 하시어 갖가지 차별되는 불국토를 나타내 보이시는 것이다.51

(다) 불신佛身의 같고 다름52

㈀ ① 그대는 이제 이렇게 알아야 한다. 마치 모든 불국토는 비록 그 의지하는 땅이 뛰어나거나 열등해서 같지 않다고 하더라도 위의 허공은 전혀 차별이 없는 것과 같이,53 ② 이와 같이 모든 붓다 세존들께서는 모든 중생들을 성숙시키고자 하시기 때문에 비록 갖가지 색신色身의 같지 않음을 나투시지만, 장애 없는 복덕과 지혜가 구경 원만하심은 전혀 차별이 없다고 알아야 한다.54

熟 差別有情 示現 種種 差別佛土.

汝今當知. 如諸佛土 雖所依地 勝劣不同 而上虛空 都無差別, 如是當知 諸佛世尊 爲欲成熟 諸有情故 雖現種種 色身不同, 而無障礙 福德智慧 究竟圓滿 都無差別.

....

51 앞의 뜻을 해석해 이룬다. 시방의 모든 붓다의 공덕은 모두 같으니, 진여의 평등한 성품을 증득하셨기 때문이다. 그러므로 붓다의 공덕은 일체가 평등하므로, 근심과 환희, 탐착과 성냄, 거스름과 수순함을 내어서는 안된다. 단지 중생을 위하여 국토의 청정함과 더러움을 나타내는 것이니, 법이 불평등하거나 국토에 좋고 나쁨이 있는 것이 아니라, 근본은 같지만 지말이 다른 것일 뿐이기 때문이다.

52 이하 제3 불신의 같고 다름이다. 국토가 같고 다름으로 인하여 곧 신체를 말하는 것이다. 큰 단락 둘이 있다. ㈀은 비유를 들어, 같음 및 같고 다른 이유를 나타내는 것이고, ㈁은 평등한 모습을 자세히 법으로 말하는 것이다.

53 비유를 들어 같음 및 같고 다른 이유를 나타내는 것에 둘이 있으니, 이 ①은 비유이고, 뒤의 ②는 법이다.

54 중생에 응하여 몸을 나타내어 갖가지가 같지 않음은, 앞의 의지되는 땅에 뛰어남과 열등함이 있는 것과 합하고, 걸림 없는 지혜가 구경에 다함 없고 원만하여 흠 없으며 전혀 차별이 없는 것은, 위의 허공이 다함 없고 흠 없는 것과 합한다. 타수용신과 변화신은 중생을 위해 나투기 때문에 갖가지 다름이 있지

(ㄴ)55 (a) 그대는 이제 일체 여래들은 (다음과 같은 공덕이) 모두 다 평등하다는 것을 알아야 한다.56 ① 소위 최상이고 두루 원만하며 다함이 없는 형색形色, 위광威光, 여러 상과 수호[諸相隨好], 족성族姓, 존귀尊貴함, 청정한 계[尸羅]·정·혜·해탈·해탈지견, 모든 힘, 무소외, 불공불법과,57 ② 대자, 대비, 대희大喜, 대사大捨, 이익, 안락, 위의로 행하시는 것[威儀所行]과,58 ③ 바른 행[正行], 수명

汝今當知 一切如來
悉皆平等.
所謂最上 周圓無極
形色威光 諸相隨好
族姓尊貴 清淨尸羅
定慧解脫 解脫知見
諸力無畏 不共佛法,
大慈大悲 大喜大捨
利益安樂 威儀所

....

만, 자수용신은 일체가 평등하니, 진여를 증득해서 법신과 같기 때문이다.
55 이하 평등한 모습을 자세히 법으로 말하는 것에 넷이 있다. (a)는 붓다의 공덕이 평등한 것, (b)는 명호가 평등한 것, (c)는 심원深遠함을 찬탄하는 것, (d)는 아난이 겸손하게 물러나는 것이다.
56 붓다의 공덕이 평등함을 나타내는 것에 둘이 있으니, 처음 이 문장은 표방하는 것이고, 뒤의 그 아래는 나타내는 것이다.
57 이하 평등을 나타냄에 있어서, '최상'이란 제일이기 때문이고, '두루 원만하다'는 것은 시방에 두루한 것이며, '다함이 없다'는 것은 뒤에 다함이 없는 것이니, 이 3구는 아래의 모든 개별 구[別句]에까지 통하는 것이다. 아래의 개별 구 중 ①은 내덕內德을 개별적으로 밝히는 것, ②는 외덕外德을 개별적으로 밝히는 것, ③은 두 가지 덕을 쌍으로 나타내는 것이다. 이 처음의 ①에는 아홉이 있는데, 처음 다섯은 신체가 평등한 것이고, 뒤의 넷이 덕이 평등한 것이다.
58 여기에 외덕을 개별적으로 밝히는 것에 일곱이 있다. '사무량'은 범·성, 삼승, 유루·무루, 가·실에 모두 통하고 오직 욕·색만을 관찰하고 무색에는 통하지 않지만, 여기에서 '대'라고 한 것은 오직 성이고 범이 아니며, 오직 대이고 소가 아니며, 오직 무루이고 유루가 아니며, 오직 실상관이고 가상이 아니며, 삼계에 통하는 것이고, 오직 붓다께서만 일으키는 것이니, 경계가 크고, 수행이 크며, 이락함이 크기 때문이다. '이익'은 선을 거두는 것이고, '안락'은 악을 떠나는 것이며, '이익'은 괴로움을 떠나는 것이고, '안락'은 즐거움을 주는 것이

의 양[壽量], 법을 설하심, 도탈度脫케 하심, 유정을 성숙시키심, 불국토를 청정케 하심이 모두 다 평등하다.59

(b) 모든 여래께서는 일체 불법佛法이 모두 다 평등하고 최상이며 두루 원만하고 구경에 다함이 없으니, 그러므로 모두 같이 정등각이라고 이름하고, 여래라고 이름하며, 불타佛陀라고 이름하는 것이다.60

行, 正行壽量 說法 度脫 成熟有情 淸淨佛土 悉皆平等. 以諸如來 一切佛法 悉皆平等 最上周圓 究竟無盡, 是故皆同 名正等覺, 名爲如來, 名爲佛陀.

....
다. '위의'란 행주좌와로 이익하는 방편이고, '소행'이란 붓다께서 행하시는 처소이니, 다니시며 교화하는 경계이다.
59 두 가지 덕을 쌍으로 나타내는 것에 여섯이 있다. 첫째 '바른 행'은 세 가지 업이다. 둘째 '수명의 양'은 중생계가 다할 기약이 없음을 따르기 때문이다. 넷째 '도탈케 하심'은 괴로움을 여의게 하는 것이고, 다섯째 '성숙케 하심'은 여읨의 과보를 얻게 하는 것이니, 이상은 내적인 신체를 밝히는 것이고, 여섯째는 국토를 청정케 하심을 밝히는 것이다.
60 둘째 명호가 평등하다. 첫째 같이 '삼먁삼불타三藐三佛陀Samyaksaṃbuddha'라고 이름한다. 정등각을 말하니, '삼'은 정正, '먁'은 등等, 또 '삼'도 정, '불타'는 각자覺者이므로 응당 정각자·등각자·정각자라고 해야 하지만, 합쳐서 정등각자라고 한 것이다. 처음의 정각자는 범부와 다른 것이니, 범부는 사각邪覺이기 때문이다. 다음의 등각자는 이승과 다른 것이니, 이승은 오직 인공무아만을 알아, 치우치게 법을 깨닫기 때문이다. 뒤의 정각자는 보살과 다른 것을 구별한 것이니, 보살은 비록 정각하고 등각한다고 해도 아직 모든 법을 바로 원만하게 깨닫지는 못하기 때문이다. 두 가지 바른 것을 같이 이름하고, 합쳐서 이름하여 '정등각'이라고 한다. 둘째 같이 '달타게다達他揭多Tathāgata'라고 하니 여기 말로 '여래'라고 한다. 남(=과거제불)과 같이 수행하여 남과 같이 이치를 깨달아 와서 열반을 증득하였기 때문[如他修行 如他證理 來證涅槃故]에 여래라고 이름한다. '불타Buddha'는 깨달은 사람[覺者]이다. 일체지와 일체종지를 갖추어, 능히 스스로 열고 깨닫고 또한 능히 일체의 유정을 열어 깨닫게 하니, 스스로 깨닫고 남을 깨우쳐서 깨달음의 행[覺行]이 원만하기 때문에 불타라고 이름한다. 붓다에

(c) 그대는 이제 이렇게 알아야 한다.61 ① 설령 내가 이 세 가지 단어[句]의 뜻을 분별하여 자세히 말하고자 해도, 그대가 겁이 지나도록 머물면서 쉼 없이 듣고 그 수명을 다한다고 하더라도 역시 다할 수 없고, ② 가사 삼천대천세계의 유정의 무리들 모두가 아난처럼 새김과 총지를 얻어 다문에서 제일이라고 하고, 모두가 겁이 지나도록 머물면서 쉼 없이 듣고 그 수명을 다한다고 하더라도 역시 다할 수 없으니,62 ③ 이 정등각, 여래, 불타 세 가지 단어의 오묘한 뜻은 오직 모든 붓다를 제외하고는, 끝까지 선양宣揚하고 결택決擇할 수 있는 자가 없다 라고 말이다.63 ④ 이와 같이 모든 붓다들께서는 보리의 공덕도 한량없고, 막힘 없는 오묘한 변재[無滯

汝今當知. 設令我欲 分別廣說 此三句義, 汝經劫住 無間聽受 窮其壽量 亦不能盡, 假使 三千大千世界 有情之類 皆如阿難 得念總持 多聞第一, 咸經劫住 無間聽受 窮其壽量 亦不能盡, 此正等覺 如來佛陀 三句妙義 無能究竟 宣揚決擇, 唯除諸佛. 如是當知 諸佛菩提 功德無量, 無滯妙辯

게는 열 가지 명호가 있는데도 세 가지만 든 것은, 정등각은 지덕智德이니, 모든 법을 깨닫기 때문이고, '여래'는 단덕斷德이니, 모든 번뇌를 끊어, 진실한 이치의 끊음을 나타내는 것이며, '불타'는 은덕恩德이니, 남을 깨닫게 하기 때문에, 세 가지가 가장 뛰어난 까닭에 치우쳐 밝힌 것이다.

61 셋째 심원함을 찬탄하는 것에 넷이 있다. ①은 법을 말하는 것이 다하기 어려움을 간략히 총체적으로 나타내는 것, ②는 청문하는 것도 다하기 어려움을 가리켜 말하는 것, ③은 모든 붓다께만 비로소 알 수 있음을 나타내는 것, ④는 공덕 갖추신 것을 생각하기 어려움을 총체적으로 맺어 이루는 것이다.

62 '새김'이란 분명히 기억[明記]하는 것이고, '총지'란 글의 뜻을 듣고서 지니는 것이며, '다문'이란 삼장三藏을 널리 듣는 것이다.

63 '선양'이란 말하는 것이고, '결택'이란 지혜로 아는 것이다.

妙辯]도 불가사의하다고 알아야 한다."64

    (d) 이 말씀을 하시고 나자 아난다가 말하였다.

"세존이시여, 저는 이제부터 감히 스스로 새김과 총지를 얻고 다문에서 제일이라고 일컫지 않겠습니다."65

붓다께서 곧 말씀하셨다.

"① 그대는 지금 퇴굴退屈하는 마음을 내지 말라. 어째서인가 하면 내가 과거부터 단지 그대는 성문 대중들 중에서 새김과 총지를 얻어 다문에서 제일이라고 말한 것이었을 뿐, 보살 중에서가 아니었기 때문이다.66 ② 그대는 이제 멈출 것이니, 그 지혜 있는 자라면 모든 보살들의 일을 헤아려서는 안되는 것이다. 그대는 이제 일체 큰 바다의 근원되는 바닥[源底]이 깊고 얕음은 헤아릴 수 있을지언정, 보살의 지혜, 새김, 선정, 총지, 변재의 큰 바다는 헤아릴 수 있는 자가 없다고 알

不可思議."
說是語已 時阿難陀白言.
"世尊, 我從今去 不敢自稱　得念總持　多聞第一."
佛便告曰.
"汝今不應　心生退屈. 所以者何 我自昔來　但說汝　於聲聞衆中　得念總持　多聞第一, 非於菩薩. 汝今且止, 其有智者　不應測量　諸菩薩事.　汝今當知一切大海　源底深淺猶可測量, 菩薩智慧念定總持　辯才大海

----

64 보리가 무량하기 때문에 능히 결택하고, 묘변이 생각키 어렵기 때문에 능히 펴서 말하는 것이다.
65 넷째 아난이 겸손하게 물러나는 것에 둘이 있다. 처음 여기까지는 겸손하게 물러나는 것이고, 뒤의 그 아래는 붓다께서 멈추시는 것이다.
66 붓다께서 멈추시는 것에 셋이 있다. ①은 과거에 다문제일이라고 이름한 것을 회통하시는 것, ②는 총체적으로 그를 멈추고, 높이를 헤아리지 말라시는 것, ③은 뛰어나고 열등함을 비교 측량하는 것이다.

아야 한다. ③ 그대들 성문들은 모든 보살들이 행하는 경계는 내버려 두고 사유해서는 안되는 것이니,67 밥 한 번 먹을 사이에 이 무구칭이 나타내 보인 변화[示現變化]와 지은 바의 신통[所作神通]은, 일체 성문 및 모든 독각들이 백천 대겁에 걸쳐 나타내 보이는 변화와 신통력으로 짓는 것으로도 또한 미칠 수 없는 것이기 때문이다."

無能測者. 汝等聲聞
置諸菩薩 所行境界
不應思惟, 於一食頃
是無垢稱 示現變化
所作神通, 一切聲聞
及諸獨覺 百千大劫
示現變化 神力所作
亦不能及."

3. 귀환하기 위해 청하다68

3.1 찬탄하고 뉘우치며 법을 청하다69
⑴ 그 때 저 상방에서 온 모든 보살들은 모두 일어나 석가모니 붓다께 예배하고 합장하여 공경하면서 말하였다.

"세존이시여, 저희들은 처음 왔을 때 이 불국토의 갖가지 뒤섞인 더러움[雜穢]을 보고 하열하다는 생각을 내었습니다만, 이제 모두

時彼上方 諸來菩薩
皆起禮拜 釋迦牟尼
合掌恭敬 白言.

"世尊, 我等初來 見
此佛土 種種雜穢
生下劣想, 今皆悔

---

67 그대는 잠시라도 보살에게 있는 일체의 경계를 사유하지 말라. 아래가 윗 지위[上位]를 헤아린다고 해도, 근기와 경지와 사람과 건넘[度]에 모두 차이가 있기 때문이다.
68 이하 품의 제3 단락, 보살들이 찬탄하고 청해서 귀환하는 것에 셋이 있다. 3.1은 찬탄하고 뉘우치며 법을 청하는 것, 3.2는 붓다께서 자세히 말씀하시는 것, 3.3은 환희하고 공양하며 법을 찬탄하고 돌아가는 것이다.
69 처음의 글에 둘이 있다. ⑴은 찬탄하고 뉘우치는 것, ⑵는 법을 청하는 것이다.

뉘우치고 이러한 마음을 버렸습니다.70 어째서인가 하면 모든 붓다들의 경계와 방편의 선교함은 불가사의하니, 모든 유정들을 성숙시키고자 하시기 때문에 유정들이 좋아하는 바의 차별[所樂差別] 각각과 같이 이러저러하게 불국토를 나타내 보이시기 때문입니다.71

(2) 그러하오니 세존이시여, 조그만 법을 내려 주셔서, 일체묘향세계에 돌아가서 이 법으로 인하여 항상 여래를 생각토록 해 주시기 바라나이다."

愧 捨離是心. 所以者何 諸佛境界 方便善巧 不可思議, 爲欲成熟 諸有情故 如如有情 所樂差別 如是如是 示現佛土. 唯然 世尊, 願賜少法, 當還 一切妙香世界 由此法故 常念如來."

3.2 붓다께서 자세히 말씀하시다72
3.2.1 총체적으로 말씀하시다

이 말을 마치자 세존께서는 저 곳에서 온 모든 보살들에게 말씀하셨다.

"선남자들이여, 모든 보살에게는 '다함 있음[有盡]과 다함 없음[無盡]'이라고 이름하는

說是語已 世尊 告彼諸來菩薩言.

"善男子, 有諸菩薩解脫法門 名有盡無

---

70 찬탄하고 뉘우치는 것에 둘이 있으니, 처음 여기까지는 표방하는 것이고, 뒤의 그 아래는 풀이하는 것이다.
71 '유정들 각각과 같이[如如有情]'라고 한 것은 유정들의 의요가 오직 하나뿐인 것이 아니기 때문이고, '이러저러하게'라고 한 것은 붓다께서 이락하시는 일 역시 하나가 아니기 때문이다. 우리들이 먼저는 몰랐기 때문에 하열하다는 생각을 내었지만, 지금을 알았으므로 뉘우침을 일으킨 것이다.
72 붓다께서 자세히 말씀하시는 것에 둘이 있으니, 처음 3.2.1은 총체적인 것이고, 뒤의 3.2.2는 개별적인 것이다.

해탈법문이 있으니, 그대들은 이제 공경하게 받아서 부지런히 닦고 배워야 한다.73

盡, 汝今敬受 當勤修學.

3.2.2 개별적으로 말씀하시다74

(1) 두 가지의 뜻을 해석하시다75

① 어떤 것을 이름해서 다함 있음과 다함 없음이라고 하는가? ② 다함 있음이라고 말하는 것은 곧 유위有爲로서, 생멸生滅이 있는 법이고, 다함 없음이라고 말하는 것은 곧 무위無爲로서, 생멸이 없는 법이다.76 ③ 보살은 그 유위를 다하여서도 안되고, 또한 무위에 머물러서도 안된다.77

云何名爲 有盡無盡? 言有盡者 卽是有爲, 有生滅法, 言無盡者 卽是無爲, 無生滅法. 菩薩不應盡其有爲, 亦復不應 住於無爲.

----

73 '해탈법'이란 곧 무위의 이치이다. 무루의 제법으로 모든 번뇌를 떠나는 것을 해탈이라고 이름한다. '문'이란 가르침이니, 가르침이 능히 뜻을 나타내기 때문에 '문'이라고 이름한다.
74 이하 개별적인 것에 셋이 있다. (1)은 두 가지의 뜻을 해석해서, 다하지 않고 머물지 않게 하시는 것, (2)는 두 가지 다하지 않고 머물지 않음을 자세히 말씀하시는 것, (3)은 두 가지 다하지 않고 머물지 않음을 맺어 이루시는 것이다.
75 두 가지의 뜻을 해석하시는 것에 셋이 있다. ①은 묻는 것, ②는 나타내는 것, ③은 다하지도 말고 머물지도 말 것을 권하는 것이다.
76 '다한다'는 것에는 두 가지 뜻이 있다. 첫째는 찰나에 다하여 멸하는 것[刹那盡滅]이고, 둘째는 뒤에 끝내 다하여 멸하는 것[後終盡滅]이다. 유위는 다함이 있고, 무위는 이것이 없다.
77 이는 유위를 다하지도 말고 무위에 머물지도 말 것을 권하는 것이다. 다하지 말도록 하는 것은, 모든 보살은 항상 유위의 행을 닦기 때문에 그 유위를 다하여서는 안된다고 한 것이다. 구경에 무위의 열반에 머물지 않는 것은, 항상 생

(2) 두 가지를 자세히 말씀하시다[78]

  (개) 유위 다하지 않음을 개별적으로 밝히다[79]

    (ㄱ) 어떤 것이 보살이 유위를 다하지 않는 것인가?

    (ㄴ) 모든 보살이 큰 자애를 버리지 않고 큰 연민을 버리지 않는 것을 말하는 것이니,[80] ① 일찍이 일으켰던 일체지를 향한 증상한 의요의 마음에 생각을 매어 소중히 여겨서 잠시도 잊지 않고,[81] ② 유정 성숙시키는 것

云何 菩薩 不盡有爲?
謂諸菩薩 不棄大慈 不捨大悲, 曾所生起 增上意樂 一切智心 繫念寶重 而不暫忘, 成熟有情

....
사를 길러서[殖] 중생을 교화하기 때문이니, 이것은 열반에 머물지 않는 도를 나타내는 것이다. 혹은 이변을 떠난 중도의 뜻을 나타내는 것이다.

78 이하 두 가지 다하지 않고 머물지 않음을 자세히 말씀하시는 것에 셋이 있다. (개)는 유위 다하지 않음을 개별적으로 밝히는 것, (내)는 무위 다하지 않음(=뒤의 (내)에서는 '무위에 머물지 않음'이라고 표현하고 있음)을 개별적으로 밝히는 것, (대)는 두 가지를 상대시켜 쌍으로 분별하는 것이다.

79 유위 다하지 않음을 개별적으로 밝히는 것에 셋이 있다. (ㄱ)은 묻는 것, (ㄴ)은 답하는 것, (ㄷ)은 맺는 것이다.

80 답하는 것에 둘이 있다. 처음 여기까지는 다하지 않는 뜻을 밝히는 것이고, 뒤의 그 아래는 다하지 않는 모습을 밝히는 것이다. 무엇 때문에 유위를 다하여 멸하지 않고 다시 일으켜 짓는가? 모든 보살은 자비를 버리지 않음으로써 항상 생사에서 중생을 교화하기 때문이다. 자비를 버리지 않는 것은 아래의 모든 문구에 통한다. 두 가지를 버리지 않기 때문에 아래의 일들이 있는 것이다.

81 이하 다하지 않는 모습을 밝히는 것에 지금 55구가 있지만, 구역에는 다만 50구가 있었다. 이것은 첫 구로서, 일체지를 얻는 데 대한 마음의 증상한 의요를 소중히 여겨서 잊지 말라는 것이다. 이것은 모든 지위에 동등한 것이므로 단지 총체적으로 해석할 수 있을 뿐이다. 혹은 이 모든 행은 오직 십지이다. 증상한 의요를 '일찍이 일으켰다'라고 이름하기 때문이니, 만약 지전에 있다고 한다면 그 증상한 뜻은 바로 그 지위에 있는 것이므로 '일찍이 일으켰다'라고 이름

에 항상 싫증내지 않으며, ③ 네 가지 거두는 일[四攝事]을 항상 버리지 않고, ④ 정법을 보호해 지님에 신명을 아끼지 않으며, ⑤ 모든 선을 구해 익힘에 끝내 만족함이 없고, ⑥ 회향을 선교하게 안립하는 것을 항상 즐기며,82 ⑦ 정법을 물어 구함에 게으름이 없고, ⑧ 법의 가르침을 널리 폄에 스승의 오무림[師捲]을 짓지 않으며, ⑨ 항상 모든 붓다를 기쁘게 우러러보며 섬기고, ⑩ 일부러 생사를 받으면서도 두려워함이 없으며, ⑪ 비록 흥하거나 쇠퇴함을 만나더라도 기뻐하거나 근심함이 없고,83 ⑫ 아직 배우지 못한 모든 자들을 끝내 얏보지 않으며, ⑬ 이미 배운 이들을 붓다처럼 경애하고, ⑭ 번뇌의 섞임에서도 능히 이치대로 사유하며,84 ⑮ 멀리 여읨의 즐거움도 능히 탐염하지 않고,85 ⑯ 자기의 즐거운 일[己樂事]에도 맛들여 탐착함이 없으며, ⑰ 남의 즐거운 일[他樂事]은 깊은 마음으로 따라 기뻐하고, ⑱ 닦아 익힌 정려靜慮, 해

常無厭倦, 於四攝事 恒不棄捨, 護持正法 不惜身命, 求習諸善 終無厭足, 常樂安立 迴向善巧, 詢求正法 曾無懈倦, 敷演法敎 不作師[倦]<捲>, 常欣瞻仰 供事諸佛, 故受生死 而無怖畏, 雖遇興衰 而無欣慼, 於諸未學 終不輕陵, 於已學者 敬愛如佛, 於煩惱雜 能如理思, 於遠離樂 能不耽染, 於己樂事 曾無味著, 於他樂事 深心隨喜, 於所修習 靜慮

....
하지 않을 것이기 때문이다. 이에 의해 오직 십지를 말하는 것이라고 알아야 한다.
82 닦은 모든 선을 회향하는 것을 항상 닦는 것이다.
83 팔풍八風(=세간 팔법)에 움직이지 않는 것이다.
84 능히 이치대로 사유해서 따라 증장하지 않는 것이다.
85 열반의 즐거움에도 능히 탐하여 물들지 않는 것이다.

탈, 삼매[等持], 등지等至를 지옥처럼 생각해서 맛들여 탐착하지 않으며, ⑲ 노닐며 다니는 계界·취趣·생사를 궁궐의 뜰과 같이 생각해서 싫어하거나 떠나지 않고,86 ⑳ 구걸하는 자에 대해서는 선우善友라는 생각을 일으키며,87 ㉑ 가진 것 모두를 베풀되 모두 돌아보고 아까와함이 없고, ㉒ 일체지에 대해서는 회향하려는 생각을 일으키며, ㉓ 모든 훼금毁禁에 대해서는 구호救護하려는 생각을 일으키고, ㉔ 바라밀다에 대해서는 부모처럼 생각해서 속히 원만하게 하며, ㉕ 보리분법에 대해서는 따르는 하인[翼從]처럼 생각해서 궁극에 이르지 않게 하고,88 ㉖ 모든 선법은 항상 부지런히 닦아 익히며, ㉗ 모든 불국토는 항상 장엄하기를 즐기고, ㉘ 남의 불국토는 깊은 마음으로 기뻐하고 찬탄하며, ㉙ 자신의 불국토는 능히 속히 성취되게 하고,89 ㉚ 모든 상호相好를 원만하게 장엄하기 위하여 청정하고 장애 없는 큰 보시를 수행하며,

解脫 等持等至 如地獄想 而不味著, 於所遊歷 界趣生死 如宮苑想 而不厭離, 於乞求者 生善友想, 捨諸所有 皆無顧吝, 於一切智 起迴向想, 於諸毁禁 起救護想, 於波羅蜜多 如父母想 速令圓滿, 於菩提分法 如翼從想 不令究竟, 於諸善法 常勤修習, 於諸佛土 恒樂莊嚴, 於他佛土 深心欣讚, 於自佛土 能速成就, 爲諸相好 圓滿莊嚴 修行清淨 無礙大

---

86 비록 삼계·오취·사생四生에서 노닐며 교화하고 인도함을 행하더라도, 궁궐의 뜰과 같이 여겨 깊이 기뻐함을 일으키고, 싫어해 떠나지 않는 것이다.
87 나의 보리의 대업大業을 일으키기 때문이다.
88 서른일곱 보리분에 대해서는 세간의 하인처럼 하여 성도聖道를 도와 이루게 하니, 이승이 궁극에 이르도록 닦는 것과 같지 않다.
89 구역에서는 이 셋(=㉗ 내지 ㉙)을 합하여 하나로 하였다.

㉛ 몸과 말과 마음을 장엄하게 장식해서 청정하게 하기 위하여 계를 범하는[犯戒] 일체 악법을 멀리 여의고,90 ㉜ 몸과 마음이 견고히 감내하도록 하기 위하여 일체 분노하거나 원한하는 번뇌를 멀리 여의며,91 ㉝ 수행이 속히 궁극에 이르게 하기 위해 겁이 지나도록 무수히 생사에서 유전하고,92 ㉞ 자신의 마음을 용맹하고 견고하게 머물게 하기 위하여 붓다의 한량없는 공덕 듣기를 게을리하지 아니하며, ㉟ 번뇌의 원수를 영원히 해치고자 하여 반야의 칼과 몽둥이[刀杖]를 방편으로 닦아 다스리고,93 ㊱ 모든 유정들의 무거운 짐을 짊어지고자 하여 온·계·처 두루 환히 알기를 구하며,94 ㊲ 일체 마군魔軍을 꺾어 누르고자 하여 치열하게 정진해서 해태懈怠함이 없고, ㊳ 위 없는 정법을 보호해 지니

施, 爲身語心 嚴飾淸淨 遠離一切 犯戒惡法, 爲令身心 堅固堪忍 遠離一切 忿恨煩惱, 爲令所修 速得究竟 經劫無數 生死流轉, 爲令自心 勇猛堅住 聽佛無量 功德不倦, 爲欲永害 煩惱怨敵 方便修治 般若刀杖, 爲欲荷諸 有情重擔 於蘊界處 求遍了知, 爲欲摧伏 一切魔軍 熾然精進 曾無懈怠, 爲

....

90 계를 지녀서 삼업을 장엄하게 하는 것이다.
91 감내해서 신심을 견고하게 하는 것이다. 구역에서는 '마음에는 용맹이 있다'라고 하였다.
92 유전하면서 수행을 만족하게 하는 것이다. 구역에서는 '무수한 겁 동안 나고 죽는다'라고 하였는데, 글은 적지만 뜻을 갖추었다. 그런데 이 문구가 앞에 있고, 앞의 구(=㉜에 해당하는 구역의 ㉛을 가리킴)가 뒤에 있었다.
93 이상 여섯(=㉚ 내지 ㉟)은 육바라밀이다.
94 삼과三科를 두루 아는 것이 유정들을 짊어지는 지혜이기 때문에 유정을 건넬 수 있다.

고자 하여 선교하게 교화하는 지혜를 교만 떠나 부지런히 구하며,95 ㊴ 모든 세간이 교화받기[受化]를 사랑하고 소중히 하도록 하기 위하여 항상 소욕과 지족을 즐거이 익혀 행하고,96 ㊵ 모든 세간법에 항상 뒤섞여 물듦[雜染]이 없으면서도 일체 세간에 수순할 수 있으며, ㊶ 모든 위의威儀를 항상 허물거나 무너뜨림이 없으면서도 일체 짓는 일[所作]을 나타내 보일 수 있고,97 ㊷ 갖가지 신통과 오묘한 반야[妙慧]를 일으켜서 일체 유정들을 이익되게 하고 안락하게 하며, ㊸ 일체

欲護持　無上正法
離慢勤求　善巧化
智, 爲諸世間 愛重
受化　常樂習行　少
欲知足,　於諸世法
恒無雜染 而能隨順
一切世間, 於諸威
儀　恒無毁壞 而能
示現 一切所作, 發
生種種　神通妙慧
利益安樂　一切有

....
95 스스로를 높이지 않고 남 위하는 지혜를 잘 구해야 붓다의 정법을 보호해 지닐 수 있다.
96 항상 소욕을 가져 많이 구하지 아니하고 지족해서 다시 구하지 않으니, 대인의 여덟 가지 깨달음[팔대인각八大人覺](=《불설팔대인각경》에서 제불 보살의 대인이 깨닫는다고 하는 여덟 가지 법으로, ① 세간은 무상하다는 것[世間無常]을 깨닫는 것, ② 다욕은 괴로움임[多欲爲苦]을 깨달아 아는 것, ③ 마음에는 만족이 없음[心無厭足]을 깨달아 아는 것, ④ 게으르면 추락함[懈怠墜落]을 깨달아 아는 것, ⑤ 어리석으면 생사함[愚癡生死]을 깨달아 아는 것, ⑥ 빈궁하면 원수가 많음[貧苦多怨]을 깨달아 아는 것, ⑦ 오욕은 과환임[五欲過患]을 깨닫는 것, ⑧ 생사에는 치열한 고뇌가 한량없음[生死熾然苦惱無量]을 깨달아 아는 것. 이는 한글 AN 제5권의 8:30경 pp.168-179에서 말하는 '여덟 가지 대인의 사유'와 유사하지만, 내용에는 적지 않은 차이가 있음) 등을 수행하기 때문이다. 세간으로 하여금 자신을 사랑하고 소중히 여겨, 나의 교화를 받아들이도록 하기 때문이다. 만약 성품이 많이 구하고, 얻고 나서도 다시 구한다면, 세간에서 곧 소중히 여기지 않고, 자신의 교화를 받아들이지 않을 것이다.
97 살생 등 일체의 짓는 일을 나타내 보이면서도 위의를 지키는 것이다.

들은 정법을 받아 지녀 오묘한 지혜[妙智]와 바른 새김[正念]과 총지를 일으키고, ㊽ 모든 근기의 뛰어나고 열등함을 따른 오묘한 지혜를 일으켜서 일체 유정들의 의혹을 끊어주며, ㊺ 갖가지 걸림 없는 변재를 증득하여 정법을 널리 폄에 항상 막힘[擁滯]이 없고, ㊻ 사람과 천신들[人天]의 수승한 기쁨과 즐거움을 받기 위하여 청정한 열 가지 선업도[十善業道]를 부지런히 닦으며, ㊼ 범천에 이르는 길을 바르게 열고 일으키기 위하여 사무량의 지혜[四無量智]를 부지런히 나아가 수행하고,98 ㊽ 모든 붓다들의 최상의 오묘한 음성을 얻기 위하여 법 설하기를 권청하고 따라 기뻐하며 훌륭하다고 찬탄하고,99 ㊾ 모든 붓다들의 최상의 오묘한 위의를 얻기 위하여 수승하고 적정한 삼업을 항상 닦으며, ㊿ 수행이 순간순간 향상되게 하기 위하여 일체법에 마음이 항상 물들어 막힘[染滯]이 없고, ㉛ 모든 보살승을 잘 길들이기 위하여

情, 受持一切 所聞正法 爲起妙智 正念總持, 發生 諸根勝劣妙智 爲斷一切有情疑惑, 證得種種 無礙辯才 敷演正法 常無擁滯, 爲受人天 殊勝喜樂 勤修淸淨 十善業道, 爲正開發 梵天道路 勤進修行 四無量智, 爲得諸佛 上妙音聲 勸請說法 隨喜讚善, 爲得諸佛 上妙威儀 常修殊勝 寂靜三業, 爲令所修 念念增勝 於一切法 心無染滯, 爲善調御 諸菩

---

98 사무량을 닦는 것이 범천의 길을 여는 것이다. 범천에 태어나는 자는 사무량을 닦았으니, 무량이 범천의 원인이 되는 길이다. '그 길을 연다'고 이름한 것은 반드시 범천의 처소에 태어나야 하는 것은 아니기 때문이다.
99 붓다의 음성을 얻기 위하여 남에게 설법을 청하고, 남의 선을 따라 기뻐하며, 훌륭하다고 찬탄해 말하는 것이다.

항상 대승을 중생에게 배우도록 권하며, ㉒ 가진 공덕을 잃거나 무너지지 않게 하기 위하여 일체시에 항상 방일放逸함이 없고, ㉝ 모든 선근이 점점 증진되게 하기 위하여 갖가지 큰 서원[大願]을 항상 즐거이 닦고 다스리며, ㉞ 일체 불국토를 장엄하고자 하여 광대한 선근을 항상 부지런히 닦아 익히고, ㉟ 닦은 것[所修]이 필경 다함이 없도록 하기 위하여 회향하는 선교한 방편을 항상 닦는 것이니,100

(ㄷ) 모든 선남자들이여, 이러한 법을 수행하는 것, 이것을 보살이 유위를 다하지 않는다고 이름하는 것이다.

(나) 무위에 머물지 않음을 개별적으로 밝히다101

(ㄱ) 어떤 것이 보살이 무위에 머물지 않는 것인가?

(ㄴ) 모든 보살이102 ① 비록 공空을 행하면

薩僧 常以大乘 勸衆生學, 爲不失壞所有功德 於一切時常無放逸, 爲諸善根展轉增進 常樂修治種種大願, 爲欲莊嚴一切佛土 常勤修習廣大善根, 爲令所修究竟無盡 常修迴向善巧方便,

諸善男子, 修行此法, 是名 菩薩不盡有爲.

云何 菩薩不住無爲?

謂諸菩薩 雖行於空

....
100 선교함을 닦아야 수행한 것이 다함 없이 불지佛智로 회향되기 때문에 선이 무궁한 것이다. 그렇지 않다면 닦아서 받는 과보가 다하게 되기 때문이다. 구역에서는 앞의 불국토에서 둘이 빠졌고, 이 뒤의 셋(=㉝ 내지 ㉟)이 또 빠져서 오직 50구만 있었다.
101 무위에 머물지 않음을 해석하는 것에 셋이 있다. (ㄱ)은 묻는 것, (ㄴ)은 답하는 것, (ㄷ)은 맺는 것이다.
102 이하 답하는 것에 21구가 있다. 구역에서는 19구만 있었다(구역의 ②를 두

서도 그 공 증득하기[作證]를 즐기지 않고, ② 비록 무상無相을 행하면서도 무상 증득하기를 즐기지 않으며, ③ 비록 무원無願을 행하면서도 무원 증득하기를 즐기지 않고,103 ④ 비록 무작無作을 행하면서도 무작 증득하기를 즐기지 않으며,104 ⑤ 비록 형성된 모든 것[諸行]은 모두 다 무상無常함을 관찰하면서도 선근善根에 대해 마음에 싫어하거나 만족함이 없고, ⑥ 비록 세간은 일체가 모두 괴로움[一切皆苦]임을 관찰하면서도 생사에서 의도적으로 태어남을 받으며[受生], ⑦ 비록 안에는 '나'가 없음을 즐겨 관찰하면서도 필경 자신의 몸[自身]을 싫어해 버리지 않고,105 ⑧ 비록 밖에는 유정有情 없음을 즐겨 관찰하면서도 항상 교화 인도함에 마음으로 싫증냄이 없으며, ⑨ 비록 열반은 필경 적정寂靜함

而於其空 不樂作證, 雖行無相 而於無相 不樂作證, 雖行無願 而於無願 不樂作證, 雖行無作 而於無作 不樂作證, 雖觀諸行 皆悉無常 而於善根 心無厭足, 雖觀世間 一切皆苦 而於生死 故意受生, 雖樂觀察 內無有我 而不畢竟 厭捨自身, 雖樂觀察 外無有情 而常化導 心無厭倦, 雖觀涅槃

....

가지로, ⑮를 네 가지로 보는 것을 전제로 하는 것임).
103 '행한다'는 것은 연을 깨닫는 것[緣覺]이다, '증득한다'는 것은 그윽히 합하는 것[冥會]이다. 비록 이 셋에 흐르면서도, 지혜가 필경 오로지 셋에 그윽히 합하지만은 않으므로, 이승이 그 셋 중에 머무는 것과 같지 않은 것이다. 여기에서 세 가지 경계는 모두 무위를 취한 것이지만, 필경 무위를 증득하는 것만은 아니므로, '머물지 않는다'고 이름한다.
104 '작作'은 조작造作을 말하니, 인연이 화합하여 지어진 것이기 때문에 체는 곧 유위이다. 비록 무위인 무작의 법을 행하면서도 증득하기를 즐겨하지 않는다.
105 자신의 몸에 '나'가 없음을 관찰하면서도 몸을 싫어하지 않기 때문에 열반에 들지 않는 것이다.

을 관찰하면서도 필경 적멸寂滅에 떨어지지 않고,106 ⑩ 비록 멀리 여읨[遠離]의 궁극의 안락을 관찰하면서도 궁극적으로 몸과 마음을 싫어하지 않으며,107 ⑪ 비록 아뢰야阿賴耶가 없는 것을 즐겨 관찰하면서도 맑고 하얀 법의 곳간[淸白法藏]을 버리지 않고,108 ⑫ 비록 모든 법은 필경 생겨남 없는 것[畢竟無生]을 관찰하면서도 중생 이롭게 하는 일을 항상 짊어지며, ⑬ 비록 무루를 관찰하면서도 생사에서 유전함을 끊지 않고, ⑭ 비록 행 없음[無行]을 관찰하면서도 모든 유정 성숙시

畢竟寂靜 而不畢竟 墮於寂滅, 雖觀遠離 究竟安樂 而不究竟 厭患身心, 雖樂觀察 無阿賴耶 而不棄捨 淸白法藏, 雖觀諸法 畢竟無生 而常荷負 利衆生事, 雖觀無漏 而於生死 流轉不絶, 雖觀無行 而行

....

106 비록 열반을 관찰하지만, 필경 영원히 적멸에 들지 않으니, 중생을 교화하기 때문이다.
107 비록 진여를 관찰해서 괴로움의 무리를 멀리 여의고 안락을 얻었지만, 신심身心을 싫어하고 안락을 원하지 않는다. 신심을 싫어하지 않는 것은 생사가 다 하도록 유정 제도하기를 원하기 때문이다.
108 '아뢰야'란 비록 세 가지 장藏(=능장·소장·집장)을 갖추지만, 지금은 집착의 주체로서의 장[能執藏]을 취한 것이므로, '아뢰야가 없다'는 것은 집착의 주체로서의 장의 뜻이 없다는 것이다. 비록 집착 주체로서의 장의 체는 없다고 해도, 또한 저장 주체[能藏]로서의 법은 있으니, 곧 맑고 하얀 법장인 대승의 가르침이다. 경전의 열 가지 덕 중에서 제8은 청정이고, 제9는 선백鮮白이다. 청정이란 자성이 해탈이기 때문이니, 그 설해진 법은 일찰나 중에도 또한 과실이 없는 것이다. 삼독의 뿌리[三毒根]를 떠났고, 모든 계박을 떠났기 때문에 성품이 해탈인 것이다. 선백이란 해탈을 상속시키기 때문이니, 한 순간에도 그 과실이 없을 뿐만 아니라, 이를 상속하여 말한다고 해도 역시 모든 허물을 떠나는 것이다. 비록 생사가 영원히 다해서 집착 주체로서의 장의 체가 없음을 관찰하면서도, 맑고 하얀 가르침을 버리지 않고 중생을 교화하는 것이다.

키는 일을 행하며,109 ⑮ 비록 나 없음을 관찰하면서도 유정에 대해 대비를 버리지 않고, ⑯ 비록 무생無生을 관찰하면서도 이승에서의 바른 지위[正位]에 떨어지지 않으며, ⑰ 비록 모든 법은 필경 공적空寂함을 관찰하면서도 닦은 바의 복덕을 공적하게 하지 않고, ⑱ 비록 모든 법은 필경 멀리 여의었음[遠離]을 관찰하면서도 닦은 바의 지혜를 멀리 여의지 않으며, ⑲ 비록 모든 법에는 필경 알맹이가 없는 것[無實]을 관찰하면서도 항상 원만한 사유에 안주하고,110 ⑳ 비록 모든 법에는 필경 주재가 없는 것[無主]을 관찰하면서도 항상 부지런히 정진해서 자연지自然智를 구하며,111 ㉑ 비록 모든 법에는 영원히 표지[標識]가 없는 것을 관찰하면서도 요의了義에서 붓다의 종자[佛種]를 안립하는 것을 말하는 것이니,112

成熟 諸有情事, 雖觀無我 而於有情 不捨大悲, 雖觀無生 而於二乘 不墮正位, 雖觀諸法 畢竟空寂 而不空寂 所修福德, 雖觀諸法 畢竟遠離 而不遠離 所修智慧, 雖觀諸法 畢竟無實 而常安住 圓滿思惟, 雖觀諸法 畢竟無主 而常精勤 求自然智, 雖觀諸法 永無標識 而於了義 安立佛種,

....
109 '행'이란 움직이고 일으켜 짓는다[運動起作]는 뜻이니, '행 없다'는 것은 곧 무위이다. 비록 행 없음을 관찰하면서도 항상 이락利樂을 행하는 것이다.
110 비록 유위는 알맹이가 없다는 이치인 진여의 법성을 관찰하면서도 항상 원만한 사유에 안주하고 그침이 없다.
111 비록 모든 법의 주재 없음의 진여를 관찰하면서도 자연지(=포탈라본의 범어 'svayaṃbhū-jñāna'의 역어로서, 공용을 빌리지 않고 자연히 생기는 붓다의 일체종지를 말함. 다른 인연에 의지하지 않고 스스로 깨닫는 지혜라 하여 무사지無師智라고도 함)를 구함에 정진하고 게으름이 없다.

㈐ 모든 선남자들이여, 이러한 법을 수행하는 것, 이것을 보살이 무위에 머물지 않는다고 이름하는 것이다.

諸善男子, 修行此法, 是名 菩薩不住無爲.

㈑ 두 가지를 상대시켜 쌍으로 분별하다113

또 선남자들이여, 모든 보살은 ① 항상 부지런히 복덕[福]의 자량을 닦아 모으기 때문에 무위에 머물지 아니하고, 항상 부지런히 지혜[智]의 자량을 닦아 모으기 때문에 유위를 다하지 아니하며,114 ② 큰 자애[大慈]를 성취하여 모자람[缺減]이 없기 때문에 무위에 머물지 아니하고, 큰 연민[大悲]을 성취하여 모자람이 없기 때문에 유위를 다하지 아

又善男子, 以諸菩薩 常勤修集 福資糧故 不住無爲, 常勤修集 智資糧故 不盡有爲, 成就大慈 無缺減故 不住無爲, 成就大悲 無缺減故 不盡有爲,

....

112 '표지[標幟]'가 있는 것은 모든 유위이다. 마치 왕이 깃발[旃]로써 표지로 삼는 것과 같다. 또 모든 유위는 능상能相과 소상所相이 있어, 능상인 사상四相이 표지의 수단이 되고, 일체의 소상인 모든 유위법은 표지의 대상이 되지만, 무위에는 이것이 없는 것을 '표지가 없다'고 이름한다. 비록 이 무위를 관찰하면서도 요의의 가르침 중에서 정법을 들어서 붓다의 종자를 안립한다. 이상의 여러 구에서 '관찰한다'는 것은 모두 무위를 관찰하는 것이고, '면서도[而]'라고 말한 것은 모두 머물지 않는 것이다.
113 이하 제3 두 가지를 상대시켜 두 가지를 쌍으로 분별하는 것에 16댓구가 있다. 구역에서는 4댓구만 있었다.
114 유위의 복덕을 닦아서 뛰어난 생사를 받으므로 무위에 머물지 아니하고, 지혜의 자량을 닦아 중생의 괴로움을 뽑아주고 대보리를 구하기 때문에 유위를 다하지도 않는다. 만약 무위에 머물고 유위를 다한다면 곧 이승을 이루어 영원히 적멸에 들므로, 자리뿐이고 이타가 아니라는 것이 아래 글들의 뜻이다. 만약 무위에 머물지 않아서 유위를 다하지 않는다면 이승이 영원히 적멸에 드는 것과 같지 않으므로 능히 두 가지 이익을 이룰 수 있는 것이다.

니하며, ③ 모든 유정들을 이익되게 하고 안락하게 하기 때문에 무위에 머물지 아니하고, 모든 불법佛法을 궁극적으로 원만하게 하기 때문에 유위를 다하지 아니하며, ④ 일체 상호가 장엄한 붓다의 색신色身을 이루어 만족하기 때문에 무위에 머물지 아니하고, 일체 힘, 무소외 등 붓다의 지신智身을 증득하기 때문에 유위를 다하지 아니하며, ⑤ 방편을 선교하게 하여 중생을 교화하기 때문에 무위에 머물지 아니하고, 미묘한 지혜로써 잘 관찰하기 때문에 유위를 다하지 아니하며, ⑥ 불국토를 닦고 다스려 궁극적으로 만족하기 때문에 무위에 머물지 아니하고, 붓다의 신체[佛身]가 안주하여 항상 다함이 없기 때문에 유위를 다하지 아니하며,115 ⑦ 중생 요익하는 일을 항상 짓기 때문에 무위에 머물지 아니하고, 법의 뜻[法義] 받아들임을 쉬거나 폐함이 없기 때문에 유위를 다하지 아니하며, ⑧ 선근을 적집하는 것이 항상하고 다함이 없기 때문에 무위에 머물지 아니하고, 선근의 힘으로 지탱하여 끊어지거나 무너지지 않기 때문에 유위를 다하지 아니

利益安樂 諸有情故 不住無爲, 究竟圓滿 諸佛法故 不盡有爲, 成滿一切 相好莊嚴 佛色身故 不住無爲, 證得一切 力無畏等 佛智身故 不盡有爲, 方便善巧 化衆生故 不住無爲, 微妙智慧 善觀察故 不盡有爲, 修治佛土 究竟滿故 不住無爲, 佛身安住 常無盡故 不盡有爲, 常作饒益 衆生事故 不住無爲, 領受法義 無休廢故 不盡有爲, 積集善根 常無盡故 不住無爲, 善根力持 不斷壞故 不盡有爲, 爲欲成滿 本

---

115 보·화토 등의 불국토를 원만하게 닦기 때문에 무위에 머물지 않고, 붓다의 보신報身이 상주하고 다함이 없기 때문에 유위를 다하지 아니한다.

며, ⑨ 본래 서원한 것을 이루어 만족하고자 하기 때문에 무위에 머물지 아니하고, 영원한 적멸을 희구하지 않기 때문에 유위를 다하지 아니하며, ⑩ 원만한 의요가 매우 청정하기 때문에 무위에 머물지 아니하고, 증상한 의요가 매우 청정하기 때문에 유위를 다하지 아니하며,116 ⑪ 항상 오신통에서 노닐기 때문에 무위에 머물지 아니하고, 붓다의 지혜와 육신통이 매우 원만하기 때문에 유위를 다하지 아니하며,117 ⑫ 바라밀다의 자량이 만족하기 때문에 무위에 머물지 아니하고, 본래 사유했던 것[本所思惟]이 아직 원만하지 못하기 때문에 유위를 다하지 아니하며,118 ⑬ 법의 재보財寶를 모으는 것에 항상 싫어함이 없기 때문에 무위에 머물지 아니하고, 부분적인 법[少分法]을 즐기거나 희구하지 않기 때문에 유위를 다하지 아니하며,119

所願故　不住無爲,
於永寂滅 不希求故
不盡有爲,
圓滿意樂 善清淨故
不住無爲,　增上意
樂 善清淨故　不盡
有爲, 恒常遊戱 五
神通故　不住無爲,
佛智六通 善圓滿故
不盡有爲,　波羅蜜
多 資糧滿故　不住
無爲, 本所思惟 未
圓滿故　不盡有爲,
集法財寶 常無厭故
不住無爲,
不樂希求 少分法故
不盡有爲,

....

116 원만한 의요의 청정으로 이타로 나아가 행하므로 무위에 머물지 않고, 증상한 의요의 청정으로 자리에 다함이 없으므로 유위를 다하지 않는다.
117 5신통(=6신통 중 누진통은 이타와 무관하다고 보는 취지)으로 중생을 이롭게 하므로 무위에 머물지 않고, 붓다의 지혜와 6신통을 매우 원만하여 구경에 다함이 없으므로 유위를 다하지 않는다.
118 모든 바라밀다의 자리는 원만하기 때문에 무위에 머물지 않고, 본래 사유한 이타는 아직 만족하지 못했기 때문에 유위를 다하지 않는다.
119 법의 재물을 싫어함이 없으므로 무위에 머물지 않고, 이승의 작은 법을 좋아

⑭ 견고한 서원에서 항상 물러남이 없기 때문에 무위에 머물지 아니하고, 능히 서원을 필경 만족하게 하기 때문에 유위를 다하지 아니하며, ⑮ 일체 오묘한 법의 약[法藥]을 적집하기 때문에 무위에 머물지 아니하고, 근기를 따라 법의 약을 주기 때문에 유위를 다하지 아니하며, ⑯ 중생의 번뇌의 병을 두루 알기 때문에 무위에 머물지 아니하고, 중생의 번뇌의 병을 그쳐 없애기 때문에 유위를 다하지 아니하는 것이다.

堅牢誓願 常無退故 不住無爲, 能令誓願 究竟滿故 不盡有爲, 積集一切 妙法藥故 不住無爲, 隨其所應 授法藥故 不盡有爲, 遍知衆生 煩惱病故 不住無爲, 息除衆生 煩惱病故 不盡有爲.

(3) 두 가지를 맺어 이루시다

여러 선남자들이여, 보살이 이와 같이 유위를 다하지 아니하고 무위에 머물지 아니하는 것, 이것을 다함 있음과 다함 없음의 해탈법문에 안주한다고 이름하는 것이니, 그대들은 모두 정진해서 닦고 배워야 한다."

諸善男子, 菩薩如是 不盡有爲 不住無爲, 是名安住 有盡無盡 解脫法門, 汝等皆當 精勤修學."

3.3 환희 공양 찬탄하고 돌아가다[120]

(1) 그 때 일체묘향세계의 최상향대여래의 불국토에서 온 모든 보살들은 이러한 다함 있

爾時 一切妙香世界 最上香臺 如來佛土

....
하지 않고 오직 대승의 넓은 법을 좋아하기 때문에 유위를 다하지 않는다.
[120] 공덕을 환희하고 공양하며 찬탄하고 돌아가는 것에 셋이 있다. (1)은 법을 듣고 환희하는 것, (2)는 꽃과 향으로 공양하는 것, (3)은 찬탄하고 예배하고서 돌아가는 것이다.

음과 다함 없음의 해탈법문 설하시는 것을 듣고 나니, 법의 가르침[法教]이 그들의 마음을 열어 일으키고[開發] 권하여 격려[勸勵]하므로 모두 크게 기뻐하여 몸과 마음이 뛰어올라서,121

(2) 한량없는 종류의 매우 오묘한 향과 꽃과 모든 장엄구로써 세존 및 모든 보살들과 아울러 이제 설해진 다함 있음과 다함 없음의 해탈법문에 공양하고, 다시 갖가지 매우 오묘한 향과 꽃을 삼천대천세계에 두루 뿌리니, 향과 꽃이 대지를 덮어 무릎까지 깊이 잠기었다.

(3) 그 때 모든 보살들은 세존의 두 발에 공경히 엎드려 예배하고 오른쪽으로 세 바퀴를 돈 다음, 석가모니 및 모든 보살들과 아울러 설해진 법을 찬양하고 찬송하고는, 이 불국토에서 홀연 모습을 감추고 순식간에 곧 저들의 나라에서 머물고 있었다.

諸來菩薩 聞說如是
有盡無盡 解脫門
已, 法教開發 勸勵
其心 皆大歡喜 身
心踊躍,
以無量種 上妙香花
諸莊嚴具 供養世尊
及諸菩薩 幷此所說
有盡無盡 解脫法門,
復以種種 上妙香花
散遍 三千大千世界,
香花覆地 深沒於膝.
時諸菩薩 恭敬頂禮
世尊雙足 右繞三匝,
稱揚讚頌 釋迦牟尼
及諸菩薩 幷所說法,
於此佛土 欻然不現
經須臾間 便住彼國.

....
121 법을 들으면, 아직 깨닫지 못한 자는 열어 일으키고, 이미 깨달은 모든 보살들의 마음은 권하고 격려하는 것이다.

설무구칭경　　　　　　　　說無垢稱經
제6권　　　　　　　　　　　卷第六

제12 관여래품1　　　　　　觀如來品 第十二

1. 법신여래와 자수용신을 보다2
....

1 모두 11개 품의 근본 가르침을 바르게 펴는 것은 셋으로 나누어지니, 처음 9개 품(=제2 내지 제10)은 보살의 경계를 밝히는 것이고, 다음 1품(=제11)은 보살의 행을 밝히는 것이며, 이 1품은 보살의 과보를 밝히는 것이다. 수행하면 장차 반드시 큰 과보를 이루기 때문이다. '여래'라는 이름은 이미 앞에서 해석하였고, '관觀'이란 살피는 것[察]이니, 지혜로써 보고 비추어서 살피는 것[智見照察]을 '관'이라고 이름한다. 묘행妙行을 닦는 자가 실제로 여래가 있다고 집착할 것을 염려하여, 삼신의 차별을 바르게 관찰하는 것[正觀]을 해석하지 않았으나, 이제 바르게 관찰하는 것을 가르쳐서, 증득을 구해 붓다를 이루게 하는 것이다. 무구칭이 온 뜻을 이용하여 여래의 묘체妙體를 펴서 이 품에서 자세히 밝히므로 '관여래품'이라고 이름하였다.

2 불신佛身에 둘이 있다, 첫째는 진실[實]이고, 둘째는 방편[權]이다. 이 두 가지에 의해 품의 단락에도 둘이 있다. 처음 1.은 여래께서 물음을 일으켜서 법신여래를 보는 것을 밝힌다. 혹은 자수용신을 겸하니, 1.2.2 이하는 자수용신을 밝히는 것이다. 모두 진실한 몸[實身]이기 때문이다. 뒤의 2.는 사리자가 물음을 일으켜서 무동無動 붓다를 보는 일을 기회로 하여 타수용신을 보는 것을 밝힌다. 겸하여 석가모니께서 잡예한 국토[雜穢土]에 머무시는 것은 화신불임을 나타낸다. 모두 방편의 몸[權身]이기 때문이다. 아래에서 사리자가 무구칭을 찬탄하여 말하기를, "능히 저 청정한 불국토를 버리고 이 많이 잡예한 국토로 와서 즐긴다"고 하였기 때문에 무동은 타수용신이고, 석가는 화신임을 안다. 모든 붓다의 몸은 진실과 방편을 벗어나지 않으므로, 이렇게 여래를 보면 일체 모두를 갖추는 것이다. 《불지론佛地論》에서도 이르기를, "불신에는 둘이 있으니, 첫째는 법신

그 때 세존께서는 무구칭에게 물어 말씀하셨다.

"선남자여, 그대는 아까 여래의 몸[如來身]을 보고자 해서 이 곳에 왔던 것인데, 그대는 어떻게 여래를 보는가?"3

1.1 총체적으로 표방하다4

무구칭이 말하였다.

"저는 여래를 볼 때 전혀 보는 것 없이[都無所見] 이와 같이 봅니다.5

爾時世尊 問無垢稱言.

"善男子, 汝先欲觀 如來身故 而來至此, 汝當云何 觀如來乎?"

無垢稱言.

"我觀如來 都無所見 如是而觀.

이고, 둘째는 생신生身이다. 진여의 법신과 자수용신은 모두 법신이라고 이름하니, 진실한 공덕의 법이 쌓여 이루어진 것이기 때문이다. 타수용불과 화신불은 모두 생신이라고 이름하니, 진실한 공덕이 아니기 때문이다"라고 하였다.

3 처음의 글에 둘이 있다. 처음 이것은 묻는 것이고, 뒤의 1.1 이하는 답하는 것이다. (묻는 뜻은) 방편의 모습[權相]을 보는가, 진실한 몸[實身]을 보는가 라는 것이다.

4 이하 답하는 것에 셋이 있다. 1.1은 총체적으로 표방하는 것, 1.2는 개별적으로 해석하는 것, 1.3은 바르게 맺는 것이다.

5 [공리] 석가의 몸은 방편으로 세속에 나타낸 것이므로 볼 수 있는 모습이 있지만, 진불眞佛의 체는 모든 법의 성품의 공함이라 형상이 없어 전혀 볼 수가 없다. 지금은 진불을 보는 것이기 때문에 나는 전혀 보는 것 없이 본다고 말한 것이다. [응리] 법신의 진실한 이치는 형상이 없다. 자수용신은 비록 오온이기는 해도 미세하고 매우 오묘해서 십지보살도 하물며 볼 수 없는데 하물며 나머지 아래 지위들이겠는가? 체가 법계에 충만해서 색상色相과 형상形相으로써 취할 수 없으므로 역시 전혀 봄이 없는 것이다. 그래서 여기에서 '이와 같이 본다'고 총체적으로 답한 것이다.

1.2 개별적으로 해석하다
1.2.1 법신 보는 것을 밝히다

왜냐 하면 저는 여래를 과거[前際]에서 오는 것도 아니고 미래[後際]로 가는 것도 아니며 현재에도 머물지 않는다고 보기 때문입니다.6

何以故　我觀如來 非前際來 非往後際 現在不住.

⑴ 어째서인가 하면 저는 여래를 보기를, 물질[色]의 진여의 성품으로서 그 성품은 물질이 아니고, 느낌[受]의 진여의 성품으로서 그 성품은 느낌이 아니며, 지각[想]의 진여의 성품으로서 그 성품은 지각이 아니고, 형성[行]의 진여의 성품으로서 그 성품은 형성이 아니며, 의식[識]의 진여의 성품으로서 그 성품은 의식이 아니고,7

所以者何　我觀如來, 色眞如性 其性非色, 受眞如性 其性非受, 想眞如性 其性非想, 行眞如性 其性非行, 識眞如性 其性非識,

....

6 [공리] 이하 진실한 몸[眞身]을 보는 것에 둘이 있다. 처음 이 문장은 간략히 해석하는 것, 뒤의 ⑴ 이하는 자세히 해석하는 것이다. 세속에 의해 형상으로 변화해서, 과거의 전제에서 닦아서 왔고, 미래의 후제로 가서 교화 인도할 것이며, 현재 세상에 나와 머물면서 중생을 가르치므로 보는 것이 있을 수 있다. 진실한 진리는 형상이 없으니, 성품이 본래 공하기 때문이다. 도무지 삼세에서 오고 가며 현재에 머무는 것이 없는데, 어떻게 볼 수 있겠는가? [응리] 이하 해석하는 것에 둘이 있다. 처음은 법신 보는 것을 밝히는 것이고, 뒤의 1.2.2 이하는 자수용신 보는 것을 밝히는 것이다. 처음 중에도 둘이 있으니, 처음 이 문장은 간략한 것이고, 뒤의 ⑴ 이하는 자세한 것이다. 어째서 법신을 보는 것은 전혀 보는 것이 없는가? 삼세가 아니기 때문이니, 삼세에 거두어지는 것이라야 보는 것이 있을 수 있기 때문이다.

7 [공리] 이하 자세히 해석하는 것이다. 진실한 몸을 보면 일체 세속의 온갖 모습을 영원히 떠났다. 비록 갖가지 문구의 같지 않음이 있지만, 뜻을 논한다면 진

(2) 네 가지 요소[四界]에 머물지 않고, 허공의 요소[虛空界]와 같으며, 육입처[六處]에서 일어나는 것이 아니고, 육근六根의 길을 벗어났으며, 삼계三界에 섞이지 않고, 세 가지 때[三垢]를 멀리 떠났으며,8	不住四界, 同虛空界, 非六處起, 超六根路, 不雜三界, 遠離三垢,
(3) ① 세 가지 해탈에 수순하고, ② 삼명三明에 따라 이르되, 명明이 아니면서도 밝고, 이르는 것[至]이 아니면서도 이르며, ③ 일체법의 장애 없는 경계[無障礙際]에 이르렀고,9	順三解脫, 隨至三明, 非明而明, 非至而至, 至一切法 無障礙際,

....

실한 몸은 온갖 모습을 떠났다는 것이다. [응리] 이하는 법신을 넓히는 것으로, 글에 모두 여섯이 있다. (1)은 오온의 모습을 떠난 것, (2)는 삼유의 몸[三有身]과 다른 것, (3)은 출세간의 도[出世道]를 수순하는 것, (4)는 법과 비법非法을 버린 것, (5)는 진실과 같고 세속을 벗어난 것, (6)은 계박을 떠나 해탈한 것이다. 오온의 진여가 붓다의 법신이기 때문에 온의 여[蘊如]를 보는 것이다. 오온에 즉한 것이 아니다. 그래서《반야경》에서 "색으로써 나를 보거나 음성으로써 나를 구한다면 이는 사도邪道를 행하는 것이니 여래를 보지 못한다"라고 하였다. 여래의 묘체妙體가 곧 법신불이니, 체를 볼 수 없으므로 의식으로는 알지 못하는 것이다. 그런데《열반경》등에서는, "무상한 색을 버리고 항상한 색을 획득했으니, 수·상·행·식도 또한 그러하다"라고 하였는데, 이는 보신불이기 때문에 상위하지 않는 것이다.

8 제2 삼유의 몸과 다른 것에 여섯이 있다. 첫째 네 가지 요소에 머물지 않는 것은 지·수·화·풍의 네 가지로 이루어진 것이 아니기 때문이다. 둘째 허공계와 같은 것은 걸리는 것이 없어서, 오직 허공만이 비유가 되기 때문이다. 셋째 내육처가 아닌 것은 일어나는 성품이 스스로 항상하기[起性自常] 때문이다. 넷째 세간의 육근의 길을 벗어난 것은 정지로 깨닫는 것이기 때문이다. 다섯째 삼계에 섞이지 않는 것은 순수한 무루이기 때문이다. 여섯째 세 가지 때를 원리遠離한 것은 탐·진·치의 때를 원리한 것이 자체가 되기 때문이다.

9 제3 출세간의 도를 수순하는 것에 셋이 있다. 첫째 3해탈을 수순한다. 3해탈의

⑷ ① 실제實際이지만 제際가 아니고, ② 진여眞如이지만 여如가 아니며, ③ 진여의 경계에서 항상 머무는 바가 없고, 진여의 지혜와 항상 상응하지 않아서, 진여의 경계와 지혜는 그의 성품을 모두 여의었으며,10

④ 인因에서 생긴 것도 아니고 연緣에서 생긴 것도 아니며, ⑤ 있음의 상相도 아니고 없음의 상도 아니며, ⑥ 자상自相도 아니고 타

實際 非際, 眞如 非如, 於眞如境 常無所住, 於眞如智 恒不[明]<相>應, 眞如境智 其性俱離, 非因所生 非緣所起, 非有相 非無相, 非自相 非他相,

---

체는 말하자면 공·무상·무원인데, 법신은 묘지妙智의 경계이므로, 이를 능히 반연하는 정지正智를 수순하는 것이다. 둘째 '명에 따른다'는 것은 숙명·천안·누진의 3지三智이다. 삼제三際의 어리석음을 끊고 삼세三世를 비추어 꿰뚫기 때문에 '삼명'이라고 이름한다. '이른다'는 것은 도달하는 것[到]이니, '삼명에 도달한다'는 것은, 보리의 지혜와 붓다의 법신이 그에 도달하는 수단[能到]인 삼명과 수순하는 것을 말한다. 이 진여의 체는 무루의 지혜인 '명'은 아닌데도 '명'이라고 일컬은 것은, 지혜의 진실한 성품 때문이다. 이것은 '명'의 뜻을 풀이한 것이다. 도달하는 수단[能到]이 아닌데도 '도달한다'고 일컬은 것은, 체가 도달 대상[所到]으로서, 도달 수단[能到]의 성품 때문이다. 이것은 '이른다'는 뜻을 풀이한 것이다. 셋째 일체법의 장애 없는 경계에 이르렀다. 이 진여의 성품은 일체법에 이른다. 혹은 지혜를 장애하는 품류가 장애함이 없으니, 지극한 경계[極邊際]이기 때문이다.

10 제4 법과 비법을 버리는 것에 45구가 있다. 구역에서는 29구가 있었다. 여기에 있는 3구는 한결같이 집착을 막는 것이다. 단지 언설일 뿐이고, 단지 분별일 뿐이므로, 일체 모두가 법신의 본성이 아니다. 언설과 분별은 이치와 부합하지 않기 때문이다. 지금 이것을 막기 때문에 '아니다'라고 말한 것이다. 우선 ①은 비록 실제이지만 명언과 분별의 경계[際]가 아니라는 것이고, ②는 진여도 역시 그러하다는 것이니, 고정된 진여가 아닌 것이다. ③은 따라서 항상 머무는 곳이 없고, 또한 능연인 지혜[能緣智]도 아니기 때문에 상응하지 않는다는 것이다. 시간[時]이 같고, 의지처[依]가 같으며, 처소[處]가 같고, 일[事]이 같은 것을 '상응한다'고 이름한다. 따라서 또한 진여의 경계와 지혜 모두를 여읜 것이다.

상他相도 아니며, ⑦ 하나인 상[一相]도 아니 고 다른 상[異相]도 아니며, ⑧ 소상所相에 즉한 것도 아니고 소상을 여읜 것도 아니며, 소상과 같은 것도 아니고 소상과 다른 것도 아니며, ⑨ 능상能相에 즉한 것도 아니고 능상을 여읜 것도 아니며, 능상과 같은 것도 아니고 능상과 다른 것도 아니며,11

⑩ 차안도 아니고 피안도 아니며 중간의 흐름[中流]도 아니고, ⑪ 여기에 있지도 않고 저기에 있지도 않으며 중간도 아니고, ⑫ 안도 아니고 밖도 아니며, 둘[俱]도 둘 아닌 것[不俱]도 아니고, ⑬ 이미 간 것도 아니고 장차 갈 것도 아니며 지금 가는 것도 아니고, 이미 온 것도 아니고 장차 올 것도 아니며 지금 오는 것도 아니고, ⑭ 지혜[智]도 아니고 경계[境]도 아니며, ⑮ 인식하는 것[能識]도 아니고 인식되는 것[所識]도 아니며, ⑯ 숨은 것[隱]도 아니고 드러난 것[顯]도 아니며, ⑰

非一相 非異相, 非卽所相 非離所相, 非同所相 非異所相, 非卽能相 非離能相, 非同能相 非異能相, 非此岸 非彼岸 非中流, 非在此 非在彼 非中間, 非內 非外, 非俱不俱, 非已去 非當去 非今去, 非已來 非當來 非今來, 非智 非境, 非能識 非所識, 非隱 非顯,

....

11 여기에 6구가 있다. ④는 인연에서 일어난 것이 아니라는 것, ⑤는 있고 없음의 모습이 아니라는 것, ⑥은 자·타의 상이 아니라는 것, ⑦은 하나와 다름이 아니라는 것, ⑧은 소상所相이 아니라는 것, ⑨는 능상能相이 아니라는 것이다. '인'은 직접적인 것[親]으로 오직 인연이고, '연'은 간접적인 것[踈]으로 나머지 3연(=소연연·등무간연·증상연)이다. '소상'이란 표시되는 대상[所表]이고, 능상이란 표시하는 수단[能表]이니, 이 두 가지는 모두 즉하고 여읨, 같고 다름이 있지만, 일체 모두 아니라는 것이다.

어둠도 아니고 밝음도 아니며, ⑱ 머묾도 없고 감도 없으며,12

⑲ 이름도 없고 모습도 없으며, ⑳ 강함도 없고 약함도 없으며, ㉑ 방향과 부분[方分]에 머물지도 않고 방향과 부분을 여의지도 않으며, ㉒ 잡염도 아니고 청정도 아니며, ㉓ 유위도 아니고 무위도 아니며, ㉔ 영원히 적멸한 것도 아니고 적멸하지 않은 것도 아니며, ㉕ 보일 만한 조그만 일도 없고 말한 만한 조그만 뜻도 없으며,13

㉖ 보시도 없고 아낌도 없으며, ㉗ 계율도 없고 범함도 없으며, ㉘ 참음도 없고 성냄도 없으며, ㉙ 부지런함도 없고 게으름도 없으며, ㉚ 집중도 없고 산란함도 없으며, ㉛ 지혜도 없고 어리석음도 없으며,14

㉜ 진실[諦]도 없고 허망[妄]도 없으며, ㉝

非闇 非明, 無住無去,

無名 無相, 無强無弱, 不住方分 不離方分,

非雜染 非淸淨, 非有爲 非無爲, 非永寂滅 非不寂滅,

無少事可示 無少義可說,

無施 無慳, 無戒無犯, 無忍 無恚,無勤 無怠,

無定 無亂, 無慧無愚,

無諦 無妄,

....

12 여기에 9구가 있으니, ⑬의 세 가지 감과 옴이 합쳐서 하나가 되기 때문이다. '차안'은 생사를 말하고, '피안'은 열반을 말하며, '중간의 흐름'은 번뇌를 말한다. (⑫에서) '둘이 아니다'라는 것은 안도 아니고 밖도 아니라는 것이고, '둘 아닌 것도 아니다'라는 것은 안이 아닌 것도 아니고 밖이 아닌 것도 아니라는 것이다.
13 여기에 7구가 있다. '이름'이란 표현의 수단[能詮]을 말하고, '모습'이란 표현 대상[所詮]을 말한다. (㉑은) 색온의 유분신有分身 중에 머물지 않지만 또한 이것을 여의지도 않았다는 것이다.
14 여기에 6구가 있다. 6바라밀과 6폐가 각각 상대되기 때문이다.

나옴도 없고 들어감도 없으며, ㉞ 감도 없고 　無出 無入, 無去
옴도 없으며, ㉟ 일체 언어와 베풀어 지음[施　無來, 一切語言 施
爲]이 끊어져 버렸고, ㊱ 복전도 아니고 복전　爲斷滅, 非福田 非
아닌 것도 아니며, ㊲ 공양해야 할 것도 아니　不福田, 非應供
고 공양하지 않아야 할 것도 아니며, ㊳ 붙잡　非不應供,
는 것[能執]도 아니고 붙잡히는 것[所執]도　非能執 非所執,
아니며, ㊴ 인식하는 것[能取]도 아니고 인식　非能取 非所取,
되는 것[所取]도 아니며,15

㊵ 모습도 아니고 모습 아닌 것도 아니며,　非相 非不相,
㊶ 짓는 것도 아니고 짓지 않는 것도 아니며,　非爲 非不爲,
㊷ 수數가 없으니 모든 수를 떠났고, ㊸ 걸림　無數 離諸數, 無礙
이 없으니 모든 걸림을 떠났으며, ㊹ 늘어남　離諸礙, 無增
도 없고 줄어듦도 없으며, ㊺ 평등하고 평등　無減, 平等 平等,
하며,16

⑸ ① 진실제眞實際와 같고, ② 법계의 성품　同眞實際, 等法界
과 평등하며, ③ 일컫는 것[能稱]도 아니고　性, 非能稱 非所稱
일컬어지는 것[所稱]도 아니어서 모든 일컬　超諸稱性,
음의 성품을 벗어났고, ④ 헤아리는 것[能量]　非能量
도 아니고 헤아려지는 것[所量]도 아니어서　非所量

....
15 여기에 8구가 있다. '체諦'는 진실한 것이고, '망妄'은 헛된 것이다. (㉟는) 일체
의 언어와 베풀어 지어서 조작하는 것이 널리 모두 끊어져 버렸다는 것이다.
16 여기에 6구가 있다. (㊷는) 체가 수를 셈이 없으니, 모든 수를 떠났기 때문이라
는 것이다. (㊸은) 체에 장애가 없다는 것이다. (㊺는) 전후가 서로 비슷해서 평
등한 것이니, 앞이 뒤와 같은 것이 앞의 '평등'이고, 뒤가 앞과 같은 것이 뒤의
'평등'이다.

모든 헤아림의 성품을 벗어났으며, ⑤ 향함[向]도 없고 등짐[背]도 없어 모든 향함과 등짐을 벗어났고, ⑥ 용맹[勇]도 없고 겁약[怯]도 없어 모든 용맹과 겁약을 벗어났으며, ⑦ 크지도 않고 작지도 않으며, ⑧ 넓지도 않고 좁지도 않으며, ⑨ 봄도 없고 들음도 없으며 감각함도 없고 앎도 없으며,17	超諸量性, 無向 無背 超諸向背, 無勇 無怯 超諸勇怯, 非大 非小, 非廣 非狹, 無見 無聞 無覺 無知,
⑹ 모든 계박을 떠나 고요히 해탈한 것으로 보고,18	離諸繫縛 蕭然解脫,

1.2.2 자수용신 보는 것을 밝히다19

⑴ ① 일체지지一切智智의 평등을 깨달았고, ② 일체 유정의 둘 없음을 획득하였으며, ③ 모든 법의 차별 없는 성품에 이르렀고, ④ 일체에 널리 두루하며,20	證會 一切智智平等, 獲得 一切有情無二, 逮於 諸法無差別性, 周遍 一切,

....

17 제5 진실과 같고 세속을 벗어난 것이다. 처음 2구는 진실과 같은 것, 아래의 7구는 세속을 벗어난 것이다. '실제'란 무분별지로써도 도달함 없는 소연所緣이니, 법신은 그와 같다. '법계'란 모든 공덕법의 성품이니, 법신은 그와 같다. 뜻이 같은 체이기 때문이다. (③에서) '일컫는 것'란 말하는 주체이고, '일컬어지는 것'이란 말해지는 대상이며, '모든 일컬음의 성품'이란 말하는 주체와 대상의 성품이다. '량量'이란 세어서 헤아리는 것[籌量]을 말한다. 세 가지(=④ 내지 ⑥)의 뜻도 역시 그러하다.

18 제6 계박을 떠나 해탈한 것이니, 사물에 구애되지 않는 것[不爲物拘]을 법신이라고 이름하는 것이다.

19 이하 자수용신을 보는 것에 모두 17구가 있다. ⑴의 4구는 보신의 체를 밝히는 것이고, ⑵의 13구는 법에 대한 집착을 여읜 것이다.

(2) ① 죄도 없고 허물[愆]도 없으며, ② 탁함 [濁]도 없고 더러움[穢]도 없으며, ③ 장애되고 집착하는 것이 없으며, ④ 모든 분별을 떠났고, ⑤ 지음[作]도 없고 일으킴[生]도 없으며, ⑥ 허위[虛]도 없고 진실[實]도 없으며, ⑦ 일어남[起]도 없고 다함[盡]도 없으며,21 ⑧ 과거[曾]도 없고 미래[當]도 없으며, ⑨ 두려움도 없고 물듦도 없으며, ⑩ 근심도 없고 기쁨도 없으며, ⑪ 싫어함도 없고 좋아함도 없으며, ⑫ 일체 분별로 반연될 수 없고,

無罪 無愆, 無濁 無穢, 無所礙著, 離諸分別, 無作 無生, 無虛 無實, 無起 無盡, 無曾 無當, 無怖 無染, 無憂 無喜, 無厭 無欣, 一切分別 所不能

....

20 능연能緣의 정지正智가 능히 이것을 깨달아서 일체지와 일체종지를 이룬다. 마음과 경계 두 가지가 명합하고, 이치와 정신[神]이 합하기 때문에 '평등'하다고 말하였다. '유정의 둘 없는 본래의 성품을 획득'하는 것은 본성인 진여는 차별이 없기 때문이다. 혹은 이것은 자비와 지혜가 유정을 평등하게 반연해서 둘이 없기 때문이다. '체逮'란 미치고 도달하는 것[及到]이다. '일체법의 차별 없는 성품에 도달'하는 것은 곧 이 정지가 붓다의 보리의 자수용신인 것이다. '일체에 널리 두루한 것'은 있지 않은 곳이 없어서, 진여와 같기 때문이다.
21 이 13구는 모든 집착을 여읜 것으로, 여기에 7구가 있다. (①에서) '죄'는 괴로움의 과보[苦果]를 말하는 것이니, 헐고 싫어할 만한 것이기 때문이다. '허물'은 업과 번뇌을 말하는 것이니, 심한 과실이기 때문이다. (②에서) '탁함'이란 삼업三業이 외도의 전도된 소견에서 일어나는 것을 말하는 것이니, 성교聖敎가 불신不信의 혼탁을 대치하는 것에 포함되기 때문이다. '더러움'은 삼업이 능히 상속相續을 오염시켜서 이에 의해 이러한 장애하는 업을 일으키는 것을 말한다. (③은) 일체에 장애가 없고, 또한 집착함도 없는 것이다. (⑤는) 사물[物]을 짓는 것도 없고, 사물을 일으키는 것도 없다. 이것은 자연自然 등이 짓고 생겨나게 한다는 것을 부정하고, 또한 실제로 모든 법이 있어 짓고 일으킨다는 것도 부정하는 것이다. (⑥과 ⑦은) 또한 허위와 진실 및 실제의 일어남과 다함이 없다는 것이다.

⑬ 일체 명언으로 말해질 수 없다고 보기 때문입니다.22

緣, 一切名言 所不能說.

1.3 바르게 맺다

 세존이시여, 여래의 몸의 모습은 이와 같으니, 이렇게 보아야 하고 달리 보아서는 안 됩니다. 이렇게 보는 것을 이름해서 정관正觀이라고 하므로, 만약 달리 본다고 한다면 이름해서 사관邪觀이라고 합니다."

世尊, 如來身相 如是, 應如是觀 不應異觀. 如是觀者 名爲正觀, 若異觀者 名爲邪觀."

2. 타수용신과 화신불을 보다23

2.1 사리자가 물음을 일으키다

 그 때 사리자가 붓다께 여쭈었다.
 "세존이시여, 이 무구칭은 어디에서 목숨을 마치고 이 감인세계로 와서 태어난 것입

爾時 舍利子 白佛言.
"世尊, 此無垢稱 從何命終 而來生此

....
22 여기에 6구가 있다. (⑧은) 실제로 과거와 미래는 없다는 것이다. (⑫는) 오직 지혜로써만 깨달을 수 있다는 것이다. (⑬은) 말로 깨달을 수 없다는 것이다. # 끝의 표현이 '보기 때문입니다'라고 맺어진 것은, 앞의 1.2.1의 (1) 모두에서 '어째서인가 하면'이라고 시작한 물음에 대한 답이 여기에서 맺어지기 때문이다.
23 이하 제2 사리자가 물음을 일으켜서 무동無動 붓다를 보는 일을 기회로 하여 타수용신을 보는 것을 밝히면서, 겸하여 석가모니께서 잡예한 국토[雜穢土]에 머무시는 것은 화신불임을 나타내는 것에 넷이 있다. 2.1.은 사리자가 물음을 일으키는 것, 2.2는 여래께서 자세히 답하시는 것, 2.3은 묘희를 보고 기뻐하는 것, 2.4는 사리자가 찬양하는 것이다.

니까?"24					堪忍世界?"

2.2 여래께서 자세히 답하시다25
2.2.1 미루어 답하게 해 이치를 나타내시다26
(1) 세존께서 이르셨다.					世尊告曰.
 "그대가 그에게 물어 보라."27				"汝應問彼."
(2) 그러자 사리자가 무구칭에게 물었다.28		時舍利子 問無垢稱.
 "존자께서는 어디에서 죽어서 이 국토로 와		"汝從何沒　來生此
서 태어났습니까?"						土?"
(3) 무구칭이 말하였다.					無垢稱言.
 "존경하는 사리자님, 존자께서는 모든 법		"唯舍利子, 汝於諸

---

24 이는 묻는 것이다. 단지 사리자가 아직 유래를 알지 못할 뿐만 아니라, 또한 이 물음에 의지하여 다른 보토[他報]를 밝히려는 것이다. 천녀는 본래부터 머물고 있었다고 이미 말하였으므로, 가는 것을 묻고 어디에서 왔는지는 묻지 않았지만, 정명은 이미 물건[物]이 되어 태어났으므로, 온 것을 묻고 가는 것은 묻지 않는다.
25 제2 여래께서 자세히 답하시는 것에 둘이 있다. 2.2.1은 미루어 답하게 해 이치를 나타내는 것, 2.2.2는 스스로 답하여 일을 밝히는 것이다. 구역에서는 유마힐에게 묻고, 붓다께 묻는 글은 없고, 아래에서도 붓다께서 스스로 펴시고 또 묻는 것이 없어서, 극히 어그러짐을 이룬다.
26 처음의 글에 둘이 있다. 처음 (1)은 미루어 묻게 하시는 것, 뒤의 (2) 이하는 그에게 묻는 것이다.
27 이제 묻는 기회에 깊은 이치를 깨닫게 하고자 하시기 때문에 미루어 묻게 하시는 것이다.
28 이하 그에게 묻는 것에 여덟이 있다. (2)는 바로 묻는 것, (3)은 도리어 묻는 것, (4)는 바로 답하는 것, (5)는 책망하여 따지는 것, (6)은 바로 답하는 것, (7)은 인용하여 묻는 것, (8)은 인가하는 것, (9)는 바름을 펴는 것이다.

을 두루 알고 증득하셨는데, 죽거나 태어날 만한 조그만 법이라도 있습니까?"29

⑷ 사리자가 말하였다.

"존경하는 무구칭님, 죽거나 태어날 만한 조그만 법도 없습니다."30

⑸ 무구칭이 말하였다.

"만약 일체법을 두루 알고 깨달을 때에 죽거나 태어남이 없다고 한다면, 어찌하여 '존자는 어디에서 죽어서 이 국토로 와서 태어났습니까?'라고 물었습니까?31

또 사리자님, 존자의 생각에는 어떻습니까? 환술로 변화시켜 만들어서 있게 된 모든 남자와 여자는 어디에서 죽어서 여기에 와서 태어나는 것입니까?"32

⑹ 사리자가 말하였다.

"환술로 변화된 남자와 여자에게는 죽거나 태어남이 있다고 시설될 수 없습니다."

⑺ 무구칭이 말하였다.

法 遍知作證, 頗有少法 可沒生乎?"
舍利子言.
"唯 無垢稱, 無有少法 可沒生也."
無垢稱言.
"若一切法 遍知作證 無沒生者, 云何問言, '汝從何沒 來生此土?'
又舍利子, 於意云何? 諸有幻化 所作男女 從何處沒 而來生此?"
舍利子言.
"幻化男女 不可施設 有沒生也."
無垢稱言.

....

29 고는 두루 알아야 하고, 멸은 증득하여야 하므로, 유루와 무루의 차이를 들어 바로 이치를 깨달을 때로써 물음을 삼은 것이다.
30 바로 이치를 깨달아 들어갈 때 조금의 죽고 태어남도 없다.
31 책망하여 따지는 것에 둘이 있다. 처음 이것은 책망하여 먼저 따지는 것이고, 뒤의 그 아래는 다시 따져서 책망하는 것이다.
32 위는 이치[理]로써 궁구하여, 이치상 죽고 태어남이 없다는 것이고, 이것은 현상[事]으로써 힐난하여, 현상에도 죽고 태어남이 없다는 것이다.

"여래께서는 어찌 일체법은 환술로 변화된 것과 같다고 말씀하시지 않으셨던가요?"
⑻ 사리자가 말하였다.
"정말 그렇습니다."
⑼ 무구칭이 말하였다.
"㈎ 만약 일체법의 자성과 자상이 환상과 같고 변화와 같다면, 어찌하여 존자는 돌연, '존자는 어디에서 죽어서 이 국토에 와서 태어났습니까?'라고 물었습니까?33
㈏ 또 사리자님, ① 죽는다는 것은 곧 모든 행[諸行]이 끊어지는 모습[斷相]이고, 태어난다는 것은 모든 행이 이어지는 모습[續相]이니,34 ② 보살은 비록 죽는다고 해도 일체 선법을 행하는 모습을 끊지 않고, 또 보살은 비록 태어난다고 해도 일체 악법을 행하는 모습을 잇지 않습니다."35

"如來 豈不說 一切法 如幻化耶?"
舍利子言.
"如是如是."
無垢稱言.
"若一切法 自性自相 如幻如化, 云何仁者 欻爾問言, '汝從何沒 來生此土?' 又舍利子, 沒者卽是 諸行斷相, 生者卽是 諸行續相, 菩薩雖沒 不斷一切 善法行相, 菩薩雖生 不續一切 惡法行相."

....
33 여덟째 바름을 펴는 것이다. 앞은 이치의 평등[等]으로써, 죽고 태어남이 이미 없었고, 지금은 현상의 균등[齊]으로써, 어째서 물었어야 했는가 라는 것이다. 글에 둘이 있으니, ㈎는 바로 비례[直例]하는 것, ㈏는 나타내 보이는 것이다.
34 나타내 보이는 것에 둘이 있다. ①은 죽고 태어나는 모습을 개별적으로 해석하는 것이고, ②는 이를 바르게 풀이하는 것이다. 지금 죽는다고 말한 것은 유위의 모든 행이 죽어서 단멸하는 모습이고, 태어난다는 것은 모든 행이 상속하는 모습이다. 체는 두 가지 모습이 아니지만, 두 가지 모습과 비슷하기 때문에 죽고 태어난다고 이름한다.
35 비록 죽음이 있더라도 선행을 끊지 않으므로 끊어지는 모습이 없고, 비록 태어남이 있더라도 악행을 잇지 않으므로 항상한 모습이 없으니, 이 죽고 태어남

2.2.2 스스로 답하여 일을 밝히시다[36]

(1) 그 때 세존께서 사리자에게 이르셨다.

"이름을 묘희妙喜라고 하는 붓다 세계가 있으니, 그 곳의 여래는 명호를 무동無動이라고 한다. 이 무구칭은 중생을 제도하기 위하여 그 국토에서 죽어서 이 세계로 와 태어난 것이다."[37]

(2) 사리자가 말하였다.

"매우 기이합니다, 세존이시여. 이와 같은 대사大士는 일찍이 없었습니다. 그 청정한 불국토를 버리고서 이 갖가지 더러움[雜穢] 많은 곳에 와서 즐길 수 있다니요."[38]

(3) 무구칭이 물었다.[39]

"존경하는 사리자님, 존자의 생각에는 어떻습니까? 햇빛은 어찌 세간의 어둠과 서로

爾時世尊 告舍利子.
"有佛世界 名曰妙喜, 其中如來 號爲無動. 是無垢稱 爲度衆生 從彼土沒 來生此界."
舍利子言.
"甚奇, 世尊. 如此大士 未曾有也. 乃能捨彼 淸淨佛土 而來樂此 多雜穢處."
無垢稱曰.
"唯舍利子, 於意云何? 日光豈與 世間

에는 항상하거나 끊어지는 모습이 없는 것이다.
36 스스로 답하여 일을 밝히시는 것에 셋이 있다. (1)은 붓다께서 가리켜 이르시는 것, (2)는 사리자가 찬양하는 것, (3) 이하는 무구칭이 문답하는 것이다.
37 동방세계를 묘희라고 이름한다. 갖가지 장엄을 보고 기쁨을 일으키기 때문이다. 붓다의 명호는 아촉阿閦Akṣobhya이니, 여기 말로는 무동Abhyrati이라 한다. 팔풍에 흔들리지 않고, 네 가지 마가 침범하지 못해서, 항상 편안하고 변함이 없기 때문에 '무동'이라고 한다.
38 저 다른 곳은 보토報土이기 때문에 '청정'이라고 말하고, 이 곳은 변화토이기 때문에 '갖가지 더러움'이라고 말한다.
39 이하 제3 무구칭이 문답하는 것에 다섯이 있다. 그 첫째 (3)은 무구칭이 묻는 것이다.

섞이어 머물기를 즐기는 것입니까?"

(4) 사리자가 말하였다.

"그렇지 않습니다, 거사님, 태양이 떠자마자 온갖 어둠은 모두 사라집니다."40

(5) 무구칭이 말하였다.

"그렇다면 태양은 무엇 때문에 섬부주를 다니는 것입니까?"41

(6) 사리자가 말하였다.

"비추어 밝혀서 어둠을 없애고자 하기 때문입니다."

(7) 무구칭이 말하였다.

"보살도 이와 같이 유정을 제도하기 위하여 더러움의 불국토에 태어나서, 일체 번뇌와 섞이어 머물지 아니하면서, 모든 중생의 번뇌의 어둠을 소멸시키는 것입니다."

闇冥 樂相雜住?"

舍利子言.

"不也, 居士. 日輪纔擧 衆冥都息."

無垢稱曰.

"日輪何故 行贍部洲?"

舍利子言.

"爲除闇冥 作照明故."

無垢稱曰.

"菩薩如是 爲度有情 生穢佛土, 不與一切煩惱雜居, 滅諸衆生 煩惱闇耳."

2.3 묘희를 보고 기뻐하다42

....

40 밝음이 일어나면 어둠은 멸하기 때문에 섞이기를 즐기지 않는 것이다. 그 뜻은, 보살은 실제로는 악한 중생과 같이 머무는 것을 즐기지 않는다는 것을 나타낸다.
41 의심을 풀어주기 위하여 말하기를, 만약 섞이기를 즐기지 않는다면, 보살은 무엇 때문에 여기에 태어나는 것인가?
42 이하 제3 묘희를 보고 기뻐하는 것에 일곱이 있다. (1)은 대중이 모두 보기를 희망하는 것, (2)는 붓다께서 명하시어 나타나게 하는 것, (3)은 무구칭이 생각하는 것, (4)는 바로 신통력을 일으키는 것, (5)는 세존께서 묻고 권하시는 것, (6)

⑴ 그 때 대중들은 모두 갈망을 일으켜서, 묘희妙喜세계의 공덕으로 장엄된 청정한 불국토와 무동無動여래 및 모든 보살과 성문 등의 대중들을 보고 싶어 하였다.

⑵ 붓다께서는 대중의 모임이 마음으로 생각하는 바를 아시고 무구칭에게 이르셨다.

"선남자여, 지금 이 모임 중의 모든 신선神仙 등과 일체 대중들 모두 갈망을 일으켜서, 묘희妙喜세계의 공덕으로 장엄된 청정한 불국토와 무동無動 여래 및 모든 보살과 성문 등의 대중들을 보고 싶어 하니, 그대가 나타나게 해서 원하는 바를 만족케 하는 것이 좋겠다."43

⑶ 그러자 무구칭은 다음과 같이 생각하였다.44

爾時大衆 咸生渴仰, 欲見妙喜 功德莊嚴 淸淨佛土 無動如來 及諸菩薩 聲聞等衆. 佛知衆會 意所思惟 告無垢稱言.

"善男子, 今此會中 諸神仙等 一切大衆 咸生渴仰, 欲見妙喜 功德莊嚴 淸淨佛土 無動如來 及諸菩薩 聲聞等衆, 汝可 爲現 令所願滿."

時無垢稱 作是思惟.

....
은 인·천이 이익을 얻는 것, ⑺은 일이 끝나서 돌아가는 것이다.

43 어째서 여래께서 나투시어 보게 하지 않으시고, 무구칭에게 나툴 것을 명하셨는가? 거사가 붓다의 교화를 돕는 것을 나타내고자 하신 것이니, (거사도) 오히려 신통을 보이거늘, 하물며 여래께서랴. 또 그 본래의 국토를 그 스스로 나타나게 하지 않고, 어째서 붓다에 의지하며, 또 어째서 자·타를 구별하는가? 보살은 모두 정토에 태어나므로 반드시 타수용신이 있고, 석가의 몸은 남을 위해 방편으로 화현한 것임을 나타내고자 하기 때문에, 저것을 나투게 하는 것이다. 이치에 또한 어긋나지 않는다.

44 셋째 무구칭이 생각하는 것에 셋이 있다. ㈎는 세간의 기세계와 유정세계[器有情界] 옮길 것을 생각하는 것, ㈏는 출세간의 붓다께서 이락하는 일 옮길 것을 생각하는 것, ㈐는 대천세계를 옮겨 모든 대중에게 보일 것을 생각하는 것이다.

'㈎ 나는 이제 여기에서 자리를 일어나지 않고 신통력으로 신속히 이동해서, 묘희세계 및 윤위산輪圍山, 동산과 숲[園林], 못과 늪[池沼], 샘과 수원[泉源], 계곡, 큰 바다, 강과 내[江河], 모든 수미산[蘇迷盧]과 그것을 둘러싼 봉우리와 골짜기들[峰壑], 태양과 달과 별들[日月星宿], 천신·용·귀신·제석·범왕의 여러 궁전들과, 아울러 모든 보살과 성문 대중 등과 촌성, 취락, 나라의 고을[國邑], 왕도王都와, 집에 머물고 있는 남자와 여자, 크고 작은 사람들과,45

㈏ ① 나아가 자세히 말하면 무동여래 응정등각과 큰 보리수와 법을 들으면서 편안하게 앉아 있는 광대한 바다와 같은 대중들과,46 ② 모든 보련화寶蓮華가 시방세계를 다니면서 모든 유정들을 위하여 불사佛事를 짓는 것과,47 ③ 세 가지 길로 된 보배 계단[三

'吾當於此 不起于座 以神通力 速疾移取, 妙喜世界 及輪圍山 園林池沼 泉源谿谷 大海江河 諸蘇迷盧 圍繞峰壑 日月星宿 天龍鬼神 帝釋梵王 宮殿衆會 幷諸菩薩 聲聞衆等 村城聚落 國邑王都 在所居家 男女大小,

乃至廣說 無動如來 應正等覺 大菩提樹 聽法安坐 海會大衆, 諸寶蓮華 往十方界 爲諸有情 作佛事者, 三道寶階

----

45 '왕도'까지는 묘희의 기세계[器界]이고, 보살, 성문, 남녀, 대소는 그 유정세계이다. # '신통력으로 신속히 이동해서' 취하려는[移取] 대상이 이어지는 경문 ㈏의 끝까지 이어진다.
46 둘째 출세간의 붓다께서 이락케 하는 일 옮길 것을 생각하는 것에 둘이 있다. ①은 붓다 및 대중들 옮길 것을 생각하는 것이고, ②와 ③은 붓다의 일 옮길 것을 생각하는 것이다. 이 처음에 옮기는 것에는 셋이 있으니, 첫째 여래, 둘째 보리수, 셋째 바다와 같은 대중이다. 대중이 모인 것에 끝 없는 것이 마치 바다와 같기 때문이다.

道寶階]이 저절로 솟아나와 섬부주瞻部洲에서 수미산의 정상[蘇迷頂]에 이르러서, 삼십삼천의 천신[三十三天]들이 부동不動여래를 우러러 뵙고 예경하며 공양하고자 하고 그리고 법을 듣기 위하여 이 보배 계단을 따라 항시[每時] 와서 내려가고, 섬부주의 사람들이 삼십삼천의 동산과 숲[園林]과 궁궐을 보고 싶어 해서 항시 역시 이 보배 계단을 따라 올라가는, 이와 같이 청정한 묘희세계의 한량없는 공덕이 함께 합쳐져 이루어진 것을 취하되,48

㈐ 아래의 수륜의 경계[水際輪]에서부터 위로 색구경천에 이르기까지 모두 다 끊어 취

自然涌出 從瞻部洲 至蘇迷頂, 三十三天 爲欲瞻仰 禮敬 供養 不動如來 及 聞法故 從此寶階 每時來下, 瞻部洲 人 爲欲觀見 三十三天 園林宮室 每 亦從此 寶階而上, 如是淸淨 妙喜世界 無量功德 所共合 成, 下從水際輪 上 至色究竟 悉皆斷取

....

47 둘째 붓다의 일을 옮기는 것에 둘이 있으니, ②는 꽃을 옮기는 것이고, ③은 계단을 옮기는 것이다. 시방의 불국토에서는 불사를 짓고자 하여 먼저 연꽃을 혹은 의지하기도 하고 혹은 흩기도 하니, 경전에서 설하는 것과 같다. 저 정토 중에는 이러한 연꽃이 있기 때문에 지금 취해 옮기려는 것이다.

48 둘째 계단길을 옮기는 것이다. 석가의 보배계단은 제석이 시켜서 만든 것이지만, 무동의 보배계단은 땅에서 솟아 나온다. 석가모니께서 공중에 올라 도리천으로 가서서 여름에 석달 동안 앉아 어머니의 은혜를 갚고 여름의 끝에 돌아오시려 할 때, 제석이 큰 힘을 가진 귀신을 시켜 붓다를 위해 보배계단을 만들었는데, 가운데 길은 황금, 왼쪽 길은 마노, 오른쪽 길은 수정으로 되었기 때문에 '세 가지 길'이라고 한다(=증일 28:36:5경에는 금·은·수정으로 된 세 가지 길이라고 되어 있음). 저 국토의 보배계단은 인·천으로 하여금 유위로 왕래하게 하기 위한 것이기 때문에 땅에서 솟은 것이니, 역시 상위하지 않는다. 저 곳은 비록 정토이지만 역시 저 윤위산 등이 있는 것은, 극락 불국토[極樂佛]에도 역시 왕성, 부모, 처자, 마왕, 조달調達 등의 갖가지가 있는 것과 같기 때문이다.

해서 오른 손바닥에 두고 도공의 물레처럼 해서 꽃을 꿴 머리장식[花鬘貫]처럼 이 세계에 들여와서 모든 대중들에게 보이리라.'49

(4)50 ㈎ 그 무구칭이 이미 이러한 생각을 한 뒤 자리에서 일어나지 않고 삼매에 들어, 이와 같이 수승한 신통을 일으켜서 묘희세계를 신속히 끊어 취해서 오른손에 두고 이 세계로 들여왔는데,

㈏ ① 저 국토의 성문 및 모든 보살들과 사람·천신 대중들로서 천안天眼을 얻은 자는 모두 공포를 일으켜 함께 소리쳐 말하였다.

"누가 우리를 데리고 간다, 누가 우리를 데리고 간다. 세존이시여, 저희들을 구호하여 주소서. 선서善逝시여, 저희들을 구호하여 주소서."51

置右掌中 如陶家輪
若花鬘貫 入此世界
示諸大衆.'
其無垢稱 既作是思
不起于床 入三摩地,
發起如是 殊勝神通
速疾斷取 妙喜世界
置于右掌 入此界中,
彼土聲聞 及諸菩薩
人天大衆 得天眼者
咸生恐怖 俱發聲言.
"誰將我去, 誰將我去. 唯願世尊, 救護我等. 唯願善逝, 救護我等."

....

49 셋째 대천세계를 옮겨 대중에게 보일 것을 생각하는 것이다. 아래로 수륜의 경계부터이고, 금·풍륜을 취하지 않은 것은 의지처를 남기기 때문이고, 색구경천까지만 이르고 무색계를 취하지 않은 것은 형상이 없는 기세계이기 때문이다. 서방에서는 꽃을 취해 줄로 꿰어 머리를 장엄하게 장식하는데, 저것을 가져 손바닥에 둔 모습이 역시 이것과 유사하다는 것이다.

50 제4 바로 신통력을 일으키는 것에 넷이 있다. ㈎는 바로 신통을 일으키는 것, ㈏는 연이 있는 자[有緣]가 놀라서 묻는 것, ㈐는 연이 없는 자[無緣]는 알지 못하는 것, ㈑는 피차 거스르는 것이 없는 것이다.

51 둘째 연이 있는 자가 놀라서 묻는 것에 둘이 있다. ①은 묻는 것이고, ②는 답하는 것이다. 천안을 얻은 자는 바야흐로 세계가 이동하는 것을 보기 때문에, 구호해 달라고 말하는 것이다.

② 그 때 무동 붓다께서는 중생들을 교화하기 위하여 방편으로써 말씀하셨다.

"여러 선남자들이여, 그대들은 두려워하지 말라, 그대들은 두려워하지 말라. 이것은 무구칭이 신통력으로 당기는 것[所引]이므로 내가 어떻게 할 수 있는 것이 아니다."52

㈐ 저 국토의 처음 배우는 사람과 천신 등의 대중으로서 아직 수승한 천안통을 얻지 못한 자들은 모두 다 편안하게 알지 못하고 보지 못하고 있다가,53 이 말을 듣자 모두 놀라며 서로 물었다.

"우리들은 지금 어디로 가고 있는 것일까?"54

㈑ 묘희의 국토가 비록 이 세계로 들어왔지만, 그 온갖 모습에는 줄어듦도 없고 늘어남도 없었으며, 감인의 세간 역시 조여지지 않

時無動佛 爲化衆生 方便告言.

"諸善男子, 汝等勿怖, 汝等勿怖. 是無垢稱 神力所引 非我所能."

彼土初學 人天等衆 未得殊勝 天眼通者 皆悉安然　不知不見, 聞是語已 咸相驚問.

"我等於今　當何所往?"

妙喜國土　雖入此界, 然其衆相　無減無增, 堪忍世間 亦

....

52 이 보살에게 큰 위력과 신통이 있는 것을 나타내려고, 방편으로 나도 어떻게 할 수가 없다고 미루어 말씀하신 것이다. 어찌 붓다께 이러한 신통을 일으키실 힘이 없겠는가? 그래서 '방편으로써'라고 말한 것이다.
53 셋째 연이 없는 자는 알지 못하는 것에 둘이 있다. 처음 여기까지는 알지 못함을 밝히는 것이고, 뒤의 그 아래는 놀라 묻는 것을 밝히는 것이다. 과보의 정토[報淨土] 안에는 이치상 인·천·이승·초학 등의 대중은 없는데, 지금 모든 보살 등은 여래께서 변화로 만든 것이다. 따라서 알지 못한 것을 나타내더라도, 역시 과실은 없다. 혹은 정토란 보·화의 정토에 통해 있는 정토이니, 정토 중에 인·천 등의 대중과 강·바다 등의 기세계가 있다 한들 어디에 상위하겠는가?
54 붓다께서 이미 먼저 말씀하셨기 때문에 이에 대해서는 답이 없다.

았고, 비록 다시 피차의 두 세계가 서로 섞이었지만, 각각 머물던 곳은 본래와 다름이 없음을 보았다.

(5) ㈎ 그 때 세존 석가모니께서 모든 대중들에게 이르셨다.55

"그대들 신선神仙들은 모두 묘희妙喜세계와 무동여래無動如來와 장엄된 불국토[莊嚴佛土] 및 모든 보살과 성문 등을 널리 보았는가?"

㈏ 모두가 말하였다.

"세존이시여, 이미 보았습니다."

㈐ 그 때 무구칭은 곧 신통력으로써 갖가지 매우 오묘한 하늘꽃[天花]과 다른 가루향[末香]을 변화시켜 만들어서, 모든 대중들과 더불어 석가모니 여래와 무동 여래와 모든 보살 등에게 뿌려 공양하였다.56

㈑ 이 때 세존께서는 다시 대중들에게 이르셨다.

"그대들 신선들이 이와 같이 공덕으로 장엄

不迫迮, 雖復彼此二界相雜, 各見所居 與本無異.

爾時 世尊 釋迦牟尼 告諸大衆.

"汝等神仙 普皆觀見 妙喜世界 無動如來 莊嚴佛土 及諸菩薩 聲聞等耶?"

一切咸言.

"世尊, 已見."

時無垢稱 卽以神力 化作種種 上妙天花 及餘末香, 與諸大衆 令散供養 釋迦牟尼 無動如來 諸菩薩等.

於是世尊 復告大衆.

"汝等神仙 欲得成

....

55 제5 세존께서 묻고 권하시는 것에 넷이 있다. ㈎는 붓다께서 물으시는 것, ㈏는 대중들이 답하는 것, ㈐는 무구칭이 꽃을 베푸는 것(=구역에는 이 항목이 없음), ㈑는 여래께서 거듭 권하시는 것이다.
56 이것은 무구칭이 수행 권하는 것을 밝히는 것이고, 아래의 ㈑는 여래께서 수행 권하시는 것을 밝히는 것이다.

456 설무구칭경

된 불국토를 성취하고 보살이 되고 싶다고 한다면, 모두 무동여래께서 본래 수행하였던[本所修行] 모든 보살행을 따라 배워야 한다."57

(6) 그 무구칭이 신통력으로써 이와 같은 묘희세계를 나타내 보였을 때, 감인 국토에 있던 팔십사 나유타 수의 모든 사람과 천신 등은 같이 무상정등각에 대한 마음을 일으켰고, 모두가 장차 묘희세계에 태어나기를 원하였더니, 세존께서는 모두 다 장차 무동여래께서 머무시는 불국토에 가서 태어날 것이라고 기별하셨다.

(7) 그 때 무구칭은 이 세계의 유정들을 요익시키고자 하여, 신통력으로 이와 같이 묘희세계와 무동 여래와 모든 보살 등을 옮겨 왔다가, 그 일이 끝나자 본래의 처소[本處]에 되돌려 놓으니, 저 세계와 이 세계가 분리되는 것을 양쪽의 대중들은 모두 모았다.

辦 如是功德莊嚴佛土 爲菩薩者, 皆當隨學 無動如來 本所修行 諸菩薩行."
其無垢稱 以神通力 示現如是 妙喜界時, 堪忍土中 有八十四 那庾多數 諸人天等 同發 無上正等覺心, 悉願當生 妙喜世界, 世尊咸記 皆當往生 無動如來 所居佛土.
時無垢稱 以神通力 移取如是 妙喜世界 無動如來 諸菩薩等, 爲欲饒益 此界有情, 其事畢已 還置本處, 彼此分離 兩衆皆見.

2.4 사리자가 찬양하다58

---

57 넷째 여래께서 거듭 권하시는 것이다. 밖으로 정토를 이루고, 안의 몸[內身]이 보살이 되고 싶다면, 저 붓다의 본래의 보살행을 배워야 한다는 것이다.
58 이하 제4단 사리자가 찬양하는 것에 둘이 있다. 2.4.1은 붓다께서 그에게 물으시는 것, 2.4.2는 그가 답하고 찬양하는 것이다.

2.4.1 붓다께서 물으시다

그 때 세존께서는 사리자에게 이르셨다.
"그대는 묘희세계와 무동여래와 보살 등을 보았는가?"59

爾時世尊 告舍利子.
"汝已觀見 妙喜世界 無動如來 菩薩等不?"

2.4.2 답하고 찬양하다60

(1) 사리자가 말하였다.
"세존이시여, 이미 보았습니다.
(2) 모든 유정들이 모두 이와 같이 장엄한 불국토에 머물기를 원하옵고, 모든 유정들이 이와 같은 복덕과 지혜가 원만한 공덕을 성취하여, 일체가 모두 무동여래와 비슷해지기를 원하오며, 모든 유정들이 모두 장차 무구칭과 같이 자재한 신통을 얻기를 원하옵나이다.
(3) 세존이시여, 저희들은 뛰어난 이익을 잘 얻었으므로[善獲勝利], 이러한 대사大士를 우러러보며 친근할 것입니다.
(4) ① 그 모든 유정들은 만약 이 수승한 법문을 단지 듣기만 해도, 뛰어난 이익을 잘 얻었

舍利子言.
"世尊, 已見.
願諸有情 皆住如是 莊嚴佛土, 願諸有情 成就如是 福德智慧 圓滿功德, 一切皆似 無動如來, 願諸有情 皆當獲得 自在神通 如無垢稱.
世尊, 我等 善獲勝利, 瞻仰親近 如是大士.
其諸有情 若但聞此 殊勝法門, 當知猶

....

59 그가 이미 본 것을 아시면서도 다시 묻는 것은, 그의 말을 일으켜서 성문 등도 같이 찬탄하게 하고자 하는 것이다.
60 답하고 찬탄하는 것에 넷이 있다. (1)은 답하는 것, (2)는 원하는 것, (3)은 기뻐하는 것, (4)는 찬탄하는 것이다.

다고 이름할 것임을 알아야 합니다. 어찌 하물며 듣고 나서 신해하고 수지하며 독송해서 통달하고[通利] 널리 남을 위해 말하는 것이겠으며, 하물며 다시 방편으로 정진해서 수행함이겠습니까?61

② 만약 모든 유정들이 이와 같이 수승한 법문法門을 손으로 얻는다면[手得], 곧 법의 진보의 곳간[珍寶藏]을 획득한 것이 되고,62 ③ 만약 모든 유정들이 이와 같이 수승한 법문을 믿고 이해한다면[信解], 곧 모든 붓다를 계승하여 상속하게 되며,63 ④ 만약 모든 유정들이 이와 같이 수승한 법문을 읽고 왼다

名 善獲勝利. 何況 聞已 信解受持 讀誦通利 廣爲他說, 況復方便 精進修行?

若諸有情 手得如是 殊勝法門, 便爲獲得 法珍寶藏, 若諸有情 信解如是 殊勝法門, 便爲紹繼 諸佛相續, 若諸有情 讀誦如是 殊勝

---

61 넷째 찬탄하는 것에는 열이 있다. 첫째 세 가지 지혜(=문·사·수혜)가 모두 능히 이익하는 것이지만, 단지 이 가르침을 듣는 것만 해도 큰 이익이라고 이름할 수 있으니, 오히려 필경 생사에서 영원히 건져낼 수 있다. 어찌 하물며 육덕六德이겠는가? 1. 신해信解, 2. 수지受持, 3. 읽는 것[讀], 4. 외는 것[誦], 5. 말해주는 것[說], 6. 닦는 것[修]이다. 《변중변론》(=하권)에서 이르기를, 말하자면 1. 서사書寫, 2. 공양, 3. 남에게 베푸는 것[施他], 4. 듣는 것[聽], 5. 열고 읽는 것[披讀], 6. 수지, 7. 바르게 열어 연설하는 것[正開演], 8. 읊고 외는 것[諷誦], 9. 사유[思], 10. 수행을 십법행十法行이라고 한다. 이 총체적인 표방 중의 신해는 곧 사유에 포함되고, 아래의 글에 공양과 서사 두 가지가 있으므로, 앞의 것과 아울러 아홉이 된다. 아래에서 따라 기뻐하는 것[隨喜]은 혹은 남에게 베푸는 것이므로, 십행이 모두 갖추어진다.
62 이하의 9구는 경전의 공덕을 개별적으로 나타내는 것인데, 구역에는 6구가 있었다. 이는 (첫째) 손으로 얻으면 진귀한 재물을 얻는 것이다.
63 (둘째) 신해하는 것은 붓다의 종자를 잇는 것이다. 믿고 이해하는 것은 곧 믿음 및 문·사혜로서, 붓다의 인[佛因]이 되기 때문에 '계승한다'고 이름하였다.

면[讀誦], 곧 보살을 이루어 붓다의 짝[伴]이 되고,64 ⑤ 만약 모든 유정들이 이와 같이 수승한 법문을 받아 지닌다면[受持], 곧 위 없는 정법[無上正法]을 섭수하는 것이 되는 것입니다.65

⑥만약 누군가가 이 법을 배우는 이를 공양한다면, 그 방은 곧 여래가 있는 것이라고 알아야 하고,66 ⑦ 만약 누군가가 이와 같이 수승한 법문을 쓰고 베껴서[書寫] 공양한다면, 곧 일체 복덕과 일체지지를 섭수하는 것이 되며,67 ⑧ 만약 누군가가 이와 같은 법문을 따라 기뻐한다면, 곧 큰 법의 제사를 시설하는 것이 되고,68 ⑨ 만약 이와 같이 수승한

法門, 便成菩薩 與佛爲伴, 若諸有情受持如是 殊勝法門, 便爲攝受 無上正法.

若有供養 學此法者 當知其室 卽有如來, 若有書寫 供養如是 殊勝法門, 便爲攝受 一切福德 一切智智, 若有隨喜 如是法門, 便爲施設 大法祠祀, 若以如是 殊勝法門

....

64 (셋째) 독송하는 것은 뛰어난 짝이 된다. 만약 읽고 만약 왼다면, 몸은 보살이 되고, 가르침[教]은 법과 붓다가 된다. 독송하는 것이 여의지 않는 것[不離]을 '둘(=독·송)이 짝이 된다'고 이름하였다.
65 (넷째) 수지하는 것은 곧 정법을 섭수하는 것이다. '섭'이란 싸서 모으는 것[苞綜]이고, '수'란 받아들이는 것[領納]이다. 맡아 지녀서 마음에 두고 항상 잃어버림이 없으므로, 곧 무상정법을 섭수하는 것이 된다. 무상정법의 체는 곧 대승의 교敎·리理·행行·과果이다.
66 (다섯째) 공양하고 배우는 방은 붓다께서 계시는 것이다. 이 법을 배우는 자는 응당 붓다의 몸을 지니는 것이니, 몸 가운데 이미 보·화신의 인이 있고, 배우는 대상은 곧 법신여래이기 때문이다.
67 (여섯째) 서사하는 것은 복덕과 지혜를 거두는 것이다. 이 경전은 능히 복덕과 지혜 두 가지를 생겨나게 하기 때문이다.
68 (일곱째) 따라 기뻐하는 것은 법보시[法施]를 시설하는 것이다. 이법은 능히 중생에게 이익이 되기 때문에 만약 따라 기뻐한다면, 유행流行함에 장애가 되지

법문 중 하나의 사구게[四句頌]만이라도 남을 위해 연설한다면, 곧 불퇴전의 지위를 이미 얻은 것이 됩니다.69

⑩ 만약 선남자나 혹은 선여인이 이와 같이 수승한 법문을 믿고 이해하며[信解] 인가하고 받아들이며[忍受] 사랑하고 즐겨 관찰할 수 있다면, 곧 무상정등보리에서 이미 수기를 얻은 것입니다."70

一四句頌 爲他演說, 便爲已逮 不退轉位.

若善男子 或善女人 能於如是 殊勝法門 信解忍受 愛樂觀察, 卽於 無上正等菩提 已得授記."

....

않게 해서 남으로 하여금 닦고 배우게 하기 때문에 법보시를 이루는 것이다.
69 (여덟째) 연설하는 것은 불퇴에 근접하는 것이다. 불퇴에는 믿음[信], 지위[位], 증證, 행行의 넷이 있음은 앞서 말한 것과 같다. 그 상응하는 바에 따라 이 불퇴에 근접하는 것이다.
70 (아홉째) 사유하는 것은 수기를 받는 것이다. 이 법문을 첫째 믿고, 둘째 이해하며, 셋째 인가忍可하고, 넷째 받아들이며[領納], 다섯째 사랑하고 즐기며, 여섯째 관찰한다면 곧 보리에 대해 이미 수기를 얻은 것이다. 이러한 붓다의 인[佛因]이 있으므로 장차 대과大果를 얻을 것이니, 비록 붓다의 말씀은 없었지만 기별한 것과 다름이 없기 때문에, '이미 얻었다'고 이름한 것이다.

제13 법공양품1   法供養品 第十三

1. 천제가 찬양하다2

⑴ 그 때 천제석天帝釋이 붓다께 말하였다.   爾時 天帝釋 白佛言.
"세존이시여, 저는 비록 붓다 및 묘길상으   "世尊, 我雖從佛 及
로부터 여러 백천의 차별되는 법문法門을 들   妙吉祥　聞多百千

....
1 이 경전에는 모두 14개품이 있다. 처음의 1품은 일어난 인연을 나타내는 부분
(=소위 연기분)이고, 다음의 11개품은 바로 근본 가르침을 펴는 부분(=소위
정종분)인데, 위에서 해석하여 마쳤다. 뒤의 2개품은 찬탄하고 주어서 유통케
하는 부분(=소위 유통분)인데, 둘로 나뉘어진다. 이 1품은 찬탄하여 유통케 하
는 것이니, 사람과 법을 찬양하여 그들로 하여금 수학케 하는 것이고, 뒤의 촉
루품은 부촉하여 주어서 유통케 하는 것이니, 미륵에게 부촉해 주어서 말세의
시대에 전해 유행하게 하는 것이다. 만약 뛰어난 공덕을 찬양하지 않는다면 어
떻게 말세에 전하기를 권하겠는가? 필요로 하는 것을 따라 바치는 것을 '공供'
이라 이름하고, 몸과 덕을 기르고 돕는 것을 '양養'이라 하는데, 이것은 재물과
법에 공통되는 것이다. 재물은 몸을 돕는 도구이고, 법은 도를 기르는 도구이
다. 재물은 가까운 때[近世]에 필요한 것이니, 시간에 수순해 맞추어서 유익한
것이고, 법은 먼 후대[遠代]의 이익이니, 성도聖道를 새겨서 자산이 되는 것이다.
이제 이 뛰어난 원인을 표제로 해서 유정에게 믿고 배우기를 권하는 것이다. 하
열한 업을 버리고 법체法體를 돕고 지녀서 닦을 것을 이 품이 갖추어 펴므로 '법
공양품'이라고 이름한 것이다.
2 품의 단락에 셋이 있다. 1.은 천제가 찬양하는 것, 2.는 세존께서 인가하고 해석
하시는 것, 3.은 과거의 일을 갖추어 펴서 뛰어난 수행 일으키기를 권하시는 것
이다. 1.에는 넷이 있다. ⑴은 내가 듣기 어려운 것을 얻었다는 것, ⑵는 남의 뛰
어난 이익을 돕는 것, ⑶은 배우는 사람을 존경하고 공양하겠다는 것, ⑷는 곳
곳마다 설하기를 권하겠다는 것이다.

었습니다만, 아직 이와 같이 말하는 사의不議할 수 없는 자재한 신통변화[自在神變]의 해탈법문解脫法門은 일찍이 듣지 못하였습니다.

⑵ ㈎ 제가 붓다께서 말씀하신 뜻의 취지를 이해하기로는, 만약 모든 유정들이 이와 같이 말한 법문을 듣고, 신해하고 수지하며 독송해서 통달하고 널리 남을 위해 말한다고 해도 오히려 법기法器가 될 것이 결정적이고 의문이 없을 것이거늘, 어찌 하물며 정진해서 이치대로 수습함이겠습니까?3

㈏ ① 이러한 유정이라면 일체 악취惡趣의 험한 길을 걸어 잠그고, ② 일체 선취善趣의 평탄한 길을 활짝 열 것이며,4

法門差別, 而未曾聞 如是所說 不可思議 自在神變 解脫法門.

如我解 佛所說義趣, 若諸有情 聽聞如是 所說法門, 信解受持 讀誦通利 廣爲他說 尙爲法器 決定無疑, 何況精勤 如理修習?

如是有情 關閉一切 惡趣險徑, 開闢一切 善趣夷塗,

---

3 둘째 남의 뛰어난 이익을 돕는 것에 둘이 있다. ㈎는 설령 하열한 업을 닦더라도 법기를 이루는데, 하물며 뛰어난 행을 닦는데 큰 이익을 이루지 못하겠는가 라는 것이고, ㈏는 뛰어난 행을 닦는 이익을 밝히는 것이다. 하열한 행에는 여섯이 있으니, 1. 청문, 2. 신해, 곧 사유이다, 3. 수지, 4. 읽는 것, 5. 외는 것, 6. 남을 위해 말하는 것이다. 이상은 문·사를 말하여 비록 하열한 원인이지만, 이미 법기가 된다는 것이다. '어찌 하물며 정진하여 이치대로 수행함이겠는가'라고 한 것은, 가르침에 의지해 받들어 행하는 것이니, 제10법행이다. 붓다를 바로 이루는 원인이니, 수혜로써 가르침에 의지해 행하는 것을 말하기 때문이다.
4 이하 뛰어난 행을 닦는 이익을 밝힌다. 이치대로 수습하는 것에는 모두 7구가 있는데, 나누면 3댓구가 된다. ①과 ②는 악을 막고 선을 여는 길, ③ 내지 ⑤는 선을 만나고 악을 떠나는 연, ⑥과 ⑦은 지혜를 얻어 오묘한 경계를 관찰하는 것이다. 삼악취는 험악한 길로서 잘 걸어 잠그고, 인·천취는 평탄한 길로서 잘 연다. 혹은 악취는 악한 과보이고, 험한 길은 악한 원인이며, 선취는 선한 과보

③ 항상 일체 모든 붓다 보살들을 보고, ④ 일체 외도外道의 다른 논의[他論]를 항복시키며, ⑤ 일체 포악한 마군魔軍들을 꺾어 멸할 것이고,5

⑥ 보리도菩提道를 청정히 해서 오묘한 깨달음을 안립하고, ⑦ 여래께서 다니시는 길을 밟을 것입니다."6

⑶ 다시 말하였다.

"세존이시여, 만약 모든 유정들이 이와 같이 말씀하신 법문을 듣고, 신해하고 수지하며 나아가 정진해서 이치대로 수습하기까지에 이른다면, 저는 그 일체 권속들과 함께 이 선남자 선여인 등을 공경하고 공양하겠습니다.7

⑷ 세존이시여, 만약 촌성의 취락과 나라의 고을과 왕도王都에서 이 법문을 수지하고 독송해서 이해를 열고[開解] 유통하는 곳이 있다면, 저도 역시 그 일체 권속들과 함께 법을

常見一切　諸佛菩薩, 降伏一切 外道他論, 摧滅一切 暴惡魔軍,

淨菩提道　安立妙覺, 履踐如來 所行之路."

復言.

"世尊, 若諸有情 聽聞如是 所說法門, 信解受持 乃至精勤 如理修習, 我當與其 一切眷屬 恭敬供養 是善男子 善女人等.

世尊, 若有 村城聚落 國邑王都 受持讀誦 開解流通 此法門處,　我亦與其

....

이고, 평탄한 길은 선한 원인이다.

5 이 3구는 선을 만나고 악을 떠나는 연이니, ③은 선을 만나는 연이고, ④와 ⑤는 악을 떠나는 연이다.

6 이 2구는 지혜를 얻어 오묘한 경계를 관찰하는 것이다. 보리의 인을 청정히 함에 의해 묘각의 지혜를 안립하고, 이의 실천으로 인해 붓다께서 행하시는 경계의 오묘한 길을 관찰하는 것이다.

7 이는 셋째 공경하고 공양하겠다는 것이다.

듣기 위하여 그 곳을 찾아가서, 아직 믿지 못하는 모든 자들은 그들로 하여금 믿게 하고, 이미 믿는 모든 자들은 여법하게 지키며 지니게 해서 장애와 어려움[障難]이 없도록 하겠습니다."8

一切眷屬 爲聞法故 共詣其所, 諸未信者 當令其信, 諸已信者 如法護持 令無障難."

2. 세존께서 인가하고 해석하시다9

2.1 앞의 말을 인가하시다
그 때 세존께서 천제석에게 이르셨다.
"훌륭하고 훌륭하도다. 그대가 말한 것과 같다. 그대는 지금 마침내 여래가 말한 이와 같이 미묘한 법문을 따라 기뻐할[隨喜] 수 있구나.

爾時世尊 告天帝釋. "善哉善哉. 如汝所說. 汝今 乃能隨喜 如來所說 如是微妙 法門.

2.2 경전의 뛰어난 이익을 해석하시다10
⑴ ① 천제天帝여, 과거와 미래와 현재의 모든 붓다들에게 있는 무상정등보리無上正等菩提는 모두 이와 같이 말한 법문에서 간략히

天帝 當知, 過去未來現在 諸佛所有 無上正等菩提 皆於

---

8 이는 넷째 곳곳마다 설하도록 권하겠다는 것이다.
9 이하 제2 세존께서 인가하고 해석하시는 것에 둘이 있다. 2.1은 앞의 말을 인가하시는 것, 2.2는 경전의 뛰어난 이익을 해석하시는 것이다.
10 경전의 뛰어난 이익을 해석하시는 것에 둘이 있다. ⑴은 말한 것이 뛰어나므로 뛰어나다는 것, ⑵ 교량校量(=비교하여 잼)해서 뛰어나다는 것이다.

설해지고 개시開示된 것이라고 알아야 한다.11 ② 그러므로 만약 어떤 선남자들이나 선여인들이 이와 같이 말한 법문을 듣고, 신해信解하고 수지受持하며 독송讀誦해서 통달[通利]하고 널리 남을 위해 말하며 쓰고 베끼며[書寫] 공양한다면, 곧 과거와 미래와 현재의 모든 붓다들에게 공양하는 것이 되는 것이다.12

(2)13 ㈎ 또 천제석이여, ① 가사 삼천대천세계에 가득한 여래들께서, 비유하면 사탕수수[甘蔗] 및 대[竹], 갈대[葦], 삼[麻], 벼[稻]의 산림 등과 같이 많다고 하고,14 만약 선남자나 선여인이 일 겁이나 혹은 일 겁 이상을 지나도록 공경하고 존중하며 찬탄하고 섬기

如是 所說法門 略說開示. 是故 若有 諸善男子 或善女人 聽聞如是 所說法門, 信解受持 讀誦通利 廣爲他說 書寫供養, 卽爲供養 過去未來現在諸佛. 又天帝釋, 假使 三千大千世界 滿中如來, 譬如甘蔗 及竹葦麻稻 山林等, 若善男子 或善女人 經於一劫 或一劫餘 恭

....
11 말한 것이 뛰어나므로 뛰어나다는 것에 둘이 있다. ①은 뛰어난 법을 편 것이 같다는 것, ②는 곧 공양함을 이룬다는 것이다.
12 삼세의 붓다의 무상보리와 무상의 진실한 이치[無相眞理]와 무상의 깨달음의 지혜[無上覺慧]를 편 것이니, 지금 보고 수순한다면 곧 삼세의 여래께 법공양을 하는 것이 된다.
13 이하 교량해서 뛰어나다는 것에 셋이 있다. ㈎는 교량해서 물으시는 것, ㈏는 천제가 답하는 것, ㈐는 여래께서 거듭 이루시는 것이다. 전자에 다시 셋이 있다. ①은 현재로써 교량하는 것, ②는 입멸후로써 교량하는 것, ③은 바로 물으시는 것이다.
14 이는 첫째 현재로써 교량하는 것인데, 여기에도 셋이 있다. 처음 이것은 붓다의 많고 적음을 비유한 것, 다음은 시절 동안 경건하게 공경하는 것, 뒤는 사사四事로써 공양하는 것이다.

며,15 모든 천신과 인간[天人]들의 일체 가장 오묘하고 안락한 공양거리[供具]와, 일체 가장 오묘하고 안락한 거처[所居]를 받들어 베풀어서 공양하고,16 ② 모든 여래께서 반열반般涅槃하신 후 한 분 한 분의 전신사리全身舍利를 공양하고자 일곱 가지 진귀한 보배[珍寶]로써 탑묘[窣堵波]를 세우되, 그 가로와 세로의 크기는 사대주[四洲]의 세계와 같고, 그 형상은 매우 높아서 위로는 범천에 이르며, 표지 기둥[表柱], 바퀴[輪盤], 향香, 꽃[花], 번기[幡], 일산[蓋]과 온갖 진귀한 음악[珍伎樂]으로 장엄하게 장식한 것이 제일이도록, 이와 같이 한 분 한 분 여래의 칠보로 장엄한 탑묘를 건립하고 나서,17 일 겁이나 혹은 일 겁 이상이 지나도록 모든 천신과 인간의 일

敬尊重　讚歎承事,
以諸天人　一切上妙
安樂供具, 一切上妙
安樂所居　奉施供養,
於諸如來　般涅槃後
供養一一　全身舍利
以七珍寶　起窣堵波,
縱廣量等　四洲世界,
其形高峻　上至梵天,
表柱輪盤　香花幡蓋
衆珍伎樂　嚴飾第一,
如是建立　一一如來
七寶莊嚴　窣堵波已,
經於一劫　或一劫餘
以諸天人　一切上妙

....
15 이는 둘째 시절 동안 경건하게 공경하는 것이니, 겁 혹은 겁 이상이 지나도록, 첫째 신행으로 공경하고, 둘째 의행으로 존중하며, 셋째 어행으로 찬탄하고, 넷째 삼업을 행하여 섬김에 이지러지고 거스르는 것이 없는 것이다.
16 이는 셋째 사사四事로써 공양하는 것이다. '공양거리'에는 셋이 있으니, 음식과 침구와 탕약이고, '거처'가 하나이다.
17 다음 입멸후로써 교량하는 것에 둘이 있다. 처음 이것은 사리를 공양하고자 탑묘를 세우는 것이고, 뒤는 시절을 지나면서 공양하는 것이다. 처음에도 셋이 있으니, 첫째 사리를 공양하는 것, 둘째 세운 탑묘의 크기, 셋째 장식하는 것을 밝히는 것이다. 위에는 표지 기둥과 바퀴를 안치하고, 옆에는 향, 꽃, 번기, 일산을 설치하며, 사이는 온갖 보배로써, 공양은 음악으로써 가장 제일이도록 하는 것이다.

체 가장 오묘한 화만花鬘, 사르는 향[燒香], 바르는 향[塗香], 가루향[末香], 의복, 번기[幡], 일산[蓋], 보배 휘장[寶幢], 큰 등롱[燈輪], 온갖 진보[衆珍], 음악[伎樂], 갖가지 공양거리로써 공경하고 존중하며 찬탄하여 공양한다면,18 ③ 그대 생각에는 어떤가? 이 선남자 선여인이 이 인연으로 말미암아 얻는 복덕이 많겠는가?"

(나) 천제석이 말하였다.

"매우 많을 것입니다, 세존이시여. 생각하기 어려울 정도입니다, 선서시여. 백천 구지 나유타 겁으로도 또한 그 복덕 무리[福聚]의 크기를 말할 수 없을 것입니다."

(다) 붓다께서 천제에게 말씀하셨다.19

"① 그러하고 그러하다. 내가 이제 다시 진실한 말[誠言]로 그대에게 말하건대, 만약 선남자나 선여인이 이와 같이 사의할 수 없는 자재한 신통변화[自在神變]의 해탈법문을 듣고, 신해하고 수지하며 독송하며 펴 말해서

花鬘燒香 塗香末香 衣服幡蓋 寶幢燈輪 衆珍伎樂 種種供具 恭敬尊重 讚歎供養,

於意云何? 是善男子 或善女人 由此因緣 獲福多不?"

天帝釋言.

"甚多, 世尊. 難思, 善逝. 百千俱胝 那庾多劫 亦不能說 其福聚量."

佛告 天帝.

"如是如是. 吾今復以 誠言語汝, 若善男子 或善女人 聽聞如是 不可思議 自在神變 解脫法門, 信

---

18 둘째 시절을 지나면서 공양하는 것에 셋이 있다. 처음은 시절을 밝히는 것, 다음은 외적인 공양을 밝히는 것, 뒤는 내적인 업을 밝히는 것이다. 외적인 공양에는 열두 가지가 있고(=뒤의 '갖가지'를 하나로 보는 것임), 내적인 공양에는 세 가지가 있다. 몸으로 공경하고, 마음으로 존중하며, 말로 찬탄하는 것이다.
19 이하 제3 여래께서 거듭 이루시는 것에 셋이 있다. ①은 표방하는 것, ②는 풀이하는 것, ③은 맺는 것이다.

얻는 복덕의 무리[福聚]는 저것보다도 훨씬 많다.

② 까닭이 무엇이겠는가? 모든 붓다들의 무상정등보리가 여기에서 생겨나기 때문이다. 오직 법공양法供養만이 이와 같은 법문을 공양할 수 있는 것이지, 재물로써는 할 수 없는 것이다.20

③ 천제여, 무상보리는 공덕이 많기 때문에, 이 법에 공양하는 것도 그 복덕이 매우 많다고 알아야 한다."

解受持 讀誦宣說 所獲福聚 甚多於彼. 所以者何? 諸佛 無上正等菩提 從此生故. 唯法供養 乃能供養 如是法門, 非以財物.

天帝, 當知, 無上菩提 功德多故, 供養此法 其福甚多."

3. 닦기를 권하시다21

3.1 과거의 일을 말씀하시다22

....

20 붓다의 무상의 지혜[無上智]가 이것으로부터 있게 되기 때문이다. 법신이 이로 인하여 나타나고[顯], 보신은 이로 인하여 생겨난다[生]. 경전은 오직 '생겨나는 것'만을 말하였는데, 보신 붓다의 보리를 든 것이기 때문이다. 오직 법공양만을 공양이라고 이름하는 것은, 이 법이 이익하는 일이 크기 때문이다. 재물로써는 아니니, 재물로써 붓다 및 탑묘에 공양하는 것은 법신을 나타내지 못하고, 보신을 일으키지 못하는 것이다. 그러니 이 경전을 배워야 한다.

21 이하 제3단 과거의 일[往事]을 갖추어 펴서 뛰어난 수행[勝修] 일으키기를 권하시는 것에 셋이 있다. 3.1은 과거의 일을 말씀하시는 것, 3.2는 예로써 지금에 대하는 것[以古卽今], 3.3은 법을 찬탄하고 먼저 뛰어난 이익 닦기를 권하시는 것이다.

22 처음 과거의 일을 말씀하시는 것에 다섯이 있다. (1)은 붓다께서 계셔 공양하는 것, (2)는 아들에게 배우도록 권하는 것, (3)은 월개가 이익을 생각하는 것, (4)는 약왕이 가르쳐 보이시는 것, (5)는 월개가 전하여 유통하는 것이다.

(1) 붓다께서 계셔 공양하다23

그 때 세존께서 천제석에게 이르셨다.

"① 지나간 과거 사의할 수 없으며 일컫거나 헤아릴 수 없는 무수한 대겁大劫에 붓다께서 계셔 세상에 출현하셨으니, ② 명호를 약왕藥王여래 응應 정등각正等覺 명행족[明行圓滿] 선서善逝 세간해世間解 무상장부無上丈夫 조어사調御士 천인사天人師 붓다[佛] 세존世尊이라고 하였고,24 ③ 그 붓다 세계는 이름을

爾時世尊 告天帝釋. "乃往過去 不可思議 不可稱量 無數大劫 有佛出世, 名曰 藥王如來 應正等覺 明行圓滿 善逝 世間解 無上丈夫 調御士 天人師 佛 世尊, 彼佛

....
23 이 처음의 글에 일곱이 있다. ①은 시절을 밝히는 것, ②는 붓다의 명호를 표방하는 것, ③은 세계의 이름을 말하는 것, ④는 겁의 이름을 밝히는 것, ⑤는 붓다의 수명을 밝히는 것, ⑥은 두 가지 부류의 승가의 수, ⑦은 전륜왕이 공양하는 것이다.
24 붓다의 열 가지 명호 중 '여래', '응', '정등각'은 앞에서 이미 해석한 것과 같다. 《유가사지론》 제83권에서 이르기를, 「'명행족'은 소위 삼명三明과 악 행함을 막는 행[遮行惡行]과 선 행함을 행하게 하는 행[行行善行]이 모두 다 원만한 것이다. … '선서'란 오랫 밤 동안 일체 종류의 두 가지 이익의 공덕을 갖춘 것을 말한다」라고 한다. 여기에서의 뜻은, 세상에서 사람의 부귀가 성립된 것을 보면, 곧 '이 사람은 이미 끝까지 잘 갔다'라고 말하는 것과 같이, 지금 붓다께서 과보에 이르러서 이미 끝까지 잘 가셨기 때문에 '선서'라고 이름한다는 것이다. 또 「세간해」란 말하자면 일체 종류의 유정세간 및 기세간을 모두 잘 통달하셨기 때문이다. … '무상장부·조어사'란 지혜에 동등한 자가 없기 때문이고, 위로 지나가는 자가 없기 때문에 현재의 법 중에서 대장부이시고, 대체로 한량없는 장부를 조어하는 것이 제일이기 때문이고, 가장 높고 뛰어나기 때문이다. '천인사'란 저 천신과 인간의 매우 깊은 뜻을 아시어, 바른 행을 부지런히 닦게 하는 능력이 있으시기 때문이다. '불타'라고 말한 것은 말하자면 일체의 번뇌와 모든 습기를 필경 끊으시어, 현재 아뇩다라삼먁삼보리를 평등하고 바르게 깨달으셨기 때문이다. '박가범'(=세존)이란 묘보리좌를 얻어 탄연坦然하고 편안

대엄大嚴이라고 하였으며, ④ 겁의 이름은 엄정嚴淨이었다.

⑤ 약왕여래의 수명의 분량[壽量]과 세상에 머무신 것[住世]은 이십 중겁中劫이었고, ⑥ 그 분의 성문승들은 삼십육 구지 나유타수가 있었으며, 그 분의 보살 대중들은 이십 구지였다.

⑦ 그 때 전륜왕이 있어 이름을 보개寶蓋라고 하였는데, 칠보를 성취하여 사대주를 다스렸으며, 구족한 천 명의 아들들은 단정하고 용맹해서 능히 다른 군사들을 굴복시켰다.25

그 때 전륜왕 보개는 그의 권속들과 더불어 오 중겁中劫이 가득하도록 약왕여래를 공경하고 존중하며 찬탄하여 섬기었고, 모든 천신과 인간[天人]들의 일체 가장 오묘하고 안락한 공양거리[供具]와 일체 가장 오묘하고 안락한 거처[所居]를 받들어 베풀어 공양하였다.

世界 名曰大嚴, 劫名嚴淨.
藥王如來 壽量住世 二十中劫, 其聲聞僧 有三十六 俱胝 那庾多數, 其菩薩衆 十二俱胝.
時有輪王 名曰寶蓋, 成就七寶 主四大洲, 具足千子 端嚴勇健 能伏他軍.
時王寶蓋 與其眷屬 滿五中劫 恭敬尊重 讚歎承事 藥王如來, 以諸天人 一切上妙 安樂供具 一切上妙 安樂所居 奉施供養.

(2) 아들에게 배우도록 권하다26

....
하게 앉아서 임운하여 일체의 마군을 꺾어 멸하시는 큰 세력이기 때문이다」라고 한다. 비록《열반경》,《대반야경》 등에서도 역시 열 가지 명호를 해석하였지만, 지금 또 따라 논하였으니, 생각에 맡겨 취사하라.
25 일곱째 전륜왕이 공양하는 것에 둘이 있다. 처음 여기까지는 전륜왕을 밝히는 것이고, 뒤의 그 아래는 공양하는 것을 밝히는 것이다.
26 아들에게 배우기를 권하는 것에 둘이 있다. 그 중 ㈎는 권하는 것, ㈏는 따르는

(가) 오 겁이 지났을 때 보개왕은 그의 천 명의 아들들에게 말하였다.

"너희들은 내가 이미 약왕여래를 공양하였으니, 너희들도 이제는 역시 나처럼 받들어 베풀어서 공양하여야 할 것이라고 알아야 한다."

(나) 그 때 천 명의 아들들은 부왕의 가르침을 듣고 환희하며 공경히 받들어 모두 말하였다.

"좋습니다."27

아들 모두는 협동하여 오 중겁이 가득하도록 그들의 권속들과 더불어 약왕여래를 공경하고 존중하며 찬탄하여 섬기었고, 모든 천신과 인간[天人]들의 일체 가장 오묘하고 안락한 공양거리[供具]와 일체 가장 오묘하고 안락한 거처[所居]를 받들어 베풀어서 공양하였다.

(3) 월개가 이익을 생각하다28

(가) 그 때 월개라고 이름하는 한 왕자는 한

過五劫已 時寶蓋王 告其千子.

"汝等當知, 我已供養 藥王如來, 汝等今者 亦當如我 奉施供養."

於是千子 聞父王教 歡喜敬受 皆曰.

"善哉."

一切協同 滿五中劫 與其眷屬 恭敬尊重 讚歎承事 藥王如來, 以諸人天 一切上妙 安樂供具 一切上妙 安樂所居 奉施供養.

時 一王子 名爲月

것이다.

27 따르는 것에 둘이 있다. 처음 이것은 말로 따르는 것이고, 뒤의 그 아래는 행동으로 따르는 것이다.
28 제3 월개가 이익을 생각하는 것에 다섯이 있다. (가)는 이익을 생각하는 것, (나)는 공중에서 고하는 것, (다)는 묻는 것, (라)는 천신이 답하는 것, (마)는 펴서 청하는 것이다.

적한 곳에 홀로 있으면서 이와 같이 생각하였다. '우리들은 지금 약왕여래를 이와 같이 간절하고 공손하게[慇重] 공경하고 공양하고 있지만, 혹시 이것을 능가하는 가장 높고[最上] 가장 뛰어난[最勝] 그 다른 공경이나 공양은 없을까?'

㈏ 붓다의 신통력으로 위의 공중에 천신이 있다가 소리쳐 왕자에게 말하였다.

"월개月蓋여, 모든 공양 중에서 그 법공양法供養이 가장 수승殊勝한 것이라고 알아야 하오."

㈐ 곧 물었다.

"어떤 것을 법공양이라고 이름합니까?"

㈑ 천신이 월개에게 답하였다.

"그대는 약왕여래에게 가서, '세존이시여, 어떤 것을 법공양이라고 이름합니까?'라고 여쭈어 보시오. 붓다께서 응당 그대를 위해 자세히 말씀하시어 열어 보이실 것이오."

㈒ 왕자 월개는 천신이 말한 것을 듣고는 곧 약왕여래를 찾아가서, 간절하게 공경하면서 두 발에 엎드려 예배하고 오른쪽으로 세 바퀴를 돈 다음 한편으로 물러서서 여쭈었다.

"세존이시여, 저는 일체 모든 공양 중에서

蓋 獨處閑寂 作是思惟. '我等於今 如是慇重 恭敬供養 藥王如來, 頗有其餘 恭敬供養 最上最勝 過於此不?'

以佛神力 於上空中 有天發聲 告王子曰.

"月蓋, 當知, 諸供養中 其法供養 最爲殊勝."

卽問.

"云何 名法供養?"

天答 月蓋.

"汝可往問 藥王如來, '世尊, 云何名法供養?' 佛當爲汝廣說開示."

王子月蓋 聞天語已 卽便往詣 藥王如來, 恭敬慇懃 頂禮雙足 右遶三匝 卻住一面 白言.

"世尊, 我聞 一切諸

그 법공양이 가장 수승하다고 들었습니다. 이 법공양이라는 것은 그 모습[相]이 어떠합니까?"

供養中　其法供養 最爲殊勝. 此法供養 其相云何?"

(4) 약왕께서 가르쳐 보이시다

약왕여래께서 왕자에게 말씀하셨다.29

藥王如來 告王子曰.

(가) 가르침에 의해 밝히시다30

"(ㄱ) 월개여, 법공양이란 모든 붓다께서 말씀하신 경전[諸佛所說經典]을 말하는 것이라고 알아야 한다.

"月蓋, 當知, 法供養者 謂於諸佛 所說經典.

(ㄴ)31 (a) 미묘해서 심오[甚深]하거나 비슷하게 심오한[似甚深] 모습이어서, 일체 세간은 믿어 받아들이기 지극히 어려우며, 건너기 어렵고[難度] 보기 어려우며, 유현幽玄하고 세밀하며, 잡염 없는[無染] 요의了義여서, 분별로 아는 것이 아니고, 보살장菩薩藏에 포섭되며, 총지總持하는 경전의 왕이다.32

微妙甚深　似甚深相, 一切世間 極難信受, 難度難見, 幽玄細密, 無染了義, 非分別知, 菩薩藏攝, 總持經王.

....

29 제4 약왕이 가르쳐 보이는 것에 둘이 있다. (가)는 가르침[敎]에 의해 밝히시는 것이니, 대부분이 지전에서 법공양을 행하는 것이고, (나)는 행行에 의해 밝히시는 것이니, 대부분 십지에서 법공양을 행하는 것이다.
30 처음(=가르침에 의해 밝히는 것) 중에 셋이 있다. (ㄱ)은 표방하는 것, (ㄴ)과 (ㄷ)은 나타내는 것, (ㄹ)은 맺는 것이다.
31 둘째 나타내는 것에 둘이 있다. (ㄴ)은 공양 대상인 법이고, (ㄷ)은 바로 법으로 공양하는 것이다. 전자에도 둘이 있다. (a)는 경전의 체[經體]를 밝히는 것이고, (b)는 경전의 작용[經用]을 밝히는 것이다.
32 두 가지 경전이 있으니, 하나는 진실로 심오한 것[眞實甚深]이고, 다른 하나는 비슷하게 심오한 것[相似甚深]이다. [공리] 처음 것은 승의의 삼무성三無性의 공

(b) ① 붓다의 인장[佛印]이 찍힌 것으로,33 ② 불퇴전의 법륜을 분별하여 개시하고, ③ 여섯 바라밀이 이에 의해 일어나며, ④ 일체 섭수해야 할 것들을 잘 섭수하고,34 ⑤ 보리분법이 바르게 따라 행해지는 것이며,35 ⑥ 칠각지[七等覺支]를 직접 인도하고 일으키고,36 ⑦ 대자대비를 변설하여 열어 보이며, ⑧ 모든 유정의 무리를 건져내어 안

佛印所印, 分別開示 不退法輪, 六到彼岸 由斯而起, 善攝一切 所應攝受, 菩提分法 正所隨行, 七等覺支 親能導發, 辯說開示 大慈大悲, 拔濟引安

....

교空敎이고, 뒤의 것은 세속의 삼성三性의 유교有敎이다. [응리] 처음 것은 불공불유不空不有의 삼성三性이 평등한 교이고, 뒤의 것은 오직 공만을 말하는 삼무성三無性의 교이다. 이 두 가지 경전에는 열 가지 뜻이 있다. 첫째 세간은 믿고 받아들이기 어렵다. 둘째 넘어서 건너기[越度] 어려우니, 닦고 배우는 것이 구경인 것이다. 셋째 보기 어렵다. 넷째 유현하고 심원深遠하다. 다섯째 세밀하고 미묘하다. 여섯째 잡염이 없다. 일곱째 요의의 대승이다. 여덟째 분별로 알 수 있는 것이 아니다. 아홉째 보살장에 포섭되고, 이승의 교가 아니다. 열째 총지하는 경전의 왕이니, 일체를 포함하여 교敎든 이치[理]든 모두 다 두루 갖추고 있는 경전의 왕이기 때문이다. 구역에는 일곱만 있었다.

33 이하 경전의 작용을 밝히는 것에 30구가 있다. 구역에는 25구가 있었다. 첫째 붓다의 인장이 찍힌 것이다. 무상無相의 진여를 붓다의 인장이라고 이름한다. 나머지가 진여를 증득한 것은 아직 원만하지 않기 때문에 유독 붓다의 인장이라고 이름한다. 교는 이치가 찍힌 것이기 때문에 붓다의 인장이 찍힌 것이라고 말하였다. 구역에서는 다라니의 인장이라고 하였는데, 총지의 성품의 인장[總持性印]이 찍힌 것도 역시 곧 진여 무상의 이치가 찍힌 것이다.

34 교가 표현하는 대상[敎所詮]인 선하고 오묘한 도리와 교가 이익하는 대상[敎所益]인 일체의 유정을 말하는 것이다. 구역에서 '뜻을 잘 분별한다'라고 한 것은 곧 이 두 가지이다.

35 교를 따라 보리분법을 행하기 때문이다.

36 가르침이 칠각지를 직접 인도하는 것이고 직접 일으키는 것임을 말한다.

락[安]으로 이끌고, ⑨ 일체 견취見趣와 마원魔怨을 멀리 여의며,37 ⑩ 심오한 연기緣起를 분별하여 선양하고, ⑪ 안에는 '나'가 없고 밖에는 유정이 없으며 둘의 중간에는 수명의 주체[壽命者]도 없고 양육하는 주체[養育者]도 없어서 필경 보특가라補特伽羅가 없음을 분별하고,38 ⑫ 성품의 공[性空]과 무상無相, 무원無願, 무작無作, 무기無起와 상응하며, ⑬ 능히 묘각妙覺으로 이끌고,39 ⑭ 능히 법륜法輪을 굴리며,40 ⑮ 천신, 용, 야차, 건달바 등이 모두 함께 존중하고 찬탄하며 공양하고,41 ⑯ 중생들을 큰 법공양法供養으로 인도하며, ⑰ 중생들의 큰 법의 제사[法祠]를 원만하게 하고,42 ⑱ 일체 성현聖賢들이 모두 다 섭수하며,43 ⑲ 일체 보살들의 오묘한 행[妙行]을 개발하고,44 ⑳ 진실한 법과 뜻[眞實

諸有情類, 遠離一切 見趣魔怨, 分別闡揚 甚深緣起, 辯內無我 外無有情 於二中間 無壽命者 無養育者 畢竟無有 補特伽羅, 性空無相 無願無作 無起相應, 能引妙覺, 能轉法輪, 天龍藥叉健達縛等 咸共尊重 稱歎供養, 引導衆生 大法供養, 圓滿衆生 大法祠祀, 一切聖賢 悉皆攝受, 開發一切 菩薩妙行,

....
37 5견과 62견취를 멀리 여의고, 4마의 원수를 떠나는 것이다.
38 이들은 모두 '나'의 다른 이름[別名]들이다.
39 '묘각'은 붓다이다.
40 교로 말미암아 성도聖道의 법륜을 굴릴 수 있기 때문이다.
41 팔부신중들이 공양하는 것이다.
42 구역에서는 ⑯과 ⑰의 둘을 합쳐서 하나로 하여, "붓다의 법장[佛法藏]에 들게 한다"고 하였다.
43 지극한 가르침이기 때문이다.
44 가르침으로 인하여 알게 되기 때문이다.

法義]이 돌아와 의지하는 것이며,45 ㉑ 가장 뛰어난 무애無礙가 이에 의해 일어나고,46 ㉒ 모든 법의 무상無常과 괴로움 있음[有苦]과 무아無我와 적정寂靜을 자세히 말하여 네 가지 법인[法嗢拖南]을 발생시키며,47 ㉓ 일체 간탐慳貪, 훼금毀禁, 진한瞋恨, 해태懈怠, 망념妄念, 악혜惡慧를 없애 버리고,48 ㉔ 일체 외도들의 사론邪論과 악견惡見과 집착을 놀라 두렵게 하며, ㉕ 일체 유정들의 선법善法의 증상한 세력을 개발하고, ㉖ 일체 악마의 군사들[軍衆]을 꺾어 누르니,49 ㉗ 모든 붓다들과 성현聖賢들께서 함께 칭찬하시는 것으로, ㉘ 일체 생사의 큰 괴로움을 능히 제거하고, ㉙ 일체 열반의 큰 즐거움을 능히 보이니, ㉚

眞實法義 之所歸依, 最勝無礙 由斯而起, 詳說諸法 無常有苦 無我寂靜 發生四種 法嗢拖南, 遣除一切 慳貪毀禁 瞋恨懈怠 妄念惡慧, 驚怖一切 外道邪論 惡見執著, 開發一切 有情善法 增上勢力, 摧伏一切 惡魔軍衆, 諸佛聖賢 共所稱歎, 能除一切 生死大苦, 能示一切

----

45 진실한 법과 뜻이 모두 여기에 있기 때문에 '귀의하는 것'이라고 이름하였다.
46 뛰어난 사무애四無礙가 이로 인해 일어나는 것이다. 구역에는 이것이 없었다.
47 법을 분별해서 요약해 모은 것[略集]을 범어로 '올타남嗢拖南uddāna'이라고 하니, 여기에서는 '요약해 모은다[略集]'라고 한다. 법의 올타남(=포탈라본에는 '법'의 dharma와 '인印'의 uddāna가 합성된 'dharmoddāna[法印]'로 되어 있음)은 교의 약집인 것이다. 네 가지 법의 약집이란 첫째 제행무상, 둘째 유루개고有漏皆苦, 셋째 제법무아, 넷째 열반적정이다. 만약 '오타남鄔柁南udāna'이라면 여기에서는 모아 베푼다[集施]고 한다. 곧 모든 경전 중에서 뜻을 모은 게송이니, 말하자면 게송으로 모든 뜻과 이치를 모아 배우는 자에게 베푸는 것을 '집시集施'라고 한다. 지금 법의 약집은 오직 장행長行이기 때문에 같지 않은 것이다.
48 육폐를 제거해 버리는 것이다. 구역에서는 다만 '능히 훼금을 구제한다'라고만 했으므로, 오직 지계바라밀이 없애는 가림[蔽]뿐이었다.
49 구역에서는 이것을 외도와 같이 취급하였다.

삼세와 시방에서 모든 붓다께서 공통으로 말씀하시는 것이다.

㈢ 이러한 경전을 만약 즐겨 청문해서 신해하고 수지하며 독송해서 통달하고 매우 심오한 의취義趣를 사유하며 관찰해서, 그것을 현저하게 시설하여 안립하고 분별하여 개시開示해서 명료하게 현전케 하고, 다시 자세하게 남을 위하여 선양宣揚하여 변설辯說하며, 선교한 방편으로 정법을 거두어 보호한다면,50

㈣ 이와 같은 일체를 법공양이라고 이름하는 것이다.

⑷ 행에 의해 밝히시다

또 다음으로 월개여, 법공양이란,51 ① 모

涅槃大樂, 三世十方 諸佛共說.

於是經典 若樂聽聞 信解受持 讀誦通利 思惟觀察 甚深義趣, 令其顯著 施設安立 分別開示 明了現前, 復廣爲他 宣揚辯說, 方便善巧 攝護正法,

如是一切 名法供養.

復次 月蓋, 法供養

---

50 위에서는 공양대상인 법을 밝혔고, 이것은 법공양하는 것을 밝히는 것이다. 여기에 여덟 가지 행이 있다. 1. 청문하고, 2. 신해하며, 3. 수지하고, 4. 독, 5. 송한다. 이 둘은 모두 통달하는 것에 공통된다. 6. 사유한다. 이치로 하여금 자신의 마음 중에 드러나게 시설하고 안립하며 그 뜻을 분별하여 개시해서, 이 이치가 명료하게 현전하게 하는 것이다. 스스로 이렇게 하고 나서, 7. 다시 남을 위해 말하고, 8. 선교한 방편으로 정법을 거두어 보호하고, 가르침대로 수행하는 것을 법공양이라고 이름한다. 법의 문에는 앞에서 말한 것처럼 열 가지가 있지만 '서사書寫' 및 '남에게 베품[施他]'의 둘은 모두 재물공양이 되기 때문에 생략해서 논하지 않았고, 오직 7행만 들었다. 신해는 곧 사유에 포함되고, 이것을 행하는 것은 '공양'에 거두어지므로, 여기에서의 행은 비록 여덟이지만 체로는 오직 일곱만 있는 것이다. 구역에는 오직 여섯만 있었다(=6.의 사유가 없었음).

51 이하 행에 의해 밝히는 것에 셋이 있다. 처음 이것은 표방하는 것, 다음 그 아래

든 법을 여법하게 조복하고, ② 그리고 모든 법을 여법하게 수행하며,52 ③ 연기緣起에 수순하여 모든 사견邪見을 떠나고,53 ④ 생겨남 없고 일어나지 않는 법인[無生不起法忍]을 수습하여, ⑤ '나' 없음과 유정 없음에 깨달아 들어가서, ⑥ 모든 인연에 대해 거스름[違]도 없고 다툼[諍]도 없어 다른 논의[異議]를 제기하지 아니하고, ⑦ 나와 내 것을 떠나서 섭수하는 것이 없으며,54 ⑧ 뜻에 의지하여 향하고, 글에 의지하지 않으며, ⑨ 지혜에 의지하여 향하고, 식識에 의지하지 않으며, ⑩ 요의了義로 말해진 경전에 의지하여 향하고, 끝내 불요의不了義로 설한 세속의 경전에 의지하여 집착을 일으키지 않으며, ⑪ 법성에 의지하여 향하고, 끝내 보특가라견見으로 얻는 것 있음[有所得]에 의지하지 않으며,55 ⑫ 그

者, 謂於諸法 如法調伏, 及於諸法 如法修行, 隨順緣起 離諸邪見, 修習 無生不起法忍, 悟入 無我 及無有情, 於諸因緣 無違無諍 不起異議, 離我我所 無所攝受, 依趣於義, 不依於文, 依趣於智, 不依於識, 依趣了義 所說契經, 終不依於 不了義說 世俗經典 而生執著, 依趣法性, 終不依於 補特伽羅見

....

는 나타내는 것, 뒤는 맺는 것이다. 나타내는 것에는 16구가 있는데, 구역에서는 13구가 있었다.
52 ①은 삼업을 조복하여 모든 악을 떠나는 것이고, ②는 여법하게 수행하여 모든 선을 닦는 것이다. 구역에는 ①이 없고 합쳐서 하나의 글이 되었는데, 뜻으로는 역시 둘이 될 수 있다.
53 이에 의해 인과가 없다고 부정하는 사견을 떠날 수 있기 때문이다.
54 모든 법을 섭수하여 헤아리고 집착하는 것이 있는 것은 두 가지(=나와 내 것)에 집착함으로 말미암기 때문이다.
55 여기에서 말한 네 가지 의지처(=⑧ 내지 ⑪)는 《열반경》(=제36권본의 제6권)에서 자세히 지위 차제에 배분한 것과 같고, 또한 《유가사지론》 제2질(=제

제13 법공양품 479

성품과 모습 그대로 모든 법을 깨달아 알고,56 ⑬ 간직하고 거둠[藏攝] 없음에 들어가 아뢰야를 멸하여,57 ⑭ 무명 내지 노사를 그쳐 없애고, ⑮ 시름, 탄식, 근심, 괴로움, 뜨거움, 번민을 그쳐 없애며,58 ⑯ 이와 같은 십이연기가 다함 없이 인발引發하고 항상 인발되어짐을 관찰해서, 모든 유정들이 모든 견취見趣 버리기를 원하는 것을 말하는 것이니,59 이와 같은 것을 이름하여 최상의 법공양이라고 한다."60

有所得, 如其性相 悟解諸法, 入無藏攝 滅阿賴耶, 息除無明 乃至老死, 息除愁歎 憂苦熱惱, 觀察如是 十二緣起 無盡引發 常所引發, 願諸有情 捨諸見趣, 如是名爲 上法供養."

⑸ 월개가 전하여 유통하다61

㈎ 붓다께서 천제에게 말씀하셨다.62

佛告 天帝.

....

11권)에서 말한 것과도 같다.
56 [응리] 의타기의 모습[相]과 원성실의 성품[性] 그대로 깨달아 아는 것이다. [공리] 모든 세간을 따라 그 성품과 모습 그대로 알아 얻음 없음을 이루는 것이다.
57 진여에 깨달아 들어가서, 거두고 간직하는 것[所攝藏]이 없어, 아뢰야를 멸하는 것이다.
58 ⑭는 십이연기지를 그치는 것이고, 이것은 연기의 과보를 그치는 것이다.
59 모든 연기가 서로 이끄는 것[相引]이 다함이 없어, 끝내 다하기 어렵기 때문에, 그리고 항상 이끌어 일으켜서[引發] 끊어지지 않기 때문에 연민으로 유정을 돌아보는 것이다. 이 연기가 있어서 항상 버리고 떠나지 않으므로 그들을 건져내려고 모든 견취를 버려서, 무인無因이나 악인惡因 등의 견해를 버리게 하는 것이다.
60 이는 셋째 맺는 것이다.
61 이하 제5 월개가 전해서 유통하는 것에 넷이 있다. ㈎는 전하여 유통할 것을 청하는 것, ㈏는 수기하시는 것, ㈐는 출가하여 과보를 얻는 것, ㈑는 입멸후 교화를 행하는 것이다.

"① 왕자 월개는 약왕 붓다로부터 이러한 최상의 법공양의 말씀을 듣고 법에 수순하는 인[순법인順法忍]을 얻어서,63 ② 곧 보배옷[寶衣]과 모든 장엄구莊嚴具들을 벗어서 약왕여래에게 받들어 베풀어서 공양하고는 ③ 말하였다. '세존이시여, 저는 붓다께서 반열반般涅槃하신 뒤에도 정법正法을 섭수하고 법공양을 해서 정법을 호지護持하고자 하오니, 부디 여래께서 가엾게 여기시어 신통력으로써 위력[威]을 보태시어, 어려움 없이 악마의 원수를 항복시키고 정법을 호지護持하며 보살행을 닦도록 하여 주시기 바랍니다.'64

"王子 月蓋 從藥王佛 聞說如是 上法供養 得順法忍, 卽脫寶衣 諸莊嚴具 奉施供養 藥王如來 白言. '世尊, 我願於佛 般涅槃後 攝受正法 作法供養 護持正法, 唯願如來 以神通力 哀愍加威, 令得無難 降伏魔怨 護持正法 修菩薩行.'

....

62 처음 중에 셋이 있다. ①은 법을 듣고 이익을 얻는 것, ②는 보답으로 옷과 장엄구를 드리는 것, ③은 바로 펴서 청하는 것이다.

63 무생법인을, 깨닫는 것[證]은 초지에 있고, 수순하는 것[順]은 지전의 결택하는 인위忍位에 있다. 지금 법을 들었기 때문에 지전의 법에 수순하는 인忍을 획득한 것이다. 또《인왕경》에 의하면 5인五忍을 지위에 배분한다. 첫째 복인伏忍은 지전에 있는 것이고, 둘째 신인信忍은 초·2·3지이며, 셋째 순인順忍은 4·5·6지이고, 넷째 무생인無生忍은 7·8·9지이며, 다섯째 적멸인寂滅忍은 제10지와 불지이니, 지금 순인은 처음 제4지에 오르는 것이다. 따라서 구역에서 '유순인柔順忍을 얻었다'고 한 것도 두 가지 해석을 취할 수 있다.

64 나는 멸도 후에도 정법을 섭수하고 법공양을 행해서 정법을 호지하기를 바란다. 만약 법을 섭수하지 않는다면 곧 법공양도 아니고 또한 정법을 호지하는 것도 아니다. 그래서 붓다께서 가엾게 여기시어 자비를 베푸셔서 위세[威]와 힘[力]을 더하시어, 첫째 어려움이 없게 하고, 둘째 악마를 항복시키게 하며, 셋째 법을 보호하게 하고, 넷째 행을 닦도록 해 주시기를 원하는 것이다.

(나) 약왕여래께서는 월개의 증상한 의요意樂를 이미 아시고 곧 기별하여 말씀하셨다. '그대는 여래가 반열반한 다음 법의 성곽[법성法城]을 능히 보호할 것이다.'65

(다) 그 때 수기주시는 것을 들은 그 왕자는 뛰어오를듯이 기뻐해서, 곧 약왕여래께서 세상에 머무시면서 가르치신 성스러운 법의 가르침[聖法敎] 안으로 청정한 믿음으로 집의 법[家法]을 버리고 집 아닌 것[非家]으로 향하였고, 이미 출가하고 나서는 용맹하게 정진하여 모든 선법을 닦았으며, 선을 부지런히 닦았기 때문에 출가한 지 오래되지 않아 오신통을 얻어 지극한 궁극에 이르렀고, 다라니와 끊어짐 없는 오묘한 변재[妙辯]를 얻었다.66

藥王如來 旣知月蓋增上意樂 便記之曰. '汝於如來 般涅槃後 能護法城.'
時彼王子 得聞授記 歡喜踊躍, 卽於藥王如來住世 聖法敎中 以淸淨信 棄捨家法 趣於非家,
旣出家已 勇猛精進 修諸善法, 勤修善故 出家未久 獲五神通 至極究竟, 得陀羅尼, 無斷妙辯.

....
65 정법은 성과 같고, 행하는 것은 성 안에 머무는 것과 같다. 월개는 정법을 능히 보호할 것이므로 '능히 법의 성곽을 보호할 것'이라고 말하였다.
66 출가하여 과보를 얻은 것에 5구가 있다. 첫째 기뻐하여 출가하는 것이니, 열반의 멀리 여읨을 닦는 것을 '집 아닌 것'이라고 이름하였다. 둘째 정진하여 선을 닦는 것, 셋째 오신통을 얻는 것, 넷째 총지를 얻는 것, 다섯째 일곱 가지 변재(=앞에서 1. 빠른 변재[捷辯], 2. 유창한 변재[迅辯], 3. 근기에 맞추는 변재[應辯], 4. 오류 없는 변재[疏謬辯], 5. 끊어져 다함 없는 변재[無斷盡辯], 6. 연설하는 바의 뜻과 맛이 풍부한 변재[凡所演說豐義味辯], 7. 일체 세간에서 가장 오묘한 변재[一切世間最上妙辯]라는 설명이 있었음)를 얻는 것이다. 혹은 여섯 가지 변재(=제1품의 각주 12에서 설명되었음) 중 끊어져 다함 없는 변재와 다라니의 변재이다. 구역에서는 '보살도를 성취하였다'라는 한 가지가 더해져 있었다.

㈑ ① 그리고 약왕여래께서 반열반하신 후에는 그가 얻은 신통과 지혜의 힘으로 십 중겁이 지나도록 여래께서 굴리시던 법륜을 따라 굴렸다.67

② 월개 비구가 십 중겁 가득 법륜을 따라 굴리면서, 정법을 호지護持하고 용맹하게 정진하여 백천 구지의 유정들을 안립하여 그들로 하여금 무상정등보리에서 퇴전하지 아니함[不退轉]을 얻게 하였고, 십사 나유타의 중생들을 교화하여 그들로 하여금 성문승과 독각승[獨一覺乘]에서 마음이 잘 조순조順되게 하였으며, 한량없는 유정들을 방편으로 인도하여 그들로 하여금 천상天上에 태어나게 하였다."68

藥王如來 般涅槃後 以其所得 神通智力 經十中劫 隨轉如來 所轉法輪,

月蓋苾芻 滿十中劫 隨轉法輪, 護持正法 勇猛精進 安立百千 俱胝有情 令於 無上正等菩提 得不退轉, 教化十四 那庾多生 令於聲聞獨一覺乘 心善調順, 方便引導 無量有情 令生天上."

3.2 예로써 지금에 대하다69

붓다께서 천제에게 말씀하셨다.

佛告 天帝.

---

67 멸도 후의 행화行化에 둘이 있다. 이 ①은 행화한 시절을 밝히는 것이고, 뒤의 ②는 교화받은 자의 다소를 밝히는 것이다.
68 교화받은 자의 다소를 밝히는 것에 셋이 있다. 첫째 대승의 4불퇴(=신信·위位·증證·행行불퇴)의 지위를 깨닫게 한 것, 둘째 이승으로 하여금 마음이 잘 조순되어 아라한과를 얻게 한 것, 셋째 종성 없는 자들을 천상에 태어나게 한 것이다. 처음의 둘은 종성이 있어서 삼승을 따라 얻은 것이다.
69 예로써 지금에 대하는 것[以古卽今]에 셋이 있다. ①은 전륜왕을 대하는 것, ②는 천 명의 아들들을 대하는 것, ③은 월개를 대하는 것이다.

"① 그 때의 보개 전륜성왕은 어찌 다른 사람이겠는가? 의심을 내어서도 안되고 달리 보아서도 안된다. 어째서인가 하면 이 분은 곧 보염寶焰여래라고 알아야 하기 때문이다. ② 그 왕의 천 명의 아들들은 곧 현겁賢劫 중에서 천 분의 보살로 있다가 차례로 성불하셨으니, 최초로 성불하신 분은 명호를 가락가손타迦洛迦孫馱여래라고 하셨고, 최후로 성불하실 분은 명호를 노지盧至라고 하실 것이다. 네 분은 이미 세상에 출현하셨고, 나머지는 미래에 계실 것이다.70 ③ 그 때 법을 보호했던 월개 왕자는 어찌 다른 사람이겠는가? 곧 나 자신이 바로 그였다.71

"彼時寶蓋 轉輪王者 豈異人乎? 勿生疑惑 莫作異觀. 所以者何? 應知卽是寶焰如來. 其王千子 卽賢劫中 有千菩薩 次第成佛, 最初成佛 名迦洛迦孫馱如來, 最後成佛 名曰盧至. 四已出世 餘在當來. 彼時護法 月蓋王子 豈異人乎? 卽我身是.

3.3 닦기를 권하시다72

....

70 여기에서는 천 명의 아들들에 대해서 우선 하나의 인연만을 말했지만, 다시 다른 연도 있다. 《천불인연경》과 《약왕약상경藥王藥上經》과 같으니, 이미 《미륵상생경소》에서 해석하였다. 제1 가락가촌타迦洛迦忖陀붓다(=신수대장경에는 마지막 글자가 '馬'와 '犬'의 두 글자가 합성된 글자로 되어 있는데, 포탈라본에서는 'krakuccanda'로 표기되어 있음. 한편 노지盧至는 'roca'로 되어 있음), 제2 가락가모니迦洛迦牟尼붓다, 제3 가섭파迦葉波붓다, 제4 석가모니붓다께서는 이미 세상에 출현하셨고, 나머지는 미래에 출현하실 것이다. 겁의 수와 차례와 시간의 단계는 하나하나 모두 《상생경소》에서 해석한 것과 같다.
71 이는 월개에 대하는 것이다. 직접 이 법을 수지하여 보호하였음은 나타내기 때문이다. 법공양을 행하였으므로 지금 보리를 얻었으니, 모든 유정들에게 역시 나와 같이 호지하고 수학하며 법공양 행할 것을 권하려는 것이다.

⑴ 천제여, 나는 모든 붓다들에게 드리는 일체 공양 중에서 그 법공양이 가장 존귀하고[最尊] 가장 뛰어나며[最勝] 가장 위이고[最上] 가장 오묘하며[最妙] 가장 위 없는 것[最爲無上]이라고 말하였음을 알아야 한다.73

⑵ 그러므로 천제여, 붓다에게 공양을 드리고자 하는 자는 법공양을 하여야지, 재물로 하여서는 안된다."74

天帝, 當知, 我說一切 於諸佛所 設供養中 其法供養 最尊最勝 最上最妙 最爲無上.

是故 天帝, 欲於佛所 設供養者 當法供養, 無以財物."

....

72 이하 법을 찬탄하고 먼저 뛰어난 이익 닦을 것을 권하는 것에 둘이 있다. ⑴은 찬탄하는 것이고, ⑵는 권하는 것이다.

73 '가장 존귀하다'는 것은 행이 지극히 높기 때문이고, '가장 뛰어나다'는 것은 지나고 넘어서기[過越] 때문이며, '가장 위'라는 것은 행이 제일이기 때문이고, '가장 오묘하다'는 것은 행이 미묘하고 선하기[微善] 때문이며, '위 없다'는 것은 다시 앞서는 것이 없기 때문이다. 또 법공양은 능히 무루 오온의 법신을 얻게 하니, 소위 계·정·혜·해탈·해탈지견의 오온을 차례대로 배속하는 것이다. 혹은 청정한 법계와 대원경지·평등성지·묘관찰지·성소작지를 얻게 하므로 차례대로 배속해서 다섯 가지 '가장[最]'을 말한 것이다.

74 모든 붓다 보살들이 본래 마음으로 하는 것은, 유정으로 하여금 법과 행을 닦고 익혀서 세간을 벗어나게 하는 것이다. 그래서 법공양이 재물공양보다 뛰어난 것이다.

제14 촉루품[1]　　　　　　　囑累品 第十四

1. 부촉하기를 되풀이하시다[2]

1.1 보살에게 부촉하시다[3]
1.1.1 미륵에게 부촉하시다[4]
(1) 여래께서 부촉하시다[5]

㈎ 법을 부촉하시다[6]

㈀ 그 때 붓다께서 자씨보살에게 말씀하　　爾時 佛告 慈氏菩

....
[1] 뒤의 2개품의, 찬탄하고 주어서 유통케 하는 것 중에서 앞(=법공양품)은 찬탄하여 유통케 하는 것이고, 이 1품은 부촉하여 주어서 유통케 하는 것[付授流通]이다. 만약 되풀이해서 주지 않는다면, 혹시 태만하여 법이 밝지 못할까 두려워하기 때문에 정중하게 주어서, 믿음을 내어 배우게 하는 것이다. 부촉하여 주는 것을 말하여 '촉屬'이라고 이름하고, 중첩하여 고하는 것을 '루累'라고 일컫는데, 이 품에서 자세히 밝히므로 촉루품이라고 이름하였다.
[2] 품의 단락에 셋이 있다. 1.은 부촉하여 주기를 되풀이하시는 것, 2.는 이름을 물어 법을 지니는 것, 3.은 이익을 얻어 기뻐하며 유통하는 것이다. 1.의 글에 다시 둘이 있다. 1.1은 보살에게 부촉하는 것이니, 스스로 행할 것이기 때문이다. 1.2는 성문에게 부촉하는 것이니, 취사取捨하도록 하기 때문이다.
[3] 처음의 글에 다시 셋이 있다. 1.1.1은 미륵에게 부촉하시는 것, 1.1.2는 보살들이 유지하기를 청하는 것, 1.1.3은 천왕이 지키겠다고 하는 것이다.
[4] 1.1.1의 글에 다시 셋이 있다. (1)은 여래께서 부촉하시는 것, (2)는 미륵이 찬탄하고 받는 것, (3)은 세존께서 칭찬하시는 것이다.
[5] (1)의 글에 다시 둘이 있다. ㈎는 법을 부촉하시는 것, ㈏는 덕의 상실[德失]을 말씀하시는 것이다.
[6] ㈎의 글에 다시 둘이 있다. ㈀은 주어서 행하게 하시는 것, ㈁은 이유를 풀이하시는 것이다.

셨다.7

"① 나는 이제 이 한량없고 수없는 백천 구지 나유타 겁 동안 모은 무상정등보리無上正等菩提가 흐르는 큰 법[大法]을 그대에게 부촉付囑하노라. ② 이와 같은 경전은 붓다의 위신의 힘[威神力]으로 주지住持되는 것이고, 붓다의 위신의 힘으로 가호加護되는 것이니,8 ③ 그대는 여래가 반열반한 다음에도 오탁五濁의 악세惡世에서 역시 신통의 힘[神力]으로써 주지住持하고 섭수攝受해서, 섬부주에서 널리 유포流布하여 감추어지거나 사라짐[隱滅]이 없도록 하라.9

(ㄴ) 까닭이 무엇이겠는가? ① 미래세에 선남자 혹은 선여인, 천신, 용, 야차, 건달바 등이 있어 한량없이 수승한 선근을 이미 심었거나, 무상정등보리로 마음이 향해 나아감[趣向]을 이미 일으켜서 승해勝解가 광대하다고 하더라도, 만약 이와 같은 경전을 듣지 못하게 되면 곧 한량없이 뛰어난 이익[勝利]에

薩.

"吾今以是 無量無數百千俱胝 那庾多劫 所集 無上正等菩提 所流大法 付囑於汝. 如是經典 佛威神力 之所住持, 佛威神力 之所加護, 汝於如來 般涅槃後 五濁惡世 亦以神力 住持攝受, 於贍部洲 廣令流布 無使隱滅.

所以者何? 於未來世 有善男子 或善女人 天龍藥叉 健達縛等 已種無量 殊勝善根, 已於無上正等菩提 心生趣向 勝解廣大, 若不

---

7 처음 주어서 행하게 하시는 것에 셋이 있다. ①은 총체적으로 법을 부촉하시는 것, ②는 법이 승묘함을 밝히시는 것, ③은 후대에 전해 유통케 하시는 것이다.
8 붓다의 위신으로 머무는 것이니, 이 때문에 멸하지 않는 것이고, 붓다의 위신이 가호하기 때문에, 재앙이 없는 것이다.
9 이는 후대에 전해 유통케 하는 것이다. '섭수'는 가호하는 것이니, 거두어 지녀서 받아들이는 것[攝持領受]은 가호의 다른 이름이다.

서 퇴실退失할 것이기 때문이다.10 그렇지만 만약 그들이 이와 같은 경전을 듣게 된다면 반드시 믿고 좋아하며[信樂] 희유하다는 마음[希有心]을 일으켜서 환희하며 머리에 이어 받을 것[頂受]이다.11

② 나는 이제 그 모든 선남자와 선여인 등을 그대에게 부촉하니, 그대는 잊지 않고 보호해서[護念] 장애와 어려움[障難] 없이 이 경전을 듣고 수학修學하게 하고, 또한 이와 같이 설해진 법문을 널리 펴서 유포되게 해야 한다.12

(나) 덕의 상실을 말씀하시다13

得聞 如是經典 卽
當退失 無量勝利,
若彼得聞 如是經典
必當信樂 發希有心
歡喜頂受.
我今以彼 諸善男子
善女人等 付囑於汝,
汝當護念 令無障難
於是經典 聽聞修學,
亦令如是 所說法門
廣宣流布.

....
10 이하 이유를 풀이하는 것에 둘이 있다. ①은 두 사람의 손익을 밝히는 것, ②는 사람과 법을 부촉하는 것이다. 처음 중에 다시 둘이 있으니, 처음 이것은 손해 있음을 밝히는 것이고, 뒤의 그 아래는 이익 있음을 밝히는 것이다. 이 처음에 도 두 사람이 있다. 첫째는 비록 아직 큰 마음을 일으키지 않았지만, 이미 수승한 선근을 심은 사람이고, 둘째는 이미 큰 마음을 일으켜서 승해가 광대한 사람이니, 곧 지전의 지위이다. 보살의 13주住 중 지전의 모든 마음은 승해행주[勝解行]라고 이름하기 때문에 승해가 크다. 지전의 범부들은 만약 경전을 듣지 못한다면 아직 발심하지 못한 자는 발심할 수 없고, 이미 발심한 자는 이익으로 나아갈 수 없는 것을 '뛰어난 이익을 잃는다'고 이름하였다.
11 이것은 법을 듣는 이익을 밝히는 것이다. 구역에서는 보리심을 일으키는 것이 하나가 되고, 큰 법을 좋아하는 것이 제2였다. 따라서 믿고 좋아하는 것과 머리에 이어 받는 것이 차례로 그것에 배분되었다. 그렇지만 응당 일으켜야 하고 응당 좋아해야 하기 때문에, 이해는 신역의 글과 같다.
12 사람을 부촉해서, 호념하여 장애와 어려움 없이 이 경전을 듣게 하고, 법을 부촉해서, 행하여 널리 펴 유포되게 하라는 것이다.

(ㄱ) 자씨여, 대략 두 가지의 보살의 상인相印이 있다고 알아야 한다.14

(ㄴ) 어떤 것이 두 가지인가? 첫째는 갖가지 화려하게 꾸민 글과 말[綺飾文詞]을 믿고 즐기는 상인相印이고, 둘째는 매우 심오한 법문을 두려워하지 않고 그 성품과 모습대로 깨달아 들어가는 상인이다.

(ㄷ)15 (a) ① 만약 모든 보살이 화려하게 꾸민 글과 말을 존중해서 믿고 즐긴다면, 이는 처음 배우는 보살[初學菩薩]이라고 알아야 한다.16 ② 만약 모든 보살이 이 매우 심오하고 잡염 없으며[無染] 집착 없고[無著] 사의할 수 없는 자재한 신통변화의 해탈법문인 미묘한 경전을 두려워함 없이 듣고 나서 신해하

慈氏, 當知, 略有二種 菩薩相印.

何等 爲二? 一者 信樂 種種綺飾 文詞相印, 二者 不懼 甚深法門 如其性相 悟入相印.

若諸菩薩 尊重信樂 綺飾文詞, 當知是爲 初學菩薩.

若諸菩薩 於是甚深 無染無著 不可思議 自在神變 解脫法門 微妙經典 無有恐畏

---

13 이하 덕의 상실[德失]을 말씀하시는 것에 셋이 있다. (ㄱ)은 표방하는 것, (ㄴ)은 나타내는 것, (ㄷ)은 해석하는 것이다.

14 '인印'에는 두 가지가 있다. 무상인無相印과 유상인有相印이다. '상相'이란 구체적인 모습[狀貌]이고, '인'은 결정한다는 것이니, 모습의 결정을 '상인'이라고 한다(=포탈라본의 'mudrā'의 역어인데, 이는 '인印'의 의미임. 영역본에서는 이를 'category'라고 번역하고 있음). 이 두 가지의 가르침을 '인'이라고 한 것이니, 두 종류의 보살을 결정하기 때문이다.

15 해석하는 것에 둘이 있다. 처음의 글은 알 수 있을 것이다(=(a)의 두 가지에 대한 요약설명이 빠져 있음. 뒤의 (b)의 글에 대하여 "이하 상실하는 모습을 말씀하시는 것에 둘이 있다. 차례로 앞의 두 종류의 보살을 밝히기 때문이다."라고 한 요약설명을 감안하면, 이 처음 (a)의 글에 대한 요약설명은 '두 종류의 보살을 밝힘'이라고 표현할 수 있을 듯함).

16 글을 받아들이고 이치를 받아들이지 못하기 때문이다.

고 수지하며 독송해서 그것에 통달하게 하고, 자세히 남을 위해 말하며 여실하게 깨달아 들어가서 정진하여 수행해서 출세간의 청정한 믿고 좋아함[信樂]을 얻게 한다면, 이는 오래 배운 보살[久學菩薩]이라고 알아야 한다.17

(b)18 (㊀) ① 자씨여, 대략 네 가지 연으로 말미암아 처음 배우는 보살이 스스로를 해쳐서 매우 심오한 법인法忍을 얻지 못하는 것이라고 알아야 한다.

② 무엇이 네 가지인가?19

첫째 과거에 아직 듣지 못하였던 매우 심오한 경전을 처음으로 듣고는 놀라고 두려워하며 의심해서 따라 기뻐함을 일으키지 못하는 것이고, 둘째 듣고 나서 비방하고 경시해서 '이 경전은 내가 과거에 듣지 못했던 것인데 어디에서 왔는가?'라고 말하는 것이며,20 셋

聞已信解 受持讀誦 令其通利, 廣爲他說 如實悟入 精進修行 得出世間 淸淨信樂, 當知是爲久學菩薩.

慈氏, 當知 略由四緣 初學菩薩 爲自毁傷 不能獲得 甚深法忍.

何等 爲四?

一者 初聞 昔所未聞 甚深經典 驚怖疑惑 不生隨喜, 二者 聞已 誹謗輕毁言, '是經典 我昔未聞 從何而至?', 三

....

17 만약 오래 배우지 않았다면, 필경 이것을 믿고 좋아할 수 없기 때문이다.
18 이하 상실하는 모습을 말씀하시는 것에 둘이 있다. 차례로 앞의 두 종류의 보살을 밝히기 때문이다. 처음의 글에 셋이 있다. ①은 표방하는 것, ②는 나타내는 것, ③은 맺는 것이다. '법인'이란 초지에서 사성제의 교법에 대하여 얻는 지혜의 인[智忍]이다. 네 가지 연 때문에 처음 배우는 보살이 초지를 얻지 못하는 것이다.
19 나타내는 것에 둘이 있다. 처음 이것은 묻는 것이고, 뒤는 나타내는 것이다.
20 나타내는 것을 나누면 둘이 된다. 처음의 둘은 법에 대한 것이고, 뒤의 둘은 사

째 이 심오한 법문을 수지하여 연설하는 선남자 등이 있음을 보고도 즐겨 친근하고 공경하며 예배하지 못하는 것이고, 넷째 후일에 업신여기고 미워하며 질투하고 모욕하고 비방하는 것이다.21

③ 이 네 가지 연으로 말미암아 처음 배우는 보살이 스스로를 해쳐서 매우 심오한 법인을 얻을 수 없는 것이다.

　(二) ① 자씨여, 대략 네 가지 연으로 말미암아 매우 심오한 법문을 믿고 이해하는 보살이 스스로를 해쳐서 속히 무생법인을 증득할 수 없는 것이라고 알아야 한다.22

② 무엇이 네 가지인가?23

者 見有 受持演說 此深法門 善男子等 不樂親近　恭敬禮拜, 四者 後時 輕慢 憎嫉 毀辱誹謗.

由是四緣 初學菩薩 爲自毀傷 不能獲得 甚深法忍.

慈氏, 當知, 略由四緣 信解甚深 法門 菩薩 爲自毀傷 不能速證 無生法忍.

何等 爲四?

람에 대한 것이다. 그중 첫째는 아직 듣지 못한 것에 대해 두 가지 현상을 일으키는 것이니, 놀라서 두려워하며 의심하는 것과 마음으로 따라 기뻐하지 못하는 것이다. 둘째는 설령 들었다고 하더라도 등져서는 비방하고 대면해서는 경시해서 '내가 과거에 듣지 못했던 것이다'라는 등으로 말하는 것이다.

21 이 두 가지는 사람에 대한 것이다. 셋째는 이것을 믿는 사람을 보고도 즐겨 친근·공경·예배하지 못하는 것이고, 넷째는 이것을 믿는 사람에 대해 뒤에 몸으로 업신여기고, 마음으로 미워하고 질투하며, 말로써 대면해서는 모욕하고, 등져서는 비방하는 것이다. 구역에서는 네 가지를 2문으로 했으니, 법과 사람이 같기 때문이다.

22 이하의 글에도 역시 셋이 있다. 이것은 처음 표방하는 것이다. 무생법인이 상속함을 얻는 것은 제8지에 있으므로, 앞의 처음 배우는 보살이 초지를 얻지 못하는 것이고, 이것이 유학이 제8지를 얻지 못하는 것을 말하는 것이다. 혹은 이것도 역시 초지를 얻지 못하는 것을 말하는 것이다.

23 나타내는 것에 둘이 있으니, 처음 이것은 묻는 것이고, 뒤는 나타내는 것이다.

첫째 대승으로 향했지만 아직 오래 수행하지 못한 처음 배우는 보살을 경멸하는 것이고, 둘째 섭수해서 가르쳐 보이고[誨示] 가르쳐 주며[教授] 가르쳐 경계시키기[教誡]를 좋아하지 못하는 것이며,24 셋째 매우 심오하고 광대한 학처學處를 깊이 공경하여 존중하지 못하는 것이고, 넷째 세간의 재시財施로 유정들 거두기를 좋아하고, 출세간의 청정한 법시法施를 좋아하지 못하는 것이다.25

③ 이 네 가지 연으로 말미암아 매우 심오한 법문을 믿고 이해하는 보살이 스스로를 해쳐서 속히 무생법인을 증득할 수 없는 것이다."

一者 輕蔑 發趣大乘 未久修行 初學菩薩, 二者 不樂 攝受誨示 教授教誡, 三者 甚深廣大學處 不深敬重, 四者 樂以世間財施 攝諸有情, 不樂出世 清淨法施.

由是四緣 信解甚深法門菩薩 爲自毀傷 不能速證 無生法忍."

....

24 나타내는 것 중 처음의 둘은 사람에 대한 것이고, 뒤의 둘은 법에 대한 것이다. 첫째는 새로 배우는 사람을 경시하는 것이고, 둘째는 처음 배우는 자를 섭수해서 아들로 삼는 것을 좋아하지 않고, 또 말해서 그 학처를 가르쳐 보이기를 좋아하지 않고, 가르쳐 주어서 선법을 주는 것을 좋아하지 않으며, 가르쳐 경계시켜서 악을 짓지 않도록 타이르기를 좋아하지 않는 것이다. 이 두 가지 연으로 말미암아 새로 배우는 자로 하여금 나아가 닦도록 하지 못하게 하는 것이다.

25 이 두 가지는 법에 대한 것이다. '광대한 학처(=배울 대상)'란 보살의 계이다. 매우 심오하다는 것은 《섭대승론》(=세친 석 제8권)에서, "보살은 살생 등의 열 가지 업을 행하더라도 죄가 없고, 한량없는 복을 일으켜서 속히 보리를 증득한다"라고 하는 등과 같다. 혹은 매우 심오하다는 것은 측량하기 어렵기 때문이고, 광대하다는 것은 체와 용이 넓기 때문이다. 셋째는 이 법을 깊이 공경하여 존중하지 못하고, 잡되이 공경해서 경시하는 것이다. 넷째는 재시를 좋아하고 법시를 좋아하지 않은 것이니, 현재의 이락利樂을 보고 뒤의 이익을 보지 않기 때문이다.

(2) 미륵이 찬탄하고 받다

붓다의 말씀을 들은 자씨보살은 뛰어오를 듯이 기뻐하면서 붓다께 말하였다.26

"㈎ 세존께서 말씀하신 것은 심히 희유希有하고, 여래께서 말씀하신 것은 심히 미묘합니다.27

㈏ ① 붓다께서 보이신 것과 같은 보살의 허물을 저는 모두 다 구경까지 멀리 떠나겠습니다.28 ② 여래께서 한량없고 수없는 백천 구지 나유타 겁에 모으신 무상정등보리가 흐르는 모든 큰 법[大法]을 저는 보호해 지녀서 감추어지거나 사라지지 않게 하겠습니다.29 만약 미래세에 여러 선남자들이나 선여인들이 대승을 구해 배우는 진실한 법의 그릇[眞法器]이라면, 저는 그들이 이와 같은 매우 심오한 경전을 손으로 얻을 수 있도록 하고, 그들에게 염력念力을 주어서 그들로 하

慈氏菩薩 聞佛語已 歡喜踊躍 而白佛言.
"世尊所說 甚爲希有, 如來所言 甚爲微妙.
如佛所示 菩薩過失 我當悉皆 究竟遠離. 如來所有 無量無數 百千俱胝 那庾多劫 所集 無上正等菩提 所流大法 我當護持 令不隱滅. 若未來世 諸善男子 或善女人 求學大乘 是眞法器, 我當令其 手得如是 甚深經典, 與其念

----
26 이하 제2 미륵이 찬탄하고 받는 것에 셋이 있다. ㈎는 찬탄하는 것, ㈏는 받는 것, ㈐는 맺는 것이다.
27 '희유하다'는 것은 듣기 어렵다는 것이고, '미묘하다'는 것은 들어가기 어렵다는 것이다.
28 받는 것에 둘이 있다. ①은 덕의 상실하는 모습을 받아들이는 것이고, ②는 앞에서 부촉하신 것을 받는 것이다.
29 앞에서 부촉하신 것을 받는 것에 둘이 있다. 처음 이것은 법을 받는 것이고, 뒤의 그 아래는 사람을 받는 것이다.

여금 이 경전을 수지하고 독송해서 궁극까지 통달하게 하고, 쓰고 베껴서 공양하고 전도됨 없이[無倒] 수행하며 널리 남을 위해 말하도록 하겠습니다.30

(다) 세존이시여, 후세에 이 경전을 만약 누군가가 듣고, 신해하고 수지하며 독송해서 통달하고 전도됨 없이 수행하며 널리 남을 위해 말한다면, 이것은 모두 저의 위신의 힘으로써 주지시키고 가호한 것이라고 알아야 할 것입니다."31

(3) 세존께서 칭찬하시다

세존께서 말씀하셨다.

"훌륭하고 훌륭하도다. 그대는 지극히 훌륭해서, 마침내 여래의 훌륭한 말[善說]을 따라 기뻐하니, 이러한 정법을 섭수하여 호지할 수 있으리라."

力 令於此經 受持讀誦 究竟通利, 書寫供養　無倒修行 廣爲他說.

世尊, 後世 於是經典 若有聽聞, 信解受持 讀誦通利 無倒修行　廣爲他說, 當知皆是 我威神力 住持加護."

世尊 告曰.

"善哉善哉. 汝爲極善, 乃能隨喜 如來善說, 攝受護持 如是正法."

1.1.2 보살들이 유지하기를 청하다32

그 때 법회 중에 있던 이 세계 및 타방에서

爾時 會中 所有此界

....

30 이것은 사람을 받는 것이다. 지금 믿고 이해하며 널리 말함을 얻는 것은 모두가 미륵이 염력을 준 것이라는 것이다.
31 이는 앞의 받는 것 및 힘을 준 것을 맺어 이루는 것이다.
32 이하 제2의 큰 단락인 보살이 유지하기를 청하는 것에 둘이 있다. ①은 법을 수호하는 것, ②는 사람을 보호하는 것이다.

온 모든 보살들은 모두 합장하며 함께 소리쳐 말하였다.

"① 세존이시여, 저희들도 역시 여래께서 반열반하신 다음 각각 타방의 여러 다른 세계로부터 모두 여기로 와서, 여래께서 증득하신 무상정등보리가 흐르는 큰 법을 호지護持해서 감추어지거나 사라지지 않게 하고 널리 펴서 유포되게 하며, ② 만약 선남자나 선여인이 능히 이 경전을 듣고 신해해서 수지하고 독송하여 궁극까지 통달하며 전도됨 없이 수행하고 널리 남을 위해 말한다면, 저희들은 보호하고 가지하며 그에게 염력을 주어서 장애와 어려움[障難]이 없도록 하겠습니다."

及與他方 諸來菩薩 一切合掌 俱發聲言. "世尊, 我等 亦於如來 般涅槃後 各從他方 諸別世界 皆來至此, 護持如來 所得 無上正等菩提 所流大法 令不隱滅 廣宣流布, 若善男子 或善女人 能於是經 聽聞信解 受持讀誦 究竟通利 無倒修行 廣爲他說, 我當護持 與其念力 令無障難."

1.1.3 천왕이 지키겠다고 하다

그 때 이 대중들 중 사대천왕들도 역시 모두 합장하고 같이 소리쳐 붓다께 말하였다.

"세존이시여, 만약 촌성의 취락, 나라의 고을, 왕도에서 이와 같은 법문을 유행시키는 곳[所流行處]이 있다면, 저희들은 모두 그 권속眷屬들과 더불어, 큰 힘의 장수[大力將]로 하여금 모든 군사들을 이끌게 하고 법을 듣기 위해 그 곳을 찾아가서, 이와 같이 말하고

時此衆中 四大天王 亦皆合掌 同聲白佛. "世尊, 若有 村城聚落 國邑王都 如是法門 所流行處, 我等皆當 與其眷屬, 幷大力將 率諸軍衆 爲聞法故 往詣其所,

있는 법문 및 이 법문을 펴서 말하고 수지하며 독송하는 이들을 보호하고 가지해서,33 사방으로 백 유선나까지 모두 안온하게 모든 장애와 어려움[障難]이 없게 하고, 그 기회[便]를 찾아 구해서 얻는[伺求得] 자가 없도록 하겠습니다."34

護持如是 所說法門 及能宣說 受持讀誦 此法門者, 於四方面 百踰繕那 皆令安隱 無諸障難, 無有伺求 得其便者."

1.2 성문에게 부촉하시다35

(1) 그 때 세존께서 다시 구수 아난다에게 말씀하셨다.

"그대도 이와 같은 법문을 수지하고 널리 남을 위해 말해서 그것이 유포되게 하여야 한다."

(2) 아난다가 말하였다.

"저는 이미 이와 같은 법문을 받아 지녔습니다.

爾時 世尊 復告具壽 阿難陀曰.

"汝應受持 如是法門 廣爲他說 令其流布."

阿難陀曰.

"我已受持 如是法門.

----

33 제3의 큰 단락인 천왕이 옹호하겠다고 하는 것에 둘이 있다. 처음 여기까지는 옹호함을 밝히는 것이고, 뒤의 그 아래는 멀고 가까움을 밝히는 것이다. 전자에도 둘이 있으니, 앞의 하나는 법을 수호하는 것이고, 뒤의 하나는 사람을 보호하는 것이다.
34 백 유순 내에서 그들을 안은하게 하여, 천마와 외도, 재앙과 횡액이 장애할 수 없게 하고, 또한 악인이 그 기회를 찾고 얻음이 없도록 하겠다는 것이다.
35 위는 보살에게 부촉한 것이고, 이하는 성문에게 부촉하는 것이다. 사람은 아니고 오직 법뿐이다. 글에 둘이 있으니, (1)은 부촉하는 것, (2)는 받는 것이다.

2. 이름을 물어 법을 지니다[36]

(1) 세존이시여, 이렇게 말씀하신 그 법문은 무엇이라고 이름하고, 저희들은 어떻게 지녀야 합니까?"[37]

(2) 세존께서 말씀하셨다.

"이것은 무구칭의 사의할 수 없는 자재한 신통변화의 해탈을 말한 법문[說無垢稱 不可思議 自在神變 解脫法門]이라고 이름하는 것이니, 응당 이와 같이 지녀야 한다."[38]

世尊, 如是 所說法門 其名何等, 我云何持?"

世尊 告曰.

"如是名爲 說無垢稱 不可思議 自在神變 解脫法門, 應如是持."

3. 이익을 얻고 유통하다

그 때 박가범薄伽梵께서 이 경전을 말씀하 時薄伽梵 說是經已,

---

[36] 이하 품의 제2단 이름을 물어 법을 지니는 것[問名持法]에 둘이 있다. (1)은 묻는 것, (2)는 이르시는 것이다.

[37] 묻는 것에 둘이 있다. 첫째는 이름을 묻는 것이고, 둘째는 법 지니는 것을 묻는 것이다.

[38] 총체적으로 하나의 이름을 고하고, 그리고 받는 것이 곧 법을 지니는 것이다. '사의할 수 없다'는 것은 말이나 생각으로 헤아림을 초월한다는 것이다. '자재하다'는 것은 마음대로 움직이는 것[任運]이다. '신통변화'란 신통의 과보의 오묘한 작용이니, 전환함에 방향이 없고, 없다가 홀연 있게 되는 것이다. '해탈'이란 무루의 선정의 과보이니, 선정의 장애에서 벗어나기 때문에 '해탈'이라고 이름한다. 혹은 또한 선정의 과보를 '자재한 신통변화'라고 이름하고, 진여가 계박을 여읜 것[離繫]을 '해탈'이라고 이름한다. '법문'이란 능히 나타내는 가르침[能詮敎]이니, 교법이 표현 대상인 뜻을 능히 나타내는 것이다. 응당 이와 같이 지녀서, 그들로 하여금 닦고 배우게 권하여, 받아들이게 하라는 것이다.

시자, 무구칭 보살, 묘길상 보살, 구수具壽 아난다 및 다른 보살과 대 성문의 대중들과 아울러 여러 천신들과 사람들[天人], 아수라[阿素洛] 등은 붓다께서 말씀하신 것을 듣고, 모두 크게 기뻐하며 믿고 받아서 받들어 행하였다.39

無垢稱菩薩 妙吉祥菩薩 具壽阿難陀 及餘菩薩 大聲聞衆 幷諸天人 阿素洛等 聞佛所說, 皆大歡喜 信受奉行.

....
39 품의 제3단 뛰어난 이익을 이미 얻었으므로 기뻐하여 유통하는 것이다.

유마힐소설경
維摩詰所說經

요진 삼장 구마라집 역
姚秦 三藏 鳩摩羅什 譯

유마힐소설경[1]   維摩詰所說經
일명 불가사의해탈   一名 不可思議解脫
상권   上卷

제1 불국품   佛國品 第一

1. 서序의 원만

이와 같이 나는 들었다.   如是我聞.
  한 때 붓다께서 비야리毗耶離의 암라수원菴   一時佛在 毘耶離
羅樹園에서 큰 비구 대중 팔천 분과 함께 계   菴羅樹園 與大比丘
셨다.   衆 八千人俱.

2. 대중[衆]의 원만

----

[1] 「집什 공公(=구마라집)은 '유마힐소설경'이라고 하고, 이어 '일명 불가사의 해탈'이라고 이름하였는데, 한역에 의하지 않고 그 범어의 음(='유마힐')을 둔 것은, 뜻으로 유마힐도 역시 설할 수 있다고 인정하는 것이다. '일명 불가사의해탈'이라고 한 것은 범본에 의하면 제목이 권말에 있으니, 권말에서 붓다께서 이 경전을 이름하여 "무구칭의 사의할 수 없는 자재한 신통변화의 해탈을 말한 법문"이라고 말씀하셨다. 만약 오직 사람만을 말한다면 다만 '아비마라지리저'라고 하고, 만약 오직 법만을 말한다면 각주로는 또한 '불가사의해탈'이라고 이름한다고 말할 수 있다. 구 경전에서는 붓다께서 두 가지 이름을 말씀하셔서 마침내 역경하는 사람이 별도로 연 것처럼 하고 있지만, 범본이 이와 같은 것은 아니다.」

2.1 대중을 열거함
2.1.1 성인 보살

⑴ 보살은 삼만이천 분이 계셨는데, ① 많은 사람들에게 알려진 분들로서, ② 큰 지혜[大智]의 근본 행[本行]을 모두 다 성취하였다.

③ 그들은 모든 붓다들의 위신력[威神]으로 건립되어, ④ 법을 수호하는 성[護法城]이 되어서 정법正法을 받아 지녔다.

⑤ 능히 사자후師子吼를 울려서 명성이 시방에 알려졌고, ⑥ 사람들이 청하지 않아도 벗이 되어 편안케 해 주었으며, ⑦ 삼보三寶를 이어 융성케 해서 끊어지지 않게 하였고, ⑧ 마군의 원수[魔怨]를 항복시키고 모든 외도들을 눌렀으며, ⑨ 모든 것이 청정해져서 덮개[蓋]와 얽음[纏]을 영원히 여의었다.

⑩ 그들은 마음이 항상 걸림 없는 해탈에 안주하였고, ⑪ 새김[念]·선정[定]·총지總持의 변재辯才가 끊어지지 않았으며, ⑫ 보시·지계·인욕·정진·선정·지혜 및 방편과 힘을 구족하지 못한 것이 없었고, ⑬ 무소득無所得의 불기법인不起法忍을 얻었다.

⑭ 그들은 이미 불퇴의 법륜[不退輪]을 능히 수순隨順하여 굴렸고, ⑮ 모든 법상法相을 잘 알고, ⑯ 중생의 근기[根]도 잘 알아, ⑰

菩薩 三萬二千 衆所知識, 大智本行皆悉成就.

諸佛威神 之所建立, 爲護法城 受持正法.

能師子吼 名聞十方, 衆人不請 友而安之, 紹隆三寶 能使不絶,

降伏魔怨 制諸外道, 悉已淸淨
永離蓋纏.

心常安住 無礙解脫, 念定總持 辯才不斷, 布施持戒 忍辱精進 禪定智慧 及方便力無不具足, 逮無所得不起法忍.

已能隨順 轉不退輪, 善解法相, 知衆生根, 蓋諸大衆 得

모든 대중들을 덮고 무소외無所畏를 얻었다.
⑱ 공덕과 지혜로써 그 마음을 닦고, ⑲ 상호相好로 장엄한 신체의 색상이 제일이었으므로, ⑳ 세간에 있는 모든 장식[飾好]들을 버렸고, ㉑ 명성이 높고 멀리 미침은 수미산[須彌]을 넘어서고, ㉒ 깊은 믿음이 견고함은 금강과 같았으며, ㉓ 법의 보배[法寶]로 널리 비추고 감로甘露를 비내리니, ㉔ 온갖 말 소리[言音] 가운데 미묘하기 제일이었다.

㉕ 연기緣起에 깊이 들어 모든 사견邪見을 끊었으므로 유·무의 두 가지 극단[二邊]은 더 이상 습기[習]가 남지 않았고, ㉖ 법을 연설함에 두려움 없음은 마치 사자후와 같았으며, ㉗ 그 강설하는 바는 천둥과도 같았으니, ㉘ 헤아릴 수 없어 헤아림을 넘어섰다.

㉙ 숙련된 선장[海導師]과 같이 온갖 법보를 모았고, ㉚ 모든 법의 깊고 오묘한 뜻을 요달하였으며, ㉛ 중생이 왕래하면서 향하는 세계[趣]와 마음의 움직임[心所行]을 잘 알았고, ㉜ 같을 것 없는 붓다의 자재한 지혜[自在慧]와 십력十力·사무소외[無畏]·십팔불공법에 다가갔다.

㉝ 일체 모든 악취惡趣의 문을 걸어 잠갔지만, ㉞ 다섯 세계[五道]에 태어나 그 몸을 나

無所畏.
功德智慧　以修其心, 相好嚴身　色像第一, 捨諸世間　所有飾好,　名稱高遠踰於須彌,　深信堅固　猶若金剛, 法寶普照　而雨甘露, 於衆言音　微妙第一.
深入緣起　斷諸邪見有無二邊　無復餘習, 演法無畏猶師子吼,
其所講說　乃如雷震, 無有量 已過量.
集衆法寶　如海導師, 了達　諸法深妙之義, 善知衆生　往來所趣　及心所行, 近無等等　佛自在慧十力無畏　十八不共.
關閉一切　諸惡趣門, 而生五道 以現

타내었고, ㉟ 큰 의왕醫王이 되어 온갖 병을 잘 치료하고 병에 맞게 약을 주어 먹도록 해 주었다.

㊱ 한량없는 공덕을 모두 성취하였고 한량없는 불국토를 모두 엄정嚴淨하였으므로, ㊲ 그들을 보고 듣는 자로서 이익을 받지 않는 자가 없고, 짓는 모든 일 또한 허비되는 것이 없었으니, ㊳ 이와 같은 일체 공덕을 모두 다 구족하였다.

其身, 爲大醫王 善療衆病 應病與藥 令得服行.
無量功德 皆成就 無量佛土 皆嚴淨, 其見聞者 無不蒙益, 諸有所作 亦不唐捐, 如是一切功德 皆悉具足.

(2) 그들의 이름은, 평등지로 보는 등관보살, 차별지로 보는 부등관보살, 때로 달리 보는 등부등관보살, 선정에 들고남이 자재한 정자재왕보살, 설법에 걸림 없는 법자재왕보살, 법에 자재한 법상보살, 방광放光에 자재한 광상보살,2 광명으로 장엄한 광엄보살, 갖가지로 내면[內身]을 장엄한 대엄보살, 법보가 고준高峻한 보적보살, 언사가 고준한 변적보살, 손으로 보배 수여하는 보수보살, 손에 중생에게 찍어주는 인장 가진 보인수보살, 중생 불러 수선修善 권하는 상거수

其名曰 等觀菩薩, 不等觀菩薩, 等不等觀菩薩, 定自在王菩薩, 法自在王菩薩, 法相菩薩, 光相菩薩, 光嚴菩薩, 大嚴菩薩, 寶積菩薩, 辯積菩薩, 寶手菩薩, 寶印手菩薩,

....
2 규기는 앞의 법상보살과 이 광상보살의 칭호는, 자재하여 높게 드러남이 당기[幢]와 같다는 뜻이 드러나지 않으므로 잘못된 번역이라고 논평하고 있다. 이들 보살의 칭호를 설명하는 표현은 신역의 그것을 그대로 옮긴 것이므로, 신역과 다른 칭호는 설명하는 표현과 서로 부합하지 않는 느낌을 받게 된다. 이하에서도 이와 같은 칭호가 몇 가지 더 있으므로, 유의할 필요가 있다.

보살, 선법을 주는 상하수보살, 비참함에서 건져주려는 상참보살, 중생 보면 근문根門마다 기쁨 일어나는 희근보살, 중생 보면 왕처럼 큰 기쁨 일으키는 희왕보살, 변재가 항복시키기 어려운 변음보살, 허공을 곳간 삼아 베푸는 허공장보살, 지혜의 보배 횃불 지닌 집보거보살, 법보로 길상한 일 짓는 보용보살, 보배를 베푸는 보견보살, 제망帝網처럼 중생 위하는 제망보살, 그물처럼 대광명 비추는 명망보살, 입정에 자재한 무연관보살,3 지혜 고준한 혜적보살, 법보배가 수승한 보승보살,4 천왕처럼 법에 자재한 천왕보살, 능히 4마 파괴하는 괴마보살, 법보의 광명 흘림이 번개처럼 자재한 뇌덕보살, 신변 나툼이 자재한 자재왕보살, 공덕의 평등 장엄이 고준한 공덕상엄보살, 설법음이 사자후 같은 사자후보살, 설법음이 천둥 같은 뢰음보살, 설법음이 산이 서로 부딪침 같이 두렵고 자재한 산상격음보살, 위세가 뛰어난 코끼리 같은 향상보살, 더욱 뛰어나고 큰 백향상보살, 수행에 게으름 없는 상정진보살, 항상 선법에 머무는 불휴식보살, 여래가에 태어난 묘생보살, 연화 같은 일승의 공덕으로 장엄한 화

常擧手菩薩, 常下手菩薩, 常慘菩薩, 喜根菩薩, 喜王菩薩, 辯音菩薩, 虛空藏菩薩, 執寶炬菩薩, 寶勇菩薩, 寶見菩薩, 帝網菩薩, 明網菩薩, 無緣觀菩薩, 慧積菩薩, 寶勝菩薩, 天王菩薩, 壞魔菩薩, 電德菩薩, 自在王菩薩, 功德相嚴菩薩, 師子吼菩薩, 雷音菩薩, 山相擊音菩薩, 香象菩薩, 白香象菩薩, 常精進菩薩, 不休息菩薩, 妙生菩薩, 華嚴

....
3 이 무연관보살이라는 칭호는 신역의 무장정려보살과는 매우 거리가 있는 칭호이다. 그래서 규기는, 「구 경전에서는 무연관이라고 하였는데, 관찰에 소연이 없다는 것이어서, 뜻이 옳지 않다. 혹은 '무'란 장애가 없다는 것이고, '연관'이란 선정이라고 한다면, 그 뜻은 알 수 있다」라고 말하였다.
4 이 보살은 유일하게 신역에는 없는 분이다.

엄보살, 기도에 필히 응해 구원해주는 관세음보살, 중생 이익함에 큰 위세 있는 득대세보살, 범왕의 그물처럼 이익 주는 범망보살, 보장寶杖처럼 보리심 일으키는 보장보살, 덕 더 높은 이 없는 무승보살, 항상 불국토 장엄하는 엄토보살, 마음의 머리에서 무위 떠나지 않는 금계보살, 지혜로 장엄함이 구슬 같은 주계보살, 자애를 성씨로 하는 미륵보살, 항상 길상한 일 권하는 문수사리법왕자보살로서, 이러한 등의 삼만이천 분이셨다.

菩薩, 觀世音菩薩, 得大勢菩薩, 梵網菩薩, 寶杖菩薩, 無勝菩薩, 嚴土菩薩, 金髻菩薩, 珠髻菩薩, 彌勒菩薩, 文殊師利法王子菩薩, 如是等三萬二千人.

2.1.2 범부

(1) 또 시기尸棄 범천왕 등 일만의 범천들이 있었으니, 다른 4천하四天下로부터 붓다 계신 곳을 찾아와 법을 들었다.

또 일만이천의 천제天帝들도 있었으니, 역시 다른 4천하로부터 법회에 찾아와 앉아 있었다.

(2) 아울러 큰 위력[大威力] 있는 다른 여러 천신[天]·용신龍神·야차夜叉·건달바乾闥婆·아수라阿修羅·가루라迦樓羅·긴나라緊那羅·마후라가摩睺羅伽 등도 모두 다 법회에 와 앉아 있었다.

(3) 여러 비구와 비구니, 우바새와 우바이들도 함께 법회에 와 앉아 있었다.

復有 萬梵天王尸棄 等, 從餘四天下 來詣佛所 而聽法.

復有 萬二千天帝, 亦從餘四天下 來在會坐.

幷餘大威力 諸天龍神 夜叉 乾闥婆 阿修羅 迦樓羅 緊那羅 摩睺羅伽等 悉來會坐.

諸比丘比丘尼 優婆塞優婆夷 俱來會坐.

2.2 위의를 분별함

그 때 붓다께서 한량없는 백천의 대중들이 공경하면서 둘러싼 가운데 법을 말씀하시니, 비유하면 마치 수미산왕이 대해大海에 나타난 것과 같이, 온갖 보배로 장엄한 사자좌에 편안히 앉으신 모습이, 운집한 일체 모든 대중들을 뒤덮었다.

彼時 佛與無量百千之衆 恭敬圍繞 而爲說法, 譬如須彌山王 顯于大海, 安處 衆寶師子之座, 蔽於一切諸來大衆.

3. 원인[因]의 원만

3.1 수행을 밝히다
3.1.1 몸의 수행을 닦다

⑴ 그 때 비야리성에 이름을 보적寶積이라고 하는 장자長者의 아들이 있었는데, 오백 명의 장자의 아들들과 함께 칠보七寶로 된 일산[蓋]을 들고 붓다 계신 곳을 찾아와서 붓다의 발 아래 엎드려 예배하고, 각각 그 일산들을 붓다께 함께 공양하였다.

⑵ 이에 붓다의 위신력으로 모든 보배일산을 합쳐서 하나의 일산이 되게 하여 삼천대천세계를 두루 덮으니, 이 세계의 넓고 긴 모습이 모두 다 그 가운데 나타났다.

또 이 삼천대천세계의 모든 수미산須彌山과 설산雪山, 목진린타산目眞鄰陀山과 마하목

爾時 毘耶離城 有長者子 名曰寶積, 與五百長者子俱 持七寶蓋 來詣佛所 頭面禮足, 各以其蓋 共供養佛.

佛之威神 令諸寶蓋 合成一蓋 遍覆 三千大千世界, 而此世界 廣長之相 悉於中現. 又此三千大千世界 諸須彌山 雪山, 目眞

진린타산摩訶目眞鄰陀山, 향산香山과 보산寶山, 금산金山과 흑산黑山, 철위산鐵圍山과 대철위산大鐵輪圍山, 큰 바다[大海]와 강들[江河], 내의 흐름[川流]과 샘물들[泉源] 및 태양과 달과 별들[日月星辰], 천궁天宮과 용궁龍宮, 모든 존귀한 신들의 궁전[諸尊神宮]도 모두 다 보배일산 가운데 나타났다.

또 시방세계의 모든 붓다들과 그 붓다들께서 설하시는 법도 또한 보배일산 가운데 나타났다.

(3) 그 때 일체 대중들은 붓다의 신통력을 보고는 일찍이 없던 일이라고 찬탄하고, 합장하고 붓다께 예배한 다음 존안尊顔을 우러러 보면서 잠시도 눈을 떼지 못하였다.

鄰陀山 摩訶目眞鄰陀山, 香山寶山 金山黑山, 鐵圍山 大鐵圍山, 大海江河 川流泉源 及日月星辰, 天宮龍宮 諸尊神宮 悉現於寶蓋中.

又十方諸佛 諸佛說法 亦現 於寶蓋中.

爾時 一切大衆 睹佛神力 歎未曾有, 合掌禮佛 瞻仰尊顔 目不暫捨.

3.1.2 말의 수행을 닦다

그 때 장자의 아들 보적이 붓다 앞으로 나아가 게송을 읊었다.5

於是 長者子 寶積 卽於佛前 以偈頌曰.

1 청정한 눈 길고 넓기 청련화 같고
　마음 청정 도피안에 모든 선정들

目淨脩廣如靑蓮
心淨已度諸禪定

---

5 구역에서 처음 10의 제2행까지 9게송 반은 앞의 일을 따와 찬양하는 것이고, 다음 14의 제2행까지 4게송은 여러 이익을 열거하여 찬탄하는 것이며, 그 다음부터 끝까지 3게송 반은 개별적인 덕을 서술하고 하나하나 귀경하는 것이다.

청정한 업 오래 쌓고 명성 무량해　　　　久積淨業稱無量
　　　적멸로써 중생 인도 계수합니다6　　　　　導衆以寂故稽首

　②　대성大聖께서 신변神變으로 널리 나투신　　既見大聖以神變
　　　시방세계 무량국토 이미 보았고　　　　　普現十方無量土
　　　그 중에서 모든 붓다 법 설하시니　　　　其中諸佛演說法
　　　이 모든 것 빠짐 없이 보고 들었네7　　　　於是一切悉見聞

　③　법왕님의 법의 힘은 군생群生을 넘고　　　法王法力超群生
　　　쉬지 않고 모두에게 법재法財 주시며　　　常以法財施一切
　　　가지가지 법의 모습 분별 잘 하되　　　　能善分別諸法相
　　　제일의第一義에 있어서는 움직임 없어　　於第一義而不動

　④　모든 법에 자재 이미 얻으셨으니　　　　已於諸法得自在
　　　그러므로 이 법왕께 계수합니다8　　　　 是故稽首此法王
　　　설하는 법 있지 않고 없지도 않아　　　　說法不有亦不無
　　　인연으로 모든 법은 생겨나는 것　　　　以因緣故諸法生

　⑤　나[我]도 없고 작자[造] 수자受者 모두 없지만　無我無造無受者
　　　선한 업도 악한 업도 없지 않다네9　　　　　　善惡之業亦不亡

---

6 처음 3행은 신역의 ①과 ②의 제2행까지에 해당하고, 마지막 행은 신역의 ②의 제3, 4행에 해당하는 것이다.
7 신역의 ③에 해당하는 것이다.
8 위의 ③과 ④의 제2행까지가 신역의 ④에 해당하는 것이다.

처음에는 보리수 밑 마魔 항복받고	始在佛樹力降魔
감로 같은 적멸 얻고 보리 이루셔	得甘露滅覺道成

⑥ 심의心意로써 받고 행함[受行] 이미 없었고 　已無心意無受行
모든 외도 빠짐 없이 꺾어눌렀네10 　　　而悉摧伏諸外道
대천세계 법륜 세 번 굴리셨으나 　　　　三轉法輪於大千
그 법바퀴 본래부터 항상 청정해 　　　　其輪本來常淸淨

⑦ 천신 인간 도道 얻으니 이것이 증명 　天人得道此爲證
이에 삼보 이 세상에 나타나셔서11 　　　三寶於是現世間
이와 같은 묘법으로 군생群生 건지니 　　以斯妙法濟群生
한 번 받아 퇴전 않고 항상 고요해 　　　一受不退常寂然

⑧ 노병사를 건네주신 대의왕大醫王님의 　度老病死大醫王
법의 바다 끝없는 덕 예배하여라12 　　　當禮法海德無邊
헐고 기림[毁譽] 부동함은 수미산 같고 　毁譽不動如須彌
선 불선에 동등하게 자애하시며 　　　　於善不善等以慈

⑨ 평등하신 마음 행함 허공 같으니 　　心行平等如虛空

---
9 ④의 제3행부터 여기까지가 신역의 ⑤에 해당하는 것이다.
10 ⑤의 제3행부터 여기까지가 신역의 ⑥에 해당하는 것이다.
11 ⑥의 제3행부터 ⑦의 제2행까지가 신역의 ⑦에 해당하는 것이다. 「구역에서는 "천신 인간 도 얻으니 이것이 증명"이라고 하였는데, 이 본래 청정한 바퀴가 곧 증명대상[所證]이 되어 본래와 문득 어긋난다.」
12 ⑦의 제3행부터 여기까지가 신역의 ⑧에 해당하는 것이다.

사람 보배 뉘라 듣고 공경 않으리	孰聞人寶不敬承
세존에게 작은 일산 봉헌했더니	今奉世尊此微蓋
그 가운데 이 삼천계 모든 천신과	於中現我三千界
⑩ 용신들이 살고 있는 궁전들에다	諸天龍神所居宮
건달바와 야차까지 나투시어서	乾闥婆等及夜叉
이 세상에 있는 것들 모두 다 봄은	悉見世間諸所有
열 가지 힘 연민으로 변화시킨 것	十力哀現是化變
⑪ 대중 보고 희유하다 붓다를 찬탄	衆睹希有皆歎佛
이제 우리 삼계존三界尊께 계수합니다13	今我稽首三界尊
대중들의 귀의처인 큰 성인 법왕	大聖法王衆所歸
맑은 마음 가져 뵙고 모두 기뻐해	淨心觀佛靡不欣
⑫ 각자 앞에 세존 계심 보게 되는 것	各見世尊在其前
이런 일은 신통력의 불공법不共法이네14	斯則神力不共法
붓다께선 한 음으로 법 설하시나	佛以一音演說法
중생들은 종류 따라 제각기 알고	衆生隨類各得解

....

13 ⑧의 제3행부터 ⑨의 제2행까지가 신역의 ⑨에 해당하고, ⑨의 제3행부터 ⑩의 제2행까지가 신역의 ⑩에 해당하며, ⑩의 제3행부터 여기까지가 신역의 ⑪에 해당하는 것이다.
14 ⑪의 제3행부터 여기까지는 신역의 ⑫에 해당하고, 이 아래부터 ⑮의 제2행까지 3게송은 각각 신역의 ⑬ 내지 ⑮까지에 해당한다.

13 세존 말씀 자기 말과 같다고 하니　　　　皆謂世尊同其語
　이런 일은 신통력의 불공법이네　　　　　斯則神力不共法
　붓다께선 한 음으로 법 설하시나　　　　　佛以一音演說法
　중생들은 근기 따라 알아 듣고서　　　　　衆生各各隨所解

14 받고 행함 널리 얻어 이익 얻으니　　　　普得受行獲其利
　이런 일은 신통력의 불공법이네　　　　　斯則神力不共法
　붓다께선 한 음으로 법 설하시나　　　　　佛以一音演說法
　공포하는 이 있지만 환희도 하고　　　　　或有恐畏或歡喜

15 염리厭離하는 이 있지만 의심도 끊어　　　或生厭離或斷疑
　이런 일은 신통력의 불공법이네　　　　　斯則神力不共法
　십력으로 정진하심 계수합니다　　　　　　稽首十力大精進
　무소외를 얻었음에 계수합니다　　　　　　稽首已得無所畏

16 불공법에 머무심에 계수합니다　　　　　 稽首住於不共法
　다 이끄는 대도사大導師께 계수합니다　　　稽首一切大導師
　온갖 결박 끊으셨음 계수합니다　　　　　　稽首能斷衆結縛
　저 언덕에 이르셨음 계수합니다　　　　　　稽首已到於彼岸

17 모든 세간 건네심에 계수합니다15　　　　稽首能度諸世間

....
15 15의 제3행부터 여기까지 7행은 각각 신역의 16의 제1행부터 17의 제3행까지에 해당하고, 이 아래의 3행은 신역의 17의 제4행 내지 18의 제2행까지에 해당하며, 그 아래의 18은 신역의 18의 제3행 이하 1게송 반에 해당한다.

생사의 길[生死道] 길이 떠남 계수하나니 　稽首永離生死道
중생들의 오가는 상 모두 다 알되 　　悉知衆生來去相
모든 법에 대한 해탈 얻으셨다네 　　善於諸法得解脫

⑱ 이 세간에 집착 않음 연꽃과 같아 　不著世間如蓮華
한결같이 공적空寂한 행 잘 드시면서 　常善入於空寂行
모든 법상法相 통달하사 걸림 없으니 　達諸法相無罣礙
허공처럼 의지 없음[無所依] 계수합니다 稽首如空無所依

3.2 청익請益함을 밝히다

3.2.1 청익하고 칭찬하며 대답하다

⑴ 그 때 장자의 아들 보적은 이 게송을 읊은 뒤 붓다께 말하였다.

"세존이시여, 이 오백 장자의 아들들은 모두 아뇩다라삼먁삼보리를 구하는 마음을 이미 일으켜서, 불국토의 청정[佛國土淸淨]에 대하여 듣기를 원합니다. 부디 세존께서 모든 보살의 국토를 청정케 하는 행[淨土之行]을 설명하여 주시기 바랍니다."

⑵ 붓다께서 말씀하셨다.

"훌륭하구나, 보적이여. 마침내 모든 보살들을 위해 여래에게 국토를 청정케 하는 행에 대해 물을 수 있었구나. 자세히 듣고 잘 생각하라. 내 그대들을 위해 설명해 주리라."

爾時 長者子 寶積 說此偈已 白佛言.

"世尊, 是五百長者子 皆已發 阿耨多羅三藐三菩提心, 願聞得 佛國土淸淨. 唯願 世尊說 諸菩薩 淨土之行."

佛言.

"善哉, 寶積. 乃能爲 諸菩薩 問於如來 淨土之行. 諦聽諦聽 善思念之. 當爲汝說."

⑶ 이에 보적과 오백 장자의 아들들은 분부를 받고 귀를 기울였다.

於是 寶積 及五百 長者子 受敎而聽.

3.2.2 여래께서 자세히 설하시다
붓다께서 말씀하셨다.

佛言.

⑴ 앞의 물음에 답하시다

㈎ 국토의 모습을 답하시다

㈀ "보적이여, 중생의 무리[衆生之類]가 보살의 불국토[佛土]이다.

㈁ 까닭이 무엇인가?

보살은 ① 교화할 중생을 따라 불국토[佛土]를 취하고, ② 조복調伏할 중생을 따라 불국토를 취하며, ③ 모든 중생들은 어떠한 나라로써 붓다의 지혜[佛智慧]로 들어가야 하는가를 따라 불국토를 취하고, ④ 모든 중생들은 어떠한 나라로써 보살의 근기[菩薩根]를 일으켜야 하는가를 따라 불국토를 취하기 때문이다.

㈂ 까닭이 무엇인가 하면 보살이 청정한 나라[淨國]를 취하는 것은 모두 모든 중생들을 요익하기 위한 것이기 때문이다.

비유하면 어떤 사람이 빈 땅에 집을 조립하고자 한다면 뜻하는 대로 걸림이 없겠지만, 만약 허공에서라면 끝내 이룰 수 없는 것

"寶積, 衆生之類 是菩薩佛土.
所以者何?
菩薩 隨所化衆生 而取佛土, 隨所調伏衆生 而取佛土, 隨諸衆生 應以何國 入佛智慧 而取佛土, 隨諸衆生 應以何國 起菩薩根 而取佛土.
所以者何 菩薩 取於淨國 皆爲 饒益諸衆生故.
譬如有人 欲於空地 造立宮室 隨意無礙, 若於虛空 終不

과 같다. 보살도 이와 같아서 중생을 성취시키기를 위하기 때문에 불국토 취하기를 원하는 것이니, 불국토 취하기를 원하는 것은 허공에서가 아닌 것이다.

能成. 菩薩如是 爲成就衆生故 願取佛國, 願取佛國者 非於空也.

⑷ 장엄하는 원인을 답하시다
  ㈀ 보적이여, 응당 이와 같이 알아야 한다.

寶積, 當知.

  ⒜ 곧은 마음[直心]이 보살의 정토이니, 보살이 성불할 때에 아첨하지 않는 중생이 그 나라에 와서 태어날 것이다.

直心 是菩薩淨土, 菩薩成佛時 不諂衆生 來生其國.

  ⒝ 깊은 마음[深心]이 보살의 정토이니, 보살이 성불할 때에 공덕을 구족한 중생이 그 나라에 와서 태어날 것이다.

深心 是菩薩淨土, 菩薩成佛時 具足功德衆生 來生其國.

  ⒞ 보리심菩提心이 보살의 정토이니, 보살이 성불할 때에 대승의 중생이 그 나라에 와서 태어날 것이다.

菩提心 是菩薩淨土, 菩薩成佛時 大乘衆生 來生其國.

  ⒟ 보시布施가 보살의 정토이니, 보살이 성불할 때에 버릴 수 있었던 일체 중생이 그 나라에 와서 태어날 것이다.

布施 是菩薩淨土, 菩薩成佛時 一切能捨衆生 來生其國.

  ⒠ 지계持戒가 보살의 정토이니, 보살이 성불할 때에 십선업도[十善道]를 행하고 서원을 만족한 중생이 그 나라에 와서 태어날 것이다.

持戒 是菩薩淨土, 菩薩成佛時 行十善道 滿願衆生 來生其國.

  ⒡ 인욕忍辱이 보살의 정토이니, 보살이

忍辱 是菩薩淨土, 菩

성불할 때에 삼십이상三十二相으로 장엄한 중생이 그 나라에 와서 태어날 것이다.

(g) 정진精進이 보살의 정토이니, 보살이 성불할 때에 일체 공덕을 부지런히 닦는 중생이 그 나라에 와서 태어날 것이다.

(h) 선정禪定이 보살의 정토이니, 보살이 성불할 때에 마음을 거두어 산란하지 않은[攝心不亂] 중생이 그 나라에 와서 태어날 것이다.

(i) 지혜智慧가 보살의 정토이니, 보살이 성불할 때에 정정취[正定]의 중생이 그 나라에 와서 태어날 것이다.

(j) 사무량심四無量心이 보살의 정토이니, 보살이 성불할 때에 자慈·비悲·희喜·사捨를 성취한 중생이 그 나라에 와서 태어날 것이다.

(k) 사섭법四攝法이 보살의 정토이니, 보살이 성불할 때에 해탈을 얻을 중생이 그 나라에 와서 태어날 것이다.

(l) 방편方便이 보살의 정토이니, 보살이 성불할 때에 일체법에 대하여 방편에 걸림이 없는[無礙] 중생이 그 나라에 와서 태어날 것이다.

(m) 서른일곱 가지 도품[三十七道品]이 보살의 정토이니, 보살이 성불할 때에 사념처

薩成佛時 三十二相莊嚴衆生 來生其國.

精進 是菩薩淨土, 菩薩成佛時 勤修一切功德衆生 來生其國.

禪定 是菩薩淨土, 菩薩成佛時 攝心不亂衆生 來生其國.

智慧 是菩薩淨土, 菩薩成佛時 正定衆生 來生其國.

四無量心 是菩薩淨土, 菩薩成佛時 成就慈悲喜捨衆生 來生其國.

四攝法 是菩薩淨土, 菩薩成佛時 解脫所攝衆生 來生其國.

方便 是菩薩淨土, 菩薩成佛時 於一切法 方便無礙衆生 來生其國.

三十七道品 是菩薩淨土, 菩薩成佛時

[念處], 사정근[正勤], 사신족[神足], 오근[根], 오력[力], 칠각지[覺]와 팔정도[道]를 갖춘 중생이 그 나라에 와서 태어날 것이다.

(n) 회향하는 마음[廻向心]이 보살의 정토이니, 보살이 성불할 때에 일체 공덕을 구족한 국토를 얻게 될 것이다.

(o) 팔난八難을 없애도록 설하는 것이 보살의 정토이니, 보살이 성불할 때에 그 국토에는 삼악도와 팔난이 없게 될 것이다.

(p) 스스로 계행을 지키고 남의 잘못을 비난하지 않는 것이 보살의 정토이니, 보살이 성불할 때에 그 국토에는 계율을 범함[犯禁]이라는 이름조차 없게 될 것이다.

(q) 십선업[十善]이 보살의 정토이니, 보살이 성불할 때에 목숨이 요절하지 않고, 크게 부유하며, 행이 청정하고, 말하는 것이 진실하며, 항상 부드러운 말을 하고, 권속이 떠나지 않으며, 다툼을 잘 화해시키고, 말하는 것은 반드시 이익을 주고, 질투하지 않고 성내지 않으며, 바른 견해를 가진 중생이 그 나라에 와서 태어날 것이다.

(ㄴ) 이와 같이 보적이여, 보살은16 그 ① 곧은 마음[直心]을 따라 곧 ② 행을 능히 일으키

念處正勤 神足根力 覺道衆生　來生其國.

迴向心　是菩薩淨土, 菩薩成佛時 得一切具足功德國土.

說除八難 是菩薩淨土, 菩薩成佛時 國土無有 三惡八難.

自守戒行 不譏彼闕 是菩薩淨土,　菩薩成佛時 國土無有犯禁之名.

十善　是菩薩淨土, 菩薩成佛時 命不中夭 大富梵行 所言誠諦 常以軟語 眷屬不離　善和諍訟 言必饒益 不嫉不恚 正見衆生　來生其國.

如是寶積, 菩薩 隨其直心　則能發行,

고[發行], 그 행을 일으킴을 따라 곧 ③ 깊은 마음[深心]을 얻으며, 그 깊은 마음을 따라 ④ 마음이 조복되고[意調伏], 마음이 조복됨을 따라 ⑤ 말과 같이 행하며[如說行], 말과 같이 행함을 따라 곧 ⑥ 능히 회향하게 되고, 그 회향함을 따라 곧 ⑦ 방편이 있게 된다.17

그 방편을 따라 곧 ⑧ 중생을 성취하게 되고, 중생을 성취함을 따라 곧 ⑨ 불국토가 청정해진다.

불국토가 청정해짐을 따라 곧 ⑩ 법 설하는 것[說法]이 청정해지고, 법을 설하는 것이 청정함을 따라 곧 ⑪ 지혜智慧가 청정해지며, 지혜가 청정함을 따라 곧 ⑫ 그 마음이 청정해지고, 그 마음이 청정함을 따라 곧 ⑬ 일체 공덕도 청정해지게 되는 것이다.

隨其發行　則得深心, 隨其深心　則意調伏, 隨意調伏　則如說行, 隨如說行則能迴向, 隨其迴向　則有方便.

隨其方便　則成就衆生, 隨成就衆生　則佛土淨.

隨佛土淨　則說法淨, 隨說法淨則智慧淨,

隨智慧淨　則其心淨, 隨其心淨　則一切功德淨.

....
16 「구역에서는 열세 가지의 전환이 있었는데, 처음의 일곱 가지 전환은 위에서 말한 것들을 따온 것이고, 뒤의 여섯 가지 전환은 국토의 장엄이 일으키는 것이다. 구역에서는 처음이 곧은 마음이고, 다음이 행을 일으킴[發行]으로, 행을 일으킴을 합쳐 깊은 마음[深心]이 되어 있는데, 깊은 마음은 응당 대승의 마음일 것이다. 그런데 글이 뒤바뀌어 행을 일으킴이 두 번째로 되어 있어 도리를 알기 어렵다.」
17 「'조복'이라고 한 것은 위의 육바라밀을 가리키는 것이니, 여섯 가지 가림[六蔽]을 굴복시키기 때문이다. '말과 같이 행한다'는 것은 사무량심·사섭법·선교방편·37도품이니, 이 네 가지를 수행하기 때문이다. 일곱 번째로 '방편'이라 한 것은 8난·계행을 스스로 지킴·십선업도를 말하는 것이니, 이 세 가지가 수승한 방편이 되어 악을 적정하게 하기 때문이다.」

(2) 마음 장엄할 것을 권하시다

㈎ 그러므로 보적이여, 만약 보살이 정토를 얻고자 한다면 응당 그 마음을 청정하게 해야 한다.

㈏ 그의 마음이 청정함을 따라 곧 불국토도 곧 청정하기 때문이다."

是故寶積, 若菩薩欲得淨土 當淨其心.

隨其心淨 則佛土淨."

3.3 의심을 결단하다
3.3.1 사리불에게 의심이 일어나다

그 때 사리불舍利弗은 붓다의 위신력으로 인하여 이러한 생각을 하였다. '만약 보살의 마음이 청정하므로 곧 불국토도 청정하다고 한다면, 우리 세존께서 본래 보살이셨을 때 마음이 어찌 청정하지 않아서 이 불국토가 이와 같이 청정하지 않다는 것인가?'

爾時 舍利弗 承佛威神 作是念. '若菩薩心淨 則佛土淨者, 我世尊 本爲菩薩時 意豈不淨 而是佛土 不淨若此?'

3.3.2 성인께서 비유로 위로하시다
(1) 붓다께서 비유하시다

㈎ 붓다께서는 그 생각을 알아차리시고 곧 말씀하셨다.

"그대의 생각에는 어떠한가? 해와 달이 어찌 맑지 않아서 소경이 보지 못하는 것이냐?"

㈏ 사리불이 대답하였다.

佛知其念 卽告之言.

"於意云何? 日月豈不淨耶 而盲者不見?"

對曰.

제1 불국품　519

"그렇지 않습니다, 세존이시여. 그것은 소경의 허물이지 해와 달의 허물은 아닙니다."

㈐ "사리불이여, 중생의 죄 때문에 여래의 불국토가 장엄 청정한 것을 보지 못한다고 하더라도 여래의 허물은 아니다. 사리불이여, 나의 이 국토는 청정하지만, 그대가 보지 못할 뿐이다."

"不也, 世尊. 是盲者過 非日月咎."
"舍利弗, 衆生罪故 不見 如來佛土嚴淨 非如來咎. 舍利弗, 我此土淨, 而汝不見."

(2) 범왕이 비유하다

㈎ 그 때 나계螺髻 범왕이 사리불에게 말하였다.

"이 불국토가 청정하지 않다는 그러한 생각을 하지 마십시오. 까닭이 무엇인가 하면 제가 석가모니 붓다의 국토를 보건대 청정한 것이 마치 자재천궁自在天宮과 같기 때문입니다."

㈏ 사리불이 말하였다.

"제가 이 국토를 보건대 구릉과 험한 구덩이에 가시나무들과 모래, 자갈, 흙과 돌의 모든 산 등 더러움이 충만해 있습니다."

㈐ 나계 범왕이 말하였다.

"존자님, 마음에 높고 낮음이 있어 붓다의 지혜[佛慧]에 의지하지 않기 때문에 이 국토를 청정하지 않다고 보는 것일 뿐입니다. 사

爾時 螺髻梵王 語舍利弗.
"勿作是意 謂此佛土 以爲不淨. 所以者何 我見 釋迦牟尼 佛土淸淨 譬如自在天宮."
舍利弗言.
"我見此土 丘陵坑坎 荊棘沙礫 土石諸山 穢惡充滿."
螺髻梵言.
"仁者, 心有高下 不依佛慧故 見此土爲不淨耳. 舍利弗,

리불님, 보살이 일체 중생들에 대해 모두 다 평등하고 깊은 마음[深心]이 청정해져서 붓다의 지혜에 의지한다면, 곧 능히 이 불국토의 청정함을 보게 될 것입니다."

菩薩 於一切衆生 悉皆平等 深心淸淨 依佛智慧, 則能見 此佛土淸淨."

3.3.3 붓다께서 정토를 나투시다

(1) 이 때 붓다께서 발가락으로 땅을 문지르시니, 즉시 삼천대천세계가 여러 백천의 진귀한 보배로 장엄하게 장식된 것이, (2) 비유하면 마치 보배장엄 붓다[寶莊嚴佛]의 한량없는 공덕의 보배로 장엄된 국토[功德寶莊嚴土]와 같았다.
(3) 일체 대중들은 일찍이 없었던 일이라고 찬탄하였고, 모두 자신이 보배 연꽃에 앉아 있는 것을 보았다.

於是 佛以足指 按地, 卽時三千大千世界 若干百千 珍寶嚴飾, 譬如寶莊嚴佛 無量功德 寶莊嚴土.
一切大衆 歎未曾有, 而皆自見 坐寶蓮華.

3.3.4 사리불의 의심이 제거되다

(1) 붓다께서 사리불에게 말씀하셨다.
"그대는 지금 이 불국토가 장엄 청정한 것을 보는가?"
(2) 사리불이 대답하였다.
"예, 그렇습니다, 세존이시여. 예전에는 본 적이 없고 들은 적도 없는 것들이, 지금 불국토의 장엄 청정함으로 모두 나타났습니다."

佛告 舍利弗.
"汝且觀 是佛土嚴淨?"
舍利弗言.
"唯然, 世尊. 本所不見, 本所不聞, 今佛國土 嚴淨悉現."

제1 불국품 521

⑶ 붓다께서 사리불에게 말씀하셨다.

"① 나의 불국토가 항상 청정한 것은 이와 같지만, 이 하열한 사람들을 제도하고자 하기 때문에 이 온갖 악함과 더러움의 국토를 보이는 것일 뿐이다. ② 비유하면 여러 천신들은 공통된 보배그릇의 음식을 취하지만, 그들의 복덕에 따라 밥의 형색[飯色]에 차이가 있는 것과 같다. ③ 이와 같이 사리불이여, 만약 사람의 마음이 청정하다면 곧 이 국토가 공덕으로 장엄된 것을 보게 될 것이다."

佛語 舍利弗.

"我佛國土 常淨若此, 爲欲度斯 下劣人故 示是衆惡 不淨土耳. 譬如諸天 共寶器食, 隨其福德 飯色有異. 如是舍利弗, 若人心淨 便見此土 功德莊嚴."

4. 이익의 원만

⑴ ① 붓다께서 이 국토의 장엄 청정함을 나투실 때를 맞아, 보적이 이끌고 온 오백 장자의 아들들은 모두 무생법인無生法忍을 얻었고, 팔만사천의 사람들은 모두 아뇩다라삼먁삼보리阿耨多羅三藐三菩提에 대한 마음을 일으켰다.

② 붓다께서 신족神足을 거두시니, 그 때 세계는 원래대로 되돌아왔다.

⑵ 성문승을 구하는 삼만이천의 천신들과 사람들은 유위법이 모두 다 무상하다는 것을 알고, 티끌을 떠나고 때를 떠나 법안의 청정

當佛現此 國土嚴淨之時, 寶積所將 五百長者子 皆得無生法忍, 八萬四千人 皆發 阿耨多羅三藐三菩提心.

佛攝神足, 於是 世界 還復如故.

求聲聞乘 三萬二千 天及人 知有爲法 皆悉無常, 遠塵離

[法眼淨]을 얻었다.

팔천의 비구들은 모든 법을 받아들이지 않고 번뇌가 다하여 마음이 해탈하였다[漏盡意解].18

垢 得法眼淨.

八千比丘 不受諸法 漏盡意解.

---

18 「'모든 법을 받아들이지 않는다'는 것은 나와 내 것을 취하지 않아서 생사의 과보를 받지 않기 때문이다.」

제2 방편품[1]

方便品 第二

1. 선교한 방편을 가지신 분

그 때 비야리 큰 성 안에 유마힐維摩詰이라고 이름하는 장자長者가 있었다.

爾時 毘耶離大城中 有長者 名維摩詰.

2. 진실한 공덕

(1) 그는 ① 이미 일찍이 한량없는 붓다들을 공양하면서 ② 선근[善本]을 깊이 심어서, ③ 무생법인을 얻고 ④ 변재에 걸림이 없었으며 ⑤ 신통에서 유희하였고 ⑥ 모든 총지總持를 성취하였으며, ⑦ 무소외를 얻고 ⑧ 악마와 괴롭히는 원수들을 항복시켜서 ⑨ 심오한 법문法門에 들고 ⑩ 지혜를 잘 건너서 방편에 통달하였으며, ⑪ 큰 서원을 성취하였고 ⑫

已曾供養 無量諸佛 深植善本,
得無生忍 辯才無礙 遊戲神通 逮諸總持, 獲無所畏 降魔勞怨 入深法門 善於智度 通達方便, 大願成就

---

[1] 「집 공은 단지 '방편품'이라고만 이름하였다. 방편의 뜻은 이치상 크고 작음에 통한다. 지금은 큼을 나타내기 때문에 부사의를 나타낸다고 말해야 한다. 또 대승 중에서 방편은 권과 실實(=항구적인 진실)에 통하는데, 이것은 권이고 실이 아님을 나타낸다. '부사의선교'라고 말해야 작은 것과 실인 것을 가려낸다. 또 범본에도 부사의선교를 나타내는 뜻이 있다(=포탈라본의 품명도 신역의 품명과 같은 뜻의 'Acintyopāyakkauśalya-parivarto'로 되어 있음). 집 공은 어째서 홀[甲]으로만 이름했을까?」

중생들의 마음이 향하는 곳을 환히 알고 ⑬ 또 모든 근기의 예리함과 둔함을 능히 분별하였으며, ⑭ 불도佛道에서 오래도록 마음이 순수하였고 ⑮ 대승에 대해 결정해서, ⑯ 모든 짓는 것에 대해 잘 사량할 수 있었으므로 ⑰ 붓다의 위의威儀에 머물고 ⑱ 마음이 큰 바다와 같았으니,

(2) ⑲ 모든 붓다들께서 감탄하셨고, ⑳ 제자, 제석, 범천, 사천왕[世主]들은 공경하였다.

明了衆生心之所趣 又能分別諸根利鈍, 久於佛道 心已純淑 決定大乘, 諸有所作 能善思量

住佛威儀　心大如海,

諸佛咨嗟, 弟子釋梵 世主所敬.

3. 방편의 자취[權跡]

사람들을 제도하고자 하여 좋은 방편으로서 비야리에 머물고 있었다.

欲度人故 以善方便 居毘耶離.

3.1 과거의 방편
3.1.1 유로써 무를 거둔 방편

그는 ① 한량없는 자재資財로 모든 가난한 사람을 거두었고, ② 계를 청정하게 받듦으로써 모든 훼금자를 거두었으며, ③ 인욕으로 조복된 행으로 모든 분노하는 자를 거두었고, ④ 큰 정진으로 모든 게으른 자를 거두었으며, ⑤ 한 마음 선정의 고요함으로 모든 산란한 마음 가진 자를 거두었고, ⑥ 결정된

資財無量　攝諸貧民, 奉戒清淨 攝諸毀禁, 以忍調行 攝諸恚怒, 以大精進　攝諸懈怠, 一心禪寂 攝諸亂意, 以決定慧

지혜로 모든 지혜 없는 자를 거두었다. 攝諸無智.

3.1.2 동류로서 시류를 이익한 방편

① 그는 세속의 흰 옷[白衣]을 입고 있었지만 사문의 청정한 율행을 받들어 지녔고, ② 재가에 머물고 있었지만 삼계에 집착하지 않았으며, ③ 처자 있음을 보였지만 항상 범행梵行을 닦았고, ④ 권속 있음을 나타내었지만 항상 멀리 여읨[遠離]을 즐겼으며, ⑤ 보배 장식을 하더라도 상호相好로써 몸을 장엄하였고, ⑥ 또한 마시고 먹더라도 선열禪悅로써 맛을 삼았으며, ⑦ 도박과 바둑 등의 놀이터에 가더라도 번번히 사람을 제도하였고, ⑧ 여러 다른 도[異道]를 받더라도 바른 믿음을 훼손하지 않았으며, ⑨ 세간의 전적[世典]을 밝히더라도 항상 불법을 즐겼고, ⑩ 일체 보고 공경해서 공양하는 분 중 제일이 되었다.2

⑪ 정법正法3을 굳게 지녀 모든 나이 많고 적은 이들[尊卑]을 거두었고, ⑫ 일체 생계수단[治生]을 경영하여 세속의 이익을 얻더라도 기쁨으로 삼지 않았으며, ⑬ 모든 거리[四

雖爲白衣 奉持沙門淸淨律行,
雖處居家　不著三界, 示有妻子　常修梵行, 現有眷屬
常樂遠離, 雖服寶飾 而以相好嚴身,
雖復飮食 而以禪悅爲味, 若至博弈戲處　輒以度人,
受諸異道　不毁正信, 雖明世典 常樂佛法, 一切見敬　爲供養中最.

執持正法　攝諸長幼,　一切治生諧偶 雖獲俗利　不以喜悅, 遊諸四衢

---

2 「법을 설함에 우두머리가 되는 까닭에, 일체 보고 공경해서 모두 공양하는 분들 중의 제일이 된 것이다.」
3 「여기에서 '정법'이란 세간의 예의를 말하는 것이다.」

罽]에서 노닐며 중생들을 요익하였고, ⑭ 정치하는 법에 들어가 일체를 구호하였으며, ⑮ 강론하는 곳에 들어가서는 대승으로써 인도하였고, ⑯ 모든 학당에 들어가서는 어린 이들을 깨우쳤으며, ⑰ 유곽[婬舍]에 들어가서는 욕망의 허물을 보였고, ⑱ 모든 술집[酒肆]에 들어가서는 능히 그 뜻을 세웠다.

饒益衆生, 入治政法 救護一切,
入講論處 導以大乘, 入諸學堂 誘開童蒙, 入諸婬舍 示欲之過, 入諸酒肆 能立其志.

3.1.3 존자되어 아래를 가르친 방편

⑴ 그는 ① 장자長者로 있을 때에는 장자 중의 존자로서 뛰어난 법을 설하였고, ② 거사로 있을 때에는 거사 중의 존자로서 그들의 탐착을 끊었으며, ③ 크샤트리야[刹利]로 있을 때에는 크샤트리야 중의 존자로서 인욕으로써 가르쳤고, ④ 바라문으로 있을 때에는 바라문 중의 존자로서 그들의 아만我慢을 제거했으며, ⑤ 대신大臣으로 있을 때에는 대신 중의 존자로서 바른 법으로써 가르쳤고, ⑥ 왕자로 있을 때에는 왕자 중의 존자로서 충효를 보였으며, ⑦ 내관內官으로 있을 때에는 내관 중의 존자로서 궁녀 다스리는 것을 교화하였고, ⑧ 서민庶民으로 있을 때에는 서민 중의 존자로서 복의 힘[福力]을 일으키게 했으며, ⑵ ⑨ 범천으로 있을 때에는 범천 중의 존자

若在長者 長者中尊 爲說勝法, 若在居士 居士中尊 斷其貪著, 若在刹利 刹利中尊 敎以忍辱,
若在婆羅門 婆羅門中尊 除其我慢,
若在大臣 大臣中尊 敎以正法,
若在王子 王子中尊 示以忠孝, 若在內官 內官中尊 化政宮女, 若在庶民 庶民中尊 令興福力,
若在梵天 梵天中尊

로서 뛰어난 지혜로써 가르쳤고,4 ⑩ 제석으로 있을 때에는 제석 중의 존자로서 무상함을 나타내 보였으며, ⑪ 사천왕[護世]으로 있을 때에는 사천왕 중의 존자로서 모든 중생을 보호하게 하였다.

 장자 유마힐은 이러한 등의 한량없는 방편으로써 중생들을 요익하였다.

誨以勝慧, 若在帝釋 帝釋中尊 示現無常, 若在護世 護世中尊 護諸衆生.

長者維摩詰 以如是等無量方便 饒益衆生.

3.2 지금의 방편

 그가 방편으로써 몸에 병[疾]이 있음을 나타내니, 그 병 때문에 국왕國王과 대신大臣, 장자長者와 거사居士, 바라문 등 및 모든 왕자들과 아울러 나머지 관리[官屬]들 등 무수한 천의 사람들이 모두 다 문병[問疾]을 갔다.

 그 문병을 간 사람들에게 유마힐은 몸의 병을 기회 삼아 널리 법을 설하였다.

其以方便 現身有疾, 以其疾故 國王大臣 長者居士 婆羅門等 及諸王子 幷餘官屬 無數千人 皆往問疾.

其往者 維摩詰 因以身疾 廣爲說法.

3.2.1 싫어해 떠날 것을 가르치다

⑴ "여러분, 이 몸은 항상함 없고 강함 없고 힘 없고 견고함 없어 빠르게 썩는 법[速朽之法]이므로 믿을 수 없는 것입니다.

"諸仁者, 是身 無常無强 無力無堅 速朽之法 不可信也.

....
4 「구역에서 '뛰어난 지혜로써 가르쳤다'고 한 것은 모든 선정을 보인 것이다.」

⑵ 괴로움이 되는 온갖 질병이 모인 것이니, 여러분, 이러한 몸은 밝은 지혜를 가진 사람이라면 의지하지 말아야 할 것입니다.

⑶ ① 이 몸은 무리진 물방울[聚沫]과 같이 잡거나 만질 수 없고, ② 이 몸은 물거품[泡]과 같이 오래 설 수 없으며, ③ 이 몸은 아지랑이[炎]와 같이 갈애에서 생겨난 것이고, ④ 이 몸은 파초와 같이 안에는 견고함[堅]이 없으며, ⑤ 이 몸은 환상[幻]과 같이 전도에서 일어난 것이고, ⑥ 이 몸은 꿈[夢]과 같이 허망하게 보는 것이며, ⑦ 이 몸은 그림자[影]와 같이 업의 연[業緣]에서 나타난 것이고, ⑧ 이 몸은 메아리[響]와 같이 여러 인연에 속한 것이며, ⑨ 이 몸은 뜬 구름[浮雲]과 같이 순식간에 변하여 사라지는 것이고, ⑩ 이 몸은 번개[電]와 같이 순간순간 머물지 않는 것입니다.

⑷ ① 이 몸은 주재[主]가 없는 것이 땅과 같고, ② 이 몸은 '나[我]'가 없는 것이 불과 같으며, ③ 이 몸은 수명[壽]이 없는 것이 바람과 같고, ④ 이 몸은 사람[人]이 없는 것이 물과 같으니, ⑤ 이 몸은 진실하지 않은 사대[四大]를 집으로 삼습니다.

⑥ 이 몸은 공[空]이어서 나와 내 것을 여의었

爲苦爲惱　衆病所集, 諸仁者, 如此身 明智者 所不怙.
是身如聚沫 不可撮摩, 是身如泡
不得久立,　是身如炎 從渴愛生,
是身如芭蕉 中無有堅, 是身如幻 從顚倒起, 是身如夢 爲虛妄見,　是身如影 從業緣現,
是身如響　屬諸因緣, 是身如浮雲
須臾變滅,　是身如電 念念不住.

是身無主　爲如地,
是身無我　爲如火,
是身無壽　爲如風,
是身無人　爲如水,
是身不實　四大爲家.
是身爲空　離我我

고, ⑦ 이 몸은 앎이 없는 것[無知]이 초목이나 와력瓦礫과 같으며, ⑧ 이 몸은 지음이 없어[無作] 바람의 힘으로 움직이는 것입니다.
⑸ ① 이 몸은 부정不淨해서 온갖 더러움으로 충만하고, ② 이 몸은 허위여서 비록 임시로 씻고 입히고 먹이더라도 반드시 닳아 없어지게 되는 것이며, ③ 이 몸은 재앙[災]이어서 백한 가지 병으로 고통받고, ④ 이 몸은 언덕에 있는 우물[丘井]처럼 늙음으로 핍박받으며, ⑤ 이 몸은 일정함이 없어 반드시 죽음을 맞는 것이고, ⑥ 이 몸은 독사와 같고 원적怨賊과 같으며, ⑦ 빈 마을[空聚]과 같이 음·계와 모든 입[諸入]이 함께 합쳐 이루어진 것입니다.

所, 是身無知 如草木瓦礫, 是身無作 風力所轉.
是身不淨 穢惡充滿, 是身爲虛僞 雖假以澡浴衣食 必歸磨滅, 是身爲災 百一病惱, 是身如丘井 爲老所逼, 是身無定 爲要當死, 是身如毒蛇 如怨賊, 如空聚 陰界諸入 所共合成.

3.2.2 기쁘게 구할 것을 권하다
⑴ 여러분, 이 몸은 근심하고 싫어할 것이니, 붓다의 몸[불신佛身]을 좋아해야 합니다.
⑵ 까닭이 무엇이겠습니까?
  ㈎ 붓다의 몸이란 곧 법신이기 때문입니다.
  ㈏ 한량없는 공덕功德과 지혜智慧에서 생겨난 것이니, ① 계戒·정정定·혜慧·해탈解脫·해탈지견解脫知見에서 생겨나고, ② 자慈·비悲·희喜·사捨에서 생겨나며, ③ 보시, 지계, 인욕忍

諸仁者, 此可患厭 當樂佛身.
所以者何?
佛身者 卽法身也. 從無量 功德智慧生, 從戒定慧 解脫解脫知見生, 從慈悲喜捨生, 從布施

辱으로 유화柔和함, 힘써 정진精進을 행함, 선정禪定·해탈解脫·삼매三昧, 다문多聞과 지혜智慧의 모든 바라밀에서 생겨나고, ④ 방편方便에서 생겨나며, ⑤ 육신통[六通]에서 생겨나고, ⑥ 삼명三明에서 생겨나며, ⑦ 서른일곱 가지 도품道品에서 생겨나고, ⑧ 지관止觀에서 생겨나며, ⑨ 십력과, ⑩ 사무소외와, ⑪ 열여덟 가지 불공불법에서 생겨나고, ⑫ 일체 불선법을 끊고 일체 선법을 모아서 생겨나며, ⑬ 진실眞實에서 생겨나고, ⑭ 방일하지 않음에서 생겨나며, ⑮ 이와 같이 한량없는 청정한 법에서 여래의 몸이 생겨나는 것입니다.

(3) 여러분, 붓다의 몸[佛身]을 얻고 일체 중생들의 병을 끊어주고자 한다면, 응당 아뇩다라삼먁삼보리에 대한 마음을 일으켜야 하는 것입니다."

持戒 忍辱柔和 勤行精進 禪定解脫三昧 多聞智慧 諸波羅蜜生, 從方便生, 從六通生, 從三明生, 從三十七道品生, 從止觀生, 從十力, 四無所畏, 十八不共法生, 從斷一切不善法 集一切善法生, 從眞實生, 從不放逸生, 從如是 無量淸淨法 生如來身. 諸仁者, 欲得佛身 斷一切 衆生病者, 當發 阿耨多羅三藐三菩提心."

3.2.3 이익을 밝히다

이와 같이 장자 유마힐은 모든 문병 온 자들을 위하여 근기에 맞추어[如應] 법을 말해서, 무수한 천의 사람들로 하여금 모두 아뇩다라삼먁삼보리에 대한 마음을 일으키도록 하였다.

如是 長者維摩詰 爲諸問疾者 如應說法, 令無數千人 皆發 阿耨多羅三藐三菩提心.

제3 제자품1　　　　　　　　弟子品 第三

1. 교묘한 방편을 마음으로 생각하다

그 때 장자 유마힐은 스스로 이렇게 생각하였다. '병으로 침상에 누워 있는데, 크게 자비로우신 세존께서 어찌 가엾게 여기지 않으시겠는가?'

爾時　長者維摩詰自念. '寢疾于床, 世尊大慈　寧不垂愍?'

2. 대성大聖께서 자비로 문병 가라 하시다

붓다께서 그의 마음을 아시고, 곧 사리불에게 이르셨다.

佛知其意, 卽告舍利弗.

2.1 사리불舍利弗[사리뿟따Sāriputta]

"그대가 유마힐을 찾아가서 병문안을 하라."

"汝行詣維摩詰　問疾."

----

1 「집 공은 '제자품'이라고 이름하였다. 보살과 성문의 둘은 모두 제자인데, 성문만 어째서 홀로 제자라는 이름을 얻는가? 소승으로 대승을 대하므로 '성문'이라고 이름해야 하고, 제자라고 이름해서는 안된다. 하물며 범본에도 제자라는 말은 없다.」 포탈라본에는 이 품과 다음의 제4 보살품이 합쳐서, '성문과 보살의 문병의 포기[Śrāvakabodhisattva-visarjanapraśna]라고 이름하는 제3품'이라는 하나의 품으로 편집되어 있다.

2.1.1 총체적으로 도가 궁함을 말하다

사리불이 붓다께 말하였다.

"세존이시여, 저는 그를 찾아가 문병하는 일을 감당할 수 없습니다.

舍利弗 白佛言.

"世尊, 我不堪任 詣彼問疾.

2.1.2 이치 궁함을 따로 나타내다

어째서인가 하면, 제가 과거 일찍이 숲 속의 나무 아래에서 좌선[宴坐]하고 있을 때의 일이 기억나기 때문입니다.

그 때 유마힐이 와서 저에게 말하였습니다.

'(1) 존경하는 사리불님, 반드시 이렇게 앉아 있는 것이 좌선인 것은 아닙니다.
(2) 대저 좌선이라는 것은, ① 삼계에서 몸과 마음[身意]을 나타내지 않는 이것이 좌선이고, ② 멸진정[滅定]에서 일어나지 않고도 모든 위의威儀를 나타내는 이것이 좌선이며, ③ 도법道法을 버리지 않으면서 범부의 일[凡夫事]을 나타내는 이것이 좌선이고, ④ 마음이 안에도 머물지 않고 밖에도 있지 않는 이것이 좌선이며, ⑤ 모든 견해[諸見]에서 움직이지 않으면서 서른일곱 가지 도품[三十七品]을 수행하는 이것이 좌선이고, ⑥ 번뇌를 끊지 않고서도 열반에 드는 이것이 좌선이니,2
(3) 만약 이와 같이 좌선할 수 있다면 붓다께

所以者何, 憶念我昔 曾於林中 宴坐樹下.

時維摩詰 來謂我言.

'唯 舍利弗, 不必是坐 爲宴坐也.

夫宴坐者, 不於三界現身意 是爲宴坐, 不起滅定 而現諸威儀 是爲宴坐, 不捨道法 而現凡夫事 是爲宴坐, 心不住內亦不在外 是爲宴坐, 於諸見不動 而修行三十七品 是爲宴坐, 不斷煩惱 而入涅槃是爲宴坐,

若能如是坐者 佛所

서 인가印可하시는 것입니다.' 　　　　　　印可.'

2.1.3 맺어 답하다
 그 때 저는 세존이시여, 이 말을 듣고 나서 묵묵히 있을 뿐 대답을 할 수가 없었습니다. 그러므로 저는 그를 찾아가 문병하는 일을 맡을 수 없습니다."

時我世尊, 　聞說是語　默然而止　不能加報. 故我不任 詣彼問疾."

2.2 대목건련大目犍連[마하 목갈라나Moggllāna]
 붓다께서 대목건련에게 이르셨다.
"그대가 유마힐을 찾아가서 병문안을 하라."

佛告 大目犍連.
"汝行詣 維摩詰 問疾."

2.2.1 총체적으로 도가 궁함을 말하다
 목건련이 붓다께 말하였다.
"세존이시여, 저는 그를 찾아가 문병하는 일을 감당할 수 없습니다.

目連 白佛言.
"世尊, 我不堪任 詣彼問疾.

2.2.2 이치 궁함을 따로 나타내다
 어째서인가 하면, 제가 과거에 비야리 큰 성에 들어가 거리에서 여러 거사들을 위하여

所以者何, 　憶念我 昔　　入毘耶離大城

----
2 이에 대해 구마라집과 승조僧肇는 모두, "번뇌의 진실한 성품은 곧 열반이기 때문에, (번뇌를) 끊음을 기다린 후에 (열반에) 들어가는 것이 아니다."라고 설명한다(『주유마힐경注維摩詰經』 제2권).

법을 설하고 있을 때의 일이 기억나기 때문입니다. 그 때 유마힐이 와서 저에게 말하였습니다.

⑴ 유마힐이 비판하다3

'존경하는 대목련님, 흰 옷을 입은 거사居士들을 위하여 법을 말할 때에는 존자[仁者]께서 말씀하시는 것처럼 해서는 안됩니다. 대저 법을 말하는 자는 여법如法하게 말하여야 합니다.

⑵ 유마힐이 하나하나 말하다

㈎ 두 가지 무아의 도리

㈀ 무아를 밝히다

(a) 중생무아

법에는 중생이 없으니, 중생의 때[垢]를 여의었기 때문이고, 법에는 '나'가 없으니, 나의 때를 여의었기 때문이며, 법에는 수명壽命이 없으니, 생사를 여의었기 때문이고, 법에는 사람[人]이 없으니, 전후제前後際가 끊어졌기 때문입니다.

(b) 법무아

① 법은 항상 고요하니, 모든 표상을

於里巷中 爲諸居士 說法. 時維摩詰 來 謂我言.

'唯 大目連, 爲白衣 居士說法 不當 如 仁者所說. 夫說法 者 當如法說.

法無衆生 離衆生垢 故, 法無有我 離我 垢故, 法無壽命 離 生死故,

法無有人 前後際斷 故.

法常寂然 滅諸相

----
3 「구역에서는 (이치 궁함을 따로 나타내는 것의 제2 바르게 말을 펴는 것에) 셋만 있었으니, 두 번째 것이 없었다.」 따라서 아래의 ⑵는 신역의 ⑶에 해당하는 것이고, 아래의 ⑶은 신역의 ⑷에 해당하는 것이다.

멸하였기 때문이고, ② 법은 표상을 여의었으니, 소연이 없기 때문이며, ③ 법은 명자名字가 없으니, 언어가 끊어졌기 때문이고, ④ 법은 말할 것이 없으니, 사유·숙고[覺觀]를 떠났기 때문이며, ⑤ 법은 형상이 없으니, 허공과 같기 때문이고, ⑥ 법은 희론이 없으니, 필경 공하기 때문이며, ⑦ 법은 내 것이 없으니, 내 것을 여의었기 때문이고, ⑧ 법은 분별이 없으니, 모든 의식[識]을 떠났기 때문이며, ⑨ 법은 비할 것이 없으니, 서로 대하는 것[相待]이 없기 때문이고, ⑩ 법은 인에 속하지 않으니, 연에 있지 않기 때문입니다.

⑪ 법은 법성과 같으니, 모든 법에 들어가기 때문이고, ⑫ 법은 여如를 따르니, 따를 것이 없기 때문이며, ⑬ 법은 실제에 머무니, 모든 극단[邊]이 움직이지 못하기 때문이고, ⑭ 법은 동요가 없으니, 육진에 의지하지 않기 때문이며, ⑮ 법은 가고 옴이 없으니, 항상 머물지 않기 때문이고, ⑯ 법은 공과 무상과 무작에 수순해 응하니, 법은 호추好醜를 여의고, 증감[增損]이 없기 때문이며,4 ⑰ 법

故, 法離於相 無所緣故, 法無名字 言語斷故,
法無有說　離覺觀故, 法無形相 如虛空故, 法無戲論 畢竟空故, 法無我所 離我所故, 法無分別 離諸識故,
法無有比　無相待故, 法不屬因 不在緣故.
法同法性　入諸法故, 法隨於如 無所隨故, 法住實際 諸邊不動故,
法無動搖 不依六塵故, 法無去來 常不住故, 法順空 隨無相 應無作, 法離好醜, 法無增損, 法無

....
4 「'법은 증감이 없다'고 한 것은 갑자기 따로 따온 것 같지만, 신역의 글에 준하면 위의 말을 해석하는 것이다. '법에 호추好醜가 없다'는 것은 신역에는 없는 것이다.」

은 생멸이 없고, ⑱ 법은 돌아갈 것[所歸]이 없으니,5 법은 안·의·비·설·신·심을 초과하기 때문이며, ⑲ 법은 높고 낮음이 없으니, 법은 항상 머물면서 움직이지 않기 때문이고, ⑳ 법은 일체 관행觀行을 떠납니다.6

生滅, 法無所歸 法過 眼耳鼻舌身心, 法無高下 法常住不動, 法離一切觀行.

(ㄴ) 무아를 맺다

존경하는 대목련님, 법의 모습이 이와 같은데 어찌 말할 수 있겠습니까?

唯 大目連, 法相如是 豈可說乎?

(나) 설법의 도리

(ㄱ) 대저 법을 말하는 이는 말함도 없고 보임도 없으며[無說無示], 그 법을 듣는 이도 들음도 없고 얻음도 없는 것[無聞無得]입니다.

夫說法者 無說無示, 其聽法者 無聞無得.

(ㄴ) 비유하면 환술사가 환술로 만들어진 사람을 위해 법을 설하는 것처럼, 이러한 마음을 세워 법을 설해야 하는 것입니다.

譬如幻士 爲幻人說法, 當建是意 而爲說法.

① 중생의 근기의 날카롭고 둔함을 알고, ② 지견知見에서 훌륭하게 걸릴 것이 없어야 하며, ③ 대비심으로써, ④ 대승을 찬탄하고, ⑤ 붓다의 은혜를 갚으려고 생각하며, ⑥ 삼

當了衆生 根有利鈍, 善於知見 無所罣礙, 以大悲心, 讚于大乘, 念報佛恩,

....

5 「법은 생멸이 없다'고 한 것은 (신역의) ⑰구를 이룰 수 있고, '법은 돌아갈 것이 없다'고 함에서 '돌아간다'는 것은 (신역 ⑱구의) 소집장所執藏의 뜻이다.」
6 「'관행'이라고 한 것은 (신역에서) '분별로 형성하는 것'이라고 말한 것이다.」 이에 대하여 승조(제2권)는 "법은 본래 모양이 없으므로 관행으로 보는 것이 아니다"라고 설명한다.

보가 끊어지지 않게 해야 하는 것이니, 그런 다음에 법을 설해야 합니다.'

不斷三寶, 然後說法.'

(3) 이익됨을 말하다
유마힐이 이 법을 말하였을 때 팔백의 거사들이 아뇩다라삼먁삼보리에 대한 마음을 일으켰습니다.

維摩詰 說是法時 八百居士 發阿耨多羅三藐三菩提心.

2.2.3 맺어 답하다
저는 이러한 변재가 없습니다. 그래서 그를 찾아가 문병하는 일을 맡을 수 없습니다."

我無此辯. 是故不任 詣彼問疾."

2.3 대가섭大迦葉[마하깟사빠Mahākassapa]
붓다께서 대가섭에게 이르셨다.
"그대가 유마힐을 찾아가서 병문안을 하라."

佛告 大迦葉.
"汝行詣維摩詰 問疾."

2.3.1 총체적으로 도가 궁함을 말하다
가섭이 붓다께 말하였다.
"세존이시여, 저는 그를 찾아가 문병하는 일을 감당할 수 없습니다.

迦葉 白佛言.
"世尊, 我不堪任 詣彼問疾.

2.3.2 이치 궁함을 따로 나타내다
어째서인가 하면, 제가 과거 가난한 마을에

所以者何, 憶念我

서 걸식하고 있을 때의 일이 기억나기 때문입니다.

 그 때 유마힐이 와서 저에게 말하였습니다.

(1) 일의 잘못을 말하다

 '존경하는 대가섭님, 자비심은 있지만 두루 하지 못하군요. 부자집은 버리고 가난한 집에서만 걸식을 하시니까요.

(2) 바른 이치를 펴다

 (가) 걸식하는 자

  (ㄱ) 가섭님, ① 평등한 법에 머물러서 차례로 걸식을 행해야 하고, ② 먹지 않기 위하여 [爲不食故] 걸식을 행해야 하며, 화합상을 무너뜨리기 위해 단식搏食을 취해야 하고,7 ③ 받지 않기 위하여 그 음식을 받아야 하며, ④ 빈 마을[空聚]이라는 생각으로 취락聚落에 들어가서,

  (ㄴ) 형색을 보는 것은 소경과 같이 하고, 소리를 듣는 것은 메아리와 같이 하며, 향기를 맡는 것은 바람과 같이 하고, 먹는 것의 맛을 분별하지 않으며, 모든 감촉을 받는 것은 지혜로 깨닫듯[智證] 해야 하고, 모든 법은 환상幻相과 같아서 자성도 없고 타성他性

昔 於貧里而行乞.

時維摩詰 來謂我言.

'唯 大迦葉, 有慈悲心 而不能普. 捨豪富 從貧乞.

迦葉, 住平等法 應次行乞食, 爲不食故 應行乞食, 爲壞和合相故 應取搏食, 爲不受故 應受彼食, 以空聚想 入於聚落,

所見色 與盲等, 所聞聲 與響等, 所嗅香 與風等, 所食味 不分別, 受諸觸 如智證, 知諸法 如幻相 無自性 無

---

7 「'화합상을 무너뜨리기 위한다'는 것은 음식에 대한 집착을 없애는 것이다. 음식은 삼진三塵(=향·미·촉진)이 화합한 모습이기 때문이다.」

도 없으며 본래 스스로 그러하지도 않고 지금 곧 멸함도 없다고 알아야 합니다.

㈐ 가섭님, 만약 팔사八邪를 버리지 않고도 팔해탈八解脫에 들 수 있고, 삿된 모습[邪相]으로써 바른 법[正法]에 들 수 있으며, 하나의 음식으로 일체에게 보시하여 모든 붓다 및 뭇 성현賢聖들을 공양한 다음에 먹을 수 있다면, 이와 같이 먹는 이는 번뇌에 있는 것도 아니고 번뇌를 떠난 것도 아니며, 선정의 마음[定意]에 든 것도 아니고 선정의 마음에서 일어난 것도 아니며, 세간에 머물지도 않고 열반에 머물지도 않는 것입니다.

㈑ 보시하는 자

그 보시하는 모든 이들은 큰 복도 없고 작은 복도 없으며, 증익하지도 않고 손감하지도 않으니, 이것이 붓다의 도[佛道]에 바로 드는 것이고, 성문에 의지하지 않습니다.

(3) 맺고 권하다

가섭님, 만약 이와 같이 먹을 수 있다면, 남이 보시한 것을 헛되지 않게 먹는 것입니다.'

2.3.3 맺어 답하다

그 때 저는 세존이시여, 이 말을 듣고 일찍이 경험하지 못하던 것을 얻었고, 곧 일체 모

他性 本自不然 今則無滅.

迦葉, 若能不捨八邪 入八解脫, 以邪相 入正法, 以一食施一切 供養諸佛及衆賢聖 然後可食, 如是食者 非有煩惱 非離煩惱, 非入定意 非起定意, 非住世間 非住涅槃.

其有施者 無大福無小福, 不爲益 不爲損, 是爲 正入佛道, 不依聲聞.

迦葉, 若如是食 爲不空食 人之施也.'

時我 世尊, 聞說是語 得未曾有, 卽於

든 보살들에 대해 깊이 존경심을 일으켰습니다.

또한 이런 생각도 했습니다. ─이 거사의 변재와 지혜가 마침내 이와 같을 수 있으니, 그 누군들 이것을 듣고 아뇩다라삼먁삼보리에 대한 마음을 일으키지 않겠는가─라고 말입니다. 저는 이 때부터 다시는 사람들에게 성문이나 벽지불의 행으로써 권하지 않았습니다.

그러므로 저는 그를 찾아가 문병하는 일을 맡을 수 없습니다."

一切菩薩　深起敬心.

復作是念, 斯有家名 辯才智慧 乃能如是, 其誰聞此 不發阿耨多羅三藐三菩提心. 我從是來 不復勸人 以聲聞辟支佛行.

是故不任　詣彼問疾."

2.4 수보리須菩提 [수부띠Subhūti]

붓다께서 수보리에게 이르셨다.

"그대가 유마힐을 찾아가서 병문안을 하라."

佛告 須菩提.

"汝行詣 維摩詰 問疾."

2.4.1 총체적으로 도가 궁함을 말하다

수보리가 붓다께 말하였다.

"세존이시여, 저는 그를 찾아가 문병하는 일을 감당할 수 없습니다.

須菩提 白佛言.

"世尊, 我不堪任 詣彼問疾.

2.4.2 이치 궁함을 따로 나타내다

어째서인가 하면, 제가 과거 그의 집에 들

所以者何,　憶念我

어가서 걸식을 할 때의 일이 기억나기 때문입니다.

그 때 유마힐이 저의 발우를 받아 밥을 가득 채우고는 저에게 말하였습니다.

(1) 평등의 이치를 펴다

'(가) 존경하는 수보리님, 만약 음식에 있어서 평등할 수 있다면 모든 법에도 역시 평등할 것이고, 모든 법에 평등하다면 음식에서도 역시 평등할 것이니, 이와 같이 걸식을 행한다면 음식을 받을 수 있습니다.

(나) 만약 수보리님, ① 음욕·분노·어리석음을 끊지 않고서도 또한 함께 하지 아니하고, ② 무리[身]를 무너뜨리지 않고서도 하나의 모습[一相]을 따르며,8 ③ 어리석음과 갈애[癡愛]를 멸하지 않고서도 밝음과 해탈[明脫]을 일으키고, ④ 오역죄의 모습으로써 해탈을 얻으며, ⑤ 또한 해탈하지 않고서도 속박되지 않고, ⑥ 사성제를 보지 않고서도 진리를 보지 않는 것이 아니며, ⑦ 과보 얻음이 아니면서도 과보를 얻지 않은 것도 아니고, ⑧ 범부가 아니면서 범부의 법을 떠나지도 않고, 성인이 아니면서 성인이 아닌 것이 아

昔 入其舍 從乞食.

時維摩詰 取我鉢
盛滿飯 謂我言.

'唯 須菩提, 若能於
食等者 諸法亦等,
諸法等者 於食亦
等, 如是行乞 乃可
取食.

若須菩提, 不斷婬
怒癡 亦不與俱,
不壞於身 而隨一
相, 不滅癡愛
起於明脫,
以五逆相 而得解
脫, 亦不解 不縛,
不見四諦 非不見
諦, 非得果
非不得果,
非凡夫 非離凡夫
法, 非聖人 非不聖

---

8 「무리[身]」라고 한 것은 유신견이다. '하나의 모습을 따른다'는 것은 무아견이니, 무아견 중에는 다시 둘이 없기 때문이다.」

니며, ⑨ 일체법을 성취했으면서도 모든 법의 모양[法相]을 떠난다면, 음식을 받을 수 있습니다.

㈐ 만약 수보리님, 붓다를 보지도 않고 법을 듣지도 않고, 저 외도의 여섯 스승[六師]인 뿌라나 깟사빠[富蘭那迦葉], 막칼리 고살라[末伽梨拘賒梨子], 산자야 벨라티뿟따[刪闍夜毘羅胝子], 아지타 께사깜발리[阿耆多翅舍欽婆羅], 빠꾸다 깟차야나[迦羅鳩馱迦旃延], 니간타 나타뿟따[尼犍陀若提子] 등이 존자의 스승이기에, 그들로 인하여 출가해서 그 스승들이 떨어진 곳에 존자도 역시 떨어진다면, 음식을 받을 수 있습니다.

㈑ 만약 수보리님, ① 모든 사견邪見에 들어가서도 피안彼岸으로 건너지 아니하고, ② 팔난八難에 머물면서도 무난無難을 얻지 아니하며, ③ 번뇌를 같이 하면서도 청정법에서 떠나고, ④ 존자께서 무쟁無諍삼매를 얻고 일체 중생들도 역시 이 선정을 얻었을지라도 9

人, 雖成就一切法 而離諸法相, 乃可 取食.

若須菩提, 不見佛 不聞法, 彼外道六師 富蘭那迦葉 末伽梨 拘賒梨子 刪闍夜毘 羅胝子 阿耆多翅舍 欽婆羅 迦羅鳩馱迦 旃延 尼犍陀若提子 等是汝之師, 因其出 家 彼師所墮 汝亦隨 墮, 乃可取食.

若須菩提, 入諸邪 見 不到彼岸, 住於 八難 不得無難, 同於煩惱 離清淨 法, 汝得無諍三昧 一切衆生 亦得是定

---

9 이 대목에 대하여 구마라집(제3권)은, "무쟁에는 둘이 있다. 첫째는 삼매의 힘으로써 중생을 수호하여 다투는 마음을 일으키지 않게 하는 것이고, 둘째는 법성에 수순함으로써 거스름이 없고 다툼이 없는 것이다. 공의 법을 깊이 통달하면 거스르고 다투는 것이 없게 되지만, 지금 평등에 수순하지 못하면서 무쟁을 말하는 것은 곧 중생과 차이가 없는 것이다"라고 설명하고, 그 아래 대목에 대해 승조(제3권)는, "내가 그의 보시를 받아 그로 하여금 큰 복을 얻게 하기 때문

그 존자에게 베푼 이를 복전福田이라고 이름하지 않으며, ⑤ 존자에게 공양한 이가 삼악도에 떨어지고, ⑥ 온갖 마[衆魔]와 함께 손을 잡고 모든 번뇌의 반려[勞侶]가 되며, ⑦ 존자께서 온갖 마 및 모든 번뇌와 평등하여 다름이 없고, ⑧ 일체 중생들에 대해 원수라는 마음[怨心]을 가지며, ⑨ 모든 붓다를 비방하고 법을 헐뜯으며 승가의 법[衆數]에 들지 않고, ⑩ 끝내 열반[滅度]을 얻지 않는 것이니, 존자께서 만약 이러하다면 음식을 받을 수 있습니다.'

(2) 스스로 미혹함을 드러내다

(가) 그 때 저는 세존이시여, 이 말을 듣고 망연자실하여, 이것이 무슨 말인지도 모르고 무슨 대답을 해야 할 지도 몰라, 발우를 둔 채 그 집을 나오려고 하였습니다.

(나) 유마힐이 말하였습니다.

'존경하는 수보리님, 발우를 받으시고 두려워하지 마십시오. 존자의 생각에는 어떻습니까? 여래께서 만들거나 변화시킨 사람이 만약 이 일로 힐난하였다면 정녕 두려움이 있겠습니까?'

其施汝者　不名福田, 供養汝者 墮三惡道, 爲與衆魔 共一手 作諸勞侶,
汝與衆魔 及諸塵勞等無有異, 於一切衆生 而有怨心, 謗諸佛 毀於法 不入衆數, 終不得滅度, 汝若如是　乃可取食.'

時我 世尊, 聞此語茫然, 不識是何言 不知以何答, 便置鉢 欲出其舍.
維摩詰言.
'唯 須菩提, 取鉢勿懼. 於意云何?
如來所作化人 若以是事詰 寧有懼不?'

에 복전이라고 이름하지만, 오히려 이를 크게 보면 남과 나가 다르지 않다. 누가 복의 주체[福者]가 되고, 누가 밭인 자[田者]가 되겠는가?"라고 설명한다.

㈐ 제가 말했습니다.
'그렇지 않습니다.'

我言.
'不也.'

(3) 유마힐이 가르치다

유마힐이 말하였습니다.

'㈎ 일체 모든 법은 환술로 변화된 것[幻化]과 같은 모습이니, 존자께서는 두려움을 가져서는 안 됩니다. 까닭이 무엇인가 하면 일체 언설도 이 모습을 여의지 않기 때문입니다.

㈏ 지혜에 이른 이라면 문자에 집착하지 않기 때문에 두려워할 것이 없는 것입니다.

㈐ 왜냐하면 문자도 성품을 여읜 것이어서, 문자가 없는 것이 곧 해탈이기 때문이니,

㈑ 해탈의 모습[解脫相]은 곧 모든 법인 것입니다.'

維摩詰言.
'一切諸法　如幻化相, 汝今　不應有所懼也. 所以者何　一切言說　不離是相.
至於智者　不著文字故無所懼.
何以故　文字性離, 無有文字 是則解脫, 解脫相者　則諸法也.'

(4) 이익을 성취하다

유마힐이 이 법을 설하였을 때 이백의 천자天子들은 법안의 청정[法眼淨]을 얻었습니다.

維摩詰 說是法時 二百天子 得法眼淨.

2.4.3 맺어 답하다

그러므로 저는 그를 찾아가 문병하는 일을 맡을 수 없습니다."

故我不任　詣彼問疾."

2.5 부루나富樓那彌多羅尼子[뿐나　만따니뿟

제3 제자품　545

㉣Puṇṇa Mantāniputta]
붓다께서는 부루나 미다라니자에게 이르셨다.
"그대가 유마힐을 찾아가서 그의 병문안을 하라."

佛告 富樓那彌多羅尼子.
"汝行詣 維摩詰 問疾."

2.5.1 총체적으로 도가 궁함을 말하다
부루나가 붓다께 말하였다.
"세존이시여, 저는 그를 찾아가 문병하는 일을 감당할 수 없습니다.

富樓那 白佛言.
"世尊, 我不堪任 詣彼問疾.

2.5.2 이치 궁함을 따로 나타내다
어째서인가 하면, 제가 과거 큰 숲 속 어떤 나무 아래에 있으면서 처음 배우는[新學] 여러 비구들에게 법을 설할 때의 일이 기억나기 때문입니다.
그 때 유마힐이 와서 저에게 이렇게 말하였습니다.

所以者何, 憶念我昔 於大林中 在一樹下 爲諸新學比丘說法.
時維摩詰 來謂我言.

(1) 그 부당함을 책망하다
　㈎ 지금을 알지 못함을 책망하다
　　㈠ '존경하는 부루나님, 먼저 선정에 들어 이 사람들의 마음을 관찰한 다음에 법을 설하여야 합니다. 더러운 음식을 보배그릇에 두어서는 안됩니다.

'唯 富樓那, 先當入定 觀此人心 然後說法. 無以穢食 置於寶器.

(ㄴ) 응당 이 비구들이 마음으로 생각하는 것을 알아서, 유리琉璃를 저 값싼 수정水精 같이 다루어서는 안됩니다.

(ㄷ) ① 존자께서 능히 중생의 근원根源을 알지 못하고서, 소승법으로 일으켜서는 안되는 것입니다.

② 그들은 스스로 상처가 없으므로 그들을 상처입혀서는 안되고, 큰 길을 가려고 하는데 작은 길을 보여서는 안되기 때문입니다.

③ 큰 바다를 소발자국[牛跡]에 넣어서는 안되고, 태양빛을 저 반딧불과 같이 여겨서는 안되는 것입니다.

(나) 과거를 알지 못함을 책망하다

(ㄱ) 부루나님, 이 비구들은 오래 전에 대승의 마음을 일으켰지만, 도중에 이 마음을 잊었을 뿐입니다. 어떻게 소승의 법으로써 이들을 가르쳐 인도하겠습니까?

(ㄴ) 제가 소승을 관찰한 즉, 지혜가 작고 얕음이 마치 소경[盲人]과 같아서, 일체 중생의 근기의 예리함과 둔함[根之利鈍]을 분별할 수 없습니다.'

(2) 더욱 나아가게 하다

(가) 그 때 유마힐은 곧 삼매에 들어 이 비구들로 하여금 스스로 전생[宿命], 즉 일찍이

當知 是比丘 心之所念, 無以琉璃 同彼水精.

汝不能知 衆生根源, 無得發起 以小乘法.

彼自無瘡 勿傷之也, 欲行大道 莫示小徑.

無以大海 內於牛跡, 無以日光 等彼螢火.

富樓那, 此比丘久發大乘心 中忘此意. 如何 以小乘法 而教導之?

我觀小乘, 智慧微淺 猶如盲人, 不能分別 一切衆生 根之利鈍.'

時維摩詰 即入三昧 令此比丘 自識宿

과거 오백 분의 붓다들의 처소에서 온갖 덕의 근본[德本]을 심었고, 아뇩다라삼먁삼보리로 회향했던 것을 알게 하니,

(나) 즉시 활연豁然하여 다시 본래의 마음[本心]을 회복하였습니다. 이에 모든 비구들은 유마힐의 발에 머리 숙여 예배하였습니다.

(다) 그 때 무구칭은 그 기회를 이용하여 법을 설해서 아뇩다라삼먁삼보리에서 다시는 퇴전하지 않도록 하였습니다.

命, 曾於五百佛所 植衆德本, 迴向阿耨多羅三藐三菩提, 卽時豁然 還得本心, 於是 諸比丘 稽首禮 維摩詰足. 時維摩詰 因爲說法 於阿耨多羅三藐三菩提 不復退轉.

2.5.3 맺어 답하다
(1) 저는 이러한 생각을 하였습니다. '성문들은 사람의 근기를 관찰하지 못하면서 법을 설해서는 안된다.'
(2) 그러므로 그를 찾아가 문병하는 일을 맡을 수 없습니다."

我念. '聲聞 不觀人根 不應說法.'

是故 不任 詣彼問疾."

2.6 마하가전연[마하깟짜나Mahākaccāna]
붓다께서 마하 가전연에게 이르셨다.
"그대가 유마힐을 찾아가서 병문안을 하라."

佛告 摩訶迦旃延. "汝行詣 維摩詰 問疾."

2.6.1 총체적으로 도가 궁함을 말하다
가전연이 붓다께 말하였다.

迦旃延 白佛言.

"세존이시여, 저는 그를 찾아가 문병하는 일을 감당할 수 없습니다.

"世尊, 我不堪任 詣彼問疾.

2.6.2 이치 궁함을 따로 나타내다

어째서인가 하면, 제가 과거에 붓다께서 여러 비구들을 위해 법요法要를 간략히 설하시면, 제가 곧 그 후에 그 뜻, 말하자면 무상無常의 뜻, 고苦의 뜻, 공의 뜻, 무아의 뜻, 적멸寂滅의 뜻 등을 부연해 주고 있을 때의 일이 기억나기 때문입니다.

所以者何, 憶念昔者 佛爲諸比丘 略說法要, 我卽於後 敷演其義, 謂無常義 苦義空義 無我義 寂滅義.

그 때 유마힐이 와서 저에게 말하였습니다.

時維摩詰 來謂我言.

(1) 그릇됨을 총체적으로 말하다

'존경하는 가전연님, 생멸生滅하는 심행心行으로 실상實相의 법을 설해서는 안됩니다.

'唯 迦旃延, 無以生滅心行 說實相法.

(2) 그릇됨을 개별적으로 말하다

가전연님, ① 모든 법은 필경 생겨나지도 않고 멸하지도 않는 것[不生不滅]이 무상無常의 뜻이고, ② 오취온[五受陰]은 공이어서 일어나는 바[所起]가 없음을 통달하는 것이 고苦의 뜻이며, ③ 모든 법은 궁극적으로 있는 바 없음[無所有]이 공의 뜻이고, ④ 나와 무아에 둘이 없는 것이 무아의 뜻이며, ⑤ 법은 본래 그러하지도 아니하고[本不然] 지금 곧 멸함도 없는 것이 적멸의 뜻인 것입니다.'

迦旃延, 諸法畢竟不生不滅 是無常義, 五受陰 洞達空 無所起 是苦義, 諸法究竟 無所有 是空義, 於我無我 而不二 是無我義, 法本不然 今則無滅 是寂滅義.'

(3) 이익을 밝히다
　이 법을 설했을 때에 그 모든 비구들은 마음으로 해탈을 얻었습니다.

說是法時 彼諸比丘心得解脫.

2.6.3 맺어 답하다
　그러므로 저는 그를 찾아가 문병하는 일을 맡을 수 없습니다."

故我不任　詣彼問疾."

2.7 아나율阿那律[아누룻다Anuruddha]
　붓다께서는 아나율에게 이르셨다.
"그대가 유마힐을 찾아가서 병문안을 하라."

佛告 阿那律.
"汝行詣 維摩詰 問疾."

2.7.1 총체적으로 도가 궁함을 말하다
　아나율이 말하였다.
"세존이시여, 저는 그를 찾아가 문병하는 일을 감당할 수 없습니다.

阿那律 白佛言.
"世尊, 我不堪任 詣彼問疾.

2.7.2 이치 궁함을 따로 나타내다
　어째서인가 하면,
(1) 자기의 일을 말하다
　㈎ 제가 과거 어느 장소에서 경행經行하고 있을 때의 일이 기억나기 때문입니다.
　㈏ 그 때 이름을 엄정嚴淨이라고 하는 범왕

所以者何,

憶念我昔　於一處經行.

時有梵王 名曰嚴淨

이 있어 일만의 범천들과 함께 맑은 광명을 놓으면서 저의 처소로 찾아와서 머리 숙여 예배하고는 저에게 물었습니다.

'아나율님의 천안天眼은 보는 것이 얼마나 됩니까?'

(다) 제가 곧 대답하였습니다.

'존자여, 제가 이 석가모니 불국토의 삼천대천세계를 보는 것은, 손바닥에 있는 암마륵과菴摩勒果를 보는 것과 같다고 알아야 합니다.'

(2) 남의 일을 나타내다

그 때 유마힐이 와서 저에게 말하였습니다.

(가) ① '존경하는 아나율님, 천안으로 보는 것은 상相을 짓는 것입니까, 상을 짓는 것이 없습니까?

② 가령 상을 짓는다고 한다면 곧 외도의 오신통과 같을 것이고, 만약 상을 짓는 것이 없다고 한다면 곧 무위無爲여서 봄이 있지 않을 것입니다.'

(나) 세존이시여, 저는 그 때 잠자코 있었습니다.

(다) 그 모든 범천들은 그 말을 듣고 일찍이 얻지 못했던 것을 얻고는, 곧 예배하고 물었습니다.

與萬梵俱 放淨光明 來詣我所 稽首作禮 問我言.

'幾何 阿那律天眼所見?'

我卽答言.

'仁者, 吾見 此釋迦牟尼佛土 三千大千世界, 如觀掌中 菴摩勒果.'

時維摩詰 來謂我言.

'唯 阿那律, 天眼所見 爲作相耶, 無作相耶?

假使作相 則與外道五通等, 若無作相 卽是無爲 不應有見.'

世尊, 我時黙然.

彼諸梵 聞其言 得未曾有, 卽爲作禮 而問曰.

제3 제자품 551

'세상에 누구가 진정한 천안[眞天眼]을 가졌습니까?'

(라) 유마힐이 말하였습니다.

'붓다 세존께서 계셔 진정한 천안을 얻으셔서, 항상 삼매에 계시면서도 모든 불국토를 보시되, 두 가지 상[二相]을 짓지 않으십니다.'

(마) 그 때 엄정嚴淨 범왕 및 그의 권속眷屬인 오백의 범천梵天들은 모두 아뇩다라삼먁삼보리에 대한 마음을 일으키고, 유마힐의 발에 예배하고 나서 홀연히 모습을 감추었습니다.

'世孰有 眞天眼者?'

維摩詰言.

'有佛世尊 得眞天眼, 常在三昧 悉見諸佛國, 不以二相.'

於是 嚴淨梵王 及其眷屬 五百梵天 皆發 阿耨多羅三藐三菩提心, 禮維摩詰足已 忽然不現.

2.7.3 맺어 답하다

그러므로 저는 그를 찾아가 문병하는 일을 맡을 수 없습니다."

故我不任 詣彼問疾."

2.8 우파리優波離 [우빠알리Upāli]

붓다께서는 우파리에게 이르셨다.

"그대가 유마힐을 찾아가서 병문안을 하라."

佛告 優波離.

"汝行詣 維摩詰 問疾."

2.8.1 총체적으로 도가 궁함을 말하다

우파리가 붓다께 말하였다.

優波離 白佛言.

"세존이시여, 저는 그를 찾아가 문병하는 일을 감당할 수 없습니다.

"世尊, 我不堪任 詣彼問疾.

2.8.2 이치 궁함을 따로 나타내다

어째서인가 하면,

所以者何,

(1) 자기의 일을 나타내다.

(가) 제가 과거에 어떤 두 비구가 율행律行을 범하고 부끄러워서 붓다에게 감히 묻지 못하고 저를 찾아와서 물었을 때의 일이 기억나기 때문입니다.

憶念昔者 有二比丘 犯律行 以爲恥 不敢問佛 來問我言.

'존경하는 우파리님, 우리들은 율행律行을 범했는데, 참으로 부끄러워서 감히 붓다께 묻지 못하겠습니다. 의심과 후회를 풀고 이 허물을 면하게 해 주시기를 바랍니다.'

'唯 優波離, 我等犯律, 誠以爲恥 不敢問佛. 願解疑悔 得免斯咎.'

(나) 저는 곧 그들을 위해 여법하게 해설하여 주었습니다.

我卽爲其 如法解說.

(2) 남의 일을 나타내다

그 때 유마힐이 와서 저에게 말하였습니다.

時維摩詰 來謂我言.

(가) 바른 이치를 펴다

(ㄱ) 총체적으로 그르다고 하다

'존경하는 우파리님, 이 두 비구의 죄를 더 늘리지 마십시오. 바로 없애 주어야지, 그들의 마음을 요란시켜서는 안됩니다.

'唯 優波離, 無重增此二比丘罪. 當直除滅, 勿擾其心.

(ㄴ) 바른 것을 나타내다

(a) 진실한 이치를 밝히다
　㈀ 바른 이치를 말하다
　　① 까닭이 무엇인가 하면, 그 죄의 성품은 안에도 있지 않고 밖에도 있지 않으며 중간에도 있지 않기 때문입니다.

所以者何, 彼罪性 不在內 不在外 不在中間.

　　② 붓다께서 말씀하신 것처럼 마음이 때문기 때문에 중생이 때묻고, 마음이 청정하기 때문에 중생도 청정해집니다. 마음도 역시 안에도 있지 않고 밖에도 있지 않으며 중간에도 있지 않는 것입니다.

如佛所說 心垢故 衆生垢, 心淨故 衆生淨. 心亦 不在內 不在外 不在中間.

　　③ 그 마음이 그러하듯이 죄의 때[罪垢] 역시 그러하고, 모든 법도 역시 그러해서 여如를 벗어나지 않습니다.

如其心然 罪垢亦然, 諸法亦然 不出於如.

　㈁ 물어서 이해하게 하다
　　① 우파리님 같은 경우 마음의 모습[心相]으로 해탈을 얻었을 때 정녕 때[垢]가 있었습니까?'

如優波離 以心相 得解脫時 寧有垢不?

　　② 제가 말했습니다.
'그렇지 않습니다.'

我言.
'不也.'

　　③ 유마힐이 말했습니다.
'일체 중생의 마음의 모습에 때가 없는 것도 또한 이와 같습니다.

維摩詰言.
'一切衆生 心相無垢 亦復如是.

　㈂ 염정의 모습을 밝히다
　　존경하는 우파리님, ① 허망한 생각

唯 優波離, 妄想是

[妄想]이 때이고 허망한 생각 없는 것이 청정이며, ② 전도顚倒가 때이고 전도 없는 것이 청정이며, ③ 나를 취하는 것[取我]이 때이고 나를 취하지 않는 것이 청정인 것입니다.

(b) 세속의 현상을 밝히다

우파리님, ① 일체법은 생멸하면서 머물지 않는 것이, 환상[幻] 같고 번개[電] 같으며, ② 모든 법은 서로 기다리지 않고 나아가 한 순간도 머물지 않으며, ③ 모든 법은 모두 허망하게 보는 것이, 꿈[夢] 같고 아지랑이[炎] 같으며, ④ 마치 물 속의 달[水中月]과 같고 거울 속의 영상[鏡中像]과 같이 허망한 생각으로 일어난 것이니,

(ㄷ) 바른 것을 맺다

그가 이렇게 아는 자라면 계율을 받든다[奉律]고 이름하고, 그가 이렇게 아는 자라면 잘 이해한다[善解]고 이름합니다.'

(나) 찬양함을 나타내다

그 때 두 비구는 말하였습니다.

'높은 지혜로구나. 이것은 우파리님이 미칠 수 없는 것이니, 계율 지님[持律]에 있어 최상이라고 해도 말할 수 없는 것이다.'

(다) 자기의 알림을 밝히다

저는 곧 답하여 말하였습니다.

垢 無妄想是淨, 顚倒是垢 無顚倒是淨, 取我是垢 不取我是淨.

優波離, 一切法 生滅不住, 如幻如電, 諸法不相待 乃至一念不住, 諸法 皆妄見, 如夢如炎,
如水中月 如鏡中像 以妄想生,

其知此者 是名奉律, 其知此者 是名善解.'

於是 二比丘言.
'上智哉. 是優波離所不能及, 持律之上 而不能說.'

我卽答言.

'여래를 제외하고는 어떤 성문 및 다른 보살도 그 분의 요설변재[樂說之辯]를 누를 수 있는 분이 없으니, 그 분의 지혜가 밝게 통달하였음은 이와 같습니다.'

㈆ 죄가 사라졌음을 밝히다

그 때 두 비구는 의심과 후회가 곧 사라졌고, 아뇩다라삼먁삼보리에 대한 마음을 일으켰으며,

㈇ 서원 일으킴을 말하다

이러한 서원을 일으켜 말하였습니다.
'일체 중생들이 모두 이러한 변재를 얻게 되기를!'

'自捨如來 未有聲聞 及菩薩能制 其樂說之辯, 其智慧明達 爲若此也.'

時 二比丘 疑悔卽除, 發阿耨多羅三藐三菩提心,

作是願言.
'令一切衆生 皆得是辯!'

2.8.3 맺어 답하다

그러므로 저는 그를 찾아가 문병하는 일을 맡을 수 없습니다."

故我不任 詣彼問疾."

2.9 라후라羅睺羅[라훌라Lāhula]

붓다께서 라후라에게 이르셨다.
"그대가 무구칭의 처소를 찾아가서 그의 병문안을 하라."

佛告 羅睺羅.
"汝行詣 維摩詰 問疾."

2.9.1 총체적으로 도가 궁함을 말하다

라후라가 붓다께 말하였다.

羅睺羅 白佛言.

"세존이시여, 저는 그를 찾아가 문병하는 일을 감당할 수 없습니다.

"世尊, 我不堪任 詣彼問疾.

2.9.2 이치 궁함을 따로 나타내다

어째서인가 하면,

所以者何,

(1) 자기의 일을 나타내다

과거 비야리의 여러 장자의 아들들이 저의 처소로 찾아와서 머리 숙여 예배하고 저에게 물었을 때의 일이 기억나기 때문입니다.

憶念昔時 毘耶離 諸長者子 來詣我所 稽首作禮 問我言.

'존경하는 라후라님, 존자는 붓다의 아들로서 전륜왕의 지위를 버리고 출가出家를 길로 삼았습니다. 그 출가라는 것에는 어떠한 이익이 있는 것입니까?'

'唯 羅睺羅, 汝佛之子 捨轉輪王位 出家爲道. 其出家者 有何等利?'

저는 곧 여법하게 출가의 공덕과 이익을 말해 주었습니다.

我卽 如法爲說 出家功德之利.

(2) 남의 말을 나타내다

그 때 유마힐이 와서 저에게 말하였습니다.

時維摩詰 來謂我言.

(가) 이치를 말해 힐난하다

(ㄱ) 총체적으로 그르다고 하다

'존경하는 라후라님, 출가의 공덕과 이익을 말해서는 안됩니다.

'唯 羅睺羅, 不應說 出家功德之利.

(ㄴ) 개별적으로 힐난하다

까닭이 무엇인가 하면 이익이 없고 공덕이 없는 것이 출가이기 때문입니다.

所以者何 無利無功德 是爲出家.

(a) 유위 유상의 출가

　　유위법이라면 이익이 있고 공덕이 있다고 말할 수도 있지만,

(b) 무위 무상의 출가

　　대저 출가란 것은 무위법이니, 무위법 중에서는 이익도 없고 공덕도 없는 것입니다.

(c) 대승 출가의 공덕과 이익

　　라후라님, 출가란, ① 저것도 없고 이것도 없고 또한 중간도 없으며, ② 육십이견을 여의고, ③ 열반에 처하는 것이니, ④ 지혜로운 자가 받는 것이고, ⑤ 성인이 다니는 곳입니다.

⑥ 온갖 마를 항복받고, ⑦ 오도五道를 건너며, ⑧ 오안五眼을 청정하게 하고, ⑨ 오력五力을 얻으며, ⑩ 오근五根을 안립하고, ⑪ 저들을 괴롭히지 않으며, ⑫ 온갖 잡된 악을 떠나고, ⑬ 모든 외도를 꺾으며, ⑭ 임시의 이름[假名]을 초월하고, ⑮ 진흙탕을 벗어나, ⑯ 매여 집착함도 없고, ⑰ 나와 내 것도 없으며, ⑱ 섭수되는 바도 없고, ⑲ 요란됨도 없어, ⑳ 안으로 기쁨을 품고, 남의 뜻을 보호하며, ㉑ 선정을 따르고, ㉒ 온갖 허물을 떠나는 것이니,

有爲法者　可說　有利 有功德,

夫出家者　爲無爲法, 無爲法中　無利無功德.

羅睺羅, 出家者, 無彼 無此 亦無中間, 離六十二見,　處於涅槃, 智者所受, 聖所行處.

降伏衆魔,　度五道, 淨五眼, 得五力, 立五根,

不惱於彼,　離衆雜惡, 摧諸外道, 超越假名, 出淤泥,

無繫著, 無我所, 無所受, 無擾亂, 內懷喜, 護彼意, 隨禪定, 離衆過,

㈃ 바르게 맺다

　만약 이럴 수 있다면 이것이 진실한 출가입니다.'

若能如是　是眞出家.'

㈏ 출가를 권하다

　그 때 유마힐은 모든 장자의 아들들에게 말하였습니다.

'그대들은 정법 가운데로 의당 함께 출가해야 할 것이다.

까닭이 무엇인가 하면 붓다의 세상[佛世]은 만나기 어렵기 때문이다.'

於是　維摩詰　語諸長者子.

'汝等　於正法中　宜共出家.

所以者何　佛世難値.'

㈐ 동자들이 청문하다

　모든 장자의 아들들이 말하였습니다.

'거사님, 저희들은 부모가 허락하지 않으면 출가할 수 없다고 붓다께서 말씀하신 것으로 들었습니다.'

諸長者子言.

'居士, 我聞佛言 父母不聽 不得出家.'

㈑ 가르쳐 보이다

　유마힐이 말하였습니다.

'그러나 그대들이 아뇩다라삼먁삼보리에 대한 마음을 일으킨다면 이것이 곧 출가이고, 이것이 곧 구족계인 것이다.'

維摩詰言.

'然汝等　便發 阿耨多羅三藐三菩提心　是卽出家, 是卽具足.'

㈒ 동자들이 이익을 얻다

　그 때 서른두 명의 장자의 아들들은 모두 아뇩다라삼먁삼보리에 대한 마음을 일으켰습니다.

爾時 三十二長者子 皆發 阿耨多羅三藐三菩提心.

2.9.3 맺어 답하다

　그러므로 저는 그를 찾아가 문병하는 일을 맡을 수 없습니다." | 故我不任　詣彼問疾."

2.10 아난阿難[아난다Ānanda]

　붓다께서 아난에게 이르셨다. | 佛告 阿難.
　"그대가 유마힐을 찾아가서 병문안을 하라." | "汝行詣 維摩詰 問疾."

2.10.1 총체적으로 도가 궁함을 말하다

　아난이 붓다께 말하였다. | 阿難 白佛言.
　"세존이시여, 저는 그를 찾아가 문병하는 일을 감당할 수 없습니다. | "世尊, 我不堪任 詣彼問疾.

2.10.2 이치 궁함을 따로 나타내다

　어째서인가 하면, | 所以者何,

⑴ 자기의 일을 나타내다

　제가 과거에 세존의 몸에 조그만 병환이 있어 우유를 써야 했기에, 제가 발우를 들고 대바라문의 집을 찾아가 문 앞에 서 있을 때의 일이 기억나기 때문입니다. | 憶念昔時　世尊 身小有疾　當用牛乳, 我卽持鉢 詣大婆羅門家 門下立.

⑵ 남의 말을 나타내다

　그 때 유마힐이 와서 저에게 말하였습니다. | 時維摩詰 來謂我言.
　㈎ 그가 묻다

'존경하는 아난님, 이른 아침에 발우를 들고 여기에서 무엇을 하고 있습니까?'

(나) 대답하다

제가 말하였습니다.

'거사님, 세존의 몸에 조그만 병환이 있어서 우유를 써야 하기 때문에 이 곳에 왔습니다.'

(다) 이치로 힐난하다

유마힐이 말하였습니다.

㈀ 병환 있다고 함을 책망하다

ⓐ 총체적으로 책망하다

'그만 멈추십시오, 아난님, 이런 말을 해서는 안됩니다.

ⓑ 개별적으로 책망하다

㈠ 여래의 몸은 금강으로 된 것이어서 모든 악이 이미 끊어지고 모든 선이 널리 모인 것인데, 무슨 병이 있고, 무슨 괴로움이 있겠습니까?

㈡ 잠자코 가십시오. 아난님, 여래를 비방하지 마십시오. 다른 사람들이 이 거친 말을 듣지 않도록 하시고, 큰 위덕을 가진 모든 천신들 및 타방의 정토에서 온 모든 보살들로 하여금 이 말을 듣지 못하게 하십시오.

㈢ 아난님, 전륜성왕은 조그만 복만으

'唯 阿難, 何爲晨朝 持鉢住此.'

我言.

'居士, 世尊 身小有疾 當用牛乳 故來至此.'

維摩詰言.

'止止, 阿難, 莫作是語.

如來身者 金剛之體 諸惡已斷 衆善普會, 當有何疾 當有何惱?

黙往. 阿難, 勿謗如來. 莫使異人 聞此麤言, 無令 大威德諸天 及他方淨土 諸來菩薩 得聞斯語.

阿難, 轉輪聖王 以

로도 오히려 병 없음을 얻었는데, 어찌 하물며 한량없는 복덕이 모이고 널리 뛰어난 분이신 여래이겠습니까.

㈣ 가십시오, 아난님. 우리들이 이 수치를 받지 않도록 하십시오. 외도의 수행자들이 만약 이 말을 듣는다면 이렇게 생각할 것입니다. '어찌 스승이라 부르겠는가? 자신의 병도 구제할 수 없으면서, 병 있는 사람들을 구제할 수 있다는 것인가?' 조용히 빨리 가서서, 사람들이 듣지 못하도록 하십시오.

㈕ 병환 없음을 나타내다

아난님, 응당 모든 여래의 몸은 곧 법신이므로 의도하여 욕구한 몸[思欲身]이 아니고,10 붓다께서는 세존이시므로 삼계를 벗어났으며, 붓다의 몸은 무루이므로 일체 번뇌가 이미 다하였고, 붓다의 몸은 무위이며, 모든 수數에 떨어지지 아니한다고 알아야 합니다. 이러한 몸에 무슨 병이 있고, 무슨 괴로움이 있겠습니까?'

㈖ 부끄러워하다

그 때 저는 세존이시여, 진실로 부끄러웠

少福故　尚得無病, 豈況如來　無量福會　普勝者哉.
行矣, 阿難. 勿使我等　受斯恥也. 外道梵志　若聞此語　當作是念. '何名爲師? 自疾不能救, 而能救諸疾[仁]<人>?' 可密速去, 勿使人聞.

當知　阿難, 諸如來身　卽是法身　非思欲身, 佛爲世尊　過於三界, 佛身無漏　諸漏已盡, 佛身無爲, 不墮諸數. 如此之身　當有何疾, 當有何惱?'

時我　世尊, 實懷慚

----
10 '의도하여 욕구한 몸[思欲身]'에 대해 길장의 『유마경의소義疏』(제3권)는, "사思는 업業이고, 욕欲은 맺는 것[結]이니, 업으로 맺어진 몸[結業身]이 아니라는 것이다"라고 설명한다.

습니다. 붓다를 가까이 모시면서 잘못 들었던 것이 아닌가?

㈤ 허공에서 알리다

곧 공중에서 소리가 들렸습니다.

'㈀ 아난이여, 거사의 말과 같다. ㈁ 단지 붓다께서 오탁의 악세[五濁惡世]에 출현하시어 이러한 법을 나타내어 중생을 도탈度脫케 하시기 위한 것이었을 뿐이다. ㈂ 가거라, 아난이여, 우유를 받고 부끄러워하지 말라.'

2.1.3 맺어 답하다

세존이시여, 유마힐의 지혜와 변재는 이와 같습니다.

그러므로 저는 그를 찾아가 문병하는 일을 맡을 수 없습니다."

이와 같이 오백의 큰 제자들은 각각 붓다께 그들의 본래 인연[本緣]을 말씀드리고 대사 유마힐이 한 말을 칭찬해 말하면서 모두, '그를 찾아가 문병하는 일을 맡을 수 없습니다.'라고 말하였다.

愧. 得無近佛 而謬聽耶?

卽聞 空中聲曰.
'阿難,　如居士言.
但爲佛出 五濁惡世
現行斯法　度脫衆
生. 行矣, 阿難, 取
乳勿慚.'

世尊, 維摩詰 智慧
辯才　爲若此也.
是故不任　詣彼問
疾."

如是　五百大弟子
各各向佛 說其本緣
稱述　維摩詰所言
皆曰,'不任 詣彼問
疾.'

제3 제자품 563

제4 보살품 菩薩品 第四

1. 미륵彌勒 보살

그 때 붓다께서 미륵 보살에게 이르셨다.
"그대가 유마힐을 찾아가서 병문안을 하라."

於是佛告 彌勒菩薩.
"汝行詣 維摩詰 問疾."

1.1 총체적으로 도가 궁함을 말하다
미륵 보살이 붓다께 말하였다.
"세존이시여, 저는 그를 찾아가 문병하는 일을 감당할 수 없습니다.

彌勒 白佛言.
"世尊, 我不堪任 詣彼問疾.

1.2 이치 궁함을 따로 나타내다
어째서인가 하면,

所以者何,

1.2.1 자기의 일을 나타내다.
제가 과거에 도솔천왕과 그 권속眷屬들을 위하여 불퇴전지不退轉地의 행을 말해주고 있을 때의 일이 기억나기 때문입니다.

憶念我昔 爲兜率天王 及其眷屬 說不退轉地之行.

1.2.2 남의 말을 나타내다
그 때 유마힐이 와서 저에게 말하였습니다.

時維摩詰 來謂我言.

(1) 경전의 글을 인용하다

'미륵 보살님, 세존께서는 존자에게 한 생[一生]만 지나면 아뇩다라삼먁삼보리를 얻을 것이라고 기별[記]을 주셨습니다.

'彌勒, 世尊 授仁者記 一生當得 阿耨多羅三藐三菩提.

(2) 이치를 펴서 힐난하다

㈎ 유위 무위의 다름에 의해 힐난하다

㈀ 유위를 힐난하다

(a) 어느 생을 써서 기별을 받았습니까? 과거過去입니까, 미래未來입니까, 현재現在입니까?

爲用何生 得受記乎? 過去耶, 未來耶, 現在耶?

(b) 만약 과거의 생이라면 과거의 생은 이미 사라졌고, 만약 미래의 생이라면 미래의 생은 아직 이르지 않았습니다.

若過去生 過去生已滅, 若未來生 未來生未至.

만약 현재의 생이라면 현재의 생은 머물지 않으니, 붓다께서 '비구들이여, 그대들은 지금 이 시간에 또한 태어나기도 하고 또한 늙기도 하며 또한 사라지기도 한다'라고 말씀하신 것과 같습니다.

若現在生 現在生無住, 如佛所說 '比丘, 汝今卽時 亦生亦老 亦滅.'

㈁ 무위를 힐난하다

(a) 만약 생 없음[無生]으로 기별을 받았다고 한다면, 생 없음은 곧 바른 지위[正位]입니다. (b) 이 바른 지위 중에는 또한 기별을 받는 것[受記]도 없고, 또한 아뇩다라삼먁삼보리를 증득함도 없는데, 어떻게 미륵보살께

若以無生 得受記者, 無生 卽是正位. 於正位中 亦無受記, 亦無得 阿耨多羅三藐三菩提, 云

서 한 생의 기별[一生記]을 받았다는 것입니까?

(나) 유위 무위의 같음에 의해 힐난하다

(ㄱ) ① 여가 생기함[如生]을 쫓아 기별을 받았다는 것입니까, 여가 소멸함[如滅]을 쫓아 기별을 받았다는 것입니까?

② 만약 여가 생기함으로써 기별을 받았다고 한다면 여는 생기가 없는 것이고, 만약 여가 소멸함으로써 기별을 받았다고 한다면 여는 소멸이 없는 것입니다.

(ㄴ) 일체 중생들은 모두 여如이고, 일체 법들도 역시 여이며, 뭇 성현聖賢들도 역시 여이니, 미륵 보살님까지도 역시 여인 것입니다.

(ㄷ) 만약 미륵 보살께서 기별을 받았다고 한다면 일체 중생들도 역시 기별을 받아야 할 것입니다. 어째서인가 하면 대저 여라는 것은 둘이 아니고 다르지 않기 때문입니다.

(다) 보리 열반의 이치에 의해 힐난하다

(ㄱ) 만약 미륵 보살께서 아뇩다라삼먁삼보리를 증득하실 것이라면, 일체 중생들도 모두 역시 증득할 것입니다.

까닭이 무엇인가 하면 일체 중생들도 곧 보리의 모습이기 때문입니다.

何彌勒 受一生記乎?

爲從如生 得受記耶, 爲從如滅 得受記耶?
若以如生 得受記者 如無有生, 若以如滅 得受記者 如無有滅.
一切衆生 皆如也, 一切法 亦如也, 衆聖賢 亦如也, 至於彌勒 亦如也.
若彌勒 得受記者 一切衆生 亦應受記. 所以者何 夫如者 不二不異.

若彌勒得 阿耨多羅三藐三菩提者 一切衆生 皆亦應得.
所以者何 一切衆生 卽菩提相.

㈖ 만약 미륵 보살께서 멸도滅度를 얻을 것이라면, 일체 중생들도 역시 멸도할 것입니다.

까닭이 무엇인가 하면 모든 붓다들께서는 일체 중생들은 필경 적멸하여 곧 열반의 모습이어서 또 다시 멸하지 않는 것임을 아시기 때문입니다.1

若彌勒　得滅度者, 一切衆生　亦應滅度.

所以者何　諸佛知一切衆生 畢竟寂滅 卽涅槃相　不復更滅.

⑶ 진실을 나타낼 것을 권하다

㈎ 간략히 권하다

㈀ 그러므로 미륵 보살님, 이 법으로 모든 천자들을 가르치지 마십시오.

是故　彌勒, 無以此法 誘諸天子.

㈗ 실제로 아뇩다라삼먁삼보리에 대한 마음을 일으킨다는 것도 없고, 또한 퇴전한다는 것도 없는 것입니다.

實無發 阿耨多羅三藐三菩提心者, 亦無退者.

㈏ 자세히 권하다

㈀ 자세히 권하다

미륵 보살님, 이 모든 천자들로 하여금 보리를 분별하는 견해를 버리게 해야 합니다.

彌勒, 當令 此諸天子　捨於　分別菩提之見.

㈗ 자세히 나타내다

⒜ 표방하다

....

1 「현재 자성의 청정[性淨]이 있으므로, 곧 장차 열반의 모습이 있을 것임을 아신다. 이 진여를 떠나 다시 멸함을 필요로 하지 않으니, 지금 이미 멸하였기 때문이다.」

까닭이 무엇인가 하면, 보리라는 것은 몸으로 얻을 수도 없고 마음으로 얻을 수도 없기 때문입니다.

(b) 풀이하다

㈠ ① 적멸寂滅이 보리이니, 모든 표상을 멸하기 때문입니다. ② 보지 않는 것[不觀]이 보리이니, 모든 연緣을 떠나기 때문이고, ③ 행하지 않는 것[不行]이 보리이니, 기억하고 생각[憶念]함이 없기 때문이며, ④ 끊는 것[斷]이 보리이니, 모든 견해를 버리기 때문이고, ⑤ 떠나는 것[離]이 보리이니, 모든 망상妄想을 떠나기 때문이며, ⑥ 막는 것[障]이 보리이니, 모든 바람[願]을 막기 때문입니다.[2]

⑦ 들이지 않는 것[不入][3]이 보리이니, 탐착이 없기 때문입니다. ⑧ 수순하는 것[順]이 보리이니, 여如를 수순하기 때문이고, ⑨ 머무는 것[住]이 보리이니, 법성에 머물기 때문입니다. ⑩ 이르는 것[至]이 보리이니, 실제

所以者何, 菩提者 不可以身得 不可以 心得.

寂滅 是菩提, 滅諸相故. 不觀 是菩提, 離諸緣故, 不行 是菩提, 無憶念故, 斷 是菩提, 捨諸見故,
離 是菩提, 離諸妄想故, 障 是菩提 障諸願故.

不入 是菩提, 無貪著故. 順 是菩提, 順於如故, 住 是菩提 住法性故.
至 是菩提 至實際

---

2 「구역에서는 '막는 것[障]이 보리'라고 하였는데, 곧 여기(=신역)에서의 계박을 여의는 것이지만, 뜻은 알기 어렵다. 그 대치되는 것을 보면 여의는 것이 보리임을 나타내지만, 적정이라는 뜻이 없다.」 참고로 승조(제4권)는, "진실한 도[眞道]는 욕망[欲]이 없어 모든 바람을 막는 것이다"라고 설명한다.
3 길장(『의소』 제4권)은, "입入이란 육진을 받아들이는 것이다"라고 한다.

實際에 이르기 때문이고, ⑪ 둘 아닌 것[不二]이 보리이니, 의意와 법을 떠나기 때문입니다.4

㈡ ⑫ 평등[等]이 보리이니, 허공과 같기 때문이고, ⑬ 무위無爲가 보리이니, 생生·주住·멸滅이 없기 때문입니다.

⑭ 아는 것[知]이 보리이니, 중생의 심행心行을 알기 때문이고, ⑮ 만나지 않는 것[不會]이 보리이니, 모든 입[諸入]과 만나지 않기 때문이며,5 ⑯ 합하지 않는 것[不合]이 보리이니, 번뇌와 습기를 떠나기 때문입니다.

㈢ ⑰ 처소 없는 것[無處]이 보리이니, 형색形色이 없기 때문이고, ⑱ 가명假名이 보리이니, 명자가 공하기 때문이며, ⑲ 변화와 같은 것[如化]이 보리이니, 취함과 버림[取捨]이 없기 때문이고, ⑳ 어지러움 없는 것[無亂]이 보리이니, 항상 스스로 고요하기 때문이며, ㉑ 훌륭한 고요[善寂]가 보리이니, 성품이 청정하

故, 不二 是菩提, 離意法故.

等 是菩提, 等虛空故, 無爲 是菩提, 無生住滅故.

知 是菩提, 了衆生心行故, 不會 是菩提, 諸入不會故, 不合 是菩提, 離煩惱習故.

無處 是菩提, 無形色故, 假名 是菩提, 名字空故, 如化 是菩提, 無取捨故, 無亂 是菩提, 常自靜故, 善寂 是菩提, 性淸

---

4 구마라집(제4권)은, "육식은 육진에 대해서 아직 여읜 적이 없지만, 보리로 아는 것은 육진의 겉[表]을 벗어나기 때문에 여읜다고 말하였다."라고 설명한다.
5 「구역에서는 '만나지 않는 것[不會]'이라고 이름하였는데, 글이 알기 어렵다. 과의 지혜[果智]는 능히 아는 것[能會]인데, 육처에 의하지 않고서 알 수 있는 것은 아니기 때문이다.」 그러나 승조(제4권)는, "모든 입이란 내·외의 육입이다. 내·외가 모두 공하기 때문에 모든 입과 만나지 않으니, 모든 입과 만나지 않는 것이 곧 보리의 모습이다."라고 주석한다.

기 때문이고, ㉒ 취함 없는 것[無取]이 보리이니, 반연을 떠나기 때문입니다.
㉓ 다름 없는 것[無異]이 보리이니, 모든 법이 평등하기 때문입니다.
　　　　(四) ㉔ 비할 것 없는 것[無比]이 보리이니, 비유할 만한 것이 없기 때문이고, ㉕ 미묘微妙한 것이 보리이니, 모든 법은 알기 어렵기 때문입니다.'
세존이시여, 유마힐이 이 법을 말하였을 때 이백의 천자天子들이 무생법인을 얻었습니다.

淨故, 無取 是菩提, 離攀緣故.
無異 是菩提, 諸法等故.
無比 是菩提, 無可喩故, 微妙 是菩提, 諸法難知故.'
世尊, 維摩詰 說是法時 二百天子 得無生法忍.

1.3 맺어 답하다

그러므로 저는 그를 찾아가 문병하는 일을 맡을 수 없습니다."

故我不任　詣彼問疾."

2. 광엄光嚴 동자

붓다께서 광엄 동자에게 이르셨다.
"그대가 유마힐을 찾아가서 병문안을 하라."

佛告 光嚴童子.
"汝行詣 維摩詰 問疾."

2.1 총체적으로 도가 궁함을 말하다

광엄 동자가 붓다께 말하였다.

光嚴 白佛言.

"세존이시여, 저는 그 분을 찾아가 문병하는 일을 감당할 수 없습니다.

"世尊, 我不堪任 詣彼問疾.

2.2 이치 궁함을 따로 나타내다
어째서인가 하면,

所以者何,

2.2.1 만나서 문답하다
(1) 제가 과거에 비야리 큰 성에서 나갈 때의 일이 기억나기 때문입니다. 그 때 유마힐은 막 성으로 들어오고 있었습니다. 저는 곧 예배하고 물었습니다.
'거사님, 어디에서 오십니까?'
(2) 저에게 답하여 말했습니다.
'나는 도량道場에서 오는 길이다.'
(3) 제가 물었습니다.
'도량은 어디에 있습니까?'

憶念我昔 出毘耶離大城. 時 維摩詰 方入城. 我卽爲作禮而問言.
'居士 從何所來?'
答我言.
'吾從道場來.'
我問.
'道場者 何所是?'

2.2.2 유마힐이 말하다
답하여 말하였습니다.
(1) 보리의 체를 나타내다
㈎ ① 곧은 마음[直心]이 도량이니, 헛되고 거짓됨이 없기 때문이고, ② 행을 일으키는 것[發行]이 도량이니, 능히 일을 성취하기 때문이며, ③ 깊은 마음[深心]이 도량이니, 공

答曰.

'直心 是道場, 無虛假故, 發行 是道場, 能辦事故,
深心 是道場, 增益

덕을 증익하기 때문이고,6 ④ 보리심이 도량이니, 그릇됨[錯謬]이 없기 때문이다.

 (나) ① 보시가 도량이니, 과보를 바라지 않기 때문이고, ② 지계가 도량이니, 원하는 것이 갖추어짐을 얻기 때문이며, ③ 인욕이 도량이니, 모든 중생에 대해 마음에 걸림이 없기 때문이고, ④ 정진이 도량이니, 해태하지 않기 때문이며, ⑤ 선정이 도량이니, 마음이 부드럽게 길들여지기[調柔] 때문이고, ⑥ 지혜가 도량이니, 모든 법을 직접 보기[現見] 때문이다.

 (다) ① 자애[慈]가 도량이니, 중생에 대해 평등하기 때문이고, ② 연민[悲]이 도량이니, 피곤한 괴로움을 참기 때문이며, ③ 기뻐함[喜]이 도량이니, 법을 기뻐하고 즐거워하기 때문이고, ④ 평정[捨]이 도량이니, 미워함과 사랑함이 끊어졌기 때문이다. ⑤ 신통이 도량이니, 육신통을 성취하기 때문이고, ⑥ 해탈이 도량이니, 능히 등지고 버리기 때문이며,7 ⑦ 방편이 도량이니, 중생을 교화하기 때문이고, ⑧ 사섭법이 도량이니, 중생을 거두기 때문이다.

功德故, 菩提心 是道場, 無錯謬故.
布施 是道場, 不望報故, 持戒 是道場, 得願具故, 忍辱 是道場, 於諸衆生 心無礙故, 精進 是道場, 不懈退故, 禪定 是道場, 心調柔故, 智慧 是道場, 現見諸法故.
慈 是道場, 等衆生故, 悲 是道場, 忍疲苦故, 喜 是道場, 悅樂法故,
捨 是道場, 憎愛斷故. 神通 是道場, 成就六通故,
解脫 是道場, 能背捨故, 方便 是道場, 敎化衆生故, 四攝 是道場, 攝衆生故.

----

6 「장차 불과를 증득하기 때문이다.」
7 「곧 팔해탈이니, 탐욕 등을 능히 등지고 능히 버리기 때문이다.」

㈣ ① 많이 듣는 것[多聞]이 도량이니, 들은 대로 행하기 때문이고, ② 마음을 조복하는 것[伏心]이 도량이니, 모든 법을 바르게 관찰하기 때문이다.

㈤ ① 서른일곱 가지 도품[三十七品]이 도량이니, 유위법을 버리기 때문이고, ② 진리[諦]가 도량이니, 세간을 속이지 않기 때문이며,8 ③ 연기緣起가 도량이니, 무명無明에서 노사老死에 이르기까지 모두 다함이 없기 때문이고, ④ 모든 번뇌[諸煩惱]가 도량이니, 진실과 같음[如實]을 알기 때문이며,9 ⑤ 중생이 도량이니, 무아無我를 알기 때문이고, ⑥ 일체법이 도량이니, 모든 법이 공함을 알기 때문이다.

㈥ ① 마군을 항복시키는 것이 도량이니, 기울이거나 움직이지 못하기 때문이고, ② 삼계가 도량이니, 향하는 것[所趣]이 없기 때

多聞 是道場, 如聞行故, 伏心
是道場, 正觀諸法故.
三十七品 是道場, 捨有爲法故, 諦是道場, 不誑世間故, 緣起 是道場, 無明乃至老死 皆無盡故, 諸煩惱 是道場, 知如實故, 衆生
是道場, 知無我故, 一切法 是道場, 知諸法空故.
降魔 是道場,
不傾動故,
三界 是道場, 無所

....

8 구마라집(제4권)은, "소승에서는 사성제를 말하지만, 대승에서는 일제一諦(=멸제)를 말하니, 지금 '진리[諦]'라고 말한 것은 곧 일제이다. 이 일제에 의해 불도가 성취되므로 일제가 곧 붓다의 인이다. 그래서 도량이라 한 것이다."라고 설명한다.

9 「구역에서는 "모든 번뇌가 도량이니, 진실과 같음을 알기 때문이다."라고 했는데, 풀이한 것은 같지만 표방한 것은 다르다. '쉰다'는 말이 보이지 않아서 심히 이해하기 어렵다.」 그러나 승조(제4권)는, "번뇌의 진실한 성품, 중생의 무아, 모든 법의 공의 뜻은 모두 도가 생겨나는 원인이다."라고 주석한다.

문이며, ③ 사자후가 도량이니, 두려워할 것이 없기 때문이고, ④ 힘과 무소외와 불공불법이 도량이니, 모든 허물이 없기 때문이며, ⑤ 삼명三明이 도량이니, 남은 장애[餘礙]가 없기 때문이고, ⑥ 한 순간에 일체법을 아는 것이 도량이니, 일체지一切智를 성취하기 때문이다.

(2) 모두가 보리임을 맺어 이루다

㈎ 이와 같이 선남자여, 보살이 만약 모든 바라밀다와 중생을 교화함에 응한다면, ㈏ 발 들거나 발 내리는[擧足下足] 등의 짓는 모든 일이, 모두 도량에서 오는 것이고 불법佛法에 머무는 것이라고 알아야 한다.'

趣故, 師子吼 是道場, 無所畏故, 力無畏 不共法 是道場, 無諸過故, 三明 是道場, 無餘礙故, 一念知一切法 是道場, 成就一切智故.

如是 善男子, 菩薩若應 諸波羅蜜 敎化衆生, 諸有所作 擧足下足, 當知 皆從道場來 住於佛法矣.'

2.2.3 맺어 이익을 이루다

이 법을 말하였을 때 오백의 천신과 사람들은 모두 아뇩다라삼먁삼보리에 대한 마음을 일으켰습니다.

說是法時 五百天人 皆發 阿耨多羅三藐三菩提心.

2.3 맺어 답하다

그러므로 저는 그를 찾아가 문병하는 일을 맡을 수 없습니다."

故我不任 詣彼問疾."

3. 지세持世 보살

붓다께서 지세 보살에게 이르셨다.
"그대가 유마힐을 찾아가서 병문안을 하라."

佛告 持世菩薩.
"汝行詣 維摩詰 問疾."

3.1 총체적으로 도가 궁함을 말하다

지세 보살이 붓다께 말하였다.
"세존이시여, 저는 그를 찾아가 문병하는 일을 감당할 수 없습니다.

持世 白佛言.
"世尊, 我不堪任 詣彼問疾.

3.2 이치 궁함을 따로 나타내다

어째서인가 하면,

所以者何,

3.2.1 자기의 일을 나타내다

(1) 제가 과거에 고요한 방[靜室]에서 머물고 있을 때의 일이 기억나기 때문입니다.

憶念我昔　住於靜室.

(2) 그 때 악마 파순波旬이 일만이천의 천녀 天女들을 거느리고, 모습을 마치 제석帝釋처럼 하여 북과 현악기를 울리면서 저의 처소로 와서, 그의 권속들과 함께 저의 발에 머리 숙여 예배하고는, 합장하여 공경하면서 한쪽에 섰습니다.

時 魔波旬 從萬二千天女　狀如帝釋　鼓樂絃歌　來詣我所, 與其眷屬 稽首我足, 合掌恭敬 於一面立.

(3) 저는 마음으로 제석이라고 생각하고 그에게 말하였습니다.

我意謂是 帝釋 而語之言.

'잘 오셨습니다, 교시가憍尸迦님. 비록 복이

'善來, 憍尸迦. 雖

제4 보살품　575

있다고 해도 스스로 방자하지 말고, 오욕五欲은 무상하다고 관찰해서 선의 근본[善本]을 구하고, 신체와 목숨과 재물에 대해서 견고한 법[堅法]을 닦아야 합니다.'
(4) 그가 곧 저에게 말하였습니다.
  '정사正士님, 이 일만이천의 천녀들을 받으셔서 곁에 두고 소쇄掃灑에 쓰십시오.'10
(5) 제가 말하였습니다.
  '교시가님, 이러한 비법非法의 물건은 세존의 제자[釋子]인 우리 사문들에게는 필요가 없습니다. 이것은 우리에게 적절한 것이 아닙니다.'

福應有　不當自恣,
當觀　五欲無常　以
求善本,　於身命財
而修堅法.'
卽語我言.
'正士, 受是萬二千
天女 可備掃灑.'
我言.
'憍尸迦, 無以此 非
法之物 要我沙門釋
子. 此非我宜.'

3.2.2 남의 말을 나타내다
(1) 마의 모습을 드러내다
  말이 끝나기도 전에 유마힐이 와서 저에게 말하였습니다.
  '제석이 아닙니다. 이는 악마가 존자를 어지럽히는 것일 뿐입니다.'

所言未訖 時維摩詰
來謂我言.
'非帝釋也.　是爲魔
來　嬈固汝耳.'

(2) 바로 마를 항복시키다

....
10 쓸거나 물을 뿌려 깨끗하게 하는 것, 또는 향탕香湯을 퍼부어 깨끗하게 하는 것을 말한다고 한다. 영역본에서는 'make them your servants'라고 하여《설무구칭경》과 같은 표현을 쓰고 있다.

(가) 바로 마를 항복시키다

(ㄱ) 곧 악마에게 말하였습니다.
'이 모든 천녀들을 나에게 주는 것이 좋겠소. 나 같은 사람은 받을 수 있소.'

(ㄴ) 악마는 곧 놀라고 두려워하며 유마힐이 장차 자신을 괴롭히지 않을까 생각하여 모습을 숨기고 가려고 하였지만 숨길 수 없었으며, 그의 신통력을 다하였지만 역시 갈 수가 없었습니다.

(ㄷ) 곧 공중에서 소리가 들렸습니다.
'파순이여, 천녀들을 그에게 주어야만 갈 수 있을 것이오.'

(ㄹ) 악마는 두려움 때문에 고개를 숙였다가 올려보았다 하다가 주었습니다.

(나) 천녀들에게 말하다

(ㄱ) 간략히 말하다

(a) 그 때 유마힐이 천녀들에게 말하였습니다.
'파순이 그대들을 나에게 주었습니다. 이제 그대들은 모두 아뇩다라삼먁삼보리에 대한 마음을 일으켜야 합니다.'

(b) 곧 근기를 따라 법을 말하여, 도의 뜻[道意]을 일으키게 하였습니다.

(ㄴ) 자세히 말하다

卽語魔言.
'是諸女等 可以與我. 如我應受.'

魔卽驚懼念 維摩詰將無惱我

欲隱形去 而不能隱, 盡其神力 亦不得去.

卽聞 空中聲曰.

'波旬, 以女與之 乃可得去.'

魔以畏故 俛仰而與.

爾時 維摩詰 語諸女言.

'魔以汝等 與我. 今汝 皆當發 阿耨多羅三藐三菩提心.'
卽隨所應 而爲說法令發道意.

(a) 법락을 총체적으로 보이다

다시 말하였습니다.

'그대들은 도의 뜻을 이미 일으켰으므로, 법의 즐거움[法樂]이 있어 스스로 즐길 만할 것입니다. 다시는 오욕[五欲]의 즐거움을 즐겨서는 안됩니다.'

復言.

'汝等 已發道意, 有法樂 可以自娛.
不應復樂　五欲樂也.'

(b) 천녀가 법을 묻다

천녀가 곧 물었습니다.

'어떤 것을 법의 즐거움이라고 합니까?'

天女卽問.

'何謂法樂?'

(c) 자세히 답하다

유마힐이 답하여 말하였습니다.

㈠ '① 항상 붓다 믿기를 즐기고, ② 법 듣고자 함을 즐기며, ③ 승가 공양하기를 즐기고,

答言.

'樂常信佛,　樂欲聽法, 樂供養衆,

㈡ 오욕五欲 떠나기를 즐기고,

樂離五欲,

㈢ ① 오온은 원수의 도적[怨賊]과 같다고 관찰하기를 즐기고, ② 사대는 독사와 같다고 관찰하기를 즐기며, ③ 내입처는 빈 마을[空聚]과 같다고 관찰하기를 즐기고,

樂觀五陰　如怨賊,
樂觀四大　如毒蛇,
樂觀內入　如空聚,

㈣ ① 도의 뜻[道意]을 계속 보호하기를 즐기고, ② 중생들 유익하게 하기를 즐기며, ③ 스승 공경히 공양하기를 즐기고, ④ 널리 보시 행하기를 즐기며, ⑤ 계율 견고히 지니기를 즐기고, ⑥ 인욕하며 유화柔和하기

樂隨護道意,
樂饒益衆生,
樂敬養師,
樂廣行施,　樂堅持戒, 樂忍辱柔和,

를 즐기며, ⑦ 부지런히 선근 모으기를 즐기고, ⑧ 선정으로 산란치 않기를 즐기며, ⑨ 때 여읜 밝은 지혜를 즐기고, ⑩ 보리심 넓히기를 즐기며,

  ㈤ ① 온갖 악마 항복시키기를 즐기고, ② 모든 번뇌 끊기를 즐기며, ③ 불국토 청정케 하기를 즐기고, ④ 상호相好를 성취하기 위하여 ⑤ 모든 공덕 닦기를 즐기며, ⑥ 도량 장엄하기를 즐기고, ⑦ 심오한 법을 들으며 두려워하지 않기를 즐기며, ⑧ 세 가지 해탈문을 즐기고, ⑨ 때 아닌 것[非時]을 즐기지 않으며,

  ㈥ ① 동학同學 친근하기를 즐기고, ② 비동학非同學에 대해서는 마음에 증오의 장애 없기를 즐기며, ③ 악지식惡知識에 대해서는 수호하기를 즐기고, ④ 선지식에 대해서는 친근하기를 즐기며, ⑤ 마음이 청정함 기뻐하는 것을 즐기고, ⑥ 한량없는 도품道品의 법 닦기를 즐기는 것이 보살의 법의 즐거움입니다.'

㈐ 천궁으로 돌아가려 하다

 ㈀ 그 때 파순이 여러 천녀들에게 말하였습니다.

 '나는 그대들과 함께 천궁으로 돌아가고 싶

樂勤集善根,
樂禪定不亂,
樂離垢明慧, 樂廣菩提心,
樂降伏衆魔,
樂斷諸煩惱, 樂淨佛國土, 樂成就相好故 修諸功德, 樂嚴道場, 樂聞深法不畏, 樂三脫門, 不樂非時,

樂近同學,
樂於非同學中 心無恚礙, 樂將護惡知識, 樂親近善知識, 樂心喜清淨,
樂修無量 道品之法 是爲 菩薩法樂.'

於是 波旬 告諸女言.

'我欲與汝 俱還天

(ㄴ) 모든 여인들이 말하였습니다.

'우리들을 이 거사님께 주니, 법의 즐거움이 있어 우리들은 매우 즐겁습니다. 다시는 오욕의 즐거움을 즐기지 않겠습니다.'

(ㄷ) 악마가 말하였습니다.

'거사님, 이 여인들을 주십시오. 일체 가진 것들을 남에게 베풀어 주는 것이 보살일 것입니다.'

(ㄹ) 유마힐이 말하였습니다.

'나는 주었으니, 그대가 데리고 가도 좋소. 일체 중생들이 법에 대한 원[法願]을 갖출 수 있게 해 주시오.'

(ㅁ) 그 때 모든 여인들이 유마힐에게 물었습니다.

'저희들은 악마의 궁전에서 어떻게 머물러야 합니까?'

(ㅂ) 유마힐이 말하였습니다.[11]

'① 여러 누이들이여, 무진등無盡燈이라고 이름하는 법문이 있으니, 그대들이 배워야 합니다.

諸女言.

'以我等 與此居士, 有法樂 我等甚樂. 不復樂 五欲樂也.'

魔言.

'居士, 可捨此女. 一切所有 施於彼者 是爲菩薩.'

維摩詰言.

'我已捨矣 汝便將去. 令一切衆生 得法願具足.'

於是諸女 問維摩詰.

'我等云何 止於魔宮.'

維摩詰言.

'諸姊, 有法門 名無盡燈, 汝等當學.

....
11 《설무구칭경》은 제6 유마힐이 설하는 것에, 처음 간략히 설하는 것, 다음 천녀가 다시 묻는 것, 뒤의 풀이하는 것의 셋이 있으나, 여기에는 두 번째 것이 없고, 첫째와 셋째 두 가지만 있다.

② 무진등이라 함은, ㉮ 비유하면 하나의 등불로 백천의 등불을 켜면 어두운 것들이 모두 밝아져서, 밝음이 끝내 다하지 않는 것과 같습니다.

㉯ 이와 같이 누이들이여, 한 보살이 백천의 중생들을 열고 인도[開導]해서 아뇩다라삼먁삼보리에 대한 마음을 일으키도록 한다면, 그의 도에 대한 마음도 또한 사라지거나 다하지 않고,

㉰ 말한 법을 따라 스스로 일체 선법들을 증익할 것이니, 이것을 무진등이라고 이름하는 것입니다.

㉱ 그대들이 비록 악마의 궁전에 머물더라도, 이 무진등으로써 무수한 천자와 천녀들로 하여금 아뇩다라삼먁삼보리에 대한 마음을 일으키도록 한다면, 붓다의 은혜를 갚는 것이고, 또한 일체 중생들을 크게 유익하게 하는 것입니다.'

(ㅅ) 그 때 천녀들은 유마힐의 발에 머리를 대어 예배하고,

(ㅇ) 악마를 따라 궁전으로 돌아가서 홀연 사라졌습니다.

無盡燈者, 譬如一燈 燃百千燈 冥者皆明, 明終不盡.

如是諸姊, 夫一菩薩 開導百千衆生 令發 阿耨多羅三藐三菩提心, 於其道意 亦不滅盡,

隨所說法 而自增益 一切善法, 是名無盡燈也.

汝等 雖住魔宮, 以是無盡燈 令無數天子天女 發阿耨多羅三藐三菩提心者, 爲報佛恩, 亦大饒益 一切衆生.'

爾時天女 頭面禮維摩詰足,

隨魔還宮 忽然不現.

3.3 맺어 답하다

세존이시여, 유마힐에게는 이와 같은 자재한 신통력과 지혜와 변재가 있습니다. 그러므로 저는 그를 찾아가 문병하는 일을 맡을 수 없습니다."

世尊, 維摩詰有 如是自在神力 智慧辯才. 故我不任 詣彼問疾."

4. 선덕善德[수닷따Sudatta]

붓다께서 장자의 아들 선덕에게 이르셨다.
"그대가 유마힐을 찾아가서 병문안을 하라."

佛告 長者子 善德.
"汝行詣 維摩詰 問疾."

4.1 총체적으로 도가 궁함을 말하다
선덕이 붓다께 말하였다.
"세존이시여, 저는 그를 찾아가 문병하는 일을 감당할 수 없습니다.

善德 白佛言.
"世尊, 我不堪任 詣彼問疾.

4.2 이치 궁함을 따로 나타내다
어째서인가 하면,

所以者何,

4.2.1 자기의 일을 나타내다
제가 과거에 제 아버님의 집에서 큰 보시의 모임[施會]을 베풀어 일체 사문들과 바라문들 및 모든 외도들, 빈궁한 이들, 하천한 이들, 고독한 이들과 걸인들을 공양하여, 7일

憶念我昔 自於父舍 設大施會 供養一切 沙門婆羅門 及諸外道 貧窮下賤 孤獨

의 기한이 다 찰 무렵의 일이 기억나기 때문입니다.

乞人, 期滿七日.

4.2.2 남의 말을 나타내다
⑴ 법보시 닦을 것을 권하다

그 때 유마힐이 모임에 들어와서 저에게 말하였습니다.

'장자의 아들이여, 대저 큰 보시의 모임이란 존자가 베푼 것과 같아서는 안 됩니다. 응당 법보시의 모임을 해야 합니다. 어찌 이러한 재물을 써서 모임을 베푸는 것입니까?'

⑵ 법보시의 행상을 나타내다

㈎ 제가 물었습니다.

'거사님, 어떤 것을 법보시의 모임이라고 합니까?'

㈏ 유마힐이 대답하였습니다.

'법보시의 모임이라는 것은 앞도 없고 뒤도 없이 일시에 일체 중생들에게 공양하는 이것을 법보시의 모임이라고 이름합니다.

무엇을 말하는 것인가 하면,

㈀ 말하자면 ① 보리로써 자애의 마음을 일으키고, ② 중생을 구제함으로써 큰 연민의 마음을 일으키며, ③ 정법을 지님으로써 기뻐하는 마음을 일으키고,12 ④ 지혜를 거

時維摩詰 來入會中 謂我言.

'長者子, 夫大施會 不當如汝所設. 當爲法施之會. 何用是財 施會爲?'

我言.

'居士, 何謂 法施之會?'

答曰.

'法施會者 無前無後 一時供養 一切衆生 是名法施之會.

曰何謂也,

謂以菩提 起於慈心, 以救衆生 起大悲心, 以持正法 起於喜心, 以攝智慧

둠으로써 평정한 마음을 행하며,

(ㄴ) ① 간탐慳貪을 섭수함으로써 보시[檀] 바라밀을 이끌어 일으키고, ② 계 범하는 것[犯戒]을 교화함으로써 지계[尸羅] 바라밀을 일으키며, ③ 무아無我의 법으로써 인욕[羼提] 바라밀을 일으키고, ④ 몸과 마음의 상을 떠남으로써 정진[毘梨耶] 바라밀을 일으키며, ⑤ 보리의 상菩提相13으로써 선정[禪] 바라밀을 일으키고, ⑥ 일체지一切智로써 반야 바라밀을 일으키며,

(ㄷ) ① 중생을 교화함으로써 공을 일으키고, ② 유위법을 버리지 않음으로써 무상無相을 일으키며, ③ 수생受生을 나타내 보임으로써 무작無作을 일으키고,

(ㄹ) ① 정법을 호지護持함으로써 방편의 힘을 일으키고, ② 중생을 제도함으로써 사섭법을 일으키며, ③ 일체를 공경히 섬김으로써 거만 제거하는 법을 일으키고, ④ 신체·수명·재물에서 세 가지 견고한 법을 일으키며,14 ⑤ 여섯 가지 새김[육념六念] 중에서

行於捨心,
以攝慳貪 起檀波羅蜜, 以化犯戒
起尸羅波羅蜜,
以無我法 起羼提波羅蜜, 以離身心相
起毘梨耶波羅蜜,
以菩提相 起禪波羅蜜, 以一切智 起般若波羅蜜,
教化衆生 而起於空, 不捨有爲法 而起無相, 示現受生 而起無作,
護持正法 起方便力, 以度衆生 起四攝法, 以敬事一切 起除慢法, 於身命財 起三堅法,
於六念中

....
12 「구역에서는 "정법을 지님으로써 기뻐하는 마음을 일으킨다"고 하였는데, 응당 이것(="정법을 지님으로써")을 분리하여 (다음 ④의) '평정' 안에 있게 해야 할 것이다.」
13 「구역에서 '보리'라고 한 것은 보리분법을 말하는 것이다.」

법 사념思念하기를 일으키고, ⑥ 육화경六和敬에서 질직質直한 마음을 일으키며,15 ⑦ 선법을 바르게 행함으로써 청정한 생계를 이끌어 일으키고, ⑧ 마음의 청정과 환희로써 현성 친근함을 일으키고, ⑨ 악인을 증오하지 않음으로써 마음 조복하기를 일으키며,

(ㅁ) ① 출가하는 법으로써 깊은 마음을 일으키고, ② 말대로 행함으로써 다문多聞을 일으키며, ③ 무쟁법無諍法으로써 공한처空閑處를 일으키고, ④ 붓다의 지혜로 향함으로써 연좌宴坐를 일으키며, ⑤ 중생의 속박을 풂으로써 수행지修行地을 일으키고, ⑥ 상호相好를 갖추고 불국토를 청정케 함으로써 복덕의 업을 일으키며, ⑦ 일체 중생들의 마음의 생

起思念法, 於六和敬 起質直心, 正行善法 起於淨命, 心淨歡喜 起近賢聖, 不憎惡人 起調伏心,

以出家法 起於深心, 以如說行 起於多聞, 以無諍法 起空閑處, 趣向佛慧 起於宴坐, 解衆生縛 起修行地, 以具相好 及淨佛土 起福德業, 知一切衆

....
14 「유루의 신·명·재를 견실한 무루의 신(=법신)·명(=혜명)·재(=법재)로 바꾸어 취하는 것이다.」
15 이에 대해 『주유마힐경』(제4권)은, "첫째 자애하는 마음으로 신업을 일으키는 것, 둘째 자애하는 마음으로 구업을 일으키는 것, 셋째 자애하는 마음으로 의업을 일으키는 것, 넷째 만약 먹을 것을 얻었다면 발우에서 덜어 상좌 1인과 하좌 2인에게 공양하는 것, 다섯째 지계가 청정한 것, 여섯째 누가 다하였음을 아는 지혜이다. 만약 이 6법을 행한다면 대중이 항상 화순하고 다툼이 없을 것이므로, 붓다께서 이를 6화경으로 말씀하셨다."라고 설명하고 있다. 그리고 초기경전에 의하면 여섯 번째 것은, 그것을 실천하면 괴로움의 소멸로 인도하는 바른 견해를 함께 함으로써 화합하게 된다고 설명하면서, 이것이 가장 뛰어난 것이라고 한다[한글 MN 제2권(제48 꼬삼비경) pp.322-323, 한글 DN 제3권(제33 합송경) p.425, 한글 AN 제4권(제6-12경) p.71 등].

각을 알고 근기대로 설법함으로써 지혜의 업[智業]을 일으키고, ⑧ 일체법은 취하지도 않으며 버리지도 않을 것임을 알고 일상一相의 문으로 들어감으로써 반야의 업[慧業]을 일으키며, ⑨ 일체 번뇌와 일체 장애와 일체 불선법을 끊음으로써 일체 선업을 일으키고, ⑩ 일체 지혜와 일체 선법을 얻음으로써 일체 불도를 돕는 법[助佛道法]을 일으키는 것입니다.

(다) 이와 같아서 선남자여, 이것을 법보시의 모임이라고 합니다.

만약 보살이 이러한 법보시의 모임에 머문다면 큰 시주가 되고, 또한 일체 세간의 복전福田이 되는 것입니다.'

(3) 이백의 바라문들이 큰 마음을 일으키다

세존이시여, 유마힐이 이 법을 말했을 때 바라문 대중들 중 이백 명의 사람이 모두 아뇩다라삼먁삼보리에 대한 마음을 일으켰습니다.

(4) 선덕이 환희하며 영락을 보시하다

(가) 저는 그 때 마음으로 청정함을 얻어 일찍이 없었던 일을 찬탄하면서 유마힐의 발에 머리 숙여 예배하고, 곧 십만 금의 값이 나가는 영락을 풀어 그 분에게 올렸더니,

生心念 如應說法 起於智業, 知一切法 不取不捨 入一相門 起於慧業, 斷一切煩惱 一切障礙 一切不善法 起一切善業, 以得一切智慧 一切善法 起於一切 助佛道法.
如是 善男子, 是爲法施之會.
若菩薩 住是法施會者 爲大施主, 亦爲一切世間福田.'

世尊, 維摩詰 說是法時 婆羅門衆中 二百人 皆發 阿耨多羅三藐三菩提心.

我時 心得淸淨 歎未曾有 稽首禮 維摩詰足, 卽解瓔珞 價直百千 以上之,

㈏ 받으려고 하지 않았습니다.

㈐ 제가 말했습니다.

'거사님, 꼭 받아주시기 바랍니다. 마음 가는 대로 주셔도 됩니다.'

㈑ ① 유마힐은 비로소 영락을 받아 두 부분으로 나누어서, 일부는 이 모임 중에서 가장 하천한 한 걸인에게 베풀어 주고, 나머지 일부는 저 난승難勝 여래께 받들어 올렸습니다.

일체 대중들의 모임은 모두 광명 국토의 난승 여래를 보았고, 또 구슬 영락이 그 붓다의 머리 위에서 네 기둥을 가진 보대寶臺로 바뀌어 사방을 장식하면서 서로 장애하거나 가리지 아니한 것도 보았습니다.

② 그 때 유마힐은 신통 변화를 나투고 나서 이렇게 말하였습니다.

'만약 시주施主가 평등한 마음으로 가장 하천한 한 걸인에게도 마치 여래라는 복전과 같다는 상相으로 보시하면서, 분별하는 바 없이 대비에 평등하고 과보를 구하지 아니한다면, 이것을 곧 구족한 법보시라고 이름합니다.'

㈒ 성 안에 있던 가장 하천한 한 걸인까지도 이 신통력을 보며 그가 말하는 것을 듣고

不肯取.

我言.

'居士, 願必納受. 隨意所與.'

維摩詰 乃受瓔珞 分作二分, 持一分 施 此會中一 最下乞人, 持一分 奉彼 難勝如來.

一切衆會 皆見光明 國土 難勝如來, 又 見珠瓔 在彼佛上 變成四柱寶臺 四面 嚴飾 不相障蔽.

時維摩詰 現神變已 作是言.

'若施主 等心施一 最下乞人 猶如如來 福田之相, 無所分 別 等于大悲 不求 果報, 是則名曰 具 足法施.'

城中 一最下乞人 見是神力 聞其所說

는 모두 아뇩다라삼먁삼보리에 대한 마음을 皆發 阿耨多羅三藐
일으켰습니다. 三菩提心.

4.3 맺어 답하다
 그러므로 저는 그를 찾아가 문병하는 일을 故我不任　詣彼問
맡을 수 없습니다." 疾."

5. 다른 보살들도 물러나다

 이와 같이 모든 보살들은 각각 붓다께 그들 如是　諸菩薩　各各
의 본래 인연을 말씀드리면서 유마힐이 한 向佛　說其本緣　稱
말을 찬탄하여 말씀드리고는, 모두 그 문병 述　維摩詰所言, 皆
하는 일을 맡을 수 없다고 말하였다. 曰 不任詣彼問疾.

유마힐소설경　　　　　　　維摩詰所說經
　　중권　　　　　　　　　　　卷中

제5 문수사리문질품[1]　　　　文殊師利問疾品
　　　　　　　　　　　　　　　　第五

1. 붓다께서 문수사리에게 명하시다

그 때 붓다께서 문수사리文殊師利에게 이르셨다.
"그대가 유마힐을 찾아가서 병문안을 하라."

爾時 佛告 文殊師利.
"汝行詣 維摩詰 問疾."

2. 문수사리가 명을 받들다

(1) 문수사리가 붓다께 말하였다.
"세존이시여, 그 상인上人은 상대하기 어렵습니다.

文殊師利 白佛言.
"世尊, 彼上人者 難爲訓對.

----

[1] 「집 공은 문수사리문질품이라고 이름한다. 집 공은 문수를 우두머리로 삼아 이름에 표방한 것이겠지만, 지금 한 사람만이 아니기 때문에 총체적으로 '문질품'이라고 이름한 것이다. 이미 범본에 의하더라도 이것(='문수사리')이 실제로 없다(=포탈라본의 제목은 Glānapratisaṃmodanā-parivartaḥ로서 신역의 품명과 같음).」

(2) ① 실상實相을 깊이 통달하여, ② 법요法要를 잘 말하고, ③ 변재에 막힘 없으며, ④ 지혜에 걸림 없고, ⑤ 일체 보살의 법식法式2을 모두 다 알며, ⑥ 모든 붓다의 비장祕藏에 들어가지 못한 것이 없어, ⑦ 뭇 악마를 항복시키고, ⑧ 신통에서 유희하며, ⑨ 그 지혜와 방편을 모두 이미 성취하였습니다.
(3) 비록 그러하지만 붓다의 거룩한 뜻[聖旨]을 받들어 그를 찾아가 문병하겠습니다."

深達實相, 善說法要, 辯才無滯, 智慧無礙, 一切菩薩 法式悉知, 諸佛祕藏 無不得入, 降伏衆魔, 遊戲神通, 其慧方便 皆已得度.
雖然 當承佛聖旨 詣彼問疾."

3. 천·인들이 따라가다

(1) 그 때 대중들 중 모든 보살들과 대 제자들 및 제석, 범천, 사천왕 등은 모두 이와 같이 생각하였다. '지금 두 분의 대사大士 문수사리와 유마힐이 함께 담론한다면 필시 오묘한 법[妙法]을 말할 것이다.'
(2) 즉시 팔천 명의 보살들과 오백 명의 성문들, 백천의 천신과 사람[天人]들이 모두 따라가고자 하였다.
(3) 그 때 문수사리 보살은 모든 보살들과 대 제자 대중들 및 모든 천신과 사람들이 공경

於是衆中 諸菩薩 大弟子 釋梵四天王等 咸作是念. '今二大士 文殊師利 維摩詰 共談 必說妙法.'
卽時 八千菩薩 五百聲聞 百千天人 皆欲隨從.
於是 文殊師利 與 諸菩薩 大弟子衆

----
2 이에 대해 구마라집(제5권)은, "(법식이란) 신통과 변화와 모든 위의를 말하는 것이다."라고 설명한다.

하면서 둘러싼 가운데 비야리毘耶離 대성大城으로 들어갔다.

及諸天人 恭敬圍繞 入毘耶離大城.

4. 가서 상대해서 나타내다

4.1 손님을 기다리다
그 때 장자 유마힐은 마음으로 생각하였다.
'지금 문수사리가 대중들과 함께 오고 있구나. 곧 신통력으로 그 방 안을 비워서, 있던 것들과 모든 시자侍者 등을 모두 없애 버리고, 오직 침상 하나만을 둔 채 병든 모습으로 누워 있어야겠다.'

爾時 長者 維摩詰 心念.
'今文殊師利 與大衆俱來. 卽以神力 空其室內, 除去所有 及諸侍者, 唯置一床 以疾而臥.'

4.2 문수사리가 문병하다
문수사리가 그의 집으로 들어가니, 그의 방은 비어서 아무런 물건들도 없었고, 홀로 침상 하나에 누워 있는 것만 보였다.

文殊師利 旣入其舍 見其室空 無諸所有, 獨寢一床.

4.2.1 법도를 보이다
(1) 그 때 유마힐이 말하였다.
"잘 오셨습니다, 문수사리님. 오지 않는 상으로 오셔서[不來相而來], 보지 않는 상으로 보십니다[不見相而見]."

時 維摩詰言.
"善來, 文殊師利. 不來相而來, 不見相而見."

(2) 문수사리가 말하였다.

㈎ "그러합니다, 거사님. 만약 왔다면 다시 오지 않을 것이고, 만약 갔다면 다시 가지 않을 것입니다.

어째서인가 하면 온다는 것도 좇아서 오는 곳이 없고[無所從來], 간다는 것도 이르는 곳이 없기[無所至] 때문입니다.

㈏ 볼 수 있는 것이라는 것도 다시 볼 수 없는 것입니다.3

文殊師利言.

"如是, 居士. 若來已 更不來, 若去已 更不去.

所以者何 來者 無所從來, 去者 無所至.

所可見者 更不可見.

4.2.2 담론의 내용을 밝히다
(1) 문병하고 병의 원인을 묻다

㈎ 문수사리가 묻다

㈀ 이 일은 이 정도로 해 둡시다. ① 거사님, 이 병은 참을 만합니까? 치료하여 차도가 있고 더 악화되지는 않습니까?

② 세존께서 은근하게 전하신 물음이 한량없었습니다.

㈁ 거사님, 이 병은 어떤 원인에서 일어났

且置是事. 居士, 是疾 寧可忍不? 療治有損 不至增乎?

世尊慇懃 致問無量.

居士, 是疾 何所因

---

3 이 부분의 구마라집 역은 난해하다. 참고로 티베트어역본에 기초한 영역본의 표현은 다음과 같이 되어 있어 신역의 표현과 거의 같다. ⑴ "You had not come and you come; you had not seen and you see; you had not heard and you hear." ⑵ "He who has already come comes no more; he who has already left leaves no more; And why? Because he who has come no longer comes, he who has left no longer leaves, he who has seen no longer sees(, he who has heard no longer hears)."

습니까? 그것이 생긴지는 얼마나 되었고, 어떻게 해야 사라지겠습니까?"

(나) 유마힐이 대답하다

유마힐이 말하였다.

(ㄱ) "어리석음과 존재에 대한 갈애[有愛]에서 나의 병은 생겼습니다.

(ㄴ) 일체 중생들이 병듦으로써 그래서 나도 병든 것이므로, 만약 일체 중생들의 병이 사라진다면 곧 나의 병도 사라질 것입니다. 까닭이 무엇이겠습니까? ① 보살은 중생을 위하여 생사에 들었고, 생사가 있어서 곧 병이 있는 것이므로, 만약 중생들이 병을 여의게 된다면 곧 보살도 다시 병이 없게 되기 때문입니다. ② 비유하면 장자에게 오직 외아들[一子]만 있을 때, 그 아들이 병을 얻으면 부모도 역시 병들고, 만약 아들의 병이 낫는다면 부모도 역시 낫는 것과 같습니다. ③ 보살도 이와 같이 모든 중생들을 아들처럼 사랑하기 때문에, 중생이 병들면 곧 보살도 병들고, 중생의 병이 낫는다면 보살도 역시 낫는 것입니다.

(ㄷ) 또 이 병이 어떤 원인으로 일어났는가 말씀하셨는데, 보살의 병이란 대비大悲에서 일어나는 것입니다."

起? 其生久如, 當云何滅?"

維摩詰言.

"從癡有愛 則我病生.

以一切衆生病 是故我病, 若一切衆生病滅 則我病滅.

所以者何? 菩薩 爲衆生故 入生死, 有生死 則有病, 若衆生 得離病者 則菩薩 無復病. 譬如長者 唯有一子, 其子得病 父母亦病, 若子病愈 父母亦愈. 菩薩如是 於諸衆生 愛之若子, 衆生病 則 菩薩病, 衆生病愈 菩薩亦愈.

又言 是疾 何所因起, 菩薩病者 以大悲起."

⑵ 방이 비고 시자 없는 것을 묻다

　문수사리가 말하였다.　　　　　　　　　　文殊師利言.
　"거사님, 이 방은 어째서 비었고, 시자도 없　"居士, 此室　何以
습니까?"　　　　　　　　　　　　　　　　　空, 無侍者?"

　　㈎ 방이 빈 것을 답하다

　　　유마힐이 말하였다.　　　　　　　　　　維摩詰言.
　　　㈀ "모든 붓다의 국토도 역시 모두 비었습　"諸佛國土　亦復皆
니다."　　　　　　　　　　　　　　　　　　空."
　　　㈁ 문 "어째서 비었습니까?"　　　　　　　又問. "以何爲空?"
　　　㈂ 답 "공이기 때문에 비었습니다."　　　　答曰. "以空空."
　　　㈃ 문 "공은 무엇을 써서 공인 것입니까?"　又問. "空何用空?"
　　　㈄ 답 "분별이 없는 공이기 때문에 공입니　答曰. "以無分別空
다."　　　　　　　　　　　　　　　　　　　故空."
　　　㈅ 문 "공은 분별할 수 있습니까?"　　　　又問. "空可分別耶?"
　　　㈆ 답 "분별하는 것도 역시 공입니다."　　答曰. "分別亦空."
　　　㈇ 문 "공은 어디에서 구해야 합니까?"　　又問. "空當 於何求?"
　　　㈈ 답 "응당 육십이견 가운데서 구해야 합　答曰. "當於六十二
니다."　　　　　　　　　　　　　　　　　　見中求."
　　　㈉ 문 "육십이견은 어디에서 구해야 합니　又問. "六十二見 當
까?"　　　　　　　　　　　　　　　　　　　於何求?"
　　　㈊ 답 "응당 모든 붓다의 해탈 가운데서　答曰. "當於諸佛解
구해야 합니다."　　　　　　　　　　　　　　脫中求."
　　　㈋ 문 "모든 붓다의 해탈은 어디에서 구해　又問. "諸佛解脫 當
야 합니까?"　　　　　　　　　　　　　　　於何求?"

㈃ 답 "응당 일체 중생들의 심행心行 가운데서 구해야 합니다.

㈄ 시자 없는 것을 답하다

또 존자께서 어째서 시자가 없는가를 물으셨는데, 일체 온갖 마군들과 모든 외도들이 모두 나의 시자입니다.

까닭이 무엇이겠습니까? 온갖 마군은 생사를 좋아하는데, 보살은 생사에서 이를 버리지 아니하고, 외도는 모든 견해를 좋아하는데, 보살은 모든 견해에서 움직이지 않기 때문입니다."4

答曰. "當於一切衆生心行中求.

又仁所問 何無侍者, 一切衆魔 及諸外道 皆吾侍也. 所以者何? 衆魔者 樂生死, 菩薩於生死 而不捨, 外道者 樂諸見, 菩薩於諸見 而不動."

(3) 병의 모습을 묻다

㈀ 문수사리가 말하였다. "거사님이 앓는 병은 어떤 모습입니까?"

유마힐이 말하였다. "나의 병은 형상[形]이 없어 볼 수가 없습니다."

㈁ 문 "이 병은 몸과 화합한 것입니까, 마음과 화합한 것입니까?"

답 "몸과 화합한 것이 아니니, 몸의 모습[身相]을 떠났기 때문이고, 또한 마음과 화합한 것도 아니니, 마음은 허깨비[幻]와 같기

文殊師利言. "居士所疾 爲何等相?"

維摩詰言. "我病 無形 不可見."

又問. "此病 身合耶, 心合耶?"

答曰. "非身合 身相離故, 亦非心合 心如幻故."

---

4 「비록 선한 견해나 악한 견해를 일으키더라도 움직이지 않는다는 것인데, 이치로는 이 위(=신역)의 뜻과 역시 어긋남이 없는 것이다.」

때문입니다."

(다) 問 "지대地大, 수대水大, 화대火大, 풍대風大 이 네 가지 대[四大] 중 어느 대大의 병입니까?"

答 "이 병은 지대인 것도 아니지만 또한 지대를 여의지도 않았고, 수대·화대·풍대도 또한 그와 같습니다. 그렇지만 중생의 병은 사대四大에서 일어나고, 그들에게 병이 있으므로 그래서 나도 병든 것입니다."

又問. "地大水大 火大風大 於此四大 何大之病?"

答曰. "是病 非地大 亦不離地大, 水火風大 亦復如是. 而衆生病 從四大起, 以其有病 是故我病."

(4) 위로하여 깨우치는 것을 묻다

(가) 그 때에 문수사리가 유마힐에게 물었다.5

"보살은 어떻게 병이 있는 보살을 위로하여 깨우쳐야 하는 것입니까?"

(나) 유마힐이 말하였다.

(ㄱ) ① 몸의 무상함을 말하되, 몸을 싫어하여 떠날 것을 말하지 말고, ② 몸에 괴로움 있음을 말하되, 열반 좋아할 것을 말하지 말며, ③ 몸에 나 없음[無我]을 말하되, 중생들 가르쳐 인도할 것을 말하고, ④ 몸이 공적함을 말하되, 필경 적멸하기를 말하지 말며, ⑤

爾時 文殊師利 問維摩詰言.

"菩薩 應云何慰喩有疾菩薩?"

維摩詰言.

"說身無常, 不說厭離於身, 說身有苦, 不說樂於涅槃, 說身無我, 而說敎導衆生, 說身空寂, 不說畢竟寂滅,

----

5 「구역에서는 여전히 문수가 묻고, 무구칭이 답하여 그 뜻이 극히 어긋났으니, 문수가 위로해 깨우치는 것을 알지 못해 남에게 물을 수 있는 것은 아니었다.」

과거의 죄 뉘우치는 것을 말하되, 과거로 들어감을 말하지 말고,6

⑥ 자기의 병을 통해 그의 병을 연민하고, ⑦ 과거세 무수한 겁 동안 받았던 괴로움을 인식하여, 일체 중생 요익할 것을 생각해야 하며, ⑧ 닦았던 복을 기억하여 청정한 생계[淨命]를 생각하고, ⑨ 근심과 번민 일으키지 말고 항상 정진을 일으키며, ⑩ 의왕醫王이 되어 온갖 병 치료하도록 해야 할 것이니,

(ㄴ) 보살은 응당 이와 같이 병 있는 보살을 위로하여 깨우쳐서 그들을 기쁘게 해야 합니다."

說悔先罪, 而不說入於過去, 以己之疾 愍於彼疾, 當識 宿世無數劫苦, 當念 饒益一切衆生, 憶所修福 念於淨命, 勿生憂惱 常起精進, 當作醫王 療治衆病, 菩薩 應如是慰喩 有疾菩薩 令其歡喜."

(5) 병자가 마음 조복하는 법을 묻다

문수사리가 말하였다.

"거사님, 병 있는 보살은 어떻게 그의 마음을 조복해야 합니까?"

유마힐이 말하였다.

㈎ 범부의 마음 조복하는 법

(ㄱ) 바로 조복하는 것을 밝히다

(a) 자신의 병을 깨뜨리다

文殊師利言.
"居士, 有疾菩薩 云何 調伏其心?"
維摩詰言.

....

6 「죄는 항상 현재에 있는 것이므로, 죄가 과거로 옮겨 들어간다고 말하지 않으니, 과거는 없는 것이기 때문이다. 이 때문에 구역에서는 과거로 들어감을 말하지 않는다고 하였다.」

㈠ 아집을 깨뜨리다

"① 병 있는 보살은 응당 이렇게 생각해야 합니다. '지금 나의 이 병은 모두 전세에 허망한 생각으로 전도된 모든 번뇌에서 생겨난 것이다. 그렇지만 실제의 법이 없는데, 누가 병을 받겠는가?'

② 까닭이 무엇이겠습니까?

㉮ 사대가 화합하기 때문에 임시로 몸이라 이름하는데, 사대에는 주재[主]가 없고, 몸에도 역시 나[我]가 없습니다. 또 이 병이 일어난 것은 모두 나를 집착함에 의한 것이니, 그러므로 나에 대해 집착을 일으키지 말아야 합니다.

이미 병의 근본을 알았으므로 곧 나라는 생각과 중생이라는 생각을 없애고, 법이라는 생각[法想]을 일으켜야 하는 것입니다.

㉯ 다시 이렇게 생각하여야 합니다. '단지 온갖 법이 화합해서 이 몸을 이룬 것이니, 일어나더라도 오직 법이 일어나는 것이고, 소멸하더라도 오직 법이 소멸하는 것이다. 또 이 법이란 각각 서로 알지 못하니, 일어날 때에도 내가 일어난다고 말하지 않고, 소멸할 때에도 내가 소멸한다고 말하지 않는다.'

㈡ 법집을 깨뜨리다

"有疾菩薩 應作是念. '今我此病 皆從前世 妄想顚倒 諸煩惱生. 無有實法 誰受病者?'
所以者何?
四大合故 假名爲身, 四大無主, 身亦無我. 又此病起 皆由著我,
是故 於我不應生著.
旣知病本 卽除我想 及衆生想, 當起法想.

應作是念. '但以衆法 合成此身, 起唯法起, 滅唯法滅.'
又此法者
各不相知, 起時不言我起, 滅時不言我滅.'

① 간략함

그 병 있는 보살은 법이라는 생각을 없애기 위해 이렇게 생각해야 합니다. '이 법이라는 생각도 역시 전도顚倒이다. 전도라는 것은 곧 큰 병이니, 나는 이것을 떠나야 한다.'

② 자세함

㉮ 유병有病을 파하다

㉠ 어떻게 떠나는가? 나와 내 것에서 떠나야 합니다.

㉡ 나와 내 것에서 어떻게 떠나는가? 두 가지 법을 떠나는 것을 말합니다.

㉢ 어떻게 두 가지 법을 떠나는가? 안팎의 모든 법을 생각하지 않고 평등을 행하는 것을 말합니다.

㉣ 어떤 것이 평등인가? 나도 평등하고 열반도 평등한 것을 말합니다. 왜냐 하면 나와 열반 이 두 가지는 모두 공이기 때문입니다.

㉯ 공병空病을 파하다

㉠ 어째서 공이겠습니까? 단지 이름[名字]일 뿐이기 때문에 공입니다.

㉡ 이와 같은 두 가지 법은 결정적인 성품이 없으니, 이들의 평등을 얻게 되면 다른

彼有疾菩薩 爲滅法想 當作是念. '此法想者 亦是顚倒. 顚倒者 是卽大患, 我應離之.'

云何 爲離? 離我我所.

云何 離我我所? 謂離二法.

云何 離二法? 謂不念 內外諸法 行於平等.

云何 平等? [爲]<謂>我等 涅槃等. 所以者何 我及涅槃 此二皆空.

以何爲空? 但以名字故空.

如此二法 無決定性, 得是平等 無有

제5 문수사리문질품 599

병은 없고, 오직 공병만 있게 되지만, 이 공병도 역시 공입니다.

ⓒ 이 병 있는 보살은 느낌의 대상[所受]이 없는 데서 모든 느낌을 느껴야 합니다. 아직 불법佛法을 갖추지 못했다면 또한 느낌을 멸하지도 말고 깨달음을 취해야 합니다.

(b) 남의 병을 깨뜨리다

㈠ 가령 몸에 고통이 있으면 악취의 중생을 생각하여 대비를 일으켜야 합니다.

㈡ 나는 이미 조복되었으니, 또한 일체 중생들도 조복해야 하지만,

㈢ 단지 그들의 병만 제거하지, 법은 제거하지 않으며,7

㈣ 병의 근본[病本]을 끊기 위하여 그들을 가르쳐 인도해야 합니다.

① 무엇을 말하여 병의 근본이라고 하는가? 반연攀緣함이 있는 것을 말합니다. 반연이 있는 것이 곧 병의 근본이 되는 것입니다.

② 무엇을 반연하는가? 삼계三界를 말합니다.

餘病, 唯有空病. 空病亦空.

是有疾菩薩 以無所受 而受諸受. 未具佛法 亦不滅受 而取證也.

設身有苦 念惡趣衆生 起大悲心.

我旣調伏 亦當調伏一切衆生,

但除其病, 而不除法.

爲斷病本 而敎導之.

何謂 病本? 謂有攀緣. 從有攀緣 則爲病本.

何所攀緣? 謂之三界.

....

7 「공리는 해석한다. 유병은 허망하여 제거할 것이지만, 공의 법은 진실이어서 없애지 않는다. 진실은 본래 공인데, 없앤다면 무엇을 없애겠는가? 응리는 해석한다. 허망한 소집所執의 병은 공임을 관찰해서 이를 제거하지만, 유위와 무위의 이 법은 병이 아닌데, 어찌 제거함을 요하겠는가?」

③ 어떻게 반연을 끊는가? 얻을 것이 없음[無所得]으로써 합니다. 만약 얻을 것이 없다면 곧 반연도 없을 것입니다.

④ 무엇을 얻을 것이 없는 것이라고 하는가? 두 가지 보는 것[二見]을 떠나는 것을 말합니다.

⑤ 무엇을 두 가지 보는 것이라고 하는가? 내견內見과 외견外見을 말하는 것이니, 이들은 얻을 것이 없는 것입니다.

(ㄴ) 맺어 이루다

① 문수사리님, 이것이 병 있는 보살이 그의 마음을 조복하는 것입니다. ② 노·병·사의 괴로움을 끊는 것은 보살의 보리입니다. 만약 이와 같지 않다면 자기가 부지런히 닦아 다스린 것도 지혜의 이익[慧利]이 없는 것입니다. ③ 비유하면 원수를 이겨야 마침내 영웅[勇]이라고 이름할 수 있듯이, 이와 같이 노·병·사를 겸하여 없앤 이가 보살의 이름인 것입니다.[8]

云何 斷攀緣? 以無所得. 若無所得 則無攀緣.

何謂 無所得?
謂離二見.

何謂 二見? 謂內見外見, 是無所得.

文殊師利, 是爲 有疾菩薩 調伏其心. 爲斷老病死苦 是菩薩菩提. 若不如是 己所修治 爲無慧利. 譬如勝怨 乃可爲勇, 如是兼除 老病死者 菩薩之謂也.

....
8 이 대목에 대해 길장(『의소』 제4권)은, "노·병·사는 보살의 원수이고, 또한 중생의 원수이기도 하다. 보살은 중생을 아들처럼 보므로, 아들의 원수는 곧 아버지의 원수인 것이다. 만약 아들의 원수를 없애지 못했다면, 곧 아버지의 원수도 역시 없애지 못한 것이다. 이와 같이 해서 노·병·사를 겸하여 제거한 이가 보살의 이름인 것이다"라고 설명한다.

㈏ 이승의 마음 조복하는 법

㈀ 대비로써 자·타의 병을 관찰하다

(a) 그 병 있는 보살은 다시 이렇게 생각해야 합니다. '나의 이 병이 진실도 아니고 있지도 않듯이, 중생의 병도 또한 진실도 아니고 있지도 않다.'

(b) 이렇게 관찰할 때에 모든 중생에 대해 만약 애견愛見의 대비를 일으킨다면 곧 버려 떠나야 합니다.

彼有疾菩薩 應復作是念. '如我此病 非眞非有, 衆生病亦非眞非有.'

作是觀時 於諸衆生 若起愛見大悲 卽應捨離.

㈁ 이유를 해석하다

까닭이 무엇이겠습니까? 보살은 객진의 번뇌를 끊어 없애고 대비를 일으켜야 하는데, 애견의 대비는 곧 생사에 대해 피로해 하고 싫어함이 있는 마음이기 때문입니다.

所以者何? 菩薩斷除 客塵煩惱 而起大悲, 愛見悲者 則於生死 有疲厭心.

㈂ 계박 떠남을 맺어 이루다

(a) 계박 떠남을 맺어 이루다

① 만약 능히 이것을 떠나 피로해 하거나 싫어함이 없다면, 태어나는 곳마다 애견에 덮이지 않게 되는 것이고, ② 태어나는 곳에 속박이 없어야 중생을 위해 법을 설해서 속박을 풀어줄 수 있습니다.

若能離此 無有疲厭, 在在所生 不爲愛見 之所覆也, 所生無縛 能爲衆生 說法解縛.

(b) 가르침을 인용하여 증명해 이루다

마치 붓다께서, '스스로 속박이 있으면서 그의 속박을 풀 수 있다고 한다면 있을

如佛所說, '若自有縛 能解彼縛 無有

수 없는 일이다. 스스로 속박이 없으면서 그의 속박을 풀 수 있다고 한다면 이것은 옳은 일이다'라고 말씀하신 것과 같습니다.

그러므로 보살은 속박을 일으켜서는 안되는 것입니다.

(c) 속박과 해탈을 자세히 밝히다

　　무엇을 속박이라고 하고, 무엇을 해탈이라고 합니까?

　㈀ 선정의 맛[禪味]에 탐착하면 이것은 보살의 속박이고, 방편으로 태어난다면 이것은 보살의 해탈입니다.

　㈁ ① 또 방편 없는 지혜는 속박이고, 방편 있는 지혜는 해탈이며, 지혜 없는 방편은 속박이고, 지혜 있는 방편은 해탈입니다.

② ㉮ 어떤 것이 방편 없는 지혜는 속박이라고 말하는 것입니까? 보살이 애견심愛見心으로 불국토를 장엄하고 중생을 성취하면서, 공·무상·무작의 법 중에서 자신을 조복하는 것을 말하는 것이니, 이것이 방편 없는 지혜는 속박이라고 이름하는 것입니다.

㉯ 어떤 것이 방편 있는 지혜는 해탈이라고 말하는 것입니까? 불국토를 장엄하고 중생을 성취하는 것을 애견심으로 하지 아니하며, 공·무상·무작의 법 중에서 자신을 조복

是處. 若自無縛 能解彼縛 斯有是處.'

是故 菩薩 不應起縛.

何謂縛, 何謂解?

貪著禪味　是菩薩縛, 以方便生 是菩薩解.

又無方便慧縛,　有方便慧解, 無慧方便縛, 有慧方便解. 何謂　無方便慧縛? 謂菩薩　以愛見心 莊嚴佛土　成就衆生,　於空無相無作法中 而自調伏, 是名 無方便慧縛.

何謂　有方便慧解? 謂不以愛見心 莊嚴佛土 成就衆生, 於空無相無作法中 以

함으로써 피로해 하거나 싫어하지 않는 것을 말하는 것이니, 이것이 방편 있는 지혜는 해탈이라고 이름하는 것입니다.

㉰ 어떤 것이 지혜 없는 방편은 속박이라고 말하는 것입니까? 보살이 탐욕·진에·사견 등의 모든 번뇌에 머물면서 온갖 덕의 근본[德本]을 심는 것을 말하는 것이니, 이것이 지혜 없는 방편은 속박이라고 이름하는 것입니다.

㉱ 어떤 것이 지혜 있는 방편은 해탈이라고 말하는 것입니까? 모든 탐욕·진에·사견 등의 모든 번뇌를 떠나서 온갖 덕의 근본을 심고 아뇩다라삼먁삼보리에 회향하는 것을 말하는 것이니, 이것이 지혜 있는 방편은 해탈이라고 이름하는 것입니다.

문수사리님, 그 병 있는 보살은 모든 법을 이와 같이 관찰해야 합니다.9

③ ㉮ 또한 몸은 무상하고 괴로우며 공이고 비아非我라고 관찰해야 하니, 이것을 지혜라고 이름하고,

自調伏 而不疲厭, 是名 有方便慧解.
何謂 無慧方便縛? 謂菩薩住 貪欲瞋恚邪見 等諸煩惱 而植衆德本, 是名 無慧方便縛.
何謂 有慧方便解? 謂離 諸貪欲瞋恚邪見 等諸煩惱 而植衆德本 迴向阿耨多羅三藐三菩提, 是名 有慧方便解.
文殊師利, 彼有疾菩薩 應如是觀諸法.
又復觀身 無常苦空非我, 是名爲慧,

---

9 《설무구칭경》에서는 이 글은 다음 ③의 ㉮의 일부로 편입되어 있고, 그 경전의 표현은 그 편이 옳다. 그러나 여기에서의 표현은 그렇게 편입시키는 것보다, 앞 글을 맺는 글로 보는 편이 자연스럽다. 승조를 비롯한 구역의 주석가들은 모두 이것을 앞의 글을 맺는 것으로 본다.

㈎ 비록 몸에 병이 있더라도 항상 생사에 있으면서 일체를 요익하는 것에 싫증냄이 없으니, 이것을 방편이라고 이름합니다.

㈐ 또한 몸을 관찰할 때 몸은 병에서 떠나지 않고 병도 몸에서 떠나지 아니하며, 이 병과 이 몸은 새로운 것도 아니고 예전 것도 아니라[非新非故]고 하여야 하니, 이것을 지혜라고 이름하고,

㈑ 가령 몸에 병이 있어도 영원히 멸하려 하지 아니하니, 이것을 방편이라고 이름합니다.

雖身有疾 常在生死
饒益一切　而不厭
倦, 是名方便.

又復觀身 身不離病
病不離身,　是病是
身 非新非故,
是名爲慧,

設身有疾　而不永
滅, 是名方便.

㈐ 두 가지 마음 조복하는 법
  ㈀ 총체적으로 표방하다

　 문수사리님, 병 있는 보살은 응당 이와 같이 그 마음을 조복하되 그 안에 머물지 아니하고, 또한 조복되지 않은 마음에도 머물지 아니하여야 합니다.

  ㈁ 간략히 해석하다

　 까닭이 무엇이겠습니까? 만약 조복되지 않은 마음에 머문다고 한다면 이것은 어리석은 사람의 법이고, 만약 조복된 마음에 머문다고 한다면 이것은 성문의 법이기 때문입니다. 그러므로 보살은 조복된 마음이나 조복되

文殊師利,　有疾菩
薩 應如是 調伏其
心 不住其中, 亦復
不住 不調伏心.

所以者何?　若住不
調伏心　是愚人法,
若住調伏心
是聲聞法.
是故 菩薩 不當住於

지 않은 마음에 머물지 않아야 하니, 이 두 가 　調伏不調伏心, 離此
지 법을 여의는 것이 보살의 행입니다. 　二法 是菩薩行.

(ㄷ) 자세히 말하다10

(a) ① 생사에 있으면서도 더러운 행[汚 　在於生死　不爲汚
行]을 하지 아니하고, 열반에 머물면서도 영 　行, 住於涅槃 不永
원히 멸도하지 아니하는 것이 보살의 행이 　滅度 是菩薩行,
고, ② 범부의 행도 아니고 현성賢聖의 행도 　非凡夫行 非賢聖行
아닌 것이 보살의 행이며, ③ 때 묻은 행[垢 　是菩薩行, 非垢行
行]도 아니고 청정한 행[淨行]도 아닌 것이 　非淨行 是菩薩行.
보살의 행입니다.

(b) ① 비록 악마의 행[魔行]을 벗어났지 　雖過魔行 而現降衆
만 온갖 악마 항복시킴을 나타내는 것이 보 　魔 是菩薩行,
살의 행이고, ② 일체지를 구하면서도 때 아 　求一切智 無非時求
닌 때에 구함 없는 것이 보살의 행입니다. 　是菩薩行.

(c) ① 비록 모든 법의 생겨나지 않음을 　雖觀諸法不生 而不
관찰하면서도 정위正位에 들지 않는 것이 보 　入正位　是菩薩行,
살의 행이고, ② 비록 십이연기를 관찰하면 　雖觀十二緣起 而入
서도 모든 사견邪見에 들어가는 것이 보살의 　諸邪見　是菩薩行,

---

10 「자세히 말하는 것에 31구가 있다. 28구는 범부나 이승과 같지 않은 것이고, 뒤의 (f)의 3구는 수승한 것을 얻되 열등한 것을 버리지 않는 것이다. 처음 중에 둘이 있으니, 처음의 10구는 범부, 이승과 같지 않은 것이 섞여 있고, 뒤의 (e)의 18구는 오직 이승과만 같지 않은 것이다. 전자를 나누면 넷이 되니, (a)의 3구는 범부, 이승과 같지 않은 것이 섞여 있고, (b)의 2구는 차례로 범부, 이승과 같지 않은 것이며, (c)의 3구는, 첫 2구는 이승과 같지 않고, 뒤의 1구는 범부와 같지 않은 것이고, (d)의 2구는 차례로 이승, 범부와 같지 않은 것이다.」

행이며, ③ 비록 일체 중생들을 거두면서도 애착하지 않는 것이 보살의 행입니다.

  (d) ① 비록 멀리 여읨을 즐기면서도 신심의 다함[身心盡]에 의지하지 않는 것이 보살의 행이고, ② 비록 삼계를 가면서도 법성을 무너뜨리지 않는 것이 보살의 행입니다.

  (e) ① 비록 공空을 행하면서도 온갖 덕의 근본을 심는 것이 보살의 행이고, ② 비록 무상無相을 행하면서도 중생을 제도하는 것이 보살의 행이며, ③ 비록 무작無作을 행하면서도 신체 받음[受身]을 나타내는 것이 보살의 행이고, ④ 비록 무기無起를 행하면서도 일체 선행善行을 일으키는 것이 보살의 행이며, ⑤ 비록 육바라밀을 행하면서도 중생의 심·심소법[心數法]을 두루 아는 것이 보살의 행이고,11 ⑥ 비록 육신통[六通]을 행하면서도 번뇌[漏]를 다하지 않는 것이 보살의 행이며, ⑦ 비록 사무량심을 행하면서도 범천의 세상[梵世]에 태어나는 것을 탐착하지 않는 것이 보살의 행이고, ⑧ 비록 선정과 해탈과 삼매를 행하면서도 선정으로 태어남[禪生]을 따르지 아니하는 것이 보살의 행이며, ⑨ 비

雖攝一切衆生 而不愛著 是菩薩行.
雖樂遠離 而不依身心盡 是菩薩行, 雖行三界 而不壞法性 是菩薩行.
雖行於空 而植衆德本 是菩薩行, 雖行無相 而度衆生 是菩薩行, 雖行無作 而現受身 是菩薩行, 雖行無起 而起一切善行 是菩薩行, 雖行六波羅蜜 而遍知衆生 心心數法 是菩薩行, 雖行六通 而不盡漏 是菩薩行, 雖行四無量心 而不貪著 生於梵世 是菩薩行, 雖行禪定 解脫三昧 而不隨禪生 是菩薩

----
11 「심·심소법을 안다'고 하는 것이 뜻하는 것은 그것(=심·심소법)이 구하는 바의 피안(=열반)을 알면서도 구하지 않는다는 것이다.」

록 사념처四念處를 행하면서도 신·수·심·법을 영원히 떠나지 아니하는 것이 보살의 행이고, ⑩ 비록 사정근四正勤을 행하면서도 몸과 마음[身心]의 정진을 버리지 않는 것이 보살의 행이며,12 ⑪ 비록 사여의족四如意足을 행하면서도 신통에 자재함을 얻는 것이 보살의 행이고, ⑫ 비록 오근五根을 행하면서도 중생의 모든 기능[根]의 예리하고 둔함[利鈍]을 분별하는 것이 보살의 행이며,13 ⑬ 비록 오력五力을 행하면서도 붓다의 십력十力을 즐겨 구하는 것이 보살의 행이고, ⑭ 비록 칠각지[七覺分]를 행하면서도 붓다의 지혜를 분별하는 것이 보살의 행이며,14 ⑮ 비록 팔성도八聖道를 행하면서도 한량없는 붓다의 도[佛道]를 즐겨 행하는 것이 보살의 행이고, ⑯ 비록 지관止觀의 도를 돕는 법[助道之法]

行, 雖行四念處 而不永離 身受心法 是菩薩行, 雖行四正勤 而不捨 身心精進 是菩薩行, 雖行四如意足 而得自在神通 是菩薩行, 雖行五根 而分別衆生 諸根利鈍 是菩薩行, 雖行五力 而樂求 佛十力 是菩薩行, 雖行七覺分 而分別 佛之智慧 是菩薩行, 雖行八聖道 而樂行 無量佛道 是菩薩行,

雖行止觀 助道之法

....
12 이에 대하여 승조(제5권)는, "소승법은 사정근을 행하여 공이 성취되면 곧 버리고 무위에 든다. 보살은 비록 그 행함은 같이 하지만 그 버림은 같이 하지 않는다"라고 설명한다.
13 이 항목을 신역에서는 '유정의 기능의 승·열을 분별하지 아니한다'고 하므로, 표현이 상반된다. 이에 대하여 승조(제5권)는, "소승은 오직 스스로만 기능[根]을 닦고, 남의 기능은 잘 알지 못한다. 보살은 그 스스로 닦는 것은 비록 같지만, 남의 기능도 잘 알아서 그와 내가 함께 수순케 한다는 것이다"라고 설명한다.
14 「구역에서는 '붓다의 오묘한 지혜를 분별한다'고 하여, 글이 (신역과) 서로 어긋난다. 그렇지만 이승과는 같지 않으므로 이치는 성립될 수 있다.」

을 행하면서도 필경 적멸寂滅에 떨어지지 아니하는 것이 보살의 행이며, ⑰ 비록 모든 법이 생겨나지도 않고 소멸하지도 않음[不生不滅]을 행하면서도 상호相好로써 그 몸을 장엄하는 것이 보살의 행이고, ⑱ 비록 성문이나 벽지불의 위의를 나타내면서도 붓다의 법을 버리지 아니하는 것이 보살의 행입니다.

　(f) ① 비록 모든 법의 궁극적으로 청정한 모습을 따르면서도, 근기[所應]를 따라 그 몸을 나타내는 것이 보살의 행이고, ② 비록 모든 불국토가 영원히 고요함[永寂]이 허공과 같음을 관찰하면서도, 갖가지 청정한 불국토를 나타내는 것이 보살의 행이며, ③ 비록 붓다의 도[佛道]를 얻어 법륜을 굴리고 열반에 들어가면서도, 보살의 도를 버리지 아니하는 것이 보살의 행인 것입니다."

而不畢竟 墮於寂滅 是菩薩行, 雖行諸法 不生不滅
而以相好 莊嚴其身 是菩薩行, 雖現聲聞 辟支佛威儀 而不捨 佛法 是菩薩行.

雖隨諸法 究竟淨相, 而隨所應 爲現其身 是菩薩行, 雖觀諸佛 國土 永寂如空, 而現種種 淸淨佛土 是菩薩行, 雖得佛道 轉于法輪 入於涅槃, 而不捨於 菩薩之道 是菩薩行."

5. 대중이 이익을 얻다

　이 말을 하였을 때 문수사리 보살이 이끌고 온 대중들 중 8천 명의 천자天子들은 모두 아뇩다라삼먁삼보리에 대한 마음[阿耨多羅三藐三菩提心]을 일으켰다.

說是語時 文殊師利 所將大衆 其中八千 天子 皆發 阿耨多羅三藐三菩提心.

제6 부사의품   不思議品 第六

1. 사리불이 생각하다

  그 때 사리불은 이 방 안에 앉을 것[床座]이 없는 것을 보고 이러한 생각을 하였다. '이 모든 보살들과 대 제자들은 어디에 앉아야 하나?'

爾時 舍利弗 見此室中 無有床座 作是念. '斯諸菩薩 大弟子衆 當於何坐?'

2. 유마힐이 나무라다

2.1 사리불에게 묻다
  장자 유마힐은 그 마음을 알아차리고 사리불에게 말하였다.
  "어떻게 존자께서는 법을 위해 오셨습니까, 앉을 것을 구해 오셨습니까?"

長者 維摩詰 知其意 語舍利弗言.
"云何 仁者 爲法來耶, 求床座耶?"

2.2 사리불이 대답하다
  사리불이 말하였다.
  "나는 법을 위해 온 것이지, 앉을 것을 위해 온 것이 아닙니다."

舍利弗言.
"我爲法來, 非爲床座."

2.3 유마힐이 자세히 말하다

⑴ 법 구하는 것을 총체적으로 밝히다

유마힐이 말하였다.

"존경하는 사리불님, 대저 법을 구하는 자는 신명[軀命]을 탐내지 않는데, 어찌 하물며 앉을 것이겠습니까?

⑵ 법 구하는 것을 개별적으로 밝히다

㈎ 대저 법을 구하는 자는 색·수·상·행·식을 구함이 있지 아니하고, 계界와 입入을 구함이 있지 아니하며, 욕·색·무색을 구함이 있지 아니합니다.

㈏ 존경하는 사리불님, 대저 법을 구하는 자는 붓다에 집착해서 구하지 아니하고 법에 집착해서 구하지 아니하며 승가에 집착해서 구하지 아니합니다.

대저 법을 구하는 자는 고를 보는 것[見苦]을 구함이 없고 집을 끊는 것[斷集]을 구함이 없으며 다함 증득하는 것[盡證]을 지음이 없고 도 닦는 것[修道]을 구함이 없습니다. 어째서인가 하면 법은 희론이 없기 때문입니다. 만약 나는 고를 보고 집을 끊으며 멸을 증득하고 도를 닦아야 한다고 말한다면 이것은 곧 희론이지, 법을 구하는 것이 아닙니다.

㈐ 또 사리불님, 법은 적멸寂滅이라고 이름하므로, 만약 생멸生滅을 형성한다면 이것은

維摩詰言.

"唯 舍利弗, 夫求法者 不貪軀命, 何況床座?

夫求法者 非有色受想行識之求, 非有界入之求, 非有欲色無色之求.

唯 舍利弗, 夫求法者 不著佛求 不著法求 不著衆求.

夫求法者 無見苦求
無斷集求
無造盡證
修道之求. 所以者何 法無戱論.
若言我當 見苦斷集證滅修道 是則戱論, 非求法也.

唯 舍利弗, 法名寂滅, 若行生滅 是求

제6 부사의품 611

생멸을 구하는 것이지, 법을 구하는 것이 아닌 것입니다.

生滅, 非求法也.

그리고 법은 물듦이 없다[無染]고 이름하므로, 만약 법에 물든다면 나아가 열반이라고 하더라도 이것은 물들어 집착하는 것이지, 법을 구하는 것이 아닌 것입니다.

法名無染, 若染於法 乃至涅槃 是則染著, 非求法也.

㈑ 법은 갈 곳[行處]이 없으므로, 만약 법으로 간다면 이것은 곧 갈 곳이지, 법을 구하는 것이 아닌 것입니다.[1]

法無行處, 若行於法 是則行處, 非求法也.

㈒ 법은 취함과 버림[取捨]이 없으므로, 만약 법을 취하거나 버린다면 이것은 곧 취하거나 버리는 것이지, 법을 구하는 것이 아닌 것입니다.

法無取捨, 若取捨法 是則取捨, 非求法也.

㈓ 법은 처소處所가 없으므로, 만약 처소에 집착한다면 이는 곧 처소에 집착하는 것이지, 법을 구하는 것이 아닌 것입니다.

法無處所, 若著處所 是則著處, 非求法也.

㈔ 법은 상相이 없다고 이름하므로, 만약 상을 따라 인식한다면 이것은 곧 상을 구하는 것이지, 법을 구하는 것이 아닌 것입니다.

法名無相, 若隨相識 是則求相, 非求法也.

1 이 부분에 대한 주석으로서는 혜원慧遠(523-592)의 『유마의기義記』(제3권본本)의 아래와 같은 설명이 신역의 표현과 가깝다. "이는 애착하는 경계[愛境]을 떠나는 것이니, '법에는 행처가 없다'는 것은 법은 상相을 떠났음을 밝히는 것이다. 5진 등의 법이 애착의 행처인데, 진실 중에는 이것이 없는 것을 '행처가 없다'고 이름하였다." 영역본에서는 'The Law is not an object'라고 하여, 신역과 같이 단순히 대상(=경계)이라고만 표현하고 있다.

(아) 법은 머물 수 없으므로, 만약 법에 머문다면 이것은 곧 법에 머무는 것이지, 법을 구하는 것이 아닌 것입니다.

(자) 법은 보고 듣고 감각하고 알[見聞覺知] 수 없으므로,² 만약 견문각지見聞覺知를 행한다면 이것은 곧 견문각지하는 것이지, 법을 구하는 것이 아닌 것입니다.

(차) 법은 무위라고 이름하므로, 만약 유위를 형성한다면 이것은 유위를 구하는 것이지, 법을 구하는 것이 아닌 것입니다.

(3) 법 구하는 것을 맺어 이루다

그러므로 사리불님, 만약 법을 구하는 자라면 일체법에 대하여 구하는 것이 없어야 합니다[於一切法 應無所求]."

法不可住, 若住於法 是則住法, 非求法也.

法不可 見聞覺知, 若行見聞覺知 是則見聞覺知, 非求法也.

法名無爲, 若行有爲 是求有爲, 非求法也.

是故 舍利弗, 若求法者 於一切法 應無所求."

2.4 대중이 이익을 얻다

이 법을 말하였을 때 오백의 천자들은 모든 법에 대하여 법안의 청정함[法眼淨]을 얻었다.

說是語時 五百天子 於諸法中 得法眼淨.

3. 불가사의함을 나타내다

---

2 승조(제6권)는, "6식을 줄여서 네 가지 이름으로 하였다. '견·문'은 안식과 이식이고, '각'은 비·설·신식이며, '지'는 의식이다."라고 설명하였다. 길장(제4권)의 설명도 같다.

3.1 불가사의한 일을 나타내다
(1) 자리가 있는 곳을 묻다

그 때 장자 유마힐維摩詰이 문수사리에게 물었다.

"존자께서는 한량없는 천만억 아승기의 국토를 다니셨습니다. 어떠한 불국토에 좋고 가장 오묘하며 공덕이 성취된 사자좌[師子之座]가 있던가요?"

(2) 문수사리가 처소를 보이다

문수사리가 말하였다.

"거사님, 동쪽으로 삼십육 항하의 모래와 같은 국토를 지나서 세계가 있으니, 이름을 수미상須彌相이라고 하고, 그 곳의 붓다는 명호를 수미등왕須彌燈王이라고 하는데, 지금 현재 계십니다. 그 붓다의 신장身長은 팔만사천 유순由旬이고, 그 분의 사자좌師子座는 높이가 팔만사천 유순인데, 장엄하게 장식된 것이 으뜸입니다."

(3) 자리를 시설하다

㈎ 그 때 장자 유마힐이 신통력을 나타내었다.

㈏ ① 그러자 즉시 그 붓다께서 삼만이천 개의 사자좌를 보내시니, 높고 넓으며 장엄 청정한 것이 유마힐의 방으로 들어왔는데,

爾時 長者 維摩詰 問文殊師利.

"仁者 遊於 無量千萬億 阿僧祇國. 何等佛土 有好上妙 功德成就 師子之座?"

文殊師利言.

"居士, 東方 度三十六 恒河沙國 有世界, 名須彌相, 其佛號 須彌燈王 今現在. 彼佛身長 八萬四千由旬, 其師子座 高八萬四千由旬 嚴飾第一."

於是 長者 維摩詰 現神通力.

卽時 彼佛 遣三萬二千 師子座, 高廣嚴淨 來入 維摩詰室,

② 모든 보살들과 대 제자들, 제석[釋]·범천[梵]·사천왕 등은 과거에 보지 못한 것이었다.

③ 그 방은 넓어져서 삼만이천 개의 사자좌를 모두 다 포용하고서도 방해되는 것이 없었으며, 비야리성 및 염부제閻浮提와 사천하四天下도 또한 조여지지 않고[不迫迮] 모두 다 예전과 같이 보였다.

㈐ 그 때 유마힐이 문수사리에게 말하였다.

㈀ "사자좌에 앉으십시오. 모든 보살들과 상인上人들과 함께 모두 앉으시되, 스스로 그 자리 모양에 맞게 몸을 세워야 할 것입니다."

㈁ ① 그 신통을 얻은 보살들은 곧 스스로 몸을 사만이천 유순으로 변화시켜 사자좌에 앉았지만, ② 새로 마음을 일으킨 모든 보살[新學菩薩]들과 대 제자들은 모두 오를 수가 없었다.

㈂ ① 그 때 유마힐이 사리불에게 말하였다.

"사자좌에 앉으시지요."

② 사리불이 말하였다.

"거사님, 이 자리는 높고 넓어 나는 오를 수가 없습니다."

諸菩薩 大弟子 釋梵四天王等 昔所未見.

其室廣博 悉皆包容 三萬二千 師子座 無所妨礙, 於毘耶離城 及閻浮提 四天下 亦不迫迮 悉見如故.

爾時 維摩詰 語文殊師利.

"就師子座. 與諸菩薩 上人俱坐, 當自立身 如彼座像."

其得神通菩薩 卽自變形 爲四萬二千由旬 坐師子座, 諸新發意菩薩 及大弟子 皆不能昇.

爾時 維摩詰 語舍利弗.

"就師子座."

舍利弗言.

"居士, 此座高廣 吾不能昇."

③ 유마힐이 말하였다.

"존경하는 사리불님, 수미등왕須彌燈王 여래께 예배를 올리면[作禮] 앉을 수 있을 것입니다."

④ 그 때 새로 마음을 일으킨 보살[新發意菩薩]들과 대 제자들이 곧 수미등왕 여래께 예배를 올렸더니, 곧 사자좌에 앉을 수가 있었다.

(4) 사리불이 찬양하다

사리불이 말하였다.

"거사님, 일찍이 있지 않았던 일입니다. 이와 같이 작은 방[小室]이 이렇게 높고 넓은 사자좌들을 받아들였는데도, 비야리성에는 방해되는 것이 없으며, 또 염부제閻浮提의 취락과 성읍 및 사천하四天下의 모든 천신·용왕·귀신의 궁전들도 또한 조여지지 않습니다."

3.2 불가사의한 일을 말하다

3.2.1 불가사의함을 말하다

(1) 총체적으로 표방하다

유마힐이 말하였다.

"존경하는 사리불님, 모든 붓다와 보살에게는 '불가사의不可思議'라고 이름하는 해탈

維摩詰言.
"唯 舍利弗, 爲須彌燈王如來 作禮 乃可得坐."
於是 新發意菩薩 及大弟子 卽爲須彌燈王如來 作禮, 便得坐師子座.

舍利弗言.
"居士, 未曾有也. 如是小室 乃容受此 高廣之座, 於毘耶離城無所妨礙, 又於閻浮提 聚落城邑 及四天下 諸天龍王 鬼神宮殿 亦不迫迮."

維摩詰言.
"唯 舍利弗, 諸佛菩薩 有解脫 名不可

解脫이 있습니다.

(2) 자세히 말하다

㈎ ① 만약 보살이 이 해탈에 머문다면, ② 수미산의 높고 넓음을 겨자씨[芥子] 안에 넣더라도, 늘어나거나 줄어드는 것이 없고, 수미산왕의 본 모습도 예전과 같습니다.

③ 그럼에도 사천왕과 도리천의 모든 천신들은 자기들이 들어가는 것을 깨닫지 못하고 알지도 못하며, ④ 오직 제도될 자들만이 수미산이 겨자씨 안으로 들어가는 것을 봅니다.

⑤ 이것을 불가사의한 해탈의 법문이라고 이름하는 것입니다.

㈏ 또 사대해의 물[四大海水]을 하나의 털구멍[一毛孔] 안에 넣더라도, 물고기, 자라[鱉], 큰 자라[黿], 악어[鼉]와 수중 생물들을 어지럽히지 아니하고, 저 대해의 본 모습도 예전과 같습니다. 그럼에도 모든 용, 귀신, 아수라 등은 자기들이 들어가는 것을 깨닫지 못하고 알지도 못하며, 이 중생들에 대해 또한 어지럽히는 바도 없습니다.

㈐ 또 사리불님, 불가사의한 해탈에 머무는 보살이 삼천대천세계를 끊어 취하여 마치 도공의 물레[陶家輪]처럼 해서 오른 손바닥 안

思議.

若菩薩住 是解脫者, 以須彌之高廣 內芥子中, 無所增減, 須彌山王 本相如故.

而四天王 忉利諸天 不覺不知 己之所入, 唯應度者 乃見須彌 入芥子中.

是名 [住不]<不可> 思議 解脫法門.

又以四大海水 入一毛孔, 不嬈 魚鱉黿鼉 水性之屬, 而彼大海 本相如故.

諸龍鬼神 阿修羅等 不覺不知 己之所入, 於此衆生 亦無所嬈.

又舍利弗, 住不可思議解脫菩薩, 斷取 三千大千世界

에 두고 항하의 모래와 같은 세계들을 지난 밖으로 던지더라도, 그 안의 중생들은 자기들이 가는 것을 깨닫지도 못하고 알지도 못하며, 또 다시 본래 있던 곳[本處]으로 되돌려 놓더라도, 사람들로 하여금 가고 온다는 생각마저 전혀 갖지 않도록 하고, 이 세계의 본 모습도 예전과 같습니다.

㈘ 또 사리불님, 혹 어떤 중생이 오래 세상에 머물기를 좋아하고 그렇게 해서 제도될 자라면, 보살은 곧 7일을 늘려 1겁劫으로 만들어서 그 중생으로 하여금 그것을 1겁이라고 여기게 하고, 혹 어떤 중생은 오래 머물기를 좋아하지 않고 그렇게 해서 제도될 자라면, 보살은 곧 1겁을 줄여 7일로 만들어서 그 중생으로 하여금 그것을 7일이라고 여기게 합니다.

㈙ 또 사리불님, 불가사의한 해탈에 머무는 보살은, ㉮ 일체 불국토들이 장엄하게 장식된 것[嚴飾之事]을 하나의 국토에 모아 놓고 중생들에게 보일 수 있고, ㉯ 또 보살은 하나의 불국토의 중생들을 오른 손바닥에 두고서 시방十方으로 날아가서 일체를 두루 보이면서도, 본래의 처소[本處]에서 움직이지 않습니다.

如陶家輪 著右掌中 擲過 恒河沙世界之外, 其中衆生 不覺不知 己之所往, 又復 還置本處, 都不使人 有往來想, 而此世界 本相如故.

又舍利弗, 或有衆生 樂久住世 而可度者, 菩薩卽延七日 以爲一劫 令彼衆生 謂之一劫, 或有衆生 不樂久住 而可度者, 菩薩卽促一劫 以爲七日 令彼衆生 謂之七日.

又舍利弗, 住不可思議 解脫菩薩, 以一切佛土 嚴飾之事 集在一國 示於衆生, 又菩薩 以一佛土衆生 置之右掌 飛到十方 遍示一切, 而不動本處.

㈐ 또 사리불님, 시방의 중생들이 모든 붓다들에게 공양하는 도구들을, 보살은 하나의 털구멍[一毛孔]에서 모두 보게 할 수 있고, ㈑ 또 시방의 국토에 있는 해와 달과 별들[日月星辰]을 하나의 털구멍에서 널리 보게 할 수 있습니다.

㈒ 또 사리불님, 시방 세계에 있는 모든 바람을, 보살은 모두 다 입 안[口中]에 빨아들일 수 있지만, 몸에는 손상이 없고[無損], 밖의 모든 수목樹木들 역시 꺾이거나 부러지지 않으며, ㈓ 또 시방 세계가 겁이 다하여[劫盡] 탈 때에 일체 불들을 배 속[腹中]에 넣는다고 하더라도, 불타는 일[火事]은 예전과 같으면서도, 해로움을 끼치지 아니하고, ㈔ 또 아래 방향으로 항하의 모래와 같은 모든 붓다 세계들을 지나서 있는 하나의 불국토를 취하여, 들어서 윗 방향으로 항하의 모래와 같은 무수한 세계를 지나서 놓아 둔다고 하더라도, 마치 바늘을 쥐고 하나의 대추잎[棗葉]을 든 것처럼 어지럽힘이 없습니다.

㈕ 또 사리불님, 불가사의한 해탈에 머무는 보살은, ㉮ 능히 신통력으로써 붓다의 몸[佛身]이 되는 것을 나타내기도 있고, 혹은 벽지불의 몸을 나타내기도 하며, 혹은 성문의 몸

又舍利弗, 十方衆生 供養諸佛之具, 菩薩 於一毛孔 皆令得見, 又十方國土所有 日月星宿 於一毛孔 普使見之.

又舍利弗, 十方世界 所有諸風, 菩薩 悉能 吸著口中, 而身無損, 外諸樹木 亦不摧折, 又十方世界 劫盡燒時 以一切火 內於腹中, 火事如故, 而不爲害, 又於下方 過恒河沙等 諸佛世界 取一佛土, 擧著上方 過恒河沙 無數世界, 如持鍼鋒 擧一棗葉 而無所嬈.

又舍利弗, 住不可思議 解脫菩薩, 能以神通 現作佛身, 或現辟支佛身, 或

을 나타내기도 하고, 혹은 제석의 몸을 나타내기도 하며, 혹은 범천왕의 몸을 나타내기도 하고, 혹은 사천왕[世主]의 몸을 나타내기도 하며, 혹은 전륜왕의 몸을 나타내기도 하고,3 ㉯ 또 시방 세계에 있는 상품·중품·하품의 온갖 음성들을 모두 변화시켜 붓다의 음성[佛聲]으로 만들어서, 무상, 고, 공, 무아를 말하는 음성이 연설하여 나오게 할 수도 있고, 그리고 시방의 모든 붓다들께서 말씀하시는 갖가지 법을 모두 그 중에서 널리 들을 수 있게도 합니다.

(3) 맺어 이루다

사리불님, 나는 지금 보살의 불가사의한 해탈의 힘을 간략히 말하였습니다만, 만약 자세히 말한다면 겁이 다하도록 하더라도 다하지 못합니다."

現聲聞身, 或現帝釋身, 或現梵王身, 或現世主身, 或現轉輪王身, 又十方世界 所有衆聲 上中下音 皆能變之 令作佛聲, 演出 無常苦空 無我之音, 及十方諸佛 所說 種種之法 皆於其中 普令得聞.

舍利弗, 我今略說菩薩 不可思議 解脫之力, 若廣說者 窮劫不盡."

3.2.2 가섭이 찬탄하고 한탄하다

(1) 이 때 대가섭은 보살의 불가사의한 해탈

是時 大迦葉 聞說

---

3 이하 같은 부류로 향해 감의 신통변화 중에는 ㉮ 몸을 변화시키는 것과 ㉯ 말을 변화시키는 것의 둘이 있다. 신역에는 전자 중에도 스스로를 변화시키는 것과 남을 변화시키는 것의 둘, 후자 중에도 법에 걸림 없는 음성[法無礙聲]을 변화시키는 것과 언사에 걸림 없는 음성[詞無礙聲]을 변화시키는 것의 둘이 있었지만, 이 구역에는 그 중 각각 처음 것만 있고, 뒤의 것은 없다.

의 법문法門을 말하는 것을 듣고 일찍이 듣지 못한 것이라고 찬탄하고, 사리불에게 말하였다.

"① 비유하면 마치 어떤 사람이 소경인 자에게 온갖 물건의 모습을 나타내더라도 그가 볼 수 있는 것이 아닌 것과 같이, 일체 성문들이 이 불가사의한 해탈의 법문을 듣더라도 이해할 수 없는 것도 이와 같은 것입니다. ② 지혜 있는 이라면 이것을 듣고 그 누군들 아뇩다라삼먁삼보리에 대한 마음을 일으키지 않겠습니까? ③ 우리들은 어찌 하여 이 대승에 대해 그 뿌리를 영원히 끊어버리고 썩어버린 종자[敗種]처럼 되었습니까? ④ 일체 성문들은 이러한 불가사의한 해탈의 법문을 말하는 것을 들으면 모두 울부짖어서, 그 소리가 삼천대천세계를 진동케 해야 할 것입니다. ⑤ 일체 보살들은 크게 기뻐하고 경하해서 이 법을 정수리로 받아들여야 합니다. ⑥ 만약 어떤 보살이 불가사의한 해탈의 법문을 믿고 이해한다면 일체 마군[魔衆]들도 그를 어떻게 할 수 없을 것입니다."

⑵ 대가섭이 이 말을 하였을 때 삼만이천의 천자天子들은 모두 아뇩다라삼먁삼보리에 대한 마음을 일으켰다.

菩薩 不可思議 解脫法門 歎未曾有, 謂舍利弗.

"譬如有人 於盲者前 現衆色像 非彼所見, 一切聲聞 聞是不可思議 解脫法門 不能解了 爲若此也. 智者聞是 其誰不發 阿耨多羅三藐三菩提心? 我等何爲 永絕其根 於此大乘 已如敗種? 一切聲聞 聞是不可思議 解脫法門 皆應號泣, 聲震 三千大千世界. 一切菩薩 應大欣慶 頂受此法. 若有菩薩 信解不可思議 解脫法門者 一切魔衆 無如之何."

大迦葉 說是語時 三萬二千天子 皆發阿耨多羅三藐三菩提心.

3.2.3 해탈을 거듭 이루다
(1) 마왕의 일을 밝히다

그 때 유마힐維摩詰이 대가섭大迦葉에게 말하였다.

"존자님, 시방의 한량없는 아승기阿僧祇 세계 중에서 마왕魔王이 된 자는 다수가 불가사의 해탈에 머무는 보살입니다. 그들은 방편의 힘[方便力]으로 중생들을 교화하기 위하여 마왕이 되어 나타나는 것입니다.

(2) 크게 구걸하는 자의 일을 밝히다

㈎ ① 또 가섭님, 시방의 한량없는 보살에게 혹은 어떤 사람이 쫓아와서 손[手], 발[足], 귀[耳], 코[鼻], 머리[頭], 눈[目], 골수[髓], 뇌[腦], 피[血], 살[肉], 피부[皮], 뼈[骨], 취락, 성읍, 처자, 노비, 코끼리, 말, 수레[車乘], 금, 은, 유리琉璃, 차거車磲, 마노馬瑙瑙, 산호珊瑚, 호박琥珀, 진주眞珠, 가패珂貝, 의복, 음식을 구걸한다면, 이와 같이 구걸하는 자는 다수가 불가사의 해탈에 머무는 보살입니다.

② 그들은 방편의 힘으로써 가서 그들을 시험해서 그들로 하여금 견고하게 합니다. 어째서인가 하면 불가사의 해탈에 머무는 보살들은 위덕威德의 힘이 있기 때문에 다그치는

爾時 維摩詰 語大迦葉.

"仁者, 十方無量 阿僧祇世界中 作魔王者 多是 住不可思議 解脫菩薩. 以方便力 敎化衆生 現作魔王.

又迦葉, 十方無量菩薩 或有人從乞 手足耳鼻 頭目髓腦 血肉皮骨 聚落城邑 妻子奴婢 象馬車乘 金銀琉璃 車磲馬瑙 珊瑚琥珀 眞珠珂貝 衣服飮食, 如此乞者 多是住 不可思議 解脫菩薩.

以方便力 而往試之 令其堅固. 所以者何 住不可思議 解脫菩薩 有威德力故

행동을 나타내어 모든 중생들에게 이렇게 어려운 일을 보이지만, 범부와 하열한 자는 세력[力勢]이 없어서 이렇게 보살을 다구치는 일을 할 수가 없기 때문입니다.

③ 비유하면 큰 코끼리가 차고 짓밟는 것[龍象蹴踏]은 나귀가 감당할 수 있는 것이 아닌 것[非驢所堪]과 같습니다.

㈏ 이것을 불가사의 해탈에 머무는 보살의 지혜와 방편의 문이라고 이름하는 것입니다."

現行逼迫 示諸衆生 如是難事, 凡夫下劣 無有力勢 不能如是 逼迫菩薩.
譬如 龍象蹴踏 非驢所堪.

是名　住不可思議解脫菩薩 智慧方便之門."

제7 관중생품[1]　　　　　觀衆生品 第七

1. 문수사리가 문답하여 보살행을 밝히다

1.1 교화 대상을 관찰하다

(1) 그 때 문수사리 보살이 유마힐에게 물었다.　　　爾時 文殊師利 問維摩詰言.

"보살은 어떻게 중생을 관찰하여야 합니까?"　　　"菩薩 云何 觀於衆生?"

(2) 유마힐이 말하였다.　　　維摩詰言.

㈎ "비유하면 마치 환술사[幻師]가 환술로 만들어진 사람[所幻人]을 관찰하듯이, 보살이 중생을 관찰하는 것도 이와 같아야 합니다.　　　"譬如幻師 見所幻人, 菩薩觀衆生 爲若此.

㈏ ① 마치 지혜 있는 자가 물 속의 달을 보는 것과 같이, ② 거울 속의 그의 얼굴상을 보는 것과 같이, ③ 더울 때의 아지랑이와 같이, ④ 외치는 소리의 메아리와 같이, ⑤ 허공 중의 구름과 같이, ⑥ 물거품와 같이, ⑦ 물 위의 물방울과 같이, ⑧ 파초의 단단함과 같이,　　　如智者　見水中月, 如鏡中　見其面像, 如熱時焰, 如呼聲響, 如空中雲, 如水聚沫, 如水上泡, 如芭蕉堅,

....

[1] 「집 공은 관중생품이라고 이름하였다. 초목처럼 식이 없는 것도 역시 중생이라고 이름한다. 식이 있는 것은 '정情'이라고 이름하니, 초목에는 통하지 않는 것이다. 이미 살타sattva라고 했으므로 '유정'이라고 이름한 것이다.」 그러나 포탈라본의 품명은 '천녀품[Devatā-parivartaḥ]'으로 되어 있다.

⑨ 번개가 오래 머무는 것과 같이, ⑩ 제5의 대大와 같이, ⑪ 제6의 온[陰]과 같이, ⑫ 제7의 근[情]과 같이, ⑬ 제13의 입入과 같이, ⑭ 제19의 계界와 같이, 보살이 중생을 관찰하는 것도 이와 같아야 합니다.

⑮ 무색계의 물질과 같이, ⑯ 타버린 곡식의 싹과 같이, ⑰ 수다원의 유신견과 같이, ⑱ 아나함이 모태에 드는 것과 같이, ⑲ 아라한의 삼독三毒과 같이, ⑳ 득인得忍보살이 탐내거나 성내거나 훼금하는 것과 같이, ㉑ 붓다의 번뇌의 습기와 같이, ㉒ 소경인 자가 형색을 보는 것과 같이, ㉓ 멸진정에 들어가서 들숨날숨을 쉬는 것과 같이, ㉔ 허공 중의 새 날아간 자취와 같이, ㉕ 석녀의 아이와 같이, ㉖ 변화된 사람이 번뇌를 일으키는 것과 같이, ㉗ 깨고 나서 꿈에서 본 것과 같이, ㉘ 열반을 실현한 분[滅度者]이 몸을 받는 것과 같이, ㉙ 연기 없는 불과 같이, 보살이 중생을 관찰하는 것도 이와 같아야 합니다."

1.2 이익하는 행을 밝히다
1.2.1 이타행을 밝히다
(1) 자애

㈎ 문수사리가 말하였다.

如電久住, 如第五大, 如第六陰, 如第七情, 如十三入, 如十九界, 菩薩觀衆生 爲若此.

如無色界色, 如焦穀牙, 如須陀洹 身見, 如阿那含 入胎, 如阿羅漢 三毒, 如得忍菩薩 貪恚毁禁, 如佛煩惱習, 如盲者見色, 如入滅盡定 出入息, 如空中鳥跡, 如石女兒, 如化人 起煩惱, 如夢所見 已寤, 如滅度者 受身, 如無煙之火, 菩薩觀衆生 爲若此."

文殊師利言.

"만약 보살이 그렇게 관찰한다면, 어떻게 자애[慈]를 행하겠습니까?"

㈑ 유마힐이 말하였다.

㈎ "보살은 이와 같이 관찰하고 나서 스스로 생각하기를, '나는 중생을 위해[爲衆生] 이와 같은 법을 말하리라[說如斯法]'라고 합니다. 이것이 곧 진실한 자애인 것입니다.

㈏² ① 적멸의 자애를 행하니, 생길 것이 없기 때문이고,³ ② 뜨겁지 않은 자애를 행하니, 번뇌가 없기 때문이며, ③ 평등의 자애를 행하니, 삼세에 평등하기 때문이고,⁴ ④ 다툼 없는 자애를 행하니, 일어날 것이 없기 때문이며,⁵ ⑤ 둘 아닌 자애를 행하니, 안팎이 합하지 않기 때문이고, ⑥ 무너지지 않는

"若菩薩 作是觀者, 云何行慈?"
維摩詰言.
"菩薩 作是觀已 自念, '我當 爲衆生 說如斯法.'
是卽 眞實慈也.
行寂滅慈, 無所生故, 行不熱慈, 無煩惱故, 行等之慈, 等三世故,
行無諍慈, 無所起故, 行不二慈, 內外不合故, 行不壞慈,

....

2 「이하 자애를 자세히 말하는 것에 29구가 있는데, 처음의 24구는 무연·법연·유정연의 세 가지를 개별적으로 해석하는 것이고, 뒤의 5구는 유정연·법연·무연을 개별적으로 해석하는 것이다. (그리고 전자 중) 처음의 9구는 무연을 밝히고, 다음의 9구는 법연을 밝히며, 뒤의 6구는 유정연을 밝히는 것이다.」
3 구마라집(제6권)은 다음과 같이 설명한다. "모든 법이 적멸하여 생함이 없는 것[無生]을 아는 것이다. 이로 인하여 자애를 일으키므로 적멸을 잃지 않는다."
4 혜원(『유마의기』 제3권본末)은 다음과 같이 설명한다. "번뇌의 과보를 떠난 것이니, 삼세의 분단생사의 과보의 다름이 없기 때문에 '평등'이라고 이름한 것이다."
5 역시 혜원은 다음과 같이 설명한다. "업의 원인을 떠난 것이니, 선·악이 서로 거스르는 것을 '다툼'이라고 이름한다. 자애행이 이것을 떠났기 때문에 '다투지 않는다'고 말한 것이다."

자애를 행하니, 필경 다하기 때문이며,6 ⑦ 견고한 자애를 행하니, 마음에 헒[毁]이 없기 때문이고, ⑧ 청정한 자애를 행하니, 모든 법의 성품이 깨끗하기 때문이며, ⑨ 가이없는 자애를 행하니, 허공과 같기 때문입니다.

⑩ 아라한의 자애를 행하니, 번뇌의 도적을 깨뜨렸기 때문이고, ⑪ 보살의 자애를 행하니, 중생을 편안케 하기 때문이며, ⑫ 여래의 자애를 행하니, 여의 모습[如相]을 얻었기 때문이고, ⑬ 붓다의 자애를 행하니, 중생을 깨우치기 때문이며, ⑭ 자연적인 자애를 행하니, 원인 없이 얻기 때문이고, ⑮ 보리의 자애를 행하니, 같은 하나의 맛이기 때문이며, ⑯ 같을 것 없는 자애를 행하니, 모든 애착을 끊었기 때문이고,7 ⑰ 대비의 자애를 행하니, 대승으로써 인도하기 때문이며, ⑱ 싫어함 없는 자애를 행하니, 공과 무아를 관찰하기 때문입니다.

⑲ 법보시의 자애를 행하니, 남기거나 아낌

畢竟盡故, 行堅固慈, 心無毁故, 行淸淨慈, 諸法性淨故, 行無邊慈, 如虛空故.

行阿羅漢慈, 破結賊故, 行菩薩慈, 安衆生故, 行如來慈, 得如相故, 行佛之慈, 覺衆生故, 行自然慈, 無因得故, 行菩提慈, 等一味故, 行無等慈, 斷諸愛故, 行大悲慈, 導以大乘故, 行無厭慈, 觀空無我故.

行法施慈, 無遺惜

---

6 「필경 모든 번뇌를 다하기 때문에 체가 무너지지 않는다는 것이다.」
7 구마라집(제6권)은 "범부는 애착의 번뇌가 있으므로, 자애를 행하는 것이 곧 더 불어 같을 수 있다. 그러나 애착이 끊어져서 자애를 행하는 자는 능히 같을 것이 없는 것이다"라고 설명한다. 한편 영역본은 이를, "a goodwill without uncalledfor affirmation because it is free of affection and aversion"이라고 표현하고 있어, 세 가지 번역 사이에 미세한 차이가 있다.

이 없기 때문이고, ⑳ 지계의 자애를 행하니, 훼금하는 것을 교화하기 때문이며, ㉑ 인욕의 자애를 행하니, 저와 나를 보호하기 때문이고, ㉒ 정진의 자애를 행하니, 중생을 짊어지기 때문이며, ㉓ 선정의 자애를 행하니, 맛을 받아들이지 않기 때문이고, ㉔ 지혜의 자애를 행하니, 때를 알지 못함이 없기 때문입니다.

㉕ 방편의 자애를 행하니, 일체를 시현示現하기 때문이고, ㉖ 숨김 없는 자애를 행하니, 곧은 마음이 청정하기 때문이며, ㉗ 깊은 마음의 자애를 행하니, 잡된 행이 없기 때문이고,8 ㉘ 속임 없는 자애[無誑]를 행하니, 헛되거나 거짓되지 않기 때문이며, ㉙ 안락한 자애를 행하니, 붓다의 안락을 얻게 하기 때문입니다.9

보살의 자애는 이와 같아야 합니다."

(2) 연민

㈎ 문수사리가 또 물었다.

"무엇을 말하여 연민[悲]이라고 합니까?"

故, 行持戒慈,
化毀禁故, 行忍辱
慈, 護彼我故,
行精進慈, 荷負衆
生故, 行禪定慈, 不
受味故, 行智慧慈,
無不知時故.
行方便慈, 一切示
現故, 行無隱慈,
直心淸淨故, 行深
心慈, 無雜行故,
行無誑慈, 不虛假
故, 行安樂慈,
令得佛樂故.

菩薩之慈 爲若此也."

文殊師利 又問.
"何謂 爲悲?"

---

8 이 부분에 대해 구마라집(제6권)은, "곧은 마음 중에도 여전히 번뇌의 결박이 있지만, 지금은 불법에 깊이 들어가서 잡된 생각이 없게 된 것이다"라고 설명한다.
9 「구역에서 뒤의5구 중 1구(=㉕)는 유정연, 3구(=㉖ 내지 ㉘)는 법연, 1구(=㉙)는 무연이었다.」

(나) 유마힐이 답하였다.
"보살이 지은 공덕을 모두 일체 중생들에게 주어 이를 함께 하는 것입니다."

答曰.
"菩薩 所作功德 皆 與一切衆生 共之."

(3) 기뻐함

문 "무엇을 말하여 기뻐함[喜]이라고 합니까?"

"何謂 爲喜?"

답 "유익케 하는 것이 있었음을 기뻐하고, 후회함이 없는 것입니다."

答曰. "有所饒益, 歡喜無悔."

(4) 평정

문 "무엇을 말하여 평정[捨]이라고 합니까?"

"何謂 爲捨?"

답 "짓는 복덕[福祐]에 대해 희구하거나 바라는 것이 없는 것입니다."

答曰. "所作福祐 無所悕望."

1.2.2 자리행을 밝히다

(1) 문수사리가 또 물었다.
"생사에 두려움이 있는 보살은 무엇에 의지하여야 합니까?"

文殊師利 又問.
"生死有畏菩薩 當何所依?"

유마힐이 말하였다.
"보살은 생사에 대한 두려움 중에서 여래의 공덕의 힘에 의지하여야 합니다."

維摩詰言.
"菩薩 於生死畏中 當依 如來功德之力."

(2) 문수사리가 또 물었다.
"보살이 여래의 공덕의 힘에 의지하고자 한다면, 어디에 머물러야 합니까?"

文殊師利 又問.
"菩薩 欲依 如來功德之力, 當於何住?"

유마힐이 말하였다.

答曰.

"보살이 여래의 공덕의 힘에 의지하고자 한다면, 응당 일체 중생들을 제도하여 해탈시키는 것에 머물러야 합니다."

⑶ 문 "중생을 제도하고자 한다면, 무엇을 없애야 합니까?"

답 "중생을 제도하고자 한다면, 그의 번뇌를 없애야 합니다."

⑷ 문 "번뇌를 없애고자 한다면, 무엇을 행하여야 합니까?"

답 "바른 알아차림[正念]을 행해야 합니다."

⑸ 문 "어떻게 바른 알아차림을 행해야 합니까?"

답 "생기지 않으며 소멸하지 않음을 행해야 합니다."

⑹ 문 "어떤 법이 생기지 않고, 어떤 법이 소멸하지 않습니까?"

답 "불선한 법이 생기지 않고, 선법이 소멸하지 않는 것입니다."

⑺ 문 "선과 불선은 무엇이 근본[本]이 됩니까?"

답 "몸[身]이 근본이 됩니다."

⑻ 문 "몸은 무엇이 근본이 됩니까?"

답 "욕탐이 근본이 됩니다."

⑼ 문 "욕탐은 무엇이 근본이 됩니까?"

"菩薩 欲依如來功德力者, 當住 度脫一切眾生."

又問. "欲度眾生 當何所除?"

答曰. "欲度眾生 除其煩惱."

又問. "欲除煩惱 當何所行?"

答曰. "當行正念."

又問. "云何 行於正念?"

答曰. "當行 不生不滅."

又問. "何法 不生, 何法 不滅?"

答曰. "不善 不生, 善法 不滅."

又問. "善不善 孰爲本?"

答曰. "身 爲本."

又問. "身 孰爲本?"

答曰. "欲貪 爲本."

又問. "欲貪 孰爲本?"

답 "허망한 분별[虛妄分別]이 근본이 됩니다."

⑽ 문 "허망한 분별은 무엇이 근본이 됩니까?"

답 "전도된 지각[顚倒想]이 근본이 됩니다."

⑾ 문 "전도된 지각은 무엇이 근본이 됩니까?"

답 "무주無住10를 근본으로 합니다."

⑿ 문 "무주는 무엇이 근본이 됩니까?"

답 "무주는 곧 근본[本]이 없습니다. 문수사리님, 무주라는 근본[無住本]에서 일체법이 건립되는 것입니다."

答曰. "虛妄分別 爲本."

又問. "虛妄分別 孰爲本?"

答曰. "顚倒想爲本."

又問. "顚倒想 孰爲本?"

答曰. "無住 爲本."

又問. "無住 孰爲本?"

答曰. "無住 則無本. 文殊師利, 從無住本 立一切法."

2. 천녀가 성문의 집착을 깨트리다

2.1 천녀가 꽃을 뿌리다

⑴ 그 때 유마힐의 방에 한 천녀天女가 있다가, 여러 대인大人들을 보며 또 말하는 법을 듣고 문득 그 몸을 나타내고는, 곧 하늘꽃[天華]들을 모든 보살들과 대 제자들 위에 뿌렸다.

⑵ 꽃들이 모든 보살들에게 이른 것은 곧 모

時 維摩詰室 有一天女, 見諸大人 聞所說法 便現其身, 卽以天華 散諸菩薩 大弟子上.

華 至諸菩薩 卽皆

---

10 「'무주'란 곧 진여이다. 진여에 미혹함으로 말미암아 전도된 경계가 생겨나기 때문이다.」

제7 관중생품 631

두 떨어지고 말았지만, 대 제자들에게 이른 것은 곧 붙어서 떨어지지 않았다. 모든 제자들은 신통력으로 꽃을 떼내려 하였지만, 떼낼 수가 없었다.

(3) ㈎ 그 때 천녀가 사리불에게 물었다.
"무엇 때문에 꽃을 떼내려고 합니까?"
㈏ 사리불이 대답하였다.
"이 꽃은 여법如法하지 못하니, 그래서 이것을 떼내려는 것입니다."
㈐ 천녀가 말하였다.
㈀ "① 이 꽃을 여법하지 않다고 말하지 마십시오. ② 까닭이 무엇인가 하면 이 꽃은 분별하는 것이 없는데, 존자 스스로 분별하는 생각을 내고 있을 뿐이기 때문입니다.
㈁ (a) 만약 불법佛法으로 출가하고서도 분별하는 것이 있다면 여법하지 못한 것이고, 만약 분별하는 것이 없다면 이것이 곧 여법한 것입니다.
(b) ① 모든 보살들을 보십시오. 꽃이 붙지 않는 것은 이미 일체 분별하는 생각을 끊었기 때문입니다.
비유하면 사람이 두려워할 때에는 비인非人들이 그 기회[便]를 얻는 것과 같습니다. 이와 같이 제자들은 생사를 두려워하기 때문에

墮落, 至大弟子 便著不墮. 一切弟子 神力去華 不能令去.
爾時天女問舍利弗.
"何故 去華?"
答曰.
"此華 不如法, 是以去之."
天曰.
"勿謂此華 爲不如法. 所以者何 是華無所分別, 仁者 自生 分別想耳.
若於佛法出家 有所分別 爲不如法, 若無所分別 是則如法.
觀諸菩薩. 華不著者 已斷一切 分別想故.
譬如 人畏時 非人得其便. 如是弟子畏生死故 色聲香味

색·성·향·미·촉이 그 기회를 얻지만, 이미 두려워함을 떠난 자라면 일체 오욕五欲도 할 수 있는 일이 없는 것입니다.

⑵ 결박의 습기[結習]가 아직 다하지 않았다면 꽃이 몸에 붙지만, 결박의 습기가 다하였다면 꽃은 붙지 않는 것입니다."

觸 得其便也, 已離畏者 一切五欲 無能爲也.

結習未盡 華著身耳, 結習盡者 華不著也."

2.2 사리불과 문답하다
2.2.1 얼마나 오래 머물렀는가

⑴ 사리불이 말하였다.
"천녀는 이 방에 머문 지 그 얼마나 오래되었습니까?"

舍利弗言.
"天止此室 其已久如?"

⑵ 천녀가 대답하였다.
"내가 이 방에 머문 것은 장로[耆年]께서 해탈하신 것과 같습니다."

答曰.
"我止此室 如耆年解脫."

⑶ 사리불이 말하였다.
"그렇게 오래 머물렀다는 것입니까?"

舍利弗言.
"止此久耶?"

⑷ 천녀가 말하였다.
"장로께서 해탈하신 것 또한 얼마나 오래되셨는지요?"

天曰.
"耆年解脫 亦何如久?"

⑸ 사리불은 잠자코 대답하지 않았다.

舍利弗 黙然不答.

⑹ 천녀가 말하였다.
"어째서 장로[耆舊]이시고 큰 지혜를 가지신 분께서 침묵하십니까?"

天曰.
"如何耆舊 大智而黙?"

제7 관중생품 633

(7) 사리불이 대답하였다.

"해탈이란 언설言說할 것이 없는 것입니다. 그래서 내가 지금 말할 바를 모르겠습니다."

(8) 천녀가 말하였다.

"① 언설과 문자는 모두 해탈의 모습[解脫相]입니다. ② 어째서인가 하면 해탈이란 안도 아니고 밖도 아니며 둘의 중간에도 있지 않는데, 문자 역시 안도 아니고 밖도 아니며 둘의 중간에도 있지 않기 때문입니다. ③ 그러므로 사리불님, 문자를 떠나서 해탈을 말해서는 안되는 것입니다. 어째서인가 하면 일체 모든 법이 해탈의 모습이기 때문입니다."

(9) 사리불이 말하였다.

"또한 음姪·노怒·치癡를 떠나는 것이 해탈이 아니겠습니까?"

(10) 천녀가 말하였다.

"붓다께서는 증상만增上慢의 사람들을 위하여 음·노·치를 떠나는 것이 해탈이라고 말씀하셨을 뿐입니다. 만약 증상만이 없는 이들이었다면 붓다께서는 음·노·치의 성품이 곧 해탈이라고 말씀하셨을 것입니다."

(11) 사리불이 말하였다.

"훌륭하고 훌륭하십니다, 천녀님. 그대는

答曰.

"解脫者 無所言說. 故吾於是 不知所云."

天曰.

"言說文字 皆解脫相. 所以者何 解脫者 不內不外 不在兩間, 文字 亦不內不外 不在兩間. 是故 舍利弗, 無離文字 說解脫也. 所以者何 一切諸法 是解脫相."

舍利弗言.

"不復 以離婬怒癡 爲解脫乎?"

天曰.

"佛 爲增上慢人 說離婬怒癡 爲解脫耳. 若無增上慢者 佛說 婬怒癡性 卽是解脫."

舍利弗言.

"善哉善哉, 天女.

무엇을 얻었고 무엇을 깨달았기에 변재가 이와 같습니까?"

⑿ 천녀가 말하였다.

"나는 얻은 것[得]도 없고 깨달은 것[證]도 없기 때문에 변재가 이렇습니다. 까닭이 무엇이겠습니까? 만약 얻은 것이 있고 깨달은 것이 있다고 한다면, 곧 불법佛法에서 증상만이 되는 것입니다."

汝何所得 以何爲證 辯乃如是?"

天曰.

"我無得無證故 辯如是. 所以者何? 若有得有證者, 卽於佛法 爲增上慢."

2.2.2 어떤 승으로 향해 나아가는가

⑴ 사리불이 천녀에게 물었다.

"그대는 삼승 중에서 무엇을 마음으로 구합니까?"

⑵ 천녀가 말하였다.

"㈎ 성문의 법[聲聞法]으로써 중생을 교화하기 때문에 나는 성문도 되고, 인연의 법[因緣法]으로써 중생을 교화하기 때문에 나는 벽지불도 되며, 대비의 법[大悲法]으로써 중생을 교화하기 때문에 나는 대승도 되는 것입니다.

㈏ ㉠ 사리불님, 마치 사람이 첨복瞻蔔 숲에 들어가면 오직 첨복의 향기만 맡게 되고, 다른 향기는 맡지 못하는 것과 같습니다. 이와 같이 만약 이 방에 들어온다면 오직 붓다의

舍利弗 問天.

"汝於三乘 爲何志求?"

天曰.

"以聲聞法 化衆生故 我爲聲聞, 以因緣法 化衆生故 我爲辟支佛, 以大悲法 化衆生故 我爲大乘.

舍利弗, 如人入瞻蔔林 唯嗅瞻蔔, 不嗅餘香. 如是 若入此室 但聞 佛功德

공덕의 향기만 맡게 되고, 성문과 벽지불의 공덕의 향기는 즐겨 맡지 못하는 것입니다.

㈐ 사리불님, 제석[釋], 범천[梵], 사천왕, 모든 천신, 용, 귀신 등 그 누구라도 이 방에 들어온 자라면, 이 상인上人께서 정법正法을 강설하는 것을 듣고는 모두 붓다의 공덕의 향기를 좋아해서 발심發心하고 방을 나갑니다.

㈑ 사리불님, 내가 이 방에 머문지 십이년이 되었지만, 처음부터 성문이나 벽지불의 법을 말하는 것은 듣지를 못하였고, 오직 보살의 대자대비와 불가사의한 모든 붓다들의 법만을 들었습니다.

㈒ 사리불님, 이 방에는 여덟 가지 과거에 없었던 얻기 어려운 법[八未曾有難得之法]이 항상 나타납니다. 어떤 것이 여덟 가지일까요?

① 이 방은 항상 금색의 광명이 낮이나 밤이나 차이 없이 비추므로, 해와 달로 비추는 것을 조명[明]으로 쓰지 않으니, 이것이 첫째의 과거에 없었던 얻기 어려운 법입니다.

② 이 방에 들어오는 자는 모든 번뇌[垢]에 의해 괴롭혀지지 않으니, 이것이 둘째의 과거에 없었던 얻기 어려운 법입니다.

③ 이 방에는 항상 제석, 범천, 사천왕과 타

之香, 不樂聞 聲聞辟支佛 功德香也.

舍利弗, 其有釋梵四天王 諸天龍鬼神 等 入此室者, 聞斯上人 講說正法 皆樂 佛功德之香 發心而出.

舍利弗, 吾止此室 十有二年, 初不聞說 聲聞辟支佛法, 但聞 菩薩 大慈大悲 不可思議 諸佛之法.

舍利弗, 此室常現 八未曾有 難得之法. 何等爲八?

此室 常以金色光照 晝夜無異, 不以日月所照爲明, 是爲 一未曾有 難得之法.

此室入者 不爲諸垢之所惱也, 是爲 二未曾有 難得之法.

此室 常有釋梵 四

방의 보살들이 와서 모여 있고 끊어지지 않으니, 이것이 셋째의 과거에 없었던 얻기 어려운 법입니다.

④ 이 방에서는 항상 육바라밀과 불퇴전의 법[不退轉法]이 말해지고 있으니, 이것이 넷째의 과거에 없었던 얻기 어려운 법입니다.

⑤ 이 방에서는 항상 천신과 사람의 으뜸되는 음악을 지어서, 줄[絃]이 법으로 교화하는 한량없는 소리를 내고 있으니, 이것이 다섯째의 과거에 없었던 얻기 어려운 법입니다.

⑥ 이 방에는 네 가지 큰 곳간[藏]에 온갖 보배[衆珍]가 쌓여 가득 넘치고 있어서, 궁핍함을 구제[賙濟]하고 구하는 대로 얻게 하여도 다함이 없으니, 이것이 여섯째의 과거에 없었던 얻기 어려운 법입니다.

⑦ 이 방에는 석가모니釋迦牟尼 붓다, 아미타阿彌陀 붓다, 아촉阿閦 붓다, 보덕寶德 붓다, 보염寶炎 붓다, 보월寶月 붓다, 보엄寶嚴 붓다, 난승難勝 붓다, 사자향師子響 붓다, 일체리성一切利成 붓다와 이러한 등의 시방十方의 한량없는 모든 붓다들께서, 이 상인上人이 생각할 때면 곧 모두 오셔서 모든 붓다들의 비밀한 요체[秘要]의 법장法藏을 자세히 말씀하시고, 말씀하시고 나서는 되돌아 가시니, 이것이

天王 他方菩薩 來會不絶, 是爲 三未曾有 難得之法.

此室 常說 六波羅蜜 不退轉法, 是爲 四未曾有 難得之法.

此室 常作 天人第一之樂 絃出無量 法化之聲, 是爲 五未曾有 難得之法.

此室 有四大藏 衆寶積滿, 賙窮濟乏 求得無盡,

是爲 六未曾有 難得之法.

此室 釋迦牟尼佛 阿彌陀佛 阿閦佛 寶德 寶炎 寶月 寶嚴 難勝 師子響 一切利成 如是等 十方無量諸佛, 是上人念時 卽皆爲來 廣說諸佛 秘要法藏, 說已還去, 是爲

일곱째의 과거에 없었던 얻기 어려운 법입니다.

⑧ 이 방에는 일체 모든 천신들의 장엄하게 장식된 궁전과, 모든 붓다들의 청정한 국토가 모두 그 가운데 나타나니, 이것이 여덟째의 과거에 없었던 얻기 어려운 법입니다.

사리불님, 이 방에는 항상 이러한 여덟 가지 과거에 없었던 얻기 어려운 법이 나타나는데, 그 누군들 이러한 불가사의한 일을 보고도 다시 성문의 법[聲聞法]을 즐기는 이가 있겠습니까?"

七未曾有　難得之法.

此室　一切諸天　嚴飾宮殿,　諸佛淨土　皆於中現,　是爲　八未曾有　難得之法.

舍利弗,　此室常現　八未曾有　難得之法,　誰有見斯　不思議事　而復樂於　聲聞法乎."

2.2.3 여자의 몸을 바꾸지 않는가
(1) 천녀에게 몸을 바꾸게 하다

㈎ 사리불이 말하였다.
"당신은 어째서 여자의 몸을 바꾸지 않습니까?"

㈏ 천녀가 말하였다.
"내가 십이 년 동안 여인의 모습을 구했어도 마침내 얻을 수 없었는데, 무엇이 바꾸어야 할 것입니까?

㈐ 비유하면 환술사가 환녀幻女를 변화로 만든 것과 같으니, 만약 어떤 사람이, '어째서 여인의 몸을 바꾸지 않습니까?'라고 묻는

舍利弗言.
"汝何以　不轉女身?"

天曰.
"我從　十二年來　求女人相　了不可得,　當何所轉?

譬如幻師　化作幻女,　若有人問, '何以　不轉女身?', 是

다면, 바른 물음이 되겠습니까?"
⑷ 사리불이 말하였다.
"그렇지 않습니다. 환상[幻]은 고정된 모습[定相]이 없는데, 무엇이 바꾸어야 할 것이겠습니까?"
⑸ 천녀가 말하였다.
"일체 모든 법들도 역시 또한 그와 같이 고정된 모습이 없는 것입니다. 어찌하여 여인의 몸을 바꾸지 않느냐고 물으셨습니까?"

(2) 사리불을 바꾸다

㈎ 즉시 천녀는 신통력으로써 사리불을 변화시켜 천녀처럼 되게 하고, 천녀 스스로는 사리불처럼 몸을 변화시키고는, 물어 말하였다.
"어찌하여 여인의 몸을 바꾸지 않습니까?"
㈏ 사리불은 천녀의 모습[像]으로 대답해 말하였다.
"나는 지금 어떻게 바뀌어서 여인의 몸으로 변했는지 모르겠습니다."
㈐ 천녀가 다시 말하였다.
"① 사리불님, 만약 이 여인의 몸을 바꿀 수 있다면, 곧 일체 여인들도 역시 바꿀 수 있을 것입니다. ② 마치 사리불님께서 여인이 아니면서 여인의 몸을 나타내었듯이, 일체 여

人 爲正問不?"
舍利弗言.
"不也. 幻無定相, 當何所轉?"

天曰.
"一切諸法 亦復如是 無有定相. 云何乃問 不轉女身?"

卽時 天女 以神通力 變舍利弗 令如天女, 天自化身 如舍利弗, 而問言.
"何以 不轉女身?"
舍利弗 以天女像 而答言.
"我今不知 何轉而變爲女身."
天曰.
"舍利弗, 若能轉此女身, 則一切女人亦當能轉. 如舍利弗 非女而現女身,

인들도 역시 또한 이와 같아서 비록 여인의 몸을 나타내고 있지만 여인이 아닙니다. ③ 그래서 붓다께서는 일체 모든 법은 남자도 아니고 여자도 아니라고 말씀하셨던 것입니다."

⑶ 본래의 모습으로 회복시키다

㈎ 즉시 천녀는 신통력을 다시 거두어 사리불의 몸을 원래대로 회복시켰다. 천녀가 사리불에게 물었다.
"여자 몸의 색상色相은 지금 어디에 있습니까?"

㈏ 사리불이 말하였다.
"여자 몸의 색상은 있음도 없고[無在] 있지 않음도 없습니다[無不在]."

㈐ 천녀가 말하였다.
"일체 모든 법도 역시 또한 그와 같이 있음도 없고 있지 않음도 없으니, 있음도 없고 있지 않음도 없는 것이 붓다께서 말씀하신 것입니다."

"一切女人 亦復如是 雖現女身 而非女也. 是故佛說 一切諸法 非男非女."

卽時 天女 還攝神力 舍利弗身 還復如故. 天問舍利弗.
"女身色相 今何所在?"

舍利弗言.
"女身色相 無在無不在."

天曰.
"一切諸法 亦復如是 無在無不在, 夫無在無不在者 佛所說也."

2.2.4 다음 생은 어느 곳인가

⑴ 사리불이 천녀에게 물었다.
"당신은 여기에서 죽으면 어디에서 태어날 것입니까?"

舍利弗 問天.
"汝於此沒 當生何所?"

(2) 천녀가 말하였다.
"붓다의 변화로 생기는 것[佛化所生], 그와 같이 나도 태어날 것입니다."
(3) 사리자가 말하였다.
"붓다의 변화로 생기는 것은 죽거나 태어나는 것이 아닙니다."
(4) 천녀가 말하였다.
"중생도 마찬가지로 그러해서 죽음과 태어남이 없는 것입니다."

天曰.
"佛化所生, 吾如彼生."
曰.
"佛化所生 非沒生也."
天曰.
"衆生猶然 無沒生也."

2.2.5 언제 과보를 얻을 것인가
(1) 사리불이 천녀에게 물었다.
"당신은 얼마나 지나서 아뇩다라삼먁삼보리를 증득하겠습니까?"
(2) 천녀가 말하였다.
"사리불님께서 다시 범부가 되는 것과 같이, 나도 그 때 아뇩다라삼먁삼보리를 이룰 것입니다."
(3) 사리불이 말하였다.
"내가 범부가 된다는 것은 있을 수 없는 일입니다."
(4) 천녀가 말하였다.
"내가 아뇩다라삼먁삼보리를 얻는다는 것도 역시 있을 수 없습니다. 까닭이 무엇이겠

舍利弗 問天.
"汝久如 當得 阿耨多羅三藐三菩提?"
天曰.
"如舍利弗 還爲凡夫, 我乃當成 阿耨多羅三藐三菩提."
舍利弗言.
"我作凡夫 無有是處."
天曰.
"我得 阿耨多羅三藐三菩提 亦無是

제7 관중생품 641

습니까? 보리는 머무는 곳[住處]이 없기 때문입니다. 그러므로 얻는 주체[得者]도 없는 것입니다."

(5) 사리불이 말하였다.

"모든 붓다들께서 아뇩다라삼먁삼보리를 지금도 증득하시고, 과거에도 이미 증득하셨고, 미래에도 장차 증득하실 것이 마치 항하의 모래와 같다는 것은, 모두 무엇을 말씀하신 것입니까?"

(6) 천녀가 말하였다.

"모두가 세속의 문자와 수로써 삼세가 있다고 말씀하신 것이지, 보리에 과거·미래·현재가 있다고 말씀하신 것이 아닙니다."

(7) 천녀가 말하였다.

"사리불님, 존자께서는 아라한도를 얻으셨습니까?"

(8) 사리불이 말하였다.

"얻는 것이 없기[無所得] 때문에 얻었습니다."

(9) 천녀가 말하였다.

"모든 붓다와 보살들도 역시 그러해서 얻는 것이 없기 때문에 얻는 것입니다."

處. 所以者何? 菩提無住處. 是故 無有得者."

舍利弗言.

"今諸佛得 阿耨多羅三藐三菩提, 已得, 當得 如恒河沙, 皆謂何乎?"

天曰.

"皆以 世俗文字數故 說有三世, 非謂菩提 有去來今."

天曰.

"舍利弗, 汝得 阿羅漢道耶?"

曰.

"無所得故 而得."

天曰.

"諸佛菩薩 亦復如是 無所得故 而得."

2.3 유마힐이 찬탄하다

그 때 유마힐維摩詰이 사리불에게 말하였다.

"이 천녀는 구십이억의 붓다들을 이미 일찍이 공양供養하였고, 보살의 신통에서 능히 노닐었으며, 서원한 바[所願]를 구족하였고, 무생법인[無生忍]을 얻어, 퇴전退轉하지 않는 지위에 머물지만, 본래의 서원[本願] 때문에 마음을 따라 능히 나타나서 중생들을 교화하고 있는 것입니다."

爾時 維摩詰 語舍利弗.

"是天女 已曾供養 九十二億佛已, 能遊戲 菩薩神通, 所願具足, 得無生忍, 住不退轉, 以本願故 隨意能現 敎化衆生."

제8 불도품1　　　　　　　　　　佛道品 第八

1. 보리의 원인을 간략히 밝히다

1.1 문답하고 따지다
⑴ 그 때 문수사리文殊師利가 유마힐에게 물었다.
"보살은 어떻게 해야 불도佛道에 통달합니까?"
⑵ 유마힐이 말하였다.
"만약 보살이 길 아닌 것[비도非道]을 행한다면, 이것이 불도에 통달하는 것입니다."
⑶ 또 물었다.
"어떤 것이 보살이 길 아닌 것을 행하는 것입니까?"

爾時 文殊師利 問維摩詰言.
"菩薩 云何 通達佛道?"
維摩詰言.
"若菩薩 行於非道, 是爲 通達佛道."
又問.
"云何 菩薩 行於非道?"

1.2 풀이하다
⑴ 유마힐이 답하였다.
"① 만약 보살이 오무간五無間을 가더라도

答曰.
"若菩薩　行五無間

....
1 「집 공은 불도품이라고 이름하였는데, 뜻은 비록 그럴 수 있지만, 범어의 음이 다르고 뜻에도 역시 혼동이 있을 수 있으므로, 바로 보리분품이라고 해야 한다.」 포탈라본의 품명은 'Tathāgatagotra-parivartaḥ', 즉 여래의 종성품이라고 되어 있다.

번민과 성냄이 없고, ② 지옥에 이르더라도 모든 죄의 때[罪垢]가 없으며, ③ 축생에 이르더라도 무명과 교만 등의 허물이 없고, ④ 아귀에 이르더라도 공덕을 구족하며, ⑤ 색계2와 무색계의 길을 가더라도 뛰어난 것[勝]으로 삼지 않습니다.

⑵ ① 탐욕 행함을 보이더라도, 물들어 집착함[染著]을 떠나고, ② 성냄 행함을 보이더라도 모든 중생에 대해 성냄과 막음[恚閡]이 없으며, ③ 어리석음 행함을 보이더라도 지혜로써 그의 마음을 조복합니다.

⑶ ① 간탐 행함을 보이더라도 안팎에 가진 것을 베풀면서 신명身命을 아끼지 않고, ② 훼금 행함을 보이더라도 청정한 계율에 안주하면서 나아가 조그만 죄에 이르기까지도 큰 두려움을 품으며, ③ 성냄 행함을 보이더라도 항상 자애롭게 참고, ④ 게으름 행함을 보이더라도 공덕을 정성스레 닦으며, ⑤ 산란한 마음 행함을 보이더라도 항상 알아차리고 집중하며, ⑥ 어리석음 행함을 보이더라도 세간과 출세간의 지혜에 통달하고, ⑦ 아첨

而無惱恚, 至于地獄 無諸罪垢, 至于畜生 無有無明 憍慢等過, 至于餓鬼 而具足功德, 行色無色界道 不以爲勝.
示行貪欲 離諸染著, 示行瞋恚 於諸衆生 無有恚閡, 示行愚癡 而以智慧 調伏其心.
示行慳貪 而捨內外所有 不惜身命, 示行毀禁 而安住淨戒 乃至小罪 猶懷大懼, 示行瞋恚 而常慈忍, 示行懈怠 而懃修功德, 示行亂意 而常念定, 示行愚癡 而通達世間出世間慧, 示

---

2 「구역에는 색계천인 자도 역시 있었는데, 착오이다. 여기에서는 가장 뛰어나게 닦기 어려운 곳을 든 것이기 때문에, 사람과 색계의 여러 하늘은 없다. 보살은 항상 그 두 곳에 의지해 교화하기 때문에, 쉬워서 논하지 않은 것이다.」

과 속임 행함을 보이더라도 선한 방편으로 모든 경經의 뜻을 따르며, ⑧ 교만 행함을 보이더라도 중생에 대해 마치 교량橋梁과도 같으며, ⑨ 모든 번뇌 행함을 보이더라도 마음은 항상 청정하고, ⑩ 마魔에 들어감을 보이더라도 붓다의 지혜에 수순하고 다른 가르침을 따르지 아니합니다.

⑷ ① 성문에 들어감을 보이더라도 중생들을 위해 아직 듣지 못한 법을 말하고, ② 벽지불에 들어감을 보이더라도 대비로써 중생 교화함을 성취합니다.

⑸ ① 빈궁함에 들어감을 보이더라도 보배손[寶手]을 가져 공덕이 다함 없고, ② 장애자[刑殘]에 들어감을 보이더라도 모든 상호를 갖추어서 스스로 장엄하며, ③ 하천함에 들어감을 보이더라도 붓다의 종성 중에 태어나 모든 공덕을 갖추고, ④ 나약함과 누추함에 들어감을 보이더라도 나라연那羅延의 몸을 얻어 일체 중생들이 항상 즐겨 보는 바이며, ⑤ 늙음과 병듦에 들어감을 보이더라도 병의 뿌리를 영원히 끊고 죽음의 두려움을 초월합니다.

⑹ ① 재물[資生] 있음을 보이더라도 항상 무상無常을 관찰하여 실제로는 탐내는 것이 없

行諸僞　而善方便 隨諸經義, 示行憍慢　而於衆生　猶如橋梁, 示行諸煩惱而心常淸淨, 示入於魔　而順佛智慧不隨他敎.

示入聲聞 而爲衆生說未聞法, 示入辟支佛　而成就大悲敎化衆生.

示入貧窮 而有寶手功德無盡, 示入刑殘　而具諸相好 以自莊嚴, 示入下賤而生佛種姓中 具諸功德, 示入羸劣醜陋 而得那羅延身 一切衆生 之所樂見, 示入老病 而永斷病根　超越死畏.

示有資生 而恒觀無常 實無所貪,

고, ② 처첩과 궁녀 있음을 보이더라도 항상 오욕五欲의 진흙탕을 멀리 여의며, ③ 어눌함과 우둔함[訥鈍]을 나타내더라도 변재와 총지를 성취하여 잃음이 없고, ④ 삿된 도[邪濟]에 들어감을 보이더라도 바른 도[正濟]로써 중생들을 제도합니다.

⑺ ① 여러 윤회세계[諸道]에 두루 들어감을 나타내더라도 그 인연을 끊고, ② 열반을 나타내더라도 생사를 끊지 아니합니다.

⑻ 문수사리님, 보살이 이와 같이 길 아닌 것[非道]을 행할 수 있다면, 이것이 불도佛道에 통달하는 것입니다."

示有妻妾采女 而常遠離 五欲淤泥, 現於訥鈍 而成就 辯才總持無失, 示入邪濟 而以正濟 度諸衆生.

現遍入諸道 而斷其因緣, 現於涅槃 而不斷生死.

文殊師利, 菩薩能如是 行於非道, 是爲 通達佛道."

2. 여래의 종성을 밝히다

2.1 문답하고 따지다

⑴ 그 때 유마힐維摩詰이 문수사리에게 물었다.

"어떤 것이 여래의 종성[如來種]입니까?"

⑵ 문수사리가 말하였다.

㈎ "존재의 무리[有身]가 종성이고, 무명과 유애有愛가 종성이며, 탐貪·에恚·치癡가 종성이고, 네 가지 전도가 종성이며,

㈏ 다섯 가지 장애[五蓋]가 종성이고, 육입

於是 維摩詰 問文殊師利.

"何等 爲如來種?"

文殊師利言.

"有身爲種, 無明有愛爲種, 貪恚癡爲種, 四顚倒爲種, 五蓋爲種, 六入爲

이 종성이며, 일곱 가지 의식의 주처[七識處]가 종성이고, 팔사八邪의 법이 종성이며, 아홉 가지 괴롭히는 곳[九惱處]이 종성이고, 열 가지 불선업도[不善道]가 종성입니다.

㈐ 요약하여 말하자면 육십이견六十二見 및 일체 번뇌들이 모두 붓다의 종성인 것입니다."

⑶ 무구칭이 말하였다.
"무엇을 말씀하신 것인가요?"

2.2 풀이하다
2.2.1 자세히 풀이하다
⑴ 문수사리가 답하였다.
"㈎ 만약 무위를 보고 바른 지위[正位]에 들어간 자라면 다시 아뇩다라삼먁삼보리에 대한 마음을 일으킬 수 없습니다.

㈏ 비유하면 고원의 육지에서는 연꽃이 생겨나지 못하고, 낮고 습한 진흙이라야 이 꽃이 마침내 생겨나는 것과 같습니다.

㈐ 이와 같이 무위법을 보고 바른 지위[正位]에 들어간 자는 끝내 다시는 불법佛法을 일으킬 수 없고, 번뇌의 진흙 속에서라야 비로소 불법을 일으키는 중생이 있을 수 있는 것입니다.

種, 七識處爲種, 八邪法爲種, 九惱處爲種, 十不善道爲種.
以要言之 六十二見 及一切煩惱 皆是佛種."
曰.
"何謂也?"

答曰.
"若見無爲 入正位者 不能復發 阿耨多羅三藐三菩提心. 譬如 高原陸地 不生蓮華, 卑濕淤泥 乃生此華.
如是 見無爲法 入正位者 終不復能生 於佛法, 煩惱泥中 乃有衆生 起佛法耳.

(2) ㈎ 또 마치 씨앗을 공중에 심어서는 끝내 생장하지 못하고, 썩은 흙으로 된 땅[糞壤之地]에서라야 무성할 수 있는 것과 같습니다.

㈏ 이와 같이 무위의 바른 지위에 들어간 자는 일체 불법을 생장시키지 못하지만, 아견我見을 일으킴이 수미산과 같다고 하더라도 오히려 아뇩다라삼먁삼보리에 대한 마음을 일으키고 불법을 생장시킬 수 있는 것입니다. 그러므로 일체 번뇌가 여래의 종성이 되는 것이라고 알아야 합니다.

(3) ㈎ 비유하면 큰 바다로 내려가지 않으면 무가無價의 보주寶珠를 얻을 수 없는 것과 같이, ㈏ 이와 같이 번뇌의 큰 바다에 들어가지 않으면 곧 일체지의 보배를 얻을 수 없는 것입니다."

又如殖種於空 終不得生, 糞壤之地 乃能滋茂.

如是 入無爲正位者 不生佛法, 起於我見 如須彌山 猶能發于 阿耨多羅三藐三菩提心 生佛法矣. 是故 當知 一切煩惱 爲如來種.

譬如 不下巨海 不能得 無價寶珠, 如是不入 煩惱大海 則不能得 一切智寶."

2.2.2 찬탄하다

(1) 그 때 대가섭이 찬탄하여 말하였다.

"훌륭하고 훌륭하십니다, 문수사리님. 통쾌하게 이 말씀을 하셨습니다. 진실로 말씀하신 것처럼 번뇌[塵勞]의 무리[疇]가 여래의 종성입니다.

(2) ㈎ 우리들은 지금 다시 아뇩다라삼먁삼보리심을 일으키는 것을 감당할 수 없으니, 나

爾時 大迦葉 歎言. "善哉善哉, 文殊師利. 快說此語. 誠如所言 塵勞之疇 爲如來種.

我等今者 不復堪任 發阿耨多羅三藐三

제8 불도품 649

아가 오무간五無間의 죄를 지은 자에 이르기까지도 오히려 뜻을 일으켜서 불법을 일으킬 수 있지만, 지금 우리들은 영원히 일으킬 수 없습니다.

㈏ 비유하면 마치 감관이 부서진 사람[根敗之士]은 그 오욕五欲에서 이로움을 회복할 수 없듯이, 이와 같이 성문처럼 모든 결박이 끊어진 자는 불법 중에서 이익을 회복할 것이 없으므로, 영원히 뜻하거나 원하지 않습니다.

⑶ 그러므로 문수사리님, 범부[異生]는 불법에서 되갚음[返復]이 있지만, 성문은 없는 것입니다.

까닭이 무엇인가 하면, 범부는 불법을 들으면 무상無上의 도에 대한 마음을 능히 일으켜서 삼보를 끊어지지 않게 하지만, 성문은 종신終身토록 불법佛法과 힘[力]·무소외[無畏] 등을 듣는다고 해도, 무상의 도에 대한 뜻을 영원히 일으킬 수 없기 때문입니다."

菩提心, 乃至五無間罪 猶能發意 生於佛法, 而今我等永不能發.
譬如 根敗之士 其於五欲 不能復利, 如是聲聞 諸結斷者 於佛法中 無所復益, 永不志願.
是故 文殊師利, 凡夫 於佛法 有返復, 而聲聞無也.
所以者何, 凡夫聞佛法 能起無上道心不斷三寶, 正使聲聞 終身聞佛法 力無畏等, 永不能發無上道意."

3. 보리의 업을 자세히 밝히다

3.1 보현이 묻다

그 때 법회 중에 보현색신普現色身이라고 이름하는 보살이 있다가 유마힐에게 물었

爾時會中 有菩薩名普現色身 問維摩

다.
"거사님, 부모님과 처자, 친척과 권속, 일 보는 사람[吏民]과 친구[知識]는 모두 다 누구이고, 노비와 하인[僮僕], 코끼리, 말, 수레[車乘]는 모두 어디에 있습니까?"

詰言.
"居士, 父母妻子 親戚眷屬 吏民知識 悉爲是誰, 奴婢僮僕 象馬車乘 皆何所在?"

3.2 유마힐이 답하다

그 때 유마힐이 게송[偈]으로써 대답하였다.

於是 維摩詰 以偈答曰.

1 반야바라밀[3]은 보살의 어머니요
　방편은 아버지가 되니
　일체 중생들의 인도자[導師]는
　이들로 인해 태어나지 않음 없네

智度菩薩母
方便以爲父
一切衆導師
無不由是生

2 법의 기쁨[法喜]은 아내가 되고
　자비로운 마음은 딸이 되며
　선한 마음과 성실함은 아들이고[4]

法喜以爲妻
慈悲心爲女
善心誠實男

....
3 「구역에서는 '지혜바라밀[智度]'이 어머니가 된다고 하였으나, 곧 제10바라밀로서 온갖 덕의 근본이 아니다. 어떻게 어머니가 되겠는가? 따라서 이 '지혜바라밀'은 무분별지(=제6)이지, 제10이 아니라고 알아야 한다.」
4 이 부분에 대해 구마라집(제7권)은, "성실한 마음이 일을 성취할 수 있다. 아들은 정직하고 견고[貞固]한 성품이 있어 가업을 성취하는 것이다"라고 설명하고, 승조(제7권)는, "성실하고 정직함은 남자의 성품이다. 또한 악을 행하고도 진실로 삼는 경우도 있으므로 표방해서 선심이라고 하였다"라고 한다.

제8 불도품　651

| 필경의 공적은 집이며 | 畢竟空寂舍 |

③ 제자들은 온갖 번뇌이니　　　　　　弟子衆塵勞
　마음 따라 움직이는 바이며5　　　　　隨意之所轉
　도품道品은 선한 벗이니　　　　　　　道品善知識
　이로 인하여 정각正覺 이루네　　　　 由是成正覺

④ 모든 바라밀법은 평등한 반려이고　　諸度法等侶
　사섭법[四攝]은 기녀가 되며　　　　　四攝爲伎女
　노래하고 암송하는 법의 말씀　　　　歌詠誦法言
　이것을 음악으로 삼고　　　　　　　　以此爲音樂

⑤ 총지總持의 정원[園苑]에　　　　　　總持之園苑
　무루의 법은 수풀이고　　　　　　　　無漏法林樹
　깨달으려는 마음은 정묘淨妙한 꽃이며　覺意淨妙華
　해탈과 지혜는 열매라네　　　　　　　解脫智慧果

⑥ 팔해탈의 연못에는　　　　　　　　　八解之浴池
　선정의 물[定水]이 담연 가득하고　　 定水湛然滿
　칠청정의 꽃을 펼쳐서　　　　　　　　布以七淨華
　이 때 없는 이 목욕시키네6　　　　　　浴此無垢人

....
5 이 대목에 대해 구마라집(제7권)은, "움직여서 자기를 따르게 하여 교화하는 것이다"라고 설명한다.
6 이 대목에 대해 구마라집(제7권)은, "보살은 결박이 없는데도 팔해탈에 드는 것

⑦	코끼리와 말의 오신통이 달릴 때	象馬五通馳
	대승을 수레로 삼고	大乘以爲車
	길들여서 한 마음[一心]으로	調御以一心
	팔정도의 길에서 노닌다	遊於八正路

⑧	상相을 갖추어 용모를 장엄하고	相具以嚴容
	온갖 수호로 그 자태 장식하며	衆好飾其姿
	부끄러워함[慚愧]의 상의[上服]에	慚愧之上服
	깊은 마음은 화만華鬘이 된다	深心爲華鬘

⑨	부유하여 일곱 가지 재보財寶7가 있고	富有七財寶
	교수教授해서 더 불어나니	教授以滋息
	말씀하신 대로 수행하여	如所說修行
	회향하는 것이 큰 이익 된다	迴向爲大利

⑩	네 가지 선정은 침상 되는데	四禪爲床座
	청정한 생계로부터 생겨나며8	從於淨命生
	많이 듣고 지혜 늘려서	多聞增智慧

....

은, 밖으로는 중생을 위하고, 안으로는 스스로 마음을 즐기는 것이다"라고 설명한다.

7 이에 대해 구마라집(제7권)은, "믿음[信], 계율[戒], 다문[聞], 버림[捨], 지혜[慧], 참, 괴(=이는 《대보적경》 제42권에서 성과聖果를 얻는 칠성재聖財라고 열거하는 것임)를 말한다"라고 설명한다.

8 이에 대해 승조(제7권)는, "4선정의 높은 침상은 청정한 생계를 닦음으로써 이루어지는 것이다"라고 설명한다.

| | 자신을 깨우치는 소리로 삼는다9 | 以爲自覺音 |

11 감로법의 식사에　　　　　　　　　　甘露法之食
　　해탈의 맛이 음료[漿]가 되며10　　　　解脫味爲漿
　　청정한 마음을 목욕시키고　　　　　　淨心以澡浴
　　계품戒品은 바르는 향이 되어　　　　　戒品爲塗香

12 번뇌의 도적 꺾어 없애니　　　　　　摧滅煩惱賊
　　용맹함은 이길 이 없어　　　　　　　勇健無能踰
　　네 가지 마를 항복시키고　　　　　　降伏四種魔
　　뛰어난 깃발 도량에 세운다　　　　　勝幡建道場

13 일어남과 사라짐 없는 것 알지만　　　雖知無起滅
　　그들에게 보이려고 태어남 있으며　　示彼故有生
　　모든 국토를 다 나타내니　　　　　　悉現諸國土
　　태양이 보이지 못하는 것 없음과 같도다　如日無不見

14 시방의 한량없는 억수의　　　　　　　供養於十方
　　여래들께 공양하면서도　　　　　　　無量億如來

---

9 이에 대해 승조(제7권)는, "외국의 여러 왕들은 누웠다가 일어나려 할 때에 악기를 연주하게 한다. 스스로를 깨우는 보살은 4선정에 편안히 누웠다가 다문으로 스스로를 깨운다"라고 설명한다.
10 「구역에서는 해탈의 맛을 말하여 음료[漿]라고 하였는데, 번뇌의 뜨거운 갈증을 없애기 때문이다.」

모든 붓다들과 자기 자신을	諸佛及己身
분별하는 생각이 없고	無有分別想

⑮ 비록 모든 붓다의 나라와　　　雖知諸佛國
　 그리고 중생의 공함 알지만　　及與衆生空
　 항상 청정한 국토를 닦고　　　而常修淨土
　 중생의 무리 교화한다네　　　 敎化於群生

⑯ 모든 중생의 무리들의　　　　 諸有衆生類
　 형색과 소리 및 위의威儀들을　 形聲及威儀
　 무소외와 힘 갖춘 보살은　　　無畏力菩薩
　 일시에 능히 다 나타내고　　　一時能盡現

⑰ 온갖 마의 일 깨달아 알면서　 覺知衆魔事
　 그를 따르는 행 보이지만　　　而示隨其行
　 선한 방편의 지혜로써　　　　 以善方便智
　 마음대로 모두 나툴 수 있도다11　隨意皆能現

⑱ 혹은 늙음·병듦·죽음 보여서　 或示老病死
　 모든 중생들 성취시키지만　　 成就諸群生
　 환화幻化와 같음을 환히 알고　 了知如幻化
　 통달하여 걸림이 없으며　　　 通達無有礙

----

11 「구역에서는 '마음대로 모두 나툴 수 있다'고 하였는데, 모두 현전시켜서 모두 다 끊을 수 있다는 것이다.」

⑲ 혹은 겁 다해 타버려 천지가　　　或現劫盡燒
　　모두 텅빈 것 나타내어　　　　　天地皆洞然
　　항상하단 생각 가진 뭇 사람에게　衆人有常想
　　무상함 비춰줘 알게 하며　　　　照令知無常

⑳ 무수한 억의 중생들이　　　　　　無數億衆生
　　모두 와서 보살에게 청하면　　　俱來請菩薩
　　일시에 그들의 집에 이르러　　　一時到其舍
　　교화해 불도佛道로 향하게 한다　化令向佛道

㉑ 경서經書와 주문[禁呪術]과　　　經書禁呪術
　　공교工巧와 모든 기예伎藝들　　工巧諸伎藝
　　이런 일 행함 다 나타내어　　　　盡現行此事
　　모든 중생들을 요익하고　　　　　饒益諸群生

㉒ 세간의 온갖 도의 법들　　　　　　世間衆道法
　　그 가운데 모두 다 출가해서　　　悉於中出家
　　그 기회에 사람의 미혹 풀지만　　因以解人惑
　　삿된 소견에는 떨어지지 않는다　而不墮邪見

㉓ 혹은 일천자나 월천자 되고　　　　或作日月天
　　범천왕이나 세계주世界主도 되며　梵王世界主
　　혹 때로는 땅이나 물도 되고　　　或時作地水
　　혹 때로는 바람이나 불도 되며　　或復作風火

㉔ 겁 중에 질병이 있을 때에는　　　　劫中有疾疫
　　여러 약초藥草 됨을 나타내어서　　　現作諸藥草
　　그것을 복용하는 자로 하여금　　　　若有服之者
　　병과 온갖 독 사라지게 하고　　　　　除病消衆毒

㉕ 겁 중에 기근이 있을 때에는　　　　劫中有飢饉
　　몸을 나타내 여러 음식 되어서　　　現身作飲食
　　그들의 기갈 먼저 구제한 뒤　　　　先救彼飢渴
　　도리어 법을 사람에게 말하며　　　卻以法語人

㉖ 겁 중에 병란이 있을 때에는　　　　劫中有刀兵
　　그들을 위해 자비심 일으켜　　　　爲之起慈心
　　그들 모든 중생 교화해서　　　　　化彼諸衆生
　　다툼 없는 땅에 머물게 하고　　　令住無諍地

㉗ 만약 큰 전쟁의 진영에 있다면　　　若有大戰陣
　　세워서 대등한 힘으로 만들고　　　立之以等力
　　보살은 위신과 세력 나타내　　　　菩薩現威勢
　　항복시켜서 화평케 하도다12　　　降伏使和安

㉘ 일체 모든 국토들 가운데　　　　　一切國土中
　　있는 모든 지옥의 처소로　　　　　諸有地獄處

....
12 구마라집(제7권)은, "양 진영이 서로 대하면 그 약자를 도운다. 두 진영이 이미 균등하면 서로 승부가 없으니, 이에 의해 피차 화평케 한다"라고 설명한다.

자주 찾아가 그 곳에 이르러	輒往到于彼
힘써 그들을 고뇌에서 건네주고	勉濟其苦惱

29 일체 모든 국토들 중에서　　　　一切國土中
　　축생들이 서로 잡아 먹으면　　　畜生相食噉
　　그 곳에 태어남 모두 나투어　　　皆現生於彼
　　그들 위해서 이익 짓는다　　　　爲之作利益

30 다섯 가지 욕망 받는 것 보이지만　示受於五欲
　　또한 선정 행함도 나타내어　　　亦復現行禪
　　악마의 마음 혼란케 해서　　　　令魔心憒亂
　　기회를 얻을 수 없게 하니　　　　不能得其便

31 불 속에서 연꽃 피는 것　　　　　火中生蓮華
　　희유하다고 말할 만하지만　　　　是可謂希有
　　욕망에 있으면서 선정 행함의　　　在欲而行禪
　　희유함 또한 이와 같다네　　　　希有亦如是

32 혹은 음녀 됨을 나타내어서　　　或現作婬女
　　모든 호색자를 욕망의 낚시[欲鉤]로　引諸好色者
　　먼저 이끌어 들이고 난 다음　　　先以欲鉤牽
　　붓다의 도에 들게도 하고　　　　後令入佛道

33 혹은 고을의 주인이 되고　　　　　或爲邑中主

혹은 상인의 인도자가 되며	或作商人導
나라의 스승과 대신이 되어	國師及大臣
중생들 도와 이롭게 하도다	以祐利衆生

34
빈궁에 있는 모든 자들은	諸有貧窮者
다함 없는 곳간[無盡藏] 됨을 나투어	現作無盡藏
그 기회에 그들 권하고 인도해	因以勸導之
보리심을 일으키게 하며	令發菩提心

35
나라는 마음[我心]으로 교만한 자는	我心憍慢者
위해 큰 역사力士를 나타내어서	爲現大力士
모든 교만들 눌러 없애고	消伏諸貢高
위 없는 도에 머물게 하고	令住無上道

36
그 두려워함 가진 중생은	其有恐懼衆
앞에 머물며 위안해서	居前而慰安
먼저 두려움 없음 베푼 뒤	先施以無畏
도의 마음 일으키게 하며	後令發道心

37
혹은 음욕 떠났음을 나타내며	或現離婬欲
오신통의 선인이 되어서	爲五通仙人
모든 중생들에게 열고 인도해	開導諸群生
계율·인욕·자애에 머물게 하고	令住戒忍慈

|38| 섬김이 필요한 자를 보면　　　　　見須供事者
　　 종이나 하인됨 나타내어서　　　　現爲作僮僕
　　 이미 그 마음 기쁘게 하니　　　　旣悅可其意
　　 마침내 도의 마음 일으키는 것　　乃發以道心

|39| 그들이 필요하는 바를 따라　　　　隨彼之所須
　　 붓다의 도에 들어가도록　　　　　得入於佛道
　　 선한 방편의 힘으로써　　　　　　以善方便力
　　 모두 주어서 만족케 하니　　　　　皆能給足之

|40| 이와 같이 도道도 한량 없고　　　　如是道無量
　　 행의 대상[所行]도 끝이 없으며　　　所行無有涯
　　 지혜도 한계가 없어서　　　　　　智慧無邊際
　　 수없는 중생 도탈케 하도다　　　　度脫無數衆

|41| 가령 일체 붓다들께서　　　　　　　假令一切佛
　　 한량없는 억의 겁 머무시면서　　　於無量億劫
　　 그의 공덕을 찬탄하시더라도　　　讚歎其功德
　　 여전히 다할 수 없으시리라　　　　猶尙不能盡

|42| 뉘라서 이러한 법 듣고서도　　　　誰聞如是法
　　 보리심 일으키지 않으랴　　　　　不發菩提心
　　 저 미련한 사람[不肖人]과 어리석어　除彼不肖人
　　 지혜 없는 자를 제외하고서　　　　癡冥無智者

제9 입불이법문품[1]

入不二法門品
第九

1. 불이법문을 말하다

그 때 유마힐은 대중 보살들에게 말하였다.
"여러 존자님들, 어떤 것이 보살이 둘 아닌 법의 문으로 들어가는 것입니까? 각자 좋아하는 대로 말씀해 보십시오."

爾時 維摩詰 謂衆菩薩言.
"諸仁者, 云何 菩薩 入不二法門? 各隨所樂 說之."

1.1 여러 보살들이 말하다
1.1.1 법자재法自在 보살

법회 중에 법자재라고 이름하는 보살이 있다가 말하였다.
"여러 존자님, 생과 멸이 둘이 됩니다. 법은 본래 생겨나지 않으므로 지금 곧 소멸함도 없으니, 이 무생법인을 얻는다면, 이것이 둘 아닌 법의 문으로 들어가는 것입니다."

會中 有菩薩 名法自在 說言.
"諸仁者, 生滅爲二. 法本不生 今則無滅 得此無生法忍, 是爲入不二法門."

---

[1] 「집 공은 입불이법문품이라고 이름하였다. 지금 불이법문의 도리를 밝히는 것인데, 어찌 수고로이 '입'이라는 말을 두는가? 집 공은 정명이 말을 하지 않은 것은 말하자면 둘 아님에 들어감이고, 묘덕 등에게 말이 있는 것은 둘에 들어감이라고 하는 것이지만, 모두 다 둘이 아님을 나타내는 뜻이기 때문에 '입'이라고 말할 필요가 없다. 범본 경전에도 '입'이라는 글자가 없다.」

1.1.2 덕수德守 보살

덕수 보살이 말하였다.

"나와 내 것이 둘이 됩니다. 나가 있기 때문에 곧 내 것도 있는 것이므로, 만약 나가 없다면 곧 내 것도 없을 것이니, 이것이 둘 아닌 법의 문으로 들어가는 것입니다."[2]

德守菩薩曰.
"我我所 爲二. 因有我故 便有我所, 若無有我 則無我所, 是爲 入不二法門."

1.1.3 불순不眴 보살

불순 보살이 말하였다.

"취착[受]과 취착하지 않음[不受][3]이 둘이 됩니다. 만약 법을 취착하지 않는다면 곧 얻을 수 없을 것이고, 얻을 수 없다면 그 때문에 취함[取]도 없으며 버림[捨]도 없고, 지음[作]도 없으며 행함[行]도 없을 것이니, 이것이 둘 아닌 법의 문으로 들어가는 것입니다."

不眴菩薩曰.
"受不受 爲二. 若法不受 則不可得. 以不可得故 無取無捨, 無作無行, 是爲 入不二法門."

1.1.4 덕정德頂 보살

덕정 보살이 말하였다.

"때[垢]와 청정이 둘이 됩니다. 때의 진실

德頂菩薩曰.
"垢淨 爲二. 見垢實

....

[2] 「이하는 모두 이치로써 둘이라고 집착하는 것을 부정하기 때문에 '불이'라고 이름한다. 그래서 (신역에서는) '둘' 중에서 모두 '분별'이라고 말하지만, 구역에는 전혀 '분별'이라는 말이 없었다. 뜻이 공의 이치[空理]에 있기 때문이다.」
[3] 신역에서 '취착 있고[有取] 취착 없음[無取]'이라고 표현한 것인데, 포탈라본에서도 취착과 취착하지 않음을 의미하는 'upādāna'와 'anupādāna'로 되어 있다.

한 성품을 본다면 곧 청정하다는 상도 없어 적멸의 상[滅相]에 수순할 것이니, 이것이 둘 아닌 법의 문으로 들어가는 것입니다."

性 則無淨相
順於滅相, 是爲 入
不二法門."

1.1.5 선숙善宿 보살

선숙 보살이 말하였다.

"움직임[動]과 생각함[念]이 둘이 됩니다. 움직이지 않는다면 곧 생각이 없을 것이고, 생각이 없다면 곧 분별이 없을 것이니, 이러한 것을 통달한다면 이것이 둘 아닌 법의 문으로 들어가는 것입니다."

善宿菩薩曰.
"是動是念 爲二.
不動 則無念,
無念 則無分別, 通
達此者 是爲 入不
二法門."

1.1.6 선안善眼 보살

선안 보살이 말하였다.

"하나의 상[一相]과 무상無相이 둘이 됩니다. 만약 하나의 상이 곧 무상임을 안다면, 무상도 취하지 않고 평등에 들어갈 것이니, 이것이 둘 아닌 법의 문으로 들어가는 것입니다."

善眼菩薩曰.
"一相無相 爲二.
若知 一相卽是無
相, 亦不取無相 入
於平等, 是爲 入不
二法門."

1.1.7 묘비妙臂 보살

묘비 보살이 말하였다.

"보살의 마음과 성문의 마음이 둘이 됩니다. 마음의 모습이 환술로 변화된 것처럼 공

妙臂菩薩曰.
"菩薩心 聲聞心 爲
二. 觀心相空 如幻

임을 관찰한다면 보살의 마음도 없고 성문의 마음도 없을 것이니, 이것이 둘 아닌 법의 문으로 들어가는 것입니다."

化者 無菩薩心 無聲聞心, 是爲 入不二法門."

1.1.8 불사弗沙 보살

불사 보살이 말하였다.
"선과 불선이 둘이 됩니다. 만약 선과 불선을 일으키지 않고 상이 없는 경지[無相際]에 들어가서 통달한다면, 이것이 둘 아닌 법의 문으로 들어가는 것입니다."

弗沙菩薩曰.
"善不善 爲二. 若不起 善不善 入無相際 而通達者, 是爲 入不二法門."

1.1.9 사자師子 보살

사자 보살이 말하였다.
"죄罪와 복福이 둘이 됩니다. 만약 죄의 성품이 복과 다름 없음을 통달해서, 금강과 같은 지혜로 이 상相을 결단해 알고 속박도 없으며[無縛] 해탈도 없다면[無解], 이것이 둘 아닌 법의 문으로 들어가는 것입니다."

師子菩薩曰.
"罪福爲二. 若達罪性 則與福 無異, 以金剛慧 決了此相 無縛無解者, 是爲 入不二法門."

1.1.10 사자의師子意 보살

사자의 보살이 말하였다.
"유루와 무루가 둘이 됩니다. 만약 모든 법의 평등함을 얻는다면, 곧 유루와 무루라는 지각[想]을 일으키지 않고, 상相에도 집착하

師子意菩薩曰.
"有漏無漏 爲二. 若得諸法等, 則不起 漏不漏想, 不著於

지 않으며 상 없음[無相]에도 머물지 않을 것이니, 이것이 둘 아닌 법의 문으로 들어가는 것입니다."

相 亦不住無相, 是爲 入不二法門."

1.1.11 정해淨解 보살

정해 보살이 말하였다.

"유위와 무위가 둘이 됩니다. 만약 일체 수數를 떠난다면, 곧 마음이 허공과 같을 것이니,4 청정한 지혜로써 장애되는 것[所礙]이 없는 것, 이것이 둘 아닌 법의 문으로 들어가는 것입니다."

淨解菩薩曰.
"有爲無爲 爲二. 若離一切數, 則心如虛空, 以淸淨慧 無所礙者, 是爲 入不二法門."

1.1.12 나라연那羅延 보살

나라연 보살이 말하였다.

"세간과 출세간이 둘이 됩니다. 세간의 성품이 공한 것이 곧 출세간이니, 그 중에 들어가지도 않고 나오지도 않으며 넘치지도 않고5 흩어지지도 않는다면, 이것이 둘 아닌 법

那羅延菩薩曰.
"世間出世間 爲二. 世間性空 卽是出世間, 於其中 不入不出 不溢不散, 是爲

---

4 이 대목에 대해 혜원(제3권말)은 다음과 같이 주석한다. "일체 수를 떠난다는 것은 허망을 버린 것[遣妄]을 밝힌 것이다. 허망한 마음[妄心] 중에 모든 심·심소법이 각각 다른 것을 '일체 수'라고 이름한다. 말하자면 지각[想]·느낌[受] 등은 진실을 깨닫고 되돌아보면 그 이후에는 이들이 없다. 그래서 일체 수를 떠난다고 한 것이다. 곧 '마음이 허공과 같다'는 것은 진실을 깨달았음[證眞]을 밝힌 것이니, 진실한 마음의 체성은 허공과 같아서 마음 외에 여러 수의 다름[諸數之別]이 없는 것이다."

의 문으로 들어가는 것입니다." 入不二法門."

1.1.13 선의善意 보살

선의 보살이 말하였다.

"생사와 열반이 둘이 됩니다. 만약 생사의 성품을 본다면 곧 생사가 없을 것이고, 속박도 없으며 해탈도 없어서 태어나지도 않고 사라지지도 않을 것이니, 이와 같이 안다면 이것이 둘 아닌 법의 문으로 들어가는 것입니다."

善意菩薩曰.

"生死涅槃 爲二. 若見生死性, 則無生死, 無縛無解 不生不滅, 如是解者是爲 入不二法門."

1.1.14 현견現見 보살

현견 보살이 말하였다.

"다함과 다하지 않음이 둘이 됩니다. 법은 궁극적으로 다하거나 다하지 않거나 모두 다함이 없는 모습[無盡相]이니, 다함이 없는 모습이라면 곧 이것은 공이고, 공이라면 곧 다하거나 다하지 않는 모습이란 없을 것이니, 이렇게 들어간다면 이것이 둘 아닌 법의 문으로 들어가는 것입니다."6

現見菩薩曰.

"盡不盡 爲二. 法若究竟盡 若不盡 皆是無盡相, 無盡相卽是空, 空則 無有盡不盡相,
如是入者 是爲 入不二法門."

....
5 「구역에서 '넘친다'고 한 것은 (생사에서) 흘러서 넘친다[流溢]는 것이다.」
6 이에 대하여 승조(제8권)는 다음과 같이 설명한다. "유위의 허위법은 무상이기 때문에 다하는 것이라고 이름한다. 실상의 무위법은 상주하기 때문에 다하지 않는 것이다. 만약 다하는 것을 다하는 것으로, 다하지 않는 것을 다하지 않는

1.1.15 보수普守 보살

보수 보살이 말하였다.

"나와 무아가 둘이 됩니다. 나도 오히려 얻을 수 없는데, 나 아닌 것[非我]을 어찌 얻을 수 있겠는가 라고 해서 나의 진실한 성품을 본다면, 다시는 두 가지를 일으키지 않을 것이니, 이것이 둘 아닌 법의 문으로 들어가는 것입니다."

普守菩薩曰.
"我無我 爲二. 我尙
不可得 非我何可得
見我實性者,
不復起二,
是爲 入不二法門."

1.1.16 뇌천電天 보살

뇌천 보살이 말하였다.

"명지[明]와 무명無明이 둘이 됩니다. 무명의 진실한 성품은 곧 명지인데, 명지도 또한 취할 수 없어서 일체 수數를 떠난 것이니, 그 중에서 평등하여 둘이 없다면, 이것이 둘 아닌 법의 문으로 들어가는 것입니다."

電天菩薩曰.
"明無明 爲二. 無明
實性 卽是明, 明亦
不可取 離一切數,
於其中 平等無二者,
是爲 入不二法門."

1.1.17 희견喜見 보살

희견 보살이 말하였다.

"색과 색의 공함[色空]이 둘이 되지만, 색이

喜見菩薩曰.
"色 色空 爲二, 色

....

것으로 한다면, 모두 두 가지 법인 것이다. 만약 다하는 것과 다하지 않는 것이 모두 다함이 없는 모습임을 깨달을 수 있다면 곧 하나의 공인 불이법문에 들어가는 것이다." 본문도 이와 같은 취지로 보이지만, 신역과는 의미에 차이가 있어 보인다.

곧 공으로서, 색을 멸하여 공인 것이 아니라 색의 성품이 스스로 공이고, 이와 같이 수·상·행[도 같으며]·식과 식의 공함이 둘이 되지만, 식이 곧 공으로서, 식을 멸하여 공인 것이 아니라 식의 성품이 스스로 공인 것이니, 거기에서 통달한다면, 이것이 둘 아닌 법의 문으로 들어가는 것입니다."

即是空, 非色滅空 色性自空, 如是受想行識 識空爲二, 識卽是空, 非識滅空 識性自空,
於其中 而通達者, 是爲 入不二法門."

1.1.18 명상明相 보살

명상 보살이 말하였다.

"사대종[四種]이 다르고 공이라는 종[空種]이 다른 것이 둘이 되지만, 사대종의 성품이 곧 공이라는 종의 성품이고, 전제와 후제가 공이듯이 중제도 또한 공이니, 만약 이와 같이 모든 종種의 성품을 알 수 있다면, 이것이 둘 아닌 법의 문으로 들어가는 것입니다."

明相菩薩曰.
"四種異 空種異 爲二, 四種性 卽是空種性, 如前際後際空故 中際亦空, 若能如是 知諸種性者, 是爲 入不二法門."

1.1.19 묘의妙意 보살

묘의 보살이 말하였다.

"눈과 형색이 둘이 되지만, 만약 눈의 성품을 알고 형색에 대해 탐내지 않으며 성내지 않고 어리석지 않다면 이를 적멸이라고 이름하며, 이와 같이 귀와 소리, 코와 냄새, 혀와 맛, 몸과 감촉도 같고, 정신과 법이 둘이 되지

妙意菩薩曰.
"眼色 爲二, 若知眼性 於色 不貪不恚 不癡 是名寂滅.
如是 耳聲鼻香 舌味身觸 意法爲二,

만, 만약 정신의 성품을 알고 법에 대해 탐내지 않으며 성내지 않고 어리석지 않다면 이를 적멸이라 이름하니, 거기에 안주한다면 이것이 둘 아닌 법의 문으로 들어가는 것입니다."

若知意性 於法 不貪不恚不癡 是名寂滅, 安住其中 是爲 入不二法門."

1.1.20 무진의無盡意 보살

무진의 보살이 말하였다.

"보시와 이를 일체지一切智에 회향廻向하는 것이 둘이 되지만, 보시의 성품이 곧 일체지에 회향하는 성품인 것이며, 이와 같이 지계·인욕·정진·선정·지혜와 이들을 일체지에 회향하는 것이 둘이 되지만, 지혜의 성품이 곧 일체지에 회향하는 성품인 것이니, 그 가운데에서 하나인 모습[一相]에 들어간다면, 이것이 둘 아닌 법의 문으로 들어가는 것입니다."

無盡意菩薩曰.

"布施 迴向一切智 爲二, 布施性 卽是 迴向一切智性. 如是 持戒 忍辱精進 禪定 智慧 迴向一切智 爲二, 智慧性 卽是 迴向一切智性, 於其中 入一相者, 是爲 入不二法門."

1.1.21 심혜深慧 보살

심혜 보살이 말하였다.

"공空과 무상無相과 무작無作이 둘이 되지만, 공이라면 곧 표상이 없을 것[無相]이고, 표상이 없다면 곧 지음도 없을 것[無作]입니다. 만약 공이고 표상 없고 지음도 없다면 곧 심心·의意·식識도 없을 것이니, 하나의 해탈

深慧菩薩曰.

"是空 是無相 是無作 爲二, 空卽無相, 無相卽無作. 若空 無相無作 則無心意識, 於一解脫門 卽

문에서 곧 세 가지 해탈문인 것, 이것이 둘 아닌 법의 문으로 들어가는 것입니다."

是三解脫門者, 是 爲 入不二法門."

1.1.22 적근寂根 보살

적근 보살이 말하였다.

"불·법·승가[衆]가 둘이 되지만, 붓다가 곧 법이고, 법이 곧 승가입니다. 이 세 가지 보배[三寶]는 모두 무위의 모습으로 허공과 같고, 일체 법들도 또한 그러하니, 이것을 따라 행할 수 있다면 이것이 곧 둘 아닌 법의 문으로 들어가는 것입니다."

寂根菩薩曰.
"佛法衆 爲二, 佛卽 是法 法卽是衆. 是 三寶 皆無爲相 與 虛空等, 一切法 亦 爾, 能隨此行者 是 爲 入不二法門."

1.1.23 심무애心無礙 보살

심무애 보살이 말하였다.

"무리[身]와 무리의 소멸[身滅]이 둘이 되지만, 무리가 곧 무리의 소멸입니다. 까닭이 무엇인가 하면 무리의 실상을 본다면 무리를 보거나[見身] 소멸된 무리7를 보는 것[見滅身]을 일으키지 않기 때문입니다. 무리와 소멸된 무리[滅身]에 둘이 없고 분별도 없어서, 그 중에서 놀라지 않고 두려워하지 않는다면, 이것이 둘 아닌 법의 문으로 들어가는 것

心無礙菩薩曰.
"身身滅 爲二, 身 卽是身滅. 所以 者何 見身實相者 不起見身 及見滅 身. 身與滅身 無二 無分別, 於其中 不驚不懼 者, 是爲 入不二法

....
7 이 부분의 한역문이 앞의 '신멸身滅'과 달리 '멸신滅身'이라고 되어 있어 본문처럼 옮겼는데, 의미는 반드시 다른 것으로 보이지 않는다.

입니다." 門."

1.1.24 상선上善 보살

상선 보살이 말하였다.

"몸[身]·입[口]·마음[意]이 선善한 것8이 둘이 되지만, 이 세 가지 업은 모두 지음 없는 모습이어서, 몸의 지음 없는 모습은 곧 입의 지음 없는 모습이고, 입의 지음 없는 모습은 곧 마음의 지음 없는 모습이며, 이 세 가지 업의 지음 없는 모습은 곧 일체법의 지음 없는 모습이니, 이와 같이 지음 없다는 지혜[無作慧]를 따를 수 있다면, 이것이 둘 아닌 법의 문으로 들어가는 것입니다."9

上善菩薩曰.
"身口意善 爲二,
是三業 皆無作相,
身無作相 卽口無作相,口無作相
卽意無作相, 是三業 無作相 卽一切法 無作相, 能如是 隨無作慧者, 是爲入不二法門."

1.1.25 복전福田 보살

복전 보살이 말하였다.

福田菩薩曰.

....

8 포탈라본에서 '선한 것'에 해당하는 범어는 '율의'를 의미하는 'saṃvara'이다.
9 이 대목에 대해 명 나라 스님 전등傳燈의 『무아소無我疏』(제10권)는 아래와 같이 주석하고 있다. "몸으로 가고 머물고 앉고 누우며 붙잡고 걸으며 밟는 것과, 입으로 노래하고 말하는 것과, 마음으로 사유하고 헤아리는 것은 모두 지음이 있는 것[有作]이다. 세 가지 업은 본래 공이니, 곧 이 실상은 곧 지음이 없는 것[無作]이다. 세 가지 업은 비록 셋이지만, 무상無相은 곧 하나이기 때문에, 몸의 무작상은 곧 입의 무작상 등이다. 세 가지 업은 정보正報(=업의 직접적 과보)이고, 일체법은 의보依報(=정보가 의지하는 세계)이니, 의보와 정보는 비록 다르지만 무작의 이치는 같기 때문에, 세 가지 업의 무작이 곧 일체법의 무작이다. 이와 같이 무작을 따라서 알 수 있다면 그 지혜가 불이법문에 들어가는 것이다."

제9 입불이법문품 671

"복행福行과 죄행罪行 및 부동행不動行이 둘이 되지만, 세 가지 행의 진실한 성품은 곧 공입니다. 공에서는 복행도 없고 죄행도 없으며 부동행도 없는 것이니, 이 세 가지 행을 일으키지 않는다면, 이것이 둘 아닌 법의 문으로 들어가는 것입니다."

"福行 罪行 不動行 爲二, 三行實性 卽是空. 空則 無福行 無罪行 無不動行, 於此三行 而不起者 是爲 入不二法門."

1.1.26 화엄華嚴 보살

화엄 보살이 말하였다.

"'나'를 쫓아서 두 가지를 일으키면 둘이 되지만, '나'의 진실한 모습을 본다면 곧 두 가지 법을 일으키지 않습니다. 만약 두 가지 법에 머물지 않아서 곧 식별[識]함도 없고 식별될 것[所識]도 없다면, 이것이 둘 아닌 법의 문으로 들어가는 것입니다."

華嚴菩薩曰.
"從我起二 爲二, 見我實相者 不起二法. 若不住二法 則無有識 無所識者, 是爲 入不二法門."

1.1.27 덕장德藏 보살

덕장 보살이 말하였다.

"얻는 모습이 있으면 둘이 되지만, 만약 얻는 것이 없다면 곧 취함과 버림[取捨]이 없을 것이니, 취함과 버림이 없다면 이것이 둘 아닌 법의 문으로 들어가는 것입니다."

德藏菩薩曰.
"有所得相 爲二, 若無所得 則無取捨, 無取捨者 是爲 入不二法門."

1.1.28 월상月上 보살

월상 보살이 말하였다.

"어둠과 밝음이 둘이 되지만, 어둠이 없는 것과 밝음이 없는 것에는 곧 둘이 없습니다. 어째서인가 하면 멸수상정에 들어가면 어둠도 없고 밝음도 없는 것처럼 일체법의 모습 또한 그와 같기 때문입니다. 그 안으로 평등하게 들어간다면, 이것이 둘 아닌 법의 문으로 들어가는 것입니다."

月上菩薩曰.
"闇與明 爲二, 無闇無明 則無有二. 所以者何 如入滅受想定 無闇無明, 一切法相 亦復如是. 於其中 平等入者 是爲 入不二法門."

1.1.29 보인수寶印手 보살

보인수 보살이 말하였다.

"열반을 좋아하고 세간을 좋아하지 않는 것이 둘이 되지만, 만약 열반을 좋아하지도 않고 세간을 싫어하지도 않는다면 곧 둘이 없을 것입니다. 어째서이겠습니까? 만약 속박이 있다면 곧 해탈이 있겠지만, 만약 본래 속박이 없다면 그 누구가 해탈을 구하겠습니까? 속박도 없고 해탈도 없어서 곧 좋아함과 싫어함이 없다면, 이것이 둘 아닌 법의 문으로 들어가는 것입니다."

寶印手菩薩曰.
"樂涅槃 不樂世間 爲二, 若不樂涅槃 不厭世間 則無有二. 所以者何? 若有縛 則有解, 若本無縛 其誰求解?
無縛無解 則無樂厭, 是爲 入不二法門."

1.1.30 주정왕珠頂王 보살

주정왕 보살이 말하였다.

"정도正道와 사도邪道가 둘이 되지만, 정도

珠頂王菩薩曰.
"正道邪道 爲二, 住

에 머무다면 곧 이것은 사도이고 이것은 정도라고 분별하지 않을 것이니, 이 두 가지를 떠난다면 이것이 둘 아닌 법의 문으로 들어가는 것입니다."

正道者　則不分別是邪是正,　離此二者　是爲　入不二法門."

1.1.31 낙실樂實 보살

낙실 보살이 말하였다.

"진실[實]과 진실하지 못함[不實]이 둘이 되지만, 진실하게 보는 자는 오히려 진실도 보지 않는데, 어찌 하물며 진실 아닌 것이겠습니까? 어째서인가 하면 육안으로 보는 것이 아니고, 혜안이라야 볼 수 있기 때문인데, 이 혜안으로 보는 것도 없고 보지 않는 것도 없는 것, 이것이 둘 아닌 법의 문으로 들어가는 것입니다."

樂實菩薩曰.
"實不實　爲二,
實見者　尙不見實,
何況非實?
所以者何　非肉眼所見, 慧眼乃能見, 而此慧眼　無見無不見, 是爲　入不二法門."

1.2 문수사리가 말하다

(1) 이와 같이 모든 보살들이 각각 말하고 나서 문수사리에게 물었다.

"어떤 것이 보살이 둘 아닌 법의 문으로 들어가는 것입니까?"

(2) 문수사리가 말하였다.

"나의 뜻과 같아서는 일체법에 대하여 언설도 없고[無言無說] 보임도 없고[無示] 식별도

如是諸菩薩　各各說已　問文殊師利.
"何等是　菩薩　入不二法門?"
文殊師利曰.
"如我意者　於一切法　無言無說　無示

없으며[無識] 모든 문답을 떠나는 것, 이것이 둘 아닌 법의 문으로 들어가는 것입니다."

無識 離諸問答, 是 爲 入不二法門."

2. 불이법문에 들어감을 밝히다

(1) 그 때 문수사리 보살은 유마힐에게 물었다.
"우리들은 각자 말했습니다. 어떤 것이 보살이 둘 아닌 법의 문으로 들어가는 것인지 존자께서 말씀하셔야 합니다."
(2) 그 때 유마힐은 침묵한 채 말이 없었다[黙然無言].
(3) 문수사리가 찬탄하여 말하였다.
"훌륭하고 훌륭하십니다. 나아가 문자와 언어까지도 없는 것이 진실로 둘 아닌 법의 문으로 들어가는 것입니다."

於是 文殊師利 問維摩詰.
"我等 各自說已. 仁者當說 何等是 菩薩入不二法門."
時 維摩詰 黙然無言.
文殊師利歎曰.
"善哉善哉. 乃至 無有 文字語言 是眞入不二法門."

3. 이익을 밝히다

이 둘 아닌 법의 문으로 들어가는 품을 말하였을 때 이 대중들 중 오천의 보살들은 모두 둘 아닌 법의 문으로 들어가 무생법인을 얻었다.

說是 入不二法門品時 於此衆中 五千菩薩 皆入不二法門 得無生法忍.

유마힐소설경 하권

維摩詰所說經 卷下

제10 향적불품[1]

香積佛品 第十

1. 사리불이 먹을 것을 생각하다.

그 때 사리불이 마음으로 생각하였다. '정오[日時]가 다 되어 가는데 이 모든 보살들은 무엇을 먹어야 할 것인가?'

於是 舍利弗 心念. '日時欲至 此諸菩薩 當於何食?'

2. 유마힐이 나무라다

그 때 유마힐이 그의 마음을 알아차리고 말하였다.
"붓다께서는 팔해탈을 말씀하셨습니다. 존자께서는 받아들여 행하시면서, 어찌 먹고자 하는 잡념을 갖고 법을 듣습니까?

時維摩詰 知其意 而語言.
"佛說 八解脫. 仁者 受行, 豈雜欲食 而聞法乎?

....
[1] 「집 공은 향적불품이라고 이름하였다. 불신佛身의 향기의 체가 높고 묘함이 향대와 비슷하다. 단지 향적이라고만 하면 쌓인 향기로 이루어진 것이므로, 묘하고 높다는 뜻이 없게 된다. 불국토의 체가 묘하고 높고 크기 때문에 향대라고 이름해야 한다.」

만약 먹고 싶다면 잠깐만 기다리십시오. 존자들에게 일찍이 먹어 보지 못한 음식을 얻도록 해 드리겠습니다."

若欲食者　且待須臾. 當令汝得 未曾有食."

3. 가서 구하게 하다

3.1 음식 있는 곳을 보이다
⑴ 그 때 유마힐은 곧 삼매에 들어 신통력으로써,
⑵ 모든 대중들에게 보였다.

　위쪽 방향의 세계로 사십이 항하의 모래와 같은 불국토를 지나서 중향衆香이라고 이름하는 나라가 있는데, 명호를 향적香積이라고 하는 붓다께서 지금 현재 계신다.

　그 나라의 향기는 시방의 모든 붓다 세계의 사람과 천신의 향기와 비교하면 가장 으뜸이다.

　그 국토에는 성문과 벽지불이라는 이름조차 없고, 오직 청정한 대 보살대중들만이 있는데, 붓다께서 그들을 위해 법을 설하신다.

　그 세계의 모든 것은 향으로써 만들어져, 누각과 경행經行하는 향지香地와 정원[苑園]이 모두 향이었고, 그 음식의 향기는 시방의 한량없는 세계에 두루 흘러넘쳤다.

時維摩詰 卽入三昧 以神通力,
示諸大衆.
上方界分 過四十二 恒河沙佛土 有國名 衆香, 佛號香積 今現在.
其國香氣 比於十方 諸佛世界 人天之香 最爲第一.
彼土無有 聲聞辟支 佛名, 唯有淸淨 大 菩薩衆, 佛爲說法.
其界一切 皆以香作, 樓閣 經行香地 苑園 皆香, 其食香氣 周流十方 無量世界.

그 때 그 붓다와 모든 보살들은 바야흐로 함께 앉아 식사를 하시는데, 모두 향엄香嚴이라고 부르는 여러 천자天子들이 있어 모두 다 아뇩다라삼먁삼보리에 대한 마음을 일으켜서, 그 붓다 및 모든 보살들을 공양하고 있다.
(3) 이 곳의 모든 대중들은 그것을 모두 다 눈으로 보았다.

時彼佛　與諸菩薩方共坐食, 有諸天子　皆號香嚴　悉發阿耨多羅三藐三菩提心, 供養彼佛　及諸菩薩.
此諸大衆　莫不目見.

3.2 누구를 택하여 가게 할 것인가

(1) 그 때 유마힐維摩詰이 보살대중들에게 물었다.
"여러 존자님들, 누가 저 붓다의 밥을 가져오실 수 있겠습니까?"
(2) 문수사리의 위신력威神力 때문에 모두 다 침묵하였다.
(3) 유마힐이 말하였다.
"존자님, 이 대중들은 부끄러움도 없습니까?"
(4) 문수사리가 말하였다.
"붓다께서 말씀하신 것처럼, 아직 배우지 못한 이들을 경시해서는 안 됩니다."

時維摩詰 問衆菩薩言.
"諸仁者, 誰能致彼佛飯?"
以文殊師利 威神力故 咸皆黙然.
維摩詰言.
"仁, 此大衆 無乃可恥?"
文殊師利曰.
"如佛所言　勿輕未學."

3.3 변화해서 말을 전하게 하다

(1) 그 때 유마힐은 자리에서 일어나지 않고 대중들의 모임의 앞에 있으면서 보살을 변화시켜 만드니, 상호와 광명과 위덕威德의 수승함이 대중들의 모임을 덮었는데,
(2) 그에게 말하였다.

"㈎ 그대는 위쪽 방향의 세계로 사십이 항하의 모래와 같은 불국토를 건너서 가면 중향衆香이라고 이름하는 나라가 있는데, 명호를 향적香積이라고 하는 붓다께서 보살들과 함께 앉아 식사를 하고 계신다.

㈏ ① 그대는 그 곳에 가서 내가 말하는 대로 말해야 한다. '유마힐이 세존의 발 아래 엎드려 예배하고 공경하게 한량없는 문안의 말씀을 여쭈었습니다. 기거하시면서 병이나 괴로움은 없으시고 기력은 편안하신지요? ② 원컨대 세존께서 드시던 것의 나머지를 사바세계에게 얻게 하셔서 불사佛事를 베푸시고, ③ 이 작은 법[小法] 즐기는 이들로 하여금 넓고 큰 도[弘大道]를 얻게 하며, 또한 여래의 명성이 널리 들리게 하소서'라고."

於是 維摩詰 不起于座 居衆會前 化作菩薩, 相好光明威德殊勝 蔽於衆會,
而告之曰.
"汝往 上方界分 度如四十二 恒河沙佛土 有國名衆香, 佛號香積 與諸菩薩方共坐食.
汝往到彼 如我辭曰. '維摩詰 稽首世尊足下 致敬無量問訊. 起居 少病少惱 氣力安不?
願得世尊 所食之餘 當於娑婆世界 施作佛事, 令此樂小法者 得弘大道, 亦使如來 名聲普聞.'"

3.4 위신을 받들어 가서 청하다
(1) 그 때 변화된 보살이 곧 모임 앞에서 상방으로 솟구치는 것을 모든 대중들이 모두 보

時化菩薩 卽於會前 昇于上方 擧衆皆

제10 향적불품　679

왔다. 그는 떠나자마자 중향세계에 도착해서 그 붓다의 발에 예배하였다.
(2) 또 그가 말하는 것이 들렸다. "① 유마힐이 세존의 발 아래 엎드려 예배하고 공경하게 한량없는 문안의 말씀을 여쭈었습니다. '기거하시면서 병이나 괴로움은 없으시고 기력은 편안하신지요? ② 원컨대 세존께서 드시던 것의 나머지를 사바세계에게 얻도록 하셔서 불사佛事를 베푸시고, ③ 이 작은 법[小法] 즐기는 이들로 하여금 넓고 큰 도[弘大道]를 얻게 하며, 또한 여래의 명성이 널리 들리게 하소서'라고 말입니다."

見. 其去 到衆香界 禮彼佛足.
又聞其言. "維摩詰 稽首 世尊足下 致敬無量問訊.
'起居少病少惱 氣力安不? 願得世尊 所食之餘 欲於娑婆世界 施作佛事, 使此樂小法者 得弘大道, 亦使如來 名聲普聞.'"

4. 먹을 것을 얻어 돌아오다

4.1 저 곳에서 있었던 일
(1) 저 곳의 여러 대사大士들은 변화된 보살을 보고 일찍이 보지 못한 일이라고 찬탄하고, "지금 이 상인上人은 어디에서 왔고, 사바세계는 어디에 있으며, 어찌 하여 작은 법을 즐긴다[樂小法]고 이름하는 것입니까?"라고 붓다께 여쭈었다.
(2) 붓다께서 그들에게 말씀하셨다.
"(가) 아래 방향으로 사십이 항하의 모래와

彼諸大士 見化菩薩 歎未曾有, "今此上人 從何所來, 娑婆世界 爲在何許, 云何名爲 樂小法者?"
卽以問佛.
佛告之曰.
"下方度 如四十二

같은 불국토를 지나면 사바娑婆라고 이름하는 세계가 있는데, 명호를 석가모니라고 하는 붓다께서 지금 현재 오탁五濁의 악세惡世에서 작은 법을 즐기는 중생들을 위하여 도의 가르침[道敎]을 펴고 계신다.

(나) ① 그 곳에는 유마힐이라고 이름하는 보살이 있어 불가사의한 해탈에 머물며 여러 보살들을 위하여 법을 설하면서, ② 일부러 변화된 보살을 보내어 오게 해서, 나의 이름을 찬양하고 아울러 이 국토를 찬탄함으로써 그 보살들로 하여금 공덕을 늘리게 하려는 것이다."
⑶ 그 보살들이 말하였다.
"그 사람은 어떠하기에 마침내 이러한 변화를 만들고, 공덕의 힘과 두려움 없음과 신통이 이와 같습니까?"
⑷ 붓다께서 말씀하셨다.
"매우 크다. 일체 시방에 모두 변화된 보살을 보내어 가게 해서, 불사佛事를 베풀고 지어서 중생들을 유익케 한다."

4.2 음식을 얻어 돌아오다
⑴ 그 때 향적 여래께서는 온갖 향기가 나는 발우에 향반香飯을 가득 담아서 변화된 보살에게 주었다.

恒河沙佛土 有世界名娑婆, 佛號 釋迦牟尼 今現在於 五濁惡世 爲樂小法衆生 敷演道敎.
彼有菩薩 名維摩詰 住不可思議解脫 爲諸菩薩 說法, 故遣化來, 稱揚我名 幷讚此土, 令彼菩薩 增益功德."
彼菩薩言.
"其人何如 乃作是化, 德力無畏神足若斯?"
佛言.
"甚大. 一切十方 皆遣化往, 施作佛事 饒益衆生."

於是 香積如來 以衆香缽 盛滿香飯 與化菩薩.

⑵ 그 때 그 곳의 구백만 보살들이 함께 소리 내어 말하였다.

"저희들은 사바 세계로 찾아 가서 석가모니 붓다께 공양드리고 싶습니다. 아울러 유마힐 등의 여러 보살대중들도 만나 보고 싶습니다."

⑶ 붓다께서 말씀하셨다.

"⑺ 가도 좋다.

⑷ ① 그러나 그대들의 몸의 향기를 거두어서, 그 곳의 대중들로 하여금 미혹하여 집착하는 마음을 일으킴이 없도록 하라. ② 또 그대들의 본래의 모습을 버려서, 그 나라에서 보살을 구하는 자들이 스스로 천하고 부끄러이 여기지 않도록 해야 한다. ③ 또 그대들은 그 세계에 대해 업신여김을 품고 장애라는 생각[礙想]을 지어서는 안된다. 어째서인가 하면 시방의 국토는 모두 허공과 같지만, 또 모든 붓다들께서는 작은 법을 좋아하는 이들을 교화하시고자 그 청정한 국토를 다 나타내지 않으신 것일 뿐이기 때문이다."

⑷ 그 때 변화된 보살은 이미 발우와 밥[鉢飯]을 받았으므로 그 구백만 보살들과 함께 그 붓다의 위신威神과 유마힐의 힘[力]을 받들어, 저 세계에서 홀연 모습을 감추고[不現]

時　彼九百萬菩薩
俱發聲言.
"我欲詣　娑婆世界
供養　釋迦牟尼佛.
幷欲見　維摩詰等
諸菩薩衆."
佛言.
"可往.
攝汝身香,　無令彼
諸衆 生起惑著心.
又當 捨汝本形,
勿使彼國 求菩薩者
而自鄙恥.
又汝於彼
莫懷輕賤　而作礙
想. 所以者何
十方國土　皆如虛
空, 又諸佛　爲欲化
諸樂小法者 不盡現
其淸淨土耳."
時化菩薩 旣受鉢飯
與彼九百萬　菩薩俱
承佛威神 及維摩詰
力, 於彼世界 忽然

잠깐 사이에[須臾之間] 유마힐의 집에 이르렀다. 不現 須臾之間 至維摩詰舍.

(5) 그 때 유마힐이 곧 앞에서처럼 훌륭하게 장엄된 구백만 개의 사자좌를 변화로써 만들어서[化作], 모든 보살들이 모두 그 위에 앉았다. 時維摩詰 卽化作 九百萬 師子之座, 嚴好如前, 諸菩薩 皆坐其上.

(6) 그러자 이 변화된 보살이 발우에 가득한 향반香飯을 유마힐에게 드리니, 밥의 향기[飯香]가 비야리성 및 삼천대천세계에 널리 퍼졌다. 是化菩薩 以滿鉢香飯 與維摩詰, 飯香普熏 毘耶離城 及三千大千世界.

(7) 그 때 비야리성의 바라문과 거사 등은 이 향기를 맡고 몸과 마음이 상쾌해져서, 일찍이 경험하지 못한 것이라고 찬탄하였다. 時毘耶離 婆羅門 居士等 聞是香氣 身意快然, 歎未曾有.

4.3 대중들이 듣고 모이다

(1) ① 그 때 장자들의 왕 월개月蓋는 팔만사천 명의 사람들을 거느리고 유마힐의 집으로 찾아왔는데, ② 그 방 안에 보살들이 매우 많으며, 모든 사자좌들이 높고 넓으며 훌륭하게 장엄된 것을 보고는, 모두 크게 기뻐하면서, ③ 보살대중들과 대 제자들에게 예배하고 한쪽으로 물러나 머물렀다. 於是 長者主 月蓋 從八萬四千人 來入維摩詰舍, 見其室中 菩薩甚多, 諸師子座 高廣嚴好, 皆大歡喜, 禮衆菩薩 及大弟子 卻住一面.

(2) 여러 지신地神과 허공신虛空神 및 욕계·색계의 여러 천신[欲色界諸天]들도 이 향기를 諸地神 虛空神 及欲色界諸天 聞此香

맡고는 역시 모두 유마힐의 집으로 찾아왔다. 氣 亦皆來入 維摩詰舍.

4.4 권하여 먹게 하다

(1) 그 때 유마힐이 사리불 등의 여러 대 성문들에게 말하였다.

"존자 여러분, 여래의 감로맛의 밥을 드셔 보십시오. 대비로써 훈제한 것이므로, 한정된 마음[限意]으로 이것을 먹어서, 소화되지 않게 하는 일이 없어야 합니다."

(2) 어떤 다른 성문이 이런 생각을 하였다.
'이 밥은 적은데, 이 많은 대중들이 먹어야 하는구나.'

(3) 변화된 보살이 말하였다.

"① 성문의 작은 복덕[德]과 작은 지혜[慧]로써 여래의 한량없는 복덕과 지혜를 헤아려서는 안됩니다. 사대해는 마를 수 있을 지언정 이 밥은 다하는 일이 없기 때문입니다.

② 가사 일체 사람들이 뭉쳐서 먹기[食揣]를 수미산처럼 하여 나아가 일 겁에 이르더라도 여전히 다할 수 없습니다. 까닭이 무엇인가 하면 다함 없는 계, 정, 지혜, 해탈, 해탈지견의 공덕을 구족한 분께서 드시던 것의 나머지는 끝내 다할 수 없기 때문입니다."

時維摩詰 語舍利弗等 諸大聲聞.

"仁者, 可食 如來甘露味飯. 大悲所熏, 無以限意食之, 使不消也."

有異聲聞念. '是飯少, 而此大衆 人人當食.'

化菩薩曰.

"勿以聲聞 小德小智 稱量如來 無量福慧. 四海有竭, 此飯無盡.

使一切人 食揣若須彌 乃至一劫 猶不能盡. 所以者何 無盡戒定 智慧解脫 解脫知見 功德具足者 所食之餘 終不可盡."

(4) 그 때 발우의 밥은 모인 대중들을 모두 배불리고도 이전과 같고 다하지 않았다.
(5) 그리고 그 모든 보살들과 성문, 천신과 사람들로서 이 밥을 먹은 이들은 몸이 편안하고 쾌락한 것이, 비유하여 일체 낙장엄국樂莊嚴國의 보살들과 같았다.
(6) 또 모든 털구멍에서 모두 오묘한 향기를 내는 것이, 역시 마치 중향衆香국토의 모든 나무들의 향기와 같았다.

於是 缽飯 悉飽衆會 猶故不㲉.
其諸菩薩 聲聞天人 食此飯者 身安快樂, 譬如一切 樂莊嚴國 諸菩薩也.
又諸毛孔 皆出妙香, 亦如 衆香國土 諸樹之香.

4.5 저 붓다에 대해 묻다

(1) 그 때 유마힐이 중향국의 보살들에게 물었다.
"향적 여래께서는 무엇으로써 법을 설하십니까?"
(2) 그 보살들은 말하였다.
"① 우리 국토의 여래께서는 문자로 설하심 없이, 단지 온갖 향기[衆香]로써 모든 천인天人들로 하여금 율행律行2에 들어가게 합니다.
② 보살들은 각각 향나무 아래에 앉아서 이 오묘한 향기를 맡고는 문득 일체덕장삼매德

爾時 維摩詰問 衆香菩薩.
"香積如來 以何說法?"
彼菩薩曰.
"我土如來 無文字說, 但以衆香 令諸天人 得入律行.
菩薩各各 坐香樹下 聞斯妙香 卽獲一切

---

2 '율행에 들어간다'고 함에 대해 전등(『무아소』 제11권)은, "이것은 삼학의 첫 문을 가리키는 것이다. 처음 도에 들어가는 자는 한 번 향기를 맡고는 곧 능히 악을 그치고 그릇됨을 막기 때문이다"라고 설명한다.

藏三昧를 얻게 되고, 이 삼매를 얻는 이는 보살이 갖는 공덕을 모두 다 구족하게 되는 것입니다."

德藏三昧, 得是三昧者 菩薩所有 功德 皆悉具足."

4.6 이 곳의 법을 묻다
4.6.1 교화의 방법을 문답하다
⑴ 그 보살들이 유마힐에게 물었다.
"지금 세존 석가모니께서는 무엇으로써 법을 설하십니까?"
⑵ 무구칭이 말하였다.
"㈎ 이 국토의 중생들은 억세고 강해서[剛强] 교화하기 어렵기 때문에 붓다께서도 억세고 강한 말로써 이들을 조복합니다.
㈏ 말씀하시기를,
㈀ 이것은 지옥이고, 이것은 축생이며, 이것은 아귀이고, 이것은 여러 난처難處이며, 이것은 어리석은 사람이 태어나는 곳[愚人生處]이라고 하고,3
㈁ 이것은 몸의 삿된 행이고 몸의 삿된 행의 과보이며, 이것은 입의 삿된 행이고 입의 삿된 행의 과보이며, 이것은 마음의 삿된 행이고 마음의 삿된 행의 과보라고 하며,

彼諸菩薩 問維摩詰.
"今世尊 釋迦牟尼以何說法?"
維摩詰言.
"此土衆生 剛強難化故 佛爲說 剛強之語 以調伏之.
言,
是地獄, 是畜生, 是餓鬼, 是諸難處,
是愚人生處,

是身邪行 是身邪行報, 是口邪行 是口邪行報, 是意邪行 是意邪行報,

....
3 승조(제8권)는 "외도와 이학異學을 '어리석은 사람이 태어나는 곳'이라고 이름한다"라고 주석하고 있다.

㈐ 이것은 살생이고 이것은 살생의 과보이며, 이것은 주지 않는 것을 갖는 것이고 이것은 주지 않은 것을 가짐의 과보이며, 이것은 삿된 음행이고 이것은 삿된 음행의 과보이며, 이것은 거짓말이고 이것은 거짓말의 과보이며, 이것은 이간하는 말이고 이것은 이간하는 말의 과보이며, 이것은 나쁜 말이고 이것은 나쁜 말의 과보이며, 이것은 쓸데없는 말[無義語]이고, 이것은 쓸데없는 말의 과보이며, 이것은 탐욕과 질투이고 이것은 탐욕·질투의 과보이며, 이것은 성냄과 괴롭힘이고 이것은 성냄·괴롭힘의 과보이며, 이것은 사견邪見이고 이것은 사견의 과보라고 하며,

㈑ 이것은 인색이고 이것은 인색의 과보이며, 이것은 계를 허는 것[毁戒]이고 이것은 계헒의 과보이며, 이것은 성냄이고 이것은 성냄의 과보이며, 이것은 게으름이고 이것은 게으름의 과보이며, 이것은 산란한 마음이고 이것은 산란한 마음의 과보이며, 이것은 어리석음이고 이것은 어리석음의 과보라고 하며,

㈒ ① 이것은 계를 맺는 것이고, 이것은 계를 지니는 것이며, 이것은 계를 범하는 것이고, ② 이것은 지어야 할 것[應作]이고, 이것은 짓지 않아야 할 것이며, ③ 이것은 장애이

是殺生　是殺生報,
是不與取　是不與取報, 是邪婬
是邪婬報,

是妄語　是妄語報,
是兩舌　是兩舌報,
是惡口　是惡口報,
是無義語
是無義語報,
是貪嫉　是貪嫉報,
是瞋惱　是瞋惱報,
是邪見
是邪見報,

是慳吝　是慳吝報,
是毁戒　是毁戒報,
是瞋恚　是瞋恚報,
是懈怠　是懈怠報,
是亂意
是亂意報,　是愚癡
是愚癡報,

是結戒, 是持戒,
是犯戒,
是應作,　是不應作,
是障礙,

고, 이것은 장애하지 않는 것이며, ④ 이것은 죄를 얻는 것이고, 이것은 죄를 떠나는 것이며, ⑤ 이것은 청정이고, 이것은 때이며, ⑥ 이것은 유루이고, 이것은 무루이며, ⑦ 이것은 사도이고, 이것은 정도이며, ⑧ 이것은 유위이고, 이것은 무위이며, ⑨ 이것은 세간이고, 이것은 열반이라고 하십니다.

(다) ① 교화하기 어려운 사람은 마음이 원숭이[猿猴]와 같기 때문에 여러 가지 종류의 법으로써 그 마음을 제어해야 마침내 조복할 수 있습니다. ② 비유하면 코끼리나 말이 흉악해서 길들여지지 않으면 채찍들로 쳐서 나아가 뼈에 사무친[徹骨] 연후에야 조복되는 것처럼, ③ 이와 같이 억세고 강해서 교화하기 어려운 중생들이기 때문에, 일체 아주 간절한 말이라야 율행[律]에 들어갈 수 있는 것입니다."

是不障礙, 是得罪,
是離罪,
是淨, 是垢,
是有漏, 是無漏, 是
邪道, 是正道, 是有
爲, 是無爲, 是世間
是涅槃.
以難化之人 心如猿
猴故　以若干種法
制御其心　乃可調
伏. 譬如象馬 悷悷
不調　加諸楚毒　乃
至徹骨　然後調伏,
如是剛强 難化衆生
故, 以一切 苦切之
言 乃可入律."

4.6.2 찬탄하고 성취하다

⑴ 그 모든 보살들은 이러한 말을 듣고는 모두 말하였다.

"(가) 일찍이 없었던 일입니다. 세존 석가모니 붓다께서 그의 한량없는 자재한 힘을 감추시고, 가난한 이가 좋아하는 법[貧所樂法]

彼諸菩薩 聞說是已
皆曰.
"未曾有也. 如世尊
釋迦牟尼佛 隱其無
量 自在之力, 乃以

으로써 중생들을 제도해 벗어나게 하시듯이,4 (나) 이 모든 보살들도 역시 능히 애쓰면서도 겸손하게[勞謙] 한량없는 대비로써 이 불국토에 태어나신 것이군요."

(2) 유마힐이 말하였다.

"(가) 이 국토의 보살들이 모든 중생들에 대해 대비가 견고함은 진실로 말씀하신 것과 같습니다.

(나) (ㄱ) 그래서 그들이 일세一世에 중생을 요익하는 것은, 그 나라에서 백천 겁에 행하는 것보다 많습니다.

(ㄴ) 어째서인가 하면 이 사바세계에는 모든 다른 정토에는 없는, 열 가지 선법善法이 있기 때문입니다.

어떤 것이 열 가지인가 하면, 보시로써 빈궁을 거두는 것, 청정한 계로써 훼금毀禁을 거두는 것, 인욕으로써 성냄을 거두는 것, 정진으로써 해태를 거두는 것, 선정으로써 산란한 마음을 거두는 것, 지혜로써 어리석음을 거두는 것, 어려움 제거하는 법[除難法]을

貪所樂法　度脫衆生, 斯諸菩薩　亦能勞謙　以無量大悲生是佛土."

維摩詰言.

"此土菩薩　於諸衆生　大悲堅固　誠如所言.

然其一世　饒益衆生, 多於彼國　百千劫行.

所以者何 此娑婆世界 有十事善法, 諸餘淨土 之所無有.

何等爲十,　以布施攝貧窮,　以淨戒　攝毀禁,　以忍辱　攝瞋恚,　以精進　攝懈怠,　以禪定　攝亂意,　以智慧　攝愚癡, 說除

......

4 이 대목에 대하여 구마라집(제8권)은, "자취를 감추며[晦迹] 밝음을 숨기고[潛明] 스스로를 가난한 걸인[貧勾]과 같게 한다. 스스로를 가난한 걸인과 같게 해야 곧 더불어 서로 접하고, 접해야 곧 이웃하기가 쉽다. 그래서 빈궁한 이가 믿고 좋아하는 것이 되는 것이다"라고 주석한다.

말하여 팔난에 있는 자를 제도하는 것, 대승법으로써 소승 좋아하는 자를 제도하는 것, 모든 선근으로써 덕 없는 자를 제도하는 것, 항상 사섭법으로써 중생들을 성취시키는 것, 이것들이 열 가지입니다."

難法 度八難者, 以大乘法 度樂小乘者, 以諸善根 濟無德者, 常以四攝 成就衆生, 是爲十."

4.6.3 정토의 원인과 업을 문답하다
⑴ 그 보살들이 말하였다.

"보살은 이 세계에서 행에 상처[瘡疣] 없이 몇 가지 법을 성취하면 정토淨土에 태어납니까?"

⑵ 유마힐이 말하였다.

"㈎ 보살은 이 세계에서 행에 상처[瘡疣] 없이 여덟 가지 법을 성취하면 정토에 태어납니다.

㈏ 어떤 것이 여덟 가지일까요?

① 중생을 요익하되, 과보를 바라지 않는 것, ② 일체 중생들을 대신해서 모든 고뇌苦惱를 받되, 지은 공덕을 모두 그들에게 베푸는 것, ③ 평등한 마음으로 중생들에게 겸손하게 낮추되, 걸림이 없는 것, ④ 모든 보살들에 대하여 그들을 붓다처럼 보는 것, ⑤ 아직 듣지 못했던 경전을 들으면 의심하지 않고, 성문들과 서로 위배하지 않는 것, ⑥ 그

彼菩薩曰.

"菩薩 成就幾法 於此世界 行無瘡疣 生于淨土?"

維摩詰言.

"菩薩 成就八法 於此世界 行無瘡疣 生于淨土.

何等爲八?

饒益衆生 而不望報, 代一切衆生 受諸苦惱, 所作功德 盡以施之, 等心衆生謙下, 無礙, 於諸菩薩 視之如佛, 所未聞經 聞之不疑, 不與聲聞 而相違

들의 공양을 질투하지 않고, 자기의 이익을 높이지 않는 것, ⑦ 그 중에서 그의 마음을 조복해서 항상 자기의 허물은 반성하고, 그의 허물은 다투지 않는 것, ⑧ 항상 한결같은 마음[一心]으로 모든 공덕을 구하는 것, 이것들이 여덟 가지 법입니다."

背, 不嫉彼供 不高己利, 而於其中 調伏其心 常省己過 不訟彼短, 恒以一心 求諸功德, 是爲八法."

5. 대중이 이익을 얻다

유마힐과 문수사리가 그 대중들 가운데에서 이 법을 말하였을 때 백천의 천신과 사람[天人]들은 모두 아뇩다라삼먁삼보리에 대한 마음[阿耨多羅三藐三菩提心]을 일으켰고, 일만의 보살들은 무생법인無生法忍을 증득하였다.

維摩詰 文殊師利 於大衆中 說是法時 百千天人 皆發 阿耨多羅三藐三菩提心, 十千菩薩 得無生法忍.

제11 보살행품　　　　　　菩薩行品 第十一

1. 암라원에 이를 조짐을 나타내다

⑴ 그 때 붓다께서는 암라수원에서 법을 설하시고 계셨는데, 그 땅이 홀연 넓어지면서 장엄해졌고, 일체 모인 대중들은 모두 금색을 나타내었다.
⑵ 아난이 붓다께 말하였다.
"세존이시여, 무슨 인연으로 이 곳이 홀연 넓어지면서 장엄해지고, 일체 모인 대중들이 모두 금색을 나타내는 이런 상서의 감응[瑞應]이 있는 것입니까?"
⑶ 붓다께서 아난에게 말씀하였다.
"이것은 유마힐과 문수사리가 공경하면서 둘러싼 여러 대중들과 함께, 마음을 일으켜서 오려고 하기 때문에 먼저 이러한 상서의 감응을 만든 것이다."

是時 佛說法 於菴羅樹園, 其地忽然 廣博嚴事, 一切衆會 皆作金色.
阿難 白佛言.
"世尊, 以何因緣 有此瑞應　是處忽然 廣博嚴事, 一切衆會 皆作金色?"
佛告 阿難.
"是維摩詰　文殊師利 與諸大衆 恭敬圍繞, 發意欲來故 先爲此瑞應."

2. 붓다께 이르다

2.1 오려고 함을 밝히다
⑴ 그 때 유마힐이 문수사리 보살에게 말하

於是 維摩詰 語文

였다.

"함께 붓다를 뵙고 모든 보살들과 함께 예배드리고 공양하는 게 어떻겠습니까?"

(2) 문수사리가 말하였다.

"좋습니다, 갑시다. 지금이 바로 그럴 때입니다."

殊師利.

"可共見佛 與諸菩薩 禮事供養."

文殊師利言.

"善哉, 行矣. 今正是時."

2.2 도착해서 예배하다

(1) 유마힐은 곧 신통력으로 모든 대중들과 사자좌를 오른 손바닥에 두고서 붓다의 처소로 찾아갔다.

(2) ① 도착해서는 땅에 내려서 붓다의 발에 엎드려 예배하고 오른쪽으로 일곱 바퀴를 돈 다음 일심으로 합장하고 한편에 섰다.

② 그 모든 보살들은 곧 모두 좌석을 피해 붓다의 발에 엎드려 예배하고 역시 일곱 바퀴를 돈 다음 한편에 섰다.

③ 모든 대 제자들과 제석, 범천, 사천왕 등도 역시 모두 좌석을 피해 붓다의 발에 엎드려 예배하고 한편에 섰다.

(3) 그 때 세존께서는 모든 보살들에게 여법하게 위로하여 물으시고 나서 각각 다시 자리에 앉게 하시니, 모두 곧 분부를 받고 대중들은 앉아서 자리 잡았다.

維摩詰 卽以神力 持諸大衆 幷師子座 置於右掌 往詣佛所.

到已著地 稽首佛足 右遶七匝 一心合掌 在一面立.

其諸菩薩 卽皆避座 稽首佛足 亦繞七匝 於一面立.

諸大弟子 釋梵四天王等 亦皆避座 稽首佛足 在一面立.

於是世尊 如法慰問 諸菩薩已 各令復坐, 卽皆受敎 衆坐已定.

2.3 세존께서 가리키며 물으시다

(1) 붓다께서 사리불에게 말씀하셨다.
"그대는 보살 대사大士가 자재한 신통력[自在神力]으로 한 일[所爲]을 보았는가?"
(2) "예, 이미 보았습니다."
(3) "그대 마음에는 어떠하던가?"
(4) "세존이시여, 제가 그 분이 하신 불가사의를 보니, 마음[意]으로 헤아릴 수 있는 것도 아니고, 생각[度]으로 헤아릴 수 있는 것도 아니었습니다."[1]

佛語 舍利弗.
"汝見 菩薩大士 自在神力 之所爲乎?"
"唯然, 已見."
"於汝意 云何?"
"世尊, 我睹 其爲 不可思議, 非意所圖, 非度所測."

2.4 향기를 맡고서 묻다

2.4.1 아난이 놀라서 묻다

(1) 그 때 아난이 붓다께 여쭈었다.
"세존이시여, 지금 맡은 향기는 과거에는 없었던 것입니다. 이것은 무슨 향기입니까?"
(2) 붓다께서 아난에게 이르셨다.
"이것은 저 보살들의 털구멍에서 나오는 향기이다."

爾時 阿難 白佛言.
"世尊, 今所聞香 自昔未有. 是爲何香?"
佛告 阿難.
"是彼菩薩 毛孔之香."

2.4.2 사리불이 곁에서 소통하다

....
[1] 「구역에서는 '마음으로 헤아릴 수 있는 것도 아니고, 생각으로 헤아릴 수 있는 것도 아니었다'라고 하였는데, 사람(=유마힐)이 마음으로 헤아릴 수 있는 것이 아니고, 일[事]이 생각으로 헤아릴 수 있는 것이 아니라는 것이다.」

(1) 그 때 사리불舍利弗이 아난阿難에게 말하였다.

"우리들의 털구멍에서도 역시 이 향기가 납니다."

(2) 아난이 말하였다.

"이것은 어디에서 왔습니까?"

(3) 사리불이 말하였다.

"이 장자 유마힐이 중향국에서 붓다의 남은 밥을 가져 왔는데, 그것을 집에서 먹은 이들의 일체 털구멍에서 모두 이와 같은 향기가 납니다."

於是 舍利弗 語阿難言.

"我等毛孔 亦出是香."

阿難言.

"此所從來?"

曰.

"是長者 維摩詰 從衆香國 取佛餘飯, 於舍食者 一切毛孔 皆香若此."

2.4.3 언제까지 머물지를 묻다

(1) 아난이 유마힐에게 물었다.

"이 향기는 장차 얼마나 머뭅니까?"

(2) 유마힐이 말하였다.

"이 밥이 소화될 때까지 머뭅니다."

(3) 아난이 말하였다.

"이 밥은 얼마나 있으면 소화됩니까?"

(4) 유마힐이 말하였다.

"㈎ 이 밥의 세력은 7일에 이르고 난 연후에야 비로소 소화됩니다.

㈏ 또 아난님,

㈀ 만약 성문인으로서, ① 아직 바른 지위

阿難 問維摩詰.

"是香氣 住當久如?"

維摩詰言.

"至此飯消."

曰.

"此飯 久如當消?"

曰.

"此飯勢力 至于七日 然後乃消.

又阿難,

若聲聞人, 未入正

[正位]에 들지 못하고 이 밥을 먹은 자라면, 바른 지위에 들고 난 연후에야 소화되고, ② 이미 바른 지위에 들고서 이 밥을 먹은 자라면, 마음의 해탈[心解脫]을 얻은 연후에야 소화되며,

㈎ 만약 ① 아직 대승의 뜻을 일으키지 못하고 이 밥을 먹은 자라면, 뜻을 일으키고 나서야 소화되고, ② 이미 뜻을 일으키고서 이 밥을 먹은 자라면, 무생법인을 얻은 연후에야 소화되며, ③ 이미 무생법인을 얻고서 이 밥을 먹은 자라면, 일생보처一生補處에 이른 연후에야 소화됩니다.

㈐ ① 비유하면 이름을 상미上味라고 하는 약이 있는데, 그것을 먹은 자는 몸의 모든 독이 사라진 연후에야 소화되는 것처럼, ② 이 밥도 그와 같아서 일체 모든 번뇌의 독을 사라지게 한 연후에야 소화되는 것입니다."

位 食此飯者, 得入正位 然後乃消, 已入正位 食此飯者, 得心解脫 然後乃消,

若未發大乘意 食此飯者, 至發意 乃消, 已發意 食此飯者, 得無生忍 然後乃消, 已得無生忍 食此飯者, 至一生補處 然後乃消.

譬如 有藥 名曰上味 其有服者, 身諸毒滅 然後乃消, 此飯如是 滅除一切 諸煩惱毒 然後乃消."

2.4.4 붓다의 일을 찬탄하여 말하다
⑴ 아난이 찬탄하다

아난이 붓다께 말하였다.

"일찍이 없었던 일입니다, 세존이시여. 이러한 향반香飯이 능히 불사佛事를 지었습니다."

阿難 白佛言.

"未曾有也, 世尊. 如此香飯 能作佛事."

(2) 붓다께서 불사를 말씀하시다

(가) 불사 말한 것을 인정하시다.

붓다께서 말씀하셨다.
"그러하고 그러하도다, 아난이여.

佛言.
"如是如是, 阿難.

(나) 그 나머지를 예로 말씀하시다

(ㄱ) ① 혹 어떤 불국토에서는 붓다의 광명光明으로써 불사를 짓고, ② 어떤 데서는 모든 보살들로써 불사를 지으며, ③ 어떤 데서는 붓다께서 변화시킨 사람[佛所化人]으로써 불사를 짓고, ④ 어떤 데서는 보리수菩提樹로써 불사를 지으며, ⑤ 어떤 데서는 붓다의 의복衣服과 침구[臥具]로써 불사를 짓고, ⑥ 어떤 데서는 밥과 음식[飯食]으로써 불사를 지으며, ⑦ 어떤 데서는 원림園林과 누각[臺觀]으로써 불사를 짓고, ⑧ 어떤 데서는 삼십이상相과 팔십수형호隨形好로써 불사를 지으며, ⑨ 어떤 데서는 붓다의 신체[佛身]로써 불사를 짓고,²

⑩ 어떤 데서는 허공虛空으로써 불사를 지으니, 중생들이 이 연으로써 율행에 들어오게 되기 때문이고, ⑪ 어떤 데서는 꿈[夢], 환

或有佛土 以佛光明 而作佛事, 有以諸菩薩 而作佛事, 有以佛所化人 而作佛事, 有以菩提樹 而作佛事, 有以佛衣服臥具 而作佛事, 有以飯食 而作佛事, 有以園林臺觀 而作佛事, 有以三十二相 八十隨形好 而作佛事, 有以佛身 而作佛事,

有以虛空 而作佛事, 衆生 應以此緣 得入律行, 有以夢

---

2 이를 신역과 비교하면 신역에서는, ⑤의 의복과 침구가 두 가지로 분리되어 있고, ⑦의 원림과 누각도 두 가지로 분리되어 있으며, ⑧과 ⑨의 두 가지는 하나로 합쳐져 있어, 수에 하나의 차이(신역은 10개)가 있다.

상[幻], 그림자[影], 메아리[響], 거울 속의 영상[鏡中像], 물 속의 달[水中月], 더울 때의 아지랑이[熱時炎]와 같은 등의 비유로써 불사를 지으며,

⑫ 어떤 데서는 음성과 언어와 문자로써 불사를 짓고,

⑬ 혹 어떤 청정한 불국토에서는 아주 고요[寂寞]해서 언설도 없고 보임[示]도 없고 식별[識]도 없으며 지음[作]도 없고 함[爲]도 없이 불사를 짓는다.

(ㄴ)(a) 이와 같이 아난이여, 모든 붓다들의 위의와 나아가거나 멈추시는 등 베풀어 행하시는 모든 것에 불사 아닌 것이 없다.

(b) 아난이여, 이 네 가지 마[四魔]와 팔만사천의 여러 번뇌의 문이 있어 모든 중생들은 그것들 때문에 피로疲勞해 하지만, 모든 붓다들께서는 곧 이들 법으로써 불사를 지으시니,

(c) ① 이것을 일체 모든 붓다들의 법문에 들어감[入一切諸佛法門]이라고 이름한다. ② 보살로서 이 문에 들어간 자는, 만약 일체 청정하고 좋은 불국토를 본다고 하더라도 기쁨으로 삼지 않고 탐착하지 않으며 뽐내지 않고, 만약 일체 부정한 불국토를 본다고 하

幻影響 鏡中像 水中月 熱時炎 如是等喩 而作佛事,

有以音聲 語言文字 而作佛事,

或有清淨佛土 寂寞無言無說 無示無識 無作無爲 而作佛事.

如是 阿難, 諸佛 威儀進止 諸所施爲 無非佛事.

阿難, 有此四魔 八萬四千 諸煩惱門 而諸衆生 爲之疲勞, 諸佛 卽以此法而作佛事.

是名 入一切諸佛法門.

菩薩 入此門者, 若見一切 淨好佛土 不以爲喜 不貪不高, 若見一切 不淨

더라도 근심으로 삼지 않고 장애되지 않으며 침몰하지 않고, ③ 단지 모든 붓다들에 대하여 청정한 마음을 일으키고, 일찍이 있지 않았던 것임을 환희하고 공경할 것이니, ④ 모든 붓다 여래들께서는 공덕이 평등하시지만, 중생을 교화하시기 위하여 불국토를 나투심이 같지 않은 것이다.

(다) 불신佛身의 같고 다름

(ㄱ) ① 아난이여, 그대가 보는 모든 불국토의 땅에는 여러 가지[若干]가 있지만, 허공에는 여러 가지가 없듯이, ② 이와 같이 모든 붓다의 색신色身을 보면 여러 가지가 있지만, 그 장애 없는 지혜에는 여러 가지가 없는 것이다.

(ㄴ) (a) ① 아난이여, 모든 붓다들께서는 색신色身, 위엄한 모습[威相], 종성種性, 계율[戒]·선정[定]·지혜·해탈·해탈지견, 힘, 무소외, 불공불법, ② 대자, 대비, 위의로 행하시는 것[威儀所行], ③ 및 그 수명, 법을 설하시어 중생을 교화하시고 성취하시며, 불국토를 청정케 하시는 등,

(b) 모든 불법佛法을 갖추셨음이 모두 다 동등하니, 그러므로 삼먁삼불타三藐三佛陀라고 이름하고, 다타아가도多陀阿伽度³라고 이

佛土 不以爲憂 不礙不沒, 但於諸佛 生淸淨心, 歡喜恭敬 未曾有也, 諸佛如來 功德平等, 爲化衆生故 而現佛土不同.

阿難, 汝見 諸佛國土 地有若干 而虛空 無若干也, 如是見 諸佛色身 有若干耳, 其無礙慧 無若干也.

阿難, 諸佛 色身威相 種性戒定 智慧解脫 解脫知見 力無所畏 不共之法, 大慈大悲 威儀所行, 及其壽命 說法敎化 成就衆生 淨佛國土,

具諸佛法 悉皆同等, 是故名爲 三藐三佛陀, 名爲多陀

름하며, 불타佛陀라고 이름하는 것이다.

(c) ① 아난이여, 만약 내가 이 세 가지 단어[句]의 뜻을 자세히 말한다면, 그대는 겁의 수명[劫壽]으로써도 다 받아들일 수 없고, ② 가사 삼천대천세계에 가득한 중생들 모두가 아난처럼 다문多聞에서 제일이고 새김[念]과 총지總持를 얻었다고 하더라도, 이 모든 사람들 또한 겁의 수명으로써도 받아들일 수 없는 것이다. ③ 이와 같이 아난이여, 모든 붓다들의 아뇩다라삼먁삼보리는 한량限量이 없고, 지혜智慧와 변재辯才는 사의할 수 없는 것이다."

(d) 아난이 붓다께 말하였다.

"저는 지금부터는 감히 스스로 다문이라고 말하지 않겠습니다."

붓다께서 아난에게 말씀하셨다.

"① 퇴굴하는 마음[退意]을 내지 말라. 어째서인가 하면 나는 그대를 성문 중에서 가장 많이 들었다고 말한 것이지, 보살 중에서 말한 것은 아니었기 때문이다. ② 그만 멈추어라, 아난아. 그 지혜 있는 자라면 모든 보살들을 한정지어 헤아려서는[限度] 안 된다. 일

阿伽度, 名爲佛陀. 阿難, 若我廣說 此三句義, 汝以劫壽 不能盡受, 正使 三千大千世界 滿中衆生 皆如阿難 多聞第一 得念總持, 此諸人等 以劫之壽 亦不能受. 如是阿難, 諸佛 阿耨多羅三藐三菩提 無有限量, 智慧辯才 不可思議."

阿難 白佛言.

"我從今已往 不敢自謂 以爲多聞."

佛告 阿難.

"勿起退意. 所以者何 我說汝 於聲聞中 爲最多聞, 非謂菩薩. 且止, 阿難. 其有智者 不應限度 諸菩薩也. 一切海

---

3 신역의 표현처럼 '삼먁삼불타'는 정등각, '다타아가도'는 여래의 음역어이다.

체 바다와 못[海淵]은 오히려 헤아릴 수 있을 지언정, 보살의 선정, 지혜, 총지, 변재와 일체 공덕은 헤아릴 수 없는 것이기 때문이다. ③ 아난아, 그대들은 모든 보살들이 행하는 것[菩薩所行]은 내버려 둘 것이니, 이 유마힐이 일시에 나타내는 신통의 힘은, 일체 성문들과 벽지불들은 백천 겁에 걸쳐 힘을 다해 변화시키더라도 지을 수 없는 것이기 때문이다."

淵 尙可測量, 菩薩禪定智慧 總持辯才 一切功德　不可量也. 阿難, 汝等捨置菩薩所行,　是維摩詰　一時所現　神通之力, 一切聲聞　辟支佛 於百千劫　盡力變化 所不能作."

3. 귀환하기 위해 청하다

3.1 찬탄하고 뉘우치며 법을 청하다

⑴ 그 때 중향세계에서 온 보살들이 합장하고 붓다께 말하였다.

"세존이시여, 저희들은 처음 이 국토를 보았을 때 하열하다는 생각을 내었습니다만, 이제 자책하여 뉘우치고 이 마음을 버렸습니다. 어째서인가 하면 모든 붓다들의 방편은 불가사의하니, 중생들을 제도하시기 위하여 그들의 근기[所應]를 따라 불국토의 다름을 나타내시기 때문입니다.

⑵ 그러하오니 부디 세존이시여, 조그만 법을 내려 주셔서, 저 국토에 돌아가서 여래를

爾時 衆香世界 菩薩來者 合掌白佛言.

"世尊, 我等 初見此土 生下劣想,

今自悔責　捨離是心. 所以者何 諸佛方便 不可思議, 爲度衆生故 隨其所應 現佛國異.

唯然世尊,　願賜少法, 還於彼土 當念

생각토록 해 주시기 바라나이다." 如來."

3.2 붓다께서 자세히 말씀하시다
3.2.1 총체적으로 말씀하시다
 붓다께서 여러 보살들에게 말씀하셨다. 佛告 諸菩薩.
"'다함 있음[有盡]과 다함 없음[無盡]'이라 "有盡無盡 解脫法
는 해탈법문을 그대들은 배워야 한다. 門 汝等當學.

3.2.2 개별적으로 말씀하시다
(1) 두 가지의 뜻을 해석하시다
 무엇을 말하여 다한다고 하는가? 유위법을 何謂 爲盡? 謂有爲
말하는 것이다. 무엇을 말하여 다함이 없다 法. 何謂無盡?
고 하는가? 무위법을 말하는 것이다. 보살이 謂無爲法. 如菩薩
라면 유위를 다하여서도 안되고, 무위에 머 者 不盡有爲 不住
물러서도 안된다. 無爲.
(2) 두 가지를 자세히 말씀하시다
 ㈎ 유위 다하지 않음을 개별적으로 밝히다
  ㈠ 무엇을 말하여 유위를 다하지 않는다 何謂 不盡有爲?
고 하는가?
  ㈡ 큰 자애를 떠나지 않고 큰 연민을 버리 謂 不離大慈 不捨
지 않는 것을 말하는 것이니, ① 일체지에 대 大悲, 深發 一切智
한 마음을 깊이 일으켜서 잊지 않고, ② 중생 心 而不忽忘, 敎化
교화하는 일에 결코 싫증내지 않으며, ③ 사 衆生 終不厭惓, 於
섭법을 항상 새겨서 수순하여 행하고, ④ 정 四攝法 常念順行,

법을 보호해 지님에 신명[軀命]을 아끼지 않으며, ⑤ 모든 선근 심는 것에 피로함과 싫어함이 없고, ⑥ 뜻이 항상 방편으로 회향함에 안주하며, ⑦ 법을 구함에 게으름 없고, ⑧ 법을 설함에 아낌이 없으며, ⑨ 모든 붓다들을 힘써 공양하고, ⑩ 일부러 생사에 들면서도 두려워함이 없으며, ⑪ 모든 영예와 욕됨에 근심과 기뻐함이 없고, ⑫ 아직 배우지 못한 자를 업신여기지 않으며, ⑬ 배운 이를 붓다처럼 공경하고, ⑭ 번뇌에 떨어진 자는 정념을 일으키게 하며, ⑮ 멀리 여읨의 즐거움을 귀하게 여기지 않고, ⑯ 자기의 즐거움에 집착하지 않으며, ⑰ 남의 즐거움을 경하하고, ⑱ 여러 선정에 있는 것을 지옥처럼 생각하며, ⑲ 생사 중에서 원림의 누각[園觀]처럼 생각하고, ⑳ 와서 구하는 자를 좋은 스승이라고 생각하며, ㉑ 가진 것 모두를 베풀고, ㉒ 일체지에 대한 생각을 갖추며, ㉓ 계를 허는 사람을 보면 구호하려는 생각을 일으키고, ㉔ 모든 바라밀을 부모라고 생각하며, ㉕ 도품道品의 법을 권속이라고 생각하고, ㉖ 선근을 일으켜 행하는 것에 한계를 두지 않으며, ㉗ 모든 청정한 국토를 장엄하게 장식하는 일로써 자기의 불국토를 이루고, ㉘ 한정

護持正法　不惜軀命, 種諸善根　無有疲厭, 志常安住　方便迴向, 求法不懈, 說法無吝,　勤供諸佛, 故入生死　而無所畏, 於諸榮辱心無憂喜,　不輕未學, 敬學如佛, 墮煩惱者　令發正念, 於遠離樂不以爲貴,　不著己樂, 慶於彼樂, 在諸禪定　如地獄想, 於生死中　如園觀想, 見來求者　爲善師想, 捨諸所有, 具一切智想,　見毀戒人 起救護想, 諸波羅蜜　爲父母想, 道品之法　爲眷屬想, 發行善根　無有齊限,　以諸淨國嚴飾之事　成己佛

없는 보시를 행하여 상호相好를 구족하며, ㉙ 일체 악을 제거하여 신·구·의를 청정하게 하고, ㉚ 무수한 겁 동안 나고 죽으며, ㉛ 마음에 용맹을 갖고, ㉜ 붓다의 한량없는 공덕을 듣고 뜻을 게을리하지 아니하며, ㉝ 지혜의 칼로 번뇌의 도적을 부수고, ㉞ 음·계·입을 벗어나 중생들을 짊어지고 영원히 해탈케 하며,4 ㉟ 큰 정진으로써 마군魔軍을 꺾어 누르고, ㊱ 항상 무념無念으로 실상實相의 지혜를 구하며,5 ㊲ 세간의 법을 행하면서도 소욕少欲하고 지족知足하며, ㊳ 세간에서 벗어나기[出世間]를 구하는 일에 싫어함이 없으면서도 세간의 법을 버리지 아니하고, ㊴ 위의威儀를 무너뜨리지 않으면서도 능히 세속을 따르며, ㊵ 신통과 지혜[慧]를 일으켜서 중생들을 인도하고, ㊶ 새김[念]과 총지를 얻어 들은 것[所聞]을 잊어버리지 않으며, ㊷ 모든 근기를 잘 구별하여 중생의들 의혹을 끊어주고, ㊸ 요설하는 변재로써 법을 펴는 것에 걸림이 없으며, ㊹ 열 가지 선업도를 청정히 하여 천

土, 行無限施 具足相好, 除一切惡 淨身口意, 生死無數劫, 意而有勇, 聞佛無量德 志而不倦, 智慧劍 破煩惱賊, 出陰界入 荷負衆生 永使解脫, 以大精進 摧伏魔軍, 常求無念 實相智慧, 行於世間法 少欲知足, 於出世間 求之無厭 而不捨世間法, 不壞威[儀法]<儀> 而能隨俗, 起神通慧 引導衆生, 得念總持 所聞不忘, 善別諸根 斷衆生疑, 以樂說辯 演法無礙, 淨十善道

....

4 이 대목에 대해 구마라집(제9권)은, "번뇌가 이미 다했으므로 곧 법을 따라 화생化生한다. 법으로 화생한 몸은 음·계·입을 벗어난 것이다"라고 주석한다.
5 「사념思念하는 바 없는 무루의 정지正智를 이름해서 '무념'이라고 한다. 마음으로 알아차림[心念]이 없는 것은 아니다.」

신과 사람의 복을 받고, ㊺ 사무량을 닦아 범천의 길을 열며, ㊻ 설법을 권청하고 따라 기뻐하며 훌륭하다고 찬탄해서 붓다의 음성을 얻고, ㊼ 신·구·의를 선하게 해서 붓다의 위의를 얻으며, ㊽ 선법을 깊이 닦아서 행하는 것이 더욱 수승해지고, ㊾ 대승의 가르침으로써 보살의 승가를 이루며, ㊿ 마음에 방일함이 없어 온갖 선을 잃지 않는 것이니,

(ㄷ) 이와 같은 법을 행하는 것, 이것을 보살이 유위를 다하지 않는다고 이름하는 것이다.

(나) 무위에 머물지 않음을 개별적으로 밝히다

(ㄱ) 어떤 것이 보살이 무위에 머물지 않는 것인가?

(ㄴ) ① 공空을 닦고 배우면서도 공을 증득하지 않고, ② 무상無相과 무작無作을 닦고 배우면서도 무상과 무작을 증득하지 않으며, ③ 무기無起를 닦고 배우면서도 무기를 증득하지 않고, ④ 무상無常을 관찰하면서도 선의 근본[善本]을 싫어하지 않으며, ⑤ 세간의 괴로움을 관찰하면서도 생사를 미워하지 않고, ⑥ 나 없음을 관찰하면서도 남 가르치기를 게을리 하지 않으며, ⑦ 적멸을 관찰하면서도 영원히 적멸하지 않고, ⑧ 멀리 여읨[遠離]을 관찰하면서도 몸과 마음으로 선을 닦으

受天人福, 修四無量 開梵天道, 勸請說法 隨喜讚善 得佛音聲, 身口意善 得佛威儀, 深修善法 所行轉勝, 以大乘敎 成菩薩僧, 心無放逸 不失衆善, 行如此法 是名 菩薩不盡有爲.

何謂 菩薩不住無爲?
謂修學空 不以空爲證, 修學無相無作 不以無相無作爲證, 修學無起 不以無起 爲證, 觀於無常 而不厭善本, 觀世間苦 而不惡生死, 觀於無我 而誨人不倦, 觀於寂滅 而不永滅, 觀於遠離 而身心修善,

며, ⑨ 돌아갈 곳 없음을 관찰하면서도 선법으로 향해 돌아가고,6 ⑩ 무생無生을 관찰하면서도 생의 법[生法]으로 일체를 짊어지며,7 ⑪ 무루를 관찰하면서도 모든 번뇌를 끊지 않고,8 ⑫ 행할 것 없음[無所行]을 관찰하면서도 행하는 법으로써 중생들을 교화하며, ⑬ 공하여 없음[空無]을 관찰하면서도 대비를 버리지 않고, ⑭ 바른 법의 지위[正法位]를 관찰하면서도 소승을 따르지 않으며,9 ⑮ 모든 법은 허망하여 견고함[牢] 없고 사람[人] 없고 주재[主] 없고 표상[相] 없음을 관찰하면서도, 본원이 아직 만족하지 않았으므로 복덕과 선정과 지혜를 비게 하지 않는 것을 말하는 것이니,

(ㄷ) 이러한 법을 닦는 것, 이것을 보살이 무위에 머물지 않는다고 이름하는 것이다.

觀無所歸 而歸趣善法, 觀於無生 而以生法 荷負一切, 觀於無漏 而不斷諸漏, 觀無所行 而以行法 敎化衆生, 觀於空無 而不捨大悲, 觀正法位 而不隨小乘, 觀諸法虛妄 無牢無人無主無相,
本願未滿
而不虛福德 禪定智慧,
修如此法, 是名 菩薩不住無爲.

....
6 이에 대해 승조(제9권)는, "모든 법은 처음부터 온 곳이 없고 끝내 돌아갈 곳도 없다. 비록 돌아감 없음을 알면서도 항상 선법으로 돌아간다"라고 설명한다.
7 이에 대해 승조(제9권)는, "비록 무생을 보면서도 생生에 처하여 저들을 짊어지는 것이다"라고 설명한다.
8 이에 대해 승조(제9권)는, "비록 무루를 보면서도 저들과 더불어 번뇌를 같이 하는 것이다. 번뇌를 같이 하는 것에는 둘이 있으니, 생사에 들어가 실제로 아직 번뇌를 끊지 못한 자가 있고, 이미 번뇌를 다했지만 끊지 않은 것처럼 나타내는 이가 있다"라고 설명한다.
9 '바른 법의 지위'에 대해 승조(제9권)는, "무위를 관찰해서 증득을 취하는 지위이다"라고 설명한다.

㈐ 두 가지를 상대시켜 쌍으로 분별하다
① 또 복덕을 갖추기 때문에 무위에 머물지 않고, 지혜를 갖추기 때문에 유위를 다하지 않으며, ② 대자대비 때문에 무위에 머물지 않고, 본원本願을 만족하기 때문에 유위를 다하지 않으며, ③ 법의 약[法藥]을 모으기 때문에 무위에 머물지 않고, 근기 따라 약을 주기 때문에 유위를 다하지 않으며, ④ 중생의 병을 알기 때문에 무위에 머물지 않고, 중생의 병을 없애주기 때문에 유위를 다하지 않는 것이다.

⑶ 두 가지를 맺어 이루시다
 정사正士인 모든 보살들이 이러한 법을 닦음으로써 유위를 다하지 아니하고 무위에 머물지 아니하는 것, 이것을 다함과 다함 없음의 해탈법문이라고 이름하는 것이니, 그대들은 응당 배워야 한다."

又具福德故 不住無爲, 具智慧故 不盡有爲, 大慈悲故 不住無爲, 滿本願故 不盡有爲, 集法藥故 不住無爲, 隨授藥故 不盡有爲, 知衆生病故 不住無爲, 滅衆生病故 不盡有爲.

諸正士菩薩 以修此法 不盡有爲 不住無爲, 是名 盡無盡解脫法門, 汝等當學."

3.3 환희 공양 찬탄하고 돌아가다
⑴ 그 때 그 모든 보살들은 이 법 설하시는 것을 듣고 모두 크게 기뻐하여,
⑵ 여러 가지 종류의 형색과 여러 가지 종류의 향으로 된 온갖 오묘한 꽃[衆妙華]을 삼천대천세계에 두루 뿌리고, 붓다 및 이 바른 진

爾時 彼諸菩薩 聞說是法 皆大歡喜, 以衆妙華 若干種色 若干種香 散遍 三千大千世界, 供養

리[經法]와 아울러 모든 보살들에게 공양하고 나서,

(3) 붓다의 발에 엎드려 예배하고 일찍이 없었던 것이라고 찬탄하면서 말하였다.

"석가모니 붓다이시므로 이와 같이 방편을 잘 행하실 수 있는 것이다."

말을 마치자 홀연 모습을 감추고 저들의 나라로 돌아갔다.

於佛 及此經法 幷諸菩薩已,
稽首佛足 歎未曾有言.
"釋迦牟尼佛 乃能於此 善行方便."
言已 忽然不現 還到彼國.

제12 견아촉불품[1]　　　見阿閦佛品
　　　　　　　　　　　　　　　　第十二

1. 법신여래와 자수용신을 보다

그 때 세존께서는 유마힐에게 물으셨다. "그대는 여래를 보고자 하였는데, 어떤 것으로써 여래를 보는가?"

爾時世尊 問維摩詰. "汝欲見如來, 爲以何等 觀如來乎?"

1.1 총체적으로 표방하다
유마힐이 말하였다. "스스로 몸의 실상[身實相]을 보는 것과 같이, 붓다를 보는 것도 또한 그렇습니다.[2]

維摩詰言. "如自觀身實相, 觀佛亦然.

1.2 개별적으로 해석하다
1.2.1 법신 보는 것을 밝히다

---

1 「집 공은 견아촉불품이라고 이름하였다. 이 품은 붓다께서 유마힐에게, "어떻게 여래를 보는가?"라고 물으심에 대해, 법신여래 등을 보는 것을 말하는 품으로, 뒤에 사리자가 청문하면서 비로소 정명은 아촉불국에서 왔음을 말하므로, 오직 아촉불만을 밝히는 것이 아니다. 지금 오직 아촉불이라고만 말하면 이 품 경전의 근본 뜻을 잃는 것이다.」 그러나 포탈라본의 품명은 '견아촉불'이라는 뜻의 'akṣobhyatathāgatadarśana'라는 표현이 포함된 '묘희세계와 견아촉불의 품 [Abhyratilokadhātvānayana-akṣobhyatathāgatadarśana-parivartaḥ]'으로 되어 있다.
2 「'실상'은 곧 진여이니, 신역과는 조금 다르다. 오직 법신의 한 가지 해석만 짓는 것이기 때문이다.」

여래는 과거[前際]에서 오지 않고 미래[後際]로 가지 않으며 지금도 머물지 않는다고 저는 봅니다.

(1) 색色을 보지 않고 색의 진여를 보지 않으며 색의 성품을 보지 않고, 수受·상想·행行·식識을 보지 않고 식의 진여를 보지 않으며 식의 성품을 보지 않고,3

(2) 사대四大에서 일어난 것이 아니고, 허공과 같으며, 육입을 쌓음이 없고,4 안·이·비·설·신·의[心]를 이미 지났으며, 삼계에 있지 않고, 세 가지 때[三垢]를 이미 떠났으며,

(3) 세 가지 해탈문을 수순하고, 삼명三明을 구족하되 무명無明과 평등하며,5

我觀如來 前際不來 後際不去 今則不住.

不觀色 不觀色如 不觀色性, 不觀受想行識 不觀識如 不觀識性.

非四大起, 同於虛空, 六入無積, 眼耳鼻舌身心 已過, 不在三界, 三垢已離, 順三脫門, 具足三明 與無明等,

----

3 「공리」 '색'은 있음의 모습[有相]이고, '여'는 공한 모습[空相]이며, '성품'은 인연을 말한다. 색은 인연에 속하므로 전혀 자성이 없는 것이다. [응리] '색'은 의타기를 말하고, '여'는 원성실을 말하며, '성품'은 변계소집을 말한다. 이 셋은 표현[詮]에 의지하는 것이지만, 법신은 표현을 폐한다. 그래서 모두 보지 않는다는 것이다. 비록 이러한 이해를 하지만, 신역의 번역문과는 거스르는데, 뜻은 같을 수 있다.」

4 「육진을 쌓아[積六塵] 자성으로 삼는 것이 아니기 때문이다.」

5 '무명과 평등하다[與無明等]'는 것은 신역의 '명이 아니면서 밝고[非明而明]'에 해당하는 표현이지만, 같은 뜻으로 보기 어렵다. 이에 대해 길장(『의소』 제6권)은, "삼명에는 둘이 있다. 첫째는 천안·숙명·누진의 세 가지이다. 둘째는 《열반경》에 의하면, 1. 보살의 명으로, 반야를 말하는 것이고, 2. 모든 붓다의 명으로, 불안佛眼을 말하는 것이며, 3. 무명의 명으로, 필경 공을 말하는 것이다. 체가 지혜의 성품이 아니기 때문에 명은 아니지만, 능히 진실한 지혜를 일으키기 때문에 '명'이라고 말하는 것이다. 마치 오진五塵이 오욕五欲을 일으키므로 (체가

(4) ① 하나인 모습[一相]도 아니고 다른 모습[異相]도 아니며, ② 자상自相도 아니고 타상他相도 아니며, ③ 상을 없앤 것[無相]도 아니고 상을 취한 것[取相]도 아니며,6

④ 차안이지도 않고 피안이지도 않으며 중간의 흐름[中流]이지도 않으면서 중생들을 교화하고, ⑤ 적멸을 보지만 영원히 적멸하지는 않으며, ⑥ 이것도 아니고 저것도 아니며, ⑦ 이것으로써도 아니고 저것으로써도 아니며,7 ⑧ 지혜로써 알 수도 없고 의식으로써 인식할 수도 없으며,8 ⑨ 어둠도 없고 밝음도 없으며,

⑩ 이름도 없고 모습도 없으며, ⑪ 강함도 없고 약함도 없으며, ⑫ 깨끗함도 아니고 더러움도 아니며, ⑬ 방향[方]에 있지도 않고 방향을 떠나지도 않았으며, ⑭ 유위도 아니고 무위도 아니며, ⑮ 보이는 것[示]도 없고 말하는 것[說]도 없으며,

⑯ 베풀지도 않고 아끼지도 않으며, ⑰ 계

不一相 不異相,
不自相 不他相,
非無相 非取相,

不此岸 不彼岸 不中流 而化衆生,
觀於寂滅　亦不永滅, 不此 不彼,
不以此 不以彼,
不可以智知　不可以識識, 無晦無明,

無名 無相, 無强無弱, 非淨 非穢,
不在方 不離方,
非有爲 非無爲,
無示 無說,

不施 不慳, 不戒

욕은 아니지만) 또한 욕欲이라고 이름하는 것과 같다."라고 주석한다.
6 「'하나인 모습'이란 공이고, '다른 모습'이란 유이며, '자상'이란 자상이고, '타상'이란 공상이며, '상을 없앤 것'이란 상을 버리는 것이고, '상을 취한 것'이란 상을 취하는 것이다.」
7 「이것과 저것으로써 나타내 보일 수 없다는 것이다.」
8 「세간의 지혜[世智]로써 알 수 없고, 분별하는 마음으로 인식할 수 없다.」

를 지키지도 않고 범하지도 않으며, ⑱ 참지
도 않고 성내지도 않으며, ⑲ 정진하지도 않
고 게으르지도 않으며, ⑳ 집중하지도 않고
산란하지도 않으며, ㉑ 지혜롭지도 않고 어
리석지도 않으며,

 ㉒ 진실하지도 않고 속이지도 않으며, ㉓
오지도 않고 가지도 않으며, ㉔ 나가지도 않
고 들어오지도 않으며, ㉕ 일체 언어의 길이
끊어졌고, ㉖ 복전도 아니고 복전 아닌 것도
아니며, ㉗ 공양해야 할 것도 아니고 공양하
지 않아야 할 것도 아니며, ㉘ 취함도 아니고
버림도 아니며, ㉙ 모습이 있는 것도 아니고
모습이 없는 것도 아니며,
(5) ① 진제眞際와 같고, ② 법성法性과 평등
하며, ③ 일컬을 수도 없고 헤아릴 수도 없어
서 모든 일컬음과 헤아림을 벗어났고, ④ 크
지도 않고 작지도 않으며, ⑤ 보는 것도 아니
고 듣는 것도 아니며 감각하는 것도 아니고
아는 것도 아니며,
(6) 온갖 결박을 여읜 것으로 보고,

不犯, 不忍
不恚, 不進
不怠, 不定
不亂, 不智 不愚,

不誠 不欺,
不來 不去, 不出
不入,　一切言語道
斷, 非福田 非不福
田, 非應供養 非不
應供養, 非取
非捨, 非有相
非無相,
同眞際, 等法性,
不可稱 不可量
過諸稱量, 非大
非小, 非見
非聞 非覺
非知,
離衆結縛,

1.2.2 자수용신 보는 것을 밝히다
(1) ① 모든 지혜에서 평등하고, ② 중생을 같
이 여기며,[9] ③ 모든 법에 분별이 없고, ④ 일

等諸智, 同衆生,
於諸法 無分別, 一

체에 잃음이 없으며[無失], (2) ① 탁함[濁]도 없고 괴로움[惱]도 없으며, ② 지음[作]도 없고 일으킴[起]도 없으며, ③ 생겨남도 없고 멸함도 없으며, ④ 두려워함도 없고, ⑤ 근심도 없고 기쁨도 없으며, ⑥ 싫어함도 없고 집착함도 없으며, ⑦ 이미 있었던 것도 없고 장차 있을 것도 없으며 지금 있는 것도 없고, ⑧ 일체 언설과 분별로 나타내 보일 수 없다고 보기 때문입니다.

切無失, 無濁 無惱, 無作 無起, 無生 無滅, 無畏, 無憂 無喜, 無厭 無著, 無已有 無當有 無今有, 不可以 一切言說 分別顯示.

1.3 바르게 맺다

세존이시여, 여래의 몸은 이와 같아서 이와 같이 봅니다. 이렇게 보는 것을 이름해서 정관正觀이라고 하므로, 만약 달리 본다고 한다면 이름해서 사관邪觀이라고 합니다."

世尊, 如來身 爲若此 作如是觀. 以斯觀者 名爲正觀, 若他觀者 名爲邪觀."

2. 타수용신과 화신불을 보다[10]

----

9 「'모든 지혜에서 평등하다'는 것은 일체지지를 얻어서 모든 붓다는 모두 평등하다는 것이다. '중생을 같이 여긴다'는 것은 모든 중생은 둘이 없다고 보는 것이니, 진실한 성품은 같기 때문이다.」

10 신역은 이 제2 사리불이 물음을 일으켜서 무동無動 붓다를 보는 일을 기회로 하여 타수용신 보는 것을 밝히면서, 겸하여 석가모니께서 잡예한 국토[雜穢土]에 머무시는 것은 화신불임을 나타내는 글에, 첫째 사리불이 물음을 일으키는 것, 둘째 여래께서 자세히 답하시는 것, 셋째 묘희를 보고 기뻐하는 것, 넷째 사리불이 찬양하는 것의 넷이 있지만, 구역에는 첫째의 글이 없고, 그래서 둘째의

2.1 여래께서 자세히 답하시다11

2.1.1 유마힐의 답으로 이치를 나타내시다

⑴ 그 때 사리불舍利弗이 유마힐維摩詰에게 물었다.

"존자께서는 어디에서 죽어서[沒] 여기로 와서 태어났습니까[生]?"

⑵ 유마힐이 말하였다.

"존자께서 얻으신 법에는 죽음과 태어남[沒生]이 있습니까?"

⑶ 사리불이 말하였다.

"죽음과 태어남은 없습니다."

⑷ "만약 모든 법에 죽거나 태어나는 모습이 없다고 한다면, 어찌하여 '존자는 어디에서 죽어서 여기로 와서 태어났습니까?'라고 물었습니까?

존자의 생각에는 어떻습니까? 비유하여 환술사가 환술로 만든 남자와 여자는 정녕 죽거나 태어나는 것입니까?"

⑸ 사리불이 말하였다.

"죽음과 태어남이 없습니다."

爾時 舍利弗 問維摩詰.

"汝於何沒 而來生此?"

維摩詰言.

"汝所得法 有沒生乎?"

舍利弗言.

"無沒生也."

"若諸法 無沒生相, 云何問言, '汝於何沒 而來生此?'

於意云何? 譬如幻師 幻作男女 寧沒生耶?"

舍利弗言.

"無沒生也."

....

글에도 여래께서 사리불의 물음에 대해 미루어 유마힐로 하여금 답하게 하는 부분이 없으며, 바로 사리불이 유마힐에게 묻는 것으로 되어 있다.

11 「구역에서는 유마힐에게 묻고, 붓다께 묻는 글은 없으며, 아래에서도 붓다께서 스스로 펴시고 또 묻는 것이 없어서, 극히 어그러짐을 이룬다.」

(6) "존자께서는 어찌 붓다께서 모든 법은 환상과 같다고 하신 말씀을 듣지 못하셨던가요?"

(7) 사리자가 답하였다.

"아니요, 그러합니다."

(8) "㈎ 만약 일체법이 환상과 같다면, 어찌하여, '존자는 어디에서 죽어서 여기에 와서 태어났습니까?'라고 물었습니까?

㈏ 사리불님, ① 죽는다는 것은 헛되이 속이는 법[虛誑法]이 무너지는 모습이고, 태어난다는 것은 헛되이 속이는 법이 상속하는 모습이니, ② 보살은 비록 죽는다고 해도 선의 근본[善本]을 다하지 않고, 비록 태어난다고 해도 모든 악을 기르지 않습니다."

"汝豈不聞 佛說諸法 如幻相乎?"

答曰.

"如是."

"若一切法 如幻相者, 云何問言, '汝於何沒 而來生此?' 舍利弗, 沒者 爲虛誑法 敗壞之相, 生者 爲虛誑法 相續之相, 菩薩雖沒 不盡善本, 雖生 不長諸惡."

2.1.2 스스로 답하여 일을 밝히시다[12]

(1) 그 때 붓다께서 사리불에게 이르셨다.

"묘희妙喜라고 이름하는 나라가 있으니, 붓다의 명호는 무동無動이다. 이 유마힐은 그 나라에서 죽어서 여기로 와서 태어났다."

(2) 사리불이 말하였다.

"일찍이 없었던 일입니다, 세존이시여. 이

是時 佛告 舍利弗.

"有國 名妙喜, 佛號無動. 是維摩詰 於彼國沒 而來生此."

舍利弗言.

"未曾有也, 世尊.

....

12 따라서 이것은 신역의 2.2.2에 해당하는 것이다.

사람은 청정한 국토를 버리고서 성냄과 해침[怒害] 많은 이 곳에 와서 즐길 수 있었습니다."

⑶ 유마힐이 사리불에게 말하였다.

"존자의 생각에는 어떻습니까? 햇빛이 나올 때 어둠과 화합하는 것입니까?"

⑷ 사리불이 답하였다.

"그렇지 않습니다, 햇빛이 나올 때면 곧 온갖 어둠은 없어집니다."

⑸ 유마힐이 말하였다.

"대저 태양은 무엇 때문에 염부제를 다니는 것입니까?"

⑹ 사리불이 답하였다.

"밝게 비춤으로써 어둠을 없애고자 하는 것입니다."

⑺ 유마힐이 말하였다.

"보살도 이와 같아서 비록 부정한 불국토에 태어나지만, 중생을 교화하기 위한 연고이지, 어리석음의 어둠과 함께 화합하려는 것은 아닌 것입니다. 단지 중생의 번뇌의 어둠을 소멸시킬 뿐입니다."

2.2 묘희를 보고 기뻐하다13

⑴ 그 때 대중들은 갈망하여 우러르며 묘희妙

是人乃能 捨淸淨土 而來樂此 多怒害處."

維摩詰 語舍利弗.

"於意云何? 日光出時 與冥合乎?"

答曰.

"不也. 日光出時 卽無衆冥."

維摩詰言.

"夫日何故 行閻浮提?"

答曰.

"欲以明照 爲之除冥."

維摩詰言.

"菩薩如是 雖生 不淨佛土, 爲化衆生故, 不與愚闇 而共合也. 但滅衆生 煩惱闇耳."

是時 大衆渴仰 欲見

희세계와 무동無動여래 및 그 보살과 성문 대중들을 보고 싶어 하였다.

⑵ 붓다께서는 일체 대중들이 생각하는 바를 아시고 유마힐에게 이르셨다.

"선남자여, 이 대중들을 위해 묘희妙喜국과 무동無動여래 및 모든 보살과 성문 대중들을 나타나게 하라. 대중들이 모두 보고 싶어 한다."

⑶ 이 때 무구칭은 마음으로 생각하였다.

'㈎ 나는 이제 자리를 일어나지 않고 묘희국妙喜國에 접근해서, 철위산천鐵圍山川과 계곡, 강과 내[江河], 큰 바다와 샘과 수원[泉源], 수미산과 여러 산 및 태양과 달과 별들[日月星宿], 천신·용·귀신·범천 등의 궁전들과 아울러 모든 보살과 성문 대중들, 성읍城邑의 취락, 남자와 여자, 크고 작은 사람[大小]들과,

㈏ ① 나아가 무동無動여래 및 보리수菩提樹와, ② 모든 오묘한 연꽃[妙蓮華]이 시방세계에서 능히 불사佛事를 짓는 것과, ③ 세 가지 길로 된 보배계단[三道寶階]이 염부제閻浮提에서 도리천忉利天에 이르러서, 이 보배계단

妙喜世界 無動如來 及其菩薩 聲聞之眾.
佛知 一切眾會所念 告維摩詰言.
"善男子, 爲此眾會 現妙喜國 無動如來 及諸菩薩 聲聞之眾. 眾皆欲見."
於是 維摩詰 心念.
'吾當 不起于座 接妙喜國, 鐵圍山川 溪谷江河 大海泉源 須彌諸山, 及日月星宿 天龍鬼神 梵天等宮, 幷諸菩薩 聲聞之眾 城邑聚落 男女大小,
乃至 無動如來 及菩提樹, 諸妙蓮華 能於十方 作佛事者, 三道寶階 從閻浮提 至忉利天, 以

....
13 이것은 신역의 2.3.에 해당하는 것이다.

으로 모든 천신들은 아래로 내려와서 모두 무동無動여래께 예경하고 바른 진리를 듣고 받아들이며, 염부제의 사람들도 역시 그 계단으로 도리천으로 올라가서 그 모든 천신들을 보는,

㈐ 이와 같은 묘희세계가 성취한 한량없는 공덕을, 위로는 색구경천[阿迦膩吒天]까지, 아래로는 수륜의 경계[水際]까지 오른손으로 끊어 취해서[斷取], 도공의 물레[陶家輪]처럼 하여 이 세계에 들여와서, 마치 화만華鬘처럼 지니고 일체 대중들에게 보이리라.'

⑷ ㈎ 이러한 생각을 하고 나서 삼매에 들어 신통력을 나타내어, 그 오른손으로 묘희妙喜세계를 끊어 취해서[斷取] 이 국토에 두었더니,

㈏ ① 저 국토의 신통을 얻은 보살 및 성문 대중들과 아울러 나머지 천신과 사람들은 모두 소리쳐 말하였다.

"세존이시여, 누군가가 우리를 데려 가고 있습니다. 원컨대 보시고 구호하여 주소서."

② 무동 붓다께서 말씀하셨다.

"내가 하는 일이 아니고, 이것은 유마힐이 신통력으로 하는 일이다."

㈐ 그 나머지 아직 신통을 얻지 못한 자들

此寶階　諸天來下 悉爲禮敬 無動如來 聽受經法, 閻浮提人 亦登其階 上昇忉利 見彼諸天,

妙喜世界 成就如是 無量功德, 上至阿迦膩吒天, 下至水際 以右手斷取, 如陶家輪 入此世界, 猶持華鬘 示一切衆.'

作是念已 入於三昧 現神通力, 以其右手　斷取妙喜世界 置於此土,

彼得神通 菩薩及聲聞衆 幷餘天人 俱發聲言.

"唯然 世尊, 誰取我去. 願見救護."

無動佛言.

"非我所爲, 是維摩詰 神力所作."

其餘　未得神通者

은 자기가 어디로 가는지 깨닫지도 못하고 알지도 못하였다.

㈑ 묘희세계가 비록 이 국토에 들어왔지만 늘어나거나 줄어들지 않았고, 이 세계를 또한 조이지도 않아[不迫隘] 본래와 같고 다름이 없었다.

⑸ ㈎ 그 때 석가모니 붓다께서 모든 대중들에게 이르셨다.

"그대들은 묘희妙喜세계와 무동無動여래, 그 나라가 장엄하게 장식되고 보살행이 청정하며 제자들이 청백淸白한 것을 보았는가?"

㈏ 모두가 말하였다.

"예, 이미 보았습니다."

㈐ 붓다께서 말씀하셨다.

"만약 보살이 이와 같이 청정한 불국토를 얻고자 한다면, 무동여래께서 행하신 도를 배워야 한다."

⑹ 이 묘희국을 나타내었을 때에 사바세계의 십사 나유타那庾他의 사람들은 아뇩다라삼먁삼보리에 대한 마음을 일으켰고, 모두가 묘희 불국토에 태어나기를 원하였더니, 석가모니 붓다께서는 곧 그들에게 기별하여 말씀하셨다.

不覺不知 己之所往.

妙喜世界 雖入此土 而不增減, 於是世界 亦不迫隘 如本無異.

爾時 釋迦牟尼佛 告諸大衆.

"汝等且觀 妙喜世界 無動如來, 其國嚴飾 菩薩行淨 弟子淸白?"

皆曰.

"唯然, 已見."

佛言.

"若菩薩 欲得如是 淸淨佛土, 當學 無動如來 所行之道."

現此 妙喜國時 娑婆世界 十四那由他人發 阿耨多羅三藐三菩提心, 皆願生於 妙喜佛土, 釋迦牟尼佛 卽記之曰.

"장차 그 나라에 태어날 것이다."
(7) 그 때 묘희세계는 이 국토에서 근기를 따라 유익하게 하고, 그 일이 끝나자 본래의 처소[本處]로 다시 복귀하였는데, 모든 대중들 모두가 그것을 보았다.

"當生彼國."
時妙喜世界 於此國土 所應饒益, 其事訖已 還復本處, 擧衆皆見.

2.3 사리불이 찬양하다14

2.3.1 붓다께서 물으시다
붓다께서 사리불에게 이르셨다.
"그대는 이 묘희세계와 무동붓다를 보았는가?"

佛告 舍利弗.
"汝見此 妙喜世界 及無動佛不?"

2.3.2 답하고 찬양하다
(1) "예, 이미 보았습니다.
(2) 세존이시여, 일체 중생들이 청정한 국토[淸淨土]를 얻고, 무동無動붓다와 같아지며, 유마힐과 같은 신통력을 얻기를 원하옵나이다.
(3) 세존이시여, 저희들은 좋은 이익[善利]을 잘 얻었으니, 이 분을 뵙고 친근하며 공양할 수 있었기 때문입니다.
(4) ① 그 모든 중생들이 만약 지금 현재에서

"唯然, 已見.
世尊, 願使 一切衆生 得淸淨土, 如無動佛, 獲神通力 如維摩詰.
世尊, 我等 快得善利, 得見是人 親近供養.
其諸衆生 若今現在

....
14 이것은 신역의 2.4에 해당하는 것이다.

나 만약 붓다께서 입멸하신 다음에라도 이 경전을 듣는다면 역시 좋은 이익을 얻을 것입니다. 하물며 듣고 나서 다시 신해하고 수지하며 독송하고 해설하며 여법하게 수행함이겠습니까?

② 만약 누군가가 이 경전을 손으로 얻는다면, 곧 법보의 곳간을 이미 얻은 것이 되고, ③ 만약 누군가가 독송하고 그 뜻을 해설하며 말한 대로 수행한다면, 곧 모든 붓다께서 호념護念하시는 바가 될 것이며, ④ 만약 누군가가 이러한 사람을 공양한다면, 곧 붓다께 공양한 것이 되는 것이라고 알아야 할 것이고, ⑤ 그 누군가가 이 경전의 책[經卷]을 써서 지닌다면, 그 방은 곧 여래께서 계시는 것이라고 알아야 할 것입니다.

⑥ 만약 이 경전을 듣고 따라 기뻐할 수 있다면, 이 사람은 곧 일체지를 취한 것이 되고, ⑦ 만약 이 경전을 믿고 이해한 뒤 나아가 하나의 사구게四句偈만이라도 남을 위해 말해줄 수 있다면, 이 사람은 곧 아뇩다라삼먁삼보리의 수기를 받은 것이라고 알아야 할 것입니다."

若佛滅後 聞此經者 亦得善利.
況復聞已 信解受持 讀誦解說 如法修行?
若有手得 是經典者, 便爲已得 法寶之藏, 若有讀誦 解釋其義 如說修行, 卽爲諸佛 之所護念, 其有供養 如是人者, 當知卽爲 供養於佛, 其有書持 此經卷者, 當知其室 卽有如來.
若聞是經 能隨喜者, 斯人卽爲 取一切智, 若能 信解此經 乃至 一四句偈 爲他說者, 當知此人 卽是受 阿耨多羅三藐三菩提記."

제13 법공양품　　　　　　　法供養品 第十三

1. 제석이 찬양하다

⑴ 그 때 석제환인釋提桓因이 대중들 가운데서 붓다께 말하였다.

"세존이시여, 저는 비록 붓다 및 문수사리로부터 백천의 경經을 들었습니다만, 아직 이와 같이 사의할 수 없는 자재한 신통과 결정적인 실상의 경전은 일찍이 듣지 못하였습니다.1

⑵ ㈎ 제가 붓다께서 말씀하신 것의 뜻을 이해하기로는, 만약 중생으로서 이 바른 진리를 듣고, 신해하고 수지하며 독송하는 자가 있다면, 반드시 이 법을 얻을 것임에 의문이 없을 것이거늘, 어찌 하물며 말한 대로 수행함이겠습니까?

㈏ ① 이 사람은 곧 온갖 악취는 잠그고, ② 모든 선의 문[善門]은 열 것이며,

③ 항상 모든 붓다께서 호념하시는 바가 되

爾時 釋提桓因 於大衆中 白佛言.

"世尊, 我雖從佛 及文殊師利　聞百千經, 未曾聞此 不可思議 自在神通 決定實相經典.

如我解　佛所說義趣, 若有衆生 聞是經法, 信解受持　讀誦之者,　必得是法不疑, 何況 如說修行?

斯人卽爲　閉衆惡趣, 開諸善門,

常爲諸佛　之所護

---

1 「구역에서 말한 '자재한 신통'은 현상의 뛰어남[事勝]이고, '결정적인 실상'은 이치의 뛰어남[理勝]이다. 이타와 자리의 두 가지가 뛰어나기 때문이니, 이것은 표현 대상이고, 경전은 표현 주체이다.」

고, ④ 외도[外學]를 항복시키며, ⑤ 마군의 원수를 꺾어 멸할 것이고,

⑥ 보리를 닦고 다스려서 도량에 편안히 처하고, ⑦ 여래께서 다니신 자취를 밟을 것입니다.

(3) 세존이시여, 만약 수지하고 독송하며 말한 대로 수행하는 자가 있다면, 저는 응당 모든 권속들과 더불어 공양하고 섬길 것[給事]이며,

(4) 어떤 취락이든 성읍이든 산림이든 광야든 이 경전이 있는 곳이라면, 저는 역시 모든 권속들과 더불어 법을 듣고 받기 위하여 함께 그 곳으로 가서, 그 아직 믿지 못하는 자들은 믿음을 생기게 하고, 그 이미 믿는 자들에게는 보호자가 되겠습니다."

念, 降伏外學, 摧滅魔怨,

修治菩提 安處道場, 履踐如來 所行之跡.

世尊, 若有 受持讀誦 如說修行者, 我當 與諸眷屬 供養給事,

所在 聚落城邑 山林曠野 有是經處, 我亦 與諸眷屬 聽受法故 共到其所, 其未信者 當令生信, 其已信者 當爲作護."

2. 세존께서 인가하고 해석하시다

2.1 앞의 말을 인가하시다

붓다께서 말씀하셨다.

"훌륭하고 훌륭하도다. 천제여, 그대가 말한 바와 같다. 나도 그대의 기쁨을 돕겠다.2

佛言.

"善哉善哉. 天帝, 如汝所說. 吾助爾喜.

----
2 「구역에서는 "나도 그대의 기쁨을 돕겠다"라고 하였는데, 그것은 따라 기뻐하는 것[隨喜]이 아니므로, 뜻의 흐름이 (신역과) 서로 위배된다.」

2.2 경전의 뛰어난 이익을 해석하시다

⑴ ① 이 경전은 과거와 미래와 현재의 모든 붓다들의 불가사의한 아뇩다라삼먁삼보리를 자세히 말한 것이다. ② 그러므로 천제여, 만약 선남자나 선여인이 이 경전을 받아 지니고 독송하며 공양한다면, 곧 과거와 미래와 현재의 붓다들께 공양하는 것이 되는 것이다.

⑵ ㈎ 천제여, ① 설령 삼천대천세계에 여래께서 가득하신 것이, 비유하여 마치 사탕수수[甘蔗], 대[竹], 갈대[葦], 벼[稻], 삼[麻]의 총림 등과 같이 많다고 하고, 만약 선남자나 선여인이 있어 혹 일 겁이나 감減 일 겁 동안 공경하고 존중하며 찬탄하고, 여러 안락할 거리[所安]들을 공양하여 바치며, ② 모든 여래들께서 멸도하신 다음에 이르러 한 분 한 분의 전신사리全身舍利로써 칠보탑을 세우되, 그 가로와 세로가 하나의 사천하四天下와 같고 높이가 범천에 이르며 표찰表刹이 장엄하고, 일체 꽃[花], 향香, 영락瓔珞, 당기[幢], 번기[幡], 음악[伎樂]이 미묘하기 제일이도록 해서, 혹 일 겁이나 감 일 겁 동안 그에 공양하다면, ③ 천제天帝의 생각에는 어떠한가? 그 사람이 심은 복덕이 정녕 많다고 하겠는

此經廣說 過去未來 現在諸佛 不可思議 阿耨多羅三藐三菩 提. 是故天帝, 若善 男子善女人 受持讀 誦 供養是經者, 卽 爲供養 去來今佛. 天帝, 正使 三千大 千世界 如來滿中 譬如 甘蔗竹葦 稻 麻叢林, 若有善男 子善女人 或一劫 或減一劫 恭敬尊重 讚歎, 供養奉諸所 安, 至諸佛滅後 以 一一 全身舍利 起七 寶塔, 縱廣一四天下 高至梵天 表刹莊嚴, 以一切 華香瓔珞 幢 幡伎樂 微妙第一, 若一劫 若減一劫 而 供養之, 於天帝意 云何? 其人植福 寧

가?"

(나) 석제환인이 말하였다.

"많을 것입니다, 세존이시여. 그의 복덕은 백천억 겁 동안 말한다고 하더라도 다할 수 없을 것입니다."

(다) 붓다께서 천제에게 말씀하셨다.

"① 이 선남자나 선여인이 이 불가사의한 해탈의 경전을 듣고, 신해하고 수지하며 독송하며 수행하는 복덕은 저것보다도 훨씬 많다고 알아야 한다.

② 까닭이 무엇이겠는가? 모든 붓다들의 보리는 모두 여기에서 생겨나기 때문이다.

③ 보리의 모습은 한정지어 헤아릴 수 없는 것이니, 이 인연 때문에 그 복덕도 헤아릴 수 없는 것이다."

爲多不?"
釋提桓因言.
"多矣, 世尊. 彼之福德 若以百千億劫 說不能盡."
佛告 天帝.
"當知 是善男子善女人 聞是不可思議 解脫經典, 信解受持 讀誦修行 福多於彼. 所以者何? 諸佛菩提 皆從是生.
菩提之相 不可限量, 以是因緣 福不可量."

3. 닦기를 권하시다

3.1 과거의 일을 말씀하시다

(1) 붓다께서 계셔 공양하다

붓다께서 천제에게 말씀하셨다.

"① 과거 한량없는 아승기 겁 전의 시기에 세상에 붓다께서 계셨으니, ② 명호를 약왕藥王여래 응공應供 정변지正遍知 명행족明行

佛告 天帝.
"過去無量 阿僧祇劫時 世有佛, 號曰 藥王 如來應供 正

제13 법공양품 725

足 선서善逝 세간해世間解 무상사無上士 조어장부調御丈夫 천인사天人師 붓다[佛] 세존世尊이라고 하였고, ③ 세계는 대장엄大莊嚴이라고 이름하였으며, ④ 겁은 장엄莊嚴이라고 불렀다.

⑤ 붓다의 수명은 이십 소겁小劫이었고, ⑥ 그 분의 성문승은 삼십육 억 나유타, 보살승은 십이 억이 있었다.

⑦ 천제여, 그 때 전륜성왕이 있어 이름을 보개寶蓋라고 하였는데, 칠보를 구족하여 사천하를 통치하였으며, 왕에게는 천 명의 아들이 있어 단정하고 용맹해서 능히 원수의 적군을 굴복시켰다.

그 때 보개는 그의 권속들과 더불어 약왕여래를 공양하고, 모든 안락할 거리[所安]들을 보시해서 오 겁이 가득차기에 이르렀다.

(2) 아들에게 배우도록 권하다

㈎ 오 겁이 지났을 때 그의 천 명의 아들들에게 말하였다.

"너희들도 또한 나처럼 깊은 마음으로 붓다께 공양해야 한다."

㈏ 그 때 천 명의 아들들은 부왕의 명을 받들어 약왕여래를 공양하고, 다시 오 겁이 가득차도록 일체를 베풀어 편안케 하였다.

遍知 明行足 善逝 世間解 無上士 調御丈夫 天人師 佛世尊, 世界名 大莊嚴, 劫曰 莊嚴.

佛壽 二十小劫, 其聲聞僧 三十六億 那由他, 菩薩僧 有十二億.

天帝, 是時 有轉輪聖王 名曰寶蓋, 七寶具足 主四天下, 王有千子 端正勇健 能伏怨敵.

爾時 寶蓋 與其眷屬 供養藥王如來, 施諸所安 至滿五劫.

過五劫已 告其千子.

"汝等 亦當如我 以深心 供養於佛."

於是 千子 受父王命 供養藥王如來, 復滿五劫 一切施安.

(3) 월개가 이익을 생각하다

㈎ 이름을 월개月蓋라고 하는 그 왕의 한 아들은 홀로 앉아 생각하였다. '정녕 이것보다 더 뛰어난 공양이 있는 것일까?'

㈏ 붓다의 신통력으로 공중에 천신이 있다가 말하였다.

"선남자여, 법의 공양이 모든 공양을 능가하는 것이오."

㈐ 곧 물었다.

"무엇을 말하여 법의 공양이라고 합니까?"

㈑ 천신이 말하였다.

"그대는 약왕여래에게 가서 여쭈어 보시오. 응당 그대를 위해 법의 공양을 자세히 말씀해 주실 것이오."

㈒ 즉시 월개 왕자는 약왕여래를 찾아가서 붓다의 발에 엎드려 예배하고 한편으로 물러서서 붓다께 여쭈었다.

"세존이시여, 모든 공양 중에서 법공양이 뛰어나다고 합니다. 어떤 것을 법공양이라고 합니까?"

(4) 약왕께서 가르쳐 보이시다

붓다께서 말씀하셨다.

㈎ 가르침에 의해 밝히시다

"㈀ 선남자여, 법공양이란 모든 붓다들께

其王一子 名曰月蓋
獨坐思惟. '寧有供養 殊過此者?'

以佛神力 空中有天曰.
"善男子, 法之供養 勝諸供養."

即問.
"何謂 法之供養?"

天曰.
"汝可往問 藥王如來. 當廣爲汝說 法之供養."

即時 月蓋王子 行詣 藥王如來 稽首佛足 卻住一面 白佛言.
"世尊, 諸供養中 法供養勝. 云何 爲法供養?"

佛言.

"善男子, 法供養者

서 말씀하신 심오한 경[深經]이다.

(ㄴ) ⓐ 일체 세간에서는 믿기 어렵고 받아들이기 어려우며, 미묘하여 보기 어렵고, 청정하여 잡염이 없으며[無染], 단지 분별하는 사유로는 얻을 수 있는 것이 아니고, 보살의 법장法藏에 포섭되는 것이다.

ⓑ ① 다라니의 인장을 그것에 찍었고,3 ② 불퇴전에 이르며, ③ 육바라밀을 성취하고, ④ 뜻을 잘 분별하며, ⑤ 보리의 법에 수순하여, ⑥ 온갖 경들 중 최상이며, ⑦ 대자대비로 들어가고, ⑧ 온갖 마사魔事 및 모든 사견邪見을 떠나며, ⑨ 인연의 법에 수순하고, ⑩ 나도 없고 사람도 없고 중생도 없고 수명도 없으며, ⑪ 공空이고 무상無相이고 무작無作이고 무기無起이며, ⑫ 능히 중생들로 하여금 도량에 앉게 하고, ⑬ 법륜法輪을 굴리며, ⑭ 모든 천신, 용신, 건달바 등이 함께 찬탄하여 기리는[歎譽] 것이고, ⑮ 능히 중생들을 붓다의 법장[佛法藏]에 들게 하며, ⑯ 모든 현성賢聖들의 일체 지혜를 섭수하고, ⑰ 온갖 보살이 행하는 도를 말하며, ⑱ 모든 법의 진실한 모습의 뜻[實相之義]에 의지하고,

諸佛所說 深經.
一切世間 難信難受, 微妙難見, 淸淨無染, 非但分別思惟 之所能得, 菩薩法藏所攝.
陀羅尼印 印之, 至不退轉, 成就六度, 善分別義, 順菩提法, 衆經之上, 入大慈悲, 離衆魔事 及諸邪見, 順因緣法, 無我無人 無衆生無壽命, 空無相 無作無起, 能令衆生坐於道場, 而轉法輪, 諸天龍神 乾闥婆等 所共歎譽, 能令衆生 入佛法藏, 攝諸賢聖 一切智慧, 說衆菩薩 所行之道, 依於諸法 實相之義,

---

3 「구역에서는 '다라니의 인장'이라고 하였는데, 총지의 성품의 인장[總持性印]이 찍힌 것도 역시 곧 진여 무상의 이치가 찍힌 것이다.」

⑲ 무상無常과 괴로움[苦]과 공空과 무아無我와 적멸寂滅의 법을 밝게 펴며, ⑳ 일체 훼금毁禁하는 중생들을 능히 구제하고, ㉑ 모든 악마와 외도 및 탐착하는 자들을 능히 두렵게 해서, ㉒ 모든 붓다들과 현성들께서 함께 칭찬하시는 것으로, ㉓ 생사의 괴로움을 등지고, ㉔ 열반의 즐거움을 보이니, ㉕ 시방삼세의 모든 붓다들께서 말씀하시는 것이다.

㈐ 만약 이와 같은 등의 경을 듣고, 신해하고 수지하며 독송하고, 방편의 힘으로 모든 중생들을 위하여 분별하여 해설하고 분명하게 나타내 보인다면, 법을 수호하기 때문에,

㈑ 이것을 법의 공양이라고 이름한다.

⑷ 행에 의해 밝히다

또 ① 모든 법을 설한 대로 수행하고, ② 십이인연에 수순하여 모든 사견邪見을 떠나며, ③ 무생법인[無生忍]을 얻어서, ④ 결정적으로 나도 없고 중생도 없으며, ⑤ 인연과 과보에 대해 거스름[違]도 없고 다툼[諍]도 없으며, ⑥ 모든 내 것[我所]을 떠나고, ⑦ 뜻에 의지하고, 말에 의지하지 않으며, ⑧ 지혜에 의지하고, 의식에 의지하지 않으며, ⑨ 요의의 경전에 의지하고, 불요의의 경전에 의

明宣無常 苦空無我 寂滅之法, 能救一切 毁禁衆生, 諸魔外道 及貪著者 能使怖畏, 諸佛賢聖 所共稱歎, 背生死苦, 示涅槃樂, 十方三世 諸佛所說.

若聞 如是等經, 信解受持讀誦, 以方便力 爲諸衆生 分別解說 顯示分明, 守護法故,

是名 法之供養.

又於諸法 如說修行, 隨順 十二因緣 離諸邪見, 得無生忍, 決定無我 無有衆生, 而於因緣果報 無違無諍, 離諸我所, 依於義 不依語, 依於智 不依識, 依了義經 不依不了

지하지 않으며, ⑩ 법에 의지하고, 사람에 의지하지 않으며, ⑪ 법의 모습에 수순하여 들어가는 바[所入]도 없고 돌아가는 바[所歸]도 없으며, ⑫ 무명이 필경 소멸하기 때문에 모든 형성도 역시 필경 소멸하고, 나아가 태어남이 필경 소멸하기 때문에 노사도 또한 필경 소멸한다는 이러한 관찰을 하되, ⑬ 십이인연이 다함 없는 모습이어서 다시는 소견을 일으키지 않는다면, 이를 이름하여 최상의 법의 공양이라고 한다."

義經, 依於法 不依人, 隨順法相 無所入 無所歸,
無明 畢竟滅故 諸行 亦畢竟滅, 乃至生畢竟滅故 老死亦畢竟滅 作如是觀, 十二因緣 無有盡相 不復起見, 是名最上 法之供養."

(5) 월개가 전하여 유통하다

㈎ 붓다께서 천제에게 말씀하셨다.

"① 왕자 월개는 약왕 붓다로부터 이러한 법을 듣고 유순인柔順忍을 얻어서,4 ② 곧 보배옷[寶衣]과 몸을 장엄하는 도구들을 벗어서 붓다께 공양하고는 ③ 붓다께 말하였다. '세존이시여, 여래께서 멸도하신 뒤에도 저는 법공양을 행하여 정법을 수호하고자 하오

佛告 天帝.
"王子 月蓋 從藥王佛 聞如是法 得柔順忍, 卽解寶衣 嚴身之具 以供養佛 白佛言.'世尊, 如來滅後 我當 行法

....
4「무생법인을 깨닫는 것[證]은 초지에 있고, 수순하는 것[順]은 지전의 결택하는 인위忍位에 있다. 지금 법을 들었기 때문에 지전의 법에 수순하는 인을 획득한 것이다. 또《인왕경》에 의하면 5인五忍을 지위에 배분한다. 첫째 복인伏忍은 지전에 있는 것이고, 둘째 신인信忍은 초·2·3지이며, 셋째 순인順忍은 4·5·6지이고, 넷째 무생인無生忍은 7·8·9지이며, 다섯째 적멸인寂滅忍은 제10지와 불지이니, 지금 순인은 처음 제4지에 오르는 것이다. 따라서 구역에서 '유순인柔順忍을 얻었다'고 한 것도 두 가지 해석을 취할 수 있다.」

니, 위신의 힘[威神]으로써 가엾게 여기시어 굳건하게 세우셔서[建立], 제가 악마의 원수를 항복시키고 보살행을 닦을 수 있도록 하여 주시기 바랍니다.'

㈏ 붓다께서는 그가 깊은 마음으로 생각하는 것을 아시고 기별하여 말씀하셨다. '그대는 나의 멸도 후[末後] 법성法城을 수호할 것이다.'

㈐ 천제여, 그 때 왕자 월개는 법의 청정함을 보고 붓다께서 수기하심을 듣고는, 믿음으로 출가하여 선법을 닦고 모으며 정진해서 오래되지 않아, 오신통을 얻고 보살도를 성취하였으며 다라니와 끊어짐 없는 변재를 얻었다.

㈑ ① 붓다께서 멸도하신 후에는 그가 얻은 신통과 총지와 변재의 힘으로 십 소겁이 가득하도록 약왕여래께서 굴리시던 법륜을 따라 나누어 퍼뜨렸다.

② 월개 비구는 법을 수호하고 부지런히 정진을 행하여 곧 이 생애[此身]에서 백만억의 사람들을 교화해서 아뇩다라삼먁삼보리에서 퇴전하지 아니하도록[不退轉] 건립하였고, 십사 나유타의 사람들로 하여금 성문과 벽지불에 대한 마음을 깊이 일으키게 하였으

供養 守護正法, 願以威神 加哀建立, 令我 得降魔怨 修菩薩行.'

佛知 其深心所念 而記之曰. '汝於末後 守護法城.'

天帝, 時 王子月蓋 見法淸淨 聞佛授記, 以信出家 修集善法 精進不久, 得五神通 逮菩薩道 得陀羅尼 無斷辯才.

於佛滅後 以其所得 神通總持 辯才之力 滿十小劫 藥王如來 所轉法輪 隨而分布. 月蓋比丘 以守護法 勤行精進 卽於此身 化百萬億人 於阿耨 多羅三藐三菩提 立 不退轉, 十四那由 他人 深發聲聞 辟

제13 법공양품 731

며, 한량없는 중생들을 천상에 태어나게 하였다.

支佛心, 無量衆生 得生天上.

3.2 예로써 지금에 대하다

① 천제여, 그 때의 전륜왕 보개가 어찌 다른 사람이겠는가? 지금 현재의 겁에서 붓다를 이루어 명호를 보염寶炎여래라고 하였다. ② 그 왕의 천 명의 아들들은 곧 현겁賢劫 중의 천 분의 붓다이시다. 가라구손타迦羅鳩孫駄께서 처음 붓다를 이루신 것에서, 최후의 여래께서는 명호를 누지樓至라고 하실 것이다. ③ 월개 비구는 나 자신이 곧 그였다.

天帝, 時王寶蓋 豈異人乎? 今現得佛 號寶炎如來. 其王千子 卽賢劫中 千佛是也. 從迦羅鳩孫駄 爲始得佛, 最後如來 號曰樓至. 月蓋比丘 卽我身是.

3.3 닦기를 권하시다

(1) 이와 같이 천제여, 이 요체[要]를 알아야 할 것이니, 법공양이 모든 공양 중에서 위[上]가 되고 가장 제일이 되며, 비할 것 없는 것[無比]이다.
(2) 그러므로 천제여, 응당 법의 공양으로써 붓다께 공양하여야 한다."

如是 天帝, 當知此要, 以法供養 於諸供養 爲上 爲最第一 無比.
是故 天帝, 當以法之供養 供養於佛."

제14 촉루품　　　　　　　囑累品 第十四

1. 부촉하기를 되풀이하시다

1.1 보살에게 부촉하시다
1.1.1 미륵에게 부촉하시다
⑴ 여래께서 부촉하시다
　㈎ 법을 부촉하시다
　　㈀ 그 때 붓다께서는 미륵보살에게 말씀하셨다.
　　"① 미륵이여, 나는 이제 이 한량없는 억의 아승기 겁 동안 모은 아뇩다라삼먁삼보리阿耨多羅三藐三菩提의 법을 그대에게 부촉付囑하노라. ② 이와 같은 무리[輩]의 경을 ③ 붓다가 멸도한 후의 말세末世 가운데에서 그대들은 신통의 힘[神力]으로써 널리 펴서 유포流布하여 염부제閻浮提에서 단절되는 일이 없도록 하라.
　　㈁ 까닭이 무엇이겠는가? ① 미래세 중에 장차 선남자 선여인 및 천신, 용, 귀신, 건달바, 나찰 등이 있어 아뇩다라삼먁삼보리에 대한 마음을 일으켜서 큰 법을 좋아한다고 하더라도, 만약 이와 같은 등의 경을 듣지 못

於是 佛告 彌勒菩薩言.
"彌勒, 我今以 是無量億 阿僧祇劫 所集 阿耨多羅三藐三菩提法 付囑於汝. 如是輩經 於佛滅後 末世之中 汝等 當以神力 廣宣流布 於閻浮提 無令斷絕.
所以者何? 未來世中 當有善男子 善女人 及天龍鬼神 乾闥婆 羅刹等 發阿耨多羅三藐三菩

한다면 곧 훌륭한 이익[善利]을 잃을 것이기 때문이다. 그렇지만 이와 같은 무리의 사람들이 이러한 등의 경을 듣는다면 반드시 많이 믿고 좋아하여[信樂] 희유하다는 마음[希有心]을 일으켜서 머리에 이어 받을 것[頂受]이니,1 ② 모든 중생들이 얻어야 할 이익을 따라 널리 말하도록 하라.

(나) 덕의 상실을 말씀하시다

(ㄱ) 자씨여, 보살에게는 두 가지 모습[相]이 있다고 알아야 한다.

(ㄴ) 어떤 것이 두 가지인가? 첫째는 잡된 문구와 문자로 꾸미는 일을 좋아하는 것이고, 둘째는 깊은 뜻을 두려워하지 않고 여실하게 능히 들어가는 것이다.

(ㄷ) (a) ① 만약 잡된 문구와 문자로 꾸미는 일을 좋아한다면, 이는 처음 배우는[初學] 보살이라고 알아야 한다. ② 만약 이와 같이 잡염 없고 집착 없으며 매우 심오한 경전에 두

提心 樂于大法, 若使不聞 如是等經 則失善利. 如此輩人 聞是等經 必多信樂 發希有心 當以頂受, 隨諸衆生 所應得利 而爲廣說.

彌勒, 當知, 菩薩有二相.

何謂 爲二? 一者 好於雜句 文飾之事, 二者 不畏深義 如實能入.

若好雜句 文飾事者, 當知是爲 新學菩薩. 若於如是 無染無著 甚深經典

---

1 「구역에서는 보리심을 일으키는 것이 하나가 되고, 큰 법을 좋아하는 것이 제2였다. 따라서 믿고 좋아하는 것과 머리에 이어 받는 것이 차례로 그것에 배분되었다. 그렇지만 응당 일으켜야 하고 응당 좋아해야 하기 때문에, 이해는 신역의 글과 같다.」 # 따라서 규기의 소에 의거한다면 본문과 같이 번역하여야 하지만, 승조의 주석(제10권)은 아래와 같이 '머리에 이어 받는 것'도 미륵에게 권하는 내용으로 본다. "법의 통하고 막힘과 손익이 이와 같기 때문에, 미륵에게 머리에 이어받고 널리 말하도록 권하는 것이다."

려워함 없이 능히 그 가운데 들어가서, 듣고 나서 마음이 청정해지고 수지하며 독송하고 말한 대로 수행한다면, 이는 도의 행[道行]을 오래 닦은 분이라고 알아야 한다.

(b) ㈠ ① 미륵이여, 새로 배우는 자는 그 매우 심오한 법을 마음으로 능히 결정하지 못한다고 표현하는 두 가지 법이 다시 있다.

② 무엇이 두 가지인가?

첫째 아직 듣지 못했던 심오한 경전을 듣고 놀라고 두려워하며 의심을 내어서 능히 수순하지 못하고, 헐뜯고 비방하며 불신해서 말하기를, '나는 처음이고 듣지 못한 것이다. 어디서 온 것인가?'라고 하는 것, 둘째 만약 이와 같이 심오한 경을 호지하고 해설하는 이가 있음을 본다고 해도, 수긍하여 친근하고 공양하며 공경하지 못하고, 혹 때로는 그 중에서 그의 허물[過惡]을 말하는 것이다.2

③ 이런 두 가지 법이 있는데, 이것은 새로 배우는 보살이 스스로를 해쳐서 심오한 법에 대해 그 마음을 조복할 수 없게 하는 것이라고 알아야 한다.

㈡ ① 미륵이여, 다시 두 가지 법이 있

無有恐畏　能入其中, 聞已心淨　受持讀誦　如說修行, 當知是爲 久修道行.
彌勒, 復有二法 名新學者　不能決定於甚深法.
何等　爲二?
一者　所未聞深經聞之　驚怖生疑　不能隨順,　毀謗不信而作是言, '我初不聞. 從何所來?', 二者　若有　護持解說如是深經者,　不肯親近　供養恭敬, 或時於中 說其過惡.
有此二法,　當知是爲　新學菩薩　爲自毁傷 不能於深法中調伏其心.
彌勒, 復有二法 菩

....

2 「구역에서는 (신역의) 네 가지를 2문으로 했으니, 법과 사람이 같기 때문이다.」

어서 보살이 비록 심오한 법문을 믿고 이해한다고 하더라도, 여전히 스스로를 해쳐서 무생법인을 증득할 수 없다.

② 무엇이 두 가지인가?

첫째 새로 배우는 보살을 업신여겨서 가르치지 않는 것이고,3 둘째 비록 심오한 법을 이해한다고 하더라도 상相을 취하여 분별하는 것이니,4 이것이 두 가지 법이다."5

(2) 미륵이 찬탄하고 받다

미륵보살은 이렇게 말씀하시는 것을 듣고 나서 붓다께 말하였다.

"(가) 세존이시여, 일찍이 없었던 것입니다.

(나) ① 붓다께서 말씀신 것처럼 저는 이와 같은 잘못[惡]을 멀리 떠나서, ② 여래께서 수없는 아승기 겁에 모으신 아뇩다라삼먁삼보리의 법을 받들어 지니겠습니다. 만약 미래세에 선남자나 선여인이 대승을 구하는 이라면, 이와 같은 등의 경을 손으로 얻을 수

薩 雖信解深法, 猶自毀傷 而不能得無生法忍.
何等 爲二?
一者 輕慢 新學菩薩 而不敎誨, 二者 雖解深法 而取相分別, 是爲二法."

彌勒菩薩 聞說是已 白佛言.
"世尊, 未曾有也. 如佛所說 我當遠離 如斯之惡, 奉持 如來 無數 阿僧祇劫 所集 阿耨多羅三藐三菩提法. 若未來世 善男子善女人 求大乘者,

....

3 「구역에서 '가르친다'고 한 것은 (신역의) 두 번째 것이다.」
4 이에 대해 구마라집은, "비록 업신여김을 일으키지 않는다고 하더라도 상을 취하는 허물이다"라고 하고, 승조는, "그 이해한 것으로 인하여 상을 취해 분별하는 것이다. 비록 이해한다고 말하지만, 진실한 이해[眞解]에 아직 합치하지 못하는 것이니, 이것은 배우는 자의 내적인 병[內患]이다"라고 설명한다(이상 모두 제10권).
5 「구역에서는 뒤의 둘(=신역의 셋째와 넷째)이 없고, 또한 맺는 글도 없었다.」

있도록 하고, 그에게 염력念力을 주어서 그로 하여금 수지하고 독송하며 남을 위해 널리 말하도록 하겠습니다.

㈐ 세존이시여, 만약 뒤의 말세에 수지하고 독송해서 남을 위해 말할 수 있는 이가 있다면, 이들은 모두 미륵의 신통의 힘[神力]으로 건립한 것이라고 알아야 할 것입니다."

⑶ 세존께서 칭찬하시다

붓다께서 말씀하셨다.

"훌륭하고 훌륭하도다. 미륵이여, 그대가 말한 것과 같을 것이다. 붓다도 그대의 기쁨을 도울 것이다."

1.1.2 보살들이 유지하기를 청하다

그 때 일체 보살들은 합장하고 붓다께 말하였다.

"① 저희들도 역시 여래께서 멸도하신 다음 시방의 국토에서 아뇩다라삼먁삼보리의 법을 널리 펴서 유포되게 하고, ② 또한 법을 설하는 모든 이들을 열고 인도[開導]해서 이 경을 얻도록 하겠습니다."

1.1.3 천왕이 지키겠다고 하다

그 때 사천왕들도 붓다께 말하였다.

當令手得 如是等經, 與其念力 使受持讀誦 爲他廣說.

世尊, 若後末世 有能 受持讀誦 爲他說者, 當知皆是 彌勒神力 之所建立."

佛言.

"善哉善哉. 彌勒, 如汝所說. 佛助爾喜."

於是 一切菩薩 合掌白佛.

"我等亦於 如來滅後 十方國土 廣宣流布 阿耨多羅三藐三菩提法, 復當開導 諸說法者 令得是經."

爾時四天王 白佛言.

"세존이시여, 성읍의 취락이든 산림이든 광야든 이 경전을 독송하고 해설하는 이가 있는 곳이라면 그 어느 곳이든, 저희들은 모든 권속들을 이끌고 법을 듣기 위해 그 곳을 찾아가서 그 사람을 보호하고, 백 유순由旬까지 마주하여 그 기회[便]를 찾아 구해서 얻는 [伺求得] 자가 없도록 하겠습니다."

"世尊, 在在處處 城邑聚落 山林曠野 有是經卷 讀誦解說者, 我當 率諸官屬 爲聽法故 往詣其所 擁護其人, 面百由旬 令無伺求 得其便者."

1.2 성문에게 부촉하시다
(1) 그 때 붓다께서 아난에게 말씀하셨다.
"이 경전을 수지해서 널리 펴서 유포되게 하여라."
(2) 아난이 말하였다.
"예, 저는 이미 요긴한 것[要者]을 받아 지녔습니다.

是時 佛告 阿難.
"受持是經 廣宣流布."
阿難言.
"唯然, 我已 受持要者.

2. 이름을 물어 법을 지니다

(1) 세존이시여, 이 경전은 무엇이라고 이름해야 합니까?"
(2) 붓다께서 말씀하셨다.
"아난이여, 이 경전은 '유마힐소설維摩詰所說'이라고 이름하고, 또한 '불가사의한 해탈의 법문[不可思議解脫法門]'이라고 이름하는

世尊, 當何名斯經?"
佛言.
"阿難, 是經名爲 維摩詰所說, 亦名 不可思議 解脫法門,

것이니, 이와 같이 받아 지녀라."

3. 이익을 얻고 유통하다

붓다께서 이 경을 말씀하시자, 장자長者 유마힐維摩詰, 문수사리文殊師利, 사리불舍利弗과 아난阿難 등 및 모든 천신과 사람들[天人], 아수라阿修羅 등 일체 대중들은 붓다께서 말씀하신 것을 듣고 모두 크게 기뻐하였다.

如是受持."

佛說是經已 長者 維摩詰 文殊師利 舍利弗 阿難等 及諸天人 阿修羅 一切大衆 聞佛所說 皆大歡喜.

찾아보기

ㄱ

가다연나 122
가라구손타 732
가락가손타 484
감인 374
감인세계 371
거짓된 무리[僞身] 316
걸식 104, 539
견문각지 613
경境보리 170
계박과 해탈 226
고독 296
고행외도 112
공空 54, 206
공리空理 94
공병空病 218, 599
공상共相 344
공양 462
관여래 435
관유정 271
관행觀行 537
광당보살 352
광명국토 587
광엄동자 163, 570
광엄성 35
구모다화 320
구생俱生 273
구수具壽 397

국토[土] 57
근본행 36
근행根行 197
급고독장자 184
기별[記] 153
기뻐함 629
길 아닌 것[非道] 644

ㄴ

나계범왕 44, 520
나라연 314
나라연보살 347, 665
나락가 309
나타懶惰 79
낙실보살 674
낙장엄국 685
난승難勝여래 192, 587
내견內見 222
노지여래 484
뇌천보살 350, 667
누지樓至 732
능상能相 440
능인能仁 52

ㄷ

다른 분별[異分別] 135, 287

다문제일 416
다타아가도 699
다함 없음 419, 702
다함 있음 419, 702
단斷보리 159
단견외도 112
단덕 415
대가섭 103, 538
대목건련 534
대목련 96
대무멸大無滅 126
대선현大善現 108
대아大我 282
대엄大嚴세계 470
대장엄세계 726
덕수보살 662
덕장보살 672
덕정보살 662
덮개[蓋] 36
도량道場 571
도사다천왕 152
도피안 49, 89
동학同學 579
두 가지 무아 98
둘 아님 339
득인得忍보살 273
등기인等起因 276
등지等持 80
등지等至 80

등취等取 44
때를 여의다 73

ㄹ

라호라 138
라후라 138, 556
리첩비족 46

ㅁ

마왕魔王 267
마하가전연 122, 548
만자자滿慈子 118
명근 188
명상보살 668
명행족 470
묘길상 195
묘보리 165
묘비보살 344, 663
묘성보살 343
묘안보살 344
묘의보살 668
묘혜보살 352
묘희세계 449, 715
무가無暇 64
무구칭 33
무동붓다 435, 715
무동여래 449
무등등 40
무사지無師智 429
무상無相의 묘인 38

무상인無相印 489
무상장부 470
무상정등보리 303
무생법인 38, 341, 404, 491, 661
무생불기법인 479
무생인無生忍 481
무순보살 342
무애안보살 356
무여의열반 156
무연자 275
무위에 머물지 않음 426, 705
무의無依 296
무쟁無諍 113, 543
무주無住 284, 631
무주처열반 156
무진등無盡燈 182, 580
무진의보살 669
무진혜보살 353
무형無形 41
문수사리 195, 589
문자 290
미륵 151
미륵보살 564

ㅂ

바른 법의 지위[正法位] 706
박가범 34, 470
반려보리 170

반연攀緣 600
반탁가半擇迦 274
발특마화 320
방편 229, 518, 524
방편 없는 지혜 603
방편 있는 지혜 603
법공양 462, 474, 727
법기法器 463
법뜰의 즐거움 177
법락法樂 578
법무아 99, 535
법보시 583
법보시의 제사 185
법성法城 482
법식法式 590
법신 316, 435, 530, 709
법안의 청정 73, 117
법에 수순하는 지혜[順法忍] 117
법연자 275
법의 즐거움[法樂] 578
법인法印 477
법인法忍 490
법자재보살 341, 661
법집 216, 598
변재(여섯 가지) 37
별해탈 386
보개전륜왕 471, 726
보리 158, 568
보리(다섯 가지) 165
보리분 307

찾아보기 741

보리수 406
보밀보살 350
보살이 행할 것[所行] 231
보살행 606
보성寶性 46
보수보살 667
보염寶炎여래 732
보염寶焰여래 484
보인수보살 360, 673
보적寶積 46, 507
보특가라 86
보현색신보살 650
보현일체색신보살 324
복인伏忍 481
복전보살 357, 671
복행 358
본생本生 334
부동행 358
부루나미다라니자 545
부루나미다리니자 118
부사의 242
분도리화 320
불가사의해탈 33, 254, 616
불가사의해탈법문 738
불공불법 40
불국토[佛土] 57
불국토의 청정 513
불국품 33
불기법인 37, 502
불도佛道 644

불사佛事 405, 696
불사보살 664
불성 307
불순보살 662
불신佛身 412, 435, 530, 699
불이 662
불이법문 340
불타 414, 470, 700
불퇴전위 404
불퇴전지 152, 564
비나야 143
비도非道 644
비동학非同學 579
비시非時 179
비안립제 244
비야리毗耶離 501
비취非趣 308
빈궁 296

ㅅ

사관邪觀 445
사리불 532
사리자 92
사마四魔 330
사무량四無量 63
사무애해 53
사事무쟁 113
사바세계 681
4불퇴 152
사섭법[四攝事] 63

사자보살 346, 664
사자의보살 664
사자좌 614
사자혜보살 346
삭취취 86
산당山幢세계 249
산동散動 343
산등왕여래 249
살가야 356
살가야견 110
삼먁삼불타 414, 699
삼명 710
삼승 292
상견외도 112
상미上味 696
상선보살 671
상응 170
상응박 74
상인相印 489
생신生身 436
선덕善德 582
선서 470
선숙보살 663
선안보살 663
선의보살 666
선조순보살 356
선현 109
설무구칭경 33
설법의 도리 101
섭수 58
성性보리 170
성문정성正性 233

성인의 근행[聖根行] 58
세간팔법 52
세간해 470
세계주世界主 333
소달다 184
소상所相 440
소쇄掃灑 576
소연박 74
속박 603
속박과 해탈 603
손감 102
수기授記 153
수미등왕붓다 614
수미상세계 614
수보리 108, 541
수수급水隧級 87
수용연기 39
수數 665
숙작인외도 112
순법인順法忍 481
순인順忍 481
스승의 오무림[師捲] 278
스승의 주먹[師拳] 278
승밀보살 341
승봉보살 343
승장보살 359
시기범왕 44
신신불퇴 152
신인信忍 481
심무애보살 670
심심각보살 354
심혜보살 669

십법행十法行 459
12주住 294
18변變 251

◦

아나율 126, 550
아난 560
아난다 144
아련야처 190
아뢰야 428
아마락과 128
아집 214, 598
아촉阿閦 449
아촉불 709
아홉 가지 괴롭히는 일
　　[九惱事] 317
안뜰[內苑] 81
안립제 244
암라수원 501
암라여원 35
암라위림 34
암몰라녀 35
애견愛見 602
애비애도연기 39
약왕여래 470, 725
양염陽焰세계 192
얽음[纏] 36
엄정嚴淨범왕 127, 550
여래 414
여래의 종성 316, 647
여래의 몸 88

여래장 316
연기(세 가지) 39
연려緣慮 221
연민 628
연좌宴坐 93
열 가지 선법(감인세계
　의) 390
열반(네 가지) 156
염마왕 310
영락 586
오무간五無間 309
5인五忍 481, 730
오타남 477
오탁五濁 149
온발라화 320
올타남 477
외견外見 222
용用보리 170
우파리 130, 552
월개왕 378, 683
월개왕자 472, 727
월상보살 359, 673
위位불퇴 152
위신견 356
유가瑜伽 386
유가사지 190
유마힐소설 33, 738
유병有病 217, 599
유상인 489
유순인柔順忍 730
유여의열반 156
유위를 다하지 않음 420,

702
유정 271, 624
유정연자 275
유취무취有趣無趣 40
육념六念 235, 584
6무의無義 410
6변재 482
육사六師 112
육수념 189
육십이견 207
육양보살 345
육예六藝 333
6폐蔽 391
육화경 189, 585
은덕 415
응리應理 93
의보依報 671
의요意樂 38
이리무쟁 113
이생離生 319
이숙과異熟果 166
이염離染 107
이타행 275
이형二形 41
인보리因菩提 165
인위忍位 730
일래과 273
일생보처 696
일생소계 153, 404
일제一諦 573
일체덕장삼매 685
일체묘향세계 367

일체지 169
일체지지 170, 191
입불이법문 661

ㅈ

자리행 281
자상自相 344
자성연기 39
자성청정열반 156
자수용신 435, 712
자씨보살 151
자애 626
자애(세 가지) 275
자연외도 112
자연지自然智 429
잡염雜染 107
장애[障] 36
적근보살 670
적멸寂滅 106
적멸의 자취[寂滅跡] 343
적멸인寂滅忍 481
적정 245
적정근보살 355
적정에 가까운 것[近寂靜] 245
전도 135
정관正觀 445
정등각 414
정려靜慮 79
정보正報 671
정성이생 319

정승해보살 347
정주靜住 123
정토 392, 515
정토의 원인 690
정해보살 665
제사[祠會] 185
제실보살 361
제일의 50
조복 59, 518
조복(범부의) 214
조복(이승의) 223
조순혜보살 348
조어사 470
종성種性 316
종지 170
좌선[宴坐] 93, 533
죄행 358
주계왕보살 361
주정왕보살 673
중생 271
중생무아 98, 535
중향국 677
증證불퇴 152
증상만 291, 634
증익 101
지智보리 159
지계범왕 44
지덕 415
지세보살 171, 574
지혜 229
지혜 없는 방편 604
지혜 있는 방편 604

744 설무구칭경·유마경

집장執藏 101

ㅊ

천녀 285
천인사 470
첨박가 293
청정(여섯 가지) 49
촉루 486
최상향대불 367
출가 139, 557
출죄出罪 131
치연熾然 106
7변재 482
7성재聖財 653
칠식주七識住 317
7재보財寶 653
칠청정 328
칭량稱量 39

ㅋ

크게 구걸하는 자 267
큰 기뻐함[大喜] 281
큰 법뜰[大法苑] 176
큰 연민[大悲] 280
큰 자애[大慈] 275
큰 평정[大捨] 281

ㅌ

타서 썩어버린 종자[燋敗種] 266
타수용신 435
통달 478
티끌을 떠나다 73

ㅍ

파순 575
팔난八難 65
팔대인각 424
팔만사천의 법문 410
팔무가 65
8미증유수승지법 295
8미증유난득지법 636
팔부신중 44
팔사八邪 106
팔상八相 240
팔해탈 79, 106, 572
평등의 이치 110
평정 629

피마자[草麻] 293
필경 불생의 번뇌 274

ㅎ

학처學處 492
해탈 290, 603, 634
해태 79
행行불퇴 152
향대 365
향반香飯 681
향엄천자 678
향적불 676
향함 아닌 것[非趣] 308
현견보살 348, 666
현관現觀 350
혜명慧命 397
화신 435
화엄보살 358, 672
환과鰥寡 296
황문黃門 41
회신멸지 212
회향 64
희견보살 351, 667
희론 244
희이希夷 49

역자의 다른 책들

불교는 무엇을 말하는가 (개정판)
불교를 알고 싶어 하는 분들을 위한 불교 입문서. 불교의 근본이치와 수행의 원리를 고집멸도라는 사성제의 가르침에 의해 소상히 설명하고, 불교에 관한 갖가지 의문에 대해서도 설명을 함께 곁들여서, 누구나 불교가 무엇을 말하는지를 완전히 이해할 수 있도록 하였다.
김윤수 지음 / 반양장본 / 417쪽 / 값 20,000원 / 한산암

참 불교를 알고 싶어 하는 이들을 위한
육조단경 읽기 (개정판)
선불교가 의지하는 근본 성전의 하나로 평가되는 육조 혜능의 ≪단경≫에 대한 주해서. 돈황본 육조단경을 한문대역으로 옮기고, 불교의 근본원리와 대승불교의 이치에 기한 주해를 붙여서, 우리나라의 선불교가 의지하는 불교의 이치를 이해하도록 하였다.
김윤수 역주 / 양장본 / 380쪽 / 값 15,000원 / 한산암

불교의 근본원리로 보는
반야심경·금강경 (개정판)
대승불교의 기본경전인 반야심경과 금강경을 초기불교의 가르침에 기초하여 해석한 역주서. 서부에서 불교의 전개과정을 개관하면서 초기불교와 대승불교의 상호관계를 알아 본 다음, 제1부와 제2부에서 두 경전을 초기불교의 가르침에 의지하여 한 점의 모호함이 없이 이해할 수 있도록 하였다.
김윤수 역주 / 양장본 / 536쪽 / 값 20,000원 / 한산암

자은규기의 술기에 의한
주석 성유식론
유식의 뼈대를 이루는 〈유식삼십송〉의 주석서 〈성유식론〉에 대한 우리말 번역주해서. 본문에서 현장 역 〈성유식론〉을 우리말로 번역하고, 그에 대해 현장의 문인 지은규기 스님이 주석한 〈성유식론술기〉를 우리말 최초로 번역하여 각주로서 대비하여 수록함으로써 유식 전반에 대한 체계적인 이해를 가능하도록 하였다.
김윤수 편역 / 양장본 / 1,022쪽 / 값 40,000원 / 한산암

한문대역
여래장 경전 모음
우리 불교에 큰 영향을 미친 여래장사상의 중요 경전과 논서를 한문대역으로 번역하고, 주석과 함께 소개하여 여래장사상의 개요를 이해하게 하였다. 수록 경론은 대방등여래장경, 부증불감경, 승만경, 보성론, 불성론, 열반종요, 대승기신론 일곱 가지이다.
김윤수 역주 / 양장본 / 848쪽 / 값 30,000원 / 한산암

규기의 소에 의해 대역한
설무구칭경·유마경
대승불교의 선언문과도 같은 유마경을 자은규기의 소에 의거해 번역하고 주석하면서, 구라마집 역의 유마힐소설경과 현장 역의 설무구칭경을 한역문과 함께 대조 번역하였다.
김윤수 역주 / 양장본 / 746쪽 / 값 30,000원 / 한산암

지의의 법화문구에 의한
묘법연화경
최고의 불교경전이라는 찬사와 함께, 불교의 근본에서 벗어난 경전이라는 비판을 동시에 받는 법화경을 한문대역으로 번역하고, 각주에서 찬사를 대표하는 천태지의의 주석을 비판적 시각에서 소개함으로써 경전의 전반적인 의미를 이해하도록 하였다.
김윤수 역주 / 양장본 / 676쪽 / 값 25,000원 / 한산암

청량의 소에 의한
대방광불화엄경
대승불교 경전의 궁극이라고 하는 80권본 화엄경을, 이 경전 주석의 백미로 평가되고 있는 청량징관의 「소초」에 의거하여 우리말로 번역하고 해설한 책. 결코 읽기 쉽지는 않지만 어려움을 극복하고 다 읽고 나면, 난해하다는 화엄경도 이해하지 못할 부분이 없을 것이다.
김윤수 역주 / 양장본 / 6,020쪽(전7권) / 값 300,000원 / 한산암

보신의 주에 의한
대승입능가경
보리달마가 2조 혜가에게 여래 심지의 요문으로 전했다고 해서 중국 선종의 소의경전으로서 한 시대를 풍미한 능가경. 그중 가장 번역이 잘된 7권본 대승입능가경을, 보신의 「주」에 의거해 우리말로 번역하고 해설하여 완전한 이해가 가능하도록 하였다.
김윤수 역주 / 양장본 / 752쪽 / 값 30,000원 / 한산암

원측의 소에 의한
해밀심경
유식사상의 가장 근본이 되는 해밀심경을, 이 경전 주석의 백미로 평가되고 있는 원측 스님의 「소」에 의거하여 우리말로 번역하고 해설한 책. 신라의 왕손으로서 중국에서 불교학에 일가를 이룬 스님의 소를 통해 당대 우리나라 불교의 수준을 알 수 있다.
김윤수 역주 / 양장본 / 456쪽 / 값 20,000원 / 한산암

한문대역
잡아함경
붓다의 가르침의 핵심을 담고 있으면서, 그 가르침의 원형에 가장 가까운 잡아함경을 한문대역으로 번역하면서, 기존의 연구성과를 반영하여 경의 체제와 오류를 바로잡고, 상응하는 니까야의 내용을 소개하며, 이해에 필요한 설명을 덧붙여서, 가르침의 뜻을 이해할 수 있도록 하였다.
김윤수 역주 / 양장본 / 3,840쪽(전5권) / 값 160,000원 / 한산암

인류의 스승, 붓다께서는
이렇게 말씀하셨다
붓다의 가르침의 핵심을 담고 있으면서, 그 가르침의 원형에 가장 가까운 잡아함경을 쉬운 우리말로 번역함으로써, 독자들이 가까이에 두고 언제든지 펼쳐볼 수 있도록 한 1권본 잡아함경 완역본.
김윤수 역주 / 양장본 / 1,612쪽 / 값 50,000원 / 한산암